中國國家圖書館編

# 國家圖書館藏敦煌遺書

第五十四冊　北敦〇三九一五號——北敦〇四〇〇〇號

北京圖書館出版社

**圖書在版編目(CIP)數據**

國家圖書館藏敦煌遺書・第五十四册/中國國家圖書館編;任繼愈主編. —北京:北京圖書館出版社,2007.4

ISBN 978-7-5013-3206-9

Ⅰ.國… Ⅱ.①中…②任… Ⅲ.敦煌學—文獻 Ⅳ.K870.6

中國版本圖書館 CIP 數據核字(2007)第 035888 號

ISBN 978-7-5013-3206-9

9 787501 332069 >

**書　　名**　國家圖書館藏敦煌遺書・第五十四册
**著　　者**　中國國家圖書館編　任繼愈主編
**責任編輯**　徐　蜀　孫　彦
**封面設計**　李　璀

---

**出　　版**　北京圖書館出版社（100034　北京西城區文津街 7 號）
**發　　行**　010-66139745　66151313　66175620　66126153
66174391(傳真)　66126156(門市部)
**E-mail**　cbs@nlc.gov.cn(投稿)　btsfxb@nlc.gov.cn(郵購)
**Website**　www.nlcpress.com
**經　　銷**　新華書店
**印　　刷**　北京文津閣印務有限責任公司

---

**開　　本**　八開
**印　　張**　62
**版　　次**　2007 年 5 月第 1 版第 1 次印刷
**印　　數**　1-250 册(套)

---

**書　　號**　ISBN 978-7-5013-3206-9/K・1433
**定　　價**　990.00 圓

## 編輯委員會

主　編　任繼愈

常務副主編　方廣錩

副　主　編　李際寧　張志清

編委（按姓氏筆畫排列）　王克芬　王姿怡　吳玉梅　胡新英　陳　穎　黃　霞（常務）　劉玉芬

## 出版委員會

主　任　詹福瑞

副主任　陳　力

委　員（按姓氏筆畫排列）　李　健　姜　紅　郭又陵　徐　蜀　孫　彥

## 攝製人員（按姓氏筆畫排列）

于向洋　王富生　王遂新　谷韶軍　張　軍　張紅兵　張　陽　曹　宏　郭春紅　楊　勇　嚴　平

## 原件修整人員（按姓氏筆畫排列）

朱振彬　杜偉生　李　英　胡玉清　胡秀菊　張　平　劉建明

# 目錄

南无善住辟支佛　南方无比辟支佛
礼三寶已次復懺悔
夫欲礼懺必須先敬三寶所以然者三寶即
是一切衆生良友福田若能歸向者則滅无
量罪長无量福能令行者離生死苦得解脫
樂是故弟子某甲等歸依十方盡虛空界一
切諸佛歸依十方盡虛空界一切尊法歸依
十方盡虛空界一切聖僧弟子今日所以懺
悔者正言无始以來在凡夫地不問貴賤罪
自无量或因三業而生罪或從六根而起過
或以内心自邪思惟或藉外境起於染著如
是乃至十惡增長八万四千諸塵勞門然其
罪相雖復无量大而爲語不出有三何等
爲三一者煩惱二者是業三者是果報此三
法能障聖道及以人天勝妙好事是故經中
目爲三障所以諸佛菩薩教作方便懺悔
除滅此三滅者則六根十惡乃至八万四千
諸塵勞門皆悉清淨是故弟子今日運此增
上勝心懺悔三障欲滅此三罪者當用何等



法能障聖道及以人天勝妙好事是故經中
目爲三障所以諸佛菩薩教作方便懺悔
除滅此三滅者則六根十惡乃至八万四千
諸塵勞門皆悉清淨是故弟子今日運此增
上勝心懺悔三障欲滅此三罪者當用何等
心可令此罪滅先當興七種心以爲方便然
後此罪乃可得滅何等爲七一者慚愧二者
恐怖三者厭離四者發菩提心五者怨親
平等六者念報佛恩七者觀罪性空第一慚
愧者自惟我與釋迦如來同爲凡夫而今
世尊成道以來已逕尒所塵沙劫數而我等
相與耽染六塵流浪生死永无出期此實天
下可慚可愧可羞可恥
第二恐怖者既是凡夫身口意業常與罪相應
以是因緣命終之後應墮地獄畜生餓鬼受
无量苦如此實爲可驚可恐可怖可懼
第三厭離者相與常觀生死之中唯有无常
苦空无我不淨虛假如水上泡速起速滅往
來流轉猶若車輪生老病死八苦交煎无時
蹔息衆生相与但觀自身從頭至足其中但有
卅六物髮毛爪齒眵淚涕唾生熟二藏大腸
小腸脾腎心肺肝膽脾胃肪膏腦膜筋脈骨
髓大小便利九孔常流是故經言此身苦所
集一切皆不淨何有智慧者而當樂此身生
死既有如此種種惡法甚可患厭

卌六狖皮毛㧗𦓤髏囊深嗢生熟二藏大腸
小腸脾腎心肺肝膽胂胃肪膈胞膜筋脉骨
髓大小便利九孔常流是故經言此身苦所
集一切皆不淨何有智慧者而當樂此身生
死既有如此種種惡法甚可患猒
第四發菩提心者經言當樂佛身佛身者
即法身也從无量功德智慧生從六波羅蜜生從
慈悲喜捨生從卌七助菩提法生從如是等
種種功德智慧生如來身欲得此身者當發
菩提心求一切種智常樂我淨薩婆若果報
佛國土成就衆生於身命財无所悋惜
第五怨親平等者於一切衆生起慈悲心无
彼我想何以故若見怨親即是分別以分別
故起諸相着相着因緣生諸煩惱煩惱因緣
造諸惡業惡業因緣故得苦果
第六念報佛恩者如來往昔无量劫中捨頭
目髓腦支節手足國城妻子象馬七珍為我
等故脩諸苦行此恩此德實難酬報是故經
言若以頂戴兩肩荷負於恒河劫亦不能報
我等欲報如來恩者當於此世界勇猛精進
捍勞忍苦不惜身命建立三寶弘通大乘廣
化衆生同入正道
第七觀罪空者无有實相從因緣生顛倒而
有既從因緣而生則可從因緣而滅從因緣



捍勞忍苦不惜身命建立三寶弘通大乘廣
化衆生同入正道
第七觀罪空者无有實相從因緣生顛倒而
有既從因緣而生則可從因緣而滅從因緣
而生者狎近惡友造作无端從因緣而滅者
即是今日洗心懺悔是故經言此罪相不在
內不在外不在中間故知此罪從本是空生
如是等七種心已緣想十方諸賢聖等拱合
掌披陳至到慚愧改革舒歷心肝洗蕩腸胃
如此懺悔亦何罪而不滅亦何障而不消若
復正尓悠悠緩縱情慮徒自勞形於事何益且
復人命无常喻如轉燭一息不還便向灰壤
三塗苦報即身應受不可以錢財寶貨囑託
求脫窈窈冥冥恩赦无期獨嬰此苦无代受者
莫言我今生中无有此罪所以不能墾到懺
悔經中道言凡夫之人舉足動步无非是罪
又復過去生中皆悉成就无量惡業追逐行
者如影隨形若不懺悔罪惡日深故苞藏瑕
疵佛教不許說悔先罪淨名所尚故知長淪
苦海寔由隱覆是故弟子今日發露懺悔不
敢覆藏所言三障者一曰煩惱二名為業三
是果報此三種法更相由藉因煩惱故以起
惡業惡業因緣故得苦果是故弟子今日至
心第一先應懺悔煩惱障又此煩惱諸佛菩
薩入理聖人種種呵責亦謂此煩惱以為怨

惡業惡業因緣故得苦果是故弟子今日至
心第一先應懺悔煩惱障又此煩惱諸佛菩
薩入理聖人種種呵責亦詺此煩惱以為怨
家何以故能斷衆生慧命根故亦名此煩惱
以之為賊能刼衆生諸善法故詺此煩惱以
為瀑河能漂衆生入於生死大苦海故亦自
此煩惱以為羈𩦘能繫衆生於生死獄不能
得出故所以六道牽連四生不絶惡業无窮
苦果不息當知皆是煩惱過患是故弟子今
日運此增上善心歸依佛
南无東方善德佛　南无南方寶相佛
南无西方普光佛　南无北方相德佛
南无東南方網明佛　南无西南方上智佛
南无西北方華德佛　南无東北方明智佛
南无下方明德佛　南无上方香積佛
如是十方盡空佛一切三寶至心歸命常住三寶
弟子從无始以來至於今日或在人天六道
受報有此心識常懷愚惑繁滿胷衿或因三
毒根造一切罪或因三隔造一切罪或因三
覺造一切罪或因三受造一切罪或因三苦
造一切罪或緣三假造一切罪或會三有造
一切罪如是等罪无量无邊惱亂一切六道
四生今日慚愧皆悉懺悔至心歸命常住三寶
又復弟子无始以來至於今日或因四識住



造一切罪或緣三假造一切罪或會三有造
一切罪如是等罪无量无邊惱亂一切六道
四生今日慚愧皆悉懺悔至心歸命常住三寶
又復弟子无始以來至於今日或因四識住
造一切罪或因四流造一切罪或因四取造
一切罪或因四執造一切罪或因四緣造一
切罪或因四大造一切罪或因四縛造一切
罪或因四食造一切罪或因四生造一切罪
如是等罪无量无邊惱亂六道一切衆生
今日慚愧皆悉懺悔至心歸命常住三寶
又復弟子无始以來至于今日或因五住煩
惱地造一切罪或因五受根造一切罪或因
五蓋造一切罪或因五慳造一切罪或因五
見造一切罪或因五心造一切罪如是等煩
惱无量无邊惱亂六道一切四生今日發露
皆悉懺悔至心歸命常住三寶
又復弟子无始以來至於今日或因六情根
造一切罪或因六識造一切罪或因六想造
一切罪或因六愛造一切罪或因六行造一切
罪或因六愛造一切罪或因六疑造一切罪如
是等煩惱无量无邊惱亂六道一切四造今日
慚愧發露皆悉懺悔至心歸命常住三寶
又復弟子无始以來至於今日或因七漏造
一切罪或因七使造一切罪或因八倒造一

是等煩惱无量无邊造惱亂六道一切四生今日
慚愧發露皆悉懺悔至心歸命常住三寶
又復弟子无始以來至於今日或因七漏造
一切罪或因七使造一切罪或因八到造一
切罪或因八垢造一切罪或因八苦造一切
罪惱亂六道一切四生今日發露皆悉懺悔
至心歸命常住三寶
又復无始以來至於今日或因九惱造一切
罪或因九結造一切罪或因九上緣造一切
罪或因十煩惱造一切罪或因十纏造一切
罪或因十一遍使造一切罪或因十二入造
一切罪或因十六智見造一切罪或因十八
界造一切罪或因廿五我造一切罪或因六
十二見造一切罪或因見諦思惟九十八使
百八煩惱晝夜熾然開諸漏門造一切罪惱
亂賢聖及以四生遍滿三界彌亘六道无處
可藏无處可避今日至到向十方佛尊法聖
衆慚愧發露皆悉懺悔至心歸命常住三寶
願弟子承是懺悔三毒一切煩惱生生世世
三慧明三達朗三苦滅三願滿
願弟子承是懺悔四識等一切煩惱所生功
德生生世世廣四等心立四信業四惡趣滅
得四无畏願弟子承是懺悔五蓋等諸煩惱
度五道樹五根淨五眼成五分懺悔六愛等
諸煩惱所生功德願生生世

BD03915號　佛名經（十六卷本）卷一四　（27–7）

願弟子承是懺悔四識等一切煩惱所生功
德生生世世廣四等心立四信業四惡趣滅
得四无畏願弟子承是懺悔五蓋等諸煩惱
度五道樹五根淨五眼成五分懺悔六愛等
諸煩惱所生功德願生生世世具足六神通
滿足六度業不為六塵或常行六妙行
又願弟子承是懺悔七漏八垢九結十纏等
一切諸煩惱所生功德生生世世坐七淨華
洗塵八水具九斷智成十地行
願以懺悔十一遍使及十二入十八界等一
切諸煩惱所生功德願十一空解常用栖心
自在能轉十二行輪具足十八不共之法无
量功德一切圓滿至心歸命常住三寶
佛說罪業報應教化地獄經
如是我聞一時佛在王舍城耆闍崛山中與
菩薩摩訶薩及聲聞眷屬俱比丘比丘尼
優婆塞優婆夷及諸天龍鬼神等皆悉集會
尒時信相菩薩白佛言今有地獄餓鬼畜生
奴婢貧富貴賤種類若干唯願世尊具演說
之凡有衆生聞佛說法如嬰兒得母如病得
醫如倮者得衣如闇得燈世尊說法利益
衆生亦復如是
尒時世尊觀時已至知諸菩薩勸請慇懃
即放眉間白豪相光照於世界地獄休息皆

BD03915號　佛名經（十六卷本）卷一四　（27–8）

譬如裸者得衣如闇得燈世尊說法利益
衆生亦復如是
尒時世尊觀時已至知諸菩薩勸請慇懃
即放眉間白豪相光照於世界地獄休息苦
痛安寧尒時一切受罪衆生尋佛光明來詣
佛所遶佛七迊至心作礼勸請世尊敷演道
化令此衆生得蒙解脫
尒時信想菩薩為諸衆生而作發起白佛言
世尊尒時衆生為諸獄卒莖碓斬身從足斬
之乃至其頂斬之以訖巧風吹活而復斬之
何罪所致佛言此人前世坐不信三尊不孝
父母屠兒魁膾斬害衆生故獲斯罪
南无旃檀香佛　南无可觀佛
南无量智佛　南无千日威德佛
南无捨重擔佛　南无彌清淨佛
南无提賒闍佛　南无自在王佛
南无无邊智佛　南无廣光佛
南无信甘露佛　南无妙眼佛
南无解脫行佛　南无妙見佛
南无勝光佛　南无大聲佛
南无大威德聚佛　南无光明寶雞兜佛
南无應供養佛　南无求那提闍積佛
南无信相佛　南无大炎佛
南无阿羅訶言佛　[illegible]

BD03915號　佛名經（十六卷本）卷一四　（27–9）

南无勝光佛　南无大聲佛
南无大威德聚佛　南无光明寶雞兜佛
南无應供養佛　南无求那提闍積佛
南无信相佛　南无大炎佛
南无阿羅訶信佛　南无善住思惟佛
南无善橋梁佛　南无智作佛
南无普寶佛　南无日光佛
南无說橋梁佛　南无婆薩婆俱他佛
南无心荷身佛　南无勝親光佛
南无清淨聲佛　南无隨意希佛
南无寶威德佛　南无善威德供養佛
南无世間光明佛　南无世間可敬佛
南无行清淨佛　南无應眼佛
南无大步佛　南无无邊色佛
南无住持般若佛　南无衆橋梁佛
南无弥留波婆佛　南无安隱愛佛
南无提婆摩醯多佛　南无毗闍荷佛
南无羅多那闍荷佛　南无橋梁佛
南无摩奮鳥迦佛　南无光明威德佛
南无慈力佛　南无月勝佛
南无彌光佛　南无愛眼佛
南无天色佛　南无樂法佛
南无大月佛　南无无障㝵聲佛
南无人弗沙佛　南无平等見佛
南无大旃遮佛　南无弗沙寶步佛

BD03915號　佛名經（十六卷本）卷一四　（27–10）

南无舜光佛　南无愛眼佛
南无天色佛　南无樂法佛
南无大月佛　南无无障导聲佛
南无人弗沙佛　南无平等見佛
南无大旃陁佛　南无弗沙羅莎佛
南无十光佛　南无種種光佛
南无雲聲佛　南无龍德佛
南无功德步佛　南无心功德佛
從此以上一万一千佛十二部經一切賢聖
南无大聲佛　南无了聲佛
南无斷惡道佛　南无天弗沙佛
南无水眼佛　南无大燈佛
南无離闇佛　南无堅固眼佛
南无不可思議光明佛　南无普光眼佛
南无普賢佛　南无勝月佛
南无意德佛　南无莊嚴聲佛
南无妙意佛　南无賢光佛
南无堅固華佛　南无功德成佛
南无意成佛　南无解脫乘佛
南无降伏怨佛　南无過香佛
南无過諸煩惱佛　南无无量光佛
南无无垢心佛　南无和合聲佛
南无不可量眼佛　南无勢力佛

BD03915號　佛名經（十六卷本）卷一四　（27–11）

南无降伏怨佛　南无過香佛
南无過諸煩惱佛　南无无量光佛
南无无垢心佛　南无和合聲佛
南无不可量眼佛　南无勢力佛
南无妙光明佛　南无集功德佛
南无可聞聲佛　南无大思惟佛
南无信天佛　南无思惟甘露佛
南无了意佛　南无勝燈佛
南无堅意佛　南无力勢佛
南无華眼佛　南无菩提光明佛
南无宸勝聲佛　南无六通聲佛
南无威德力佛　南无人稱佛
南无勝華集佛　南无大膽佛
南无不隨他佛　南无不畏行佛
南无離一切優闇佛　南无月光明佛
南无心勇猛佛　南无解勝慧佛
南无離惡道佛　南无閻浮燈佛
南无勝供養佛　南无善思惟佛
南无勝盛德色佛　南无信衆生佛
南无伏恭敬佛　南无波頭摩清淨佛
南无人波頭摩佛　南无善香佛
南无勝供養佛　南无種種色華佛
南无勝功德佛　南无虛空劫佛
南无月賢佛　南无堅固佛

BD03915號　佛名經（十六卷本）卷一四　（27–12）

南无人波頭摩佛 南无善香佛
南无勝供養佛 南无種種色華佛
南无勝功德佛 南无虛空劫佛
南无月賢佛 南无堅固佛
南无妙力佛 南无勝因陀羅智佛
南无勝親佛 南无愛思惟佛
南无勝香佛 南无无諍行佛
南无功德舍佛 南无大精進思惟佛
南无大光明佛 南无攝受施佛
南无脩行深思惟佛 南无香希佛
南无香鳥佛 南无種種智佛
南无思惟妙智佛 南无功德莊嚴佛
南无增上行佛 南无智行佛
南无功德山佛 南无聲滿十方佛
南无攝受擇佛 南无信妙佛
南无月見佛 南无功德聚佛
南无法力佛 南无過一切疑佛
南无稱王佛 南无讚諸根佛
南无勝意佛 南无甘露光佛
南无思惟甘露佛 南无一切衆生首佛
從此以上一万一千一百佛十二部經一切賢聖
南无愛語佛 南无不可降伏色佛
南无普信佛 南无莊嚴王佛
南无金剛步佛 南无賢作佛



南无思惟甘露佛 南无一切衆生首佛
從此以上一万一千一百佛十二部經一切賢聖
南无愛語佛 南无不可降伏色佛
南无普信佛 南无莊嚴王佛
南无金剛步佛 南无賢作佛
南无功德報光明佛 南无精進力起佛
南无善清淨明佛 南无得脫一切縛佛
南无无垢波頭摩藏勝佛
南无得无㝵解脫佛 南无十方稱聲无畏佛
南无破一切闇起佛
南无光明王佛 南无大炎積佛
南无无邊行功德寶光明佛
南无法光明佛 南无歡喜王佛
南无能作一切衆生光明破闇勝佛
南无起普光明脩行无邊願稱王佛
南无普滿足不住稱佛
南无一切見光明佛
南无无垢光莊嚴王佛
南无功德藏山破金剛佛
南无龍王自在王佛
南无寶精進日月摩尼莊嚴威德聲王佛
南无吼聲妙聲佛 南无善住持地佛
南无世間自在王佛
南无无障㝵藥王樹勝佛

南无吼聲妙聲佛　南无善住持地佛
南无世間自在王佛
南无无障㝵藥王樹勝佛
南无弥留幢佛　南无大山佛
南无弥留光明佛　南无妙聲佛
南无日月住佛　南无稱光明佛
南无无量光佛　南无不可量幢佛
南无大光明佛　南无寶雞兜佛
南无淨王佛　南无大夫聚佛
南无一切王聲佛　南无難勝佛
南无曰生佛　南无羅網光明佛
南无照光明佛　南无師子佛
南无稱佛　南无稱光明佛
南无法佛　南无法住持佛
南无法幢佛　南无梵聲佛
南无星宿王佛　南无香勝佛
南无香光佛　南无大積佛
南无寶種種華敷身佛
南无娑羅自在王佛
南无寶蓮華勝佛　南无見一切義佛
南无須弥劫佛　南无智燈佛
南无大光明照佛　南无難伏佛
南无照佛　南无魁雞兜幢佛
南无威德自在王佛　南无[illegible]

BD03915號　佛名經（十六卷本）卷一四



南无須弥劫佛　南无智燈佛
南无大光明照佛　南无難伏佛
南无照佛　南无魁雞兜幢佛
南无威德自在王佛　南无覺王佛
南无寶藏佛　南无大海佛
南无十力增上自在佛　南无唯寶莊嚴佛
南无无邊寶莊嚴佛　南无无相聲佛
南无過境界步佛　南无須弥山聚佛
南无虛空眼佛　南无虛空齊佛
南无稱力王佛　南无放光明佛
南无離諸染佛
南无種種華成就勝佛
南无遠離諸畏驚怖毛竪佛
南无智積佛　南无旃檀香佛
南无伏眼佛　南无寶來佛
南无香首佛　南无勝衆佛
南无唯蓋佛　南无无障眼佛
南无旃檀去佛　南无智華寶光明勝佛
南无賢勝光明佛　南无能一切畏佛
南无无畏佛　南无弥留藏佛
從此以上一万一千二百佛十二部経一切賢聖
南无法作佛　南无十方光明佛
南无千上光明佛　南无智光明佛
南无寶勝光明佛　南无无邊光明佛
[illegible]

BD03915號　佛名經（十六卷本）卷一四

徧此上一千一千二百佛十二部經一切賢聖
南无法作佛 南无十方光明佛
南无千上光明佛 南无智光明佛
南无寶勝光明佛 南无无邊光明佛
南无㝵聲佛 南无羅網光明佛
南无種種寶智佛 南无无邊莊嚴佛
南无優波羅勝佛 南无住智勝佛
南无勝能聖佛 南无智稱佛
南无莎羅自在王佛 南无寶婆羅奉佛
南无大将佛 南无寶蹟佛
南无不空名佛 南无曦成就功德佛
南无稱王佛 南无不空步佛
南无香光明佛 南无无障㝵聲佛
南无稱力王佛 南无須弥增長勝王佛
南无寶勝功德佛 南无波頭摩勝佛
南无寶起佛 南无香光明佛
南无十方稱發起佛
南无普讃增長上雲聲王佛
南无无邊光明佛 南无无邊智成佛
南无无邊輪奮迅佛 南无衆生道佛
南无華勝王佛 南无寶像佛
南无空名稱佛 南无寶勝佛
南无發起无邊精進功德佛
南无蓋行佛 南无香山佛

BD03915號　佛名經（十六卷本）卷一四　（27–17）

南无華勝王佛 南无寶像佛
南无空名稱佛 南无寶勝佛
南无發起无邊精進功德佛
南无蓋行佛 南无香山佛
南无發心莊嚴一切衆生佛
南无光明輪威德王佛 南无功德王光明佛
南无一切功德到彼岸佛 南无然燈作佛
南无能作光明佛 南无得功德佛
南无波頭摩上勝佛 南无寶作佛
南无无邊願佛 南无无邊功德王住佛
南无寶衆佛 南无婆羅自在王佛
南无寶光明佛 南无寶積佛
南无家上佛 南无脩行无邊功德佛
南无觀聲佛 南无須弥山光明佛
南无无邊境界佛 南无妙去佛
南无寶華成就勝佛 南无无邊奮迅佛
南无發起一切衆生信佛 南无寶蓋起佛
南无勝功德佛 南无不可華佛
南无寶境界光明佛 南无寶勝功德佛
南无發心即轉法輪佛 南无十方稱名佛
南无迦陵迦王佛 南无日輪然燈佛
南无寶上佛 南无智成就勝佛
南无功德王住佛 南无无障㝵眼佛
南无无畏佛 南无智積佛

BD03915號　佛名經（十六卷本）卷一四　（27–18）

南无迦陵迦王佛　南无日輪然燈佛
南无寶上佛　南无智成就勝佛
南无功德王住佛　南无无障㝵眼佛
南无无畏佛　南无智積佛
南无發起无譬喻相佛　南无積光明輪威德佛
南无因意佛　南无那羅延佛
南无无垢離鬼佛　南无月積佛
南无清淨意佛　南无安隱佛
南无發起善思惟佛　南无能破諸怨佛
南无優波羅功德佛　南无積力王佛
南无无邊光明雲香弥留佛
南无種種色華佛　南无无邊光佛
南无能轉能住佛　南无勝香佛
從此以上一万一千三百佛十二部經一切賢聖
南无信一切衆生心智見佛
南无无相聲佛　南无智功德積佛
南无无障聲佛　南无一蓋藏佛
南无不動勢佛　南无迦葉佛
南无觀見一切境界佛　南无上首佛
南无成義佛　南无成勝佛
南无稱佛　南无離一切疑佛
南无智德佛　南无功德乘佛
南无星宿王佛　南无不可量難鬼佛

BD03915號　佛名經（十六卷本）卷一四

（27–19）

南无稱佛　南无離一切疑佛
南无智德佛　南无功德乘佛
南无星宿王佛　南无不可量難鬼佛
南无彌檀佛　南无羅網光佛
南无梵聲佛　南无不可量无體勝佛
南无一切法无觀佛
南无發一切衆生不斷絶脩行佛
南无无邊舊迁佛　南无見一切法佛
南无一切法平等佛　南无成就无量功德佛
南无智高光明佛　南无波頭摩上佛
南无十方上佛　南无華成功德佛
南无堅固衆生佛　南无智光明佛
次礼十二部尊經大藏法輪
南无菩薩五十德行經　南无差摩竭經
南无歸了生死本經　南无阿差末菩薩經
南无了本生死經　南无師比丘經
南无呪盡道呪經　南无善馬有三相經
南无長者法志妻經　南无呪毒蛇神呪經
南无移山經　南无須真天子經
南无聖法印經　南无諸佛要集經
南无七夢經　南无四貪想經
南无九傷經　南无諸福德田經
南无神呪辟除賊害經　南无屋吹國王經

BD03915號　佛名經（十六卷本）卷一四

（27–20）

南无聖法印經　南无諸佛要集經
南无七夢經　南无四貪狠經
南无九傷經　南无諸福德田經
南无神呪辟除賊害經　南无屋吒國王經
南无比丘分衛經　南无鑪炭經
次礼十方諸大菩薩
南无妙行世界精進慧菩薩
南无善行世界善慧菩薩
南无觀喜世界智慧菩薩
南无星宿世界真寶慧菩薩
南无无猒慈世界无上慧菩薩
南无虛空世界堅固慧菩薩
南无堅固寶世界金剛幢菩薩
南无堅固樂世界堅固幢菩薩
南无堅固寶王世界勇幢菩薩
南无堅固金剛世界寶幢菩薩
南无堅固蓮華世界精進幢菩薩
南无堅固青蓮華世界離垢菩薩
南无堅固金世界夜光菩薩
南无堅固旃檀世界真寶幢菩薩
南无堅固摩尼世界智幢菩薩
南无堅固香世界法幢菩薩
南无寶光樂世界香炎平等嚴日光菩薩
南无安樂世界觀世音菩薩

BD03915號　佛名經（十六卷本）卷一四　（27–21）

南无堅固旃檀世界真寶幢菩薩
南无堅固摩尼世界智幢菩薩
南无堅固香世界法幢菩薩
南无寶光樂世界香炎平等嚴日光菩薩
南无安樂世界觀世音菩薩
南无華林世界寶首菩薩
南无安樂世界得大勢菩薩
南无慧閦世界勝幢菩薩
南无寂靜世界持月光明菩薩
南无寂靜世界无垢寶華菩薩
南无一切勝觀世界香炎平等菩薩
次礼聲聞緣覺一切賢聖
南无憍憬辟支佛　南无劬多辟支佛
南无斷愛辟支佛　南无耳辟支佛
南无心得解脫辟支佛　南无優波耳辟支佛
南无吉辟支佛　南无差摩辟支佛
南无遮羅辟支佛　南无優波遮羅辟支佛
南无梨沙婆辟支佛　南无菩薩他淨辟支佛
南无善香擔辟支佛　南无阿沙羅辟支佛
礼三寶已次復懺悔
夫論懺悔者本是改往脩來滅惡興善人生
居世誰能无過學人失念尚起煩惱羅漢結
習動身口業豈況凡夫而當无過但智者先
覺便能改悔愚者覆藏遂使滋漫所以積習

BD03915號　佛名經（十六卷本）卷一四　（27–22）

夫論懺悔者本是改往脩來滅惡興善人生
居世誰能无過學人失念尚起煩惱羅漢結
習動身口業豈況凡夫而當无過但智者先
覺便能改悔愚者覆藏遂使滋漫所以積習
長夜曉悟无期若能慚愧發露懺悔者豈惟
止是滅罪而已亦復增長无量功德樹立如
來涅槃妙果若欲行此法者先當外肅形儀
瞻奉尊像內起敬意㥯切至到生二種心何
等為二一者自念我此形命難可常保一朝
散壞不知此身何時可復若復不值諸佛賢
聖忽遭逢惡友造衆罪業復應墮落深坑
嶮趣二者自念我此生中雖得值遇如來正法
為佛弟子弟子之法紹繼聖種淨身口意善
法自居而今我等公自作惡而復覆藏言他
不知謂彼不見隱覆在心傲然无愧此實天
下愚惑之甚即今現有十方諸佛諸大地菩
薩諸天神仙何曾不以清淨天眼見於我等
所作罪惡又復幽顯靈祇注記罪福纖豪无
差夫論作罪之人命終之後牛頭獄卒錄其
精神在閻羅王所辯覈是非當今之時一切
怨對皆來證據各言汝先屠殺我身炮煑烝
炙或言汝先剝奪於我一切財寶離我眷屬
我於今者始得汝便于時現前證據何得敢

BD03915 號　佛名經（十六卷本）卷一四　（27–23）

怨對皆來證據各言汝先屠殺我身炮煑烝
炙或言汝先剝奪於我一切財寶離我眷屬
我於今者始得汝便于時現前證據何得敢
諱唯應甘心分受宿殃如經所明地獄之中
不枉治人若其平素所作衆罪心自忘失者
是其生時造惡之處一切諸相皆現在前各
言汝昔在於我邊作如是罪今何得諱是為
作罪无藏隱處於是閻魔羅王切齒呵責將
付地獄歷劫窮年求出莫由此事不遠不關
他人正是我身自作自受雖父子至親一旦
對至无代受者衆等相與及其形休體无衆
疾各自努力與性命競大怖至時悔无所及
是故弟子至心歸依佛
南无東方破疑淨光佛　南无南方无優功德佛
南无西方華嚴神通佛　南无北方月殿清淨佛
從此以上一万一千四百佛十二部經一切賢聖
南无東南方破一切闇佛
南无西南方大衰觀衆生佛
南无西北方香氣放光明佛
南无東北方无量功德海佛
南无下方斷一切疑佛　南无上方離一切優佛
如是十方盡虛空界一切三寶至心歸命常
住三寶
弟子等從无始以來至於今日積聚无明障

BD03915 號　佛名經（十六卷本）卷一四　（27–24）

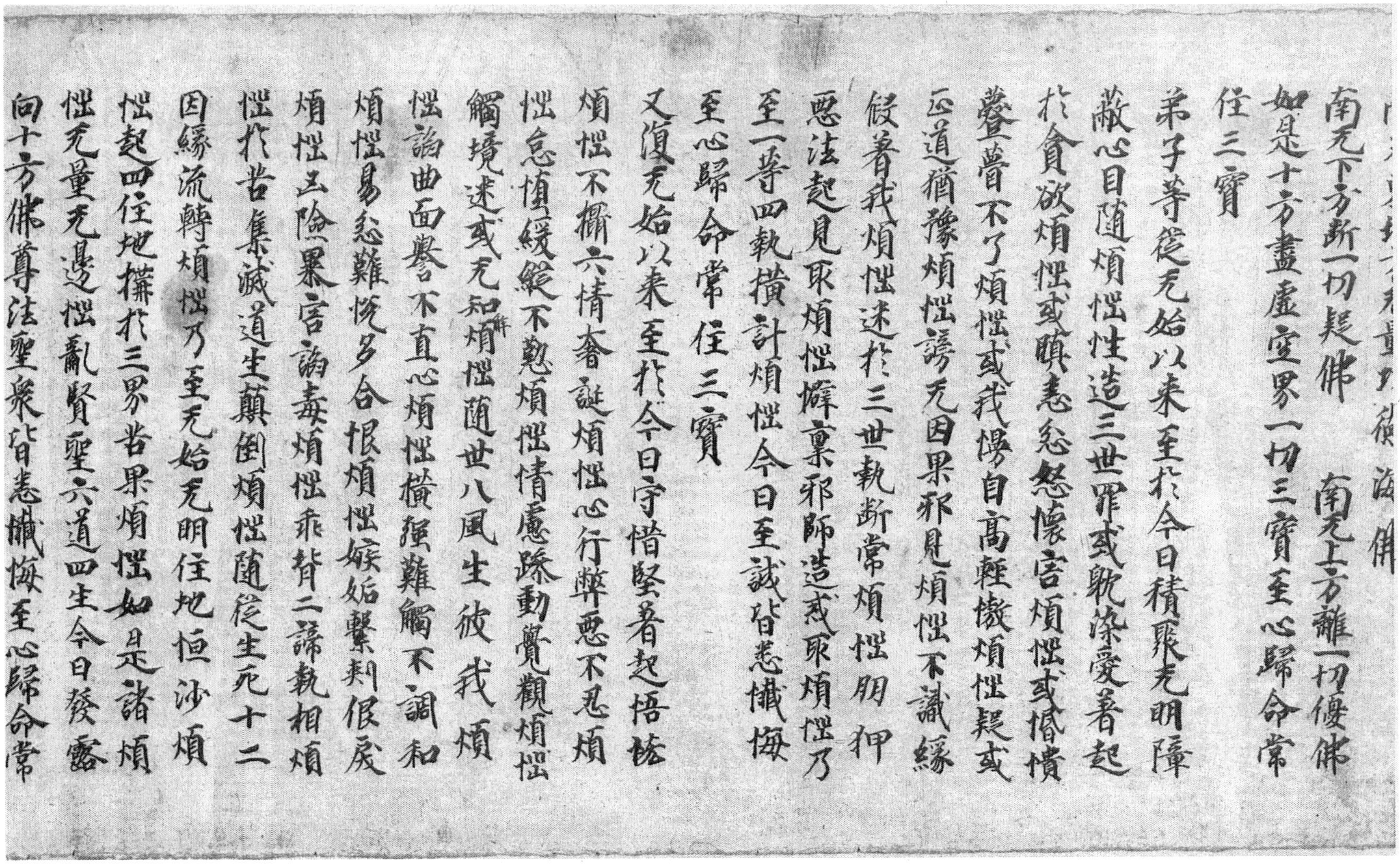

[illegible]无量[illegible]德海佛
南无下方斷一切疑佛　南无上方離一切憂佛
如是十方盡虚空界一切三寶至心歸命常
住三寶
弟子等從无始以來至於今日積聚无明障
蔽心目隨煩惱性造三世罪或耽染愛著起
於貪欲煩惱或瞋恚忿怒懷害煩惱或惛憒
瞢瞢不了煩惱或我慢自高輕懱煩惱疑或
正道猶豫煩惱謗无因果邪見煩惱不識緣
假著我煩惱迷於三世執斷常煩惱朋狎
惡法起見取煩惱僻稟邪師造戒取煩惱乃
至一切四執橫計煩惱今日至誠皆悉懺悔
至心歸命常住三寶
又復无始以來至於今日守惜堅著起悋
煩惱不攝六情奢誕煩惱心行弊惡不忍煩
惱怠墯緩縱不懃煩惱情慮躁動覺觀煩惱
觸境迷惑无知煩惱隨世八風生彼我煩
惱諂曲面譽不直心煩惱擴獷難觸不調和
煩惱易忿難悅多含恨煩惱嫉妒擊刺很戾
煩惱凶險暴害酷毒煩惱乖背二諦執相煩
惱於苦集滅道生顛倒煩惱隨從生死十二
因緣流轉煩惱乃至无始无明住地恒沙煩
惱起四住地構於三界苦果煩惱如是諸煩
惱无量无邊惱亂賢聖六道四生今日發露
向十方佛尊法聖衆皆悉懺悔至心歸命常

BD03915號　佛名經（十六卷本）卷一四　（27–25）

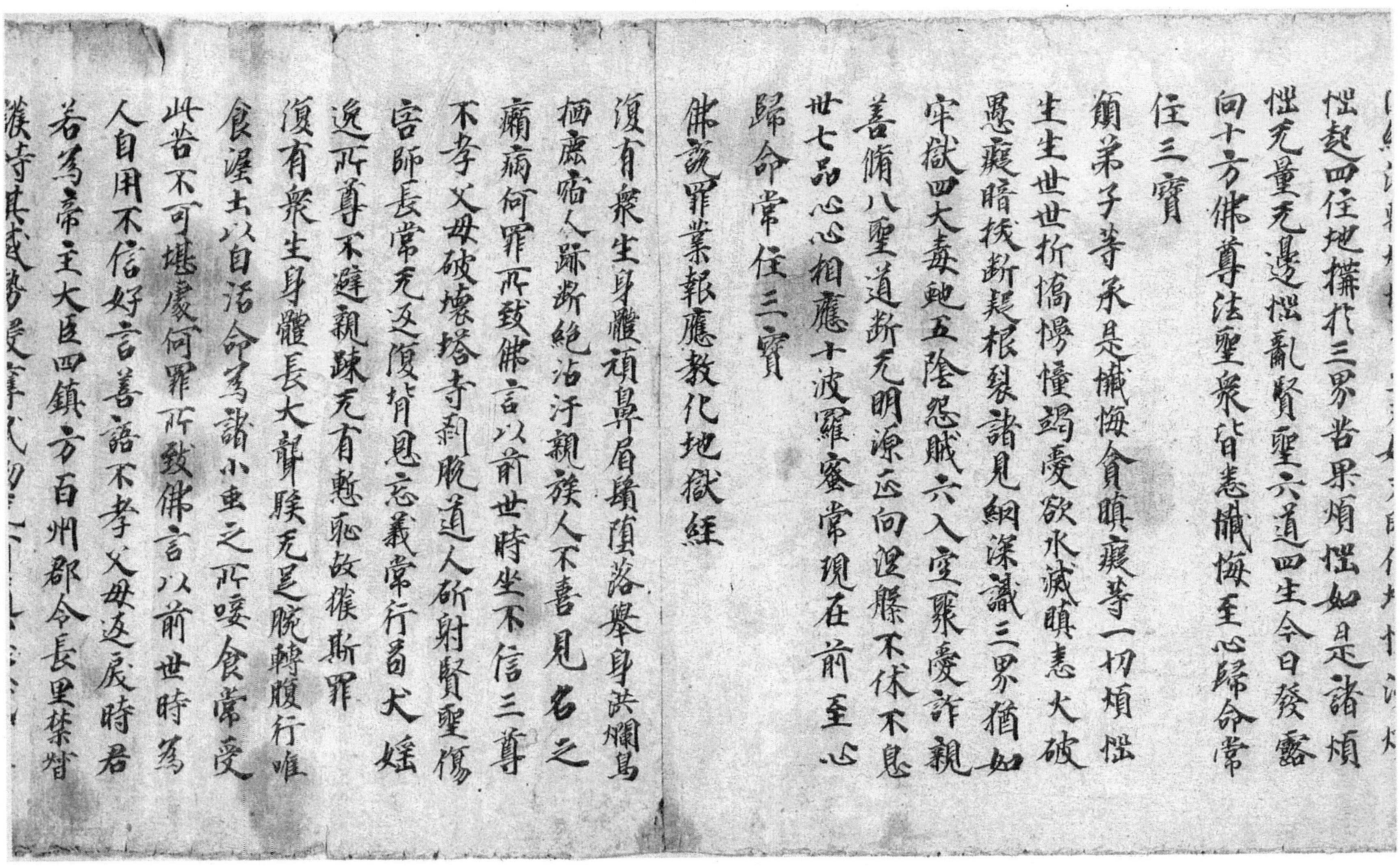

[illegible]
惱起四住地構於三界苦果煩惱如是諸煩
惱无量无邊惱亂賢聖六道四生今日發露
向十方佛尊法聖衆皆悉懺悔至心歸命常
住三寶
願弟子等承是懺悔貪瞋癡等一切煩惱
生生世世折憍慢幢竭愛欲水滅瞋恚火破
愚癡暗拔斷疑根裂諸見網深識三界猶如
牢獄四大毒蛇五陰怨賊六入空聚愛詐親
善脩八聖道斷无明源正向涅槃不休不息
卅七品心心相應十波羅蜜常現在前至心
歸命常住三寶
佛說罪業報應教化地獄經
復有衆生身體頑鼻眉鬚墮落舉身洪爛鳥
栖鹿宿人跡斷絕沾汙親族人不喜見名之
癩病何罪所致佛言以前世時坐不信三尊
不孝父母破壞塔寺剝脫道人斫射賢聖傷
害師長常无返復背恩忘義常行苟且婬
逸所尊不避親疎无有慚恥故獲斯罪
復有衆生身體長大聾騃无足腕轉腹行唯
食泥土以自活命爲諸小虫之所唼食常受
此苦不可堪處何罪所致佛言以前世時爲
人自用不信好言善語不孝父母返戾時君
若爲帝王大臣四鎮方伯州郡令長里案
護寺[illegible]

BD03915號　佛名經（十六卷本）卷一四　（27–26）

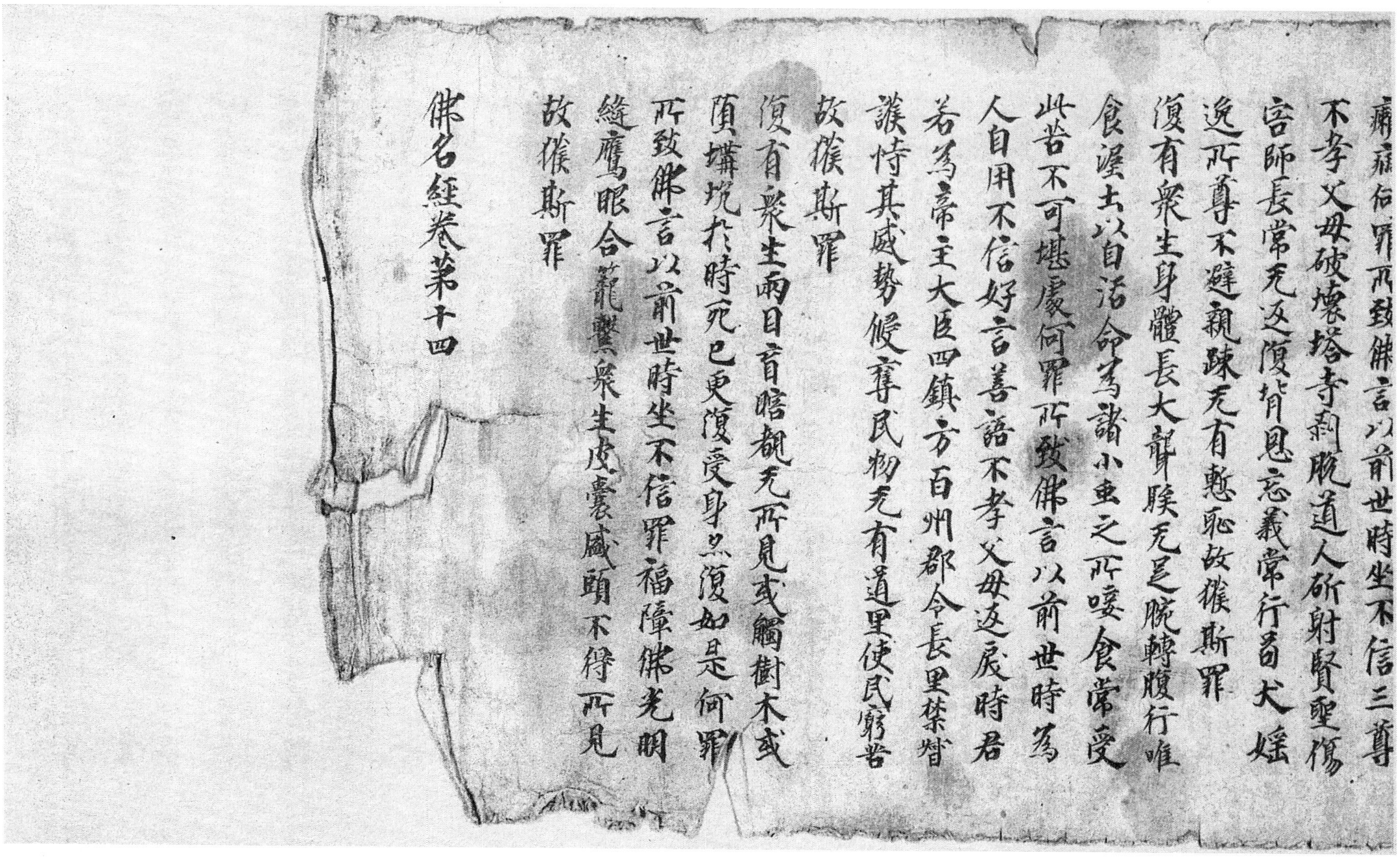

癩病何罪所致佛言以前世時坐不信三尊
不孝父母破壞塔寺剝脫道人斫射賢聖傷
害師長常无返復背恩忘義常行苟犬婬
逸所尊不避親疎无有慚恥故獲斯罪
復有衆生身體長大聾騃无足腕轉腹行唯
食泥土以自活命為諸小虫之所唼食常受
此苦不可堪處何罪所致佛言以前世時為
人自用不信好言善語不孝父母返戾時君
若為帝主大臣四鎮方伯州郡令長里禁督
護恃其威勢侵奪民物无有道里使民窮苦
故獲斯罪
復有衆生兩目盲瞎覩无所見或觸樹木或
墮坑坎於時死已更復受身亦復如是何罪
所致佛言以前世時坐不信罪福障佛光明
縫鷹眼合籠繫衆生皮囊盛頭不得所見
故獲斯罪
佛名經卷第十四

BD03915 號　佛名經（十六卷本）卷一四　　（27–27）

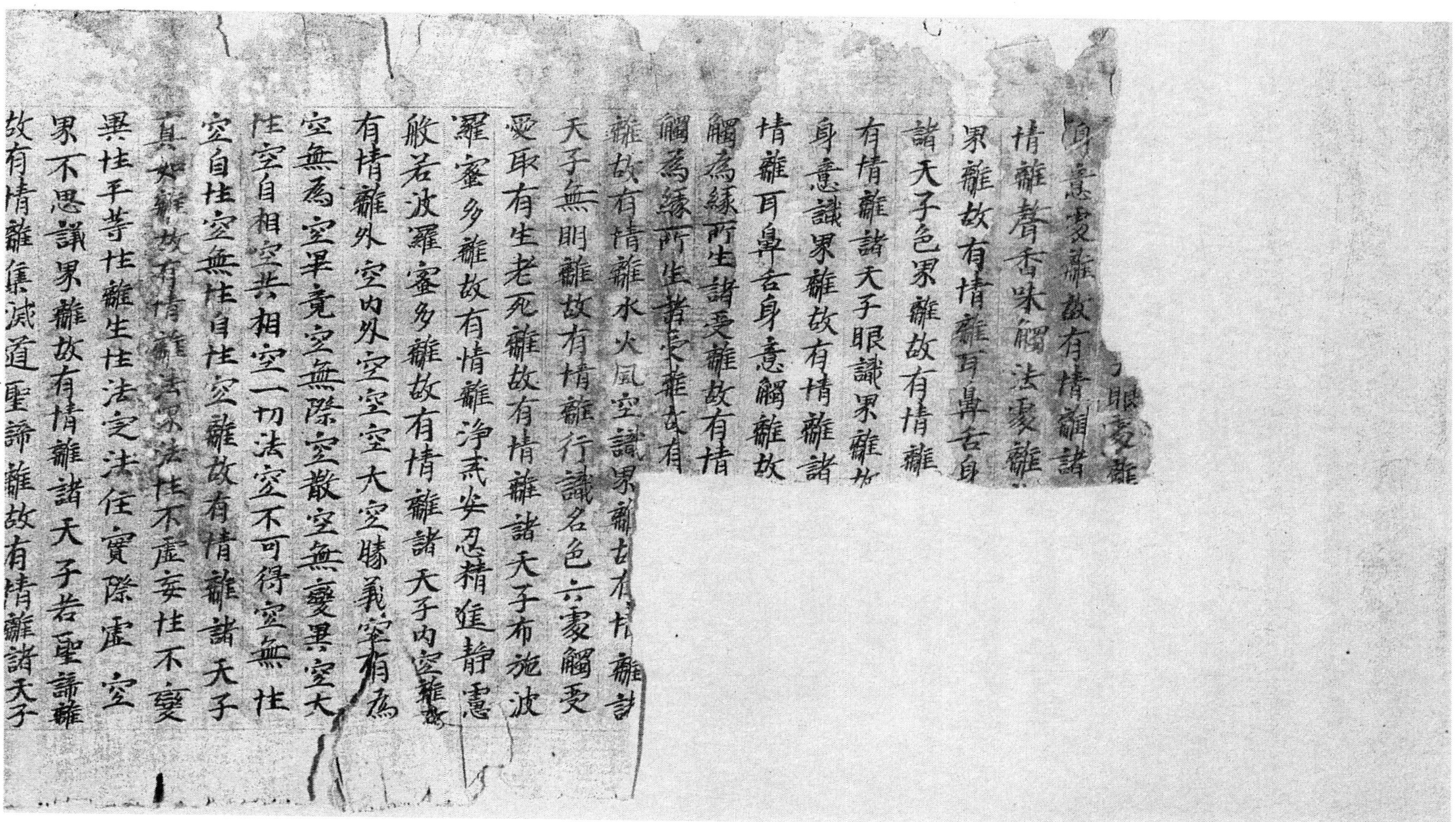

眼處離
身意處離故有情離諸
情離聲香味觸法處離
界離故有情離耳鼻舌身
諸天子色界離故有情離
有情離諸天子眼識界離故
身意識界離故有情離諸
觸為緣所生諸受離故有情
觸為緣所生諸受離故有
離故有情離水火風空識界離故有情離諸
天子無明離故有情離行識名色六處觸受
愛取有生老死離故有情離諸天子布施波
羅蜜多離故有情離淨戒安忍精進靜慮
般若波羅蜜多離故有情離諸天子內空離故
有情離外空內外空空空大空勝義空有為
空無為空畢竟空無際空散空無變異空大
性空自相空共相空一切法空不可得空無性
空自性空無性自性空離故有情離諸天子
真如離故有情離法界法性不虛妄性不變
異性平等性離生性法定法住實際虛空
界不思議界離故有情離諸天子苦聖諦離
故有情離集滅道聖諦離故有情離諸天子

BD03916 號　大般若波羅蜜多經卷三四三　　（20–1）

空無為空畢竟空無際空散空無變異空本
性空自相空共相空一切法空不可得空無性
空自性空無性自性空離故有情離諸天子
真如離故有情離法界法性不虛妄性不變
異性平等性離生性法定法住實際虛空
界不思議界離故有情離諸天子苦聖諦離
故有情離集滅道聖諦離故有情離諸天子
四靜慮離故有情離四無量四無色定離故
有情離諸天子八解脫離故有情離八勝處
九次第定十遍處離故有情離諸天子四念
住離故有情離四正斷四神足五根五力七等
覺支八聖道支離故有情離諸天子空解
脫門離故有情離無相無願解脫門離故有
情離諸天子極喜地離故有情離離垢地發
光地焰慧地極難勝地現前地遠行地不動地
善慧地法雲地離故有情離諸天子五眼離故
有情離六神通離故有情離諸天子佛十
力離故有情離四無所畏四無礙解大慈大
悲大喜大捨十八佛不共法離故有情離諸天
子無忘失法離故有情離恒住捨性離故
有情離諸天子一切智離故有情離道相智
一切相智離故有情離諸天子一切陀羅尼
門離故有情離一切三摩地門離故有情離
諸天子預流果離故有情離一來不還阿羅漢
果離故有情離諸天子獨覺菩提離故有
情離諸天子一切菩薩摩訶薩行離故有情
離諸天子諸佛無上正等菩提離故有情離
諸天一切智智離故有情離

BD03916 號　大般若波羅蜜多經卷三四三　（20–2）

諸天子預流果離故有情離一來不還阿羅漢
果離故有情離諸天子獨覺菩提離故有
情離諸天子一切菩薩摩訶薩行離故有情
離諸天子諸佛無上正等菩提離故有情離
諸天一切智智離故有情離
復次諸天子色離故布施淨戒安忍精進靜
慮般若波羅蜜多離受想行識離故布施
淨戒安忍精進靜慮般若波羅蜜多離諸天
子色離故內空外空內外空空空大空勝義空
有為空無為空畢竟空無際空散空無變
異空本性空自相空共相空一切法空不可得
空無性空自性空無性自性空離受想行識
離故內空乃至無性自性空離諸天子色離
故真如法界法性不虛妄性不變異性平等
性離生性法定法住實際虛空界不思議界
離受想行識離故真如乃至不思議界離諸天
子色離故若苦集滅道聖諦離受想行識離
故苦集滅道聖諦離諸天子色離故四靜慮
四無量四無色定離受想行識離故四靜慮
四無量四無色定離諸天子色離故八解脫八
勝處九次第定十遍處離受想行識離故
八解脫八勝處九次第定十遍處離諸天子
色離故四念住四正斷四神足五根五力七等
覺支八聖道支離受想行識離故四念住
乃至八聖道支離諸天子色離故空無相無
願解脫門離受想行識離故空無相無願解
脫門離諸天子色離故極喜地離垢地發光
地焰慧地極難勝地現前地遠行地不動地善

BD03916 號　大般若波羅蜜多經卷三四三　（20–3）

覺支八聖道支離受想行識離故四念住
乃至八聖道支離諸天子色離故空無相無
願解脫門離受想行識離故空無相無願解
脫門離諸天子色離故極喜地離垢地發光
地焰慧地極難勝地現前地遠行地不動地善
慧地法雲地離受想行識離故極喜地乃至
法雲地離諸天子色離故五眼六神通離受
想行識離故五眼六神通離諸天子色離
故佛十力四無所畏四無礙解大慈大悲大
喜大捨十八佛不共法離受想行識離故佛
十力乃至十八佛不共法離諸天子色離故無
忘失法恒住捨性離受想行識離故無忘
失法恒住捨性離諸天子色離故一切智道
相智一切相智離受想行識離故一切智道
相智一切相智離諸天子色離故一切陀羅
尼門三摩地門離受想行識離故一切陀羅
尼門三摩地門離諸天子色離故預流一來
不還阿羅漢果離受想行識離故預流一來
不還阿羅漢果離諸天子色離故獨覺菩提
離受想行識離故獨覺菩提離諸天子色
離故一切菩薩摩訶薩行離受想行識離故一
切菩薩摩訶薩行離諸天子色離故諸佛
無上正等菩提離受想行識離故諸佛無上
正等菩提離諸天子色離故一切智智離受想
行識離故一切智智離
復次諸天子眼處離故布施淨戒安忍精進
靜慮般若波羅蜜多離耳鼻舌身意處
離故布施淨戒安忍精進靜慮般若波羅蜜多離

BD03916 號　大般若波羅蜜多經卷三四三　（20-4）

正等菩提離諸天子色離故一切智智離受想
行識離故一切智智離
復次諸天子眼處離故布施淨戒安忍精進
靜慮般若波羅蜜多離耳鼻舌身意處
離故布施淨戒安忍精進靜慮般若波羅蜜多離
諸天子眼處離故內空外空內外空空空大空
勝義空有為空無為空畢竟空無際空散空
無變異空本性空自性空共相空一切法
空不可得空無性空自性空無性自性空離
耳鼻舌身意處離故內空乃至無性自性
空離諸天子眼處離故真如法界法性不虛妄
性不變異性平等性離生性法定法住實際
虛空界不思議界離耳鼻舌身意處離故真
如乃至不思議界離諸天子眼處離故苦集
滅道聖諦離耳鼻舌身意處離故苦集滅
道聖諦離諸天子眼處離故四靜慮四無量
四無色定離耳鼻舌身意處離故四靜慮四
無量四無色定離諸天子眼處離故八解脫八
勝處九次第定十遍處離耳鼻舌身意處離
故八解脫八勝處九次第定十遍處離諸天子
眼處離故四念住四正斷四神足五根五力
七等覺支八聖道支離耳鼻舌身意處離
故四念住乃至八聖道支離諸天子眼處離
故空無相無願解脫門離耳鼻舌身意處
離故空無相無願解脫門離諸天子眼處離
故極喜地離垢地發光地焰慧地極難勝地
現前地遠行地不動地善慧地法雲地離耳鼻
舌身意處離故極喜地乃至法雲地離諸天

BD03916 號　大般若波羅蜜多經卷三四三　（20-5）

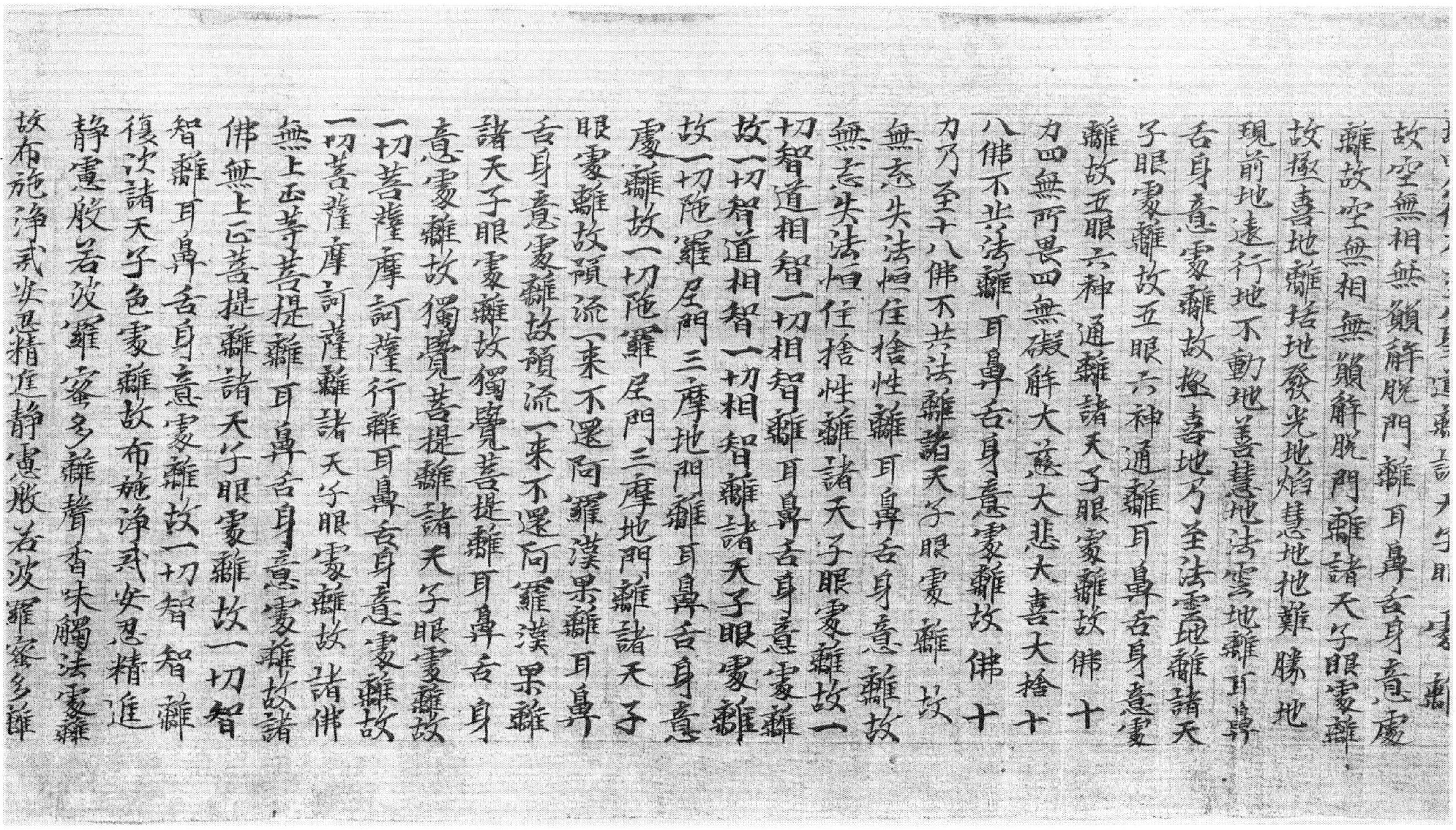

…道…離諸天子眼處離
故空無相無願解脫門離耳鼻舌身意處
離故空無相無願解脫門離諸天子眼處離
故極喜地離垢地發光地焰慧地極難勝地
現前地遠行地不動地善慧地法雲地離耳鼻
舌身意處離故極喜地乃至法雲地離諸天
子眼處離故五眼六神通離耳鼻舌身意處
離故五眼六神通離諸天子眼處離故佛十
力四無所畏四無礙解大慈大悲大喜大捨十
八佛不共法離耳鼻舌身意處離故佛十
力乃至十八佛不共法離諸天子眼處離故
無忘失法恒住捨性離耳鼻舌身意處離故
無忘失法恒住捨性離諸天子眼處離故一
切智道相智一切相智離耳鼻舌身意處離
故一切智道相智一切相智離諸天子眼處離
故一切陀羅尼門三摩地門離耳鼻舌身意
處離故一切陀羅尼門三摩地門離諸天子
眼處離故預流一來不還阿羅漢果離耳鼻
舌身意處離故預流一來不還阿羅漢果離
諸天子眼處離故獨覺菩提離耳鼻舌身
意處離故獨覺菩提離諸天子眼處離故
一切菩薩摩訶薩行離耳鼻舌身意處離故
一切菩薩摩訶薩離諸天子眼處離故諸佛
無上正等菩提離耳鼻舌身意處離故諸
佛無上正等菩提離諸天子眼處離故一切智
智離耳鼻舌身意處離故一切智智離
復次諸天子色處離故布施淨戒安忍精進
靜慮般若波羅蜜多離聲香味觸法處離
故布施淨戒安忍精進靜慮般若波羅蜜多離

BD03916號　大般若波羅蜜多經卷三四三　（20–6）

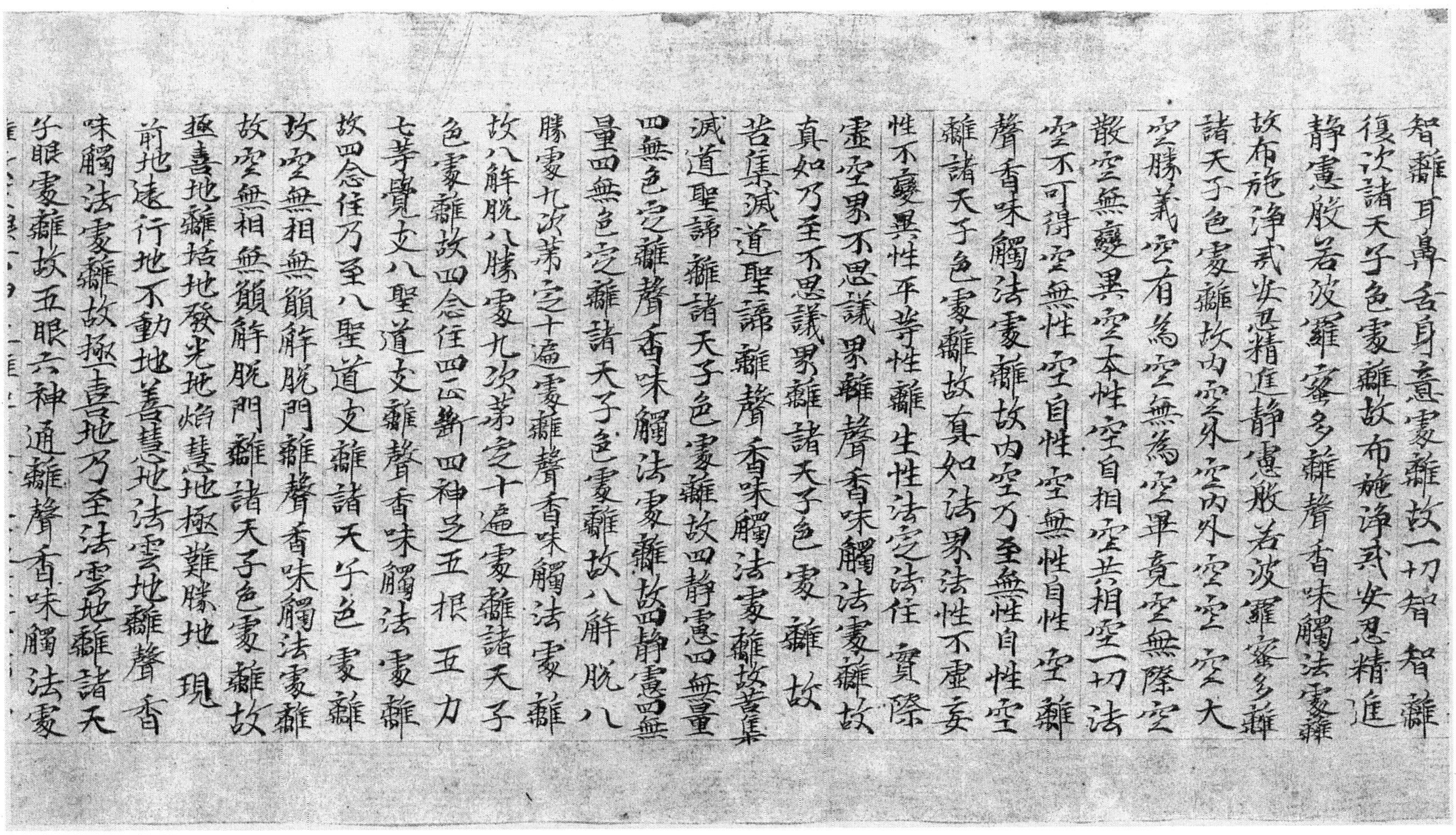

智離耳鼻舌身意處離故一切智智離
復次諸天子色處離故布施淨戒安忍精進
靜慮般若波羅蜜多離聲香味觸法處離
故布施淨戒安忍精進靜慮般若波羅蜜多離
諸天子色處離故內空外空內外空空空大
空勝義空有為空無為空畢竟空無際空
散空無變異空本性空自相空共相空一切法
空不可得空無性空自性空無性自性空離
聲香味觸法處離故內空乃至無性自性空
離諸天子色處離故真如法界法性不虛妄
性不變異性平等性離生性法定法住實際
虛空界不思議界離聲香味觸法處離故
真如乃至不思議界離諸天子色處離故
苦集滅道聖諦離聲香味觸法處離故苦集
滅道聖諦離諸天子色處離故四靜慮四無量
四無色定離聲香味觸法處離故四靜慮四無
量四無色定離諸天子色處離故八解脫八
勝處九次第定十遍處離聲香味觸法處離
故八解脫八勝處九次第定十遍處離諸天子
色處離故四念住四正斷四神足五根五力
七等覺支八聖道支離聲香味觸法處離
故四念住乃至八聖道支離諸天子色處離
故空無相無願解脫門離聲香味觸法處離
故空無相無願解脫門離諸天子色處離故
極喜地離垢地發光地焰慧地極難勝地現
前地遠行地不動地善慧地法雲地離聲香
味觸法處離故極喜地乃至法雲地離諸天
子眼處離故五眼六神通離聲香味觸法處

BD03916號　大般若波羅蜜多經卷三四三　（20–7）

極喜地離垢地發光地焰慧地極難勝地現
前地遠行地不動地善慧地法雲地離聲香
味觸法處離故極喜地乃至法雲地離諸天
子眼處離故五眼六神通離聲香味觸法處
離故五眼六神通離諸天子色處離故佛十
力四無所畏四無礙解大慈大悲大喜大捨
十八佛不共法離聲香味觸法處離故佛十
力乃至十八佛不共法離諸天子色處離故無
忘失法恒住捨性離聲香味觸法處離故無
忘失法恒住捨性離諸天子色處離故一
切智道相智一切相智離聲香味觸法處
離故一切智道相智一切相智離諸天子色處
離故一切陀羅尼門三摩地門離聲香味觸
法處離故一切陀羅尼門三摩地門離諸天
子色處離故預流一來不還阿羅漢果離聲
香味觸法處離故預流一來不還阿羅漢果
離諸天子色處離故獨覺菩提離聲香味
觸法處離故獨覺菩提離諸天子色處離
故一切菩薩摩訶薩行離聲香味觸法處離故
一切菩薩摩訶薩行離諸天子色處離故諸佛
無上正等菩提離聲香味觸法處離故諸佛
無上正等菩提離諸天子色處離故一切智
智離聲香味觸法處離故一切智智離
復次諸天子眼界離故布施淨戒安忍精進
靜慮般若波羅蜜多離耳鼻舌身意界離
故布施淨戒安忍精進靜慮般若波羅蜜多離
諸天子眼界離故內空外空內外空空空大空
勝義空有為空無為空畢竟空無際空散空

BD03916號　大般若波羅蜜多經卷三四三

（20–8）

智離聲香味觸法處離故一切智智離
復次諸天子眼界離故布施淨戒安忍精進
靜慮般若波羅蜜多離耳鼻舌身意界離
故布施淨戒安忍精進靜慮般若波羅蜜多離
諸天子眼界離故內空外空內外空空空大空
勝義空有為空無為空畢竟空無際空散空
無變異空本性空自相空共相空一切法空
不可得空無性空自性空無性自性空離耳
鼻舌身意界離故內空乃至無性自性空
離諸天子眼界離故真如法界法性不虛妄
性不變異性平等性離生性法定法住實際虛
空界不思議界離耳鼻舌身意界離故真
如乃至不思議界離諸天子眼界離故苦集
滅道聖諦離耳鼻舌身意離故苦集滅
道聖諦離諸天子眼界離故四靜慮四無量
四無色定離耳鼻舌身意離故四靜慮四無
量四無色定離諸天子眼界離故八解脫八
勝處九次第定十遍處離耳鼻舌身意界
離故八解脫八勝處九次第定十遍處離諸
天子眼界離故四念住四正斷四神足五根五
力七等覺支八聖道支離耳鼻舌身意界
離故四念住乃至八聖道支離諸天子眼界
離故空無相無願解脫門離耳鼻舌身意界
離故空無相無願解脫門離諸天子眼界離故
極喜地離垢地發光地焰慧地極難勝地現
前地遠行地不動地善慧地法雲地離耳鼻
舌身意界離故極喜地乃至法雲地離諸天
子眼界離故五眼六神通離耳鼻舌身意界
離故五眼六神通離諸天子眼界離故佛十

BD03916號　大般若波羅蜜多經卷三四三

（20–9）

極喜地離垢地發光地焰慧地極難勝地現
前地遠行地不動地善慧地法雲地離耳鼻
舌身意界離故極喜地乃至法雲地離諸天
子眼界離故五眼六神通離耳鼻舌身意界
離故五眼六神通離諸天子眼界離故佛十
力四無所畏四無礙解大慈大悲大喜大捨
十八佛不共法離耳鼻身意界離故佛十
力乃至十八佛不共法離諸天子眼界離故
無忘失法恒住捨性離耳鼻舌身意界離故
無忘失法恒住捨性離諸天子眼界離故一
切智道相智一切相智離耳鼻舌身意界離
故一切智道相智一切相智離諸天子眼界離
故一切陁羅尼門三摩地門離耳鼻舌身意
界離故一切陁羅尼門三摩地門離諸天
子眼界離故預流一來不還阿羅漢果離耳
鼻舌身意界離故預流一來不還阿羅漢果
離諸天子眼界離故獨覺菩提離耳鼻舌身
意界離故獨覺菩提離諸天子眼界離故一
切菩薩摩訶薩行離耳鼻舌身意界離故
一切菩薩摩訶薩行離諸天子眼界離故諸
佛無上正等菩提離耳鼻舌身意界離故諸佛
無上正等菩提離諸天子眼界離故一切智智
離耳鼻舌身意界離故一切智智離
復次諸天子色界離故布施淨戒安忍精進
靜慮般若波羅蜜多離聲香味觸法界離
故布施淨戒安忍精進靜慮般若波羅蜜多
離諸天子色界離故內空外空內外空空空
大空勝義空有為空無為空畢竟空無際空

BD03916 號　大般若波羅蜜多經卷三四三　（20–10）

復次諸天子色界離故布施淨戒安忍精進
靜慮般若波羅蜜多離聲香味觸法界離
故布施淨戒安忍精進靜慮般若波羅蜜多
離諸天子色界離故內空外空內外空空空
大空勝義空有為空無為空畢竟空無際空
散空無變異空本性空自相空共相空一切法
空不可得空無性空自性空無性自性空離
聲香味觸法界離故內空乃至無性自性空
離諸天子色界離故真如法界法性不虛妄
性不變異性平等性離生性法定法住實際
虛空界不思議界離聲香味觸法界離故真
如乃至不思議界離諸天子色界離故苦集
滅道聖諦離聲香味觸法界離故苦集滅道
聖諦離諸天子色界離故四靜慮四無量四
無色定離聲香味觸法界離故四靜慮四無
量四無色定離諸天子色界離故八解脫八
勝處九次第定十遍處離聲香味觸法界離
故八解脫八勝處九次第定十遍處離諸天
子色界離故四念住四正斷四神足五根五力
七等覺支八聖道支離聲香味觸法界離
故四念住乃至八聖道支離諸天子色界離
故空無相無願解脫門離聲香味觸法界離
故空無相無願解脫門離諸天子色界離故
極喜地離垢地發光地焰慧地極難勝地現
前地遠行地不動地善慧地法雲地離聲香
味觸法界離故極喜地乃至法雲地離諸天
子色界離故五眼六神通離聲香味觸法界
離故五眼六神通離諸天子色界離故佛十

BD03916 號　大般若波羅蜜多經卷三四三　（20–11）

極喜地離垢地發光地焰慧地極難勝地現
前地遠行地不動地善慧地法雲地離聲香
味觸法界離故極喜地乃至法雲地離諸天
子色界離故五眼六神通離聲香味觸法界
離故五眼六神通離諸天子色界離故佛十
力四無所畏四無礙解大慈大悲大喜大捨十
八佛不共法離聲香味觸法界離故佛十
力乃至十八佛不共法離諸天子色界離故
無忘失法恒住捨性離聲香味觸法界離故
無忘失法恒住捨性離諸天子色界離故一
切智道相智一切相智離聲香味觸法界離
故一切智道相智一切相智離諸天子色界
離故一切陀羅尼三摩地門離聲香味觸
法界離故一切陀羅尼門三摩地門離諸天
子色界離故預流一來不還阿羅漢果離聲
香味觸法界離故預流一來不還阿羅漢果
離諸天子色界離故獨覺菩提離聲香味
觸法界離故獨覺菩提離諸天子色界離故
一切菩薩摩訶薩行離聲香味觸法界離故
一切菩薩摩訶薩行離諸天子色界離故諸
佛無上正等菩提離聲香味觸法界離故諸
佛無上正等菩提離諸天子色界離故一切智智
離聲香味觸法界離故一切智智離
復次諸天子眼識界離故布施淨戒安忍精
進靜慮般若波羅蜜多離耳鼻舌身意識
界離故布施淨戒安忍精進靜慮般若波羅
蜜多離諸天子眼識界離故內空外空內外空
空空大空勝義空有為空無為空畢竟空

BD03916 號　大般若波羅蜜多經卷三四三

（20–12）

復次諸天子眼識界離故布施淨戒安忍精
進靜慮般若波羅蜜多離耳鼻舌身意識
界離故布施淨戒安忍精進靜慮般若波羅
蜜多離諸天子眼識界離故內空外空內外空
空空大空勝義空有為空無為空畢竟空
際空散空無變異空本性空自相空共相空
一切法空不可得空無性空自性空無性自
性空離耳鼻舌身意識界離故內空乃至無
性自性空離諸天子眼識界離故真如法界
法性不虛妄性不變異性平等性離生性法
定法住實際虛空界不思議界離耳鼻舌身
意識界離故真如乃至不思議界離諸天子
眼識界離故苦集滅道聖諦離耳鼻舌身
意識界離故苦集滅道聖諦離諸天子眼識
界離故四靜慮四無量四無色定離耳鼻舌
身意識界離故四靜慮四無量四無色定離諸
天子眼識界離故八解脫八勝處九次第定十
遍處離耳鼻舌身意識界離故八解脫八
勝處九次第定十遍處離諸天子眼識界離
故四念住四正斷四神足五根五力七等覺支
八聖道支離耳鼻舌身意識界離故四念
住乃至八聖道支離諸天子眼識界離故空
無相無願解脫門離耳鼻舌身意識界離
故空無相無願解脫門離諸天子眼識界離故
極喜地離垢地發光地焰慧地極難勝地現
前地遠行地不動地善慧地法雲地離耳鼻
舌身意識界離故極喜地乃至法雲地離諸
天子眼識界離故五眼六神通離耳鼻舌身

BD03916 號　大般若波羅蜜多經卷三四三

（20–13）

故空無相無願解脫門離諸天子眼識界離故
極喜地離垢地發光地焰慧地極難勝地現
前地遠行地不動地善慧地法雲地離耳鼻
舌身意識界離故極喜地乃至法雲地離諸
天子眼識界離故五眼六神通離耳鼻舌身
意識界離故五眼六神通離諸天子眼識界
離故佛十力四無所畏四無礙解大慈大悲
大喜大捨十八佛不共法離耳鼻舌身意識
界離故佛十力乃至十八佛不共法離諸天
子眼識界離故無忘失法恒住捨性離耳鼻
舌身意識界離故無忘失法恒住捨性離
諸天子眼識界離故一切智道相智一切相
智離耳鼻舌身意識界離故一切智道相智
一切相智離諸天子眼識界離故一切陁羅尼門
三摩地門離耳鼻舌身意識界離故一切
陁羅尼門三摩地門離諸天子眼識界離故
預流一來不還阿羅漢果離耳鼻舌身意識
界離故預流一來不還阿羅漢果離諸天子
眼識界離故獨覺菩提離耳鼻舌身意識
界離故獨覺菩提離諸天子眼識界離故一
切菩薩摩訶薩行離耳鼻舌身意識界離故
一切菩薩摩訶薩行離諸天子眼識界離故
諸佛無上正等菩提離耳鼻舌身意識界離
故諸佛無上正等菩提離諸天子眼識界離
故一切智智離耳鼻舌身意識界離故一切
智智離
復次諸天子眼觸離故布施淨戒安忍精進
靜慮般若波羅蜜多離耳鼻舌身意觸離
故布施淨戒安忍精進靜慮般若波羅蜜多



故一切智智離耳鼻舌身意識界離故一切
智智離
復次諸天子眼觸離故布施淨戒安忍精進
靜慮般若波羅蜜多離耳鼻舌身意觸離
故布施淨戒安忍精進靜慮般若波羅蜜多
離諸天子眼觸離故內空外空內外空空空大
空勝義空有為空無為空畢竟空無際空散
空無變異空本性空自相空共相空一切法
空不可得空無性空自性空無性自性空離耳
鼻舌身意觸離故內空乃至無性自性空離
諸天子眼觸離故真如法界法性不虛妄
性不變異性平等性離生性法定法住實際
虛空界不思議界離耳鼻舌身意觸離故真
如乃至不思議界離諸天子眼觸離故苦集滅
道聖諦離耳鼻舌身意觸離故苦集滅道
聖諦離諸天子眼觸離故四靜慮四無量四
無色定離耳鼻舌身意觸離故四靜慮四無
量四無色定離諸天子眼觸離故八解脫八
勝處九次第定十遍處離耳鼻舌身意觸
離故八解脫八勝處九次第定十遍處離諸天
子眼觸離故四念住四正斷四神足五根五力
七等覺支八聖道支離耳鼻舌身意觸離
故四念住乃至八聖道支離諸天子眼觸離
故空無相無願解脫門離耳鼻舌身意觸
離故空無相無願解脫門離諸天子眼觸離
故極喜地離垢地發光地焰慧地極難勝地
現前地遠行地不動地善慧地法雲地離耳鼻
舌身意觸離故極喜地乃至法雲地離諸天

故空無相無願解脫門離耳鼻舌身意觸
離故空無相無願解脫門離諸天子眼觸離
故極喜地離垢地發光地焰慧地極難勝地
現前地遠行地不動地善慧地法雲地離耳鼻
舌身意觸離故極喜地乃至法雲地離諸天
子眼觸離故五眼六神通離耳鼻舌身意觸
離故五眼六神通離諸天子眼觸離故佛十
力四無所畏四無礙解大慈大悲大喜大捨
十八佛不共法離耳鼻舌身意觸離故佛十
力乃至十八佛不共法離諸天子眼觸離故無
忘失法恒住捨性離耳鼻舌身意觸離故
無忘失法恒住捨性離諸天子眼觸離故一
切智道相智一切相智離耳鼻舌身意觸
離故一切智道相智一切相智離諸天子眼
觸離故一切陀羅尼門三摩地門離耳鼻舌身
意觸離故一切陀羅尼門三摩地門離諸天
子眼觸離故預流一來不還阿羅漢果離耳
鼻舌身意觸離故預流一來不還阿羅漢果
離諸天子眼觸離故獨覺菩提離耳鼻舌身
意觸離故獨覺菩提離諸天子眼觸離故一
切菩薩摩訶薩行離耳鼻舌身意觸離故
一切菩薩摩訶薩行離諸天子眼觸離故諸佛
無上正等菩提離耳鼻舌身意觸離故諸佛
無上正等菩提離諸天子眼觸離故一切智
智離耳鼻舌身意觸離故一切智智離
復次諸天子眼觸為緣所生諸受離故布施
淨戒安忍精進靜慮般若波羅蜜多離耳
鼻舌身意觸為緣所生諸受離故布施淨

BD03916 號　大般若波羅蜜多經卷三四三　（20–16）

無上正等菩提離諸天子眼觸離故一切智
智離耳鼻舌身意觸離故一切智智離
復次諸天子眼觸為緣所生諸受離故布施
淨戒安忍精進靜慮般若波羅蜜多離耳
鼻舌身意觸為緣所生諸受離故布施淨
戒安忍精進靜慮般若波羅蜜多離諸天子
眼觸為緣所生諸受離故內空外空內外空空空
大空勝義空有為空無為空畢竟空無際空
散空無變異空本性空自相空共相空一切
法空不可得空無性空自性空無性自性空
離耳鼻舌身意觸為緣所生諸受離故內空
乃至無性自性空離諸天子眼觸為緣所生
諸受離故真如法界法性不虛妄性不變異性
平等性離生性法定法住實際虛空界不思
議界離耳鼻舌身意觸為緣所生諸受離
故真如乃至不思議界離諸天子眼觸為緣所
生諸受離故苦集滅道聖諦離耳鼻舌身
意觸為緣所生諸受離故苦集滅道聖諦離
諸天子眼觸為緣所生諸受離故四靜慮四
無量四無色定離耳鼻舌身意觸為緣所生
諸受離故四靜慮四無量四無色定離諸天
子眼觸為緣所生諸受離故八解脫八勝處
九次第定十遍處離耳鼻舌身意觸為緣
所生諸受離故八解脫八勝處九次第定十遍
處離諸天子眼觸為緣所生諸受離故四念住
四正斷四神足五根五力七等覺支八聖道
支離耳鼻舌身意觸為緣所生諸受離故
四念住乃至八聖道支離諸天子眼觸為緣所

BD03916 號　大般若波羅蜜多經卷三四三　（20–17）

九次第定十遍處離耳鼻舌身意觸為緣
所生諸受離故八解脫八勝處九次第定十遍
處離諸天子眼觸為緣所生諸受離故四念住
四正斷四神足五根五力七等覺支八聖道
支離耳鼻舌身意觸為緣所生諸受離故
四念住乃至八聖道支離諸天子眼觸為緣所
生諸受離故空無相無願解脫門離耳鼻
舌身意觸為緣所生諸受離故空無相無願
解脫門離諸天子眼觸為緣所生諸受離故
極喜地離垢地發光地焰慧地極難勝地
現前地遠行地不動地善慧地法雲地離耳
鼻舌身意觸為緣所生諸受離故極喜地乃
至法雲地離諸天子眼觸為緣所生諸受離故
五眼六神通離耳鼻舌身意觸為緣所生諸
受離故五眼六神通離諸天子眼觸為緣所
生諸受離故佛十力四無所畏四無礙解大慈
大悲大喜大捨十八佛不共法離耳鼻舌身
意觸為緣所生諸受離故佛十力乃至十
八佛不共法離諸天子眼觸為緣所生諸受
離故無忘失法恒住捨性離耳鼻舌身意觸
為緣所生諸受離故無忘失法恒住捨性離諸
天子眼觸為緣所生諸受離故一切智道相
智一切相智離耳鼻舌身意觸為緣所生諸
受離故一切智道相智一切相智離諸天子
眼觸為緣所生諸受離故一切陀羅尼門三
摩地門離耳鼻舌身意觸為緣所生諸受
離故一切陀羅尼門三摩地門離諸天子眼觸
為緣所生諸受離故預流一來不還阿羅漢

BD03916號　大般若波羅蜜多經卷三四三　（20–18）

受離故一切智道相智一切相智離諸天子
眼觸為緣所生諸受離故一切陀羅尼門三
摩地門離耳鼻舌身意觸為緣所生諸受
離故一切陀羅尼門三摩地門離諸天子眼觸
為緣所生諸受離故預流一來不還阿羅漢
果離耳鼻舌身意觸為緣所生諸受離故預
流一來不還阿羅漢果離諸天子眼觸為緣
所生諸受離故獨覺菩提離耳鼻舌身意
觸為緣所生諸受離獨覺菩提離諸天子眼
觸為緣所生離故一切菩薩摩訶薩行離耳
鼻舌身意觸為緣所生諸受離故一切菩
薩摩訶薩行離諸天子眼觸為緣所生諸
受離故諸佛無上正等菩提離耳鼻舌身意
觸為緣所生諸受離故諸佛無上正菩提
離諸天子眼觸為緣所生諸受離故一切智
智離耳鼻舌身意觸為緣所生諸受離故
一切智智離
復次諸天子地界離故布施淨戒安忍精進
靜慮般若波羅蜜多離水火風空識界離
故布施淨戒安忍精進靜慮般若波羅蜜多
離諸天子地界離故內空外空內外空空空
大空勝義空有為空無為空畢竟空無際
空散空無變異空本性空自相空共相空一切
法空不可得空無性空自性空無性自性空離
水火風空識界離故內空乃至無性自性空
離諸天子地界離故真如法界法性不虛妄
性不變異性平等性離生性法定法住實際
虛空界不思議界離水火風空識界離故真

BD03916號　大般若波羅蜜多經卷三四三　（20–19）

空散空無變異空本性空自相空共相空一切
法空不可得空無性空自性空無性自性空離
水火風空識界離故內空乃至無性自性空
離諸天子地界離故真如法界法性不虛妄
性不變異性平等性離生性法定法住實際
虛空界不思議界離水火風空識界離故真
如乃至不思議界離諸天子地界離故苦集
滅道聖諦離水火風空識界離故苦集滅
道聖諦離諸天子地界離故四靜慮四無量
四無色定離水火風空識界離故四靜慮四無
量四無色定離諸天子地界離故八解脫八
勝處九次第定十遍處離水火風空識界離
故八解脫八勝處九次第定十遍處離諸天
子地界離故四念住四正斷四神足五根五
力七等覺支八聖道支離水火風空識界離
故四念住乃至八聖道支離

大般若波羅蜜多經卷第三百卌三

BD03916號　大般若波羅蜜多經卷三四三

（20–20）

妙法蓮華經度量天地品第廿九
九
尒時觀世音菩薩摩訶薩即從座起卻整衣
服偏袒右肩頭面著地為佛作禮胡跪合掌
而白佛言世尊我等无量諸菩薩眾并及一
切諸天人等以於佛前廣聞諸法敷演解說
妙法華經心淨踊躍得未曾有重白佛言世
尊我常晝夜周旋往返十方一切无量世界
教化眾生未知天地深淺近遠唯願世尊為
我解說令我大眾悉皆得聞
尒時佛告觀世音菩薩摩訶薩及於恒河沙
諸菩薩等汝今諦聽善思念之吾當為汝分
別解說如是大地深二十億万里次有潤澤亦
深二十億万里次有金銀琉璃車渠馬瑙珊瑚
虎珀諸妙珎寶深四十億万里次有金粟
深八十億万里次有銀剛亦深八十億万里
次有銀粟深百億万里次有金剛深二百億
万里下有无㨶大風稱其天地不使傾動其大
地者是天之梁柱何以故天下所有一切万
物皆曰於地及
坑澗井谷卉木叢林藥草諸樹皆地生

BD03917號　妙法蓮華經度量天地品

（14–1）

深八十億万里次有金剛深八十億万里
次有銀粟深百億万里次有金剛深二百億
万里下有无撩大風稱其天地不使傾動其大
地者是天之梁柱何以故天下所有一切万
物皆曰於地及
垸澗井谷卉木藂林藥草諸樹皆地生
長土山黑山小鐵圍山及弥樓山金剛山須弥
山等如是一切衆妙寶山諸山中王四寶涌
戌高出一切諸妙寶山皆曰大地涌出弥寶
而共合戌又須弥山王四寶踊戌高出一切諸
世間上何等為四南名琉璃西名頗梨 北
名馬瑙東名黃金四寶光炎照曜四方天
下衆生共相瞻視謂名為天須弥山者是天
主護世四鎮依心而住何等為須弥山南有
无量七寶宮殿去地百万里中有天王名毗留
勒又身長二十里壽命八万七千歲衣食
自然其中男女壽命俱等亦身長二十里
衣食自然閻浮提内一切衆生有能持三歸
五戒孝養父母恭敬師長奉侍三尊无違失
者得生其中須弥山西亦有无量七寶宮殿
去地百万里中有天王名毗樓愽叉亦身長二
十里壽命八万七千歲衣食自然其中亦
有男女身長二十里閻浮提内一切衆生有
能受持三歸五戒孝養父母奉事三尊者得
生其中須弥山北皆有无量七寶宮殿去地
亦尒中有天王名毗沙門身長二十里壽命八万

BD03917 號　妙法蓮華經度量天地品

（14–2）

十里壽命八万七千歲衣食自然其中亦
有男女身長二十里閻浮提内一切衆生有
能受持三歸五戒孝養父母奉事三尊者得
生其中須弥山北皆有无量七寶宮殿去地
亦尒中有天王名毗沙門身長二十里壽命八万
七千歲亦衣食自然其中亦有男女身長二
十里閻浮提内一切衆生有能受持三歸五
戒孝養父母恭敬師長奉事三尊者得
生其中須弥山東各有无量七寶三宮寶殿
亦去地百万里中有天王名提頭賴吒及諸
男女壽命多少人身長短及諸衣食皆悉同
等閻浮提衆生有能脩行三歸五戒恭敬父
母者得生其中轉輪聖王所住之處亦有无
量七寶宮殿去地二百万里時轉輪王及諸男
女并及一切群臣眷屬皆身長二十里壽命
二十五万歲衣食自然轉輪聖王及諸 王子
一切皆乘七寶大象遊行四天下教化衆生
一切衆生有能受持三歸五戒脩十善行不
犯諸惡受持讀誦妙法華經隨意所願得
生其中亦身長二十里壽命二十五万歲衣
食自然无所乏少須弥頂上名忉利天此天
第一壽命一劫其中天人亦身長二十里一切
皆受自然閻浮提内一切衆生若有受持
五戒十善勤行精進供養諸佛受持讀誦
妙法華經晝夜一心護持經戒清淨具足无
[illegible]

BD03917 號　妙法蓮華經度量天地品

（14–3）

第一壽命一劫其中天人亦身長二十里一切
皆受自然閻浮提内一切衆生若有受持
五戒十善勤行精進供養諸佛受持讀誦
妙法華經晝夜一心護持經戒清淨身足无
違失者盡其壽命随意所願得生其中亦受
无量自在快樂其第二天壽命二劫衣食自
然其中亦有男女身長二十里受持五戒十
善得生其中其第三天壽命四劫衣食自然
其中亦有男女身長二十里受持五戒十善
者得生其中第四天壽命八劫衣食自然其
中亦有男女身長二十里受持五戒十善得
生其中第五天壽命十六劫衣食自然其中
亦有男女身長二十里受持五戒十善得生
其中其第六天壽命三十二劫衣食自然其
中亦有男女身長二十里受持五戒十善得
生其中其第七天壽命六十四劫其中天人
見食即飽亦有男女身長二十里受持五戒
十善得生其中第八天壽命一百二十八劫見
食即飽其中有亦男女身長二十里受持五
戒十善得生其中其第九天壽命二百五
十六劫見食即飽其中亦有男女身長二十
里受持五戒十善得生其中第十天壽命五
百三十二劫見食即飽其中亦有男女身長
二十里受持五戒十善得生其中第十一天
壽命一千六十四劫見食即飽其中亦有男
女身長二十里受持五戒十善得生其中

BD03917 號　妙法蓮華經度量天地品　　（14–4）

里受持五戒十善得生其中第十天壽命五
百三十二劫見食即飽其中亦有男女身長
二十里受持五戒十善得生其中第十一天
壽命一千六十四劫見食即飽其中亦有男
女身長二十里受持五戒十善得生其中
其第十二天壽命二千一百二十八劫聞食即
飽其中亦有男女身長二十里受持五戒十
善得生其中其第十三天壽命四千四百五
十六劫聞食即飽其中亦有男女身長二十
里受持五戒十善得生其中其第十四天壽
命一万劫聞食即飽其中亦有男女身長二
十里受持五戒十善得生其中其第十五天
壽命二万劫聞食即飽其中亦有男女身
長二十里受持五戒十善得生其中第十六天
壽命四万億劫聞食即飽其中亦有男女身長
二十里受持五戒十善得生其中亦有男女
身長二十里受持五戒十善得生其中其第
七天壽命八万劫憶食即飽其中亦有男女
身長二十里受持五戒十善得生其中第
十八天壽命十六万劫憶食即飽其中亦有
男女身長二十里受持五戒十善得生其中
其第十九天壽命三十二万劫其中天人无
有煩惱身心清淨无所味著神通自在无有
鄣㝵如諸佛菩薩同等无異其第二十天壽
命六十四万劫其中天人无有鄣㝵快樂其第

BD03917 號　妙法蓮華經度量天地品　　（14–5）

十八天壽命十六万刧憶食即飽其中亦有
男女身長二十里受持五戒十善得生其中
其弟十九天壽命三十二万刧其中天人无
有煩惱身心清淨无所味着神通自在无有
鄣㝵如諸佛菩薩同等无異其弟二十天壽
命六十四万刧其中天人无有鄣㝵快樂其弟
二十一天壽命一百二十八万刧其弟二十二天
壽命二百五十六万刧其弟二十三
天五百一十二万刧其弟二十四天一千二
十四万刧其弟廿五天壽二千四十万刧其
二十六天壽四千九十六万刧其二十七天
壽八千二百万刧其弟二十八天壽一万六
千四百万刧其二十九天壽命三万二千万
刧其弟三十天壽六万四千万刧其三十一
天壽十二万八千万刧其三十二天壽二十
五万刧六千万刧其有頂天三十三天壽命五
十一万二千万万億刧於是中間无有天人
唯有諸佛菩薩以為心住壽刧數不可思議
又天地相去百万億由旬日月去地八十億万
里星宿去地七十億万里須弥山縱廣三
百卌六万里高下亦尒閻浮提地亦縱廣三
百三十六万里西居耶尼縱廣四百四十八
万里北欝單越縱廣六百六十四万里東
弗于逮縱廣五百五十三万里金剛圍山高二
百万里大鐵圍山高二百万里小鐵圍山高
百二十万里其大海廣五千里深三千里其小

BD03917號　妙法蓮華經度量天地品　　（14–6）

百三十六万里西居耶尼縱廣四百四十八
万里北欝單越縱廣六百六十四万里東
弗于逮縱廣五百五十三万里金剛圍山高二
百万里大鐵圍山高二百万里小鐵圍山高
百二十万里其大海廣五千里深三千里其小
海廣一千五百里深千里其大江廣八十里
深四十里小江廣四十里深二十里其盟津
廣三里深一里半如是三千大千世界百億
日月百億大海小海江河百億四天百億四天
王百億轉輪王百億忉利天乃至百億
三十三天身長短壽命刧數次弟多少若
有食不食見色聞憶皆悉同等无有異也
諸須弥山高下大小四方大地闊狹多少諸
鐵圍山及與大海小海江河高下深淺皆
悉同等无有別異
日月去地亦復如是又諸日月悉皆周圍一
千七百里大星周圍百二十里中星周圍八
十里小星周圍四十五里氷車火車亦周圍
一千七八百里天下四時冬天撩寒夏天撩熱
春秋調和何以故日行三道冬行南道夏行
北道春秋行中道黃金水精為日白銀琉璃
為月及餘星宿悉皆白銀諸星宿上各有諸
天皆白銀身隨星大小以為居止皆受快樂
自在无㝵黃金水精為日夏天之時水精盡
退黃金正現火車助之其須弥山有百億金
剛皆共助熱夏行北道當人之上是故天下

BD03917號　妙法蓮華經度量天地品　　（14–7）

為月及餘星宿悉皆白銀諸星宿上各有諸
天皆白銀身隨星大小以為居止皆受快樂
自在无㝵黃金水精為日夏天之時水精盡
退黃金正現火車助之其須弥山有百億金
剛皆共助熱夏行北道當人之上是故天下
悉皆大熱冬天之時攝去火車黃金盡退水
精正現氷車助之冬行南道氷山之上是故
天下悉皆大寒月在天中照曜天下一月之
中而有生滅明時撤明暗時撤暗所以者何
白銀琉璃為月阿須輪王而典之自以身手行
翻覆轉側初生之時現於琉璃少出白銀如
是日月漸漸而轉至十五日琉璃隱沒白銀正
現是故天下一切皆明十五日已漸復而轉
至三十日白銀盡沒琉璃正現是故天下
悉皆大暗
佛告觀世音天下一切四方眾生各有差別
汝今諦聽當為汝說何以故閻浮提內一切
眾生身長八尺壽命百歲西居耶尼諸眾生
等身長十里壽命一千二百歲北鬱單越所
有眾生身長二十里壽命一千歲東弗于逮
眾生之類身長九里壽命五百歲閻浮提內
眾生多受苦惱多有憂悲煩惱患難受百歲
夜消其半長命者得壽百歲短命者胞胎
傷墮兼復中夭人生之時父母養育年既長
大自捋強健攜輕負重不自裁量勤身苦務
以自給濟如是日夜不能自足衣不蓋形食不

BD03917號　妙法蓮華經度量天地品　（14-8）

眾生多受苦惱多有憂悲煩惱患難受百歲
夜消其半長命者得壽百歲短命者胞胎
傷墮兼復中夭人生之時父母養育年既長
大自捋強健攜輕負重不自裁量勤身苦務
以自給濟如是日夜不能自足衣不蓋形食不
充口兼復王調於時課領方復擔為水火之
所焚漂劫奪如是憂惱勤苦无量世中眾生
雖受苦惱有能修行五戒十善受持讀誦妙
法華經懃脩精進供養諸佛盡衣一心奉
持經戒清淨具足无缺漏者因是果報得成
佛身西居耶尼諸眾生等一切皆受无量快樂
无有一人受苦惱者皆不由父母胞胎各各
皆當蓮華化生珂玻珈衣自然著體若欲
食時有七寶鉢器所謂金銀琉璃車𤦲馬瑙
珊瑚虎珀諸妙珍寶如是之鉢隨其時節自
然而現百味天廚充滿其中馨香美馥食之
甘美身心柔軟氣力調和身體平正端嚴微
妙聰明智慧高才明達神通切德不可思議
初生之時各各皆有珂玻珈衣在其身體又其
衣者隨身長大至於年老不著餘衣如是
淨實是快樂北鬱單越一切眾生雖有男女
无有婬欲男從父膝而生女從母膝而生須
衣架上而取須食有粳米飯皆長七寸隨其
時節自生玉盂中如是諸食不施功力食之甘
美氣力充實身體安寧无有病苦如是清淨
亦大快樂東弗于逮无量眾生雖為田殖耕

BD03917號　妙法蓮華經度量天地品　（14-9）

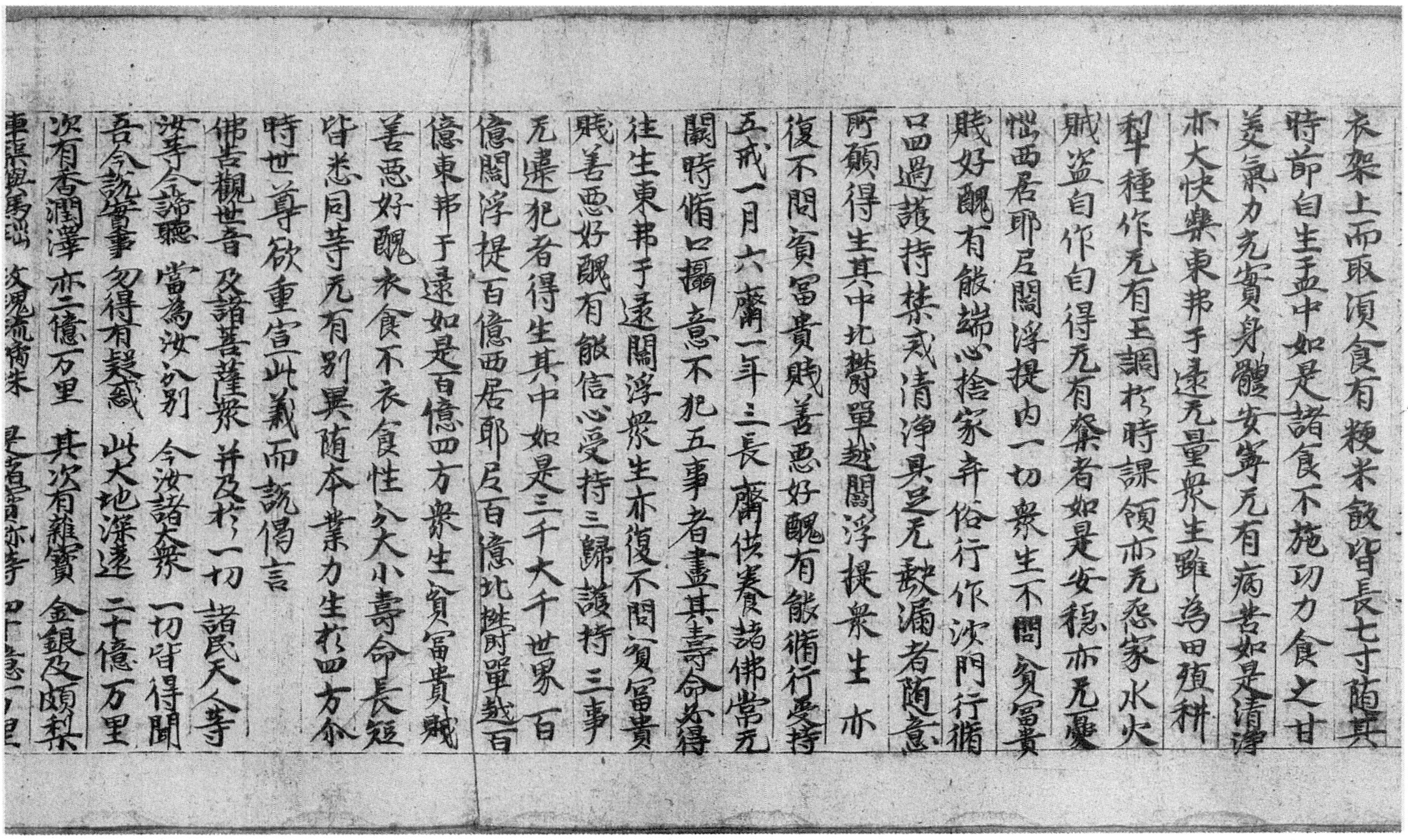

衣架上而取須食有粳米飯皆長七寸隨其
時節自生釜中如是諸食不施功力食之甘
美氣力充實身體安寧无有病苦如是清淨
亦大快樂東弗于逮无量衆生雖為田殖耕
犁種作无有王調於時課領亦无惡家水火
賊盜自作自得无有棄者如是安穩亦无憂
惱西居耶尼閻浮提內一切衆生不問貧富貴
賤好醜有能端心捨家弃俗行作沙門行循
口四過護持禁戒清淨具足无缺漏者隨意
所願得生其中北欝單越閻浮提衆生　亦
復不問貧富貴賤善惡好醜有能循行受持
五戒一月六齋一年三長齋供養諸佛常无
闕時循口攝意不犯五事者盡其壽命必得
往生東弗于逮閻浮衆生亦復不問貧富貴
賤善惡好醜有能信心受持三歸護持三事
无違犯者得生其中如是三千大千世界百
億閻浮提百億西居耶尼百億北欝單越百
億東弗于逮如是百億四方衆生貧富貴賤
善惡好醜衣食不衣食性命大小壽命長短
皆悉同等无有別異隨本業力生於四方尒
時世尊欲重宣此義而說偈言
佛告觀世音　及諸菩薩衆　并及於一切　諸民天人等
汝等今諦聽　當為汝分別　今汝諸大衆　一切皆得聞
吾今說此事　勿得有疑惑　此大地深遠　二十億万里
次有香潤澤　亦二億万里　其次有雜寶　金銀及頗梨
車𤦲與馬瑙　玫瑰琉璃珠　是諸寶弥等　四千億万里

BD03917 號　妙法蓮華經度量天地品　（14–10）

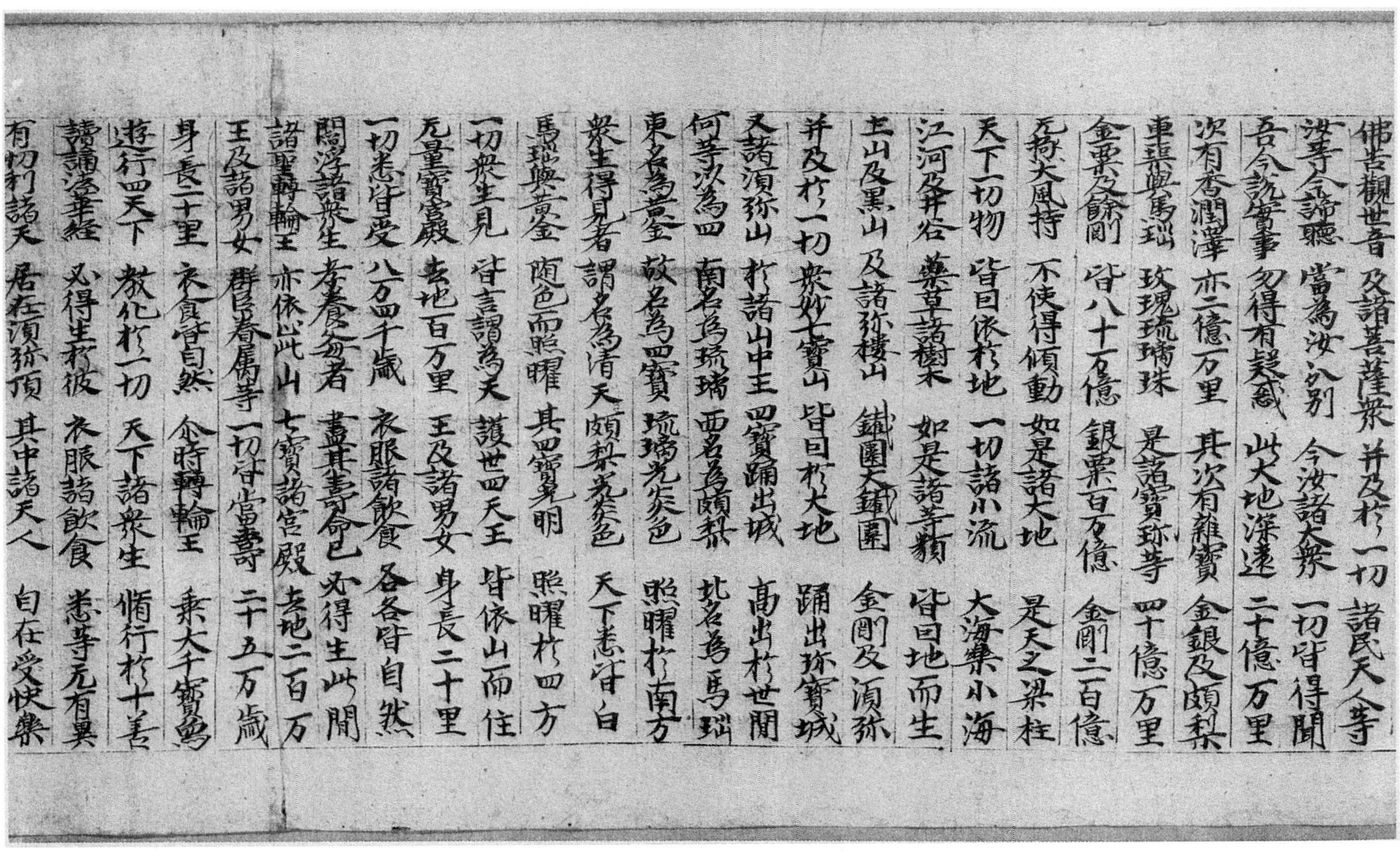

佛告觀世音　及諸菩薩衆　并及於一切　諸民天人等
汝等今諦聽　當為汝分別　今汝諸大衆　一切皆得聞
吾今說此事　勿得有疑惑　此大地深遠　二十億万里
次有香潤澤　亦二億万里　其次有雜寶　金銀及頗梨
車𤦲與馬瑙　玫瑰琉璃珠　是諸寶弥等　四千億万里
金粟及餘剛　皆八十万億　銀粟百万億　金剛二百億
无物大風持　不使得傾動　如是諸大地　是天之梁柱
天下一切物　皆因依於地　一切諸小流　大海衆小海
江河及井谷　藥草諸樹木　如是諸等類　皆因地而生
土山及黑山　及諸弥樓山　鐵圍大鐵圍　金剛及須弥
并及於一切　衆妙七寶山　皆因於大地　踊出弥寶城
及諸須弥山　於諸山中王　四寶踊出城　高出於世間
何等次為四　南名為琉璃　西名為頗梨　北名為馬瑙
東名為黃金　故名為四寶　琉璃光炎色　照曜於南方
衆生得見者　謂名為清天　頗梨光炎色　天下悉皆白
馬瑙與黃金　隨色而照曜　其四寶光明　照曜於四方
一切衆生見　皆言謂為天　護世四天王　皆依山而住
无量寶宮殿　去地百万里　王及諸男女　身長二十里
一切悉皆受　八万四千歲　衣服諸飲食　各各皆自然
閻浮諸衆生　孝養父母者　盡其壽命已　必得生此間
諸聖轉輪王　亦依以此山　七寶諸宮殿　去地二百万
王及諸男女　群臣眷屬等　一切皆當壽　二十五万歲
身長二十里　衣食皆自然　尒時轉輪王　乘大千寶鳥
遊行四天下　教化於一切　天下諸衆生　循行於十善
讀誦法華經　必得生於彼　衣服諸飲食　悉等无有異
有忉利諸天　居在須弥頂　其中諸天人　自在受快樂

BD03917 號　妙法蓮華經度量天地品　（14–11）

諸聖轉輪王　亦依此山　七寶諸宮殿　去地二百万
王及諸男女　群臣眷屬等　一切皆當壽　二十五万歲
身長二十里　衣食皆自然　爾時轉輪王　乘大千寶鳥
遊行四天下　教化於一切　天下諸衆生　循行於十善
讀誦法華經　必得生於彼　衣服諸飲食　悉等无有異
有忉利諸天　居在須彌頂　其中諸天人　自在受快樂
壽命於一劫　衣食皆自然　閻浮諸衆生　若有能受持
五戒十善行　讀誦法華經　勤行於精進　供養於諸佛
晝夜常一心　奉持於經戒　清淨无缺漏　必得生此天
衣服諸飲食　一切皆自然　此天名第一　第二及第三
第四與第五　乃至第六天　壽命輪輪倍　衣食亦如是
第七及第八　乃至第二十　其壽命劫數　轉轉而增倍
其中諸天人　不復須衣食　但見聲聞香　自然而飽滿
其身意清淨　心无所味着　功德智慧力　不可得稱量
神通力自在　无有諸鄣礙　若有能受持　妙法華經者
得解其義趣　如說而循行　勤得供養佛　及供養經卷
晝夜誦經戒　清淨具足者　隨其心中願　必得生彼間
功德神通力　悉等无有異　其第二十一　乃至有頂天
而於是中間　无有諸天人　諸佛菩薩等　於中而止住
其壽命劫數　不可得思議　其天地相去　百万億由旬
日月去於地　八十億万里　諸星宿去地　皆七十億万
其次須彌山　縱廣有二百　二十六万里　高下亦如是
閻浮提縱廣　其數皆如是　西方瞿耶尼　其縱廣四百
四十八万里　清淨无瑕穢　北方欝單越　縱廣於六百
六十四万里　无有諸煩惱　弗于逮縱廣　五百五万里
金剛大鐵圍　高二百万里　其小鐵圍山　高百二十万

BD03917號　妙法蓮華經度量天地品　（14–12）

閻浮提縱廣　其數皆如是　西方瞿耶尼　其縱廣四百
四十八万里　清淨无瑕穢　北方欝單越　縱廣於六百
六十四万里　无有諸煩惱　弗于逮縱廣　五百五万里
金剛大鐵圍　高二百万里　其小鐵圍山　高百二十万
大海廣八千　深於三千里　小海千五百　其水深一千
大河八十里　水深於四十　小河廣四十　深於二十里
恩津廣二百　深於一里半　其日月周圍　一千七百里
大星二百二十　中星廣八十　其諸小星等　皆四十五里
觀世音當知　天下有四時　寒熱及調和　是事何因緣
日行於三道　冬行於南道　夏行於北道　春秋行中道
是故令天下　調和无寒熱　黃金水精日　白銀琉璃月
及諸星宿等　悉皆為白銀　於上有諸天　皆為白鐵身
隨諸星大小　於上而止息　夏行於北道　晝退於水精
黃金而正現　金剛及峯　皆悉而佐助　是故天下熱
冬行於南道　攝去於峯　晝退於黃金　水精而正現
以水車動之　是故天下寒　月在於天中　照曜於天下
而有生滅相　是故何因緣　阿須輪王等　而共知於月
自以於身手　轉倒而翻覆　白於初生時　而現於琉璃
少出於白銀　故名為初生　過初生日已　日日漸漸轉
隱弊於琉璃　而漸見白銀　至於十五日　琉璃盡隱沒
正現於白銀　是故天下明　過於十五日　漸漸而復轉
隱弊於白銀　漸現於琉璃　至於三十日　白銀悉皆沒
琉璃皆正見　是故天下暗　是大三千界　一切百億天
壽命及劫數　多少與次第　若食若不食　悉皆同平等
百億須彌山　高下及大小　四方諸大地　闊狹與多少
鐵圍大鐵圍　諸大海水等　小海江河水　高下及[illegible]

BD03917號　妙法蓮華經度量天地品　（14–13）

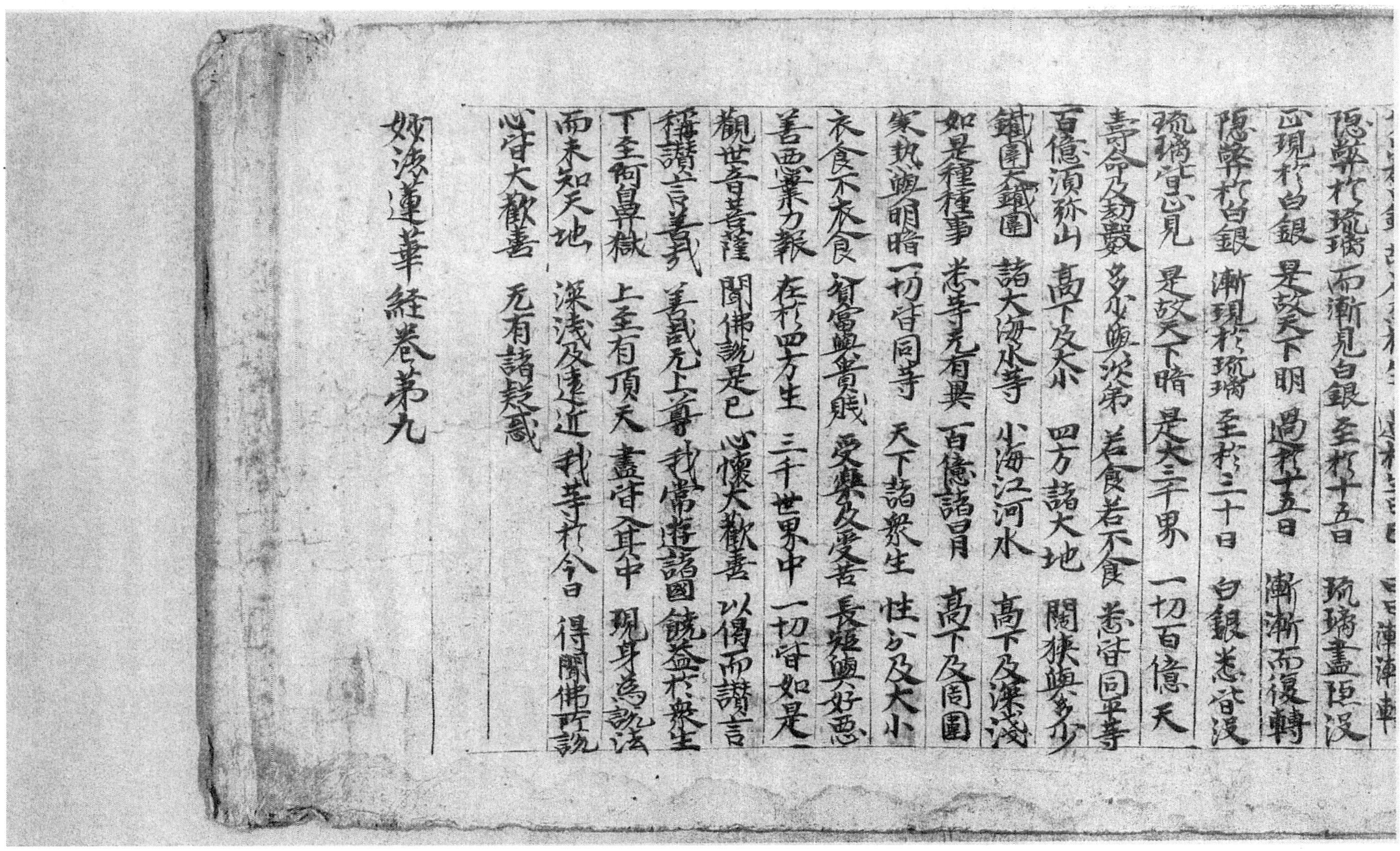

隱蔽於琉璃 而漸見白銀 至於十五日 琉璃盡隱沒
正現於白銀 是故天下明 過於十五日 漸漸而復轉
隱蔽於白銀 漸現於琉璃 至於三十日 白銀悉皆沒
琉璃皆正見 是故天下暗 是大三千界 一切百億天
壽命及劫數 多少與災弟 若食若不食 悉皆同平等
百億須弥山 高下及大小 四方諸大地 闊狹與多少
鐵圍大鐵圍 諸大海水等 小海江河水 高下及深淺
如是種種事 悉等无有異 百億諸日月 高下及周圓
寒熱與明暗 一切皆同等 天下諸衆生 性分及大小
衣食不衣食 貧富與貴賤 受樂及受苦 長短與好惡
善惡業力報 在於四方生 三千世界中 一切皆如是
觀世音菩薩 聞佛說是已 心懷大歡喜 以偈而讚言
稱讚言善哉 善哉无上尊 我常遊諸國 饒益於衆生
下至阿鼻獄 上至有頂天 盡皆入其中 現身為說法
而未知天地 深淺及遠近 我等於今日 得聞佛所說
心皆大歡喜 无有諸疑惑

妙法蓮華經卷第九

BD03917 號　妙法蓮華經度量天地品　（14–14）

BD03918 號　無量壽宗要經　（2–1）

[illegible]
南謨薄伽勃底 阿喻紇硜娜 須毗你悉指陀 囉佐耶 怛他羯他耶 薩婆桑悉迦囉
波唎輸底 達磨底 伽伽娜 娑訶娑摩揭底 薩婆婆毗輸底 摩訶娜耶 波唎婆唎莎訶
若有[illegible]壽命[illegible]
[illegible]無量壽宗要經陀羅尼曰
南謨薄伽勃底 阿波唎蜜多 阿喻紇硜娜 須毗你悉指陀 囉佐耶 怛他羯他耶 薩婆桑悉迦囉
波唎輸底 達磨底 伽伽娜 娑訶娑摩揭底 薩婆婆毗輸底 摩訶娜耶 波唎婆唎莎訶
爾時復有九十九殑伽佛一時同聲說是无量壽宗要經陀羅尼曰
南謨薄伽勃底 阿波唎蜜多 阿喻紇硜娜 須毗你悉指陀 囉佐耶 怛他羯他耶 薩婆桑悉迦囉
波唎輸底 達磨底 伽伽娜 娑訶娑摩揭底 薩婆婆毗輸底 摩訶娜耶 波唎婆唎莎訶
爾時復有一百四殑伽佛一時同聲說是无量壽宗要經陀羅尼曰
南謨薄伽勃底 阿波唎蜜多 阿喻紇硜娜 須毗你悉指陀 囉佐耶 怛他羯他耶 薩婆桑悉迦囉
波唎輸底 達磨底 伽伽娜 娑訶娑摩揭底 薩婆婆毗輸底 摩訶娜耶 波唎婆唎莎訶
爾時復有七殑伽佛一時同聲說是无量壽宗要經陀羅尼曰
南謨薄伽勃底 阿波唎蜜多 阿喻紇硜娜 須毗你悉指陀 囉佐耶 怛他羯他耶 薩婆桑悉迦囉
波唎輸底 達磨底 伽伽娜 娑訶娑摩揭底 薩婆婆毗輸底 摩訶娜耶 波唎婆唎莎訶
爾時復有六十五殑伽佛一時同聲說是无量壽宗要經陀羅尼曰
南謨薄伽勃底 阿波唎蜜多 阿喻紇硜娜 須毗你悉指陀 囉佐耶 怛他羯他耶 薩婆桑悉迦囉
波唎輸底 達磨底 伽伽娜 娑訶娑摩揭底 薩婆婆毗輸底 摩訶娜耶 波唎婆唎莎訶
爾時復有五十五殑伽佛一時同聲說是无量壽宗要經陀羅尼曰
南謨薄伽勃底 阿波唎蜜多 阿喻紇硜娜 須毗你悉指陀 囉佐耶 怛他羯他耶 薩婆桑悉迦囉
波唎輸底 達磨底 伽伽娜 娑訶娑摩揭底 薩婆婆毗輸底 摩訶娜耶 波唎婆唎莎訶
爾時復有四十五殑伽佛一時同聲說是无量壽宗要經陀羅尼曰
南謨薄伽勃底 阿波唎蜜多 阿喻紇硜娜 須毗你悉指陀 囉佐耶 怛他羯他耶 薩婆桑悉迦囉
波唎輸底 達磨底 伽伽娜 娑訶娑摩揭底 薩婆婆毗輸底 摩訶娜耶 波唎婆唎莎訶

**BD03918 號　無量壽宗要經**　（2–2）

事師女

次大慧復建立法智者說言如實見者唯是
自心而不取著外諸境界離四種法見一切法
如彼彼法住不見自心分別之相不墮二邊
不見能取可取境界見世間建立一切不實迷
如實法以不[illegible]有[illegible]名之為實以自內身證
聖智法如實　二種見離於二種諸煩
惱垢清淨二種如實能知上上地相入如來地
得如幻三昧遠離心意意識分別如是等見名
為涅槃大慧復有諸外道等邪見覺觀而
諸說論不與如實正法相應而諸智者遠離
訶責大慧如是[illegible]隨二邊虛妄分別
无實涅槃大慧一切外道如是虛妄分別涅
槃无人住世間无人入涅槃何以故一一外道
依自心論虛妄分別无如實智如彼外道自
心分別无如是法去來搖動无有如是外
道涅槃大慧汝及一切諸菩薩等應當遠離
一切外道虛妄涅[illegible]時世尊重說偈言
外道涅槃見　各各起分別　皆從心相生　无解脫方便
不離縛所縛　遠離諸方便　自生解脫想　而實无解脫
外道建立法　衆智各異取　彼悉无解脫　愚癡妄分別
一切癡外道　妄見作所作　是故无解脫　已說有无法

**BD03919 號　入楞伽經卷六**　（3–1）

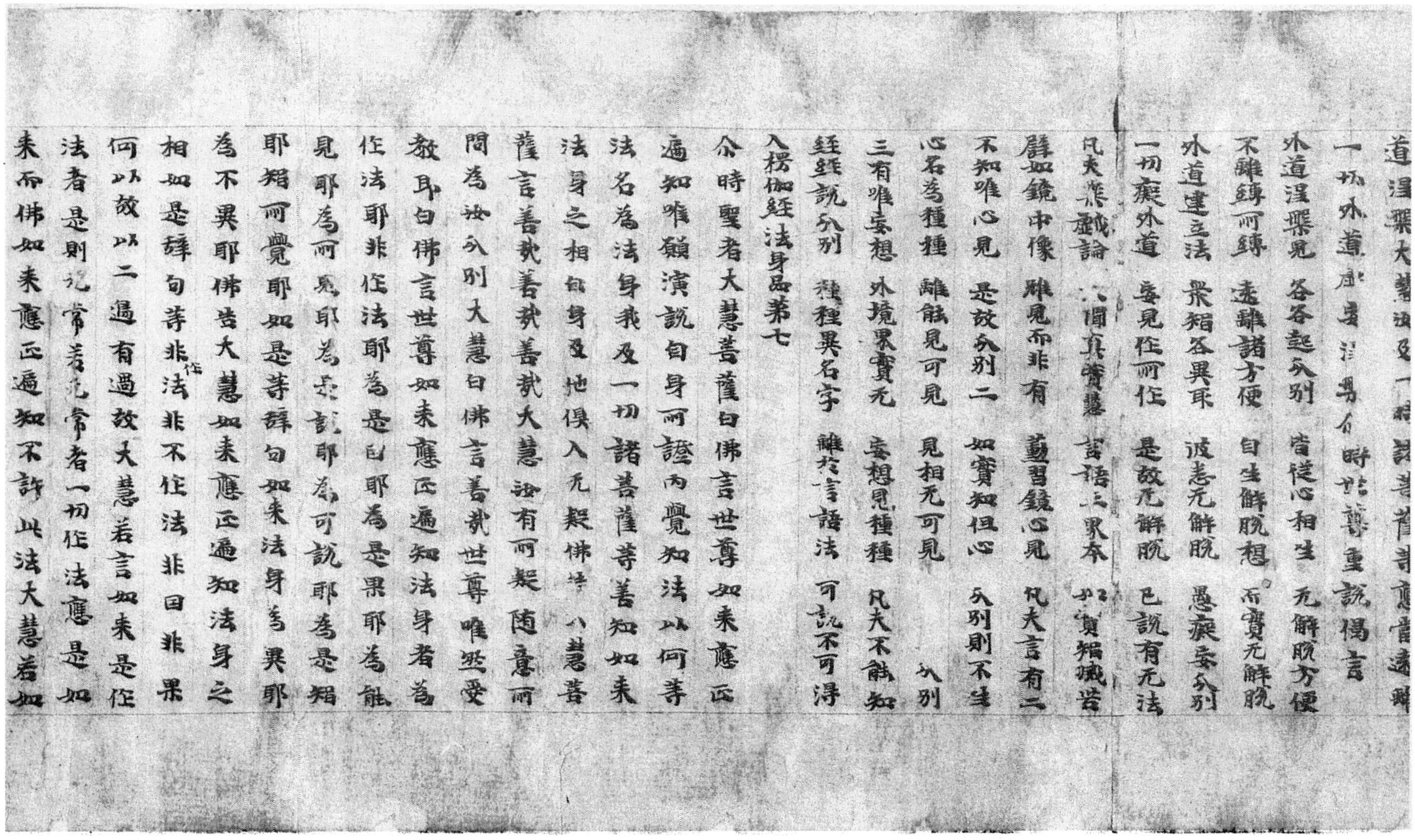
道涅槃大慧汝及一切諸菩薩應當遠離
一切外道虛妄涅槃尒時世尊重說偈言
外道涅槃見　各各起分別　皆從心相生　无解脫方便
不離縛所縛　遠離諸方便　自生解脫想　而實无解脫
外道建立法　眾智各異取　彼悉无解脫　愚癡妄分別
一切癡外道　妄見作所作　是故无解脫　已說有无法
凡夫樂戲論　不聞真實慧　言語三界本　如實智滅苦
譬如鏡中像　雖見而非有　薰習鏡心見　凡夫言有二
不知唯心見　是故分別二　如實知但心　分別則不生
心名為種種　離能見可見　見相无可見　分別
三有唯妄想　外境界實无　妄想見種種　凡夫不能知
經經說分別　種種異名字　離於言語法　可說不可得
入楞伽經法身品第七
尒時聖者大慧菩薩白佛言世尊如來應正
遍知唯願演說自身所證內覺知法以何等
法名為法身我及一切諸菩薩等善知如來
法身之相自身及他俱入无疑佛告大慧菩
薩言善哉善哉善哉大慧汝有所疑隨意而
問為汝分別大慧白佛言善哉世尊唯然受
教聖白佛言世尊如來應正遍知法身者為
作法耶非作法耶為是因耶為是果耶為能
見耶為所見耶為是說耶為可說耶為是智
耶智所覺耶如是等辭句如來法身為異耶
為不異耶佛告大慧如來應正遍知法身之
相如是辭句等非作法非不作法非因非果
何以故以二邊有過故大慧若言如來是作
法者是則无常若无常者一切作法應是如
來而佛如來應正遍知不許此法大慧若如

BD03919號　入楞伽經卷六　（3–2）

經經說分別　種種異名字　離於言語法　可說不可得
入楞伽經法身品第七
尒時聖者大慧菩薩白佛言世尊如來應正
遍知唯願演說自身所證內覺知法以何等
法名為法身我及一切諸菩薩等善知如來
法身之相自身及他俱入无疑佛告大慧菩
薩言善哉善哉善哉大慧汝有所疑隨意而
問為汝分別大慧白佛言善哉世尊唯然受
教聖白佛言世尊如來應正遍知法身者為
作法耶非作法耶為是因耶為是果耶為能
見耶為所見耶為是說耶為可說耶為是智
耶智所覺耶如是等辭句如來法身為異耶
為不異耶佛告大慧如來應正遍知法身之
相如是辭句等非作法非不作法非因非果
何以故以二邊有過故大慧若言如來是作
法者是則无常若无常者一切作法應是如
來而佛如來應正遍知不許此法大慧若如
來法身非作法者則是无身言有脩行无量
功德一切行者則是虛妄大慧若不作者應
同兔角石女兒等以无作因生无身故大慧
若法非因非果非有非无而彼法體離四種相

BD03919號　入楞伽經卷六　（3–3）

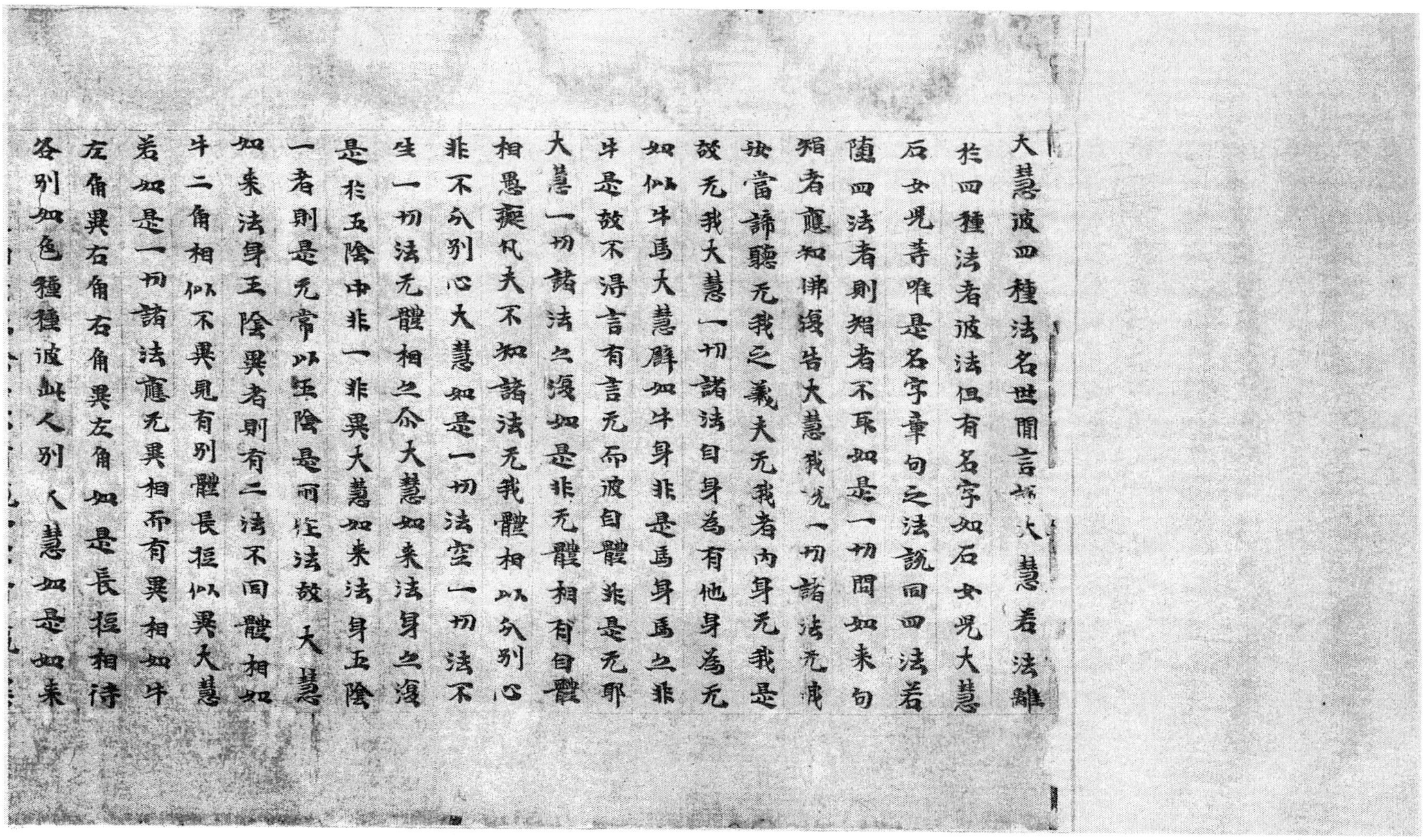

大慧彼四種法名世間言說大慧若法離
於四種法者彼法但有名字如石女兒大慧
石女兒等唯是名字章句之法說四法若
隨四法者則智者不取如是一切如來句
智者應知佛復告大慧我說一切諸法无我
汝當諦聽无我之義夫无我者內身无我是
故无我大慧一切諸法自身為有他身為无
如似牛馬大慧辟如牛身非是馬身馬亦非
牛是故不得言有言无而彼自體非是无耶
大慧一切諸法亦復如是非无體相有自體
相愚癡凡夫不知諸法无我體相以分別心
非不分別心大慧如是一切法空一切法不
生一切法无體相亦爾大慧如來法身亦復
是於五陰中非一非異大慧如來法身五陰
一者則是无常以五陰是可作法故大慧
如來法身五陰異者則有二法不同體相如
牛二角相似不異見有別體長短似異大慧
若如是一切諸法應无異相而有異相如牛
左角異右角右角異左角如是長短相待
各別如色種種彼此人別大慧如是如來

BD03920 號　入楞伽經卷六

（3–1）

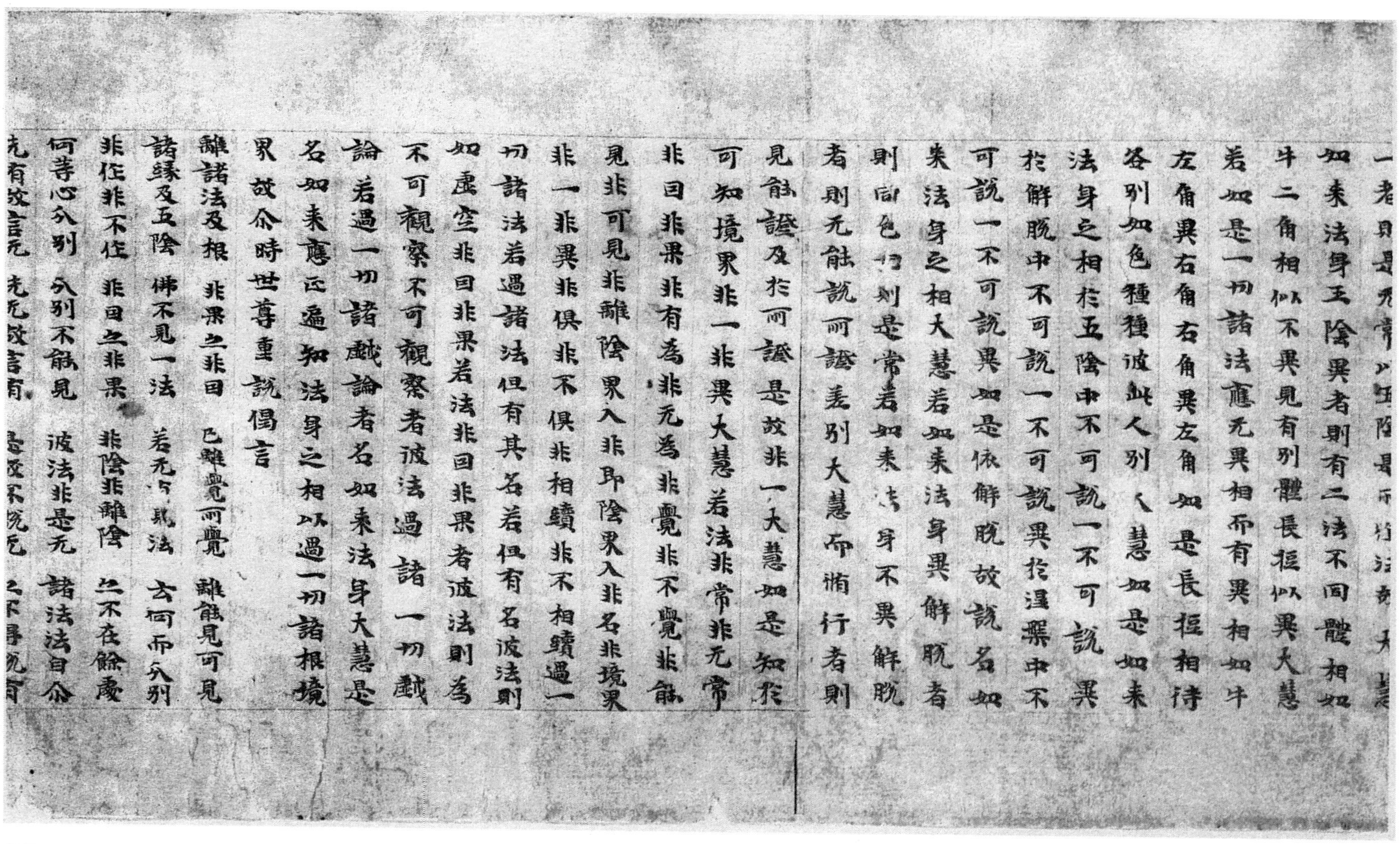

一者則是无常以五陰是可作法故大慧
如來法身五陰異者則有二法不同體相如
牛二角相似不異見有別體長短似異大慧
若如是一切諸法應无異相而有異相如牛
左角異右角右角異左角如是長短相待
各別如色種種彼此人別大慧如是如來
法身之相於五陰中不可說一不可說異
於解脫中不可說一不可說異於涅槃中不
可說一不可說異如是依解脫故說名如
來法身之相大慧若如來法身異解脫者
則同色相則是常若如來法身不異解脫
者則无能說可證差別大慧而脩行者則
見能證及於可證是故非一大慧如是知於
可知境界非一非異大慧若法非常非无常
非因非果非有為非无為非覺非不覺非能
見非可見非離陰界入非即陰界入非名非境界
非一非異非俱非不俱非相續非不相續過一
切諸法若過諸法但有其名若但有名彼法則
如虛空非因非果若法非因非果者彼法則為
不可觀察不可觀察者彼法過諸一切戲
論若過一切諸戲論者名如來法身大慧是
名如來應正遍知法身之相以過一切諸根境
界故爾時世尊重說偈言
離諸法及根　非果亦非因　已離覺可覺　離能見可見
諸緣及五陰　佛不見一法　若无可見法　云何而分別
非作非不作　非因亦非果　非陰非離陰　亦不在餘處
何等心分別　分別不能見　彼法非是无　諸法法自爾
无有故言无　无无故言有　有故不說无　亦不得說有

BD03920 號　入楞伽經卷六

（3–2）

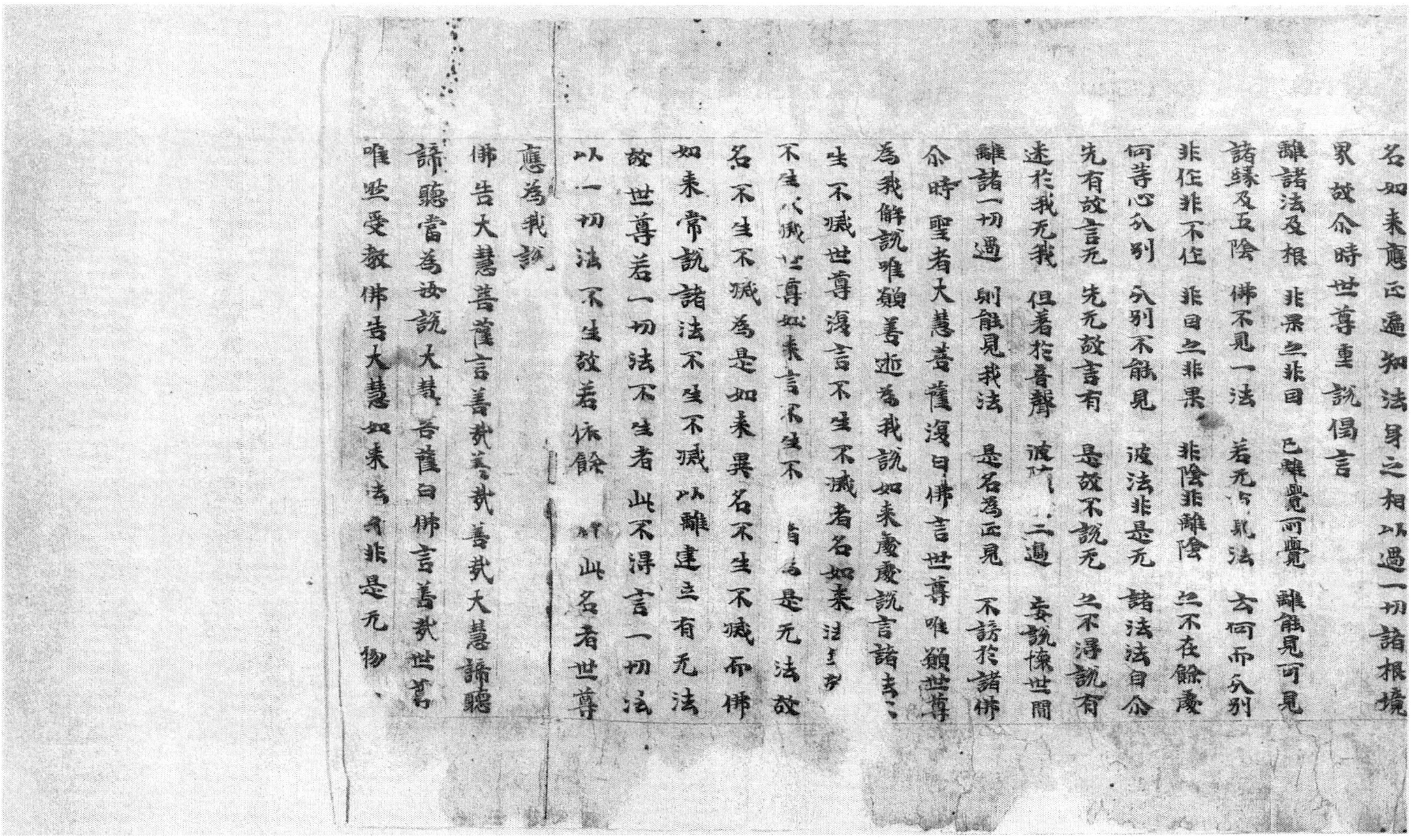

名如來應正遍知法身之相以過一切諸根境
界故尒時世尊重說偈言
離諸法及根　非果亦非因　已離覺可覺　離能見可見
諸緣及五陰　佛不見一法　若无見法　云何而分別
非住非不住　非因亦非果　非陰非離陰　亦不在餘處
何等心分別　分別不能見　彼法非是无　諸法法自尒
先有故言无　先无故言有　是故不說无　亦不得說有
迷於我无我　但著於音聲　彼墮於二邊　妄說壞世間
離諸一切過　則能見我法　是名為正見　不謗於諸佛
尒時聖者大慧菩薩復白佛言世尊唯願世尊
為我解說唯願善逝為我說如來處處說言諸法
生不滅世尊復言不生不滅者名如來法身
不生不滅世尊如來言不生不　皆為是无法故
名不生不滅為是如來異名不生不滅而佛
如來常說諸法不生不滅以離建立有无法
故世尊若一切法不生者此不得言一切法
以一切法不生故若依餘　解此名者世尊
應為我說
佛告大慧菩薩言善哉善哉善哉大慧諦聽
諦聽當為汝說大慧菩薩白佛言善哉世尊
唯然受教佛告大慧如來法身非是无物

BD03920號　入楞伽經卷六　（3–3）

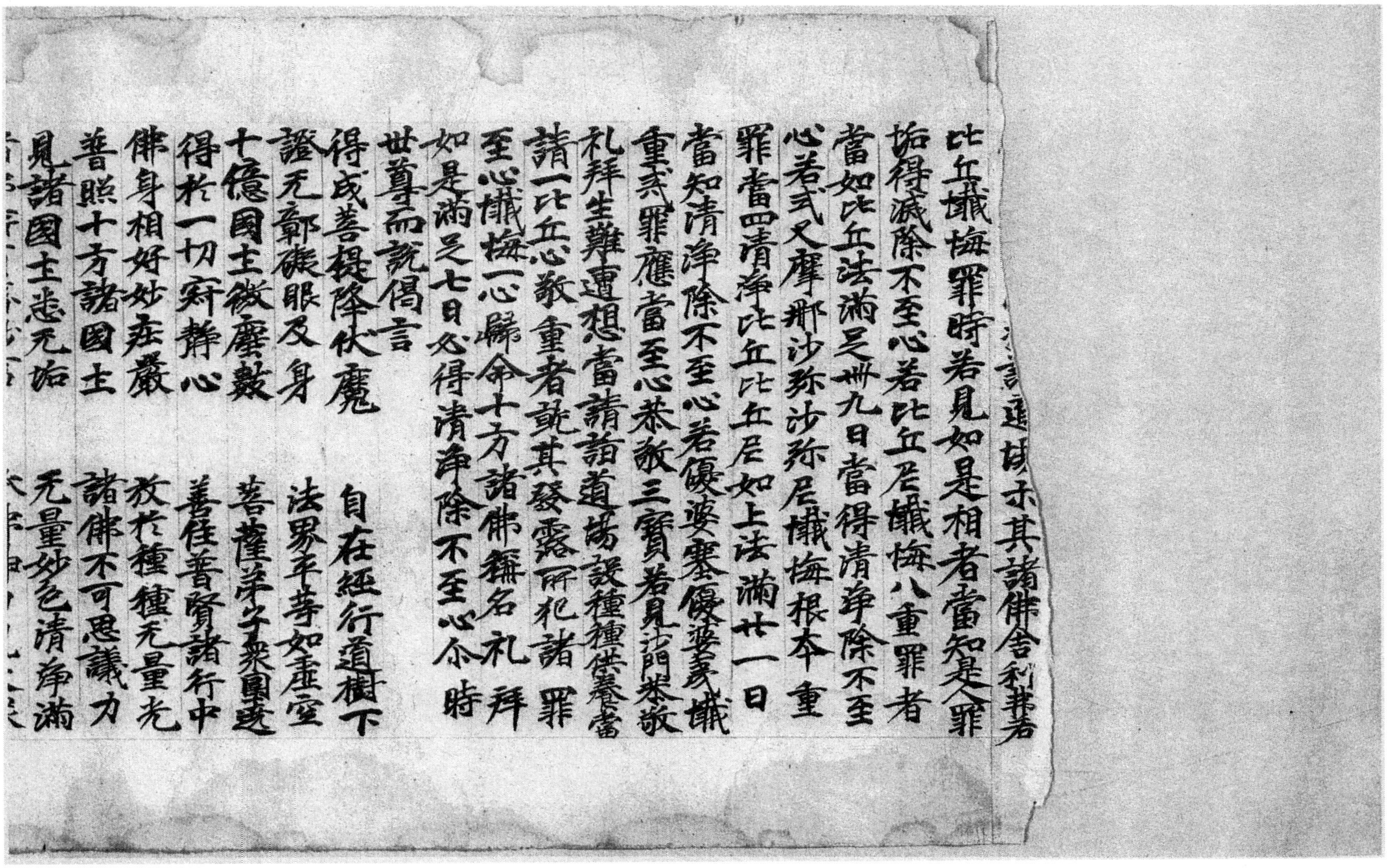

……通城示其諸佛舍利者若
比丘懺悔罪時若見如是相者當知是人罪
垢得滅除不至心若比丘尼懺悔八重罪者
當如比丘法滿足卅九日當得清淨除不至
心若式叉摩那沙弥沙弥尼懺悔根本重
罪當四清淨比丘比丘尼如上法滿廿一日
當知清淨除不至心若優婆塞優婆夷懺
重式罪應當至心恭敬三寶若見沙門恭敬
礼拜生難遭想當請諸道場設種種供養當
請一比丘心敬重者就其發露所犯諸罪
至心懺悔一心歸命十方諸佛稱名礼拜
如是滿足七日必得清淨除不至心尒時
世尊而說偈言
得成菩提降伏魔　自在經行道樹下
證无鄣礙眼及身　法界平等如虛空
十億国土微塵數　菩薩聲聞眾圍遶
得於一切寂靜心　善住普賢諸行中
佛身相好妙莊嚴　放於種種无量光
普照十方諸国土　諸佛不可思議力
見諸国土悉无垢　无量妙色清淨滿

BD03921號　佛名經（十六卷本）卷一一　（8–1）

十億國土微塵數 菩薩弟子衆圍遶
得於一切寂靜心 善住普賢諸行中
佛身相好妙莊嚴 放於種種无量光
普照十方諸國土 諸佛不可思議力
見諸國土悉无垢 无量妙色清淨滿
諸佛所有勝妙事 承佛神力見大衆
東方世界名寶幢 遠離諸垢妙莊嚴
彼處自在寶燈佛 於今現在彼世界
南方頗梨燈國土 清淨妙色普嚴淨
摩尼清淨雲如來 現今在世說妙色
西方无垢清淨土 名爲安樂妙世界
彼自在佛无量壽 菩薩弟子現圍遶
北方世界名香燈 國土清淨甚嚴飾
无染光幢佛所化 現今自在道場樹
琉璃光明真妙色 國土清淨勝莊嚴
无礙光雲佛如来 於今現在東北方
光明照幢世界中 現見滿足諸菩薩
自在吼聲佛彼處 現今在於東南方
種種樂樂佛世界 摩尼莊嚴妙无垢
勝妙智月如須弥 現見在於西南方
現見西北方如来 弥留光明平等界
彼處大聖自在佛 弟子菩薩衆圍遶
下方世界自在光 國土清淨寶炎藏
光明妙輪不空見 佛今住彼妙國土
上方世界光炎藏 彼世界名淨无垢
普眼功德光明雲 現見菩提樹下坐
卽時舍利弗等大衆承佛神力見十方過

BD03921 號　佛名經（十六卷本）卷一一

（8–2）

光明妙輪不空見 佛今住彼妙國土
上方世界光炎藏 彼世界名淨无垢
普眼功德光明雲 現見菩提樹下坐
卽時舍利弗等大衆承佛神力見十方過
去未來現在諸佛无量无邊尒時舍利弗
在大衆中悲泣流淚白佛言希有世尊若
善男子善女人不發阿耨多羅三藐三菩提
心者不得成佛我等昔來猶如腐草雖逕
春陽无㭊秋實
尒時慧命舍利弗卽從坐起偏袒右肩右膝
著地合掌白佛世尊世尊願更廣說十方所
有諸佛名号我等樂聞尒時佛告舍利弗
汝當至心諦聽我爲汝說舍利弗從此世界
東方過百千億世界有佛世界名歡燈彼世
界有佛名寶集阿羅訶三藐三佛陁現在說
法舍利弗若有善男子善女人聞彼佛名至
心受持憶念是善男子善女人畢竟得七覺
分三昧得不退轉阿耨多羅三藐三菩提心
超越世間六十劫尒時世尊以偈頌曰
東方歡燈界 有佛名寶集 若人聞名者 超世六十劫
舍利弗東方有世界名寶集
彼世界有佛名寶勝 阿羅訶三藐三佛
陁現在說法若善男子善女人聞彼佛名至
心受持憶念讀誦合掌礼拜若復有善男
子善女人以滿足三千大千世界珎寶布施如
是日月布施滿一百歲如此布施福德比前
至心礼拜功德百分不及一千分不及一百

BD03921 號　佛名經（十六卷本）卷一一

（8–3）

陁現在説法若善男子善女人聞彼佛名
心受持憶念讀誦合掌礼拜若復有善男
子善女人以滿足三千大千世界珎寶布施如
是日月布施滿一百歲如此布施福德比前
至心礼拜功德百分不及一千分不及一百
千分不及一數分不及一筭不及一譬喻不
及一尒時世尊以偈頌曰
寶集世界　有佛寶勝　若人聞名　施不及一
舍利弗從此東方過八百世界有佛世界名
香積彼世界有佛名
成就盧舍那　阿羅訶三藐三佛陁現在
説法若人聞彼佛名受持讀誦憶念礼拜超
越世間五百劫
舍利弗從此世界東方過千世界名樹提
跋提　彼世有佛名
盧舍那鏡像　阿羅訶三藐三佛陁現在
説法若善男子善女人聞彼佛名受持讀
誦至心憶念恭敬礼拜得脫三惡道
舍利弗從此東方過二千世界有佛国土
名无量光明功德世界有佛名
盧舍那光明　阿羅訶三藐三佛陁　若
善男子善女人聞彼佛名五體投地深心敬
重受持讀誦恭敬礼拜是人超越世間廿劫
舍利弗東方過千世界有佛国土名可樂彼
佛名　不動應供正遍知若善男子善女
人聞彼佛名受持讀誦恭敬礼拜是人畢
竟不退阿耨多羅三藐三菩提一切諸魔

BD03921號　佛名經（十六卷本）卷一一　（8-4）

舍利弗東方過千世界有佛国土名可樂彼
佛名　不動應供正遍知若善男子善女
人聞彼佛名受持讀誦恭敬礼拜是人畢
竟不退阿耨多羅三藐三菩提一切諸魔
所不能動
舍利弗東方過千世界有佛世界名不
可量彼處佛名　大光明
阿羅訶三藐三佛陁現在説法若善男子
善女人聞彼光明佛名受持讀誦恭敬礼
拜是人常不離一切諸佛菩薩畢竟得不退
轉阿耨多羅三藐三菩提心
舍利弗從此佛國土東方過六十千世界有
佛世界名然炬佛名
不可量聲　阿羅訶三藐三佛陁　現在
説法若善男子善女人聞彼阿弥陁佛
名三遍稱南无无量聲如來南无无量聲如
來南无无量聲如來是人畢竟不墮三惡道
定阿耨多羅三藐三菩提舍利弗復過彼
世界度千佛國土有佛世界名无塵彼有
佛同名　阿弥陁劬沙　阿羅訶三藐三佛
陁現在説法若善男子善女人聞彼佛名
深心敬重受持讀誦恭敬礼拜是人超越
世間十二劫
舍利弗復過廿千佛國土有佛世界名
難勝彼處　有佛名大稱
阿羅訶三藐三佛陁若善男子善女人聞
彼佛名合掌至心如是言南无大稱如來若復

BD03921號　佛名經（十六卷本）卷一一　（8-5）

世間十二劫
舍利弗復過廿千佛國土有佛世界名
難勝彼處　有佛名大稱
阿羅訶三藐三佛陁若善男子善女人聞
彼佛名合掌作如是言南无大稱如来着復
有人以須弥山等七寶日日布施滿一百歲比
聞此佛名礼拜功德百分不及一乃至算
數分不及一
次礼十二部尊經大藏法輪
南无句義經　南无鷹王經
南无須達經　南无炤道三昧經
南无義決律經　南无須邪越國貧人經
南无　齋經　南无等入法嚴經
南无陰持入經　南无佛說讓淨經
南无方便心論經　南无諫心經
南无摩訶剎頭經　南无中陰經
南无所欲致患經　南无流離王經
南无降陁邪致經　南无逝經
南无僧大經　南无夫婦經
南无佛般泥洹後灌臘經　南无天皇梵摩經
南无遺日定行經　南无十二死經
南无和難經　南无施陁梨呪經
南无犯戒罪報輕重經　南无菩薩大業經
次礼十方諸大菩薩
南无等觀菩薩　南无不等觀菩薩
南无等不等觀菩薩　南无定自在王菩薩
南无法自在王菩薩　南无法相菩薩

BD03921號　佛名經（十六卷本）卷一一　（8–6）

南无犯戒罪報輕重經　南无菩薩大業經
次礼十方諸大菩薩
南无等觀菩薩　南无不等觀菩薩
南无等不等觀菩薩　南无定自在王菩薩
南无法自在王菩薩　南无法相菩薩
南无光相菩薩　南无光嚴菩薩
南无大嚴菩薩　南无寶積菩薩
南无辯積菩薩　南无寶手菩薩
南无寶印手菩薩　南无常舉手菩薩
南无常下手菩薩　南无常慘菩薩
南无喜根菩薩　南无喜王菩薩
南无辯音菩薩　南无虛空藏菩薩
南无執寶炬菩薩　南无寶勇菩薩
南无寶見菩薩　南无帝網菩薩
南无明網菩薩　南无无緣觀菩薩
次礼聲聞緣覺一切賢聖
南无見人乘騰辟支佛　南无可波羅辟支佛
南无泰摩剎辟支佛　南无月淨辟支佛
南无善智辟支佛　南无脩陁辟支佛
南无善法辟支佛　南无應求辟支佛
南无懸求辟支佛　南无勢勢辟支佛
南无脩行不著辟支佛　南无難勝辟支佛
歸命如是等无量无邊辟支佛
礼三寶已次復懺悔
以共懺悔身三業竟今當次第懺悔口四
惡業經法說言口業之罪能令衆生墮於
地獄餓鬼受苦若在畜生則受鴟鴞鵂鶹鳥形

BD03921號　佛名經（十六卷本）卷一一　（8–7）

南无執寶炬菩薩　南无寶勇菩薩
南无寶見菩薩　南无离網菩薩
南无明網菩薩　南无无緣觀菩薩
次礼聲聞緣覺一切賢聖
南无見人飛騰辟支佛　南无可波羅辟支佛
南无泰摩刹辟支佛　南无月淨辟支佛
南无善知辟支佛　南无脩陁辟支佛
南无善法辟支佛　南无應求辟支佛
南无毉求辟支佛　南无勢勢辟支佛
南无脩行不著辟支佛　南无難捨辟支佛
歸命如是等无量无邊辟支佛
礼三寶已次復懺悔
以共懺悔身三業竟今當次第懺悔口四
惡業經法說言口業之罪能令衆生墮於
地獄餓鬼受苦若在畜生則受鴟鵂鴝鵒形
聞其聲者无不憎惡若生人中口氣常臭所
有言說人不信受眷屬不和常好鬪諍口業
既有如是惡果是故弟子今日至誠歸依
於佛
南无東方須彌燈王佛　南无南方大功德佛

BD03921號　佛名經（十六卷本）卷一一　（8–8）

知有如是如是罪是比
覆藏重罪故
若比丘尼知比丘僧為作舉
不順從不懺悔僧未與
丘語言大姊此比丘尼為
所教不順從不懺悔僧未
如是比丘尼諫此比丘尼時
應乃至第二第三諫令捨此事故若乃
捨者善若不捨者是比丘尼波羅夷不共住
諸大姊我已說八波羅夷法若比丘尼犯一一
波羅夷法不得與諸比丘尼共住如前後亦如
是是比丘尼得波羅夷不應共住今問諸大
姊是中清淨不（如是至三）
諸大姊是中清淨默然故是事如是持
諸大姊是十七僧伽婆尸沙法半月半月說戒經中來
若比丘尼媒嫁持男語語女持女語語男若
為成婦事若為私通事乃至須臾頃是比丘
尼犯初法應捨僧伽婆尸沙
若比丘尼瞋恚不喜以無根波羅夷法謗欲破
彼清淨行後於異時若問若不問知是事無
根說我瞋恚故作是語是比丘尼犯初法應
捨僧伽婆尸沙

BD03922號　四分比丘尼戒本　（34–1）

為成婦事若為私通事乃至須臾頃是比丘
尼犯初法應捨僧伽婆尸沙
若比丘尼瞋恚不喜以無根波羅夷法謗欲破
彼清淨行後於異時若問若不問知是事無
根說我瞋恚故作是語是比丘尼犯初法應
捨僧伽婆尸沙
若比丘尼瞋恚不喜於異分事中取片非波
羅夷比丘尼以無根波羅夷法謗欲破彼人梵
行後於異時若問若不問知是異分事中取
片彼比丘尼住瞋恚法作如是說是比丘尼犯
初法應捨僧伽婆尸沙
若比丘尼詣官言人若居士居士兒若奴若客
作人若晝若夜若一念頃若彈指頃若須臾
頃是比丘尼犯初法應捨僧伽婆尸沙
若比丘尼知是賊女罪應死多人所知不問王
大臣不問種姓便度出家受具足戒是比丘尼
犯初法應捨僧伽婆尸沙
若比丘尼知比丘尼為僧所舉如法如律如佛所教
不順從未懺悔僧未與作共住羯磨為愛故
不問僧僧不約勅出界外作羯磨與解罪是比
丘尼犯初法應捨僧伽婆尸沙
若比丘尼獨渡水獨入村獨宿獨在後行是比
丘尼犯初法應捨僧伽婆尸沙
若比丘尼染汙心知染汙心男子從彼受可食者及食
并餘物是比丘尼犯初法應捨僧伽婆尸沙
若比丘尼教比丘尼作如是語大姊彼有染汙心



若比丘尼獨渡水獨入村獨宿獨在後行是比
丘尼犯初法應捨僧伽婆尸沙
若比丘尼染汙心知染汙心男子從彼受可食者及食
并餘物是比丘尼犯初法應捨僧伽婆尸沙
若比丘尼教比丘尼作如是語大姊彼有染汙心
無染汙心能那汝何汝自無染汙心於彼若得
食以時清淨受取此比丘尼犯初法應捨僧伽
婆尸沙
若比丘尼欲壞和合僧方便受破僧法堅持不
捨是比丘尼應諫彼比丘尼言大姊汝莫壞和
合僧莫方便壞和合僧莫受破僧法堅持不
捨大姊應與僧和合與僧和合歡喜不諍同一
師學如水乳合於佛法中有增益安樂住是比
丘尼諫彼比丘尼時堅持不捨是比丘尼應三
諫捨此事故乃至三諫捨者善不捨者是比
丘尼犯三法應捨僧伽婆尸沙
若比丘尼有餘比丘尼群黨若一若二若三乃
至無數彼比丘尼語是比丘尼言大姊汝莫諫
此比丘尼此比丘尼法語比丘尼律語比丘尼此比
丘尼所說我等心喜樂此比丘尼所說我等忍
可是比丘尼語彼比丘尼言大姊莫作是說言
言此比丘尼是法語比丘尼律語比丘尼此比丘
尼所說我等喜樂此比丘尼所說我等忍可何
以故此比丘尼所說非法語非律語大姊莫欲
破壞和合僧當樂欲和合僧大姊與僧和合
歡喜不諍同一師學如水乳合於佛法有增
益安樂住是比丘尼諫彼比丘尼時堅持不捨

言此比丘尼是法語比丘尼律語比丘尼此比丘
尼所說我等喜樂此比丘尼所說我等忍可何
以故此比丘尼所說非法語非律語大姊莫欲
破壞和合僧當樂欲和合僧大姊與僧和合
歡喜不諍同一師學如水乳合於佛法有增
益安樂住是比丘尼諫彼比丘尼時堅持不捨
是比丘尼應三諫捨此事故乃至三諫捨者
者善不捨者是比丘尼犯三法應捨僧伽婆尸沙
若比丘尼依城邑若村落住汙他家行惡行
惡行亦見亦聞汙他家亦見亦聞是比丘尼諫
彼比丘尼言大姊汝汙他家行惡行行惡行亦
見亦聞汙他家亦見亦聞大姊汝汙他家行惡
行今可離此村落去不須住此彼比丘尼語此比
丘尼作如是言大姊諸比丘尼有愛有恚有怖
有癡有如是同罪比丘尼有駈者有不駈者是諸
比丘尼語彼比丘尼言大姊莫作是語有愛有
恚有怖有癡亦莫言有如是同罪比丘尼有
駈者有不駈者何以故而諸比丘尼不愛不
恚不怖不癡有如是同罪比丘尼有駈者有
不駈者大姊汙他家行惡行行惡行亦見亦
聞汙他家亦見亦聞是比丘尼諫彼比丘尼時
堅持不捨是比丘尼應三諫捨此事故乃
至三諫捨者善不捨者是比丘尼犯三法
應捨僧伽婆尸沙
若比丘尼惡性不受人語於戒法中諸比丘尼如
法諫已自身不受諫語言大姊汝莫向
我說若好若惡我亦不向汝說若好若惡

BD03922號　四分比丘尼戒本　（34-4）

堅持不捨是比丘尼應三諫捨此事故乃
至三諫捨者善不捨者是比丘尼犯三法
應捨僧伽婆尸沙
若比丘尼惡性不受人語於戒法中諸比丘尼如
法諫已自身不受諫語言大姊汝莫向
我說若好若惡我亦不向汝說若好若惡
諸大姊且止莫諫我是比丘尼當諫彼比丘尼
言大姊汝莫自身不受諫語大姊自身當
受諫語大姊如法諫語比丘尼語比丘尼亦當如
法諫大姊如是佛弟子眾得增益展轉相
諫展轉相教展轉懺悔是比丘尼如是諫時
堅持不捨是比丘尼應三諫捨此事故乃至
三諫捨者善不捨者是比丘尼犯三法應捨僧
伽婆尸沙
若比丘尼相親近住共作惡行惡聲流布展
轉共相覆罪是比丘尼當諫彼比丘尼言大
姊汝等莫相親近共作惡行惡聲流布共相
覆罪汝等若不相親近於佛法中得增益安
樂住是比丘尼諫彼比丘尼時堅持不捨是比
丘尼應三諫捨此事故乃至三諫捨者善不
捨者是比丘尼犯三法應捨僧伽婆尸沙
若比丘尼比丘尼僧為作呵諫時餘比丘尼教
作如是言汝等莫別住當共住我亦見餘比
丘尼不別住共作惡行惡聲流布共相覆
罪僧以恚故教汝別住是比丘尼應諫彼比
丘尼言大姊汝莫教餘比丘尼言汝等莫別住
我亦見餘比丘尼共住共作惡行惡聲流布

BD03922號　四分比丘尼戒本　（34-5）

作如是言汝等莫別住當共住我亦見餘比
丘尼不別住共作惡行惡聲流布共相覆
罪僧以恚故教汝別住是比丘尼應諫彼比
丘尼言大姊汝莫教餘比丘尼言汝等莫別住
我亦見餘比丘尼共住共作惡行惡聲流布
共相覆罪僧以恚故教汝別住今正有此二
比丘尼共住共作惡行惡聲流布共相覆罪
更無有餘若此比丘尼別住於佛法中有增
益安樂住是比丘尼諫彼比丘尼時堅持不
捨是比丘尼應三諫令捨此事故乃至三諫捨者善不
捨者是比丘尼犯三法應捨僧伽婆尸沙
若比丘尼趣以一小事瞋恚不喜便作是語
我捨佛捨法捨僧不獨有此沙門釋子亦更
有餘沙門婆羅門修梵行者我等亦可於
彼修梵行是比丘尼當諫彼比丘尼言大姊
汝莫趣以一小事瞋恚不喜便作是語我捨
佛捨法捨僧不獨有此沙門釋子亦更有沙
門婆羅門修梵行者我等亦可於彼修梵
行若是比丘尼諫彼比丘尼時堅持不捨彼
比丘尼應三諫捨此事故乃至三諫捨者善
不捨者是比丘尼犯三法應捨僧伽婆尸沙
若比丘尼喜鬪諍不善憶持諍事後瞋恚
作是語僧有愛有恚有怖有癡是比丘尼應
諫彼比丘尼言妹汝莫憙鬪諍不善憶持諍
事後瞋恚作是語僧有愛有恚有怖有癡
而僧不愛不恚不怖不癡汝自有愛有恚有

BD03922號　四分比丘尼戒本

（34-6）

作是語僧有愛有恚有怖有癡是比丘尼應
諫彼比丘尼言妹汝莫憙鬪諍不善憶持諍
事後瞋恚作是語僧有愛有恚有怖有癡
而僧不愛不恚不怖不癡汝自有愛有恚有
怖有癡是比丘尼諫彼比丘尼時堅持不
捨彼比丘尼應三諫捨此事故乃至三諫捨者善不
捨者是比丘尼犯三法應捨僧伽婆尸沙
諸大姊我已說十七僧伽婆尸沙法九初犯罪
八乃至三諫若比丘尼犯一一法應半月二部
僧行摩那埵行摩那埵已餘有出罪應二部
四十人僧中出是比丘尼罪若少一人不滿四十
衆出是比丘尼罪是比丘尼罪不得除諸比丘尼亦
可呵此是時今問諸大姊是中清淨不 三說
諸大姊是中清淨默然故是事如是持
諸大姊是三十尼薩耆波逸提法半月半月說
戒經中來
若比丘尼衣已竟迦絺那衣已捨畜長衣經十日
不淨施得畜若過者尼薩耆波逸提
若比丘尼衣已竟迦絺那衣已捨五衣中若
離一一衣異處宿經一夜除僧羯磨尼薩耆
波逸提
若比丘尼衣已竟迦絺那衣已捨若得非時衣欲
須便受受已疾疾成衣若足者善若不足者得
畜一月為滿足故若過畜者尼薩耆波逸提
若比丘尼從非親里居士居士婦乞衣除餘時
尼薩耆波逸提餘時者若比丘尼奪衣失衣燒

BD03922號　四分比丘尼戒本

（34-7）

若比丘尼衣已竟迦絺那衣已捨若得非時衣欲
須便受受已疾疾成衣若足者善若不足者得
畜一月為滿足故若過畜者尼薩耆波逸提
若比丘尼從非親里居士居士婦乞衣除餘時
尼薩耆波逸提餘時者若比丘尼奪衣失衣燒
衣漂衣是名時
若比丘尼奪衣失衣燒衣漂衣若非親里居
士若居士婦自恣請多與衣是比丘尼當知足受
衣若過受尼薩耆波逸提
若比丘尼居士居士婦為比丘尼辦衣價具如
是衣價與某甲比丘尼是比丘尼先不受自恣
請到居士家作如是說善哉居士為我辦如
是如是衣價與我為好故若得衣者尼薩耆
波逸提
若比丘尼二居士居士婦與比丘尼辦衣價我
曹辦如是衣價與某甲比丘尼是比丘尼先不
受自恣請到二居士家作如是言善哉居士辦
如是如是衣價與我共作一衣為好故若得衣
者尼薩耆波逸提
若比丘尼若王若大臣若婆羅門若居士居
士婦遣使為比丘尼送衣價持如是衣價與某
甲比丘尼彼使至比丘尼所語言阿姨為汝送
衣價受取是比丘尼語彼使如是言我不應受
此衣價我若須衣合時清淨當受彼使語比丘
尼言阿姨有執事人不須衣比丘尼應言 有
若僧伽藍民若優婆塞此是比丘尼執 事
人常為比丘尼執事彼使至執事人所與衣

BD03922號　四分比丘尼戒本　　（34–8）

此衣價我若須衣合時清淨當受彼使語比丘
尼言阿姨有執事人不須衣比丘尼應言 有
若僧伽藍民若優婆塞此是比丘尼執 事
人常為比丘尼執事彼使至執事人所與衣
價已還到比丘尼所如是言阿姨所示某甲
執事人我已與衣價大姊知時往彼當得衣比
丘尼若須衣者當往執事人所二反三反語言
我須衣若二反三反為作憶念得衣者善若不
得衣四反五反六反在前默然立令彼憶念若
四反五反六反在前默然住得衣者善若不得
衣過是求得衣者尼薩耆波逸提若不得衣
隨彼使所來處若自往若遣使往語言汝先
遣使持衣價與某甲比丘尼是比丘尼竟不得
得衣汝還取莫使失此是時
若比丘尼自取金銀若錢若教人取若口可受
者尼薩耆波逸提
若比丘尼種種買賣寶物者尼薩耆波逸提
若比丘尼種種販賣者尼薩耆波逸提
若比丘尼鉢減五綴不漏更求新鉢為好故尼薩
耆波逸提是比丘尼當持此鉢於尼衆中捨從
次第貿至下坐以下坐鉢與此比丘尼言妹持
此鉢乃至破此是時
若比丘尼自求縷使非親里織師織作衣者尼
薩薩耆波逸提
若比丘尼居士居士婦使織師為比丘尼織作
衣彼比丘尼先不受自恣請便往到彼所語織

BD03922號　四分比丘尼戒本　　（34–9）

若比丘尼自求縷使非親里織師織作衣者尼
薩耆波逸提
若比丘尼居士居士婦使織師為比丘尼織作
衣彼比丘尼先不受自恣請便往對彼所語織
師言此衣為我織極好織令廣長堅緻齊整
好我當少多與汝價若比丘尼與價乃至一食直
得衣者尼薩耆波逸提
若比丘尼與比丘尼衣已後瞋恚若自奪若教
人奪取還我衣來不與汝是比丘尼應還衣
彼取衣者尼薩耆波逸提
若比丘尼有病畜藥蘇油生蘇蜜石蜜得食
殘宿乃至七日得服若過七日服尼薩耆波
逸提
若比丘尼十日未滿夏三月若有急施衣比丘
尼知是急施衣應受受已乃至衣時應畜若
過畜者尼薩耆波逸提
若比丘尼知物向僧自求入己者尼薩耆波逸提
若比丘尼欲索是更索彼者尼薩耆波逸提
若比丘尼知檀越所為僧施異迴作餘用者尼
薩耆波逸提
若比丘尼所為施物異自求為僧迴作餘用者
尼薩耆波逸提
若比丘尼檀越所施物異迴作餘用者尼薩耆
波逸提
若比丘尼檀越所為施物異自求為僧迴作餘
餘用者尼薩耆波逸提
[illegible]

BD03922號　四分比丘尼戒本　（34–10）

尼薩耆波逸提
若比丘尼檀越所施物異迴作餘用者尼薩耆
波逸提
若比丘尼檀越所為施物異自求為僧迴作餘
餘用者尼薩耆波逸提
若比丘尼畜長鉢者尼薩耆波逸提
若比丘尼多畜好色器者尼薩耆波逸提
若比丘尼許他比丘尼病衣後不與者尼薩耆
波逸提
若比丘尼以非時衣受作時衣者尼薩耆波逸提
若比丘尼與比丘尼貿易衣後瞋恚還自奪取
若使人奪妹還我衣來我不與汝汝衣屬汝
汝我衣還我者尼薩耆波逸提
若比丘尼乞重衣齊價直四張氎過者尼薩
耆波逸提
若比丘尼乞輕衣極重價直兩張半氎過者尼
薩耆波逸提
諸大姊我已說三十尼薩耆波逸提法今問諸大
姊是中清淨不 三說
諸大姊是中清淨默然故是事如是持
諸大姊是一百七十八波逸提法半月半月說戒
經中來
若比丘尼故妄語者波逸提
若比丘尼毀訾語者波逸提
若比丘尼兩舌語者波逸提
若比丘尼與男子同室宿者波逸提
若比丘尼共未受大戒女人同一室宿過三宿

BD03922號　四分比丘尼戒本　（34–11）

若比丘尼故妄語者波逸提
若比丘尼毀呰語者波逸提
若比丘尼兩舌語者波逸提
若比丘尼與男子同室宿者波逸提
若比丘尼共未受大戒女人同一室宿若過三宿
波逸提
若比丘尼與未受具戒人共誦法者波逸提
若比丘尼知他有麁惡罪向未受大戒人說除
僧羯磨波逸提
若比丘尼向未受大戒人說過人法言我知是我見
是實者波逸提
若比丘尼與男子說法過五六語除有知女人波
逸提
若比丘尼自掘地若教人掘者波逸提　十
若比丘尼壞鬼神村波逸提
若比丘尼妄作異語惱他者波逸提
若比丘尼嫌罵他者波逸提
若比丘尼取僧繩床若木床若臥具坐褥露
地自敷若教人敷捨去不自舉不教人舉波
逸提
若比丘尼於僧房中取僧臥具自敷若教人敷
在中若坐若臥從彼處捨去不自舉不教人
舉者波逸提
若比丘尼知比丘尼住處後來於中間敷臥具上
宿念言彼若嫌迮者自當避我去作如是因緣
非餘非威儀波逸提

BD03922號　四分比丘尼戒本　（34–12）

舉者波逸提
若比丘尼知比丘尼住處後來於中間敷臥具上
宿念言彼若嫌迮者自當避我去作如是因緣
非餘非威儀波逸提
若比丘尼瞋他比丘尼不喜眾僧房中自牽出
若教人牽出波逸提
若比丘尼若在重閣上脫腳繩床若木床若坐
若臥波逸提
若比丘尼知水有虫自用澆泥若草若教人澆
者波逸提
若比丘尼作大房戶扉窗牖及餘莊飾具指
授覆苫齊二三節若過者波逸提　二十
若比丘尼施一食處無病比丘尼應一食若過
受者波逸提
若比丘尼別眾食除餘時波逸提餘時者病時
作衣時施衣時道行時船上時大會時沙門
施食時此是時
若比丘尼至檀越家殷勤請與餅麨飯比丘尼
欲須者當二三鉢應受持至寺內分與餘比丘
尼食若比丘尼無病過三鉢受持至寺中不分
與餘比丘尼食者波逸提
若比丘尼非時噉食者波逸提
若比丘尼殘宿食噉者波逸提
若比丘尼不受食及藥著口中除水楊枝波
逸提
若比丘尼先受請已若前食後食行詣餘家
不囑餘比丘尼除餘時波逸提餘時者病時

BD03922號　四分比丘尼戒本　（34–13）

若比丘尼不受食及藥著口中除水楊枝波
逸提
若比丘尼先受請已若前食後食行詣餘家
不屬餘比丘尼除餘時波逸提餘時者病時
作衣時施衣時此是時
若比丘尼食家中有寶强安坐者波逸提
若比丘尼食家中有寶在屏處坐者波逸提
若比丘尼獨與男子露地一處共坐者波逸提 三十
若比丘尼語比丘尼如是語大姉共汝至聚落當
與汝食彼比丘尼竟不教與是比丘尼食如是言大姉
去我與汝一處共坐共語不樂我獨坐獨語樂以是
因緣非餘方便遣去者波逸提
若比丘尼請比丘尼四月與藥无病比丘尼應受
若過受除常請更請分請盡形請波逸提
若比丘尼往觀軍陣除時因緣波逸提
若比丘尼有因緣至軍中若二宿三宿過者
波逸提
若比丘尼軍中住若二宿三宿或時觀軍陣鬪
戰若觀遊軍象馬力勢波逸提
若比丘尼飲酒者波逸提
若比丘尼水中嬉戲者波逸提
若比丘尼以指相擊攊者波逸提
若比丘尼不受諫者波逸提
若比丘尼恐怖他比丘尼者波逸提 四十
若比丘尼半月洗浴无病比丘尼應受若過受
除餘時波逸提餘時者熱時病時作時風時
雨時遠行時此是時



若比丘尼不受諫者波逸提
若比丘尼恐怖他比丘尼者波逸提 四十
若比丘尼半月洗浴无病比丘尼應受若過受
除餘時波逸提餘時者熱時病時作時風時
雨時遠行時此是時
若比丘尼无病為炙身故露地然火若教人
然除餘時波逸提
若比丘尼藏他比丘尼若鉢若衣若坐具針筒若
自藏教人藏下至戲笑者波逸提
若比丘尼淨施比丘比丘尼式叉摩那尼沙弥沙弥
尼衣後不問主取著者波逸提
若比丘尼得新衣當作三種壞色青黑木蘭
若比丘尼得衣不作三種壞色青黑木蘭新
衣持者波逸提
若比丘尼故斷畜生命者波逸提
若比丘尼知水有虫飲者波逸提
若比丘尼故惱他比丘尼乃至時少不樂波逸提
若比丘尼知比丘尼有麁惡罪覆藏者波逸提
若比丘尼知僧有諍事如法懺悔已後更發舉
者波逸提 五十
若比丘尼知是賊伴共期一道行乃至一聚落
波逸提
若比丘尼作如是語我知佛所說法行婬欲非是
障道法彼比丘尼諫此比丘尼言大姉莫作是
語莫謗世尊謗世尊者不善世尊不作是
語世尊无數方便說婬欲是障道法犯婬
者是鄣道法彼比丘尼諫此比丘尼時堅持

若比丘尼作如是語我知佛所說法行婬欲非是
障道法彼比丘尼諫此比丘尼言大姉莫作是
語莫謗世尊謗世尊者不善世尊不作是
語世尊无數方便說婬欲是障道法犯婬
者是鄣道法彼比丘尼諫此比丘尼時堅持
不捨彼比丘尼乃至三諫令捨是事乃至三諫時
捨者善不捨者波逸提
若比丘尼知如是語人未作法如是邪見而不捨
若畜同一羯磨同一止宿波逸提
若比丘尼知沙弥尼作如是語我知佛所說法行
婬欲非障道法彼比丘尼諫此沙弥尼言汝莫
作是語莫誹謗世尊誹謗世尊不善世尊
不作是語沙弥尼世尊无數方便說婬欲是
是鄣道法犯婬欲者是障道法彼比丘尼諫
此沙弥尼時堅持不捨彼比丘尼應乃至三可
諫捨此事故乃至三諫時若捨者善不捨者
彼比丘尼應語是沙弥尼言汝自今已去非佛
弟子不得隨餘比丘尼行如諸沙弥尼得與
比丘尼二三宿汝今无是事汝去滅去不須此
中住若比丘尼知是被擯沙弥尼若畜共同
止宿者波逸提
若比丘尼如法諫時作如是語我今不學是戒
乃至問智慧持律者當難問波逸提若為
求解應當難問
若比丘尼說戒時作如是語大姉用是雜碎戒為
說是戒時令人惱愧懷疑輕毀戒故波逸提

BD03922號　四分比丘尼戒本　（34–16）

若比丘尼如法諫時作如是語我今不學是戒
乃至問智慧持律者當難問波逸提若為
求解應當難問
若比丘尼說戒時作如是語大姉用是雜碎戒為
說是戒時令人惱愧懷疑輕毀戒故波逸提
若比丘尼說戒時作如是語大姉我今始知是戒
半月半月說戒經中來餘比丘尼知是比丘尼
若二若三說戒中坐何況多彼比丘尼无知无
解若犯罪應如法治更重增无知法大姉汝无
利得不善汝說戒時不用心念不一心兩耳聽
法彼无知故波逸提
若比丘尼共同羯磨已後作如是說諸比丘尼隨
親厚以衆僧物與者波逸提
若比丘尼僧斷事時不與欲而起去者波逸提
若比丘尼與欲竟後更呵者波逸提 六十
若比丘尼比丘尼共鬪諍後聽此語已欲向彼說
者波逸提
若比丘尼瞋恚故不喜打彼比丘尼者波逸提
若比丘尼瞋恚故不喜以手搏比丘尼者波逸提
若比丘尼瞋恚故不喜以无根僧伽婆尸沙法謗
者波逸提
若比丘尼剎利水澆頭王王未出未藏寶若
入宮過門閾者波逸提
若比丘尼若寶及寶莊飾具自捉若教人捉
除僧伽藍中及寄宿處波逸提若僧伽藍中
若寄宿處若寶若以寶莊飾具自捉若教
人捉若識者當取如是因緣非餘

說

BD03922號　四分比丘尼戒本　（34–17）

入宮過門閫者波逸提
若比丘尼若寶及寶莊飾具自捉若教人捉
除僧伽藍中及寄宿處波逸提若僧伽藍中
若寄宿處若寶若以寶莊飾具自捉若教
人捉若識者當取如是因緣非餘
若比丘尼非時入聚落不囑比丘尼者波逸提
若比丘尼作繩牀若木牀足應高如來八指除
入梐孔上若截竟過者波逸提
若比丘尼持兜羅綿貯作繩牀木牀若卧具
坐具波逸提
若比丘尼噉蒜者波逸提 七十
若比丘尼剃三處毛者波逸提
若比丘尼以水作淨應齊兩指各一節若過者
波逸提
若比丘尼以胡膠作男根者波逸提
若比丘尼共相拍者波逸提
若比丘尼比丘無病時供給水以扇扇者波
逸提
若比丘尼乞生糓者波逸提
若比丘尼在生草上大小便者波逸提
若比丘尼夜大小便器中晝不看牆外弃者
波逸提
若比丘尼往觀看伎樂者波逸提
若比丘尼入村內與男子在屏處共立共語者
波逸提 八十
若比丘尼與男子共入屏障處者波逸提
若比丘尼入村內巷陌中遣伴遠去在屏處

BD03922號　四分比丘尼戒本　（34–18）

若比丘尼往觀看伎樂者波逸提
若比丘尼入村內與男子在屏處共立共語者
波逸提 八十
若比丘尼與男子共入屏障處者波逸提
若比丘尼入村內巷陌中遣伴遠去在屏處
與男子共立耳語者波逸提
若比丘尼入白衣家內坐不語主人捨去者波逸提
若比丘尼入白衣家內不語主人輒自敷坐宿者
波逸提
若比丘尼與男子共入闇室中者波逸提
若比丘尼不審諦受師語便向人說者波逸提
若比丘尼有小因緣事便祝詛隨三惡道不生
佛法中若汝有如是事亦隨三惡道不生佛
法中波逸提
若比丘尼共鬪諍不善憶持諍事椎胸啼者
波逸提
若比丘尼無病二人共牀卧者波逸提
若比丘尼共同一褥一被卧除時者波逸提
若比丘尼知先住後至知後至先住為惱故在
前誦經問義教授者波逸提
若比丘尼同活比丘尼病不瞻視者波逸提
若比丘尼安居初聽餘比丘尼在房中安牀後
瞋恚驅出者波逸提
若比丘尼春夏冬一切時人間遊行除餘因緣
者波逸提
若比丘尼夏安居訖不去者波逸提
若比丘尼邊界有疑恐怖處人間遊行者波

BD03922號　四分比丘尼戒本　（34–19）

瞋恚駈出者波逸提
若比丘尼春夏冬一切時人間遊行除餘因緣
者波逸提
若比丘尼夏安居訖不去者波逸提
若比丘尼邊界有疑恐怖處人間遊行者波
逸提
若比丘尼於界內有疑恐怖處在人間遊行
波逸提
若比丘尼親近居士居士兒共住作不隨順行
餘比丘尼諫此比丘尼言妹汝莫親近居士
居士兒共住作不隨順行大姊可別住若別
住於佛法中有增益安樂住彼比丘尼諫此
比丘尼時堅持不捨彼比丘尼應三諫捨
此事故乃至三諫捨此事者善若不捨
者波逸提
若比丘尼往觀王宮文飾畫堂園林浴池者
波逸提 一百
若比丘尼露身形在河水泉流水池水中浴
者波逸提
若比丘尼作浴衣應量作應量作者長佛六
磔手廣二磔手半若過者波逸提
若比丘尼縫僧伽梨過五日者波逸提
若比丘尼過五日不看僧伽梨者波逸提
若比丘尼與衆僧衣作留難者波逸提
若比丘尼不問主便著他衣者波逸提
若比丘尼持沙門衣施與外道白衣者波逸提
若比丘尼作如是意衆僧如法分衣遮令不分

BD03922號　四分比丘尼戒本　（34–20）

若比丘尼過五日不看僧伽梨者波逸提
若比丘尼與衆僧衣作留難者波逸提
若比丘尼不問主便著他衣者波逸提
若比丘尼持沙門衣施與外道白衣者波逸提
若比丘尼作如是意衆僧如法分衣遮令不分
恐弟子不得者波逸提
若比丘尼作如是意令衆僧不得出迦絺那
衣後當出欲令五事久得放捨者波逸提
若比丘尼作如是意遮比丘尼僧不出迦絺那衣
欲令久得五事放捨者波逸提
若比丘尼餘比丘尼語言為我滅此諍事而不 一百十
與作方便令滅者波逸提
若比丘尼自手持食與白衣及外道食者波逸提
若比丘尼為白衣作使者波逸提
若比丘尼自手紡縷者波逸提
若比丘尼入白衣舍內在小牀大牀上若坐若卧
者波逸提
若比丘尼至白衣舍語主人敷座止宿明日不
辭主人而去者波逸提
若比丘尼自誦習世俗呪術者波逸提
若比丘尼教人誦習世俗呪術者波逸提
若比丘尼知女任身度與受具足戒者波逸提
若比丘尼知婦女乳兒與受具足戒者波逸提 一百二十
若比丘尼年不滿二十與受具足戒者波逸提
若比丘尼年十八童女不與二歲學戒年二十便
與受具足戒者波逸提
若比丘尼年十八童女與二歲學戒不與六法

BD03922號　四分比丘尼戒本　（34–21）

若比丘尼知婦女乳兒與受具足戒者波逸提 百廿
若比丘尼知年不滿二十與受具足戒者波逸提
若比丘尼年十八童女不與二歲學戒年二十便
與受具足戒者波逸提
若比丘尼年十八童女與二歲學戒不與六法
滿二十便與受具足戒者波逸提
若比丘尼年十八童女與二歲學戒與六法滿
二十眾僧不聽便與受具足戒者波逸提
若比丘尼度曾嫁婦女年十歲與二歲學戒年
滿十二聽與受具足戒若減十二與受具足戒
者波逸提
若比丘尼度他小年曾嫁婦女與二歲學戒
年滿十二不白眾僧便與受具足戒波逸提
若比丘尼知如是人與受具足戒者波逸提
若比丘尼多度弟子不教二歲學戒不以二法
攝取者波逸提
若比丘尼不二歲隨和上尼者波逸提
若比丘尼僧不聽而授人具足戒者波逸提 百卅
若比丘尼年未滿十二歲授人具足戒者波逸提
若比丘尼年滿十二歲眾僧不聽便授人具足
戒者波逸提
若比丘尼僧不聽授人具足戒便言眾僧有愛
有恚有怖有癡欲聽者便聽不欲聽者
便不聽如是語者波逸提
若比丘尼父母夫主不聽與受具足戒者波逸
提
若比丘尼知女人與童男男子相敬愛愁憂瞋

BD03922 號　四分比丘尼戒本

（34–22）

有恚有怖有癡欲聽者便聽不欲聽者
便不聽如是語者波逸提
若比丘尼父母夫主不聽與受具足戒者波逸
提
若比丘尼知女人與童男男子相敬愛愁憂瞋
恚女人度令出家授具足戒者波逸提
若比丘尼語式叉摩那言汝妹捨是學當與汝受
具足戒若不方便與受具足戒者波逸提
若比丘尼語式叉摩那言持衣來與我我當與汝
受具足戒而不方便與受具足戒者波逸提
若比丘尼不滿一歲授人具足戒者波逸提
若比丘尼與人受具足戒已經宿方往比丘僧中
與受具足戒者波逸提
若比丘尼不病不往受教授者波逸提 一百卌
若比丘尼半月應往比丘僧中求教授若不求
者波逸提
若比丘尼僧夏安居竟應往比丘僧中說三
事自恣見聞疑若不往者波逸提
若比丘尼在無比丘處夏安居者波逸提
若比丘尼知有比丘僧伽藍不白而入者波逸提
若比丘尼罵比丘者波逸提
若比丘尼喜鬪諍不善憶持諍事後瞋恚不
喜罵比丘尼眾者波逸提
若比丘尼身生癰及種種瘡不白眾及餘人輒
使男子破若裹者波逸提
若比丘尼先授請若足食已後食飯麨乾飯
魚及肉者波逸提

BD03922 號　四分比丘尼戒本

（34–23）

喜罵比丘尼衆者波逸提
若比丘尼身生癰及種種瘡不白衆及餘人輒
使男子破若裹者波逸提
若比丘尼先授請若足食已後食飯麨乾飯
魚及肉者波逸提
若比丘尼於家生嫉妬心者波逸提
若比丘尼以香塗摩身者波逸提 一百卅
若比丘尼以故麻滓塗摩身者波逸提
若比丘尼使比丘尼塗摩身者波逸提
若比丘尼使式叉摩那塗摩身者波逸提
若比丘尼使沙弥尼塗摩身者波逸提
若比丘尼使白衣婦女塗摩身者波逸提
若比丘尼著貯髁衣者波逸提
若比丘尼畜婦女莊嚴身具除時因緣波
逸提
若比丘尼著革屣持蓋行除時因緣波逸提
若比丘尼无病乘乘行除時因緣波逸提
若比丘尼不著僧祇支入村者波逸提 一百卌
若比丘尼向暮至白衣家先不被喚者波逸提
若比丘尼向暮開僧伽藍門不囑授餘比丘尼而
出者波逸提
若比丘尼日沒開僧伽藍門不囑授而出者波
逸提
若比丘尼不前安居不後安居者波逸提
若比丘尼知女人常漏大小便涕唾常出者与
受具足戒者波逸提
若比丘尼知二形人與受具足戒者波逸提

BD03922 號　四分比丘尼戒本　（34–24）

若比丘尼知女人常漏大小便涕唾常出者与
受具足戒者波逸提
若比丘尼知二形人與受具足戒者波逸提
若比丘尼知二道合者與受具足戒波逸提
若比丘尼知有負債難者病難者與受具足戒
波逸提
若比丘尼學世俗伎術以自活命者波逸提
若比丘尼以世俗伎術教授白衣者波逸提 一百五十
若比丘尼被擯不去者波逸提
若比丘尼欲問比丘義先不求而問者波逸提
若比丘尼知先住後至後至先住欲惱彼故在
前經行若立若坐若卧者波逸提
若比丘尼在有比丘僧伽藍内起塔者波逸提
若比丘尼見新受戒比丘應起迎送恭敬礼拜
問訊請與坐不者除時因緣波逸提
若比丘尼為好故搖身趨行者波逸提
若比丘尼作婦女莊嚴香塗摩身者波逸提
若比丘尼使外道女香塗摩身者波逸提
諸大姉我已說一百七十八波逸提法今問諸大
姉是中清淨不 三說
諸大姉是中清淨默然故是事如是持 一百八十
諸大姉是八波羅提提舍尼法半月半月說戒
經中來
若比丘尼无病乞酥而食者犯應懺悔可呵
法應向餘比丘尼說言大姉我犯可呵法所不
應為我今向大姉懺悔是名悔過法

BD03922 號　四分比丘尼戒本　（34–25）

諸大姊是八波羅提提舍尼法半月半月說戒
經中來
若比丘尼无病乞蘇而食者犯應懺悔可呵
法應向餘比丘尼說言大姊我犯可呵法所不
應為我今向大姊懺悔是名悔過法
若比丘尼不病乞油而食者犯應懺悔可呵法
應向餘比丘尼說言大姊我犯可呵法所不應
為我今向大姊懺悔是名悔過法
若比丘尼不病乞蜜食者犯應懺悔可呵法
應向餘比丘尼說言大姊我犯可呵法所不應
為我今向大姊懺悔是名悔過法
若比丘尼不病乞黑石蜜食者犯應懺悔可
呵法應向餘比丘尼說言大姊我犯可呵法所不應
為我今向大姊懺悔是名悔過法
若比丘尼不病乞乳而食者犯應懺悔可呵法應
向餘比丘尼說言大姊我犯可呵法所不應為
我今向大姊懺悔是名悔過法
若比丘尼不病乞酪而食者犯應懺悔可呵法應
向餘比丘尼說言大姊我犯可呵法所不應為我
今向大姊懺悔是名悔過法
若比丘尼不病乞魚食者犯應懺悔可呵法應向
餘比丘尼說言大姊我犯可呵法所不應為我今
向大姊懺悔是名悔過法
若比丘尼不病乞肉食犯應懺悔可呵法應向餘
比丘尼說大姊我犯可呵法所不應為我今向大姊
懺悔是名悔過法
諸大姊我已說八波羅提提舍尼法今問諸大

BD03922號　四分比丘尼戒本　（34–26）

若比丘尼不病乞肉食犯應懺悔可呵法應向餘
比丘尼說大姊我犯可呵法所不應為我今向大姊
懺悔是名悔過法
諸大姊我已說八波羅提提舍尼法今問諸大
姊是中清淨不三說　一百九十
諸大姊是中清淨默然故是事如是持
諸大姊是衆學戒法半月半月說戒經中來
當齊整著涅槃僧應當學
當齊整著三衣應當學
不得反抄衣入白衣舍應當學
不得反抄衣入白衣舍坐應當學
不得衣纏頸入白衣舍應當學
不得衣纏頸入白衣舍坐應當學
不得覆頭入白衣舍應當學
不得覆頭入白衣舍坐應當學
不得跳行入白衣舍應當學
不得跳行入白衣舍坐應當學
不得白衣舍內蹲坐應當學
不得叉腰行入白衣舍應當學
不得叉腰行入白衣舍坐應當學
不得搖身行入白衣舍應當學
不得搖身行入白衣舍坐應當學
不得掉臂行入白衣舍應當學
不得掉臂行入白衣舍坐應當學
好覆身入白衣舍應當學
好覆身入白衣舍坐應當學

BD03922號　四分比丘尼戒本　（34–27）

好覆身入白衣舍應當學
好覆身入白衣舍坐應當學
不得左右顧視行入白衣舍應當學 二十
不得左右顧視行入白衣舍坐應當學
靜默入白衣舍應當學
靜默入白衣舍坐應當學
不得戲笑行入白衣舍應當學
不得戲笑行入白衣舍坐應當學
用意受食應當學
平鉢受食應當學
平鉢受羹應當學
羹飯等食應當學
以次食應當學 三十
不得挑鉢中而食應當學
不得自為已索羹飯應當學
不得以飯覆羹更望得應當學
不得視比坐鉢中食應當學
當繫鉢想食應當學
不得大摶飯食應當學
不得大張口待飯食應當學
不得含飯語應當學
不得摶飯遥擲口中應當學
不得遺落飯食應當學 四十
不得頰食食應當學
不得嚼飯作聲食應當學
不得大噏飯食應當學
不得舌舐食應當學

BD03922號　四分比丘尼戒本　（34–28）

不得遺落飯食應當學 四十
不得頰食食應當學
不得嚼飯作聲食應當學
不得大噏飯食應當學
不得舌舐食應當學
不得振手食應當學
不得手把散飯食應當學
不得污手捉飲器應當學
不得洗鉢水棄白衣舍內應當學
不得生草菜上大小便涕唾除病應當學
不得淨水中大小便涕唾除病應當學 五十
不得立大小便除病應當學
不得與反抄衣不恭敬人說法除病應當學
不得為衣纏頸者說法除病應當學
不得為覆頭者說法除病應當學
不得為裹頭者說法除病應當學
不得為叉腰者說法除病應當學
不得為著革屣者說法除病應當學
不得為著木屐者說法除病應當學
不得為騎乘者說法除病應當學
不得在佛塔中止宿除為守護應當學 六十
不得藏財物置佛塔中除為堅牢應當學
不得著革屣入佛塔中應當學
不得手捉革屣入佛塔中應當學
不得著革屣繞佛塔行應當學
不得著富羅入佛塔中應當學
不得手捉富羅入佛塔中應當學

BD03922號　四分比丘尼戒本　（34–29）

不得著草屣入佛塔中應當學
不得手捉草屣入佛塔中應當學
不得著草屣繞佛塔行應當學
不得著富羅入佛塔中應當學
不得手捉富羅入佛塔中應當學
不得塔下坐食留草及食汙地應當學
不得擔死屍從塔下過應當學
不得塔下埋死屍應當學
不得在塔下燒死屍應當學 五十
不得向塔燒死屍應當學
不得佛塔四邊燒死屍臭氣來入應當學
不得持死人衣及牀從塔下過除浣染香熏應當學
不得佛塔下大小便應當學
不得向佛塔大小便應當學
不得遶佛塔四邊大小便使臭氣來入應當學
不得持佛像至大小便處應當學
不得在佛塔下嚼楊枝應當學
不得向佛塔嚼楊枝應當學
不得佛塔四邊嚼楊枝應當學 六十
不得在佛塔下洟唾應當學
不得向佛塔洟唾應當學
不得塔四邊洟唾應當學
不得向塔舒脚坐應當學
不得安佛塔在下房已在上房住應當學
人坐已立不得為說法除病應當學
人卧已坐不得為說法除病應當學
人在坐已在非坐不得為說法除病應當學

BD03922號　四分比丘尼戒本　（34–30）

不得向塔舒脚坐應當學
不得安佛塔在下房已在上房住應當學
人坐已立不得為說法除病應當學
人卧已坐不得為說法除病應當學
人在坐已在非坐不得為說法除病應當學
人在高坐已在下坐不得為說法除病應當學
人在前行已在後行不得為說法除病應當學 七十
人在高經行處已在下經行處不應為說法除病應當學
人在道已在非道不應為說法除病應當學
不得攜手在道行應當學
不得上樹過人頭除時因緣應當學
不得絡囊盛鉢貫杖頭著肩上而行應當學
人持杖不恭敬不應為說法除病應當學
人持劍不應為說法除病應當學
人持鉾不應為說法除病應當學
人持刀不應為說法除病應當學
人持蓋不應為說法除病應當學
諸大姊我已說衆學戒法今問諸大姊是中
清淨不　三説
諸大姊是中清淨默然故是事如是持
諸大姊是七滅諍法半月半月說戒經中來
若比丘尼有諍事起即應除滅
應與現前毗尼　當與現前毗尼　當與憶念毗尼
當與憶念毗尼　應與不癡毗尼　當與不癡毗尼
應與自言治　當與自言治　應與覓罪相
當與覓罪相　應與多人語　當與多人語
應與如草覆地　當與如草覆地

BD03922號　四分比丘尼戒本　（34–31）

應與現前毗尼　當與現前毗尼　當與憶念毗尼
當與憶念毗尼　應與不癡毗尼　當與不癡毗尼
應與自言治　當與自言治　應與覓罪相
當與覓罪相　應與多人語　當與多人語
應與如草覆地　當與如草覆地
諸大姊我已說七滅諍法今問諸大姊是中清淨不
諸大姊是中清淨默然故是事如是持
諸大姊我已說戒經序已說八波羅夷法已說十
七僧伽婆尸沙法已說三十尼薩耆波逸提法已
說一百七十八波逸提法已說八波羅提提舍尼法已
說衆學戒法已說七滅諍法此是佛所說戒經
半月半月說戒經中來若更有餘佛法是中
皆共和合應當學
忍辱第一道　佛說無為最　出家惱他人　不名為沙門
此是毗婆尸如來无所著等正覺說是戒經
譬如明眼人　能避險惡道　世有聰明人　能遠離諸惡
此是尸棄如來无所著等正覺說是戒經
不謗亦不嫉　當奉行於戒　飲食知止足　常樂在空閑
心定樂精進　是名諸佛教
此是毗葉羅如來无所著等正覺說是戒經
譬如蜂採花　不壞色與香　但取其味去　比丘入聚然
不違戾他事　不觀作不作　但自觀身行　若正若不正
此是拘樓孫如來无所著等正覺說是戒經
心莫作放逸　聖法當勤學　如是無愁憂　心定入涅槃
此是拘那含牟尼如來无所著等正覺說是戒經
一切惡莫作　當奉行諸善　自淨其志意　是則諸佛教
此是迦葉如來无所著等正覺說是戒經

BD03922號　四分比丘尼戒本　（34–32）

不違戾他事　不觀作不作　但自觀身行　若正若不正
此是拘樓孫如來无所著等正覺說是戒經
心莫作放逸　聖法當勤學　如是無愁憂　心定入涅槃
此是拘那含牟尼如來无所著等正覺說是戒經
一切惡莫作　當奉行諸善　自淨其志意　是則諸佛教
此是迦葉如來无所著等正覺說是戒經
善護於口言　自淨其志意　身莫作諸惡　此三業道淨
能得如是行　是大仙人道
此是釋迦牟尼如來无所著等正覺於十二年中　為
无事僧說是戒經從是已後廣分別說諸比丘
自為樂法樂沙門者有慚有愧樂學戒者當於中學
明人能護戒　能得三種樂　名譽及利養　死得生天上
當觀如是處　有智勤護戒　戒淨有智慧　便得第一道
如過去諸佛　及以未來者　現在諸世尊　能勝一切憂
皆共尊敬戒　此是諸佛法　若有自為身　欲求於佛道
當尊重正法　此是諸佛教　七佛為世尊　滅除諸結使
說是七戒經　諸縛得解脫　已入於涅槃　諸戲永滅盡
尊行大仙說　聖賢稱譽戒　弟子之所行　入寂滅涅槃
世尊涅槃時　興起於大悲　集諸比丘衆　與如是教誡
莫謂我涅槃　淨行者無護　我今說戒經　亦善說毗尼
我雖般涅槃　當視如世尊　此經久住世　佛法得熾盛
以是熾盛故　得入於涅槃　若不持此戒　如所應布薩
譬如日沒時　世界皆闇冥　當護持是戒　如犛牛愛尾
和合一處坐　如佛之所說　我已說戒經　衆僧布薩竟
我今說戒經　所說諸功德　施一切衆生　皆共成佛道
四分尼戒本一卷

BD03922號　四分比丘尼戒本　（34–33）

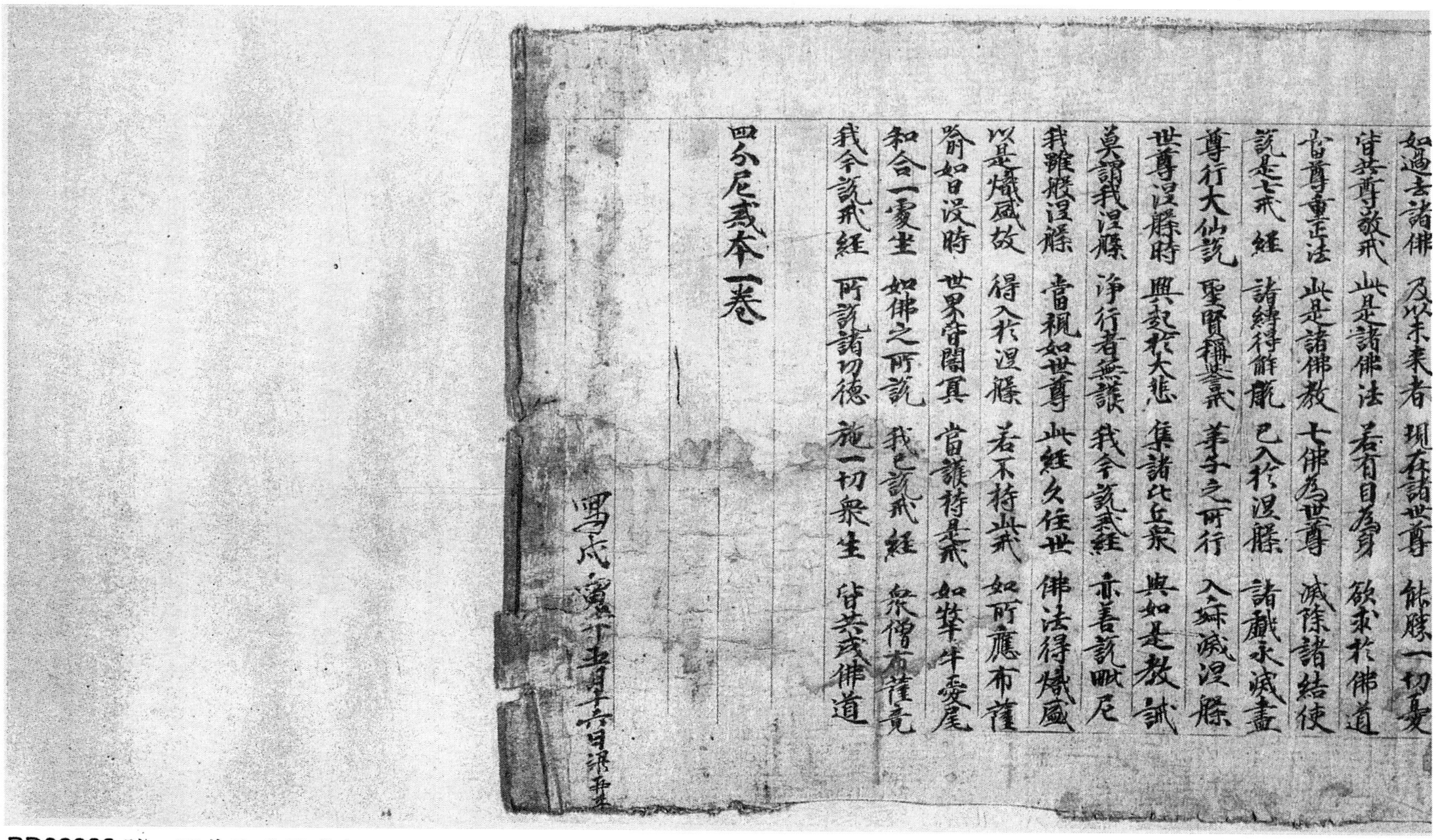

如過去諸佛　及以未來者　現在諸世尊　能勝一切憂
皆共尊敬戒　此是諸佛法　若有自為身　欲求於佛道
當尊重正法　此是諸佛教　七佛為世尊　滅除諸結使
說是七戒經　諸縛得解脫　已入於涅槃　諸戲永滅盡
尊行大仙說　聖賢稱譽戒　弟子之所行　入寂滅涅槃
世尊涅槃時　興起於大悲　集諸比丘眾　與如是教誡
莫謂我涅槃　淨行者無護　我今說戒經　亦善說毗尼
我雖般涅槃　當視如世尊　此經久住世　佛法得熾盛
以是熾盛故　得入於涅槃　若不持此戒　如所應布薩
喻如日沒時　世界皆闇冥　當護持是戒　如犛牛愛尾
和合一處坐　如佛之所說　我已說戒經　眾僧布薩竟
我今說戒經　所說諸功德　施一切眾生　皆共成佛道

四分尼戒本一卷

寫戊寅年十五月十六日[illegible][illegible]

BD03922 號　四分比丘尼戒本

（34–34）

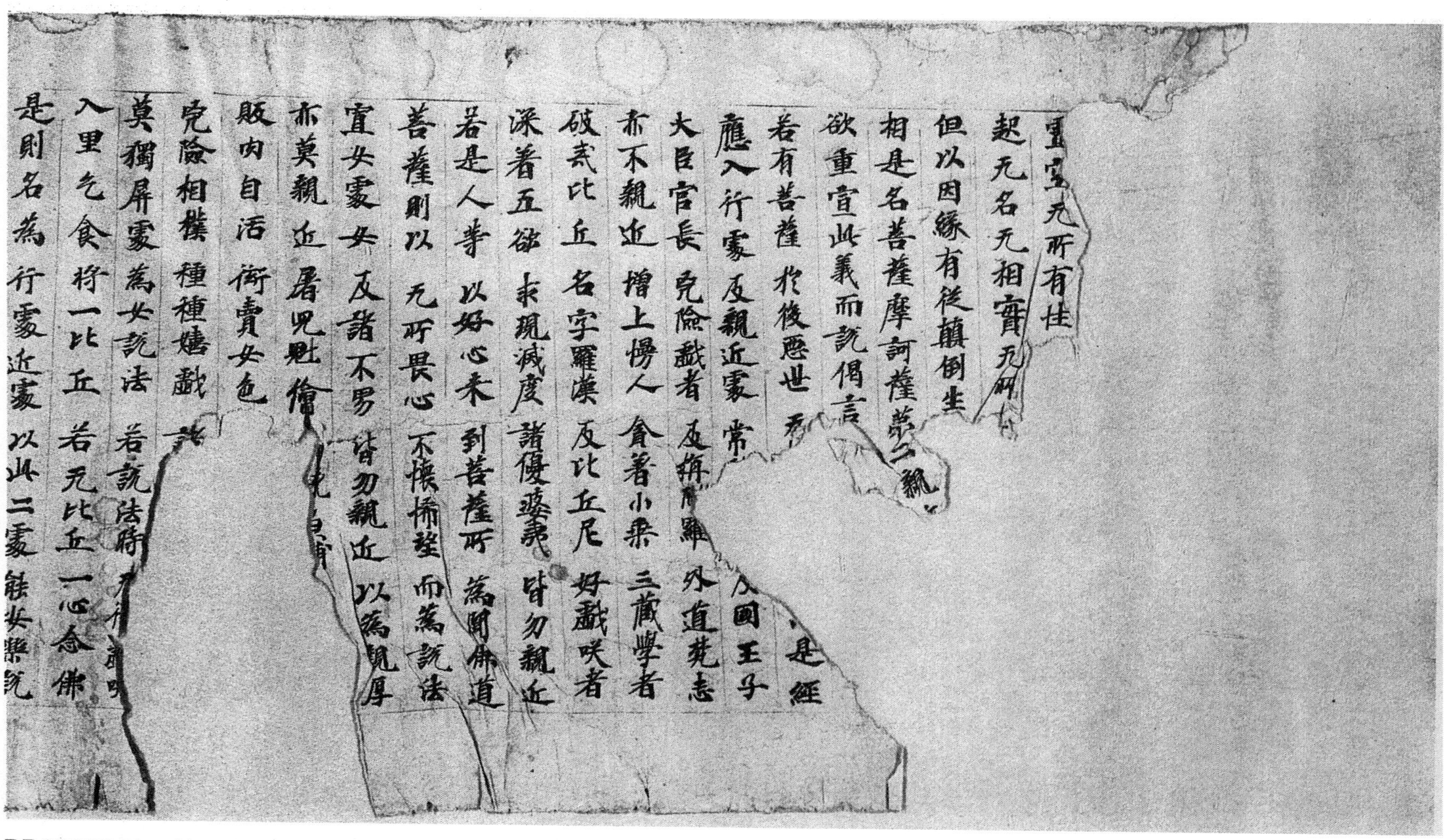

實空无所有性
起无名无相實无所
但以因緣有從顛倒生
相是名菩薩摩訶薩第二親
欲重宣此義而說偈言
若有菩薩　於後惡世　是經
應入行處　及親近處　常　及國王子
大臣官長　兇險戲者　及旃陀羅　外道梵志
亦不親近　增上慢人　貪著小乘　三藏學者
破戒比丘　名字羅漢　及比丘尼　好戲笑者
深著五欲　求現滅度　諸優婆夷　皆勿親近
若是人等　以好心來　到菩薩所　為聞佛道
菩薩則以　无所畏心　不懷悕望　而為說法
寡女處女　及諸不男　皆勿親近　以為親厚
亦莫親近　屠兒魁膾
販肉自活　衒賣女色
兇險相撲　種種嬉戲　諸
莫獨屏處　為女說法　若說法時　無得戲笑
入里乞食　將一比丘　若无比丘　一心念佛
是則名為　行處近處　以此二處　能安樂說

BD03923 號　妙法蓮華經卷五

（3–1）

宜女處女　及諸不男　皆勿親近　以為親厚
亦莫親近　屠兒魁膾
販肉自活　衒賣女色
兇險相撲　種種嬉戲　諸
莫獨屏處　為女說法　若說法時
入里乞食　將一比丘　若无比丘　一心念佛
是則名為　行處近處　以此二處　能安樂說
又復不行　上中下法　有為无為　實不實法
亦不分別　是男是女　不得諸法　不知不見
是則名為　菩薩行處　一切諸法　空无所有
无有常住　亦无起滅　是名智者　所親近處
顛倒分別　諸法有无　是實非實　是生非生
在於閑處　修攝其心　安住不動　如須弥山
觀一切法　皆无所有　猶如虛空　无有堅固
不生不出　不動不退　常住一相　是名近處
若有比丘　於我滅後　入是行處　及親近處
說斯經時　无有怯弱　菩薩有時　入於靜室
以正憶念　隨義觀法　從禪定起　為諸國王
王子臣民　婆羅門等　開化演暢　說斯經典
其心安隱　无有怯弱　文殊師利　是名菩薩
安住初法　能於後世　說法華經
又文殊師利　如來滅後　於末法中　欲說是經
應住安樂行　若口宣說　若讀經時　不樂說人
及經典過　亦不輕慢　諸餘法師　不說他人好
惡長短　於聲聞人　亦不稱名　說其過惡　亦不
稱名讚歎其美　又亦不生怨嫌之心　善修如

BD03923號　妙法蓮華經卷五　（3–2）

王子臣民　婆羅門等　開化演暢　說斯經典
其心安隱　无有怯弱　文殊師利　是名菩薩
安住初法　能於後世　說法華經
又文殊師利　如來滅後　於末法中　欲說是經
應住安樂行　若口宣說　若讀經時　不樂說人
及經典過　亦不輕慢　諸餘法師　不說他人好
惡長短　於聲聞人　亦不稱名　說其過惡　亦不
稱名讚歎其美　又亦不生怨嫌之心　善修如
是安樂心故　諸有聽者　不逆其意　有所難問
不以小乘法荅　但以大乘而為解說　令得一
切種智　尒時世尊　欲重宣此義　而說偈言
菩薩常樂　安隱說法　於清淨地　而施床座
以油塗身　澡浴塵穢　著新淨衣　內外俱淨
安處法座　隨問為說　若有比丘　及比丘尼
諸優婆塞　及優婆夷　國王王子　群臣士民
以微妙義　和顏為說　若有難問　隨義而荅
因緣譬喻　敷演分別　以是方便　皆使發心
漸漸增益　入於佛道　除嬾惰意　及懈怠想
離諸憂惱　慈心說法　晝夜常說　无上道教
以諸因緣　无量譬喻　開示眾生　咸令歡喜
衣服卧具　飲食醫藥　而於其中　无所悕望

BD03923號　妙法蓮華經卷五　（3–3）

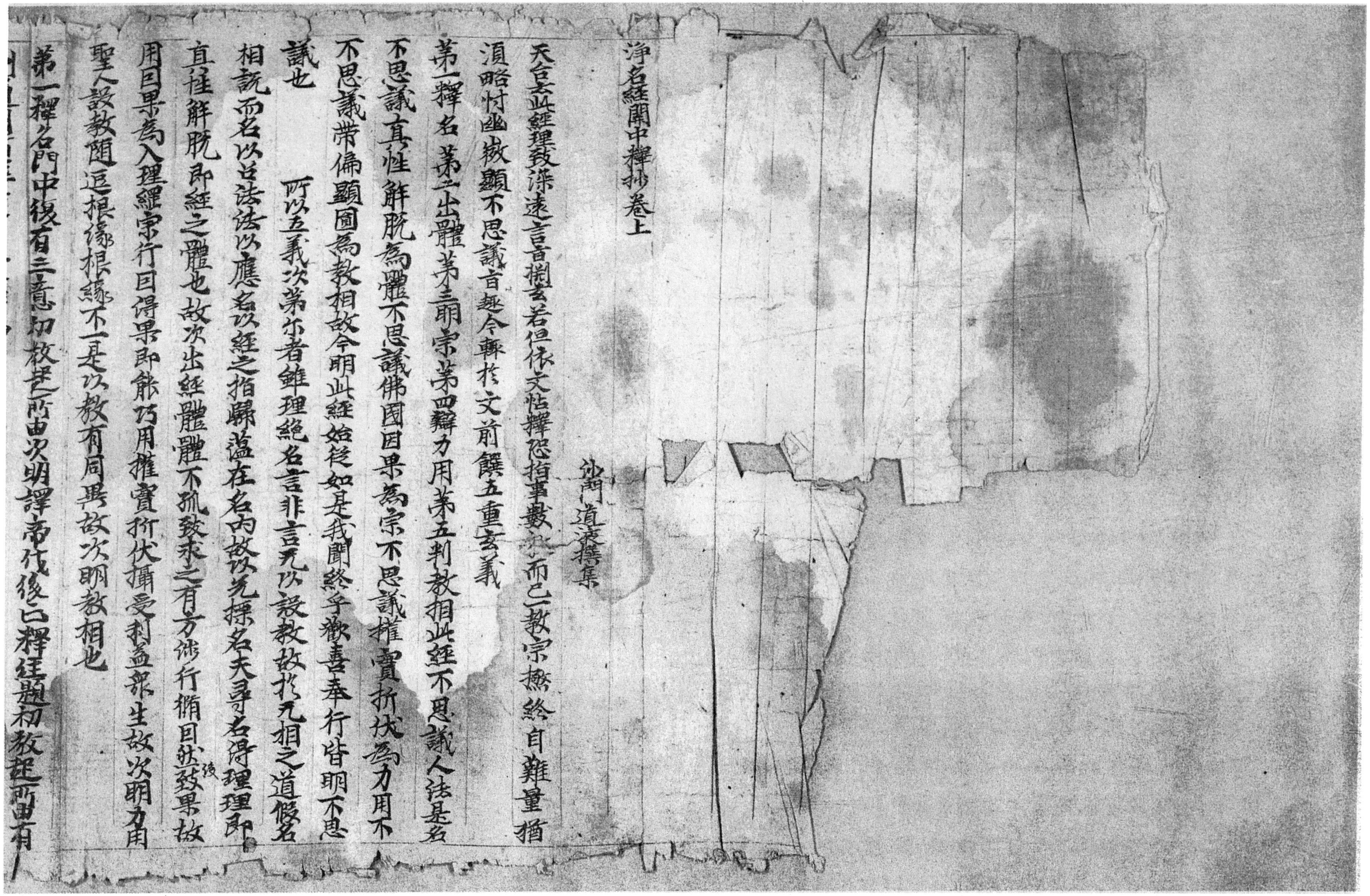

淨名經關中釋抄卷上

沙門　道液撰集

天台云此經理致深遠言旨擲玄若但依文帖釋恐指事數而已教宗撽絡自難量揩

須略忖幽微顯不思議旨趣今輒於文前辨五重玄義

第一釋名　第二出體　第三明宗　第四辨力用　第五判教相　此經不思議人法是名

不思議真性解脫為體　不思議佛國因果為宗　不思議權實折伏為力用　不

不思議帶偏顯圓為教相　故今明此經始從如是我聞終乎歡喜奉行皆明不思

議也

所以五義次第亦者雖理絕名言非言无以設教故於无相之道假名

相說而名以召法法以應名以經之指歸盡在名內故以先標名夫尋名得理理即

直性解脫即經之體也故次出經體體不孤致求之有方涉行脩因然後致果故

用因果為入理經宗行因得果即能巧用權實折伏攝受利益衆生故次明力用

聖人設教隨逗根緣根緣不一是以教有同異故次明教相也

第一釋名門中復有三意初敘起所由次明譯帝代後已釋經題初敘起所由有

BD03924號　淨名經關中釋抄卷上

議也
所以五義次第示者，雖理絕名言，非言无以設教，故於无相之道假名
相説，而名以召法，法以應名，以經之指歸，蘊在名內，故以先標名。夫尋名得理，理即
真性解脫，即經之體也，故次出經體。體不孤致，必之有方，修行循因，然後致果，故
用因果為入理經宗。行因得果，即能巧用權實，折伏攝受，利益眾生，故次明力用。
聖人設教，隨逗根緣，根緣不一，是以教有同異，故次明教相也。
第一釋名門中復有三意：初敘起所由，次明譯帝代，後正釋經題。初敘起所由有
別：通明諸經者有三意：一為滿本願故，一切諸佛行菩薩道，皆發四弘誓願，今為答
初眾生无邊誓願度，故説教也。故法華師云：結僧那於始心，終大悲以赴難。下文云：
菩薩取於淨國，皆為饒益諸眾生故。又法華經云：我本立誓願，欲令一切眾，如
我等无異。　二為酬請主故，如法華經明如來成道經三七日，梵王帝及四天王
請佛三種行法輪，豈請轉大乘耶？答：大論明説般若由是酬王請，故知亦請大也。
又下經中天帝四王皆發誓弘經，豈非慶佛酬請故也。　三為赴根緣故，但仏大
慈悲根熟即化，何要須請也。故文云：眾人不請，友而安之。菩薩況尚耳，如來耶？問：
根緣多種，如何稱會？答：如來以四悉檀赴諸根緣，故能會不失機。然大經明生
生等不可説，以因緣故，亦可得説。因緣者即是悉檀方便也。是生眾教緣，是起
眾行之因。將明此義，三門分別：第一翻名解釋，第二辯其體相，第三明發起教行。初
翻譯者，悉檀或云有翻，或无翻。其有翻，如經宗中明言有翻；或者云宗，成，或云墨，
或云印，或云實，或云成就，究竟見等，如是對翻，非一難可定。序此是隨根説法之文字之宗印
等也。南岳師云：此對如大涅槃經梵漢稱也，悉是隨音，檀是梵語，悉之言遍，檀翻為施，佛
以法遍施眾生，故云也。　第二辯相者，一世界，二各各為人，三對治，四第一義，凡大聖為破外
人四悉檀故説云也。　第二辯相者，一世界，二各各為人，三説此已，四悉檀起一切大乘教也。
第一世界悉檀者，即是眾生五陰十二入十八界一切諸法名相隔別不同，故名世界。外人或此世界
或計无因緣有世界，或計邪因緣有世界。大聖隨眾生所欲聞，為説正因緣世界之
法，令眾生得世間正見，即是世間施。　二各各為人悉檀者，大聖觀人心為説法，人心各
各不同，故於一事或聽不聽。如經所説，雜報業故，雜生世間，雜觸雜受。更有破群那經説无
人得觸，无人得受。此意正為破執生信，增長善根，施諸善法，故名各各為人悉檀也。三治悉檀

BD03924號　淨名經關中釋抄卷上　（23–2）

或計無因緣有世界或計邪因緣有世界大聖隨衆生所欲聞爲說正因緣世界之
法令衆生得世間正見即是世間施　二各各爲人悉檀者大聖觀人心爲說法人心各
各不同於一事或聽不聽如經所說雜業故雜生世間雜觸雜受更有破群邪經說无
人得觸无人得受此意正爲破執生信增長善根施諸善法故名各各爲人悉檀也三治悉檀
者大智度論云有法對治則有實性故无有者即是貪欲多教修不淨觀嗔恚多
者教修慈心觀愚癡多者教觀因緣也佛說對治之法遍施衆生爲斷其惡故名對治
悉檀也四第一義悉檀者大論明第一義有二種一約不可說二約可說初不可說即是諸佛辟
支佛阿羅漢真實法故大論云言論盡竟心行亦說又如大經說諸行處名世界說不行處名
第一義約可說者如大論云一切法不實一切法亦實亦不實一切非實非不實皆名諸法之
實相佛於如是等處處諸經說第一義悉檀相即是一家所明四門入第一義竟中論云若爲
向道之人聞說四句即得悟入即是得諸法實相若人聞說四句心生取著皆是戲論此即初隨
樂欲二隨便宜三隨對治四隨第一義故寶積歎佛樂說辯云佛以一音演說法或歡喜或生
厭離或斷疑斯則神力不共法爲衆者世界悉檀爲說三界火宅故恐怖歡喜者爲人悉
檀發本善根得法喜也或生厭離者即是厭惡煩惱與對治也斷疑即第一義悉檀初入
見道諦理分明故斷疑也第三明起一切教行者大論明四悉檀起十二部經八万四千法藏是
即世界悉檀起八万四千諸塵勞門各各爲人悉檀起八万四千三昧門諸陀羅尼門對治悉
檀起八万四千諸對治門對治八万四千諸煩惱也第一義悉檀起八万四千諸法門亦名八万四千
諸波羅蜜門乃至大小乘經漸頓諸教通別二論聖說聖默皆因悉檀方便而建立也
第二別明此經起緣其意多途略述四種明其大意餘所要細隨品分別一爲明二種解
脫不同二爲開淨土之宗三爲顯淨名勝德四爲成勝供養初爲顯可思議不思議解脫有
異歎小求大成諸聲聞等稟善權說之教自謂佛同坐解脫床无心慕大故今經標之令知有異
歎小求大成生蘇稱胤文有多意略舉二種一約真性解脫標如身子云此座高廣吾不
能昇表不思議解脫理深大故非小乘所入文云佛爲增上慢人說離婬怒癡爲解脫若无增上
慢者婬怒癡性即是解脫是即思議不思議離不離別　二約實慧標者不滅處受趣
於明脫此異二乘宗滅取證又云无得无證故辯如是塵勞之疇爲如來種等是也
三約方便解脫標者經云結習未盡花著身耳結習盡者花不著也　二乘雖得解脫未盡
或源又取小乘室能藏大座須彌納在芥子中本相如故乃至現化魔王等引大衆等皆

BD03924號　淨名經關中釋抄卷上　（23–3）

般界乘不思議解脫理深大故非小乘所入又大佛為增上慢人說離婬怒癡為解脫若无增上
慢者婬怒癡性即是解脫是即思議不思議誰不離別　二約實惠揀者不滅癡愛起
於明脫此異二乘滅惑取證又云无得无證故辯如是塵勞之疇為如來種等是也
三約方便解脫揀者經云結習未盡花著身耳結習盡者花不著也　二乘雖得解脫未盡
惑源又以小乘室能藏大座須彌納在芥子中本相如故乃至現化魔王掌擎大眾等皆
菩薩方便示現利物故也　二為闡淨土之宗者大聖前於寶積等經廣說法身
正報未明淨土依報故於此經中合蓋現土寶積義問如來酬答乃至指案現淨土待
問衆香之界後現上方妙喜之國香積斯土此等種種緣使諸菩薩上知諸佛功德
平等為衆生故現佛土不同下能成就衆生同諸如來淨佛國土廣如下文不可悉述三為
顯淨名勝德勝德既彰前來宣化咸可宗承物情信伏故下文云汝等拾置菩薩所行是
維摩詰者所現神力汝等聲聞百千億劫盡力所不能作也　又什法師云維摩
詰所現神力汝等聲聞維摩秦言淨名即五百童子之一人也　經妙樂國來遊此土
所應既同將還本土欲顯其德以澤群生顯迹悟時要必有由故命同志詣佛而獨行
明其有疾有疾故有問疾之會有問疾之會由淨國之集由淨名方便然則此經
始終良有在也　又肇師又云教緣既畢將返妙喜故欲顯其神德以弘如來不思議之道
四為諸佛之所讚念其成就最勝供養故說此經故下文云若有讀誦解說其義如說
脩行則為諸佛之所讚念其有供養故說此經故如是人者當知則為供養於佛又云
天帝若善男子善女人受持讀誦供養是經者則為供養去來今佛況梵天之塔福未足
多五勸施安供養非勝得柔順忍獲陀羅尼誰法淨人其唯法供養矣　第二翻譯
帝代者大唐內典錄云教流源起寔本姬周秦正殊之遺聞出劉向校書天閣往往見者
有仏經依此披量不止漢明之代今叙中興之始起於後漢孝明永平七年夜夢金人殿庭
集議傅毅奏對臣聞昔西方有神其名為佛陛下所見將畢是乎帝乃遣使中郎秦
景博士王遵等一十八人往西天竺於月支國請沙門迦葉摩騰竺法蘭漢地經之祖也自尔釋
教相繼要興沙門信士接踵傳譯爰至皇朝時移九代此經翻傳總有六譯
第一後漢劉氏靈帝代臨淮清信士嚴佛調於雒陽白馬寺譯一卷名古維摩詰經
第二吳朝孫氏大皇帝月支國優婆塞支謙於武康譯二卷名維摩詰所說不思議法門
經　第三西晉司馬氏武帝沙門竺法護西域人解三十六國語於洛陽譯一卷名維
摩詰所說法門經第二出第三譯　第四東晉惠帝西域沙門竺叔蘭元康六年雒陽譯

BD03924 號　淨名經關中釋抄卷上　　（23–4）

遣蔡愔等一十八人往西天竺於月支國請沙門迦葉摩騰竺法蘭
十年迎還雒陽之白馬寺譯出四十二章經此即漢地經之祖也自爾釋
教相繼雲興沙門信士接踵傳譯爰至皇朝時移九代此經翻傳總有六譯
第一後漢劉氏靈帝代臨淮清信士嚴佛調於雒陽白馬寺譯二卷名古維摩詰經
第二吳朝孫氏大皇帝月支國優婆塞支謙於武康譯三卷名維摩詰所說不思議法門
經　第三西晉司馬氏武帝沙門竺法護西域人辭三十六國語於雒陽譯一卷名維
摩詰所說法門經第十一三西晉　第四東晉惠帝西域沙門竺叔蘭元康六年雒陽譯
三卷名毗摩羅詰經　第五後秦姚興弘始八年三藏沙門鳩摩羅什於
常安大寺譯三卷名維摩詰所說法門經即今所譯之本是也　第六唐朝三藏沙門
玄奘貞觀廿一年於長安大慈恩寺譯六卷名無垢稱經　第三釋經題略分為二一別二
通別即維摩詰通即經之一字所以名有通別者略為三義一約教如華嚴大
品等教異故立名亦異是為別也皆是佛說同名為經故名通也三約理者理是一法名
義即多故經云如天帝釋有種種名解脫亦爾多諸名字名字異故名為理是別同是一
理故名通也從教起行從行入理俱有通別先明別名後分人法所以標人標者非人无以弘法
非法无以顯人是即尊其人重其法也初辯人名即為三別初翻名辯釋後明本迹高下
初翻譯者或云毗摩羅詰秦云淨名此翻法名无垢稱或云毗摩羅詰此翻為淨名或云毗摩羅詰異
故此翻為淨无垢稱此梵音輕重不同故義亦廣隨別次解釋者初翻以覺為繁不辯為中
釋次淨名者似對真應二身淨即真身真智无惑故云為淨名者即應身垂名於萬物
名稱普聞也什公云五百童子之一人也次翻淨无垢稱者似對三身淨即法身自性清淨性無无
點即是性淨法身也无垢即報身報智圓明无有垢染即是圓淨報身也稱者即是應
身大慈化世名稱普洽即是應身也故智度論云求欲和真金能成諸色像功德和法
身處處應現往餘義釋法名中廣辯　二明本迹高下者淨名大士補處菩薩若阿
閦世界即以生兜率為補處若天台其行十地菩薩地為補處若五十二位即以等覺為補
處若寂滅真如何次即初心即補處此既眾教異明故須辯其本迹今明此義略分二意
初正通明本迹後別明淨名本迹初明正即者本所依之理迹者是能依之事事理合明故
稱本迹也譬如人依住處則有行往之蹤迹也將明此義略有五意一約事理二約理教三
約理行四約體用五約權實初事理者理即不思議真諦之理本事不思議俗諦之事
迹由真諦不思議之理本故有不思議俗諦之事迹得真諦之理本本迹雖殊
不思議一也二約理教者此經云三法輪於大千其輪本來常清淨此即以前不思議二諦為理

初已通明本迹，後別明淨名本迹。初明已。即者本所依之理，迹者是能依之事，事理合明，故
稱本迹也。譬如人依住家則有行住之迹也。將明此義，略有五意：一約事理，二約理教，三
約理行，四約體用，五約權實。初事理者，理即不思議真諦之理，本事不思議俗諦之事
迹，由真諦不思議之理本，故有不思議俗諦之事迹，得真諦之理本，本迹雖殊
不思議一也。二約理教者，此經云：三轉法輪於大千，其輪本來常清淨，此即以前不思議二諦為理
本，能詮二諦為教迹，由理垂教，尋教得理，餘如前。三約理行者，法華經云：諸法從本
來常自寂滅相，佛子行道已，來世得作佛。此經云：無離文字說解脫相，即前理教並以為
本，不思議觀行為事迹，餘類前明。四約體用者，即以法身體為本，應身用為迹，故金光
明經云：佛真法身猶如虛空，應物現形，如水中月，餘如前。五約權實者，實即處位
證得真應二身，名為實本；權化方便現真應二身，或高或下，隨逐物情，為
事迹，故經云：雖復成道轉法輪，而不捨於菩薩之道也。如是亦前，即理事明本迹，即是理即
理教明，即名字即理行明，即觀行體用明，即真應即權實明，即究竟即。諸菩薩等
或本高迹下，或本下迹高，或俱高俱下，難可格量。　第二別明淨名本迹者，舊云本是金粟
如來，迹居妙喜，為無動補處；或云本是八地，迹現毗耶，位居長者。若執此意，定判本迹
者，為是何位？金粟何位補處？若妙覺之金粟為妙喜之補處，此即本高迹下；
若初住之金粟現十地之補處，即本下迹高；妙覺現處，則本迹俱高；若初住現小
乘補處，本迹俱下。豈可定判其優劣高下之位也。　所說經者，此第二釋通名。光宅辯
字初所說者，肇曰：維摩詰，秦言淨名，法身大士也。其權道無方，隱顯殊迹，釋彼妙喜
現此忍土，所以和光塵俗，因通道教，常與寶積俱遊，為法城之侶。其教緣既畢，將還
返妙喜，故欲顯其神德，以弘如來不思議解脫之道，至命寶積獨詣釋迦，自
留現疾，以生問疾之端，建微言之始，妙智自彼，故稱其說。　生曰：維摩詰者，此云
無垢稱也。其人驗迹五欲，超然無染，清名遐布，故致斯號。舉名求實者也。
重說，說本求實，重之於終，則得所求，曰斯近接有過聖言矣。有說淨名說於佛法，不
說自說，法自法，即與佛說行令解。淨名自證之法，即是加佛法，故下文云：如自觀身實相，
觀佛亦然。問：淨名菩薩所說，何得稱經？答：大論明佛弟子化人、諸天、仙人所說，為佛所印
稱，皆經也。　二釋經字者，依天竺語，佛教之首，通標修多羅，或云脩妬路，例如此土聖人之

重說說本表寶重之慇則得所承旨斯近接有過聖言矣有說淨名說於佛法不
說自說法自法即与佛抗行今解淨名自證之法即是一切佛法故下文云如自觀身實相
觀佛亦然聞淨名菩薩所說何得稱經答大論明佛弟子化人諸天仙人所說為佛所印
稱皆經也　二釋經字者依天竺語佛教之名首道標脩多羅或云脩妬路例如此土殊夏之
別古今諸師解釋有異或言有翻或言无翻今此義明為五意第一无翻第二有翻第三會
通有无第四正釋經字第五應法明經第一言无翻者外國有多含之語即是脩多羅名含
五義豈可但用經字翻之故開善法師云經非正翻但以經字代彙類此方周孔聖教稱
之為經外國聖教類此應以經字代也言五義者一法本有三一教本即世界悉檀二行本即
對治為人二悉檀三理本即第一義悉檀五云顯示示具理也如弥勒章二示具菩提等也
二微發者法王涎教乃妙玄深從微至著靡所不詮是則文義漸顯開發物心初中後
善圓滿具足故也　亦云出生謂聞法得道出生法身經云諸佛菩提皆從此生
三涌泉義者此從譬受名如泉涌流泊泊无竭如弥勒章得无所得即菩提之義无邊觀
衆生品悟生非生則慈悲之名莫窮故云也　四繩墨義名從譬顯也如世繩墨裁邪
就正執契有度如不生不滅万行不可乘无常无我四果不可畢又如六度四等名不可易
菩薩家等不生不滅万行不可乘无常无我可加故云也　五結鬘義者此從譬以顯如鬘
穿花使无零落大聖說法貫通理行亦无漏失復次如百花異色更相輝煥万行莊嚴乎
為嬰飾如總持園苑八解浴池大乘寶車駕以白牛等也此土既多含此五之言故用經字代也
第二言有翻者有師言昔佛法初度梵漢之語未通故河西群學謂无翻也今經既論
度梵漢之語復通脩多羅也有翻也但諸師各稟不異聞又成非一略出五家翻譯
一翻為法本具如前　二翻為契即初悉檀契清二三悉檀契行第四悉檀契理也此則如
法相解如法相說故也　三翻為綖此曰譬顯義与前結鬘義同又結成行人三菩提
之果也　四翻為善語教謂大聖明鑒慈心順理復悉檀善巧化順物情故也
五翻為經以類此方極聖所說故也　第三會通有无唯取經字代順物情故也
字為正者无翻者言此无多含之語此亦未始然如此訓字或一或二乃至多訓如經訓法
訓常及經善等豈非多含義也有翻者言今語既通之有翻者此亦未然若定有翻
何故五譯不定若存一而存一義復不同若知无名相中假名相說悉檀方便起教是一
適其根性即有翻无翻皆无滯也次正云衣義不衣語[illegible]

之異也 四善應者謂来謂大聖明鑒慈心順理復志檀善巧化順物情故也
五翻為經以類此方極聖所說教也 第三會通有无翻取經字化順物情故也
字為正者无翻者言此无多含之語此亦未始然如此訓字或一或二乃至多訓如經訓法
訓常及經等皆非多含義也有翻者言今語既通之有翻者此亦未然若定有翻
何故五譯不定若藏而存一義復不同若知无名相中假名相說志檀方便起教是一
適其根性即有翻无翻皆无滯也故經云依義不依語也又兩家五義皆以經字
標題不以契綖等為目今云經字亦是融通无失 第四另釋經字略開四義一者經由義
二意初云聖言下俗經由如來心口故也二云三代 聖人莫不皆由悉檀之教而致大果
二者經緯義生法師云世之經緯成自素帛斯之經緯顯于行人真光之緣三者常義有
二意一者邪不能壞二者已不能異故肇師云古今雖殊覺道不改群邪不能沮 故曰也
四者法義安法師曰謂躰可楷模如此土六經顯道德人倫之是非也 第五歷法明經有說
三種經一聲二色三法初聲經者聲教詮理故大品經云若從善知識衆聞經般若也二色
經者尋文悟理故大品經云若從經卷中聞般若也 三法經者是法塵謂心与法合
思惟得證故經云循我法者證乃自知故也 問餘三塵何故非經答此土三根鈍故復次
如法華明六根平等清淨此經下文曰食香飯得道 廣明六塵俱為佛事不同小乘唯
說娑婆音聲為佛事又大品明諸法等故般若波羅蜜亦等金剛云一切法皆是佛法
言不可思議解脫者此是第三天段從法受名此經流布既多申釋亦衆略開九家以相決
初羅什曰亦名三昧亦名神足或令脩短改度或巨細相容變化隨意於法自在解脫
挊尋故名解脫二肇曰不思議有二種一曰理空非惑情所圖二曰神奇非淺識所量若躰夫
空理則脫思議之惑惑既脫矣則所為難測三睿公曰微遠幽深二乘不能測不思議
也縱任无导塵累不能拘解脫也 四叡曰菩薩无心應物有說衆生但覩其變矣
測其所由故多名所說多不思也雖說而无心故不导於有无心而說故不导
於空空有所不能累故名之為解脫也一 五開內舊解六地斷見使七地斷除習氣直觀
故流名不思議見習俱盡名為解脫也 六佛地論師云不真宗緣脩七識知見佛性真理
斷界內見思界外无明是思議解脫若真宗八識真脩躰顯一部皆融无思不思
議解脫也 七真諦三藏云解脫有二種一不相離即是諸法如如本有之理本与惑離也
者得法如如智斷心鄣与惑相離故名相離解脫相離解脫即不思議也

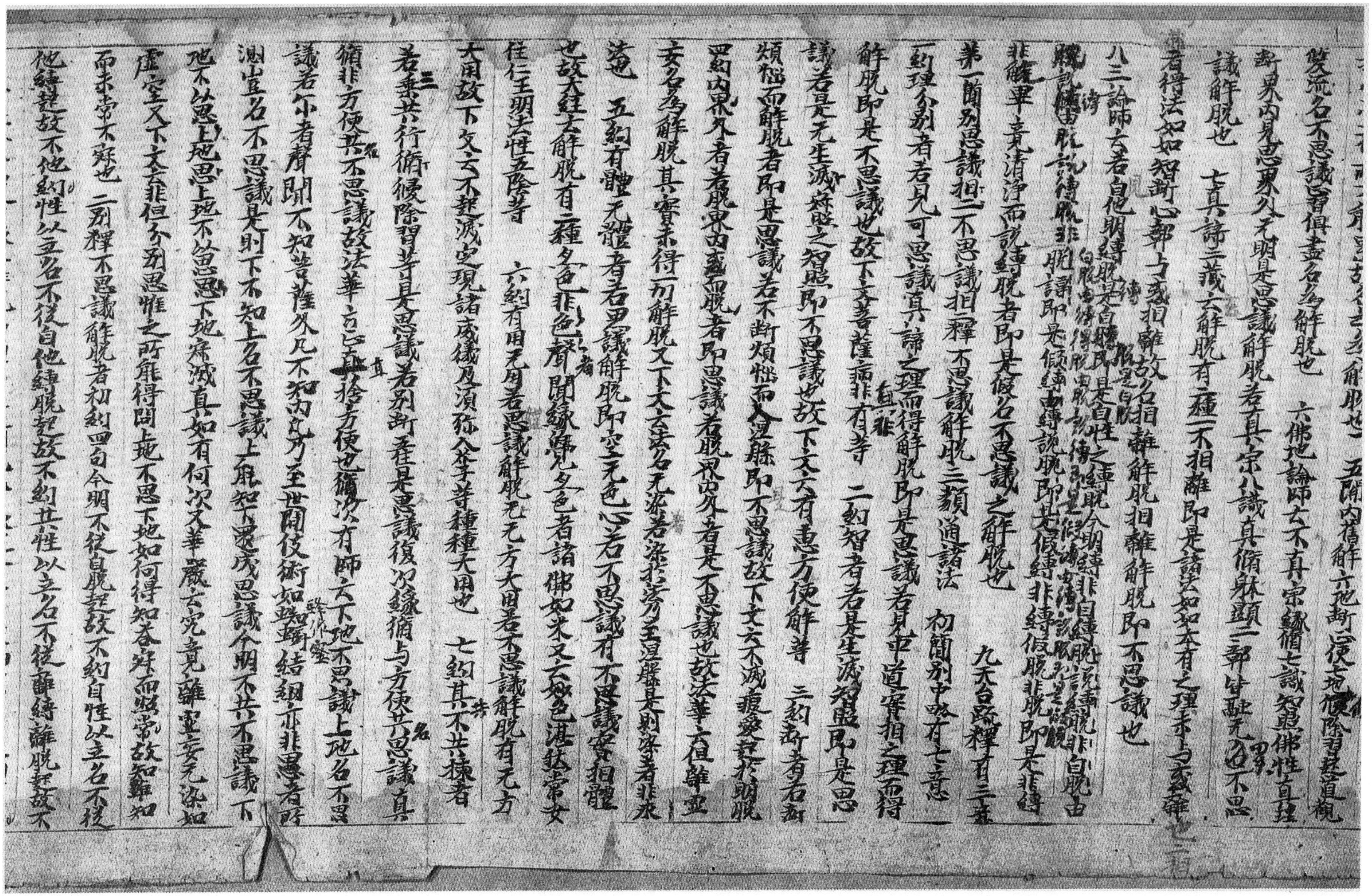

BD03924號　淨名經關中釋抄卷上　（23–9）

地不以思上地思上地不能思思下地寂滅真如有何次又華嚴云究竟見離虛妄無染如
虛空又下文云非但分別思惟之所能得問上地不思下地如何得知答對而照常故知雖知
而未常不寂也　二別釋不思議解脫者初約四句今明不從自脫起故不約自性以立名不從
他縛起故不他約性以立名不從自他縛脫起故不約共性以立名不從離縛離脫起故不
約無因性以立名從因緣立解脫名尚不可得何況無因緣起以立名是即不在內外兩間中
而說解脫者不思議也是即無離文字說解脫相解脫者即諸法也約此而明不思議
解脫即具三義一真性解脫二實慧解脫方便解脫此三如上所由門及不思議品廣明
三約類通三法者略有十種一三道者苦道煩惱道業道初真即性二即實慧三即方便
知此配之下九多亦三三識阿陀那即第八二阿陀那即第七三波陀那即六識三三佛性
一正因二了因三緣因四三般若一實相二觀照三方便五三種菩提一實相二實智三方便六三
種大乘一理乘二得乘三隨乘七三種法身一法性法身二果報法身三應化法身八三種涅
槃一性淨涅槃二圓淨三方便淨九體三寶一真性即法二實慧即佛三方便即僧十三德
法身二般若三解脫如是即真性解脫是淨實慧解脫是無垢方便解脫是未稱此乃人從
法立名法從人受稱故得顯拔不思議大道也　大二第明經體者略開二
意一辯體所以二正明經體三簡為顯真初所以須　明體者若尋經失旨
事同調達雖讀六万法藏不免墮大地獄若得意忘言則辯持一偈成阿羅漢果若不識經
真性之體雖復讀誦行終不能得無生法忍故須辯也　第二正明經體然此門經論
異說今古中釋復多紛亂統論其要不出二種一能詮之教二所詮之理故瑜伽論云契經
體者略有二種一文二義是即諸明假實之聲名等並能詮教攝如前釋名門具以辯說
若諸明真如相性等並所詮理攝今此具明舊釋此經多由權實為體體即真宗
此釋不然何則天無二日國無二王豈可權實具明大體據理明宗據行說得宗體同辯
也今但以不思議真性解脫為體者此經云如來種性即是解脫又云諸佛菩薩有解
脫名不可思議又云一切法亦如也然此真性實相離四句絕百非能執生行人心知万行
故獨名體也故大論明小乘經三法印無常無我寂滅涅槃大乘經一實相印天下之文
六從阿羅尼即是經之正體也若得正法印能入若思真明至無學果若得實相印
能入無生法忍得大菩提也　第三簡為顯真即為二意　初簡非實相二顯真實

……體者此經云如來藏性即是解脫又云諸佛菩薩有解
脫名不可思議又云一切法亦如也然此真性實相離四句絕百非能執生行人令知万行
故獨名體也故大論明小乘經三法印无常无我寂滅涅槃大乘經一實相印又下文
云陀羅尼印印之即經之正體也若得三法印即能又若悟真明至无學果者得實相印
能入无生法忍得大菩提也　第三簡邪顯真即為二意　初簡非實相二顯真實
相　初中復三一簡世俗經書二簡外道經書三簡聲聞經　初世俗經書但明安國治
家善惡仁義禮智信攝生養性乃至梵天說出欲論五通仙人之論並屬愛論破壞慧
眼不見真實非實相體　二外人經書多說身見之見或計神
及世間常是事實餘妄語乃至非无常隨十四難生六十二見或計有或計无各謂是實以有
所得起諸行業輪轉生死並屬見論破壞慧眼故非實相體也　三聲聞經明无常
苦空无我厭患三界盡苦涅槃不能求諸法實相亦非實相體也　二顯真實相者
摩訶衍教明所為利根菩薩說諸法實相不滯二邊體用圓修自利利他即真性
解脫之體也此中復有共二乘說不共二乘說共二乘者如大品經三乘共行十地聲
聞辟支佛緣覺見假習氣菩薩能窮法性習氣都盡所謂如三獸度淺深有異二不共
二乘有者漸有圓漸者雙斷二部得實相菩提圓者始起緣性即是解脫一切法即佛
性涅槃如來藏也或名一實諦或名自性清淨或言如如實際法性法身中道異
名見空等等故大論云般若是一法佛說種種名大品經云如天帝釋有千種名解脫亦爾
多諸名字此名得通為諸大乘經之正體也　大段第三佛國因果為宗者斯乃眾行之
綱要趣理之關極窮尋經論亦不分宗體之別但傳經者可宜行願開發物心使有歸趣
前既非因非果真性為眾經體此乃因而果為眾經宗舉因則攝万行舉果則攝万
德故舉因果為眾經之綱要也如大經明四德涅槃之果非无五行十功德之因大品般若明
之因非无種智涅槃之果此經寶積請其問佛國清淨是果說諸菩薩淨土之行為因如來
竖明四句答果橫明眾行答因乃至入室問疾果問實疾因不思議品明果次下三品明因
香積淨土為果八无瘡行為因亦阿難佛土不同為果請法退還為因妙喜來此為果
發願生彼為因是知用菩集菩明淨身已報此中明淨土依報故如來合蓋現土使物
歸心正明宗之大意　大段第四權實善巧為用既循因得果故有權實之妙用令諸
眾生斷疑生信略為三意　一明權實　二明折伏攝受　三明通此經文初明權實者有人偏
用權行莫測多為用此明用四也今三乘權實者導多為用問若實見理……

香積淨土為果八无疣行為因，亦向難佛土不同為果請法退還為因妙喜來此為果
發願生彼為因是知用菩集小菩明法身已報此中明淨土依報故如來合蓋現土使物
歸心已明宗之大意　大段第四權實善巧為用既循因得果故有權實之妙用令諸
衆生斷疑生信略為三意　一明權實二明折伏攝受　三明通此經文初明權實者有人偏
用權巧為大測為用此明用偏也今言權實者得為用問者實是體從體起用能得實
亦是用答權實有三種一化他權實諸佛菩薩无名相中假名相說種種權實皆是
隨他意語二自行化他權實諸佛菩薩自行隨自意語為隨他意語為權二自行權實
者諸佛菩薩自行所有諦二諦之理以辯權實也此中明用即化權實也
二明折伏攝受者如勝鬘經云應折伏者而折伏之應攝受者而攝受之以折伏攝受故令
正法久住今淨名菩薩為令不思議法得久住故是以方便折伏實智攝受故室外
彈可室內攝受使令信受任亦不思議解脫也　三明通經文略舉四例如方便品諸仁
者此可患厭即權折伏當樂佛身即實攝受如善吉章明於食等者於法
亦等是實折伏又云如佛所化人若以是事詰是權攝受實者折伏實攝受如彌
勒身子等若權折伏權攝受如迦旃延等並至文廣辯　大段第五判教相同異者
前雖廣明名等　四義未辯　此經与諸經並緣
同異略出三意　一明辯教相意二明古今同異三正明判此經　初辯教相意者聖人大聖
无言言之者為物物情既異故緣之教亦多如光宅明大乘阿含偏說小教或乍開半滿
而同歸佛性或總會三車而俱至寶所故光德諸師各為理釋欲使大小區分權實有在
今明今古同異有三意一約義二約時　三別判簡　一後魏留支三藏立一音教引此經云佛
以一音演說法等　二北京曇无讖立二種教一半字小乘二滿字大乘　三陳真諦立三種教一
轉法輪四諦是二照法輪諸般若經是三持法輪解深密等是　四菩提流支立四種教
一四諦教小乘經是二无相教般若經是三法相大乘楞伽經是四觀行大乘華嚴經
是　又宗地論大福法師名立四宗教一因緣宗毗曇論等二假名宗成實
論等　三不真宗般若經等四真宗如華嚴法界為第五法界圓明　二就時者
道場觀笈二師三時明義第一時說有相法輪第二時說无相法輪第三時說常住法輪
若四時明義者生法師云始自道樹終乎泥日凡說四種法輪謂无漏道品得二涅槃三真
實法輪謂破三之為成一之實四者无餘法輪斷惑會歸之談乃說常住妙旨
若開善光宅三法師則立五種教一頓二漸言五時漸中分為五時一頓教謂華嚴經

論等　三不真宗般若經等　四真宗如華嚴法界為第五法界圓明　二說時者
道場觀法二師　一時明義第一時說有相法輪第二時說無相法輪第三時說常住法輪
若四時明義者生法師云始自道樹終于泥曰凡說四種法輪謂無漏道品得二涅槃　二真
實法輪謂破三之偽成一之實　四者無餘法輪斯則會歸之談乃說常住妙旨
若開善光宅法師判三種教　一頓二漸三偏方不定漸中分為五時　一頓教謂華嚴經
也　二十二年說前有相教小乘教也　三十二年後說無相般若教　四抑揚教此經是　五同
歸教法華涅槃也　三列簡此經去取者光宅滿明義此經滿字與華嚴等不異
三時明義屬第二無相得道未明佛性常住若四宗明義是真大乘及出緣之教　五時
明義是第四抑揚之教亦未會三歸一及明常住佛性也　次詳定者若言此經未明佛性者
此明真性解脫豈非佛性耶　下文明如來種種即性之異名耳　若言未明常住者　下
文明金剛之體夫如者不二不異如無有生如無有滅等　豈非常住耶　若真宗同法華
者何得聲聞未受記也　若滿字同涅槃者彼是醍醐此乃由是生蘇教也　修姪光云
義須不具載　第二明近世判釋　初約義及時二說乘兼藏　初中經教有四者頓漸二者
不定四者秘密　初頓者如花嚴經云譬如日出前照高山又如大經云雪山有草名曰忍辱牛
若食者即得醍醐等　二漸者即五味相生即是從小乘事前定乳得生滅四諦　略次方等
大乘最初說無生四諦無量作對破小乘呵責聲聞槃小法者即是從酪出生蘇　摩訶
般若名具說無生無量無作令聲聞轉教即是從生蘇出熟蘇　如是法花說一實無
作四諦名為諸聲聞開佛知見並受記莂乃至大經為諸比丘說圓伊三點佛性涅槃
安置其諸子秘密藏中即是從熟蘇出醍醐　如此明五味之義與常途一往似同細心揣並
亦大異也　三明不定者亦不同舊解別有偏方不定之說今但於前五味教內根之人
處處悉皆得見佛性故有滿字之義大經云譬如有人置毒於乳亦乃至醍醐亦能殺
人所以梁武流支備山三家明此經大品皆是滿字明佛性常住意在此也
四秘密者大論云佛初轉法輪顯露教中明五人得須陀洹果八萬諸天得法眼淨秘密教
中無量菩薩聞說大乘得無生忍又云從得道夜至泥洹夜常說般若又此經云佛以一
音演說法眾生隨類各得解此並秘密之相今判此經非是頓教乃是五味漸教生蘇
之味若約不定即是至生蘇而殺人八不二法門住不思議解脫也若秘密即不可知也

□秘□次不二言不信秘乘法輪顯露教中明五人得須陀洹果八万諸天得法眼淨秘密教
中无量菩薩聞說大乘得无生忍又云從得道夜至涅槃夜常說般若又此經云佛以一
音演說法衆生隨類各得解此並秘密之相今判此經非是頓教乃是五乘漸教生蘇
之味若約不定即是至生蘇而取人八不二法門住不思議解脫也若秘密即不可知也
三就乘藏者先明乘者有說二乘大謂字滿　亦謂半字　有說三乘謂聲
聞緣覺菩薩復次華經云於一佛乘分別說三為權權十方佛土中唯有一乘
法是實即是權實具論為四故勝鬘亦云三乘歸依非究竟歸依故也復次婆
沙等論明生滅三乘亦瓔珞等經次第一乘花嚴等經明圓頓一乘
通明乘者運載為義此經具權實半滿通論也　二就藏辯者有說二藏謂聲聞菩
薩藏對法論　婆沙明三藏謂素呾攬藏經也毗柰耶藏律也阿毗達摩藏論也分別功德經明四
藏三藏外別立雜藏雜論　式叉云五藏謂四藏外別立菩
薩藏對法論　立六藏謂大小乘三胎藏經說八藏謂大小乘各四律論雜也總名藏
者梵曰比橋迦此名藏也以蘊積為義也此經就人明菩薩藏攝故文云菩
薩法藏所攝就法明藏即經藏攝故文云我雖從仏聞百千經未曾聞此決定實相
經典也問十二部經此是何部答不然十二部者非是別有部卷盡隨經義類以分別故今
經具中明此義略開二重初正明義後對文初中三意一翻譯名二辯體相三簡差別初釋
名有總別總者十二部名意如前略答故新云十二分也釋別名者脩多羅如前明
大經明經始終通名也二祇夜此云重誦長行亦名偈頌有三和伽羅那此云授記聖
智懸鑒記當事故四伽陀此云諷誦如妙言辭結句宣唱五優陀那此云无問自說聖慈冥
逸不請而宣六尼陀那此云雜曰緣雜集論云又有曰緣制立學處七阿波陀那此云譬
喻法說難悟寄假以況八伊帝曰多伽此云本生自說昔曰所生事不　九闍陀伽此云本
事宣諸弟子過去事故十毗佛略此云方廣直理正真遍諸法故十一阿浮陀達摩此云
未曾有亦云希法神變无方空聞見故十二優婆提舍此云論義賓主往來詮正理故
三釋出體相如前分別三諸門有四初部藏同異者雖攝宗詮是三藏攝隨分別明是部
分攝如此經藏唯是經分開十二又瑜伽云商達摩攝論議毗柰耶攝曰緣餘脩多羅
攝復次部藏各有通別脩多羅通詮三學別
唯詮定部中脩多羅是通餘皆別故第二立所以者大經云以能聽者所宜聞故又對治
十六十二因緣故又三轉十二行法輪故又諸佛法爾故　第三大小多少有四天且小

三釋出體相如前分別三諸門有四初部藏曰異者龍樹宗詮是三藏攸隨分別明是部
分攝如此經藏唯是經分開十二又瑜伽云西方達摩攝論議此奈耶攝曰緣餘脩多羅
攝復次部藏各有通別脩多羅通詮三學別唯詮定部中脩多羅通詮三學別
唯詮定部中脩多羅是通餘皆別故第二立所以者大經云以能聽者所宜聞故又對治
十二分十二因緣故又三轉十二行法輪故又諸佛法爾故　第三大小多少有四一大具小
闕治如法花經云我此九部法隨順衆說小乘不求大乘故无莂授記必師資
故无自說无常理秘故无方廣二小具大闕大經云說大乘者攝持九部菩薩上根非
擔緣制戒无因緣法說即悟无譬喻又非諸問无論議三大具十二小唯十一瑜伽云除方
廣唯菩薩藏所餘諸分聲聞藏有四小具大瑜伽云除方廣分二各別故此等經諷誦亦
不有相攝單重別故所以此三唯有十部二本不相攝師資別故此二唯有十一餘之七步各具
十二可知　大段第二明對此經者此經方等大乘餘轄權實並備何所不該以義對文顯
不煩具　復次華嚴初教依理圓說三點法界理深意圓菩薩獨證二乘不悟故此於向
含經說中小乘涅槃言佛与二乘同解脫各循證故次於大乘經廣權小實故此經云不
思議解脫點明二乘解脫非真故經云佛為增上慢人說離婬怒癡為解脫耳若無增
上慢者婬怒癡性即是解脫乘二既知解脫之不真鄙小慕大故此於般若經中
明摩訶般若照空色平等苦樂一如令知十智之非實既二乘漸見真智故於法
華經等明釋迦多寶不生不滅非長非短同一法身示大身照也二乘既皆會小歸
大故最後涅槃明三點圓伊不偏不別不一不異終為然今經復理三點常圓在名偏
當解脫御小揚大經之意為釋序文四初總明諸經不思議權實之道二歎群生長
寢下別明此經權實本迹大體三天泰天王下辯釋由始四余以闇短下明注解之意
窮微窮者實相之幽微實體也盡化者善權應之變化權用也此之體用即
名无名故云妙絕之稱也此上釋不思議之名也　言音也　深言象也言像名相也此句
明意趣也　三空者空无相无願也二乘癡有存空中道空有不二故非其所能議也此
句明道理也　群數者羅森方有理起事外故言表也此句明壞三界諸識取相生名
有空真境无相故有心自絕也此句明智　无為等者法身无為應物而為或者
不測名不思議也已前總明也何則已下對像釋也智无知體也但照用也此明聖心亦有諸部
般若經佛智也　无像真身也並應應身也如下七言偈云各見世尊在其前及佛道品

句明道理也　群數者羅森方有理起事外故言表也此句明壞三界諸識取相生名
有空也真境无相故有心自絕也此句明智　无為等者法身无為應物而為或者
不測名不思議也已前總明也何則已下對像釋也智无知體也但照用也此明聖心亦有諸部
般若經佛智也　无像真身也並應應身也如下七言偈云各見世尊在其前及佛道品
現種種身皆是佛一身无異身也如下法華經明普說佛壽矩令說佛壽長皆是即法身
非矩長无像也應身現矩長並應也如涅槃明佛入滅度又云而實常住不滅是即
法身非生滅　无像也應身現王宮生　林滅亦並應現也又称勒身長一百五十
尺釋迦身長丈六矩亦法身非大小而應物有大小亦皆並應也
相无言之理也　玄韻者十二部教深玄之語韻應根施教故云称即益也如法華明昔
說三乘今說一乘而至理非三一也是即至韻无言理也玄韻称布教殊也
真權等者此明感應權實也垂應无心故无謀也真与物合名權也而動即應物
故无事不會也如月在天影現百川並隨器大小无不會也又如空谷在下聲隨善惡
无不應也是即虛谷无惡善喻聖心无謀異響隨聲喻事會也又小乘以菩提
樹下得十智為智大乘了心无生名智小乘王宮生相好身為身大乘了相无相為
身小乘以為說法大乘以不言无言為說小乘以息唯根感應為化事大乘无緣而應
為化事復次初句明聖心不思議第二句明法身不思議第三句明教不思議第四句明
應會不思議也開物成務者開智即執實見形即著身聞教即滯言觀權即為此皆
在聖不然或謂然也　文殊異方者有云實相佛國土下注云姪方菩薩不知所之也不
思議本者万行六度慈悲眾[illegible]皆內證實相故名本也借座請飯等皆外應眾生故名
為迹也又非迹不可以生物信非本不可以令物證也如見蓮華大方信迹水柔要覩神變
大方信所證妙復次證无相故不可思无名故不可議故經云言語道斷謂名言迹心
家滅謂相盡也此釋本不思議又欲言小室能含多座欲言其大室相不異變化万端
非所測此名迹不思議軌像者軌天也八未曾有室諸天宮殿常現室中故云室包軌
像也　然開者實相真空也非本无以垂迹者非見聖人內證實相之本方能外現神變之
而引物證真莫測之迹也天台本迹五重如前可見栖神者言維摩是神解所栖說之家也
丈室者文語空寂蘭室法護等理滯於文者謂叡照序云既蒙鳩摩羅什法師曰

非謂測此名近不思議乾像者乾天也八未曾有室諸天宮殿常現室中故云室包乾
像也　三開者實相真筌也非本无以垂迹者非見聖人內證實相之本方能外現神變之
而引物證真莫測之亦也天台本迹五重如前可見栖神者三言經此是神解所栖說之家也
文定者安文語定耐蘭定法讖等理滯於文者謂叙既序云既承鳩摩羅什法師已
玄文穢鑒始盲悟前譯之傷本謬文之乖趣耳至如不来相為辱来不見相為相見未
緣法為始神緣合法為止心諸如此比无品不有无章不然又云此土先出諸經於識神性
空明言處少存神之文其處甚多中百二論文未及此又无通鑒誰与正之先匠所以輟
章遐慨思決言於弥勒者良有在也　北天之宣者大品經云我滅度後般若流南天竺次
至北天竺當沒於地今此國即北天之東陁羅什至此天傳般若即佛記北天之宣數法合流行
此也弘始八年姚秦時也什弘始三年冬到秦而先譯大品智論中觀門百論隨譯隨講而生肇
諸師甘悲啟悟生云承稍悟義啟筆以述般若无知等論什見妙解至八年方重譯茲經叡法
華等所以理圓意顯迴超万古也　歲次敦大者爾雅云子年困丑年赤奮若寅年涒灘酉年作
噩戌年閹茂亥年大淵三月月將太一二月大吹三月星西月敦尾五月敦火六月敦首七月實沈八
月大梁九月降婁十月陬訾十一月玄枵十二月星紀弘始八年太歲在午應云歲次敦牂而大
敦次者以月命年也長安者有本云常安秦王又名姚長語故改為常也既者並環中者語
出莊子云是非相待猶如循環至道亡　是非由如環中也今借言以表中道也　關浴者今
造化經文務存聖意若爐冶之所鑄造也　文約而詣者其文簡約而理詣其旨趣美順而較
明也如弥勒章明菩提等即文約詣其佛道品荅眷屬等是言婉而較諸如此例講者叙之時
預聽次者什法師隨譯隨講務傳至妙肇法師隨聽隨述務深大觀廣如傳述而不作者
論語意云雅聖作述余但依教依述而已　維摩詰廣云述者言淨无垢稱淨即法身
性淨无垢即報身无漏功德稱即應物稱根亦名稱也若單云无垢稱亦云淨名无垢
即淨稱即是名此即三身釋也謂淨者真稱即應身下文云觀身實相觀佛亦然
此淨名真身也從妙喜國來遊此界淨名應身也乃至方便品得无生忍等真身也踵
為白衣等應身也　顯跡悟時者謂顯淨名迹亦本法身以悟時人也若自說而觀等者
自從也若真從說之功而淨名与文殊等聖功不應獨標名也　尋經本原東於淨名故獨
受名也什法師者高僧傳云什父天竺輔相之子名矣姪鳩摩羅炎次當龍衣侵遜之東

此淨名真身也從妙喜國來遊此界淨名應身也乃至方便品得無生忍等真身也雖
為白衣等應身也　顯跡悟時者謂顯淨名迹亦本法身以悟時人也若自說而觀等者
自從也若真從說之乃而淨名與文殊等應功不應獨標名也　子婕本原東於淨名故獨
受名也什法師者高僧傳云什父天竺輔相之子名炎姓鳩摩羅祖六次當龍衣位避之東
遊至龜茲龜茲王妹自託體有黡法生智子諸國聘之不受及見炎心欲當之王遂逼妻炎
納生什什七歲出家學小乘十三從師須利耶蘇摩為說阿耨達經聞陰界入空
無相怪曰何故此經破壞諸法摩曰為說諸法因成故無真實什遂專務方等受誦三論初
得放光經魔來蔽文唯見空紙曰救誓習誦字出如常復聞空聲曰汝是智人何故
讀此什遂呵叱令去也又什母將什至北天竺有一阿羅漢達摩明往沙見而異之謂其母曰善
守護之若三十五不破戒度人如優波毱多如不然可才明絕代而已後於東化什母謂曰方
等深教大闡真丹唯爾之力但於自身無益其可如何什曰大士之道利彼忘軀若使大教
流傳能洗悟蒙俗雖復身當爐鑊苦而無恨録云前秦苻堅十六年有德星見外國分野
當有智人入輔中國得之者王堅乃使苻丕攻襄陽取釋道安呂光求龜茲取羅什後堅
伐晉敗為姚萇所殺則姚萇立為後秦呂光西至姑臧聞堅既亡遂僣号關外稱後涼姜長
崩興立弘始三年春有樹連理生於廟庭逍遙園葱變為茝咸稱美瑞以什到姚興加礼遇
待以國師宗敬甚重大興法化於大寺草堂及逍遙園與什及三千碩德親自翻譯至理之
興其在茲矣什又著實相論注淨名經雅好大乘嘗歎曰吾若筆著摩訶衍阿毗曇非
迦旃延子比餘廣如傳　肇法師者開皇録云俗姓張代長安人也家素貧乏以傭書為業
遂因善寫乃得窮心歷觀經史備盡墳籍性好玄微每以莊老為心要嘗讀老子道德章歎
曰美則美矣然期神冥累之方猶未盡也後因見舊維摩經歡喜頂受披尋翫味乃言今
始知所歸矣因此出家學善方等兼通三藏精乃至冠年而名振關輔時競見集奮之徒
莫不精其早達千里負粮入關抗辯肇既機悟鋭曾不流滯什至姑臧肇自遠從之什嗟賞無
極及什適常安肇亦隨返姚興命肇與叡等助什詳定因此諮稟所悟更多因出大品肇便著
般若無知論呈什什讀稱善乃曰吾解不謝汝詞當相揖什重出此經肇受因之注解及
制表序呈什什又歎曰解空第一肇也其人又廬山隱士劉遺民見無知論乃歎曰不意方
袍復有平叔因以呈遠乃撫机歎曰未曾有也及什亡後又著涅槃無名論現傳於世
又常州私善寺宣法師讚曰般若唯絶涅槃因無名先賢未始覺之乎留希齊秦
王嗟理詣童壽秘詞清徽音聞廬丘精難動中京論驗方袍理奇才復往生法身大士者

BD03924號　淨名經關中釋抄卷上　（23–18）

…什…隨返姚興命肇与叡等助什詳定曰此諸稟所悟更多曰出大品肇便著
般若无知論呈什什讀稱善乃曰吾解不謝汝詞當相揖什重出此經肇受旨之注解及
制衣序呈什什又歎曰解空第一肇也其人又廬山隱士劉遺民見无知論乃歎曰不意方
袍復有平叔曰以呈遠乃撫机歎曰未嘗有也及什亡後又著涅槃无名論現傳於世
又常州弘善寺宣法師讚曰般若唯絶鏊涅槃因无名先賢未始覺之子習希聲秦
王嗟理詣童壽艳詞清徽音聞廬丘精難動中京滄驗方艳理奇才復挺生法身大士者
地前菩薩結業生身初地至七地隨願受生十方淨國也八地已上了法身无生應物受生今言
法身即八地已上也依仁王經分別也生法師者三藏記集云法師鉅鹿人也幼而穎悟又知非常
将詣法大道人沙門受學而僬乃思卓拔披讀経文一覽能誦研味句義即自解說是以年未至學
便登講座吐納奇辯詞清 玉高僧名士學理辞窮年至具戒聲遍盛夏初住龍光寺下
帷專業後移廬岳幽棲七年常以入道之要慧解爲本故鑽仰群経斟酌衆論歎与嚴觀
等同往長安從什受學關中僧衆咸云秀悟妙貫龍樹大乘之源兼綜提婆小道之要博
胃然歎曰由自経典東流譯人
以異聞文約以致乃言善不受報及頓悟等重阻多宗滯文鮮見圓義若忘筌取魚則可
以言道矣乃言善不受報及頓悟等義而守文之徒多生嫉妬与奪之聲紛然乎起又
卷涅槃經都 剖折佛性洞入幽微乃說逆被擯逐生衆中誓曰我若所說反於経義者請現身
癘疾若与實相不相違背願捨壽之時據師子座言竟拂衣而逝以宋元嘉七年投迹廬山
銷影山嚴岡怡然自得俄而大経本至佛性之義与前說符同生以元嘉十一年於廬山精
舍昇于法座神色開明德音駿發觀聽之衆莫不悟悅法音罷唱塵尾忽墜端
坐正容隱机而卒道俗嗟駭遠近悲摧京邑僧衆內慙自疚矣製十四科法華涅槃
疏及注此經顯暢新異理切詞簡講學之匠咸共宗章焉胡音文者淺也新云梵者即土言
言同梵天音也然南宣律師云釋道安儀法盡三而以梵爲胡猶是古山之一碑也晦迹者賤閣也
貴名爭實等者意云菩薩賤名不以實法者則以曰淨名以重其所說淨名既本表
實證以重名則今學者曰名以重法故終得兩亦也曰斯竹接者淨名曰九接物也有過
聖之言者不以文殊等諸聖名經獨以淨名名之故有過也淨名曰九接物故獨標維名也經義
如玄也又阻壞也夫教以詮理理施教即究竟見自壞如薪尽火亦生天等理也不然也亦名三昧者
諡解脫體也亦名神足明解脫用也巨大也細小也若真明空妄等下明外現不思議事報理也
肇曰微遠幽深者明中道實相內證煩惱即菩提名不思議也外用无寻爲解脫也生曰安
[illegible]

實證以重名則令學者曰名以重法故終得所存也曰斯近接者淨名曰凡接物也有過
聖之言者不以文殊等諸聖名經獨以淨名名之故有過也淨名曰凡接物故獨標經名也經義
如玄也又恒壞也夫教以詮理理施教即究竟自壞如鳥羊火未生天等理亦不然也亦名三昧者
證解脫體也亦名神足明解脫用也巨大也細小也若真明宗空等下明外現不思議事躰理也
舉日徵也然深者明中道實相內證煩惱即菩提名不思議也次用无导為解脫也生曰玄
止故跡心不安然者謂若單言无垢稱或謂應形跡中不染不妄心安何法故復立一名不
思議解脫即是心所住法也　其來愈到者到也徹到也若令來者徹到何患不悟矣
叡法師者高僧傳云法師魏郡長樂人少小出家世三博通經論聽僧朗法師講放光經
屢有機難朗與師僧賢有豪上之契謂賢曰叡比難吾累思不能通可謂賢賢弟羅什
至秦命叡入逍遙園詳譯秦王興問姚嵩曰叡公何人答得此實鄴衛之松栢興勅見
之觀其風韻容流含吐穆蔚乃謂嵩曰此乃四海之標領何獨　鄴之松栢也什
出成實論令叡講之什曰此論有七處破毗曇而在言小隱若能不問而解可謂英才叡
啓發幽微果不諮什而契然玄會什譯法花至受決品舊本云天見人人見天什曰此語與西域
同但在言過質叡應聲曰將非人天交接兩得相見什曰吾傳譯得子真无所恨矣又弘贊之
業皆願生安養每行住坐臥不背西方臨終合掌五色光從房而出疏記此經校制衣序如別
注云菩薩[illegible]非名亦之无心也真以凡夫取相分別心說故名有心菩薩常觀无相分別心
而方便[illegible]物假名相說故名无心　佛國品者夫法身非土而應身在世必有所都故
各有所化之處如娑婆香積各有壃域亦名佛土所依住也佛剎世界釋亦同也此有
二者真土如金光明云毗盧遮那遍一切處其佛住處號常寂光此以真法如身非為身
亦真空淨土非土為土又花嚴云菩薩清涼月智身也　遊於法性空真如土也　眾生
心求淨土也　菩提影現中身也此皆真身土　二應土者下文云眾生之類是菩薩
佛土此明菩薩應眾生之善惡取佛土之淨穢又下文云諸佛如來功德平等為度眾生
現佛國異淨穢異也又云諸佛國土永寂如空真土而現種種殊勝佛土應土　又云雖知諸佛
國及與眾生空真土而常脩淨土教化於群生應土　品文及下自明故關中諸師不釋也
三分者釋文大體略有二種　一關中注解真明理宗諸禪師釋通但輝觀理並達大使解不關
科段近代諸師文義盡各有科酌而取捨講者必不可偏然隨文生見更不可遺於科段而大理
相承亡相道會不可隔以科文取捨之異異在說者故興皇朗云夫適化无方陶誘非一聖[illegible]以照

BD03924號　淨名經關中釋抄卷上　（23–20）

國及与衆生空其土而常脩淨土教化於群生 應土品文及下自明故關中諸師不釋也
三分者釋文大體略有三種 一關中注解真明理宗諸禪師釋通但辯觀理並違文使解不開
科段近代諸師文疏盡各有科酌而取捨譏者必不可偏然隨文生[illegible]不可遺於科段而大理
相承三相通會不可偏以科文取捨之耳異在說者故興皇朗云夫適化无方陶誘非一聖心以立
惠為主統教意以開道為宗若曰開以得悟則聖教為之開若由合而受道則聖教為之合如其
兩曉並為甘露必也便然俱成毒藥此則開合隨緣事无恒準序分者或引時方說處或神通合
蓋或稱歎讚揚皆令物生信故也正宗者或談真應二身或示真應二土皆令悟理赴機故物
明悟也流通者或讚法供養勝或慇懃勸累此皆委法傳通也 三序一證信者正宗為
智多明无相事隨理顯或者多疑故集經者引時及化處主同聞既事跡炳然兼顯
傳不謬則令聽聽者因事證之不虛名信无相之真旨故言引事證信也即諸師所集譯經
圖紀弘明記傳助宣翼化意皆示其此中有千聖結集三主傳化文廣不具也 二發起者現土表
說二分蓋現瑞序者又名表發序正宗為悟說經深旨凡心信難故此說者廣現神變使觀
果生信又令蓋現土表說淨土即表發序如法花云以表一乘之旨仁王云現華以表出生諸佛
有所表彰故言表發善法先訖故言現瑞由如黃龍禾醴泉孝子之祥龜河圖洛書明王之休
禎也 三稱歎序正宗多示脩門故行之為類此中廣讚佛果德使慕果深於信心即脩行之
門不億故讚之也又若不仰德无由何以申其欲請故也先讚德也證信序般若燈論分七段
我聞分二義為能聞人聞為所法餘五同也 智論六段如既佛地論五段初如是我聞合為一
段此蓋隨時科酌名非是義无勞煩敘然佛說經初分命聞者染入寶相返生死流序分證經略
通文句正宗至理須廣申明所以順佛讚經不可於此繁重正宗真觀使取植點而已
也 如是大論云如是善信之辭不信者言是事不如是信者言是事如是佛法大海
信為能入智為能度也然論及注但以如是信辭故真釋信不釋如是字也此既非是真宗
秘理不勞廣引繁辭 我聞者注文證經意足不繁更釋然欲揩敘者 大論云隨俗故說
我和合故稱聞謂阿難等雖悟无我而順俗傳經故稱我也和合聞者根境識三和合為聞也又
若阿難云我親智既未圓鑒法不深故不可信若言傳聞即或致為謗故也今言我聞乃是
親聞而自說故可信也問室中六品阿難在卷因不聞何言我聞答報恩經說阿難佛命為
侍与佛四願一不受故衣二不隨別請三有欲見佛由我剖四所未聞經為我再說今室中六品
及佛初成道阿難未侍之前[illegible]涅槃之時所未聞經皆為他再說也 所者晉勿換感壓二

BD03924號　淨名經關中釋抄卷上　　（23–21）

……云說

我和合故稱聞謂阿難等雖悟无我而順俗傳經故稱我也和合聞者根境識三和合為聞也又
若阿難云我說智既未圓鑒尘不深故不可信若言傳聞即或致為謬故也今言我聞乃是
親聞而自說故可信也問室中六品阿難在菴園不聞何言我聞答報恩經說阿難佛命為
侍与佛四願一不受故衣二不隨別請三有欲見佛由我引四所未聞經為我再說今室中六品
及佛初成道阿難未侍之前乃至涅槃之時所未聞經皆為他再說也　時者皆由機感聖ミ
能善施凡聖道交不失良機謂之時又云說聽究竟故言時聞問何不定言春秋等時答佛地
論云晝夜時分諸方不定不可別說　佛在此是說經主成證成言信此有二意一永淨故永離
宜妄所言誠諦故可信二悟圓故智照无瑕說必稱理故可信文中亦有菩薩弟子說者佛所印
可成待名經如世臣下有事奏上於君主依行即名勅也　在者住也大論云四種住一天住
住施戒善　二者梵住住四禪四无量　三聖住住脫門　四者佛住住量无功德力无畏等直
諦加四境界住住十六大國　二依止住住僧伽藍　三威儀住行住坐臥　四示捨壽命示般涅
槃也今言住住菴園說經也　廣嚴城者舊梵云毗舍離西域記云中印土吠舍釐國周五千
里此云廣嚴說經處也又道林云法身雖无不在應跡必有方所若不記之說處由為猛浪
耳　然佛真淨法身住本法性廣嚴之城大悲處應物住人間廣嚴之城此即從本垂跡
曰跡顯本也　菴羅園者此園是菴羅樹生一女國王娶之以園封女女見佛歡喜捨作伽藍故
名園也故西域記云吠舍釐城南不遠精舍前有窣堵波是菴羅女園持以施佛處園者梵
曰僧伽藍摩此云衆園非以種菓為園但以循治道為園也故云勉持園苑亦如道場是循
道之場也又此園城通指之耳白的釋處者此經佛國弟子菩薩三品及下菩薩行見
阿閦法供養囑累六品的在菴園問疾下六品文殊入室即在淨名室內方便一品掾
本化事還在室中若智精對佛宣揀及佛印時即在菴園又香積品亦有彼國問
答亦隨品叙之不別論也失在他經者吳本云奈是園誤也謂奈女經有人見經說奈女生
謂即菴羅女是奈女矣此亦事也　与大比丘下列衆去其八意有八一為證信助成道阿難同
聞可信　二為顯德釋梵國饒顯佛德故　三為啓請問淨土故　四為發明淨名德故　五為當
根益故　六為同事引攝有緣故　七為助脩行法供養故　八為受付囑搖傳經故　与大比
丘与者共義謂阿難共聞也　此之与皆貫下諸衆大論七義共一相同无漏定一見同正見一道
同无學道一解脫同俱解脫一時同聞經時一處同菴羅園也大者佛地論四義釋之者一
利根波羅蜜種性二者无学果三不定種性迴心向大四衆數多大論五義二切衆中最上
故　二諸鄣斷故　三諸王大人敬故　四衆數多故　五破九十[illegible]論故

聞可信 二為顯德釋梵天圍繞顯佛德故 三為啓請問淨土故 四為彰明淨名德故 五為當
根益故 六為同事引攝有緣故 七成就脩行法供養故 八為承受付囑持傳經故 與大比
丘與者共義謂阿難共聞也 此之與者貫下諸衆大論七義共一相同无漏定一見同正見道
同无學道一解脫同俱解脫一時同聞經時一處同菴羅園也大者佛地論四義釋之者一
利根波羅蜜種性二者无學果三不定種性迴心向大四衆數多大論五義一切衆中最上
故 二諸鄣斷故 三諸王大人敬故 四衆數多故 五破九十六外道論故 比丘四義淨乞
食者離四邪故下口食耕田種植故 二仰口食仰觀星像等 三方口食通致使命故 四維口
食占卜等五邪者一現異故 二高聲 不威 三自說功德 四占相吉凶 五讚所得利 菩薩秦
言大心者大論云有大誓願了大名大弘誓也 心不可動覺大名大四魔不動 初願大即成衆生義 二心大即大心衆
生義 三精進大即勇健義也 十地論有十種菩提 薩埵住菩提智生故 二摩訶薩埵住大乘故
三第一薩埵證第一法故 四勝薩埵覺悟勝法 五最薩埵智惠最勝故 六上薩埵起上精
進故 七无上薩埵開示无上法故 八力薩埵廣知十力故 九无比薩埵世間无比故 十不思議薩
埵一念成佛故 又如下不盡有為中明不離大慈不捨大悲生死无數劫意而有勇 聞佛无
量德志而不倦等皆是明菩薩心也 結業身者小乘俱舍所明乃至成佛八位勝皆結業身不
明法身應生大乘所明法身應生 仁王云地前菩薩卅心結業生 初地至七地隨願生 八地已去
法身无生應物現生此法身也 大智本行 天台云大智斷解 本行斷行 解如目行如
於足之足備者到清淨池 又有二智 實智 權智 實智是本故大 又三智 一初智觀空 二道智
照假 三一切種智照中 智體用圓故名大智 又有四智 一成所作智 二妙觀察智 三平等性智 四
大圓鏡智 此第四為大 小乘十智非此明也 法城者 肇釋名云城者盛也 盛人物故 慱物志
云夏禹作城 强者攻 弱者守 今佛法亦尔 猶以戒守 弱以定戰 强以惠攻故借喻也
十地經說四種護 一護教法書寫演說故 二護理自證教他故 三護行法自行教他故 四護果法自成
教他成故 意以清淨者 外道六行斷結 斷已復生 二乘見脩二道斷或 不了本

大乘無生方便門

第一總彰佛體　第二開智慧門　第三亦不思議法

第四明諸法正性　第五自然無导解脫　蹲跪合掌當教

令發四弘誓願　衆生無邊誓願度　煩惱無邊誓願斷

法門無邊誓願學　無上佛道誓願證　次請十方諸佛為和

尚等　次請三世諸佛菩薩等　次教受三歸依　次問五能　一者汝從今

日乃至菩提能捨一切惡知識不　能　二者能親近善知識不　能　三能

受持禁戒乃至命終不犯戒不　能　四能讀誦大乘經問甚深義

不　能　五能見苦衆生隨力能救護不　能　次各稱已名

大乘無生方便門

第一總彰佛體　第二開智慧門　第三亦不思議法　第四明諸

法正性　第五自然無导解脫　蹲跪合掌當教令發四弘誓願

衆生無邊誓願度　煩惱無邊誓願斷

令發四弘誓願 [illegible]
法門无邊誓願學 无上佛道誓願證 次請十方諸佛為和
尚等 次請三世諸菩薩等 次教受三歸依 次問五能 一者汝從今
日乃至菩提 能捨一切惡知識不 能 二者能親近善知識不 能 三能
堅持禁戒乃至命終 不犯戒不 能 四能讀誦大乘經 問甚深義
不 能 五能見苦衆生 隨力能救護不 能 次各稱己名
懺悔罪 言過去未來及現在 身口意業十惡罪 我今至心
盡懺悔 願罪除滅 永不起 五逆罪障重罪 准前
譬如明珠沒濁水中 以珠力故 水即澄清 佛性威德亦復如是
煩惱濁水皆得清淨 如淨瑠璃 內外明徹 堪受淨戒 菩薩戒是持
心戒 以佛性為戒 性心瞥起 即違佛性 是破菩薩戒 護持心不
起 即順佛性 是持菩薩戒 三說 次各令結跏趺坐 問 佛子 心湛然不動
是沒 言淨 佛子 諸佛如來 有入道大方便 一念淨心 頓超
佛地 和擊木一時念佛 和言 一切相總不得取 所以金剛經云 凡
所有相 皆是虛妄 看心若淨 名淨心地 莫卷縮身心 舒展身
心 瞻遠看 平等看 盡虛空看 和問 言見何物 佛
子云 一物不見 和 看淨細細看 即用淨心眼 無邊無涯際
遠看 和言 無障礙看 和言 見物 答 一物不見 和向前遠看
向後遠看 四維上下一時平等看 盡虛空看 長用淨心眼
看 莫間斷 亦不限多少看 使得者 然身心調用無障礙
和言 三六是何 子云 何是佛 身心得離念 不見心 心如 心得解脫
不見身 色如 身解脫 如是長時無斷用 入言 虛空無一物 清
淨無有相 常令不間斷 從此永離障 眼根清淨 眼根離障 耳
根清淨 耳根離障 如是乃至六根清淨 六根離障 一切無障 是即
解脫 不見六根相 清淨無有相 常不間斷 即是佛 是沒是佛
心清淨 離有離無 身心不起 常守真如 是沒是真如 心不起 心
真如 色不起 色真如 心真如故心解脫 色真如故色解脫 心色俱
[illegible]

淨無有相，常念不間斷，從此永離障。眼根清淨，眼根離障；耳
根清淨，耳根離障。如是乃至六根清淨，六根離障，一切無㝵，是即
解脫。不見六根相，清淨無有相，常不間斷，即是佛。是沒是佛？佛
心清淨，離有離無，身心不起，常守真如。是沒是真如？心不起，心
真如；色不起，色真如。心真如故心解脫，色真如故色解脫。心色俱
離，即無一物，是大菩提樹。佛是西國梵語，此地往翻名為覺。
所言覺義者，為心體離念。離念相者，等虛空界，無所不遍，法界
一相，即是如來平等法身。於此法身，說名本覺。覺心初起，心無
初相，遠離微細念，見心性，性常住，名究竟覺。佛是西國梵語，此地
往翻名為覺。所言覺義者，心體離念，是佛義。覺義略釋，佛義
具含三義，久名即心方便。問：是沒是三義？是三義：自覺、覺他、覺滿離。
心自覺，不緣五根；離覺色他，不緣五塵；心色俱離，覺性圓
滿，即是如來平等法身。離念相者，等虛空界，無所不遍。
問：是等虛空界，無所不遍，是沒是遍不遍？答：虛空
無心，無心則等虛空界，無所不遍；有念則不遍，離念即
遍。法界一相，則是如來平等法身。問：是沒是法界？意知
是法，界十八界。眼見色知念起，多多相生，障礙不通，是染法界，
是眾生界。是沒是淨法界？眼見意知，離念即無障礙，是
淨法界，是佛界。是沒是佛界？法界一相，意知處是法，是界。眼
見色，耳聞聲，鼻覺香，舌知味，身覺觸，意知法，意通和
上五種法，若心起同緣，即是染法界，是眾生界；若不起心
同緣，即是淨法界、佛界。法界一相，於八十界中有二：一染，一淨。先
染後淨。眼色意識同緣，知眼等五根依塵五處起染，即依
一切處染，一切處染，即是染法界，是眾生界。問：是沒是
淨法界？者於離念中眼見色不分別，即於眼處得解脫，餘眾
同五處解脫，即一切處解脫，一切解脫，即一切處淨，即是淨法界。
一離念自者，等虛空界，無所不遍，遍自法界一相屬他

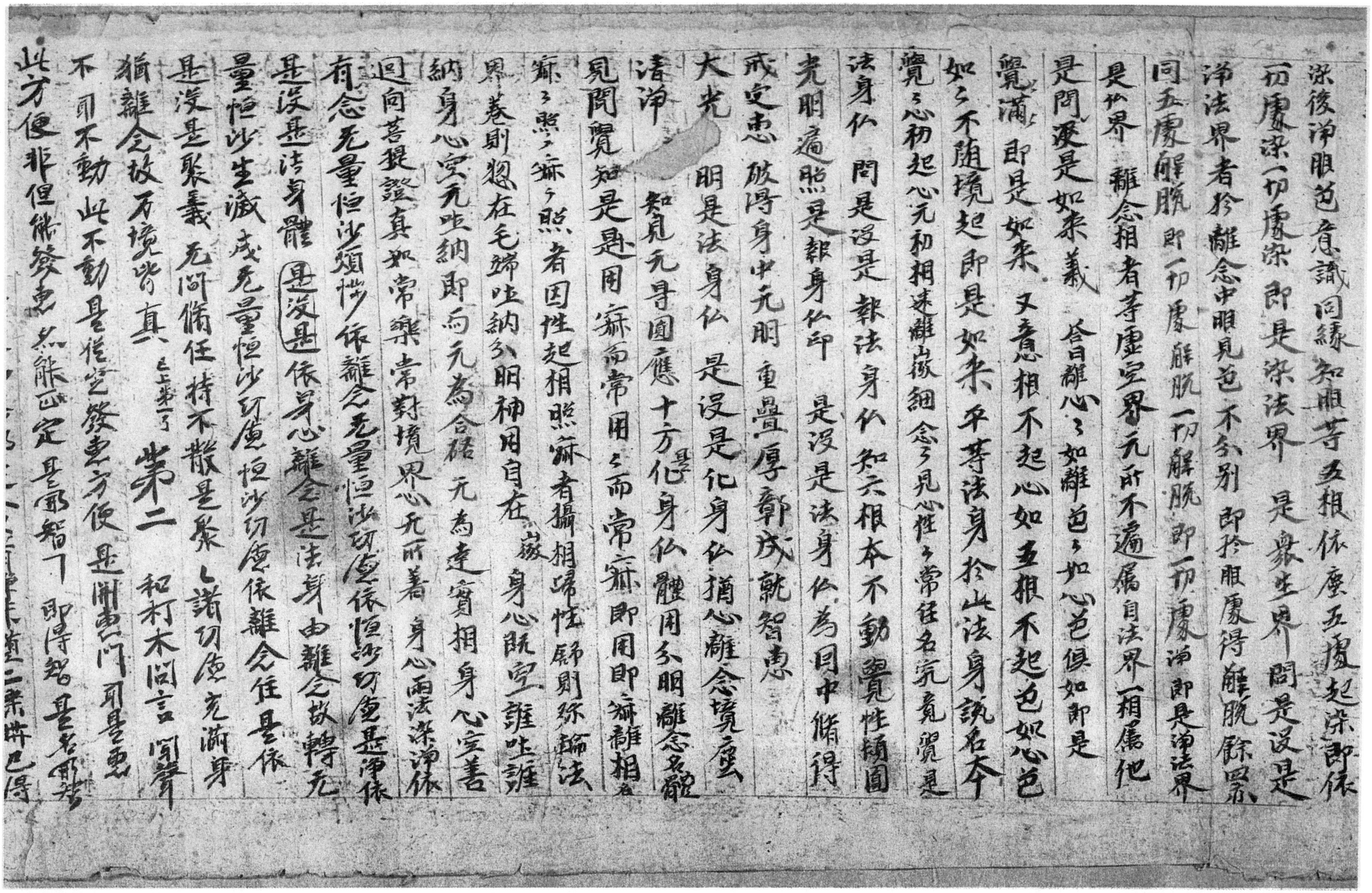
染後淨眼色意識同緣知眼等五根依塵五處起染即依
一切處染一切處染即是染法界是衆生界問是沒是
淨法界者於離念中眼見色不分別即於眼處得解脫餘眾
同五處解脫即一切處解脫一切解脫即一切處淨即是淨法界
是如界離念相者等虛空界无所不遍屬自法界一相屬他
是問沒是如來義答曰離心心如離色色如心色俱如即是
覺滿覺滿即是如來又意根不起心如五根不起色如心色
如如不隨境起即是如來平等法身於此法身說名本
覺覺心初起心无初相遠離微細念念見心性性常住名究竟覺是
法身佛問是沒是報身佛知六根本不動覺性顯圓
光明遍照是報身佛是沒是法身佛為因中修得
戒定惠破得身中无明重疊厚鄣成就智惠
大光明是法身佛是沒是化身佛攝心離念境塵
清淨知見无尋圓應十方化身佛體用分明離念名體
見聞覺知是用寂而常用用而常寂即用即寂離相名
寂寂照照寂寂照者因性起相照寂者攝相歸性舒則徧法
界卷則總在毛端吐納分明神用自在身心既空誰吐誰
納身心空无吐納即而无為合結无為達實相身心空善
迴向菩提證真如常樂常對境界心无所著身心兩法染淨依
有念无量恒沙煩惱依離念无量恒沙功德依恒沙功德是淨依
是沒是法身體是沒是依身心離念是法身由離念故轉无
量恒沙生滅成无量恒沙功德恒沙功德依離念住是依
是沒是聚義无間修任持不散是聚諸功德充滿身
猶離念故万境皆真　已上第一　第二　和村木問言問聲
不耳不動此不動是從定發惠方便是開惠門耳是惠
此方便非但能發惠亦能正定是開智門即得智是智門
……三業……已得

BD03924 號背　大乘無生方便門　　（5–4）

光明遍照是報身仏　是沒是法身仏身中能……
戒定慧　破得身中无明　重疊厚鄣，成就智慧
大光　明是法身仏　是沒是化身仏　攝心離念，境塵
清淨　知見无㝵，圓應十方，是化身仏　體用分明，離念名體
見聞覺知是是用　寂而常用，用而常寂，即用即寂，離相名
寂寂照照，照照寂寂，照者因性起相，照寂者攝相歸性，舒則彌綸法
界，卷則惣在毛端，吐納分明，神用自在　寂　身心既空，誰吐誰
納，身心空无吐納，即向无為合諸　无為是實相，身心空善
迴向菩提，證真如常樂，常對境界，心无所著，身心兩法常淨依
有念无量恒沙煩惱，依離念无量恒沙功德，依恒沙功德是淨依
是沒是法身體　是沒是依身心離念是法身，由離念故，轉无
量恒沙生滅，成无量恒沙功德，恒沙功德依離念任是依
是沒是聚義　无間備任，持不散是聚，聚諸功德充滿身
猶離念故，万境皆真　已上第一了　第二　和村木問言　開聲
不動，此不動是從定發慧方便，是開慧門　耳是慧
此方便非但能發慧，亦能正定，是開智門　即得智，是名開智
慧門　若不得此方便，正定即落邪定，貪著禪味，墮二乘，若已得

降生禮文

供養礼拜善業佛而常　志心歸命礼
真如實性湛然道本源種智所忘體依變
脩因證動植果獨如來非相非空不生不
滅可歸可趣是寂是常淨清法身毗盧遮那
佛　志心歸命礼湛然清淨相續真常
四攝遍知十波羅蜜自他圓滿身放光明受
用邊廣大法集決眾疑網轉妙法輪圓
滿報身盧舍那佛　志心歸命礼上生
兜率下降閻浮放大光明照諸幽顯示八相
成道號天中天現十力降魔稱聖中聖曠
劫難值喻憂曇鉢花千百億化身釋迦牟尼
佛　志心歸命礼千輻光相万德嚴身十
號已圓一生將畢現居補處觀史多天運智成功
興慈立氏龍花聖會說法度人當來下生彌勒尊佛
志心歸命礼第一護明菩薩從兜率來相繼釋迦牟尼佛
菩薩從兜率　天仙滿碧空　金烏騰瑞彩　玉象聚慈風
雅樂千千種　祥花万万叢　咸歡歸上界　共喜降王宮
願共諸眾生一心歸命礼　[illegible]

興慈立茂龍花聖會說法度人當來下生彌勒尊佛
志心皈命礼第一護明菩薩從兜率來相釋迦牟尼佛
菩薩從兜率　天仙滿碧空　金烏雙瑞彩　玉象聚慈風
稚樂千千種　祥花万万叢　咸歡降上界　共喜降王宮
願共諸衆生一心皈命礼　志心皈命礼第二藍毗降生相
回到无憂樹　足從右脇生　善神爭捧擁　仙衆競來迎
華菓枝枝秀　紅蓮步步榮　九龍觀吐水　沐浴轉光明
願共諸衆生一心皈命礼　志心皈命礼第三四門遊觀相
樓居三殿裏　因出四門遊　為歎群生苦　翻教太子愁
逢僧方有喜　聞法始无憂　儻遇淩霄使　還須出鳳樓
願共諸衆生一心皈命礼　志心皈命礼第四踰城出家相
玉漏傳聲遠　銀燈照殿深　彩嬪方寐睡　絲竹亦停音
白拂睛霜貼　朱綜素月假　俱輪觀奉勅　齊向雪山尋　白衆
願共諸衆生一心皈命礼　志心皈命礼第五雪山脩道相
翠嶺纔登陟　幽巖便結茆　虎來來降伏　鵲尚頂巢
寶鐸雲中擊　金鍾象外敲　欲將安樂果　亦現苦昏拋
願共諸衆生一心皈命礼　志心皈命礼第六回緣果滿相
適在長河浴　仙人莅樹枝　因圓三界奉　果滿十方知
為受天王鉢　餓食牧女糜　吉祥親獻草　便取證菩提
願共諸衆生一心皈命礼　志心皈命礼第七寶座降魔相
已處金剛座　肴肴布法雲　普天勸聖衆　特地亦魔軍
智劍光无歇　心刀刃不群　從茲諸國土　咸共仰功熏
願共諸衆生同心皈命礼　第八寂說法韶光相
靈野並靈鷲　時時轉法輪

淨治

已處金剛座　看〻布法雲　普天勸聖衆　特地亦魔軍
智劍光无欲　心刀刃不群　從茲諸國土　咸共仰功薰
願共諸衆生同心敀命礼　第八寂說法輪光相
鹿野兼靈鷲　時時轉法輪　幾多迷者悟　无限朽羅春
鶴樹雙林影　龍宮偈尚新　流於沙界內　用以示迷津
願共諸衆生一心敀命礼
志心敀命礼三身滿分四德圓明或現入涅槃或示生補
處居兜龕在定放日月光明說法現通㧞迦陵鵾同代同号
刹劫刹時極三際有邊盡十方空界一切諸佛
志心敀命礼三祇積集五分勳修感應真身靈牙舍利
瓶盂箭錫影像袈裟天上人間浮圖寶塔般涅槃
志心敀命礼鹿菀初轉鶴樹終談性相微言半滿真偈
教指菩薩戒慈悲之醍醐指示聲聞實飢羸之甘露徒
窮識智莫可思議十二分經一切尊法
志心敀命礼初從久棟未圖滿已圓行昔三祇位高十地扶
衆生之毒箭以紹醫王繫貧子之珠衣當稱慈父悲深大海
願廣虛空諸尊菩薩摩訶薩
億峯中已入涅槃現棲禪定諸聖諦理斷三有身悟回緣空
志心敀命礼三千界內百
出四生界真明良友是大福田緣覺聲聞一切賢聖
善為　如常
志心懺悔先懺多生業迴向致福度人天二事勸請衆如來興智
運悲度群品三將丹懇咸隨喜更增福惠助殊因四起无邊誓
心勉用資糧嚴聖果五願報身數洊性長分化相拯群迷遠承
智鏡鑠煩聾近沐慈光勉妄樂懺悔發願已敀命礼三寶
白衆等聽說釋迦如來為

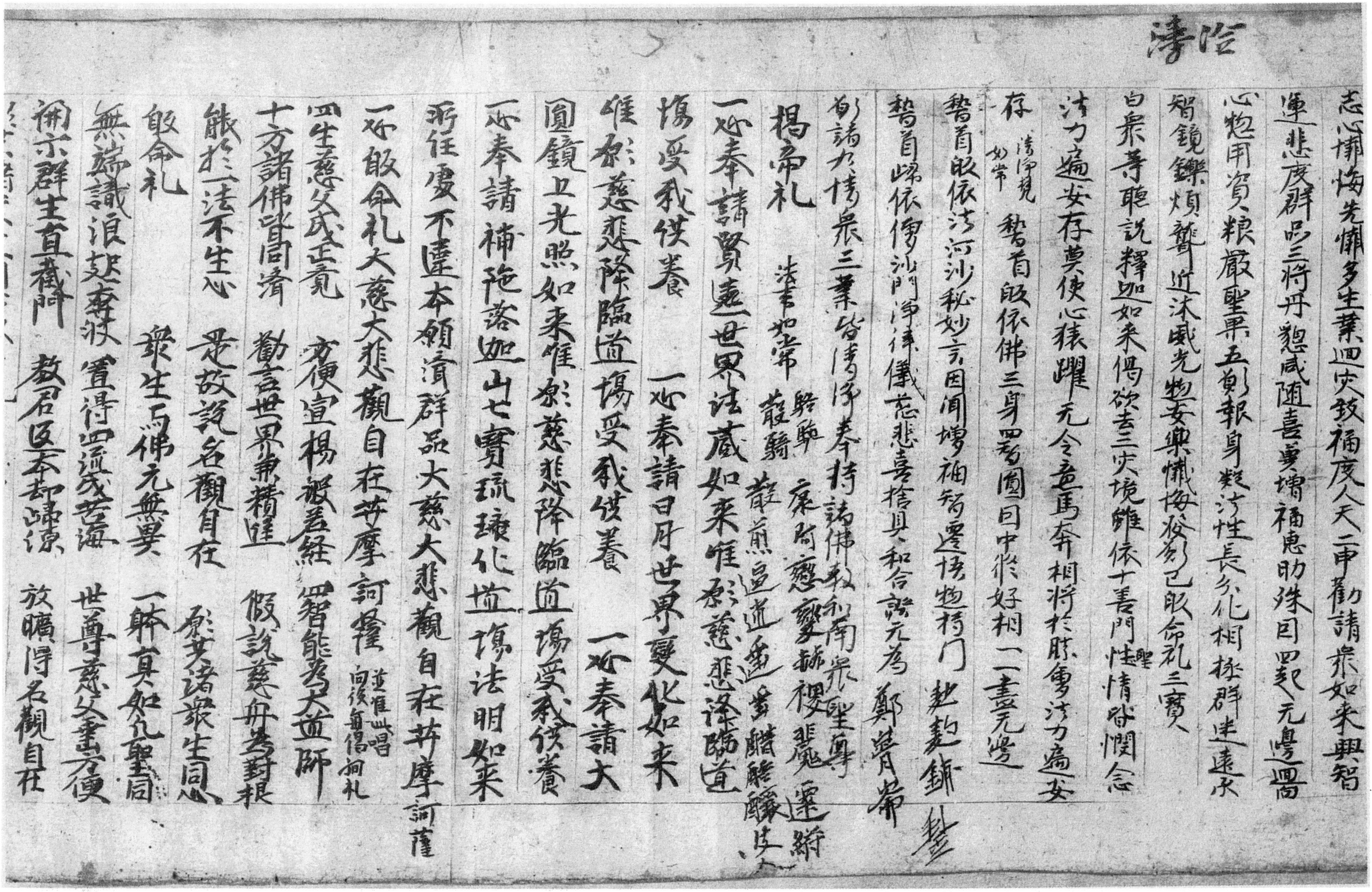

淨冶

志心懺悔先懺多生業迴此致福度人天一再勸請衆如來與智
運悲度群品三將丹懇感隨喜勇增福惠助殊因迴施元邊罍
心惣用資粮嚴聖果五剎報身類法性長分化相極群迷遠承
智鏡鑠煩聾近沐威光惣安樂懺悔發願已敀命礼三寶人
白衆等聽說釋迦如來偈欲去三塗境雖依十善門聖性情皆憫念
法力遍安存莫使心猿躍元令意馬奔相將於勝會法力遍安
存 清淨覺如常 稽首敀依佛三身四智圓曰中作好相一一盡元邊
稽首敀依法河沙秘妙言因聞增福智還悟超門赴麸鉢 彗
稽首歸依僧沙門淨律儀慈悲喜捨具和合說元為鄭胥帝
勸諸有情衆三業皆清淨奉持諸佛教和南衆聖尊
揭帝礼 法事如常 駐駆 葭騎 康荷聰鑾赫樓飛魑邏緋 蔽煎盈遁遙番蠻醲驂
一心奉請賢遠世界法藏如來唯願慈悲降臨道
場受我供養 一心奉請日月世界變化如來
唯願慈悲降臨道場受我供養 一心奉請大
圓鏡上光照如來唯願慈悲降臨道場受我供養
一心奉請補陁落迦山七寶琉璃化城清法明如來
弥住處不違本願濟群品大慈大悲觀自在菩薩摩訶薩
一心敀命礼大慈大悲觀自在菩薩摩訶薩 並准此唱 向後每偈例礼
四生慈父成正覺 方便宣揚般若經 四智能為大道師
十方諸佛皆同濟 勸言世界兼精進 假說慈舟為對根
能於一法不生心 是故說名觀自在 發菩諸衆生同息
敀命礼 衆生与佛元無異 一解真如凡聖同
無始識浪起奔波 實得四流成苦海 世尊慈父垂方便
捨示群生直截門 教君返本却歸源 放曠得名觀自在

BD03925 號 1　降生禮文
BD03925 號 2　揭帝禮

（8–4）

十方諸佛皆同讚　歎言世界希精進　假說慈舟爲對根
能於一法不生心　是故說名觀自在　願共諸衆生同心
敀命礼
無始識浪起奔波　衆生与佛元無異　一躰真如凡聖同
开示群生直截門　置得四流成苦海　世尊慈父垂方便
鄣共諸衆生同心敀命礼　教君返本却歸源　放曠得名觀自在
衆生　欲行善等同真齊
返照先須立信根　非空非色ゝ元空　色不離空ゝ即色
四蘊還同於色法　於中元礙即圓明　自然元皆可開心
觧脱是名觀自在　鄣共諸衆生同心敀命
眼耳鼻身兼舌意　色聲香味亦同然　都緣忘相報根塵
了即識心俱不立　十八界元從何得　皆真戌忘ゝ元無
不於真忘兩生心　一躰自然觀自在　願共諸衆生同心敀命礼
逆觀此法來元際　大元邊畔細元形　元滅元生元減增
垢淨二邊俱不立　縱值然燈何所得　非新非古本如如
能於此法斷疑根　一念頓超觀自在　願共諸衆生同心敀命礼
緣覺忘推十二法　老死元明逆順緣　緣生非忘亦非真
真忘本來同一相　不盡有爲真觧脱　忘將緣覺橫推尋
能知是法體元真　元相得名觀自在　鄣共諸衆生同心敀命礼
三界迷情稱是苦　以集爲因生苦根　戌諸煩惱假身心
以法自拘空識處　欲知四諦非真諦　忘躰非空法亦空
圓
不於法空亦空觀　圓頓以爲觀自在　鄣共諸衆生同心敀命礼
始從初劫信真實　万行須遇次弟修　於中不悟本元生
縱坐道場還十劫　欲得現前明佛道　要知真忘並虛空
浬槃生死二俱緣　元著是名觀自在　鄣共諸衆生同心敀命礼

BD03925號2　揭帝禮　　（8–5）

不於涉空亦空觀　圓頓以為觀自在　願共諸衆生同心歸命礼
始從初劫信真實　万行須憑次弟修　於中不悟本无生
縱坐道場逕十劫　欲得現前明佛道　要知真忘並虛空
涅槃生死二俱緣　无着是名觀自在　願共諸衆生同心歸命礼
十方三世薄伽梵　一路涅槃解脫門　先將般若以為燈
照了亦无燈可得　自覺覺他圓滿覺　修證此道得圓明
四智三身一念備　顯現圓明觀自在　願共諸衆生同心歸命礼
人天四諦并緣覺　乃至菩提薩埵心　四般神呪以消除
真實不虛无衆苦　揭諦本言歸正見　見中无見是真般
今遇涉方諸群生　願与衆生同自在　願共諸衆生同心歸命礼　菩薩似常
志心懺悔業障因緣從今起　捨念示真垢亦除能於真忘兩
忘此則名為真懺悔　勸請常開真觀眼　勿令昏霧翳心珠
隨喜无心无念心不生　一念真常學所有依珠明照燭逐將迴
向施衆生唯願衆生惑業除滅於圓頓生解脫懺悔發願已歸命
礼三寶　白衆等聽說揭諦吉祥偈　治日沉四海陰風起北溟
力雖能舉形身已逐流星前路无他善中口獨縈勸諸矜慘
者莫可取潭零　清淨梵 乳同前
觀音礼文　清淨梵 以下梵 念三身佛
觀音往昔塵沙劫　成佛号曰正覺尊　四弘誓願慈悲重
却處娑婆會普門　會中有一菩薩起　法号名曰无盡意
殷勤合掌釋迦前　為我宣說觀音義　尒時佛告无盡意　觀
觀音勢力莫籌算　苦惱暫稱皆得除　畢竟能令超彼岸
若逢大火稱名字　能令火滅不來傷　入水還令深淺處　云
猶是神通威力強　駒入深溪從泰國　中途遇賊

BD03925 號 2　揭帝禮
BD03925 號 3　觀音禮文

（8–6）

觀音住昔塵沙劫　成佛号曰正覺尊　四弘誓願慈悲重
却處娑婆會普門　會中有一菩薩起　法号名曰无盡意
殷勤合掌釋迦前　為我宣說觀音義　尒時佛告无盡意　觀
觀音勢力莫籌筭　苦惱暫稱皆得除　畢竟能令超彼岸
若逢大火稱名字　能令火滅不來傷　入水還令漂淺處　重
猶是神通威力強　商人採寶來取国　中途遇賊所无殊
志心稱念觀音号　遂得无危達本鄉　若人求寶遭風難
漂流鬼国甚恓惶　一人稱念觀音号　羅剎尒乃
若有女人來无嗣　求男智慧女儀容
猶是常持觀世音　設使有人遭禁繫　有罪无罪
假令觀音菩薩号　必令汝等遇明君　世人未曉來生業
唯謂毒藥能傷人　奈河作持菩薩号　毒藥无被歸本身
三界千中羅剎鬼　常求人短每來侵　欲得免逢如此難
劫劫常持觀世音　或漂巨海龍魚難　或遭狂橫受刑彰
菩薩同持心莫忘　刀尋斷壞不能傷　已此慈悲功德力
能遊世界應群生　所有急難皆來救　為是多生宿緣深
我今供養恒沙衆　及稱名号盡形軀　觀音一礼福齊備
二人果報等无殊　无垢淨光如朗月　能降癡迷及三毒
常集慈悲定觀　車陣為家盡劫迴　衆生恒處三塗苦
菩薩隨形六道中　聞汝持名皆現化　弊衣采相數无窮
菩薩慈悲廣大劫　能將甘露濟迷津　生病老死皆來救
煩惱如同謂火薪　或為梵王世界主　或為居士婆羅門
乃至童男及童女　垂形六道為輪迴　三界衆生多禍橫
或遊巖崖及火坑　至志稱念觀音号　墜空如日大蓮生
故知菩薩恩深重　曠劫曾修苦行終　只照阿徒沉苦海

菩薩同持心實忌　刀尋斷壞不能傷　已此慈悲功德力
能遊世界應群生　所有急難皆來救　為是多生宿願深
我今依養恒沙衆　及稱名号盡形軀　觀音一礼福肯倫
二八果報等无殊　无垢淨光如朗月　能除癡迷及三災
常集慈心悲定觀　畢淨悲家盡却迴　衆生恒度三塗苦
菩薩隨形六道中　聞汝持名皆現化　弊衣來相數无窮
菩薩慈悲廣大劫　能將甘露涤迷津　生病老死皆來救
煩惱如同謂大新　或為梵王世界主　或為居士婆羅門
乃生童男及童女　垂形六道為師因　三界衆生多禍福
或若嚴崖及火坑　志稱念觀音号　墜崖如日大蓮生
故知菩薩恩深重　積劫曾居苦行修　只照門徒沉苦海
輪轉循環不暫休　若逢蠱毒來相嬈　蛇虺魚鼈及雷雹
能令速走他方外　由是常持菩薩名　觀音菩薩慈悲重
能持苦惱及灾殃　苦來亂走求加護　一瞻一礼福无疆
世人多有貪瞋病　无明為本不曾休　若有衆生能念者
畢
必竟罪速令斷有流　百千万劫勇修種　无量无邊福利深
惡孫有為皆隨逐　廣度衆生无等倫　巍巍大聖慈悲主
浩浩无邊化有情　若人犯罪遭王難　能令刀杖自然停
觀音菩薩證三際　聞名須念切生疑　一切有求皆滿足
只此名為互大悲

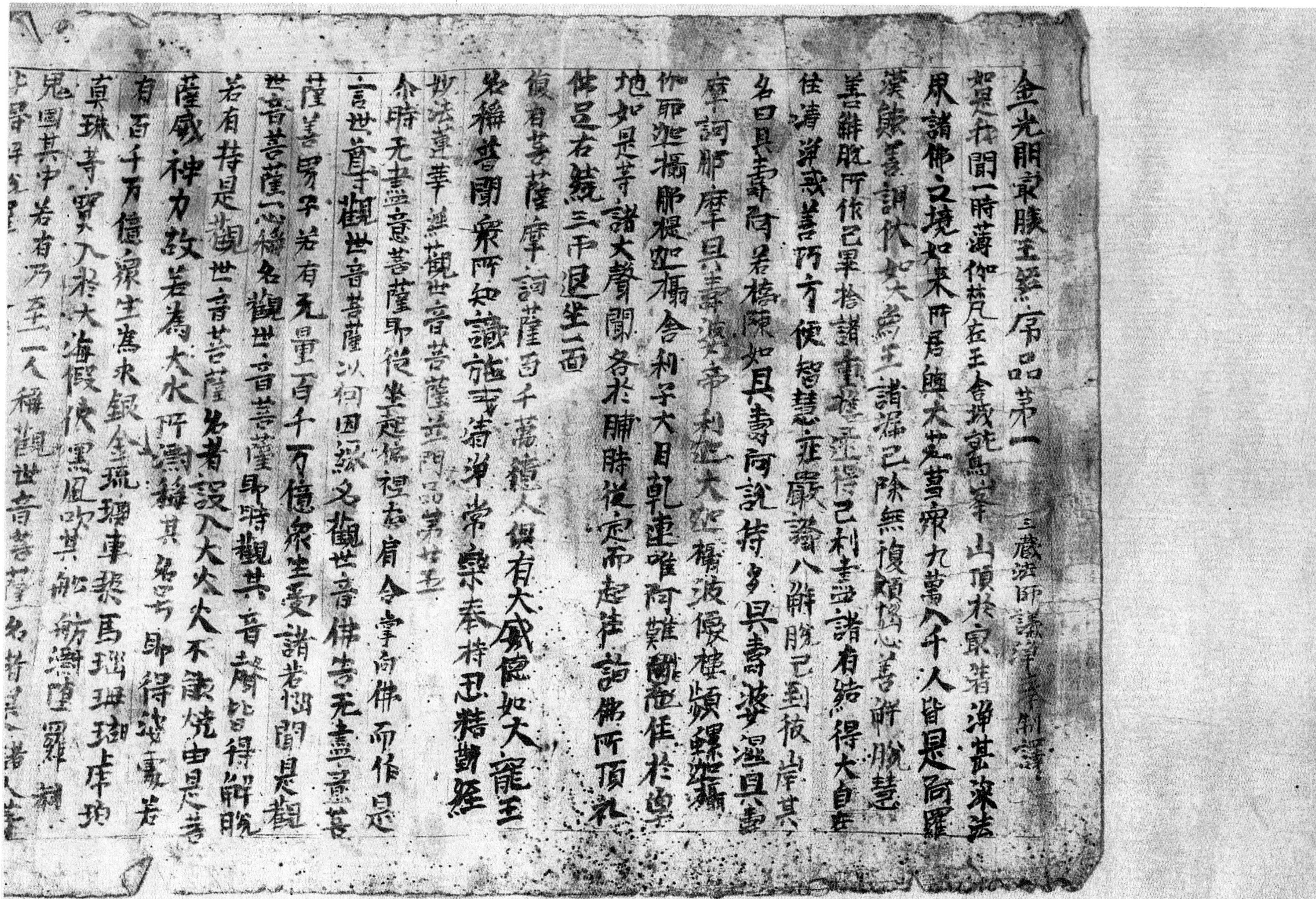

金光明最勝王經序品第一　三藏法師義淨奉制譯
如是我聞一時薄伽梵在王舍城鷲峯山頂於最清淨甚深法
界諸佛之境如來所居與大苾芻眾九萬八千人皆是阿羅
漢能善調伏如大象王諸漏已除無復煩惱心善解脫慧
善解脫所作已畢捨諸重擔逮得己利盡諸有結得大自在
住清淨戒善巧方便智慧莊嚴證八解脫已到彼岸其
名曰具壽阿若憍陳如具壽阿說持多具壽婆澀波具壽
摩訶那摩具壽婆帝利迦大迦攝波優樓頻螺迦攝
伽耶迦攝那提迦攝舍利子大目乾連唯阿難陀住於學
地如是等諸大聲聞各於晡時從定而起詣佛所頂禮
佛足右繞三匝退坐一面
復有菩薩摩訶薩百千萬億人俱有大威德如大龍王
名稱普聞眾所知識施戒清淨常樂奉持忍精勤經
妙法蓮華經觀世音菩薩普門品第廿五
爾時无盡意菩薩即從座起偏袒右肩合掌向佛而作是
言世尊觀世音菩薩以何因緣名觀世音佛告无盡意菩
薩善男子若有无量百千万億眾生受諸苦惱聞是觀
世音菩薩一心稱名觀世音菩薩即時觀其音聲皆得解脫
若有持是觀世音菩薩名者設入大火火不能燒由是菩
薩威神力故若為大水所漂稱其名號即得淺處若
有百千万億眾生為求金銀琉璃車𤦲馬瑙珊瑚虎珀
真珠等寶入於大海假使黑風吹其船舫漂墮羅剎
鬼國其中若有乃至一人稱觀世音菩薩名者是諸人等
皆得解脫羅剎

BD03925號背1　金光明最勝王經（雜寫）卷一
BD03925號背2　觀世音經（雜寫）

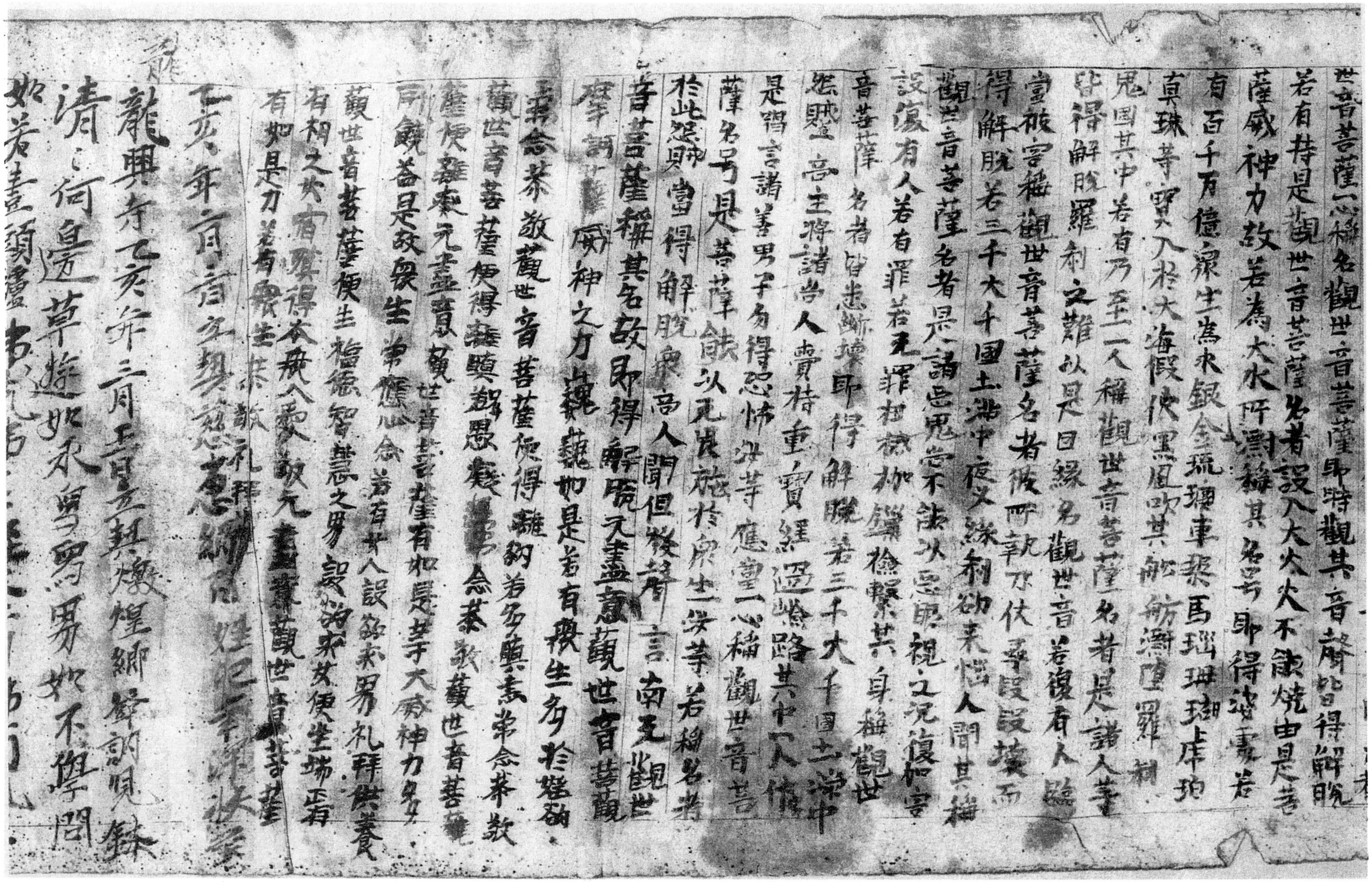

BD03925 號背 2　觀世音經（雜寫）
BD03925 號背 3　勸學詩一首（擬）

（8–2）

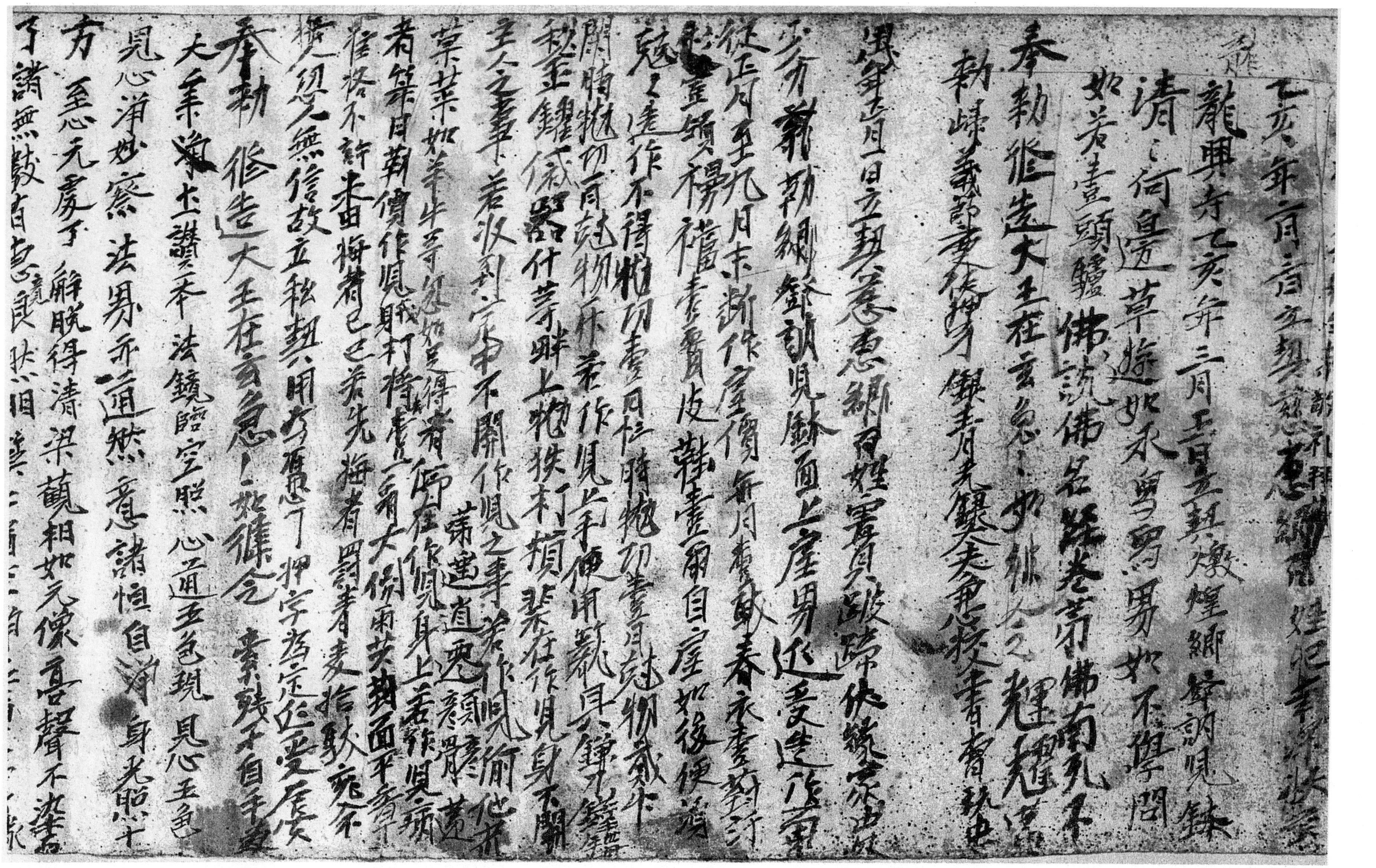

BD03925 號背 3　勸學詩一首（擬）
BD03925 號背 4　甲戌年慈惠鄉百姓竇跛蹄雇工契稿（擬）
BD03925 號背 5　大乘淨土讚

（8–3）

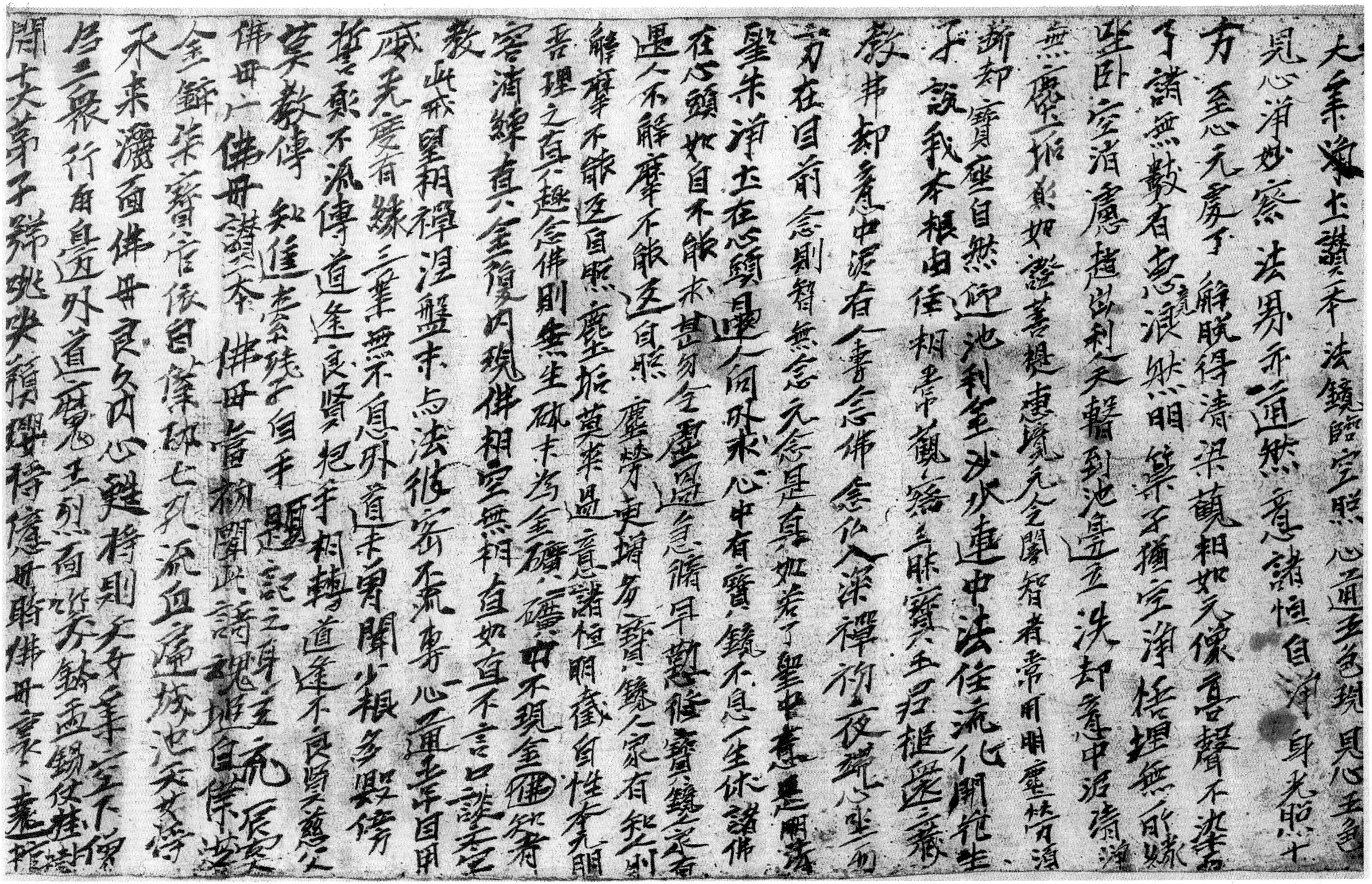

BD03925 號背 5　大乘淨土讚

BD03925 號背 6　佛母讚

（8–4）

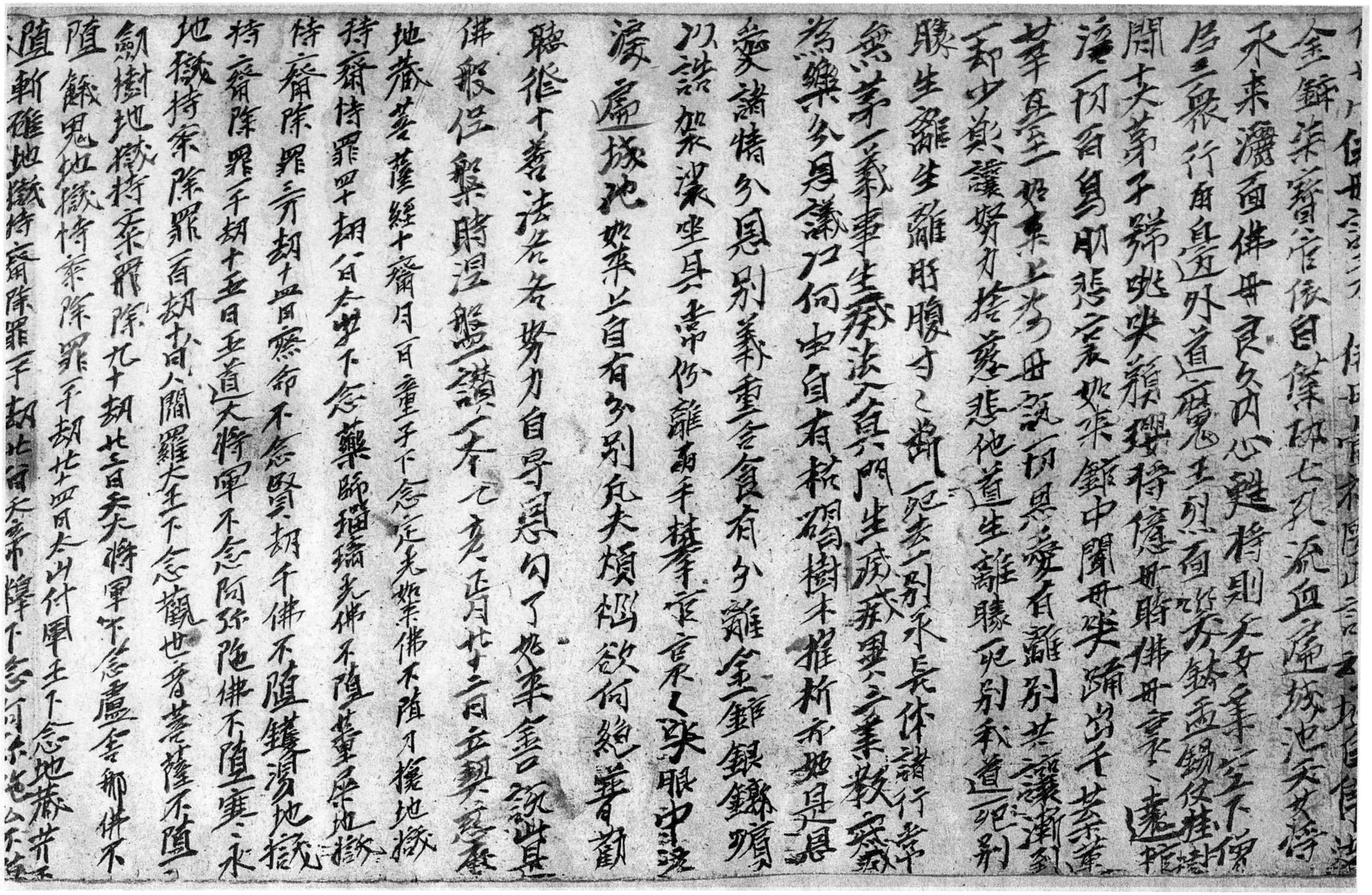

BD03925 號背 6　佛母讚

BD03925 號背 7　地藏菩薩十齋日

（8–5）

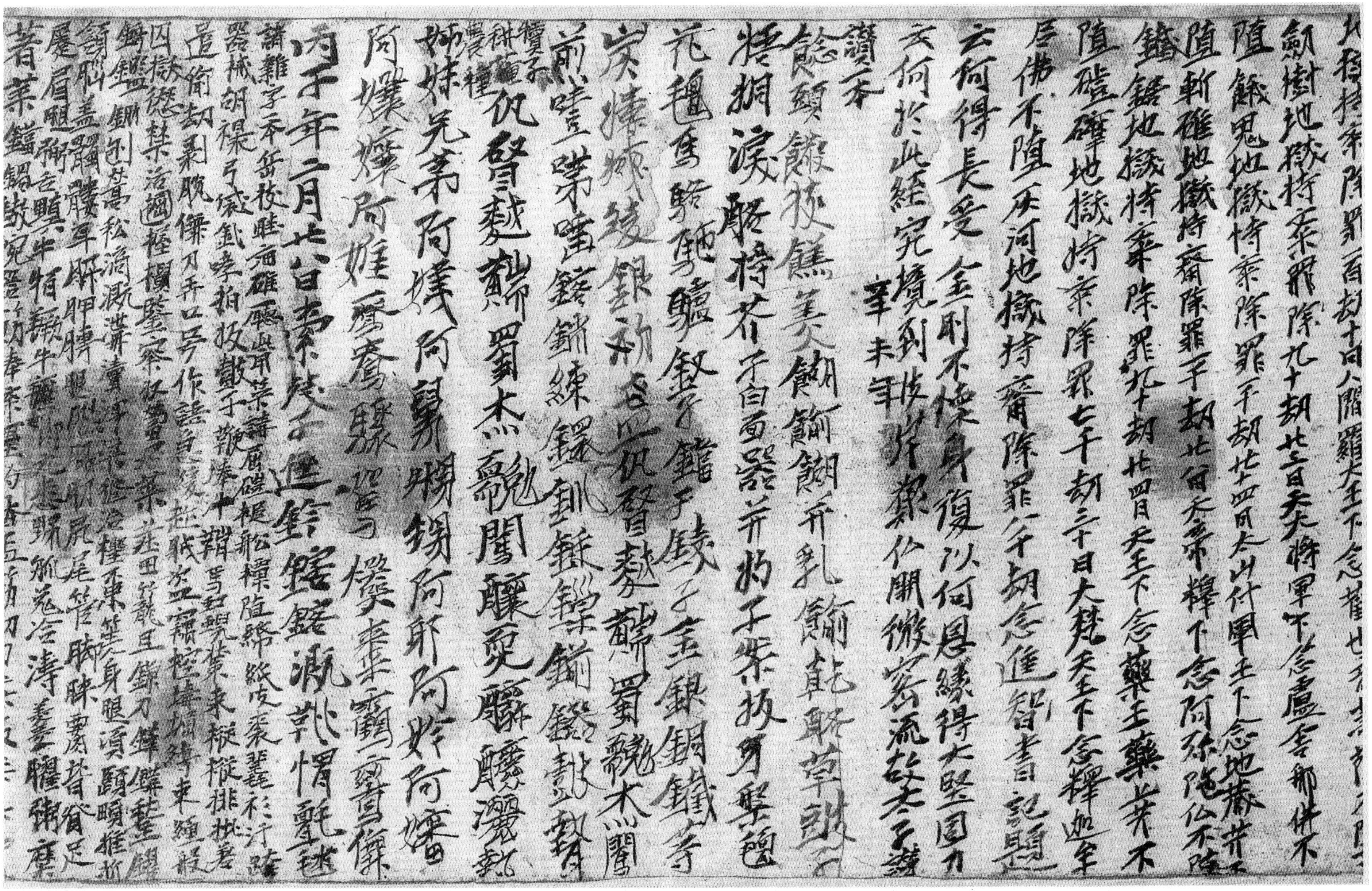

BD03925 號背 7　地藏菩薩十齋日
BD03925 號背 8　云何得長壽偈（擬）
BD03925 號背 9　諸雜字
BD03925 號背 10　諸雜字

（8–6）

BD03925 號背 10 諸雜字
BD03925 號背 11 丙子年三月一日鄭醜撻出賣房舍地基契稿（擬）

（8-7）

BD03925 號背 11　丙子年三月一日鄭醜撻出賣房舍地基契稿（擬）　　（8-8）

BD03925 號背 12　地藏菩薩經

果獨覺菩提本性空應住一切菩薩摩訶薩
行本性空應住諸佛無上正等菩提本性空
應住一切法本性空應住一切有情本性空脩
諸功德令圓滿已便證無上正等菩提
善現是諸法本性空及有情本性空最極寂
靜無有少法能增能減能生能滅能斷能常
能染能淨能得果能現觀善現當知菩薩摩
訶薩依世俗言說施設法故說脩般若波羅
蜜多如實了知本性空已證得無上正等菩
提非真勝義何以故真勝義中無色可得亦
無受想行識可得無眼處可得亦無耳鼻舌
身意處可得無色處可得亦无聲香味觸
法處可得無眼界可得亦无耳鼻舌身意界
可得无色界可得亦无聲香味觸法界可得
無眼識界可得亦无耳鼻舌身意識界可
得無眼觸可得亦无耳鼻舌身意觸可得无
眼觸為緣所生諸受可得亦无耳鼻舌身意
觸為緣所生諸受可得無地界可得亦無水
火風空識界可得無因緣可得亦無等無間
緣所緣緣增上緣可得無從緣所生諸法可
得無無明可得亦無行識名色六處觸受愛

BD03926號　大般若波羅蜜多經卷三九〇

（10–1）

得無眼觸可得亦无耳鼻舌身意觸可得无
眼觸為緣所生諸受可得亦无耳鼻舌身意
觸為緣所生諸受可得無地界可得亦無水
火風空識界可得無因緣可得亦無等無間
緣所緣緣增上緣可得無從緣所生諸法可
得無無明可得亦無行識名色六處觸受愛
取有生老死愁歎苦憂惱可得無布施波羅
蜜多可得亦無淨戒安忍精進靜慮般若波
羅蜜多可得無內空可得亦無外空內外空
空空大空勝義空有為空無為空畢竟空无
際空散空無變異空本性空自相空共相空
一切法空不可得空無性空自性空無性自
性空可得無四念住可得亦無四正斷四神
足五根五力七等覺支八聖道支可得無苦
聖諦可得亦無集滅道聖諦可得无四靜慮
可得亦無四無量四無色定可得無八解脫
可得亦無八勝處九次第定十遍處可得無
陀羅尼門可得亦無三摩地門可得無空
解脫門可得亦無無相無願解脫門可得无
極喜地可得亦無離垢地發光地焰慧地極
難勝地現前地遠行地不動地善慧地法雲
地可得無五眼可得亦無六神通可得無佛
十力可得亦無四無所畏四無礙解大慈大
悲大喜大捨十八佛不共法可得無三十二
大士相可得亦無八十隨好可得無無忘
失法可得亦無恒住捨性可得無一切智可

BD03926號　大般若波羅蜜多經卷三九〇

（10–2）

地可得無五眼可得亦無六神通可得亦無佛
十力可得亦無四無所畏四無礙解大慈大
悲大喜大捨十八佛不共法可得無三十二
大士相可得亦無八十隨好可得無無忘
失法可得亦無恒住捨性可得無一切智可
得亦無道相智一切相智可得無預流果可
得亦無一來不還阿羅漢果獨覺菩提可得
無一切菩薩摩訶薩行可得亦無諸佛無上
正等菩提可得無行菩薩摩訶薩行者可
得亦無行無上正等菩提者可得善現如
是諸法皆依世俗言說施設不依勝義善現
諸菩薩摩訶薩脩行般若波羅蜜多從初
發心難極猛利為諸有情行菩提行而於此
心都無所得於諸有情亦無所得於大菩提
亦無所得於佛菩薩亦無所得
尒時具壽善現白佛言世尊若一切法都無
所有皆不可得云何菩薩摩訶薩行菩提行
云何能得無上菩提佛告善現於意云何汝
於先時依止斷界斷諸煩惱得無漏根住無
間定得預流果若一來果若不還果若阿
羅漢果汝於彼時頗見有情若心若道若諸
道果有可得不善現答言不也世尊不也善
逝佛言善現若汝彼時都無所得云何言得
阿羅漢果善現答言依世俗說不依勝義佛
告善現如是如是如汝所說諸菩薩摩訶薩
亦復如是依世俗說行菩提行及得無上正

BD03926號　大般若波羅蜜多經卷三九〇　（10–3）

逝佛言善現若汝彼時都無所得云何言得
阿羅漢果善現答言依世俗說不依勝義佛
告善現如是如是如汝所說諸菩薩摩訶薩
亦復如是依世俗說行菩提行及得無上正
等菩提不依勝義善現依世俗故施設有色
施設有受想行識依世俗故施設有眼處施
設有耳鼻舌身意處依世俗故施設有色處
施設有聲香味觸法處依世俗故施設有眼
界施設有耳鼻舌身意界依世俗故施設
有色界施設有聲香味觸法界依世俗故
施設有眼識界施設有耳鼻舌身意識界
依世俗故施設有眼觸施設有耳鼻舌身
意觸依世俗故施設有眼觸為緣所生諸受
施設有耳鼻舌身意觸為緣所生諸受依
世俗故施設有地界施設有水火風空識界
依世俗故施設有因緣施設有等無間緣所
緣緣增上緣依世俗故施設有從緣所生諸
法依世俗故施設有無明施設有行識名
色六處觸受愛取有生老死愁歎苦憂惱
依世俗故施設有布施波羅蜜多施設有淨
戒安忍精進靜慮般若波羅蜜多依世俗故
施設有內空施設有外空內外空空空大空
勝義空有為空無為空畢竟空無際空散空
無變異空本性空自相空共相空一切法空
不可得空無性空自性空無性自性空依世
俗故施設有四念住施設有四正斷四神足五

BD03926號　大般若波羅蜜多經卷三九〇　（10–4）

無變異空本性空自相空共相空一切法空
不可得空無性空自性空無性自性空依世
俗故施設有四念住施設有四正斷四神足五
根五力七等覺支八聖道支依世俗故施設
有苦聖諦施設有集滅道聖諦依世俗故施
設有四靜慮施設有四无量四无色定依世、
俗故施設有八解脫施設有八勝處九次第
定十遍處依世俗故施設有陁羅尼門施設
有三摩地門依世俗故施設有空解脫門
施設有無相無願解脫門依世俗故施設有
極喜地施設有離垢地發光地焰慧地極難
勝地現前地遠行地不動地善慧地法雲
地依世俗故施設有五眼施設有六神通
依世俗故施設有佛十力施設有四无所畏
四無礙解大慈大悲大喜大捨十八佛不共
法依世俗故施設有三十二大士相施設有
八十隨好依世俗故施設有無忘失法施
設有恒住捨性依世俗故施設有一切智施
設有道相智一切相智依世俗故施設有預
流果施設有一來不還阿羅漢果獨覺菩
提依世俗故施設有一切菩薩摩訶薩行
施設有諸佛无上正等菩提依世俗故施設
有有情施設有菩薩諸佛世尊不依勝義
善現諸菩薩摩訶薩不見有法能於无上
正等菩提有增有減有益有損以一切法本性

BD03926號　大般若波羅蜜多經卷三九〇

（10–5）

有有情施設有菩薩諸佛世尊不依勝義
善現諸菩薩摩訶薩不見有法能於无上
正等菩提有增有減有益有損以一切法本性
空故善現諸菩薩摩訶薩於一切法觀本性
空尚不可得況於發心而有可得況脩布施
波羅蜜多而有可得況脩淨戒安忍精進
靜慮般若波羅蜜多而有可得況住內空而
有可得況住外空內外空空空大空勝義空
有為空無為空畢竟空無際空散空無變異
空本性空自相空共相空一切法空不可得
空無性空自性空無性自性空而有可得況
脩四念住而有可得況脩四正斷四神足五
根五力七等覺支八聖道支而有可得況住
苦聖諦而有可得況住集滅道聖諦而有可
得況脩四靜慮而有可得況脩四无量四无色
定而有可得況脩八解脫而有可得況脩
八勝處九次第定十遍處而有可得況脩
陁羅尼門而有可得況脩三摩地門而有
可得況脩空解脫門而有可得況脩無相
無願解脫門而有可得況脩極喜地而有可
得況脩離垢地發光地焰慧地極難勝地現
前地遠行地不動地善慧地法雲地而有可
得況脩五眼而有可得況脩六神通而有可
得況脩佛十力而有可得況脩四無所畏四
無礙解大慈大悲大喜大捨十八佛不共法
而有可得況脩三十二大士相而有可得況

BD03926號　大般若波羅蜜多經卷三九〇

（10–6）

前地遠行地不動地善慧地法雲地而有可
得况脩五眼而有可得况脩六神通而有可
得况脩佛十力而有可得况脩四無所畏四
無礙解大慈大悲大喜大捨十八佛不共法
而有可得况脩三十二大士相而有可得况
脩八十隨好而有可得况脩無忘失法而有
可得况脩恒住捨性而有可得况脩一切智
而有可得况脩道相智一切相智而有可得
况脩一切菩薩摩訶薩行而有可得况脩諸
佛無上正等菩提而有可得善現諸菩薩摩
訶薩於所脩住一切佛法若有所得無有是
處如是善現諸菩薩摩訶薩脩行無上正等
菩提證得無上正等菩提饒益有情常無間
斷

初分成熟有情品第七十一之一

分時具壽善現白佛言世尊若菩薩摩訶薩
脩行布施波羅蜜多脩行淨戒安忍精進靜
慮般若波羅蜜多安住內空安住外空內外
空空空大空勝義空有為空無為空畢竟空
無際空散空無變異空本性空自相空共相
空一切法空不可得空無性空自性空無性
自性空脩行四念住脩行四正斷四神足五
根五力七等覺支八聖道支安住苦聖諦安
住集滅道聖諦脩行四靜慮脩行四无量四
無色定脩行八解脫脩行八勝處九次第定
十遍處脩行陁羅尼門脩行三摩地門脩行



根五力七等覺支八聖道支安住苦聖諦安
住集滅道聖諦脩行四靜慮脩行四无量四
無色定脩行八解脫脩行八勝處九次第定
十遍處脩行陁羅尼門脩行三摩地門脩行
空解脫門脩行無相無願解脫門脩行極喜
地脩行離垢地發光地焰慧地極難勝地現
前地遠行地不動地善慧地法雲地脩行五
眼脩行六神通脩行佛十力脩行四無所畏
四無礙解大慈大悲大喜大捨十八佛不共
法脩行三十二大士相八十隨好脩行無忘
失法脩行恒住捨性脩行一切智脩行道相
智一切相智脩行一切菩薩摩訶薩行脩行
諸佛無上正等菩提脩行菩薩道若未圓滿
不能證得所求無上正等菩提世尊云何菩
薩摩訶薩脩菩薩道令得圓滿能證无上正
等菩提佛告善現若菩薩摩訶薩脩行般
若波羅蜜多方便善巧脩行布施波羅蜜多時
不得布施不得能施不得所施不得所為亦
不遠離如是諸法而行布施波羅蜜多是菩
薩摩訶薩則能圓滿脩菩薩道善現若菩薩
摩訶薩脩行般若波羅蜜多方便善巧脩行
淨戒安忍精進靜慮般若波羅蜜多時不得
淨戒安忍精進靜慮般若不得能脩不得所
脩不得所為亦不遠離如是諸法而行淨戒
安忍精進靜慮般若波羅蜜多是菩薩摩訶
薩則能圓滿脩菩薩道如是善現諸菩薩摩

淨戒安忍精進靜慮般若不得能修不得所
修不得所為亦不遠離如是諸法而行淨戒
安忍精進靜慮般若波羅蜜多是菩薩摩訶
薩則能圓滿修菩薩道如是善現諸菩薩摩
訶薩修行般若波羅蜜多方便善巧修菩薩
道令得圓滿能證無上正等菩提善現若菩
薩摩訶薩修行般若波羅蜜多方便善巧安
住內空時不得內空不得能住不得所住不
得所為亦不遠離如是諸法而住內空是菩
薩摩訶薩則能圓滿修菩薩道善現若菩薩
摩訶薩修行般若波羅蜜多時方便善巧安
住外空內外空空空大空勝義空有為空無
為空畢竟空無際空散空無變異空本性空
自相空共相空一切法空不可得空無性空
自性空無性自性空時不得外空乃至無性
自性空不得能住不得所住不得所為亦不
遠離如是諸法而住外空乃至無性自性空
是菩薩摩訶薩則能圓滿修菩薩道如是
善現諸菩薩摩訶薩修行般若波羅蜜多方便
善巧修菩薩道令得圓滿能證無上正等菩
提善現若菩薩摩訶薩修行般若波羅蜜多
方便善巧修行四念住時不得四念住不得
能修不得所修不得所為亦不遠離如是諸
法而修四念住是菩薩摩訶薩則能圓滿修
菩薩道善現若菩薩摩訶薩修行般若波羅
蜜多方便善巧修行四正斷四神足五根五
力七等覺支八聖道支時不得

BD03926號　大般若波羅蜜多經卷三九〇

（10–9）

提善現若菩薩摩訶薩修行般若波羅蜜多
方便善巧修行四念住時不得四念住不得
能修不得所修不得所為亦不遠離如是諸
法而修四念住是菩薩摩訶薩則能圓滿修
菩薩道善現若菩薩摩訶薩修行般若波羅
蜜多方便善巧修行四正斷四神足五根五
力七等覺支八聖道支時不得四正斷乃至
八聖道支不得能修不得所修不得所為
亦不遠離如是諸法而修四正斷乃至八聖
道支是菩薩摩訶薩則能圓滿修菩薩道
如是善現諸菩薩摩訶薩修行般若波羅
蜜多方便善巧修菩薩道令得圓滿能證
無上正等菩提

大般若波羅蜜多經卷第三百九十

BD03926號　大般若波羅蜜多經卷三九〇

（10–10）

二无二分
識界及意觸意
淨法界乃至意觸為緣所生
切智智清淨何以故若內空
至意觸為緣所生諸受清淨若一切智智清
淨无二无二分无別无斷故善現內空清淨
故地界清淨地界清淨故一切智智清淨何
以故若內空清淨若地界清淨若一切智智
清淨无二无二分无別无斷故內空清淨故
水火風空識界清淨水火風空識界清淨故
一切智智清淨何以故若內空清淨若水火
風空識界清淨若一切智智清淨无二无二
分无別无斷故善現內空清淨故无明清淨
无明清淨故一切智智清淨何以故若內空
清淨若无明清淨若一切智智清淨无二无
二分无別无斷故內空清淨故行識名色六
處觸受愛取有生老死愁歎苦憂惱清淨
行乃至老死愁歎苦憂惱清淨故一切智智清淨
何以故若內空清淨若行乃至老死愁歎苦憂
惱清淨若一切智智清淨无二无二分无別
无斷故
善現內空清淨故布施波羅蜜多清淨布施

BD03927 號　大般若波羅蜜多經卷二〇八　（19–1）

行乃至老死愁歎苦憂惱清淨故一切智智清淨
何以故若內空清淨若行乃至老死愁歎苦憂
惱清淨若一切智智清淨无二无二分无別
无斷故
善現內空清淨故布施波羅蜜多清淨布施
波羅蜜多清淨故一切智智清淨何以故若
內空清淨若布施波羅蜜多清淨若一切智
智清淨无二无二分无別无斷故內空清淨
故淨戒安忍精進靜慮般若波羅蜜多清淨
淨戒乃至般若波羅蜜多清淨故一切智智
清淨何以故若內空清淨若淨戒乃至般若
波羅蜜多清淨若一切智智清淨无二无二
分无別无斷故善現內空清淨故外空清淨
外空清淨故一切智智清淨何以故若內空
清淨若外空清淨若一切智智清淨无二无二
分无別无斷故內空清淨故內外空空空
大空勝義空有為空无為空畢竟空无際空
散空无變異空本性空自相空共相空一切
法空不可得空无性空自性空无性自性空
清淨內外空乃至无性自性空清淨故一切
智智清淨何以故若內空清淨若內外空乃
至无性自性空清淨若一切智智清淨无二
无二分无別无斷故善現內空清淨故真如
清淨真如清淨故一切智智清淨何以故若
內空清淨若真如清淨若一切智智清淨无
二无二分无別无斷故內空清淨故法界法
性不虛妄性不變異性平等性離生性法定

BD03927 號　大般若波羅蜜多經卷二〇八　（19–2）

清淨真如清淨故一切智智清淨何以故若
內空清淨若真如清淨若一切智智清淨无
二无二分无別无斷故內空清淨故法界法
性不虛妄性不變異性平等性離生性法定
法住實際虛空界不思議界清淨法界乃至
不思議界清淨故一切智智清淨何以故若
內空清淨若法界乃至不思議界清淨若一
切智智清淨无二无二分无別无斷故善現
內空清淨故苦聖諦清淨苦聖諦清淨故一
切智智清淨何以故若內空清淨若苦聖諦
淨清若一切智智清淨无二无二分无別无
斷故內空清淨故集滅道聖諦清淨集滅道
聖諦清淨故一切智智清淨何以故若內空
清淨若集滅道聖諦清淨若一切智智清淨
无二无二分无別无斷故善現內空清淨故
四靜慮清淨四靜慮清淨故一切智智清淨
何以故若內空清淨若四靜慮清淨若一切智
智清淨无二无二分无別无斷故內空清淨
故四无量四无色定清淨四无量四无色定
清淨故一切智智清淨何以故若內空清淨
若四无量四无色定清淨若一切智智清淨
无二无二分无別无斷故善現內空清淨故
八解脫清淨八解脫清淨故一切智智清淨
何以故若內空清淨若八解脫清淨若一切智
智清淨无二无二分无別无斷故內空清
淨故八勝處九次第定十遍處清淨八勝處
九次第定十遍處清淨故一切智智清淨何

BD03927號　大般若波羅蜜多經卷二〇八　（19–3）

八解脫清淨八解脫清淨故一切智智清淨
何以故若內空清淨若八解脫清淨若一切智
智清淨无二无二分无別无斷故內空清
淨故八勝處九次第定十遍處清淨八勝處
九次第定十遍處清淨故一切智智清淨何
以故若內空清淨若八勝處九次第定十遍
處清淨若一切智智清淨无二无二分无別无
斷故善現內空清淨故四念住清淨四念
住清淨故一切智智清淨何以故若內空清
淨若四念住清淨若一切智智清淨无二无二
分无別无斷故內空清淨故四正斷四神
足五根五力七等覺支八聖道支清淨四正
斷乃至八聖道支清淨故一切智智清淨
何以故若內空清淨若四正斷乃至八聖道支
清淨若一切智智清淨无二无二分无別无斷
故善現內空清淨故空解脫門清淨空解
脫門清淨故一切智智清淨何以故若內空
清淨若空解脫門清淨若一切智智清淨无
二无二分无別无斷故內空清淨故无相无
願解脫門清淨无相无願解脫門清淨故一
切智智清淨何以故若內空清淨若无相无
願解脫門清淨若一切智智清淨无二无二
分无別无斷故善現內空清淨故菩薩十地
清淨菩薩十地清淨故一切智智清淨何以
故若內空清淨若菩薩十地清淨若一切智
智清淨无二无二分无別无斷故
善現內空清淨故五眼清淨五眼淨故一
切智智清淨何以故若內空清淨若五眼青

BD03927號　大般若波羅蜜多經卷二〇八　（19–4）

清淨菩薩十地清淨故一切智智清淨何以
故若內空清淨若菩薩十地清淨若一切智
智清淨无二无二分无別无斷故
善現內空清淨故五眼清淨五眼淨故一
切智智清淨何以故若內空清淨若五眼清
淨若一切智智清淨无二无二分无別无斷
故內空清淨故六神通清淨六神通清淨
故一切智智清淨何以故若內空清淨若六神
通清淨若一切智智清淨无二无二分无別
无斷故善現內空清淨故佛十力清淨佛
十力清淨故一切智智清淨何以故若內空
清淨若佛十力清淨若一切智智清淨无二
无二分无別无斷故內空清淨故四无所畏
四无礙解大慈大悲大喜大捨十八佛不共
法清淨四无所畏乃至十八佛不共法清淨故
一切智智清淨何以故若內空清淨若四无
所畏乃至十八佛不共法清淨若一切智智
清淨无二无二分无別无斷故善現內空清
淨故无忘失法清淨无忘失法清淨故一切
智智清淨何以故若內空清淨若无忘失法
清淨若一切智智清淨无二无二分无別无
斷故內空清淨故恒住捨性清淨恒住捨性
清淨故一切智智清淨何以故若內空清淨
若恒住捨性清淨若一切智智清淨无二无
二分无別无斷故善現內空清淨故一切智
清淨一切智清淨故一切智智清淨何以故
若內空清淨若一切智清淨若一切智智清
淨无二无二分无別无斷故內空清淨故道

BD03927號　大般若波羅蜜多經卷二〇八　（19–5）

若恒住捨性清淨若一切智智清淨无二无
二分无別无斷故善現內空清淨故一切智
清淨一切智清淨故一切智智清淨何以故
若內空清淨若一切智清淨若一切智智清
淨无二无二分无別无斷故內空清淨故道
相智一切相智清淨道相智一切相智清淨
故一切智智清淨何以故若內空清淨若道
相智一切相智清淨若一切智智清淨无二
无二分无別无斷故善現內空清淨故一切
陁羅尼門清淨一切陁羅尼門清淨故一切
智智清淨何以故若內空清淨若一切陁羅
尼門清淨若一切智智清淨无二无二分无
別无斷故內空清淨故一切三摩地門清淨
一切三摩地門清淨故一切智智清淨何以故
若內空清淨若一切三摩地門清淨若一
切智智清淨无二无二分无別无斷故
善現內空清淨故預流果清淨預流果清淨
故一切智智清淨何以故若內空清淨若預
流果清淨若一切智智清淨无二无二分无
別无斷故內空清淨故一來不還阿羅漢果
清淨一來不還阿羅漢果清淨故一切智智
清淨何以故若內空清淨若一來不還阿羅
漢果清淨若一切智智清淨无二无二分无別
无斷故善現內空清淨故獨覺菩提清淨
獨覺菩提清淨故一切智智清淨何以故若
內空清淨若獨覺菩提清淨若一切智智清
淨无二无二分无別无斷故善現內空清淨

BD03927號　大般若波羅蜜多經卷二〇八　（19–6）

渫界清淨若一切智智清淨无二无二分无別
无斷故善現內空清淨故獨覺菩提清淨
獨覺菩提清淨故一切智智清淨何以故若
內空清淨若獨覺菩提清淨若一切智智清
淨无二无二分无別无斷故善現內空清淨
故一切菩薩摩訶薩行清淨一切菩薩摩訶
薩行清淨故一切智智清淨何以故若內空
清淨若一切菩薩摩訶薩行清淨若一切智
智清淨无二无二分无別无斷故善現內空
清淨故諸佛无上正等菩提清淨諸佛无上
正等菩提清淨故一切智智清淨何以故若
內空清淨若諸佛无上正等菩提清淨若一
切智智清淨无二无二分无別无斷故
復次善現外空清淨故色清淨色清淨故一
切智智清淨何以故若外空清淨若色清淨
若一切智智清淨无二无二分无別无斷故
外空清淨故受想行識清淨受想行識清淨
故一切智智清淨何以故若外空清淨若受
想行識清淨若一切智智清淨无二无二分
无別无斷故善現外空清淨故眼處清淨眼
處清淨故一切智智清淨何以故若外空清
淨若眼處清淨若一切智智清淨无二无二
分无別无斷故外空清淨故耳鼻舌身意處
清淨耳鼻舌身意處清淨故一切智智清淨
何以故若外空清淨若耳鼻舌身意處清淨
若一切智智清淨无二无二分无別无斷故
善現外空清淨故色處清淨色處清淨故一
切智智清淨何以故若外空清淨若色處清

BD03927 號　大般若波羅蜜多經卷二〇八

（19–7）

何以故若外空清淨若耳鼻舌身意處清淨
若一切智智清淨无二无二分无別无斷故
善現外空清淨故色處清淨色處清淨故一
切智智清淨何以故若外空清淨若色處清
淨若一切智智清淨无二无二分无別无斷故
故外空清淨故聲香味觸法處清淨聲香
味觸法處清淨故一切智智清淨何以故若外
空清淨若聲香味觸法處清淨若一切智
智清淨无二无二分无別无斷故善現外空
清淨故眼界清淨眼界清淨故一切智智清淨
何以故若外空清淨若眼界清淨若一切智
智清淨无二无二分无別无斷故外空清淨
故色界眼識界及眼觸眼觸為緣所生諸受
清淨色界乃至眼觸為緣所生諸受清淨
故一切智智清淨何以故若外空清淨若色界
乃至眼觸為緣所生諸受清淨若一切智智
清淨无二无二分无別无斷故善現外空清
淨故耳界清淨耳界清淨故一切智智清淨
何以故若外空清淨若耳界清淨若一切智
智清淨无二无二分无別无斷故外空清淨
故聲界耳識界及耳觸耳觸為緣所生諸受
清淨聲界乃至耳觸為緣所生諸受清淨故
一切智智清淨何以故若外空清淨若聲界
乃至耳觸為緣所生諸受清淨若一切智智
清淨无二无二分无別无斷故善現外空清
淨故鼻界清淨鼻界清淨故一切智智清淨
何以故若外空清淨若鼻界清淨若一切智

BD03927 號　大般若波羅蜜多經卷二〇八

（19–8）

乃至耳觸為緣所生諸受清淨若一切智智
清淨无二无二分无別无斷故善現外空清
淨故鼻界清淨鼻界清淨故一切智智清淨
何以故若外空清淨若鼻界清淨若一切
智清淨无二无二分无別无斷故外空清淨
故香界鼻識界及鼻觸鼻觸為緣所生諸受
清淨香界乃至鼻觸為緣所生諸受清淨故
一切智智清淨何以故若外空清淨若香界
乃至鼻觸為緣所生諸受清淨若一切智智
清淨无二无二分无別无斷故
善現外空清淨故舌界清淨舌界清淨故一
切智智清淨何以故若外空清淨若舌界清
淨若一切智智清淨无二无二分无別无斷
故外空清淨故味界舌識界及舌觸舌觸為
緣所生諸受清淨味界乃至舌觸為緣所生
諸受清淨故一切智智清淨何以故若外空
清淨若味界乃至舌觸為緣所生諸受清淨
若一切智智清淨无二无二分无別无斷故
善現外空清淨故身界清淨身界清淨故
一切智智清淨何以故若外空清淨若身界清
淨若一切智智清淨无二无二分无別无斷故
外空清淨故觸界身識界及身觸身觸為
緣所生諸受清淨觸界乃至身觸為緣所生
諸受清淨故一切智智清淨何以故若外空
清淨若觸界乃至身觸為緣所生諸受清淨
若一切智智清淨无二无二分无別无斷故
善現外空清淨故意界清淨意界清淨故

BD03927 號　大般若波羅蜜多經卷二〇八　（19–9）

緣所生諸受清淨觸界乃至身觸為緣所生
諸受清淨故一切智智清淨何以故若外空
清淨若觸界乃至身觸為緣所生諸受清淨
若一切智智清淨无二无二分无別无斷故
善現外空清淨故意界清淨意界清淨故
一切智智清淨何以故若外空清淨若意界清
淨若一切智智清淨无二无二分无別无斷
故外空清淨故法界意識界及意觸意觸為
緣所生諸受清淨法界乃至意觸為緣所生
諸受清淨故一切智智清淨何以故若外空
清淨若法界乃至意觸為緣所生諸受清淨
若一切智智清淨无二无二分无別无斷故
善現外空清淨故地界清淨地界清淨故一
切智智清淨何以故若外空清淨若地界清
淨若一切智智清淨无二无二分无別无斷
故外空清淨故水火風空識界清淨水火風
空識界清淨故一切智智清淨何以故若外
空清淨若水火風空識界清淨若一切智智
清淨无二无二分无別无斷故善現外空清
淨故无明清淨无明清淨故一切智智清淨
何以故若外空清淨若无明清淨若一切智
智清淨无二无二分无別无斷故外空清淨
故行識名色六處觸受愛取有生老死愁歎
苦憂惱清淨行乃至老死愁歎苦憂惱清淨
故一切智智清淨何以故若外空清淨若行
乃至老死愁歎苦憂惱清淨若一切智智清
淨无二无二分无別无斷故

BD03927 號　大般若波羅蜜多經卷二〇八　（19–10）

故行識名色六處觸受愛取有生老死愁歎
若憂惱清淨行乃至老死愁歎苦憂惱清淨
故一切智智清淨何以故若外空清淨若行
乃至老死愁歎苦憂惱清淨若一切智智清
淨无二无二分无別无斷故
善現外空清淨故布施波羅蜜多清淨布施
波羅蜜多清淨故一切智智清淨何以故若
外空清淨若布施波羅蜜多清淨若一切智
智清淨无二无二分无別无斷故外空清淨
故淨戒安忍精進靜慮般若波羅蜜多清淨
淨戒乃至般若波羅蜜多清淨故一切智智
清淨何以故若外空清淨若淨戒乃至般若
波羅蜜多清淨若一切智智清淨无二无二
分无別无斷故善現外空清淨故內空清淨
內空清淨故一切智智清淨何以故若外空
清淨若內空清淨若一切智智清淨无二无
二分无別无斷故外空清淨故內外空空空
大空勝義空有為空无為空畢竟空无際空
散空无變異空本性空自相空共相空一切
法空不可得空无性空自性空无性自性空
清淨內外空乃至无性自性空清淨故一切
智智清淨何以故若外空清淨若內外空乃
至无性自性空清淨若一切智智清淨无二
无二分无別无斷故善現外空清淨故真如
清淨真如清淨故一切智智清淨何以故若
外空清淨若真如清淨若一切智智清淨无
二无二分无別无斷故外空清淨故法界法
性不虛妄性不變異性平等性離生性法定

BD03927號　大般若波羅蜜多經卷二〇八

（19–11）

至无性自性空清淨若一切智智清淨无二
无二分无別无斷故善現外空清淨故真如
清淨真如清淨故一切智智清淨何以故若
外空清淨若真如清淨若一切智智清淨无
二无二分无別无斷故外空清淨故法界法
性不虛妄性不變異性平等性離生性法定
法住實際虛空界不思議界清淨法界乃至
不思議界清淨故一切智智清淨何以故若
外空清淨若法界乃至不思議界清淨若一
切智智清淨无二无二分无別无斷故善現
外空清淨故苦聖諦清淨苦聖諦清淨故一
切智智清淨何以故若外空清淨若苦聖諦
清淨若一切智智清淨无二无二分无別无
斷故外空清淨故集滅道聖諦清淨集滅
道聖諦清淨故一切智智清淨何以故若外空
清淨若集滅道聖諦清淨若一切智智清淨
无二无二分无別无斷故善現外空清淨故
四靜慮清淨四靜慮清淨故一切智智清淨
何以故若外空清淨若四靜慮清淨若一切
智智清淨无二无二分无別无斷故外空清
淨故四无量四无色定清淨四无量四无色
定清淨故一切智智清淨何以故若外空清
淨若四无量四无色定清淨若一切智智清
淨无二无二分无別无斷故善現外空清淨
故八解脫清淨八解脫清淨故一切智智清
淨何以故若外空清淨若八解脫清淨若一
切智智清淨无二无二分无別无斷故外空
清淨故八勝處九次第定十遍處清淨八勝
處九次第定十遍處清淨故一切智智清淨

BD03927號　大般若波羅蜜多經卷二〇八

（19–12）

淨无二无二分无[illegible]
故八解脫清淨八解脫清淨故一切智智清
淨何以故若外空清淨若八解脫清淨若一
切智智清淨无二无二分无別无斷故外空
清淨故八勝處九次第定十遍處清淨八勝
處九次第定十遍處清淨故一切智智清淨
何以故若外空清淨若八勝處九次第定十
遍處清淨若一切智智清淨无二无二分无
別无斷故善現外空清淨故四念住清淨四
念住清淨故一切智智清淨何以故若外空
清淨若四念住清淨若一切智智清淨无二
无二分无別无斷故外空清淨故四正斷四
神足五根五力七等覺支八聖道支清淨四
正斷乃至八聖道支清淨故一切智智清淨
何以故若外空清淨若四正斷乃至八聖道
支清淨若一切智智清淨无二无二分无別
无斷故善現外空清淨故空解脫門清淨
空解脫門清淨故一切智智清淨何以故若
外空清淨若空解脫門清淨若一切智智清淨
无二无二分无別无斷故外空清淨故无相
无願解脫門清淨无相无願解脫門清淨故一
切智智清淨何以故若外空清淨若无相
无願解脫門清淨若一切智智清淨无二无
二分无別无斷故善現外空清淨故菩薩十
地清淨菩薩十地清淨故一切智智清淨何
以故若外空清淨若菩薩十地清淨若一切智
智清淨无二无二分无別无斷故
善現外空清淨故五眼清淨五眼清淨故一

BD03927號　大般若波羅蜜多經卷二〇八　（19–13）

二分无別无斷故善現外空清淨故菩薩十
地清淨菩薩十地清淨故一切智智清淨何
以故若外空清淨若菩薩十地清淨若一切智
智清淨无二无二分无別无斷故
善現外空清淨故五眼清淨五眼清淨故一
切智智清淨何以故若外空清淨若五眼清
淨若一切智智清淨无二无二分无別无斷
故外空清淨故六神通清淨六神通清淨故
一切智智清淨何以故若外空清淨若六神
通清淨若一切智智清淨无二无二分无別
无斷故善現外空清淨故佛十力清淨佛十
力清淨故一切智智清淨何以故若外空清
淨若佛十力清淨若一切智智清淨无二无
二分无別无斷故外空清淨故四无所畏四
无礙解大慈大悲大喜大捨十八佛不共法
清淨四无所畏乃至十八佛不共法清淨故一
切智智清淨何以故若外空清淨若 四无
所畏乃至十八佛不共法清淨若一切智智
清淨无二无二分无別无斷故善現外空清
淨故无忘失法清淨无忘失法清淨故一切
智智清淨何以故若外空清淨若无忘失法
清淨若一切智智清淨无二无二分无 別无
斷故外空清淨故恒住捨性清淨恒住捨性
清淨故一切智智清淨何以故若外空清淨
若恒住捨性清淨若一切智智清淨无二无
二分无別无斷故善現外空清淨故一切智
清淨一切智清淨故一切智智清淨何以故
若外空清淨若一切智清淨若一切智

BD03927號　大般若波羅蜜多經卷二〇八　（19–14）

淨故一切智智清淨何以故若外空清淨
若恒住捨性清淨若一切智智清淨无二无
二分无別无斷故善現外空清淨故一切智
清淨一切智清淨故一切智智清淨何以故
若外空清淨若一切智清淨若一切智智
清淨无二无二分无別无斷故外空清淨故
道相智一切相智清淨道相智一切相智清
淨故一切智智清淨何以故若外空清淨若
道相智一切相智清淨若一切智智清淨无
二无二分无別无斷故善現外空清淨故一
切陁羅尼門清淨一切陁羅尼門清淨故一
切智智清淨何以故若外空清淨若一切陁羅
尼門清淨若一切智智清淨无二无二分无
別无斷故外空清淨故一切三摩地門清淨
一切三摩地門清淨故一切智智清淨何以故
若外空清淨若一切三摩地門清淨若一切
智智清淨无二无二分无別无斷故
善現外空清淨故預流果清淨預流果清淨
故一切智智清淨何以故若外空清淨若預
流果清淨若一切智智清淨无二无二分无
別无斷故外空清淨故一來不還阿羅漢果
清淨一來不還阿羅漢果清淨故一切智智
清淨何以故若外空清淨若一來不還阿羅
漢果清淨若一切智智清淨无二无二分无
別无斷故善現外空清淨故獨覺菩提清淨
獨覺菩提清淨故一切智智清淨何以故若
外空清淨若獨覺菩提清淨若一切智智
智清淨无二无二分无別无斷故善現外空



淨何以故若外空清淨若一來不還阿羅
漢果清淨若一切智智清淨无二无二分无
別无斷故善現外空清淨故獨覺菩提清淨
獨覺菩提清淨故一切智智清淨何以故若
外空清淨若獨覺菩提清淨若一切智智
智清淨无二无二分无別无斷故善現外空
清淨故一切菩薩摩訶薩行清淨一切
菩薩摩訶薩行清淨故一切智智清淨何
以故若外空清淨若一切菩薩摩訶薩行
清淨若一切智智清淨无二无二分无別无
斷故善現外空清淨故諸佛无上正等菩
提清淨諸佛无上正等菩提清淨故一切
智智清淨何以故若外空清淨若諸佛无
上正等菩提清淨若一切智智清淨无二无
二分无別无斷故
復次善現內外空清淨故色清淨色清淨故
一切智智清淨何以故若內外空清淨若色清
淨若一切智智清淨无二无二分无別无斷
故內外空清淨故受想行識清淨受想行
識清淨故一切智智清淨何以故若內外空
淨清若受想行識清淨若一切智智清淨无
二无二分无別无斷故善現內外空清淨故
眼處清淨眼處清淨故一切智智清淨何以
故若內外空清淨若眼處清淨若一切智智
清淨无二无二分无別无斷故內外空清淨
故耳鼻舌身意處清淨耳鼻舌身意處清
淨故一切智智清淨何以故若內外空清淨若
耳鼻舌身意處清淨若一切智智清淨无二

故若内外空清淨若眼處清淨若一切智智
清淨无二无二分无別无斷故内外空清淨
故耳鼻舌身意處清淨耳鼻舌身意處清
淨故一切智智清淨何以故若内外空清淨若
耳鼻舌身意處清淨若一切智智清淨无二
无二分无別无斷故善現内外空清淨故色
處清淨色處清淨故一切智智清淨何以故
若内外空清淨若色處清淨若一切智智清
淨无二无二分无別无斷故内外空清淨故
聲香味觸法處清淨聲香味觸法處清淨
故一切智智清淨何以故若内外空清淨若聲
香味觸法處清淨若一切智智清淨无二无
二分无別无斷故善現内外空清淨故眼界
清淨眼界清淨故一切智智清淨何以故若
内外空清淨若眼界清淨若一切智智清淨
无二无二分无別无斷故内外空清淨故色
界眼識界及眼觸眼觸爲緣所生諸受清淨
色界乃至眼觸爲緣所生諸受清淨故一切
智智清淨何以故若内外空清淨若色界乃至
眼觸爲緣所生諸受清淨若一切智智　清
淨无二无二分无別无斷故善現内外　空
清淨故耳界清淨耳界清淨故一切智　智
清淨
何以故若内外空清淨若耳界清淨若一切
智智清淨无二无二分无別无斷故内外空
清
清淨故聲界耳識界及耳觸耳觸爲緣　所生
諸受清淨聲界乃至耳觸爲緣所生諸受清
淨故一切智智清淨何以故若内外空清



清淨故耳界清淨耳界清淨故一切智　智
清淨
何以故若内外空清淨若耳界清淨若一切
智智清淨无二无二分无別无斷故内外空
清
清淨故聲界耳識界及耳觸耳觸爲緣　所生
諸受清淨聲界乃至耳觸爲緣所生諸受清
淨故一切智智清淨何以故若内外空清淨
若聲界乃至耳觸爲緣所生諸受清淨若一
切智智清淨无二无二分无別无斷故善現内
外空清淨故鼻界清淨鼻界清淨故一切智
智清淨何以故若内外空清淨若鼻界清淨
若一切智智清淨无二无二分无別无斷故内
外空清淨故香界鼻識界及鼻觸鼻觸
爲緣所生諸受清淨香界乃至鼻觸爲緣
所生諸受清淨故一切智智清淨何以故若内
外空清淨若香界乃至至鼻觸爲緣所生諸
受清淨若一切智智清淨无二无二分无別无
斷故
大般若波羅蜜多經卷第二百八

外空清淨故香界鼻識界及鼻觸鼻觸
為緣所生諸受清淨香界乃至鼻觸為緣
所生諸受清淨故一切智智清淨何以故若內
外空清淨若香界乃至至鼻觸為緣所生諸
受清淨若一切智智清淨无二无二分无別无
斷故
大般若波羅蜜多經卷第二百八

BD03927 號　大般若波羅蜜多經卷二〇八

（19–19）

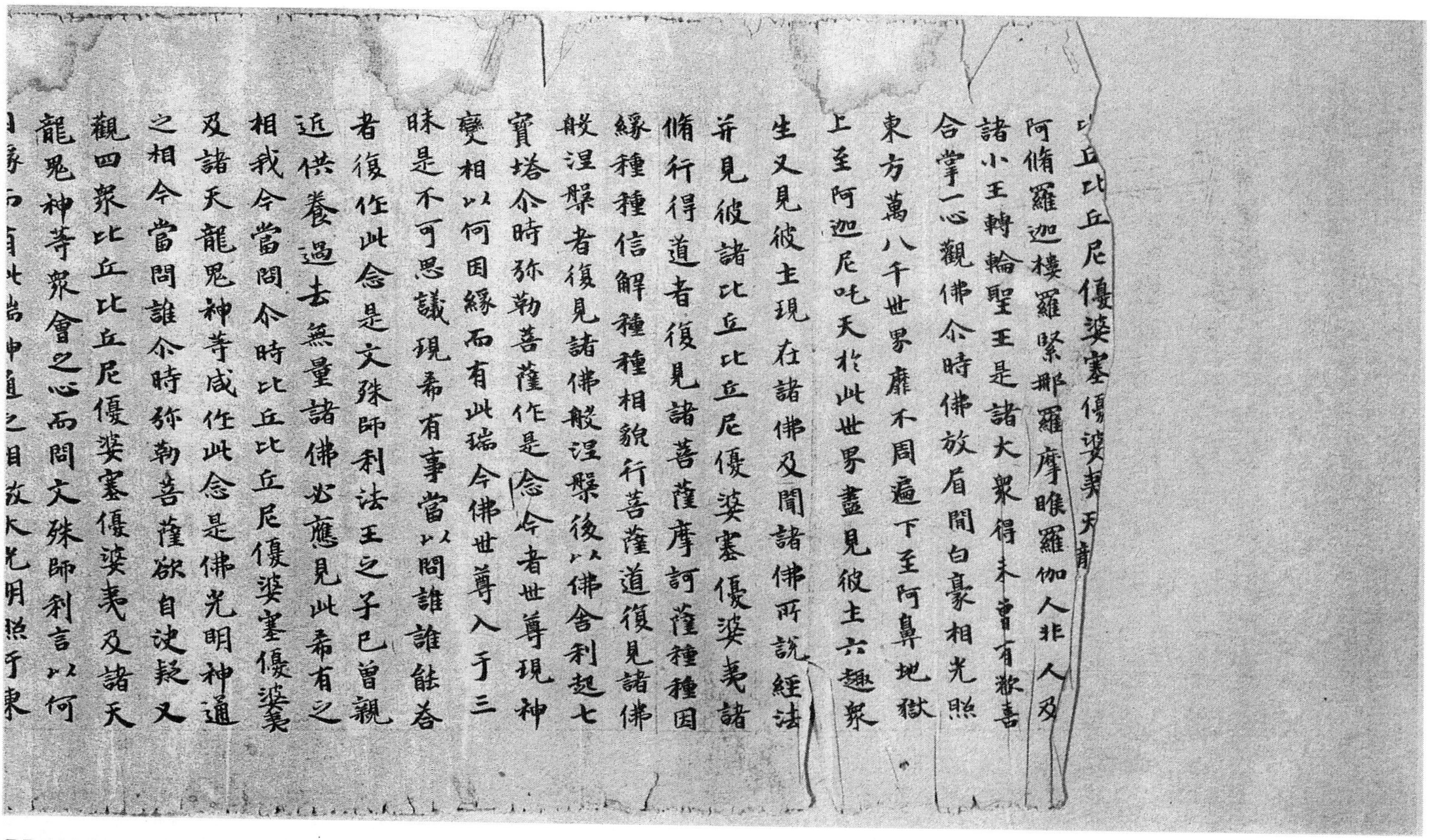

比丘比丘尼優婆塞優婆夷天龍
阿脩羅迦樓羅緊那羅摩睺羅伽人非人及
諸小王轉輪聖王是諸大衆得未曾有歡喜
合掌一心觀佛尒時佛放眉間白毫相光照
東方萬八千世界靡不周遍下至阿鼻地獄
上至阿迦尼吒天於此世界盡見彼土六趣衆
生又見彼土現在諸佛及聞諸佛所説經法
并見彼諸比丘比丘尼優婆塞優婆夷諸
脩行得道者復見諸菩薩摩訶薩種種因
緣種種信解種種相貌行菩薩道復見諸佛
般涅槃者復見諸佛般涅槃後以佛舍利起七
寶塔尒時弥勒菩薩作是念今者世尊現神
變相以何因緣而有此瑞今佛世尊入于三
昧是不可思議現希有事當以問誰誰能荅
者復作此念是文殊師利法王之子已曾親
近供養過去無量諸佛必應見此希有之
相我今當問尒時比丘比丘尼優婆塞優婆夷
及諸天龍鬼神等咸作此念是佛光明神通
之相今當問誰尒時弥勒菩薩欲自决疑又
觀四衆比丘比丘尼優婆塞優婆夷及諸天
龍鬼神等衆會之心而問文殊師利言以何
因緣而有此瑞神通之相放大光明照于東

BD03928 號　妙法蓮華經卷一

（21–1）

相我今當問。尒時比丘比丘尼優婆塞優婆
及諸天龍鬼神等咸作此念是佛光明神通
之相今當問誰。尒時弥勒菩薩欲自決疑又
觀四衆比丘比丘尼優婆塞優婆夷及諸天
龍鬼神等衆會之心而問文殊師利言以何
因緣而有此瑞神通之相放大光明照于東
方萬八千土悉見彼佛國界莊嚴於是弥勒
菩薩欲重宣此義以偈問曰
文殊師利　導師何故　眉間白豪　大光普照
雨曼陁羅　曼殊沙華　栴檀香風　悅可衆心
以是因緣　地皆嚴淨　而此世界　六種震動
時四部衆　咸皆歡喜　身意快然　得未曾有
眉間光明　照于東方　萬八千土　皆如金色
從阿鼻獄　上至有頂　諸世界中　六道衆生
生死所趣　善惡業緣　受報好醜　於此悉見
又覩諸佛　聖主師子　演說經典　微妙第一
其聲清淨　出柔軟音　教諸菩薩　無數億萬
梵音深妙　令人樂聞　各於世界　講說正法
種種因緣　以無量喻　照明佛法　開悟衆生
若人遭苦　猒老病死　為說涅槃　盡諸苦際
若人有福　曾供養佛　志求勝法　為說緣覺
若有佛子　脩種種行　求無上慧　為說淨道
文殊師利　我住於此　見聞若斯　及千億事
如是衆多　今當略說　我見彼土　恒沙菩薩
種種因緣　而求佛道　或有行施　金銀珊瑚
真珠摩尼　車𤦲馬瑙　金剛諸珎　奴婢車乘
寶飾輦轝　歡喜布施　迴向佛道　願得是乘

BD03928號　妙法蓮華經卷一　（21–2）

如是衆多　今當略說　我見彼土　恒沙菩薩
種種因緣　而求佛道　或有行施　金銀珊瑚
真珠摩尼　車𤦲馬瑙　金剛諸珎　奴婢車乘
寶飾輦轝　歡喜布施　迴向佛道　願得是乘
三界第一　諸佛所歎　或有菩薩　駟馬寶車
欄楯華蓋　軒飾布施　復見菩薩　身肉手足
及妻子施　求無上道　又見菩薩　頭目身體
欣樂施與　求佛智慧　文殊師利　我見諸王
往詣佛所　問無上道　便捨樂土　宮殿臣妾
剃除鬚髮　而被法服　或見菩薩　而作比丘
獨處閑靜　樂誦經典　又見菩薩　勇猛精進
入於深山　思惟佛道　又見離欲　常處空閑
深脩禪定　得五神通　又見菩薩　安禪合掌
以千萬偈　讚諸法王　復見菩薩　智深志固
能問諸佛　聞悉受持　又見佛子　定慧具足
以無量喻　為衆講法　欣樂說法　化諸菩薩
破魔兵衆　而擊法鼓　又見菩薩　寂然宴默
天龍恭敬　不以為喜　又見菩薩　處林放光
濟地獄苦　令入佛道　又見佛子　未嘗睡眠
經行林中　懃求佛道　又見具戒　威儀無缺
淨如寶珠　以求佛道　又見佛子　住忍辱力
增上慢人　惡罵捶打　皆悉能忍　以求佛道
又見菩薩　離諸戲笑　及癡眷屬　親近智者
一心除亂　攝念山林　億千萬歲　以求佛道
或見菩薩　餚饍飲食　百種湯藥　施佛及僧
名衣上服　價直千萬　或無價衣　施佛及僧
千萬億種　栴檀寶舍　衆妙卧具　施佛及僧

BD03928號　妙法蓮華經卷一　（21–3）

一心除亂　攝念山林　億千萬歲　以求佛道
或見菩薩　餚饍飲食　百種湯藥　施佛及僧
名衣上服　價直千萬　或無價衣　施佛及僧
千萬億種　栴檀寶舍　眾妙臥具　施佛及僧
清淨園林　華果茂盛　流泉浴池　施佛及僧
如是等施　種種微妙　歡喜無猒　求無上道
或有菩薩　說寂滅法　種種教詔　無數眾生
或見菩薩　觀諸法性　無有二相　猶如虛空
又見佛子　心無所著　以此妙慧　求無上道
文殊師利　又有菩薩　佛滅度後　供養舍利
又見佛子　造諸塔廟　無數恒沙　嚴飾國界
寶塔高妙　五千由旬　縱廣正等　二千由旬
一一塔廟　各千幢幡　珠交露幔　寶鈴和鳴
諸天龍神　人及非人　香華伎樂　常以供養
文殊師利　諸佛子等　為供舍利　嚴飾塔廟
國界自然　殊特妙好　如天樹王　其華開敷
佛放一光　我及眾會　見此國界　種種殊妙
諸佛神力　智慧希有　放一淨光　照無量國
我等見此　得未曾有　佛子文殊　願決眾疑
四眾欣仰　瞻仁及我　世尊何故　放斯光明
佛子時答　決疑令喜　何所饒益　演斯光明
佛坐道場　所得妙法　為欲說此　為當授記
示諸佛土　眾寶嚴淨　及見諸佛　此非小緣
文殊當知　四眾龍神　瞻察仁者　為說何等
尒時文殊師利語彌勒菩薩摩訶薩及諸大
士善男子等如我惟忖今佛世尊欲說大法
雨大法雨吹大法螺擊大法鼓演大法義諸



士善男子等如我惟忖今佛世尊欲說大法
雨大法雨吹大法螺擊大法鼓演大法義諸
善男子我於過去諸佛曾見此瑞放斯光已
即說大法是故當知今佛現光亦復如是欲
令眾生咸得聞知一切世間難信之法故現
斯瑞諸善男子如過去無量無邊不可思議
阿僧祇劫尒時有佛號日月燈明如來應供
正遍知明行足善逝世間解無上士調御丈夫
天人師佛世尊演說正法初善中善後善
其義深遠其語巧妙純一無雜具足清白梵
行之相為求聲聞者說應四諦法度生老
病死究竟涅槃為求辟支佛者說應十二因
緣法為諸菩薩說應六波羅蜜令得阿耨多羅
三藐三菩提成一切種智次復有佛亦名日月
燈明次復有佛亦名日月燈明如是二萬
佛皆同一字號日月燈明又同一姓姓頗羅
墮彌勒當知初佛後佛皆同一字名日月燈
明十號具足所可說法初中後善其最後佛
未出家時有八王子一名有意二名善意三
名無量意四名寶意五名增意六名除疑
意七名嚮意八名法意是八王子威德自在
各領四天下是諸王子聞父出家得阿耨多羅
三藐三菩提悉捨王位亦隨出家發大乘意
常脩梵行皆為法師已於千萬佛所殖諸善
本是時日月燈明佛說大乘經名無量義教
菩薩法佛所護念說是經已即於大眾中結

常脩梵行皆爲法師已於千萬億佛所殖諸善
本是時日月燈明佛說大乘經名無量義教
菩薩法佛所護念說是經已即於大衆中結
跏趺坐入於無量義處三昧身心不動是時
天雨曼陁羅華摩訶曼陁羅華曼殊沙華摩
訶曼殊沙華而散佛上及諸大衆普佛世界
六種震動尒時會中比丘比丘尼優婆塞優婆
夷天龍夜叉乾闥婆阿脩羅迦樓羅緊那
羅摩睺羅伽人非人及諸小王轉輪聖王等
是諸大衆得未曾有歡喜合掌一心觀佛尒
時如來放眉間白毫相光照東方萬八千佛
土靡不周遍如今所見是諸佛土彌勒當知
尒時會中有二十億菩薩樂欲聽法是諸菩
薩見此光明普照佛土得未曾有欲知此光
所為因緣時有菩薩名曰妙光有八百弟子
是時日月燈明佛從三昧起因妙光菩薩說
大乘經名妙法蓮華教菩薩法佛所護念六
十小劫不起于座時會聽者亦坐一處六十小
劫身心不動聽佛所說謂如食頃是時衆
中無有一人若身若心而生懈惓日月燈明
佛於六十小劫說是經已即於梵魔沙門婆
羅門及天人阿脩羅衆中而宣此言如來於
今日中夜當入無餘涅槃時有菩薩名曰德
藏日月燈明佛即授其記告諸比丘是德藏
菩薩次當作佛号曰淨身多陁阿伽度阿羅
訶三藐三佛授記已便於中夜入無餘涅槃
佛滅度後妙光菩薩持妙法蓮華經滿

BD03928號　妙法蓮華經卷一　（21–6）

藏日月燈明佛即授其記告諸比丘是德藏
菩薩次當作佛号曰淨身多陁阿伽度阿羅
訶三藐三佛授記已便於中夜入無餘涅槃
佛滅度後妙光菩薩持妙法蓮華經滿
八十小劫為人演說日月燈明佛八子皆師妙
光妙光教化令其堅固阿耨多羅三藐三菩
提是諸王子供養無量百千萬億佛已皆
成佛道其冣後成佛者名曰然燈八百弟子
中有一人号曰求名貪著利養雖復讀誦
衆經而不通利多所忘失故号求名是人亦以
種諸善根因緣故得值無量百千萬億諸
佛供養恭敬尊重讚歎彌勒當知尒時妙光
菩薩豈異人乎我身是也求名菩薩汝身是
也今見此瑞與本無異是故惟忖今日如來當
說大乘經名妙法蓮華教菩薩法佛所護念
尒時文殊師利於大衆中欲重宣此義而說
偈言
我念過去世　無量無數劫　有佛人中尊　号日月燈
世尊演說法　度無量衆生　無數億菩薩　令入佛智慧
佛未出家時　所生八王子　見大聖出家　亦隨脩梵行
時佛說大乘　經名無量義　於諸大衆中　而為廣分別
佛說此經已　即於法座上　跏趺坐三昧　名無量義處
天雨曼陁華　天鼓自然鳴　諸天龍鬼神　供養人中尊
一切諸佛土　即時大震動　佛放眉間光　現諸希有事
此光照東方　萬八千佛土　示一切衆生　生死業報處
有見諸佛土　以衆寶莊嚴　瑠璃頗梨色　斯由佛光照
及見諸天人　龍神夜叉衆　乾闥緊那羅　各供養其佛
又見諸如來　自然成佛道　身色如金山　端嚴甚微妙

BD03928號　妙法蓮華經卷一　（21–7）

一切諸佛土　即時大震動　佛放眉間光　現諸希有事
此光照東方　萬八千佛土　示一切衆生　生死業報處
有見諸佛土　以衆寶莊嚴　琉璃頗梨色　斯由佛光照
及見諸天人　龍神夜叉衆　乾闥緊那羅　各供養其佛
又見諸如來　自然成佛道　身色如金山　端嚴甚微妙
如淨琉璃中　內現真金像　世尊在大衆　敷演深法義
一一諸佛土　聲聞衆無數　因佛光所照　悉見彼大衆
或有諸比丘　在於山林中　精進持淨戒　猶如護明珠
又見諸菩薩　行施忍辱等　其數如恒沙　斯由佛光照
又見諸菩薩　深入諸禪定　身心寂不動　以求無上道
又見諸菩薩　知法寂滅相　各於其國土　說法求佛道
尒時四部衆　見日月燈佛　現大神通力　其心皆歡喜
各各自相問　是事何因緣　天人所奉尊　適從三昧起
讚妙光菩薩　汝為世間眼　一切所歸信　能奉持法藏
如我所說法　唯汝能證知　世尊既讚歎　令妙光歡喜
說是法華經　滿六十小劫　不起於此座　所說上妙法
是妙光法師　悉皆能受持　佛說是法華　令衆歡喜已
尋即於是日　告於天人衆　諸法實相義　已為汝等說
我今於中夜　當入於涅槃　汝一心精進　當離於放逸
諸佛甚難值　億劫時一遇　世尊諸子等　聞佛入涅槃
各各懷悲惱　佛滅一何速　聖主法之王　安慰無量衆
我若滅度時　汝等勿憂怖　是德藏菩薩　於無漏實相
心已得通達　其次當作佛　号曰為淨身　亦度無量衆
佛此夜滅度　如薪盡火滅　分布諸舍利　而起無量塔
比丘比丘尼　其數如恒沙　倍復加精進　以求無上道
是妙光法師　奉持佛法藏　八十小劫中　廣宣法華經
是諸八王子　妙光所開化　堅固無上道　當見無數佛

BD03928 號　妙法蓮華經卷一

（21–8）

心已得通達　其次當作佛　号曰為淨身　亦度無量衆
佛此夜滅度　如薪盡火滅　分布諸舍利　而起無量塔
比丘比丘尼　其數如恒沙　倍復加精進　以求無上道
是妙光法師　奉持佛法藏　八十小劫中　廣宣法華經
是諸八王子　妙光所開化　堅固無上道　當見無數佛
供養諸佛已　隨順行大道　相繼得成佛　轉次而授記
最後天中天　号曰然燈佛　諸仙之導師　度脫無量衆
是妙光法師　時有一弟子　心常懷懈怠　貪着於名利
求名利無猒　多遊族姓家　棄捨所習誦　廢忘不通利
以是因緣故　号之為求名　亦行衆善業　得見無數佛
供養於諸佛　隨順行大道　具六波羅蜜　今見釋師子
其後當作佛　号名曰弥勒　廣度諸衆生　其數無有量
彼佛滅度後　懈怠者汝是　妙光法師者　今則我身是
我見燈明佛　本光瑞如此　以是知今佛　欲說法華經
今相如本瑞　是諸佛方便　今佛放光明　助發實相義
諸人今當知　合掌一心待　佛當雨法雨　充足求道者
諸求三乘人　若有疑悔者　佛當為除斷　令盡無有餘

妙法蓮華經方便品第二

尒時世尊從三昧安詳而起告舍利弗諸佛智
慧甚深無量其智慧門難解難入一切聲
聞辟支佛所不能知所以者何佛曾親近百
千萬億無數諸佛盡行諸佛無量道法勇
猛精進名稱普聞成就甚深未曾有法隨宜所
說意趣難解舍利弗吾從成佛已來種種因
緣種種譬喻廣演言教無數方便引導衆生
令離諸著所以者何如來方便知見波羅蜜
皆已具足舍利弗如來知見廣大深遠無量無

BD03928 號　妙法蓮華經卷一

（21–9）

說意趣難解舍利弗吾從成佛已來種種因
緣種種譬喻廣演言教無數方便引導衆生
令離諸著所以者何如來方便知見波羅蜜
皆已具足舍利弗如來知見廣大深遠無量無
礙力無所畏禪定解脫三昧深入無際成就
一切未曾有法舍利弗如來能種種分別巧
說諸法言辭柔軟悅可衆心舍利弗取要
言之無量無邊未曾有法佛悉成就止舍利
弗不須復說所以者何佛所成就第一希有難
解之法唯佛與佛乃能究盡諸法實相所
謂諸法如是相如是性如是體如是力如是
作如是因如是緣如是果如是報如是本末
究竟等尒時世尊欲重宣此義而說偈言
世雄不可量　諸天及世人　一切衆生類　無能知佛者
佛力無所畏　解脫諸三昧　及佛諸餘法　無能測量者
本從無數佛　具足行諸道　甚深微妙法　難見難可了
於無量億劫　行此諸道已　道場得成果　我已悉知見
如是大果報　種種性相義　我及十方佛　乃能知是事
是法不可示　言辭相寂滅　諸餘衆生類　無有能得解
除諸菩薩衆　信力堅固者　諸佛弟子衆　曾供養諸佛
一切漏已盡　住是最後身　如是諸人等　其力所不堪
假使滿世間　皆如舍利弗　盡思共度量　不能測佛智
正使滿十方　皆如舍利弗　及餘諸弟子　亦滿十方剎
盡思共度量　亦復不能知　辟支佛利智　無漏最後身
亦滿十方界　其數如竹林　斯等共一心　於億無量劫
欲思佛實智　莫能知少分　新發意菩薩　供養無數佛
了達諸義趣　又能善說法　如稻麻竹葦　充滿十方剎



正使滿十方　皆如舍利弗　及餘諸弟子　亦滿十方剎
盡思共度量　亦復不能知　辟支佛利智　無漏最後身
亦滿十方界　其數如竹林　斯等共一心　於億無量劫
欲思佛實智　莫能知少分　新發意菩薩　供養無數佛
了達諸義趣　又能善說法　如稻麻竹葦　充滿十方剎
一心以妙智　於恒河沙劫　咸皆共思量　不能知佛智
不退諸菩薩　其數如恒沙　一心共思求　亦復不能知
又告舍利弗　無漏不思議　甚深微妙法　我今已具得
唯我知是相　十方佛亦然　舍利弗當知　諸佛語無異
於佛所說法　當生大信力　世尊法久後　要當說真實
告諸聲聞衆　及求緣覺乘　我令脫苦縛　逮得涅槃者
佛以方便力　示以三乘教　衆生處處著　引之令得出
尒時大衆中有諸聲聞漏盡阿羅漢阿若憍
陳如等千二百人及發聲聞辟支佛心比丘
比丘尼優婆塞優婆夷各作是念今者世尊何
故慇懃稱歎方便而作是言佛所得法甚深
難解有所言說意趣難知一切聲聞辟支
佛所不能及佛說一解脫義我等亦得此法到
於涅槃而今不知是義所趣尒時舍利弗知四
衆心疑自亦未了而白佛言世尊何因何緣
慇懃稱歎諸佛第一方便甚深微妙難解
之法我自昔來未曾從佛聞如是說今者
四衆咸皆有疑唯願世尊敷演斯事世尊何
故慇懃稱歎甚深微妙難解之法尒時舍利
弗欲重宣此義而說偈言
慧日大聖尊　久乃說是法　自說得如是　力無畏三昧
禪定解脫等　不可思議法　道場所得法　無能發問者

四衆咸皆有疑唯願世尊敷演斯事世尊何
故慇勤稱歎甚深微妙難解之法尒時舍利
弗欲重宣此義而說偈言
慧日大聖尊　久乃說是法　自說得如是　力無畏三昧
禪定解脫等　不可思議法　道場所得法　無能發問者
我意難可測　亦無能問者　無問而自說　稱歎所行道
智慧甚微妙　諸佛之所得　無漏諸羅漢　及求涅槃者
今皆墮疑網　佛何故說是　其求緣覺者　比丘比丘尼
諸天龍鬼神　及乾闥婆等　相視懷猶豫　瞻仰兩足尊
是事為云何　願佛為解說　於諸聲聞衆　佛說我第一
我今自於智　疑惑不能了　為是究竟法　為是所行道
佛口所生子　合掌瞻仰待　願出微妙音　時為如實說
諸天龍神等　其數如恒沙　求佛諸菩薩　大數有八万
又諸萬億國　轉輪聖王至　合掌以敬心　欲聞具足道
尒時佛告舍利弗止止不須復說若說是事
一切世間諸天及人皆當驚疑舍利弗重白
佛言世尊唯願說之唯願說之所以者何是
會無數百千萬億阿僧祇衆生曾見諸佛諸
根猛利智慧明了聞佛所說則能敬信尒時舍
利弗欲重宣此義而說偈言
法王無上尊　唯說願勿慮　是會無量衆　有能敬信者
佛復止舍利弗若說是事一切世間天人阿脩
羅皆當驚疑增上慢比丘將墜於大坑尒時
世尊重說偈言
止止不須說　我法妙難思　諸增上慢者　聞必不敬信
尒時舍利弗重白佛言世尊唯願說之唯願
說之今此會中如我等比百千萬億世世已

BD03928號　妙法蓮華經卷一

（21–12）

羅皆當驚疑增上慢比丘將墜於大坑尒時
世尊重說偈言
止止不須說　我法妙難思　諸增上慢者　聞必不敬信
尒時舍利弗重白佛言世尊唯願說之唯願
說之今此會中如我等比百千萬億世世已
曾從佛受化如此人等必能敬信長夜安隱
多所饒益尒時舍利弗欲重宣此義而說偈
言
無上兩足尊　願說第一法　我為佛長子　唯垂分別說
是會無量衆　能敬信此法　佛已曾世世　教化如是等
皆一心合掌　欲聽受佛語　我等千二百　及餘求佛者
願為此衆故　唯垂分別說　是等聞此法　則生大歡喜
尒時世尊告舍利弗汝已慇勤三請豈得不說
此語時會中有比丘比丘尼優婆塞優婆
夷五千人等即從座起礼佛而退所以者何
此輩罪根深重及增上慢未得謂得未證謂
證有如此失是以不住世尊默然而不制止尒
時佛告舍利弗我今此衆無復枝葉純有
貞實舍利弗如是增上慢人退亦佳矣汝今
善聽當為汝說舍利弗言唯然世尊願樂
欲聞佛告舍利弗如是妙法諸佛如來時乃
說之如優曇鉢華時一現耳舍利弗汝等當信
佛之所說言不虛妄舍利弗諸佛隨宜說法
意趣難解所以者何我以無數方便種種因
緣譬喻言辭演說諸法是法非思量分別之
所能解唯有諸佛乃能知之所以者何諸佛
世尊唯以一大事因緣故出現於世舍利弗
云何名諸佛世尊唯以一大事因緣故出現於

BD03928號　妙法蓮華經卷一

（21–13）

佛之所說言不虛妄舍利弗諸佛隨宜說法
意趣難解所以者何我以無數方便種種因
緣辟喻言辭演說諸法是法非思量分別之
所能解唯有諸佛乃能知之所以者何諸佛
世尊唯以一大事因緣故出現於世舍利弗
云何名諸佛世尊唯以一大事因緣故出現於
世諸佛世尊欲令衆生開佛知見使得清
淨故出現於世欲示衆生佛之知見故出現
於世欲令衆生悟佛知見故出現於世欲令
衆生入佛知見道故出現於世舍利弗是爲
諸佛以一大事因緣故出現於世佛告舍利
弗諸佛如來但教化菩薩諸有所作常爲一
事唯以佛之知見示悟衆生舍利弗如來但
以一佛乘故爲衆生說法無有餘乘若二若
三舍利弗一切十方諸佛法亦如是舍利弗
過去諸佛以無量無數方便種種因緣辟喻
言辭而爲衆生演說諸法是法皆爲一佛乘
故是諸衆生從諸佛聞法究竟皆得一切種
智舍利弗未來諸佛當出於世亦以無量無
數方便種種因緣辟喻言辭而爲衆生演
說諸法是法皆爲一佛乘故是諸衆生從佛
聞法究竟皆得一切種智舍利弗現在十方
無量百千萬億佛土中諸佛世尊多所饒益
安樂衆生是諸佛亦以無量無數方便種種
因緣辟喻言辭而爲衆生演說諸法是法皆爲
一佛乘故是諸衆生從佛聞法究竟皆得一
切種智舍利弗是諸佛但教化菩薩欲以佛

BD03928號　妙法蓮華經卷一　（21–14）

聞法究竟皆得一切種智舍利弗現在十方
無量百千萬億佛土中諸佛世尊多所饒益
安樂衆生是諸佛亦以無量無數方便種種
因緣辟喻言辭而爲衆生演說諸法是法皆爲
一佛乘故是諸衆生從佛聞法究竟皆得一
切種智舍利弗是諸佛但教化菩薩欲以佛
之知見示衆生故欲以佛之知見悟衆生故
欲令衆生入佛之知見故舍利弗我今亦復
如是知諸衆生有種種欲深心所著隨其本
性以種種因緣辟喻言辭方便力故而爲說
法舍利弗如此皆爲得一佛乘一切種智故舍
利弗十方世界中尚無二乘何況有三舍利
弗諸佛出於五濁惡世所謂劫濁煩惱濁衆
生濁見濁命濁如是舍利弗劫濁亂時衆生
垢重慳貪嫉妒成就諸不善根故諸佛以方
便力於一佛乘分別說三舍利弗若我弟子
自謂阿羅漢辟支佛者不聞不知諸佛如來
但教化菩薩事此非佛弟子非阿羅漢非辟
支佛又舍利弗是諸比丘比丘尼自謂已得
阿羅漢是最後身究竟涅槃便不復志求阿
耨多羅三藐三菩提當知此輩皆是增上慢
人所以者何若有比丘實得阿羅漢若不信
此法無有是處除佛滅度後現前無佛所以
者何佛滅度後如是等經受持讀誦解義者
是人難得若遇餘佛於此法中便得決了舍
利弗汝等當一心信解受持佛語諸佛如來
言無虛妄無有餘乘唯一佛乘尒時世尊欲
重宣此義而說偈言

BD03928號　妙法蓮華經卷一　（21–15）

者何佛滅度後如是等經受持讀誦解義者
是人難得若遇餘佛於此法中便得決了舍
利弗汝等當一心信解受持佛語諸佛如来
言無虛妄無有餘乘唯一佛乘尒時世尊欲
重宣此義而說偈言

比丘比丘尼　有懷增上慢　優婆塞我慢　優婆夷不信
如是四眾等　其數有五千　不自見其過　於戒有缺漏
護惜其瑕疵　是小智已出　眾中之糟糠　佛威德故去
斯人尠福德　不堪受是法　此眾無枝葉　唯有諸貞實
舍利弗善聽　諸佛所得法　無量方便力　而為眾生說
眾生心所念　種種所行道　若干諸欲性　先世善惡業
佛悉知是已　以諸緣譬喻　言辭方便力　令一切歡喜
或說修多羅　伽陀及本事　本生未曾有　亦說於因緣
譬喻并祇夜　優波提舍經　鈍根樂小法　貪著於生死
於諸無量佛　不行深妙道　眾苦所惱亂　為是說涅槃
我設是方便　令得入佛慧　未曾說汝等　當得成佛道
所以未曾說　說時未至故　今正是其時　決定說大乘
我此九部法　隨順眾生說　入大乘為本　以故說是經
有佛子心淨　柔軟亦利根　無量諸佛所　而行深妙道
為此諸佛子　說是大乘經　我記如是人　來世成佛道
以深心念佛　修持淨戒故　此等聞得佛　大喜充遍身
佛知彼心行　故為說大乘　聲聞若菩薩　聞我所說法
乃至於一偈　皆成佛無疑　十方佛土中　唯有一乘法
無二亦無三　除佛方便說　但以假名字　引導於眾生
說佛智慧故　諸佛出於世　唯此一事實　餘二則非真
終不以小乘　濟度於眾生　佛自住大乘　如其所得法
定慧力莊嚴　以此度眾生　自證無上道　大乘平等法

BD03928 號　妙法蓮華經卷一

(21-16)

佛知彼心行　故為說大乘　聲聞若菩薩　聞我所說法
乃至於一偈　皆成佛無疑　十方佛土中　唯有一乘法
無二亦無三　除佛方便說　但以假名字　引導於眾生
說佛智慧故　諸佛出於世　唯此一事實　餘二則非真
終不以小乘　濟度於眾生　佛自住大乘　如其所得法
定慧力莊嚴　以此度眾生　自證無上道　大乘平等法
若以小乘化　乃至於一人　我則墮慳貪　此事為不可
若人信歸佛　如來不欺誑　亦無貪嫉意　斷諸法中惡
故佛於十方　而獨無所畏　我以相嚴身　光明照世間
無量眾所尊　為說實相印　舍利弗當知　我本立誓願
欲令一切眾　如我等無異　如我昔所願　今者已滿足
化一切眾生　皆令入佛道　若我遇眾生　盡教以佛道
無智者錯亂　迷惑不受教　我知此眾生　未曾修善本
堅著於五欲　癡愛故生惱　以諸欲因緣　墜墮三惡道
輪迴六趣中　備受諸苦毒　受胎之微形　世世常增長
薄德少福人　眾苦所逼迫　入邪見稠林　若有若無等
依止此諸見　具足六十二　深著虛妄法　堅受不可捨
我慢自矜高　諂曲心不實　於千萬億劫　不聞佛名字
亦不聞正法　如是人難度　是故舍利弗　我為設方便
說諸盡苦道　示之以涅槃　我雖說涅槃　是亦非真滅
諸法從本來　常自寂滅相　佛子行道已　來世得作佛
我有方便力　開示三乘法　一切諸世尊　皆說一乘道
今此諸大眾　皆應除疑惑　諸佛語無異　唯一無二乘
過去無數劫　無量滅度佛　百千萬億種　其數不可量
如是諸世尊　種種緣譬喻　無數方便力　演說諸法相
是諸世尊等　皆說一乘法　化無量眾生　令入於佛道
又諸大聖主　知一切世間　天人群生類　深心之所欲

BD03928 號　妙法蓮華經卷一

(21-17)

過去無數劫　無量滅度佛　百千萬億種　其數不可量
如是諸世尊　種種緣譬喻　無數方便力　演說諸法相
是諸世尊等　皆說一乘法　化無量衆生　令入於佛道
又諸大聖主　知一切世間　天人群生類　深心之所欲
更以異方便　助顯第一義　若有衆生類　值諸過去佛
若聞法布施　或持戒忍辱　精進禪智等　種種脩福慧
如是諸人等　皆已成佛道　諸佛滅度已　若人善耎心
如是諸衆生　皆已成佛道　諸佛滅度已　供養舍利者
起萬億種塔　金銀及頗梨　車𤦲與馬瑙　玫瑰琉璃珠
請淨廣嚴飾　莊挍於諸塔　或有起石廟　栴檀及沈水
木櫁并餘材　甎瓦泥土等　若於曠野中　積土成佛廟
乃至童子戲　聚沙為佛塔　如是諸人等　皆已成佛道
若人為佛故　建立諸形像　刻雕成衆相　皆已成佛道
或以七寶成　鍮鉐赤白銅　白鑞及鉛錫　鐵木及與泥
或以膠漆布　嚴飾作佛像　如是諸人等　皆已成佛道
采畫作佛像　百福莊嚴相　自作若使人　皆已成佛道
乃至童子戲　若草木及筆　或以指爪甲　而畫作佛像
如是諸人等　漸漸積功德　具足大悲心　皆已成佛道
但化諸菩薩　度脫無量衆　若人於塔廟　寶像及畫像
以華香幡蓋　敬心而供養　若使人作樂　擊鼓吹角貝
簫笛琴箜篌　琵琶鐃銅鈸　如是衆妙音　盡持以供養
或以歡喜心　歌唄頌佛德　乃至一小音　皆已成佛道
若人散亂心　乃至以一華　供養於畫像　漸見无數佛
或有人礼拜　或復但合掌　乃至舉一手　或復小低頭
以此供養像　漸見无量佛　自成无上道　廣度无數衆
入无餘涅槃　如薪盡火滅　若人散亂心　入於塔廟中
一稱南无佛　皆已成佛道　於諸過去佛　在世或滅後
若有聞是法　皆已成佛道　未來諸世尊　其數无有量

BD03928號　妙法蓮華經卷一　（21–18）

或有人礼拜　或復但合掌　乃至舉一手　或復小低頭
以此供養像　漸見无量佛　自成无上道　廣度无數衆
入无餘涅槃　如薪盡火滅　若人散亂心　入於塔廟中
一稱南无佛　皆已成佛道　於諸過去佛　在世或滅後
若有聞是法　皆已成佛道　未来諸世尊　其數无有量
是諸如来等　亦方便說法　一切諸如来　以无量方便
度脫諸衆生　入佛无漏智　若有聞法者　无一不成佛
諸佛本誓願　我所行佛道　普欲令衆生　亦同得此道
未来世諸佛　雖說百千億　无數諸法門　其實為一乘
諸佛兩足尊　知法常无性　佛種從緣起　是故說一乘
是法住法位　世間相常住　於道場知已　導師方便說
天人所供養　現在十方佛　其數如恒沙　出現於世間
安隱衆生故　亦說如是法　知第一寂滅　以方便力故
雖示種種道　其實為佛乘　知衆生諸行　深心之所念
過去所習業　欲性精進力　及諸根利鈍　以種種因緣
譬喻亦言辭　隨應方便說　今我亦如是　安隱衆生故
以種種法門　宣示於佛道　我以智慧力　知衆生性欲
方便說諸法　皆令得歡喜　舍利弗當知　我以佛眼觀
見六道衆生　貧窮无福慧　入生死嶮道　相續苦不斷
深著於五欲　如猫牛愛尾　以貪愛自蔽　盲瞑無所見
不求大勢佛　及與斷苦法　深入諸邪見　以苦欲捨苦
為是衆生故　而起大悲心　我始坐道場　觀樹亦經行
於三七日中　思惟如是事　我所得智慧　微妙最第一
衆生諸根鈍　著樂癡所盲　如斯之等類　云何而可度
尒時諸梵王　及諸天帝釋　護世四天王　及大自在天
并餘諸天衆　眷屬百千万　恭敬合掌礼　請我轉法輪
我即自思惟　若但讚佛乘　衆生沒在苦　不能信是法

BD03928號　妙法蓮華經卷一　（21–19）

爲是衆生故　而起大悲心　我始坐道場　觀樹亦經行
於三七日中　思惟如是事　我所得智慧　微妙最第一
衆生諸根鈍　著樂癡所盲　如斯之等類　云何而可度
尒時諸梵王　及諸天帝釋　護世四天王　及大自在天
并餘諸天衆　眷屬百千万　恭敬合掌礼　請我轉法輪
我即自思惟　若但讃佛乘　衆生沒在苦　不能信是法
破法不信故　墜於三惡道　我寧不說法　疾入於涅槃
尋念過去佛　所行方便力　我今所得道　亦應說三乘
作是思惟時　十方佛皆現　梵音慰喻我　善哉釋迦文
第一之導師　得是無上法　隨諸一切佛　而用方便力
我等亦皆得　最妙第一法　爲諸衆生類　分別說三乘
少智樂小法　不自信作佛　是故以方便　分別說諸果
雖復說三乘　但爲教菩薩　舍利弗當知　我聞聖師子
深淨微妙音　稱南無諸佛　復作如是念　我出濁惡世
如諸佛所說　我亦隨順行　思惟是事已　即趣波羅柰
諸法寂滅相　不可以言宣　以方便力故　爲五比丘說
是名轉法輪　便有涅槃音　及以阿羅漢　法僧差別名
從久遠劫來　讃示涅槃法　生死苦永盡　我常如是說
舍利弗當知　我見佛子等　志求佛道者　無量千万億
咸以恭敬心　皆來至佛所　曾從諸佛聞　方便所說法
我即作是念　如來所以出　爲說佛慧故　今正是其時
舍利弗當知　鈍根小智人　著相憍慢者　不能信是法
今我喜無畏　於諸菩薩中　正直捨方便　但說無上道
菩薩聞是法　疑網皆已除　千二百羅漢　悉亦當作佛
如三世諸佛　說法之儀式　我今亦如是　說無分別法
諸佛興出世　懸遠值遇難　正使出于世　說是法復難
無量無數劫　聞是法亦難　能聽是法者　斯人亦復難

BD03928號　妙法蓮華經卷一

(21-20)

我即作是念　如來所以出　爲說佛慧故　今正是其時
舍利弗當知　鈍根小智人　著相憍慢者　不能信是法
今我喜無畏　於諸菩薩中　正直捨方便　但說無上道
菩薩聞是法　疑網皆已除　千二百羅漢　悉亦當作佛
如三世諸佛　說法之儀式　我今亦如是　說無分別法
諸佛興出世　懸遠值遇難　正使出于世　說是法復難
無量無數劫　聞是法亦難　能聽是法者　斯人亦復難
譬如優曇華　一切皆愛樂　天人所希有　時時乃一出
聞法歡喜讃　乃至發一言　則爲已供養　一切三世佛
是人甚希有　過於優曇華　汝等勿有疑　我爲諸法王
普告諸大衆　但以一乘道　教化諸菩薩　無聲聞弟子
汝等舍利弗　聲聞及菩薩　當知是妙法　諸佛之秘要
以五濁惡世　但樂著諸欲　如是等衆生　終不求佛道
當來世惡人　聞佛說一乘　迷惑不信受　破法墮惡道
有慚愧清淨　志求佛道者　當爲如是等　廣讃一乘道
舍利弗當知　諸佛法如是　以万億方便　隨宜而說法
其不習學者　不能曉了此　汝等既已知　諸佛世之師
隨宜方便事　無復諸疑惑　心生大歡喜　自知當作佛

妙法蓮華經卷第一

BD03928號　妙法蓮華經卷一

(21-21)

善男子應脩般若波羅蜜多不應觀苦聖諦
若常若无常不應觀集滅道聖諦若常若无
常何以故苦聖諦苦聖諦自性空集滅道聖
諦集滅道聖諦自性空是苦聖諦自性即非
自性是集滅道聖諦自性亦非自性若非自
性即是般若波羅蜜多於此般若波羅蜜多
苦聖諦不可得彼常无常亦不可得集滅道
聖諦皆不可得彼常无常亦不可得所以者
何此中尚无苦聖諦等可得何况有彼常與
无常汝若能脩如是般若是脩般若波羅蜜
多復作是言汝善男子應脩般若波羅蜜多
不應觀苦聖諦若樂若苦不應觀集滅道聖
諦若樂若苦何以故苦聖諦苦聖諦自性空
集滅道聖諦集滅道聖諦自性空是苦聖諦
自性即非自性是集滅道聖諦自性亦非自
性若非自性即是般若波羅蜜多於此般若
波羅蜜多苦聖諦不可得彼樂與苦亦不可得
集滅道聖諦皆不可得彼樂與苦亦不可得
所以者何此中尚无苦聖諦等可得何况有

BD03929號　大般若波羅蜜多經卷一四七　（5–1）

性若非自性即是般若波羅蜜多於此般若
波羅蜜多苦聖諦不可得彼樂與苦亦不可得
集滅道聖諦皆不可得彼樂與苦亦不可得
所以者何此中尚无苦聖諦等可得何况有
彼樂之與苦汝若能脩如是般若是脩般若
波羅蜜多復作是言汝善男子應脩般若波
羅蜜多不應觀苦聖諦若我若无我不應觀
集滅道聖諦若我若无我何以故苦聖諦苦
聖諦自性空集滅道聖諦集滅道聖諦自性
空是苦聖諦自性即非自性是集滅道聖諦
自性亦非自性若非自性即是般若波羅蜜
多於此般若波羅蜜多苦聖諦不可得彼我
无我亦不可得集滅道聖諦皆不可得彼我
无我亦不可得所以者何此中尚无苦聖諦
等可得何况有彼我與无我汝若能脩如是
般若是脩般若波羅蜜多復作是言汝善男
子應脩般若波羅蜜多不應觀苦聖諦若淨
若不淨不應觀集滅道聖諦若淨若不淨何
以故苦聖諦苦聖諦自性空集滅道聖諦集
滅道聖諦自性空是苦聖諦自性即非自性
是集滅道聖諦自性亦非自性若非自性即
是般若波羅蜜多於此般若波羅蜜多苦聖
諦不可得彼淨不淨亦不可得集滅道聖諦
皆不可得彼淨不淨亦不可得所以者何此
中尚无苦聖諦等可得何况有彼淨與不淨

BD03929號　大般若波羅蜜多經卷一四七　（5–2）

是般若波羅蜜多於此般若波羅蜜多苦聖
諦不可得彼淨不淨亦不可得集滅道聖諦
皆不可得彼淨不淨亦不可得所以者何此
中尚无苦聖諦等可得何況有彼淨與不淨
汝若能脩如是般若是脩般若波羅蜜多憍
尸迦是善男子善女人等作此等說是為宣
說真正般若波羅蜜多
復次憍尸迦若善男子善女人等為發无上
菩提心者宣說般若波羅蜜多作如是言汝
善男子應脩般若波羅蜜多不應觀四靜慮
若常若无常不應觀四无量四无色定若常
若无常何以故四靜慮四靜慮自性空四无
量四无色定四无量四无色定自性空是四
靜慮自性即非自性是四无量四无色定自
性亦非自性若非自性即是般若波羅蜜多
於此般若波羅蜜多四靜慮不可得彼常无
常亦不可得四无量四无色定皆不可得彼
常无常亦不可得所以者何此中尚无四靜
慮等可得何況有彼常與无常汝若能脩如
是般若是脩般若波羅蜜多復作是言汝善
男子應脩般若波羅蜜多不應觀四靜慮若
樂若苦不應觀四无量四无色定若樂若苦
何以故四靜慮四靜慮自性空四无量四无
色定四无量四无色定自性空是四靜慮自
性即非自性是四无量四无色定自性亦非

BD03929號　大般若波羅蜜多經卷一四七　（5-3）

是般若是脩般若波羅蜜多復作是言汝善
男子應脩般若波羅蜜多不應觀四靜慮若
樂若苦不應觀四无量四无色定若樂若苦
何以故四靜慮四靜慮自性空四无量四无
色定四无量四无色定自性空是四靜慮自
性即非自性是四无量四无色定自性亦非
自性若非自性即是般若波羅蜜多於此般
若波羅蜜多四靜慮不可得彼樂與苦亦不
可得四无量四无色定皆不可得彼樂與苦
亦不可得所以者何此中尚无四靜慮等可
得何況有彼樂之與苦汝若能脩如是般若
是脩般若波羅蜜多復作是言汝善男子應
脩般若波羅蜜多不應觀四靜慮若我若无
我不應觀四无量四无色定若我若无我何
以故四靜慮四靜慮自性空四无量四无色
定四无量四无色定自性空是四靜慮自性
即非自性是四无量四无色定自性亦非自
性若非自性即是般若波羅蜜多於此般若
波羅蜜多四靜慮不可得彼我无我亦不可
得四无量四无色定皆不可得彼我无我亦
不可得所以者何此中尚无四靜慮等可得
何況有彼我與无我汝若能脩如是般若是
脩般若波羅蜜多復作是言汝善男子應脩
般若波羅蜜多不應觀四靜慮若淨若不淨
不應觀四无量四无色定若淨若不淨何以
故四靜慮四靜慮自性空四无量四无色定

BD03929號　大般若波羅蜜多經卷一四七　（5-4）

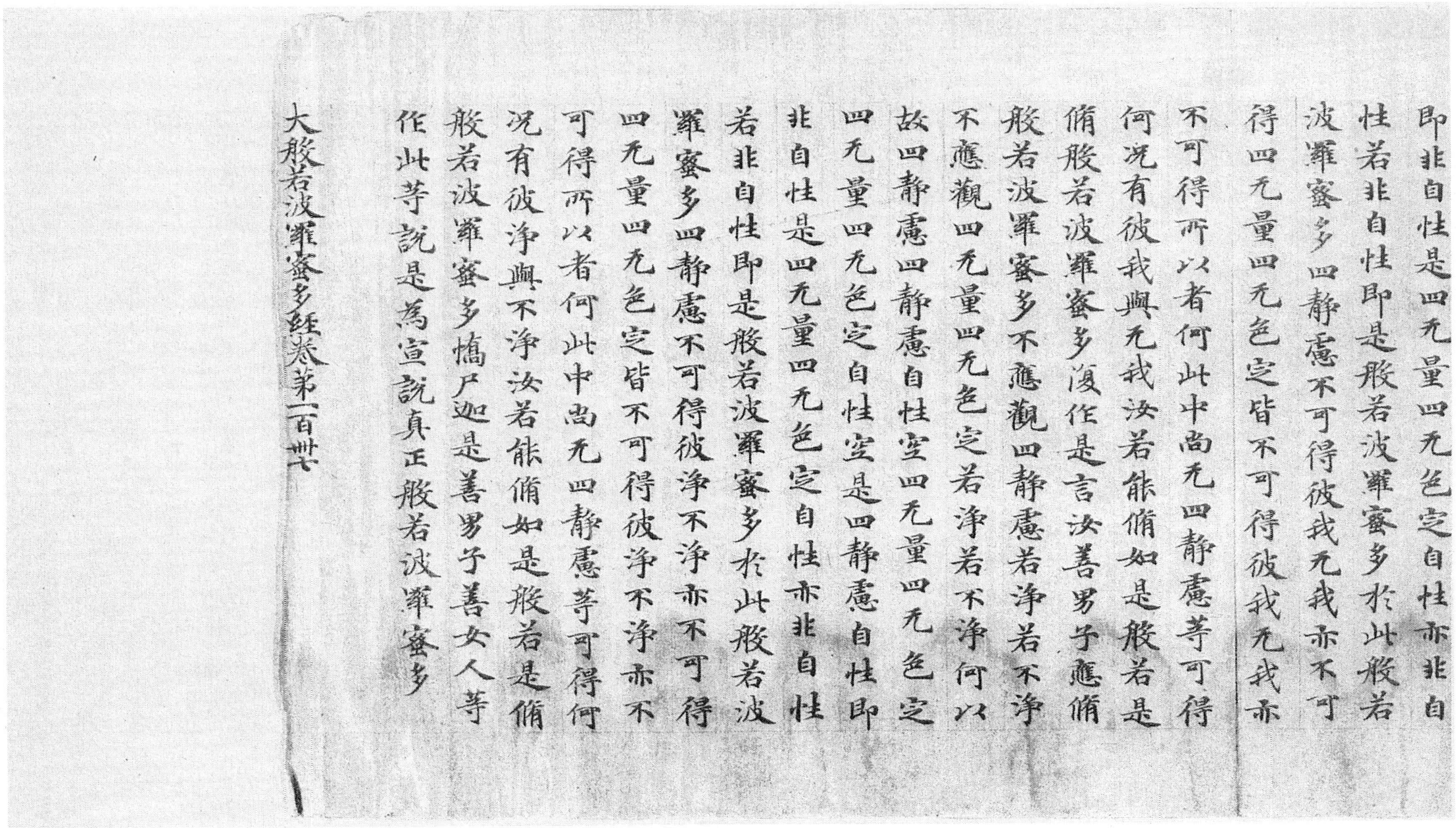

即非自性是四无量四无色定自性亦非自
性若非自性即是般若波羅蜜多於此般若
波羅蜜多四静慮不可得彼我无我亦不可
得四无量四无色定皆不可得彼我无我亦
不可得所以者何此中尚无四静慮等可得
何况有彼我與无我汝若能脩如是般若是
脩般若波羅蜜多復作是言汝善男子應脩
般若波羅蜜多不應觀四静慮若淨若不淨
不應觀四无量四无色定若淨若不淨何以
故四静慮四静慮自性空四无量四无色定
四无量四无色定自性空是四静慮自性即
非自性是四无量四无色定自性亦非自性
若非自性即是般若波羅蜜多於此般若波
羅蜜多四静慮不可得彼淨不淨亦不可得
四无量四无色定皆不可得彼淨不淨亦不
可得所以者何此中尚无四静慮等可得何
况有彼淨與不淨汝若能脩如是般若是脩
般若波羅蜜多憍尸迦是善男子善女人等
作此等說是為宣說真正般若波羅蜜多
大般若波羅蜜多經卷第一百卌七

BD03929 號　大般若波羅蜜多經卷一四七　（5–5）

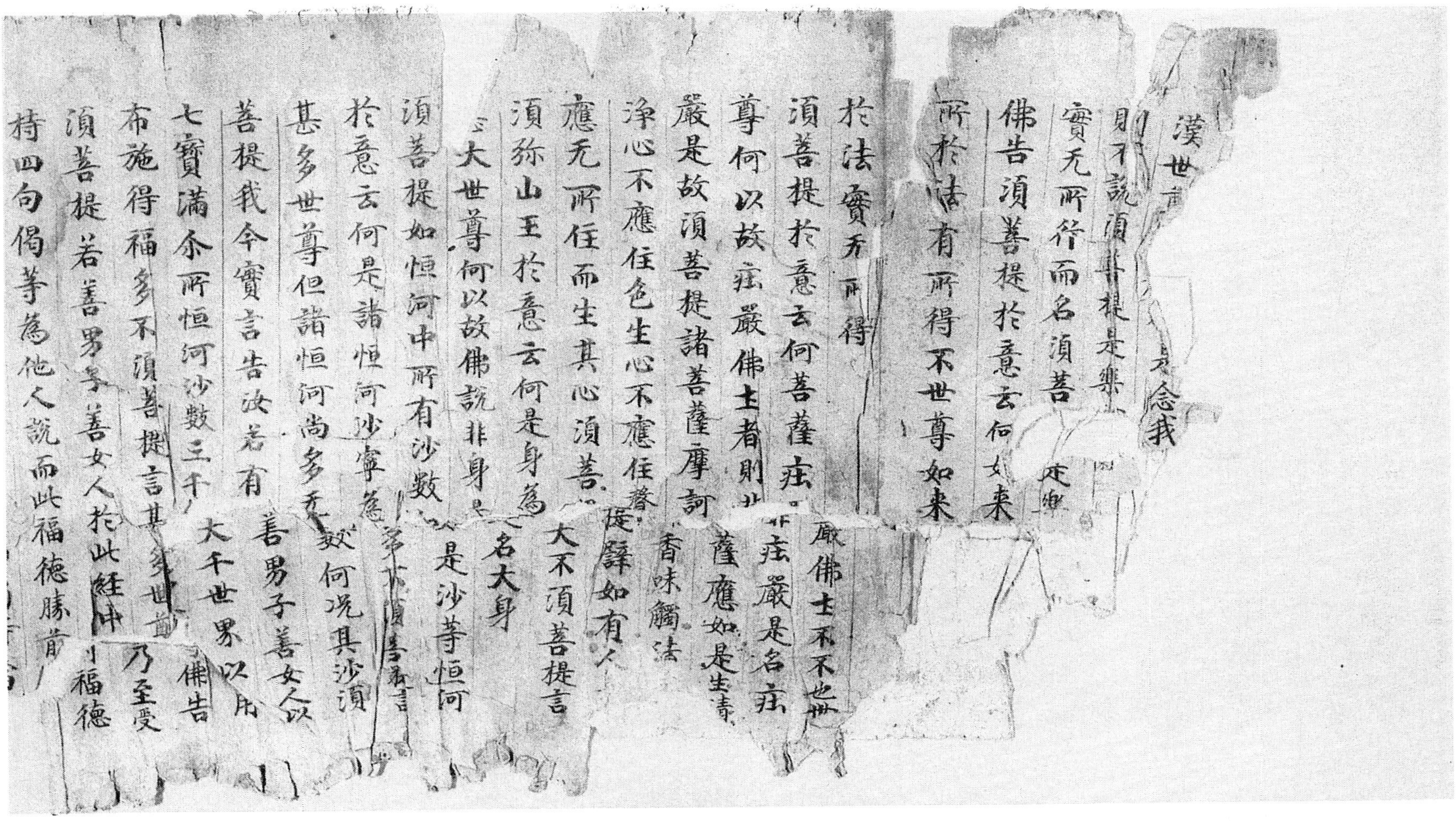

漢世[illegible]是念我
則不說須菩提是樂[illegible]
實无所行而名須菩[illegible]
佛告須菩提於意云何如來
所於法有所得不世尊如來
於法實无所得[illegible]嚴佛土不不也
須菩提於意云何菩薩莊[illegible]非莊嚴是名莊
尊何以故莊嚴佛土者則非[illegible]
嚴是故須菩提諸菩薩摩訶薩應如是生清
淨心不應住色生心不應住聲香味觸法
應无所住而生其心須菩[illegible]譬如有人
須弥山王於意云何是身為大不須菩提言
大世尊何以故佛說非身是名大身
須菩提如恒河中所有沙數是沙等恒河
於意云何是諸恒河沙寧為多不須菩提言
甚多世尊但諸恒河尚多无數何况其沙須
菩提我今實言告汝若有善男子善女人以
七寶滿尔所恒河沙數三千大千世界以用
布施得福多不須菩提言甚多世尊佛告
須菩提若善男子善女人於此經中乃至受
持四句偈等為他人說而此福德勝前福德

BD03930 號　金剛般若波羅蜜經　（12–1）

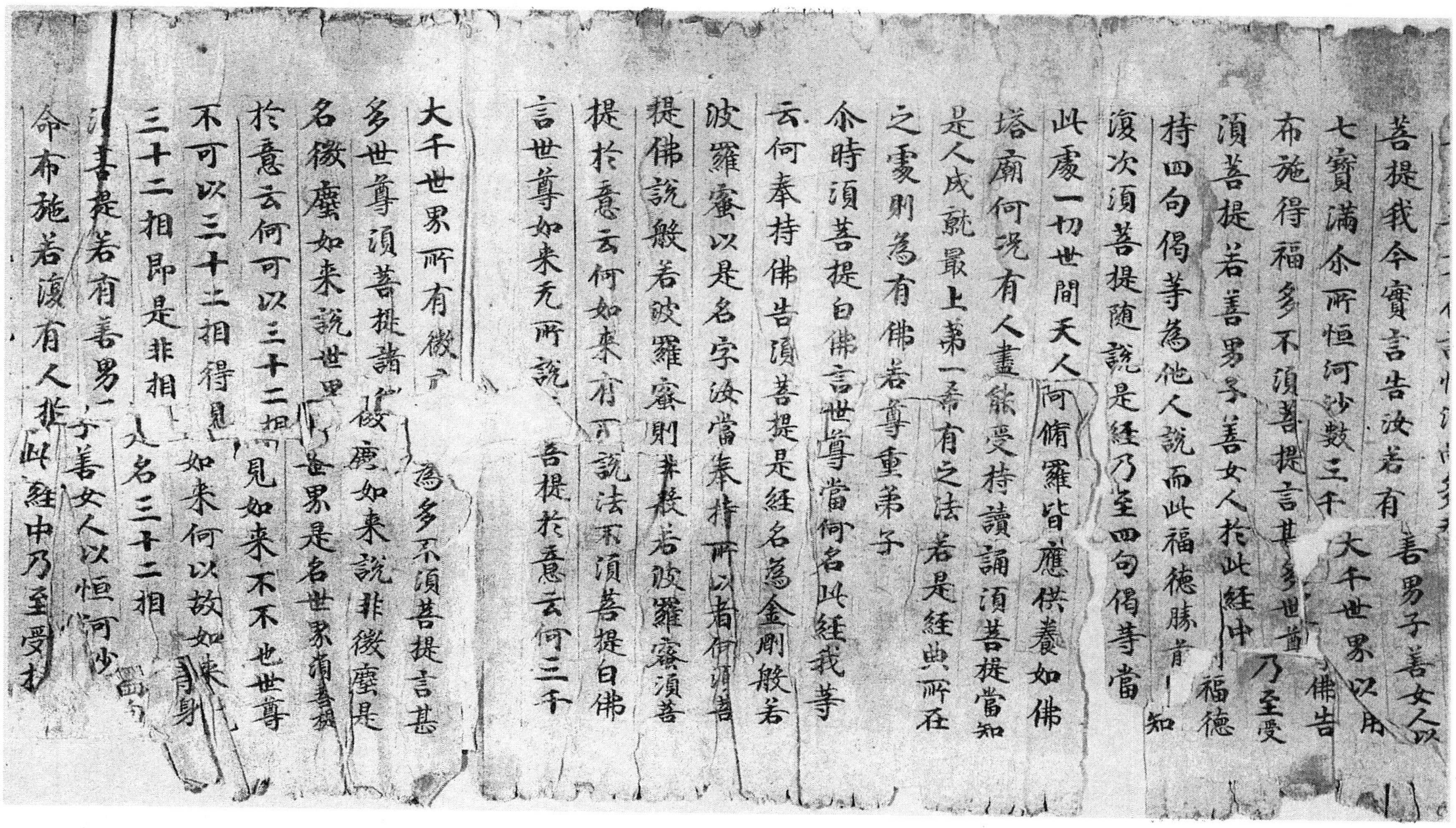

善提我今實言告汝若有善男子善女人以
七寶滿尒所恒河沙數三千大千世界以用
布施得福多不須菩提言甚多世尊佛告
須菩提若善男子善女人於此經中乃至受
持四句偈等為他人說而此福德勝前福德
復次須菩提隨說是經乃至四句偈等當知
此處一切世間天人阿脩羅皆應供養如佛
塔廟何况有人盡能受持讀誦須菩提當知
是人成就最上第一希有之法若是經典所在
之處則為有佛若尊重弟子
尒時須菩提白佛言世尊當何名此經我等
云何奉持佛告須菩提是經名為金剛般若
波羅蜜以是名字汝當奉持所以者何須菩
提佛說般若波羅蜜則非般若波羅蜜須菩
提於意云何如來有所說法不須菩提白佛
言世尊如來无所說 菩提於意云何三千
大千世界所有微塵是為多不須菩提言甚
多世尊須菩提諸微塵如來說非微塵是
名微塵如來說世界非世界是名世界須菩提
於意云何可以三十二相見如來不不也世尊
不可以三十二相得見如來何以故如來說
三十二相即是非相是名三十二相
須菩提若有善男子善女人以恒河沙等身
命布施若復有人於此經中乃至受持

BD03930號　金剛般若波羅蜜經

（12–2）

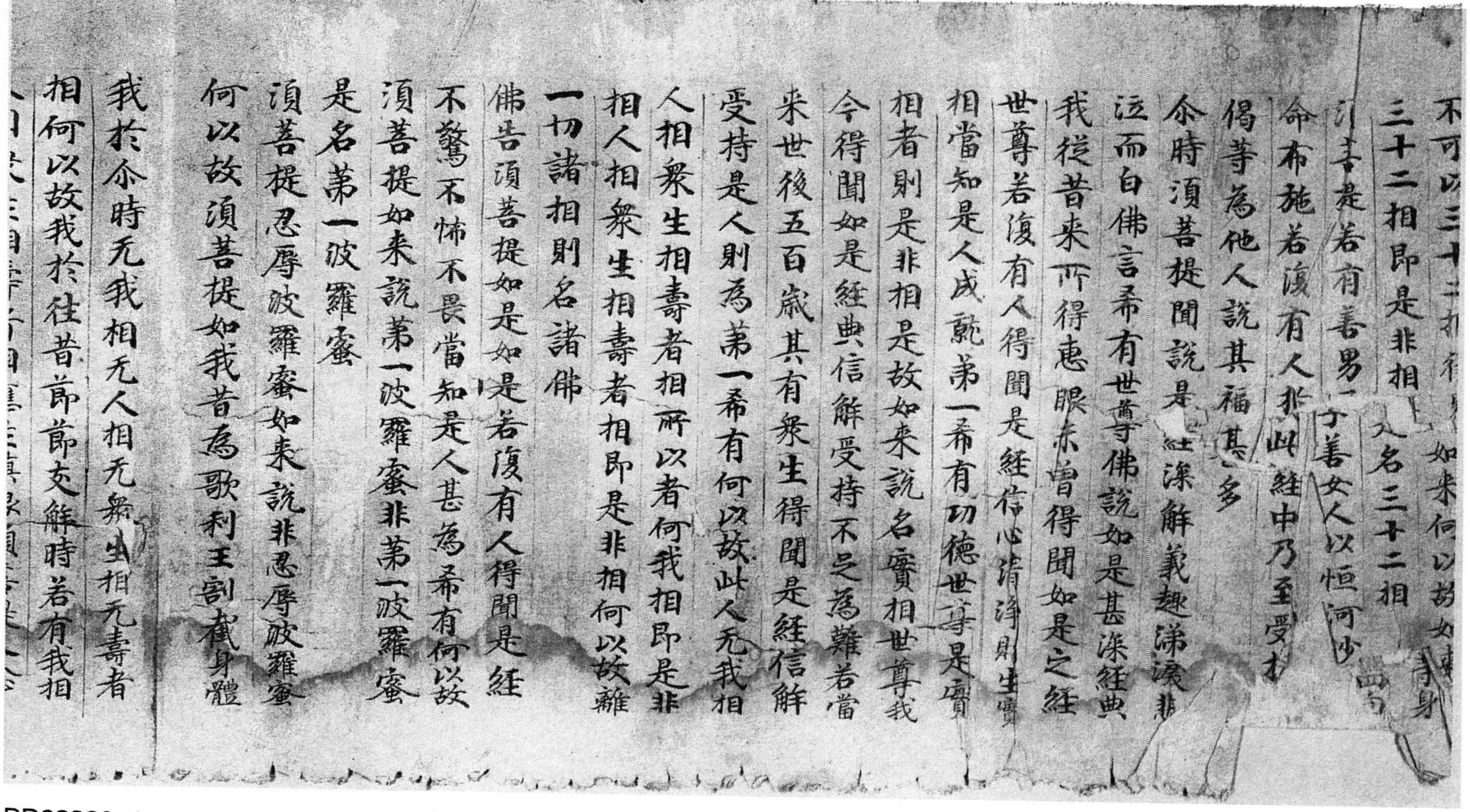

不可以三十二相得見如來何以故如來說
三十二相即是非相是名三十二相
須菩提若有善男子善女人以恒河沙等身
命布施若復有人於此經中乃至受持四句
偈等為他人說其福甚多
尒時須菩提聞說是經深解義趣涕淚悲
泣而白佛言希有世尊佛說如是甚深經典
我從昔來所得慧眼未曾得聞如是之經
世尊若復有人得聞是經信心清淨則生實
相當知是人成就第一希有功德世尊是實
相者則是非相是故如來說名實相世尊我
今得聞如是經典信解受持不足為難若當
來世後五百歲其有衆生得聞是經信解
受持是人則為第一希有何以故此人无我相
人相衆生相壽者相所以者何我相即是非
相人相衆生相壽者相即是非相何以故離
一切諸相則名諸佛
佛告須菩提如是如是若復有人得聞是經
不驚不怖不畏當知是人甚為希有何以故
須菩提如來說第一波羅蜜非第一波羅蜜
是名第一波羅蜜
須菩提忍辱波羅蜜如來說非忍辱波羅蜜
何以故須菩提如我昔為歌利王割截身體
我於尒時无我相无人相无衆生相无壽者
相何以故我於往昔節節支解時若有我相

BD03930號　金剛般若波羅蜜經

（12–3）

何以故須菩提如我昔為歌利王割截身體
我於尒時无我相无人相无衆生相无壽者
相何以故我於往昔節節支解時若有我相
人相衆生相壽者相應生瞋恨須菩提又念
過去於五百世作忍辱仙人於尒所世无我相
无人相无衆生相无壽者相是故須菩提菩
薩應離一切相發阿耨多羅三藐三菩提心
不應住色生心不應住聲香味觸法生心應
生无所住心若心有住則為非住是故佛說
菩薩心不應住色布施須菩提菩薩為利
益一切衆生應如是布施如来說一切諸相即
是非相又說一切衆生則非衆生
須菩提如来是真語者實語者如語者不誑
語者不異語者須菩提如来所得法此法无
實无虛
須菩提若菩薩心住於法而行布施如人入
闇則无所見若菩薩心不住法而行布施如
人有目日光明照見種種色
須菩提當来之世若善男子善女人能於此
經受持讀誦則為如来以佛智恵悉知是人
悉見是人皆得成就无量无邊功德
須菩提若有善男子善女人初日分以恒河
沙等身布施中日分復以恒河沙等身布施
後日分亦以恒河沙等身布施如是无量百千
万億劫以身布施若復有人聞此經典信心

BD03930號　金剛般若波羅蜜經　（12-4）

經受持讀誦則為如来以佛智恵悉知是人
悉見是人皆得成就无量无邊功德
須菩提若有善男子善女人初日分以恒河
沙等身布施中日分復以恒河沙等身布施
後日分亦以恒河沙等身布施如是无量百千
万億劫以身布施若復有人聞此經典信心
不逆其福勝彼何况書寫受持讀誦為人
解說
須菩提以要言之是經有不可思議不可稱
量无邊功德如来為發大乘者說為發最上
乘者說若有人能受持讀誦廣為人說如来
悉知是人悉見是人皆得成就不可量不可稱
无有邊不可思議功德如是人等則為荷擔
如来阿耨多羅三藐三菩提何以故須菩提
提若樂小法者著我見人見衆生見壽者見
則於此經不能聽受讀誦為人解說須菩
提在在處處若有此經一切世間天人阿脩羅
所應供養當知此處則為是塔皆應恭敬
作禮圍遶以諸華香而散其處
復次須菩提善男子善女人受持讀誦此
經若為人輕賤是人先世罪業應墮惡道以
今世人輕賤故先世罪業則為消滅當得阿耨
多羅三藐三菩提須菩提我念過去无量阿
僧祇劫於然燈佛前得值八百四千万億那
由他諸佛悉皆供養承事无空過者若復
有人於後末世能受持讀誦此經所得功德

BD03930號　金剛般若波羅蜜經　（12-5）

多羅三藐三菩提須菩提我念過去无量阿
僧祇劫於然燈佛前得值八百四千万億那
由他諸佛悉皆供養承事无空過者若復
有人於後末世能受持讀誦此經所得功德
於我所供養諸佛功德百分不及一千万億分
乃至筭數譬喻所不能及須菩提若善男
子善女人於後末世有受持讀誦此經所得
功德我若具說者或有人聞心則狂亂狐疑
不信須菩提當知是經義不可思議果報亦
不可思議
尒時須菩提白佛言世尊善男子善女人發
阿耨多羅三藐三菩提心云何應住云何降伏
其心佛告須菩提善男子善女人發阿耨
多羅三藐三菩提者當生如是心我應滅度
一切衆生滅度一切衆生已而无有一切衆生
實滅度者何以故若菩薩有我相人相衆生
相壽者相則非菩薩所以者何須菩提實无有
法發阿耨多羅三藐三菩提者
須菩提於意云何如来於然燈佛所有法得
阿耨多羅三藐三菩提不不也世尊如我解
佛所說義佛於然燈佛所无有法得阿耨多
羅三藐三菩提佛言如是如是須菩提實无
有法如来得阿耨多羅三藐三菩提須菩提
若有法如来得阿耨多羅三藐三菩提者然
燈佛則不與我受記汝於来世當得作佛号

BD03930 號　金剛般若波羅蜜經　（12–6）

羅三藐三菩提佛言如是如是須菩提實无
有法如来得阿耨多羅三藐三菩提須菩提
若有法如来得阿耨多羅三藐三菩提者然
燈佛則不與我受記汝於来世當得作佛号
釋迦牟尼以實无有法得阿耨多羅三藐三
菩提是故然燈佛與我受記作是言汝於来
世當得作佛号釋迦牟尼何以故如来者即
諸法如義若有人言如来得阿耨多羅三藐
三菩提須菩提實无有法佛得阿耨多羅
三藐三菩提須菩提如来所得阿耨多羅三
藐三菩提於是中无實无虛是故如来說一切
法皆是佛法須菩提所言一切法者即非一切
法是故名一切法
須菩提譬如人身長大須菩提言世尊如
来說人身長大則為非大身是名大身
須菩提菩薩亦如是若作是言我當滅度
无量衆生則不名菩薩何以故須菩提實无
有法名為菩薩是故佛說一切法无我无人
无衆生无壽者須菩提若菩薩作是言我
當莊嚴佛土是不名菩薩何以故如来說莊
嚴佛土者即非莊嚴是名莊嚴須菩提若菩
薩通達无我法者如来說名真是菩薩
須菩提於意云何如来有肉眼不如是世尊如
来有肉眼須菩提於意云何如来有天眼不

BD03930 號　金剛般若波羅蜜經　（12–7）

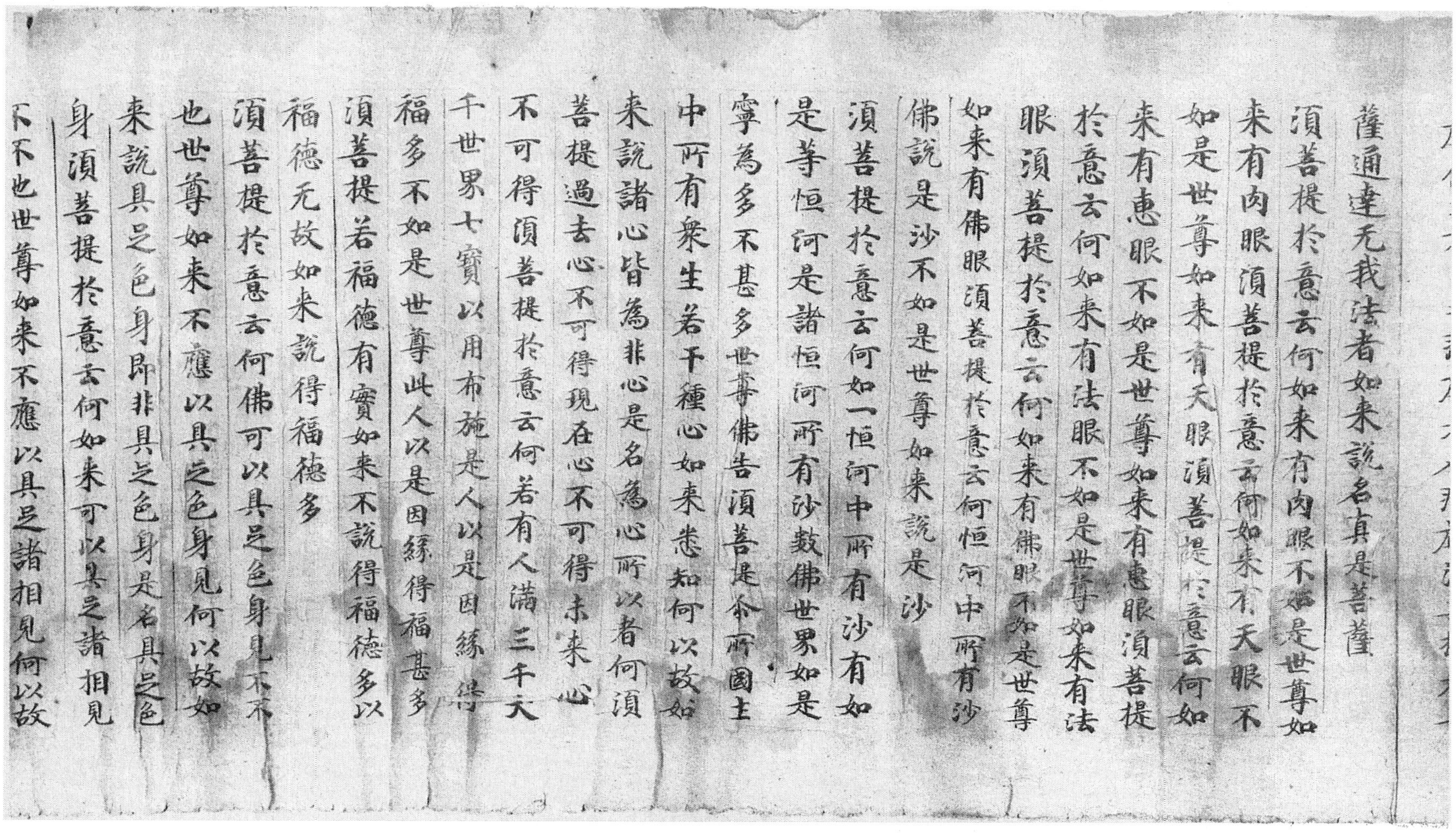

薩通達无我法者如来說名真是菩薩
須菩提於意云何如来有肉眼不如是世尊如
来有肉眼須菩提於意云何如来有天眼不
如是世尊如来有天眼須菩提於意云何如
来有恵眼不如是世尊如来有恵眼須菩提
於意云何如来有法眼不如是世尊如来有法
眼須菩提於意云何如来有佛眼不如是世尊
如来有佛眼須菩提於意云何恒河中所有沙
佛說是沙不如是世尊如来說是沙
須菩提於意云何如一恒河中所有沙有如
是等恒河是諸恒河所有沙數佛世界如是
寧為多不甚多世尊佛告須菩提尒所國土
中所有衆生若干種心如来悉知何以故如
来說諸心皆為非心是名為心所以者何須
菩提過去心不可得現在心不可得未来心
不可得須菩提於意云何若有人滿三千大
千世界七寶以用布施是人以是因緣得
福多不如是世尊此人以是因緣得福甚多
須菩提若福徳有實如来不說得福徳多以
福徳无故如来說得福徳多
須菩提於意云何佛可以具足色身見不不
也世尊如来不應以具足色身見何以故如
来說具足色身即非具足色身是名具足色
身須菩提於意云何如来可以具足諸相見
不不也世尊如来不應以具足諸相見何以故

BD03930號　金剛般若波羅蜜經　（12–8）

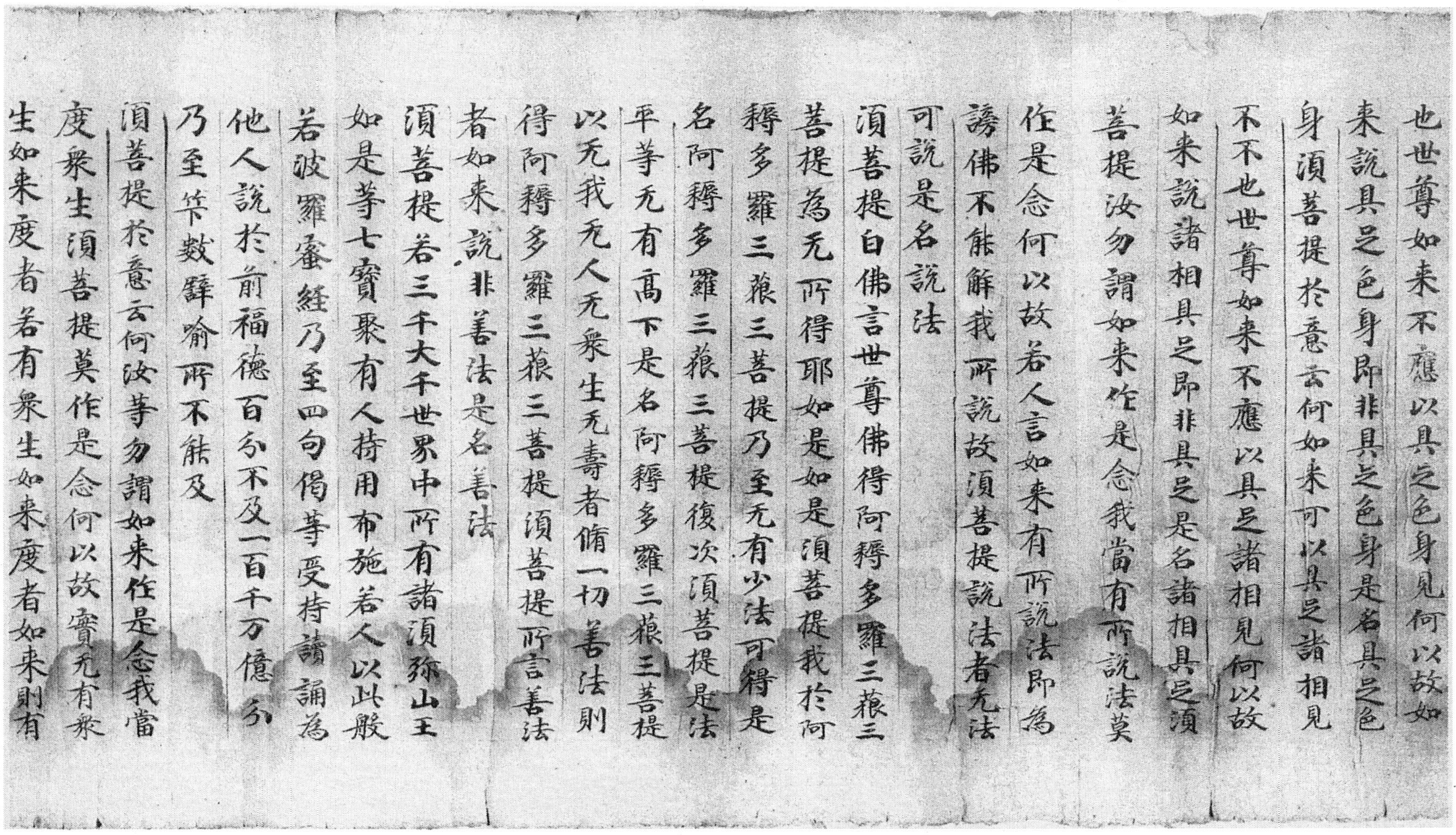

也世尊如来不應以具足色身見何以故如
来說具足色身即非具足色身是名具足色
身須菩提於意云何如来可以具足諸相見
不不也世尊如来不應以具足諸相見何以故
如来說諸相具足即非具足是名諸相具足須
菩提汝勿謂如来作是念我當有所說法莫
作是念何以故若人言如来有所說法即為
謗佛不能解我所說故須菩提說法者无法
可說是名說法
須菩提白佛言世尊佛得阿耨多羅三藐三
菩提為无所得耶如是如是須菩提我於阿
耨多羅三藐三菩提乃至无有少法可得是
名阿耨多羅三藐三菩提復次須菩提是法
平等无有高下是名阿耨多羅三藐三菩提
以无我无人无衆生无壽者脩一切善法則
得阿耨多羅三藐三菩提須菩提所言善法
者如来說非善法是名善法
須菩提若三千大千世界中所有諸須弥山王
如是等七寶聚有人持用布施若人以此般
若波羅蜜經乃至四句偈等受持讀誦為
他人說於前福徳百分不及一百千万億分
乃至筭數譬喻所不能及
須菩提於意云何汝等勿謂如来作是念我當
度衆生須菩提莫作是念何以故實无有衆
生如来度者若有衆生如来度者如来則有

BD03930號　金剛般若波羅蜜經　（12–9）

他人說於前福德百分不及一百千万億分
乃至筭數譬喻所不能及
須菩提於意云何汝等勿謂如来作是念我當
度衆生須菩提莫作是念何以故實无有衆
生如来度者若有衆生如来度者如来則有
我人衆生壽者須菩提如来說有我者則
非有我而凡夫之人以為有我須菩提凡夫
者如来說則非凡夫
須菩提於意云何可以卅二相觀如来不須菩
提言如是如是以卅二相觀如来佛言須菩
提若以卅二相觀如来者轉輪聖王則是如
来須菩提白佛言世尊如我解佛所說義不
應以卅二相觀如来尒時世尊而說偈言
若以色見我　以音聲求我　是人行邪道　不能見如来
須菩提汝若作是念如来不以具足相故得阿
耨多羅三藐三菩提須菩提莫作是念如来
不以具足相故得阿耨多羅三藐三菩提須
菩提汝若作是念發阿耨多羅三藐三菩提
者說諸法斷滅莫作是念何以故發阿耨多
羅三藐三菩提者於法不說斷滅相須菩提
若菩薩以滿恒河沙等世界七寶布施若復
有人知一切法无我得成於忍此菩薩勝前
菩薩所得功德須菩提以諸菩薩不受福故
須菩提白佛言世尊云何菩薩不受福德
須菩提菩薩所作福德不應貪著是故說

BD03930號　金剛般若波羅蜜經

(12–10)

若菩薩以滿恒河沙等世界七寶布施若復
有人知一切法无我得成於忍此菩薩勝前
菩薩所得功德須菩提以諸菩薩不受福故
須菩提白佛言世尊云何菩薩不受福德
須菩提菩薩所作福德不應貪著是故說
不受福德
須菩提若有人言如来若来若去若坐若
卧是人不解我所說義何以故如来者无所
從来亦无所去故名如来
須菩提若善男子善女人以三千大千世界碎
為微塵於意云何是微塵衆寧為多不甚
多世尊何以故若是微塵衆實有者佛則
不說是微塵衆所以者何佛說微塵衆則非
微塵衆是名微塵衆世尊如来所說三千大
千世界則非世界是名世界何以故若世界實
有者則是一合相如来說一合相則非一合相是
名一合相須菩提一合相者則是不可說但凡夫
之人貪著其事須菩提若人言佛說我見人
見衆生見壽者見須菩提於意云何是人解我
所說義不世尊是人不解如来所說義何以故
世尊說我見人見衆生見壽者見即非我見人
見衆生見壽者見是名我見人見衆生見壽
者見須菩提發阿耨多羅三藐三菩提心者
於一切法應如是知如是見如是信解不生法相
須菩提所言法相者如来說即非法相須菩提

BD03930號　金剛般若波羅蜜經

(12–11)

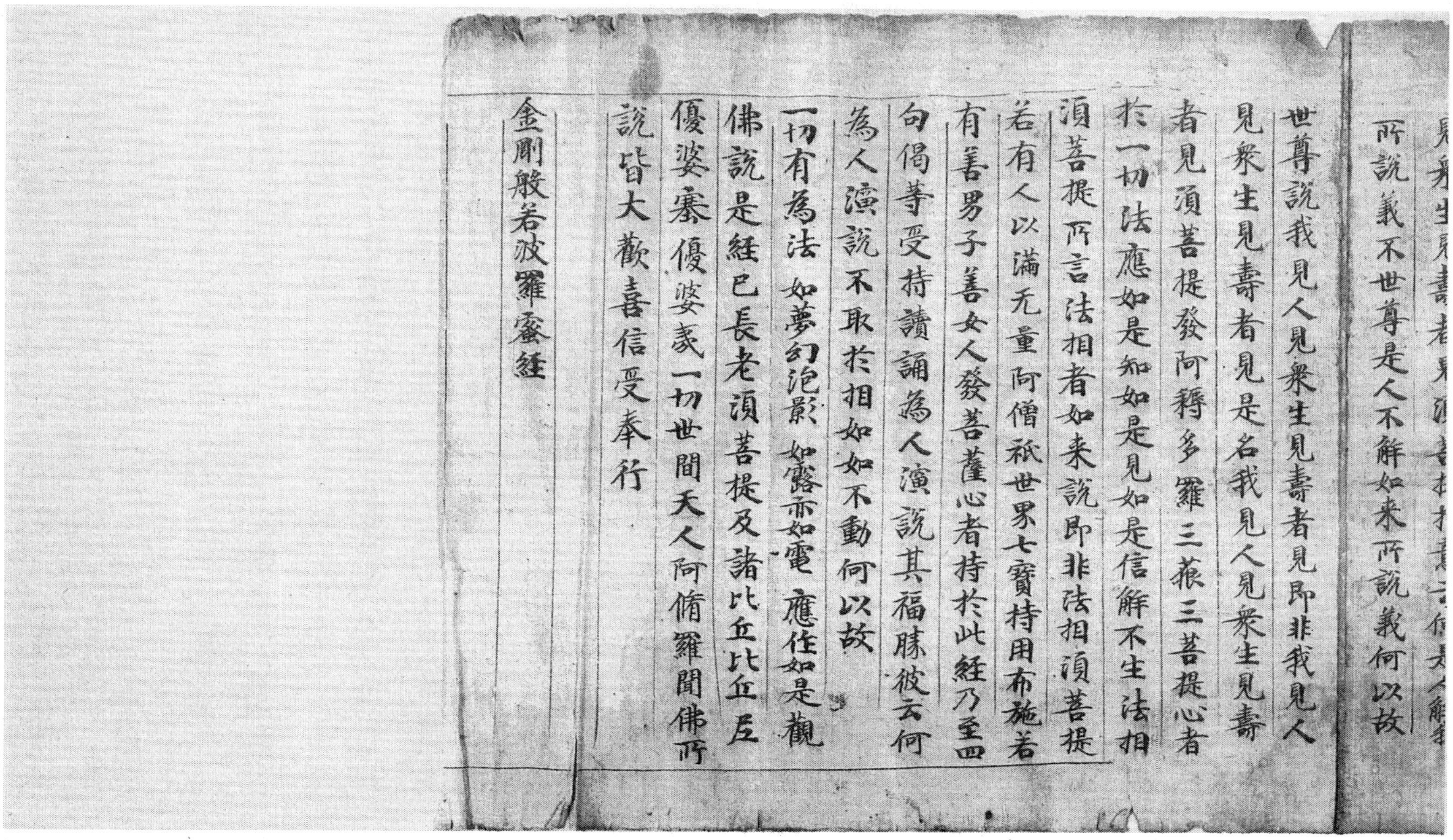

所說義不世尊是人不解如來所說義何以故
世尊說我見人見衆生見壽者見即非我見人
見衆生見壽者見是名我見人見衆生見壽
者見須菩提發阿耨多羅三藐三菩提心者
於一切法應如是知如是見如是信解不生法相
須菩提所言法相者如來說即非法相須菩提
若有人以滿无量阿僧祇世界七寶持用布施若
有善男子善女人發菩薩心者持於此經乃至四
句偈等受持讀誦為人演說其福勝彼云何
為人演說不取於相如如不動何以故
一切有為法 如夢幻泡影 如露亦如電 應作如是觀
佛說是經已長老須菩提及諸比丘比丘尼
優婆塞優婆夷一切世間天人阿脩羅聞佛所
說皆大歡喜信受奉行

金剛般若波羅蜜經

BD03930 號　金剛般若波羅蜜經　（12–12）

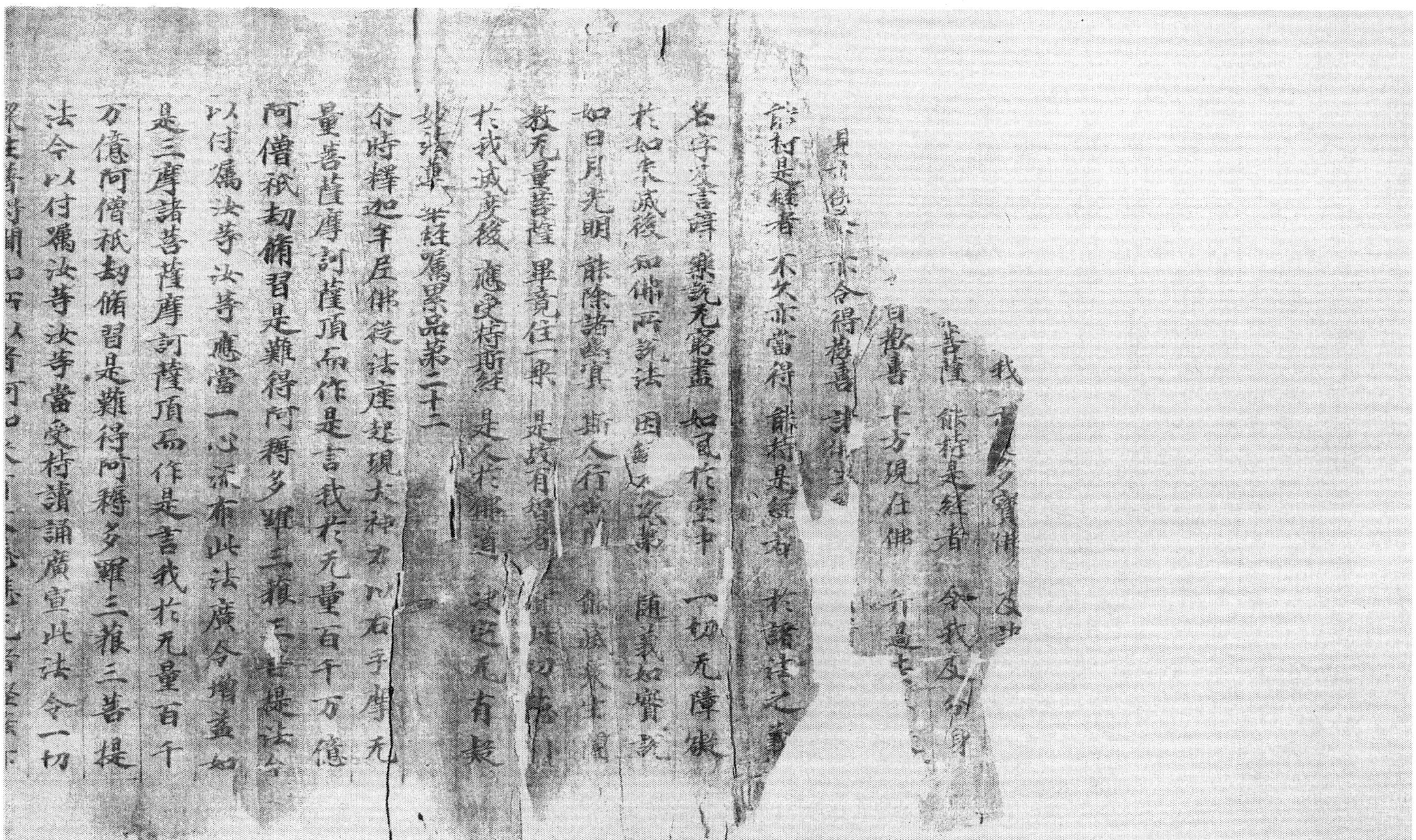

我 [illegible] 多寶佛 及 [illegible]
[illegible] 菩薩 能持是經者 令我及分身
[illegible] 歡喜 十方現在佛 并過去 [illegible]
[illegible] 亦令得歡喜 [illegible]
[illegible] 能持是經者 不久亦當得 能持是經者 於諸法之義
名字及言辭 樂說无窮盡 如風於空中 一切无障礙
於如來滅後 知佛所說經 因緣及次第 隨義如實說
如日月光明 能除諸幽冥 斯人行世間 能滅衆生闇
教无量菩薩 畢竟住一乘 是故有智者 聞此功德利
於我滅度後 應受持斯經 是人於佛道 決定无有疑
妙法蓮華經囑累品第二十二
尒時釋迦牟尼佛從法座起現大神力以右手摩无
量菩薩摩訶薩頂而作是言我於无量百千万億
阿僧祇劫脩習是難得阿耨多羅三藐三菩提法今
以付囑汝等汝等應當一心流布此法廣令增益如
是三摩諸菩薩摩訶薩頂而作是言我於无量百千
万億阿僧祇劫脩習是難得阿耨多羅三藐三菩提
法今以付囑汝等汝等當受持讀誦廣宣此法令一切
衆生普得聞知 [illegible]

BD03931 號　妙法蓮華經卷六　（9–1）

尒時釋迦牟尼佛從法座起現大神力以右手摩无
量菩薩摩訶薩頂而作是言我於无量百千万億
阿僧祇劫脩習是難得阿耨多羅三藐三菩提法今
以付囑汝等汝等應當一心流布此法廣令增益如
是三摩諸菩薩摩訶薩頂而作是言我於无量百千
万億阿僧祇劫脩習是難得阿耨多羅三藐三菩提
法今以付囑汝等汝等當受持讀誦廣宣此法令一切
衆生普得聞知所以者何如來有大慈悲无諸慳悋亦
无所畏能與衆生佛之智慧如來智慧自然智慧如來
是一切衆生之大施主汝等亦應隨學如來之法勿生
慳悋於未來世若有善男子善女人信如來智慧者當
為演說此法華經使得聞知為令其人得佛慧故若有
衆生不信受者當於如來餘深法中示教利喜汝等若
能如是則為已報諸佛之恩時諸菩薩摩訶薩聞佛作
是說已皆大歡喜遍滿其身益加恭敬曲躬低頭合掌
向佛俱發聲言如世尊勑當具奉行唯然世尊願不有
慮諸菩薩摩訶薩衆如是三反俱發聲言如世尊勑當
具奉行唯然世尊願不有慮尒時釋迦牟尼佛令十方
來諸分身佛各還本土而作是言諸佛各隨所安多寶
佛塔還可如故說是語時十方无量分身諸佛坐寶樹
下師子座上者及多寶佛并上行等无邊阿僧祇菩薩
大衆舍利弗等聲聞四衆及一切世間天人阿脩羅等
聞佛所說皆大歡喜

妙法蓮華經藥王菩薩本事品第二十三

尒時宿王華菩薩白佛言世尊藥王菩薩云何遊於娑
婆世界世尊是藥王菩薩有若干百千万億那由他難

BD03931 號　妙法蓮華經卷六

（9–2）

聞佛所說皆大歡喜

妙法蓮華經藥王菩薩本事品第二十三

尒時宿王華菩薩白佛言世尊藥王菩薩云何遊於娑
婆世界世尊是藥王菩薩有若干百千万億那由他難
行苦行善哉世尊願少解說諸天龍神夜叉乾闥婆阿
脩羅迦樓羅緊那羅摩睺羅伽人非人等又他國土諸
來菩薩及此聲聞衆聞皆歡喜尒時佛告宿王華菩
薩乃往過去无量恒河沙劫有佛号日月淨明德如
來應供正遍知明行足善逝世間解无上士調御丈
夫天人師佛世尊其佛有八十億大菩薩摩訶薩七
十二恒河沙大聲聞衆佛壽四万二千劫菩薩壽命
亦等彼國无有女人地獄餓鬼畜生阿脩羅等及以
諸難地平如掌琉璃所成寶樹莊嚴寶帳覆上垂寶
華幡寶瓶香爐周遍國界七寶為臺一樹一臺其樹
去臺盡一箭道此諸寶樹皆有菩薩聲聞而坐其下
諸寶臺上各有百億諸天作天伎樂歌歎於佛以為
供養尒時彼佛為一切衆生喜見菩薩及衆菩薩諸
聲聞衆說法華經是一切衆生喜見菩薩樂習苦行
於日月淨明德佛法中精進經行一心求佛滿万二
千歲已得現一切色身三昧得此三昧已心大歡喜
即作念言我得現一切色身三昧皆是得聞法華經
力我今當供養日月淨明德佛及法華經即時入是
三昧於虛空中雨曼陀羅華摩訶曼陀羅華細末堅
黑栴檀滿虛空中如雲而下又雨海此岸栴檀之香
此香六銖價直娑婆世界以供養佛作是供養已
從三昧起而自念言我雖以神力供養於佛不如以身
供養即服諸香栴檀薰陸兜樓婆畢力迦沉水膠香又
飲瞻蔔諸華香油滿千二百歲已香油塗身於日月淨

BD03931 號　妙法蓮華經卷六

（9–3）

和此香六銖價直娑婆世界以供養佛作是供養已
從三昧起而自念言我雖以神力供養於佛不如以身
供養即服諸香栴檀薰陸兜樓婆畢力迦沉水膠香又
飲瞻蔔諸華香油滿千二百歲已香油塗身於日月淨
明德佛前以天寶衣而自纏身灌諸香油以神通力願
而自然身光明遍照八十億恒河沙世界其中諸佛同
時讚言善哉善哉善男子是真精進是名真法供養
如來若以華香瓔珞燒香末香天繒幡蓋及海此岸
栴檀之香如是等種種諸物供養所不能及假使國
城妻子布施亦所不及善男子是名第一之施於諸施
中最尊最上以法供養諸如來故作是語已而各嘿然
其身火然千二百歲過是已後其身乃盡一切眾生喜
見菩薩作如是法供養已命終之後復生日月淨明德
佛國中於淨德王家結加趺坐忽然化生即為其父
而說偈言
大王今當知　我經行彼處　即時得一切　現諸身三昧
勤行大精進　捨所愛之身
說是偈已而白父言日月淨明德佛今故現在我先供
養佛已得解一切眾生語言陀羅尼復聞是法華經八
百千万億那由他甄迦羅頻婆羅阿閦婆等偈大王我
今當還供養此佛白已即坐七寶之臺上昇虛空高七
多羅樹往到佛所頭面禮足合十指爪以偈讚佛
容顏甚奇妙　光明照十方　我適曾供養　今復還親近
尒時一切眾生喜見菩薩說是偈已而白佛言世尊
世尊猶故在世尒時日月淨明德佛告一切眾生喜見
菩薩善男子我涅槃時到滅盡時至汝可安施床座我
於今夜當般涅槃又勅一切眾生喜見菩薩善男子我

BD03931 號　妙法蓮華經卷六　（9–4）

尒時一切眾生喜見菩薩說是偈已而白佛言世尊
世尊猶故在世尒時日月淨明德佛告一切眾生喜見
菩薩善男子我涅槃時到滅盡時至汝可安施床座我
於今夜當般涅槃又勅一切眾生喜見菩薩善男子我
以佛法囑累於汝及諸菩薩大弟子并阿耨多羅三藐
三菩提法亦以三千大千七寶世界諸寶樹寶臺及給
侍諸天悉付於汝我滅度後所有舍利亦付囑汝當令
流布廣設供養應起若干千塔如是日月淨明德佛勅
一切眾生喜見菩薩已於夜後分入於涅槃尒時一切
眾生喜見菩薩見佛滅度悲感懊惱戀慕於佛即以
海此岸栴檀為積供養佛身而以燒之火滅已後收
取舍利作八万四千寶瓶以起八万四千塔高三世界
表剎莊嚴垂諸幡蓋懸眾寶鈴尒時一切眾生喜見菩
薩復自念言我雖作是供養心猶未足我今當更供養
舍利便語諸菩薩大弟子及天龍夜叉等一切大眾
汝等當一心念我今供養日月淨明德佛舍利作是
語已即於八万四千塔前然百福莊嚴臂七万二千
歲而以供養令無數求聲聞眾無量阿僧祇人發阿
耨多羅三藐三菩提心皆使得住現一切色身三昧
尒時諸菩薩天人阿脩羅等見其無臂憂惱悲哀而
作是言此一切眾生喜見菩薩是我等師教化我者而
今燒臂身不具足于時一切眾生喜見菩薩於大眾中
立此誓言我捨兩臂必當得佛金色之身若實不虛令
我兩臂還復如故作是誓已自然還復由斯菩薩福德
智慧淳厚所致當尒之時三千大千世界六種震動
天雨寶華一切人天得未曾有佛告宿王華菩薩於

BD03931 號　妙法蓮華經卷六　（9–5）

作是言此一切衆生喜見菩薩是我等師教化我者而
今燒臂身不具足于時一切衆生喜見菩薩於大衆中
立此誓言我捨兩臂必當得佛金色之身若實不虛令
我兩臂還復如故作是誓已自然還復由斯菩薩福德
智慧淳厚所致當尒之時三千大千世界六種震動
天雨寶華一切人天得未曾有佛告宿王華菩薩於
汝意云何一切衆生喜見菩薩豈異人乎今藥王菩
薩是其所捨身布施如是无量百千万億那由他數宿
王華若有發心欲得阿耨多羅三藐三菩提者能然手
指乃至足一指供養佛塔勝以國城妻子及三千大千
國土山林河池諸珍寶物而供養者若復有人以七寶
三千大千世界供養於佛及大菩薩辟支佛阿羅漢是
人所得功德不如受持此法華經乃至一四句偈其福
最多宿王華譬如一切川流江河諸水之中海為第一
此法華經亦復如是於諸如來所說經中最為深大又
如土山黑山小鐵圍山及十寶山衆山之中須彌山為
第一此法華經亦復如是於諸經中最為其上又如衆
星之中月天子最為第一此法華經亦復如是於千万
億種諸經法中最為照明又如日天子能除諸闇此經
亦復如是能破一切不善之闇又如諸小王中轉輪聖
王最為第一此經亦復如是於衆經中最為其尊又
如帝釋於三十三天中王此經亦復如是諸經中王又
如大梵天王一切衆生之父此經亦復如是一切賢聖
學无學及發菩薩心者之父又如一切凡夫人中須陁洹
斯陁含阿那含阿羅漢辟支佛為第一此經亦復如
是一切如來所說若菩薩所說若聲聞所說諸經法
中最為第一有能受持是經典者亦復如是於一切

BD03931號　妙法蓮華經卷六　（9-6）

如大梵天王一切衆生之父此經亦復如是一切賢聖
學无學及發菩薩心者之父又如一切凡夫人中須陁洹
斯陁含阿那含阿羅漢辟支佛為第一此經亦復如
是一切如來所說若菩薩所說若聲聞所說諸經法
中最為第一有能受持是經典者亦復如是於一切
衆生中亦為第一一切聲聞辟支佛中菩薩為第一
此經亦復如是於一切諸經法中最為第一如佛為
諸法王此經亦復如是諸經中王宿王華此經能救
一切衆生者此經能令一切衆生離諸苦惱此經能大
饒益一切衆生充滿其願如清涼池能滿一切諸渴之
者如寒者得火如裸者得衣如商人得主如子得母如
度得船如病得醫如闇得燈如貧得寶如民得王如賈
客得海如炬除闇此法華經亦復如是能令衆生離一
切苦一切病痛能解一切生死之縛若人得聞此法華
經若自書若使人書所得功德以佛智慧籌量多少
不得其邊若書是經卷華香瓔珞燒香末香塗香幡
蓋衣服種種之燈蘇燈油燈諸香油燈瞻蔔油燈須
曼那油燈波羅羅油燈婆利師迦油燈那婆摩利油燈
供養所得功德亦復无量宿王華若有人聞是藥王
菩薩本事品者亦得无量无邊功德若有女人聞是藥
王菩薩本事品能受持者盡是女身後不復受若如來
滅後後五百歲中若有女人聞是經典如說修行於此
命終即往安樂世界阿彌陀佛大菩薩衆圍繞住處生
蓮華中寶座之上不復為貪欲所惱亦復不為瞋恚愚
癡所惱亦復不為憍慢嫉妬諸垢所惱得菩薩神通无
生法忍得是忍已眼根清淨以是清淨眼根見七百万

BD03931號　妙法蓮華經卷六　（9-7）

滅後後五百歲中若有女人聞是經典如說脩行於此
命終即往安樂世界阿弥陁佛大菩薩衆圍繞住處生
蓮華中寶座之上不復爲貪欲所惱亦復不爲瞋恚愚
癡所惱亦復不爲憍慢嫉妬諸垢所惱得菩薩神通无
生法忍得是忍已眼根清淨以是清淨眼根見七百万
二千億那由他恒河沙等諸佛如來是時諸佛遥共讃
言善哉善哉善男子汝能於釋迦牟尼佛法中受持
讀誦思惟是經爲他人說所得福德无量无邊火不能
燒水不能漂汝之功德千佛共說不能令盡汝今已
破諸魔賊壞生死軍諸餘怨敵皆悉摧滅善男子百
千諸佛以神通力共守護汝於一切世間天人之中无
如汝者唯除如來其諸聲聞辟支佛乃至菩薩智慧
禪定无有與汝等者宿王華此菩薩成就如是功德
智慧之力若有人聞藥王菩薩本事品能隨喜讃
善者是人現世口中常出青蓮華香身毛孔中常
出牛頭栴檀香所得功德如上所說是故宿王華以
此藥王菩薩本事品囑累於汝我滅度後後五
百歲中廣宣流布於閻浮提无令斷絶惡魔魔民
諸天龍夜叉鳩槃荼等得其便也宿王華汝當以
神通之力守護是經所以者何此經則爲閻浮提人
病之良藥若人有病得聞是經病即消滅不老不死
宿王華汝若見有受持是經者應以青蓮華盛滿末
香供散其上散已作是念言此人不久必當取草坐
於道場破諸魔軍當吹法螺擊大法鼓度脫一切衆
生老病死海是故求佛道者見有受持是經典人應
當如是生恭敬心說是藥王菩薩本事品時八万四
千菩薩得解一切衆生語言陁羅尼多寶如來於寶

BD03931號　妙法蓮華經卷六　　（9–8）

諸天龍夜叉鳩槃荼等得其便也宿王華汝當以
神通之力守護是經所以者何此經則爲閻浮提人
病之良藥若人有病得聞是經病即消滅不老不死
宿王華汝若見有受持是經者應以青蓮華盛滿末
香供散其上散已作是念言此人不久必當取草坐
於道場破諸魔軍當吹法螺擊大法鼓度脫一切衆
生老病死海是故求佛道者見有受持是經典人應
當如是生恭敬心說是藥王菩薩本事品時八万四
千菩薩得解一切衆生語言陁羅尼多寶如來於寶
塔中讃宿王華菩薩言善哉善哉宿王華汝成就不
可思議功德乃能問釋迦牟尼佛如此之事利益无
量一切衆生

妙法蓮華經卷第六

BD03931號　妙法蓮華經卷六　　（9–9）

般若波羅蜜多心經
觀自在菩薩行深般若波羅蜜多時照見五
蘊皆空度一切苦厄舍利子色不異空空不
異色色即是空空即是色受想行識亦復
如是
舍利子是諸法空相不生不滅不垢不淨不
增不減是故空中无色无受想行識无眼耳
鼻舌身意无色聲香味觸法无眼界乃至无
意識界无无明亦无无明盡乃至无老死亦
无老死盡无苦集滅道无智亦无得以无所
得故菩提薩埵依般若波羅蜜多故心无罣
礙无罣礙故无有恐怖遠離顛倒夢想究
竟涅槃三世諸佛依般若波羅蜜多故得阿
耨多羅三藐三菩提故知般若波羅蜜多是
大神呪是大明呪是无上呪是无等等呪能
除一切苦真實不虛故說般若波羅蜜多
呪即說呪曰
揭帝揭帝 波羅揭帝 波羅僧揭帝菩提莎訶

BD03932 號 A　般若波羅蜜多心經　（2–1）

意識界无无明亦无无明盡乃至无老死亦
无老死盡无苦集滅道无智亦无得以无所
得故菩提薩埵依般若波羅蜜多故心无罣
礙无罣礙故无有恐怖遠離顛倒夢想究
竟涅槃三世諸佛依般若波羅蜜多故得阿
耨多羅三藐三菩提故知般若波羅蜜多是
大神呪是大明呪是无上呪是无等等呪能
除一切苦真實不虛故說般若波羅蜜多
呪即說呪曰
揭帝揭帝 波羅揭帝 波羅僧揭帝菩提莎訶
般若蜜多心經一卷
丁
[illegible]寫了
正月[illegible]

BD03932 號 A　般若波羅蜜多心經　（2–2）

菩薩摩訶薩威神之力巍巍如是若有衆生多
敬觀世音菩薩便得離欲若多瞋恚常念恭敬
便得離瞋若多愚癡常念恭敬觀世音菩薩
意是觀世音菩薩有如是等大威神力多所
饒益是故衆生常應心念若有女人設欲求男
薩便生福德智慧之男設欲求女便生端正有
人愛敬无盡意觀世音菩薩有如是力若有
音菩薩福不唐捐是故衆生皆應受持觀世
若有人受持六十二億恒河沙菩薩名字復盡形
具醫藥於汝意云何是善男子善女人功德多不
尊佛言若復有人受持觀世音菩薩名号乃至一時
福正等无異於百千万億劫不可窮盡无盡意受
号得如是无量无邊福德之利无盡意菩薩白佛
薩云何遊此娑婆世界云何而為衆生說法方便之
无盡意菩薩善男子若有國土衆生應以佛身
薩即現佛身而為說法應以辟支佛身得度者
說法應以聲聞身得度者即現聲聞身而為說法
者即現梵王身而為說法應以帝釋身得度者即
法應以自在天身得度者即現自在天身而為說
得度者即現大自在天身而為說法應以天大將軍身
大將軍身而為說法應以毗沙門身得度者即現毗
應以小王身得度者即現小王身而為說法應以長
長者身而為說法應以居士身得度者即現居士身
[illegible]

BD03932 號 B　觀世音經　（3–1）

[illegible]
說法應以聲聞身得度者即現聲聞身而為說法
者即現梵王身而為說法應以帝釋身得度者即
法應以自在天身得度者即現自在天身而為說法
得度者即現大自在天身而為說法應以天大將軍身
大將軍身而為說法應以毗沙門身得度者即現毗
應以小王身得度者即現小王身而為說法應以長
長者身而為說法應以居士身得度者即現居士身
官身得度者即現宰官身而為說法應以婆羅門
婆羅門身而為說法應以比丘比丘尼優婆塞優婆
比丘比丘尼優婆塞優婆夷身而為說法應以長者居
門婦女身得度者即現婦女身而為說法應以童男童女
現童男童女身而為說法應以天龍夜叉乾闥婆阿脩羅迦
羅摩睺羅伽人非人等身得度者即皆現之而為說法應以執金剛神
度者即現執金剛神而為說法无盡意是觀世音菩薩成就如是功德
以種種形遊諸國土度脫衆生是故汝等應當一心供養觀世音菩薩
是觀世音菩薩摩訶薩於怖畏急難之中能施无畏是故此娑婆世界
皆号之為施无畏者无盡意菩薩白佛言世尊我今當供養觀世音
菩薩即解頸衆寶珠瓔珞價直百千兩金而以與之作是言仁者受
此法施珍寶瓔珞時觀世音菩薩不肯受之无盡意復白觀世音
菩薩言仁者愍我等故受此瓔珞尒時佛告觀世音菩薩當愍此无盡
意菩薩及四衆天龍夜叉乾闥婆阿脩羅迦樓羅緊那羅摩睺羅伽
人非人等故受是瓔珞即時觀世音菩薩愍諸四衆及於天龍人非人
等受其瓔珞分作二分一分奉釋迦牟尼佛一分奉多寶佛塔无盡
意觀世音菩薩有如是自在神力遊於娑婆世界尒時无盡意菩
薩以偈問曰
世尊妙相具　我今重問彼　佛子何因緣　名為觀世音　具足妙相尊
偈荅无盡意　汝聽觀音行　善應諸方所　弘誓深如海　歷劫不思議
侍多千億佛　發大清淨願　我為汝略說　聞名及見身　心念不空過
能滅諸有苦　假使興害意　推落大火坑　念彼觀世力　火坑變成池
或漂流巨海　龍魚諸鬼難　念彼觀音力　波浪不能沒　或在須彌峯
為人所推墮　念彼觀音力　如日虛空住　或被惡人逐　墮落金剛山
[illegible]

BD03932 號 B　觀世音經　（3–2）

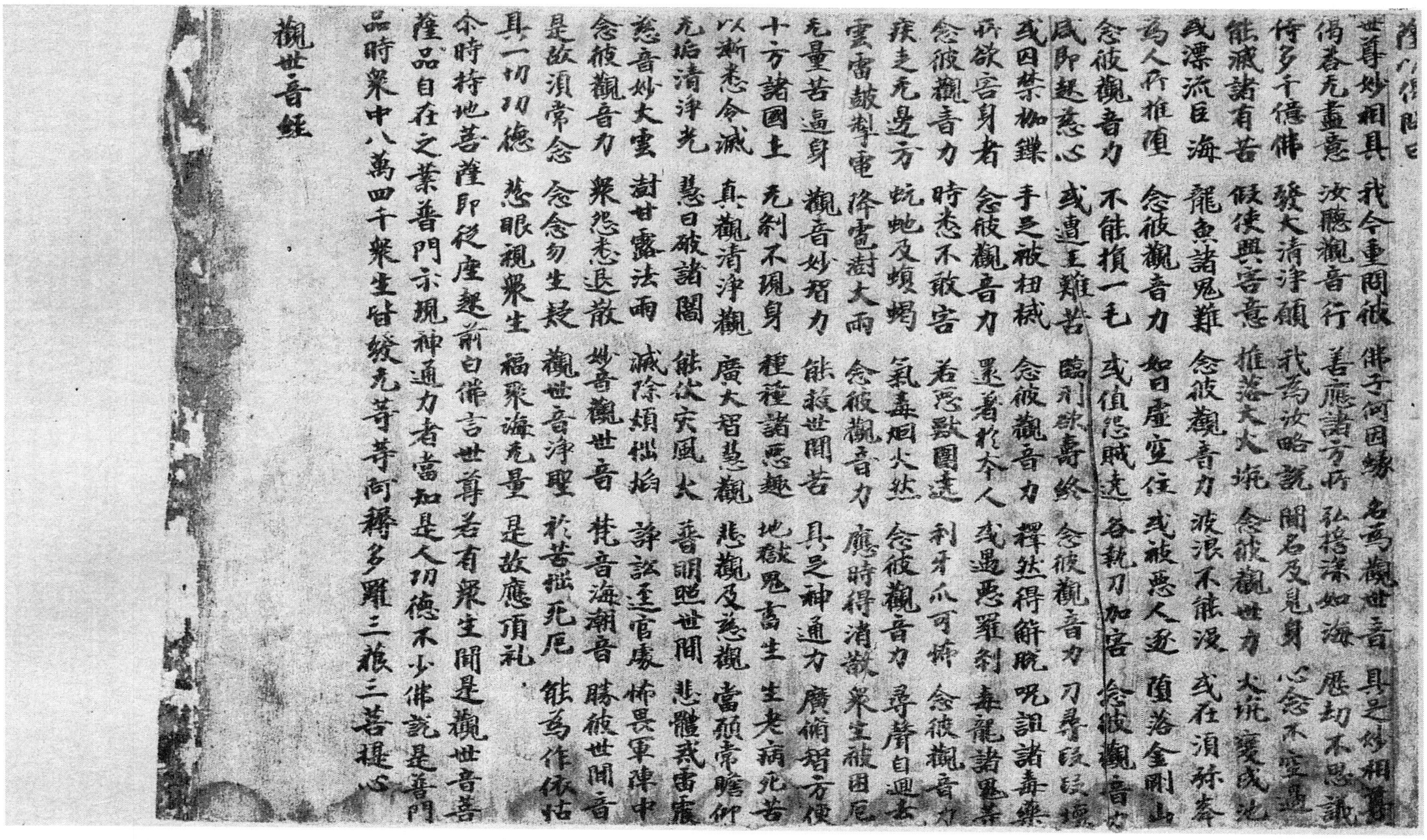


BD03932 號 B　觀世音經

（3–3）

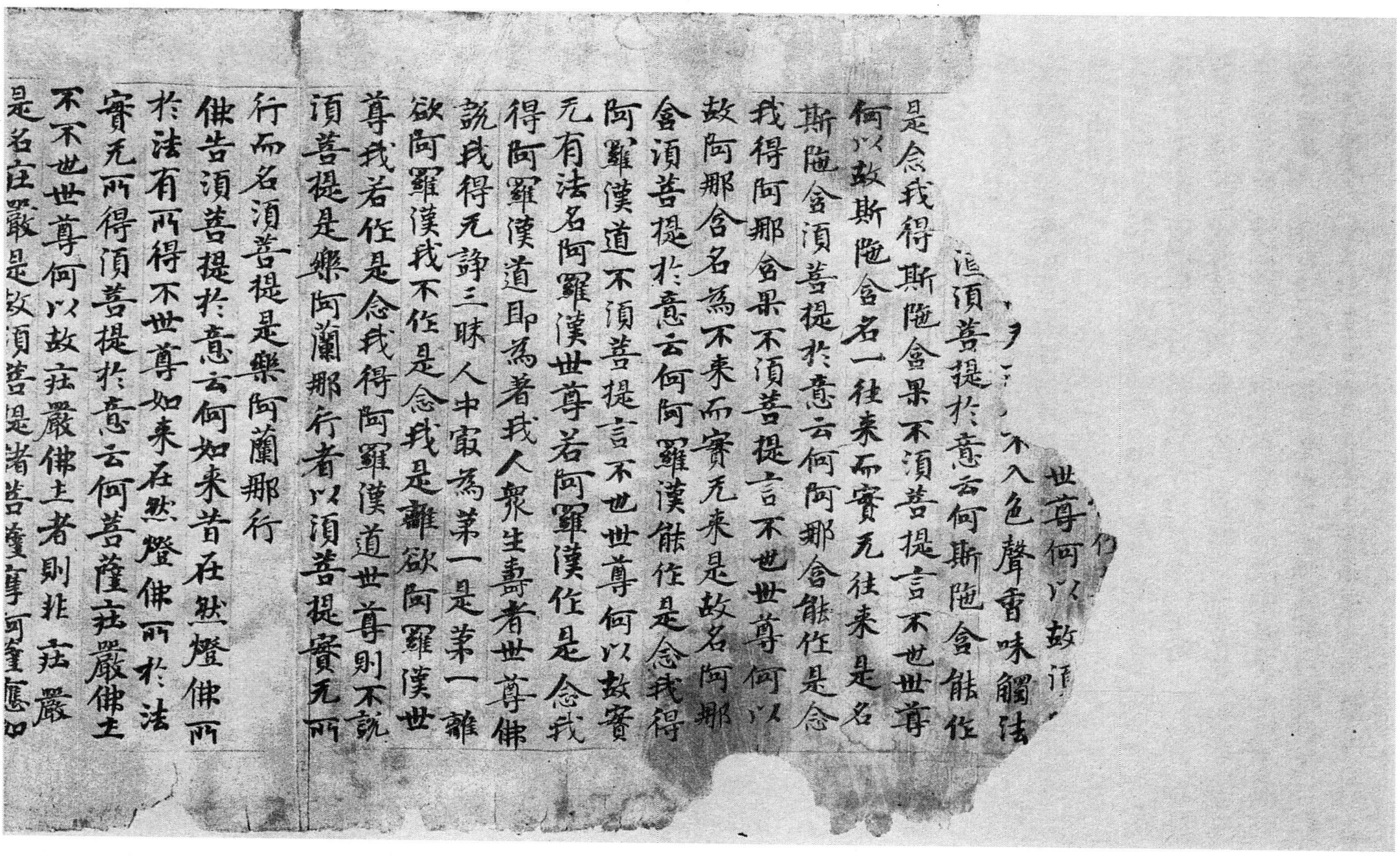


BD03933 號　金剛般若波羅蜜經

（7–1）

須菩提是樂阿蘭那行者以須菩提實无所
行而名須菩提是樂阿蘭那行
佛告須菩提於意云何如来昔在然燈佛所
於法有所得不世尊如来在然燈佛所於法
實无所得須菩提於意云何菩薩莊嚴佛土
不不世尊何以故莊嚴佛土者則非莊嚴
是名莊嚴是故須菩提諸菩薩摩訶薩應如
是生清淨心不應住色生心不應住聲香味
觸法生心應无所住而生其心須菩提譬如
有人身如須弥山王於意云何是身為大不
須菩提言甚大世尊何以故佛說非身是名
大身須菩提如恒河中所有沙數如是沙等
恒河於意云何是諸恒河沙寧為多不須菩
提言甚多世尊但諸恒河尚多无數何况其
沙須菩提我今實言告汝若有善男子善女
人以七寶滿尒所恒河沙數三千大千世界
以用布施得福多不須菩提言甚多世尊佛
告須菩提若善男子善女人於此經中乃至
受持四句偈等為他人說而此福德勝前福
德復次須菩提隨說是經乃至四句偈等當
知此處一切世間天人阿脩羅皆應供養如
佛塔廟何况有人盡能受持讀誦須菩提當
知是人成就最上第一希有之法若是經典
所在之處則為有佛若尊重弟子
尒時須菩提白佛言世尊當何名此經我等
云何奉持佛告須菩提是經名為金剛般若
波羅蜜以是名字汝當奉持所以者何須菩
提佛說般若波羅蜜則非般若波羅蜜須菩



知是人成就最上第一希有之法若是經典
所在之處則為有佛若尊重弟子
尒時須菩提白佛言世尊當何名此經我等
云何奉持佛告須菩提是經名為金剛般若
波羅蜜以是名字汝當奉持所以者何須菩
提佛說般若波羅蜜則非般若波羅蜜須菩
提於意云何如来有所說法不須菩提白佛
言世尊如来无所說須菩提於意云何三千
大千世界所有微塵是為多不須菩提言甚
多世尊須菩提諸微塵如来說非微塵是名
微塵如来說世界非世界是名世界須菩提
於意云何可以三十二相見如来不不世世尊
不可以三十二相得見如来何以故如来說三十二
相即是非相是名三十二相須菩提若有善男
男子善女人以恒河沙等身命布施若復有人
於此經中乃至受持四句偈等為他人說其福甚多
尒時須菩提聞說是經深解義趣涕淚悲泣
而白佛言希有世尊佛說如是甚深經典我
從昔来所得慧眼未曾得聞如是之經世尊
若復有人得聞是經信心清淨則生實相當
知是人成就第一希有功德世尊是實相者
則是非相是故如来說名實相世尊我今得
聞如是經典信解受持不足為難若當来世
後五百歲其有衆生得聞是經信解受持是人
則為第一希有何以故此人无我相人相衆生相
壽者相所以者何我相即非相人相衆生相壽
者相即是非相何以故離一切諸相則名諸佛
佛告須菩提如是如是若復有人得聞是經
不驚不怖不畏當知是人甚為希有何以故須菩提

則爲第一希有何以故此人无我相人相衆生相
壽者相所以者何我相即非相人相衆生相壽
者相即是非相何以故離一切諸相則名諸佛
佛告須菩提如是如是若復有人得聞是經
不驚不怖不畏當知是人甚爲希有何以故須菩提
如來說第一波羅蜜非第一波羅蜜是名第一波羅蜜
須菩提忍辱波羅蜜如來說非忍辱波羅蜜
何以故須菩提如我昔爲歌利王割截身體
我於尒時无我相无人相无衆生相无壽者
相何以故我於往昔節節支解時若有我相
人相衆生相壽者相應生瞋恨須菩提又念
過去於五百世作忍辱仙人於尒所世无我相
无人相无衆生相无壽者相是故須菩提
菩薩應離一切相發阿耨多羅三藐三菩提
心不應住色生心不應住聲香味觸法生心
應生无所住心若心有住則爲非住是故佛
說菩薩心不應住色布施須菩提菩薩爲利
益一切衆生應如是布施如來說一切諸相
則是非相又說一切衆生則非衆生須菩提
如來是真語者實語者如語者不誑語者不
異語者須菩提如來所得法此法无實无虛
須菩提若菩薩心住於法而行布施如人入
闇則无所見若菩薩心不住法而行布施如
人有目日光明照見種種色須菩提當來之
世若有善男子善女人能於此經受持讀誦
則爲如來以佛智慧悉知是人悉見是人皆
得成就无量无邊功德

BD03933號　金剛般若波羅蜜經

（7–4）

須菩提若菩薩心住於法而行布施如人入
闇則无所見若菩薩心不住法而行布施如
人有目日光明照見種種色須菩提當來之
世若有善男子善女人能於此經受持讀誦
則爲如來以佛智慧悉知是人悉見是人皆
得成就无量无邊功德
須菩提若有善男子善女人初日分以恒河
沙等身布施中日分復以恒河沙等身布施
後日分亦以恒河沙等身布施如是无量百
千万億劫以身布施若復有人聞此經典信
心不逆其福勝彼何况書寫受持讀誦爲人
解說須菩提以要言之是經有不可思議不
可稱量无邊功德如來爲發大乘者說爲發
最上乘者說若有人能受持讀誦廣爲人說
如來悉知是人悉見是人皆得成就不可量
不可稱无有邊不可思議功德如是人等則
爲荷擔如來阿耨多羅三藐三菩提何以故
須菩提若樂小法者著我見人見衆生見壽
者見則於此經不能聽受讀誦爲人解說須
菩提在在處處若有此經一切世間天人阿
脩羅所應供養當知此處則爲是塔皆應恭
敬作礼圍遶以諸華香而散其處
復次須菩提善男子善女人受持讀誦此經
若爲人輕賤是人先世罪業應墮惡道以今
世人輕賤故先世罪業則爲消滅當得阿耨
多羅三藐三菩提須菩提我念過去无量阿
僧祇劫於然燈佛前得值八百四千万億那
由他諸佛悉皆供養承事无空過者

BD03933號　金剛般若波羅蜜經

（7–5）

以諸華香而散其處
復次須菩提善男子善女人受持讀誦此經
若為人輕賤是人先世罪業應墮惡道以今
世人輕賤故先世罪業則為消滅當得阿耨
多羅三藐三菩提須菩提我念過去无量阿
僧祇劫於然燈佛前得值八百四千万億那
由他諸佛悉皆供養承事无空過者若復有
人於後末世能受持讀誦此經所得功德於
我所供養諸佛功德百分不及一千万億分
乃至筭數譬喻所不能及須菩提若善男子
善女人於後末世有受持讀誦此經所得功
德我若具說者或有人聞心則狂亂狐疑不
信須菩提當知是經義不可思議果報亦不可思
議尒時須菩提白佛言世尊善男子善女人發
阿耨多羅三藐三菩提心云何應住云何降
伏其心佛告須菩提善男子善女人發阿耨
多羅三藐三菩提者當生如是心我應滅度
一切衆生滅度一切衆生已而无有一衆生
實滅度者何以故若菩薩有我相人相衆生
相壽者相則非菩薩所以者何須菩提實无
有法發阿耨多羅三藐三菩提者須菩提於
意云何如来於然燈佛所有法得阿耨多羅
三藐三菩提不不世世尊如我解佛所
佛於然燈佛所无有法得阿耨多羅三藐三
菩提佛言如是如是須菩提實无有法如来
得阿耨多羅三藐三菩提須菩提若有法如
来得阿耨多羅三藐三菩提者然燈佛則不
與我受記汝於来世當得作佛号釋迦牟尼
以實无有

BD03933號　金剛般若波羅蜜經　（7–6）

度
一切衆生滅度一切衆生已而无有一衆生
實滅度者何以故若菩薩有我相人相衆生
相壽者相則非菩薩所以者何須菩提實无
有法發阿耨多羅三藐三菩提者須菩提於
意云何如来於然燈佛所有法得阿耨多羅
三藐三菩提不不世世尊如我解佛所
佛於然燈佛所无有法得阿耨多羅三藐三
菩提佛言如是如是須菩提實无有法如来
得阿耨多羅三藐三菩提須菩提若有法如
来得阿耨多羅三藐三菩提者然燈佛則不
與我受記汝於来世當得作佛号釋迦牟尼
以實无有法得阿耨多羅三藐三菩提是故
然燈佛與我受記作是言汝於来世當得作
佛号釋迦牟尼何以故如来者即
若有人言如来得阿耨多羅
菩提實无有法佛得阿耨多
須菩提如来所得阿耨多羅三藐
是中无實无虛是故
名真菩提所

BD03933號　金剛般若波羅蜜經　（7–7）

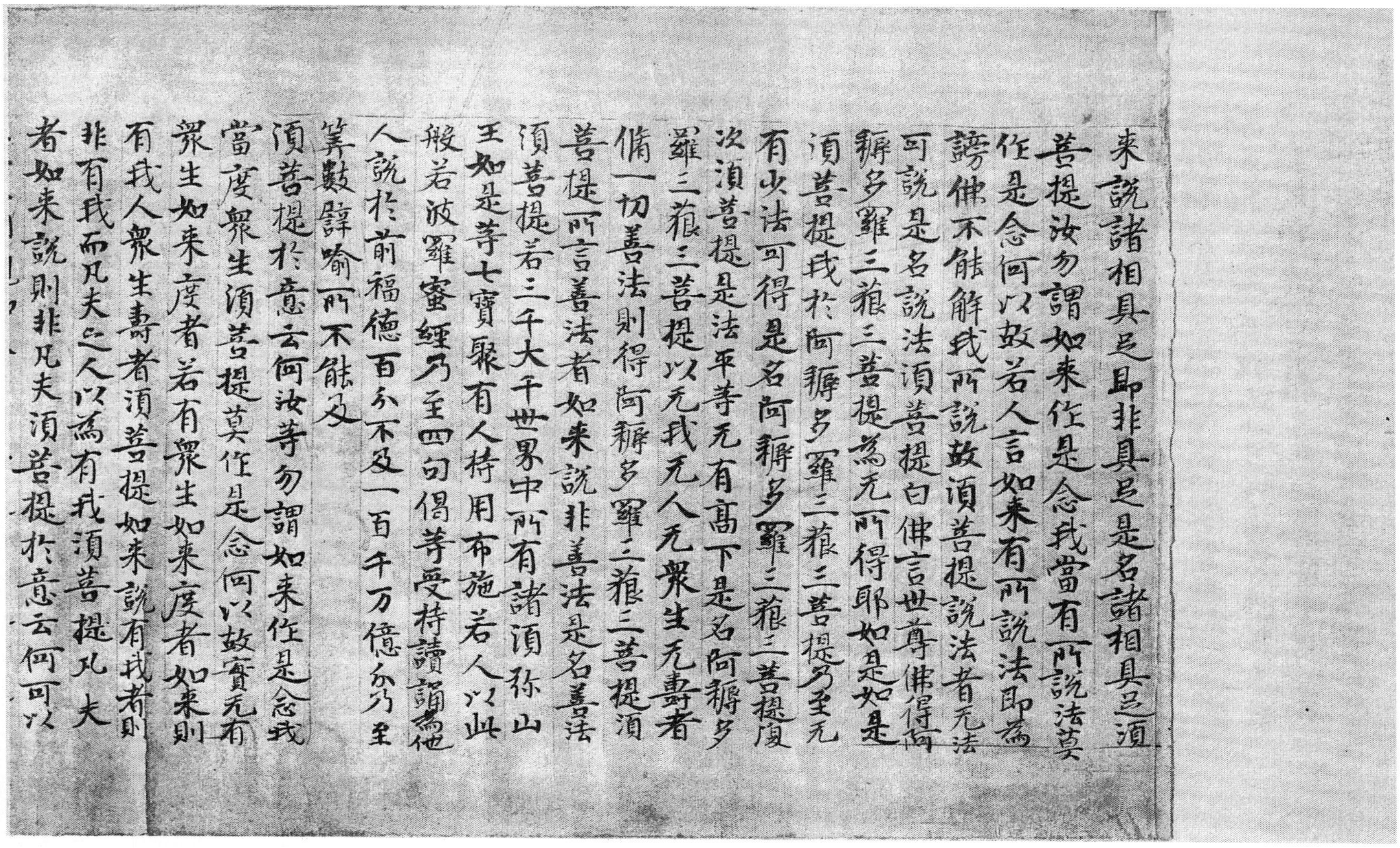

来說諸相具足即非具足是名諸相具足須
菩提汝勿謂如来作是念我當有所說法莫
作是念何以故若人言如来有所說法即為
謗佛不能解我所說故須菩提說法者无法
可說是名說法須菩提白佛言世尊佛得阿
耨多羅三藐三菩提為无所得耶如是如是
須菩提我於阿耨多羅三藐三菩提乃至无
有少法可得是名阿耨多羅三藐三菩提復
次須菩提是法平等无有高下是名阿耨多
羅三藐三菩提以无我无人无衆生无壽者
修一切善法則得阿耨多羅三藐三菩提須
菩提所言善法者如来說非善法是名善法
須菩提若三千大千世界中所有諸須弥山
王如是等七寶聚有人持用布施若人以此
般若波羅蜜經乃至四句偈等受持讀誦為他
人說於前福德百分不及一百千万億分乃至
筭數譬喻所不能及
須菩提於意云何汝等勿謂如来作是念我
當度衆生須菩提莫作是念何以故實无有
衆生如来度者若有衆生如来度者如来則
有我人衆生壽者須菩提如来說有我者則
非有我而凡夫之人以為有我須菩提凡夫
者如来說則非凡夫須菩提於意云何可以

BD03934號　金剛般若波羅蜜經　（4–1）

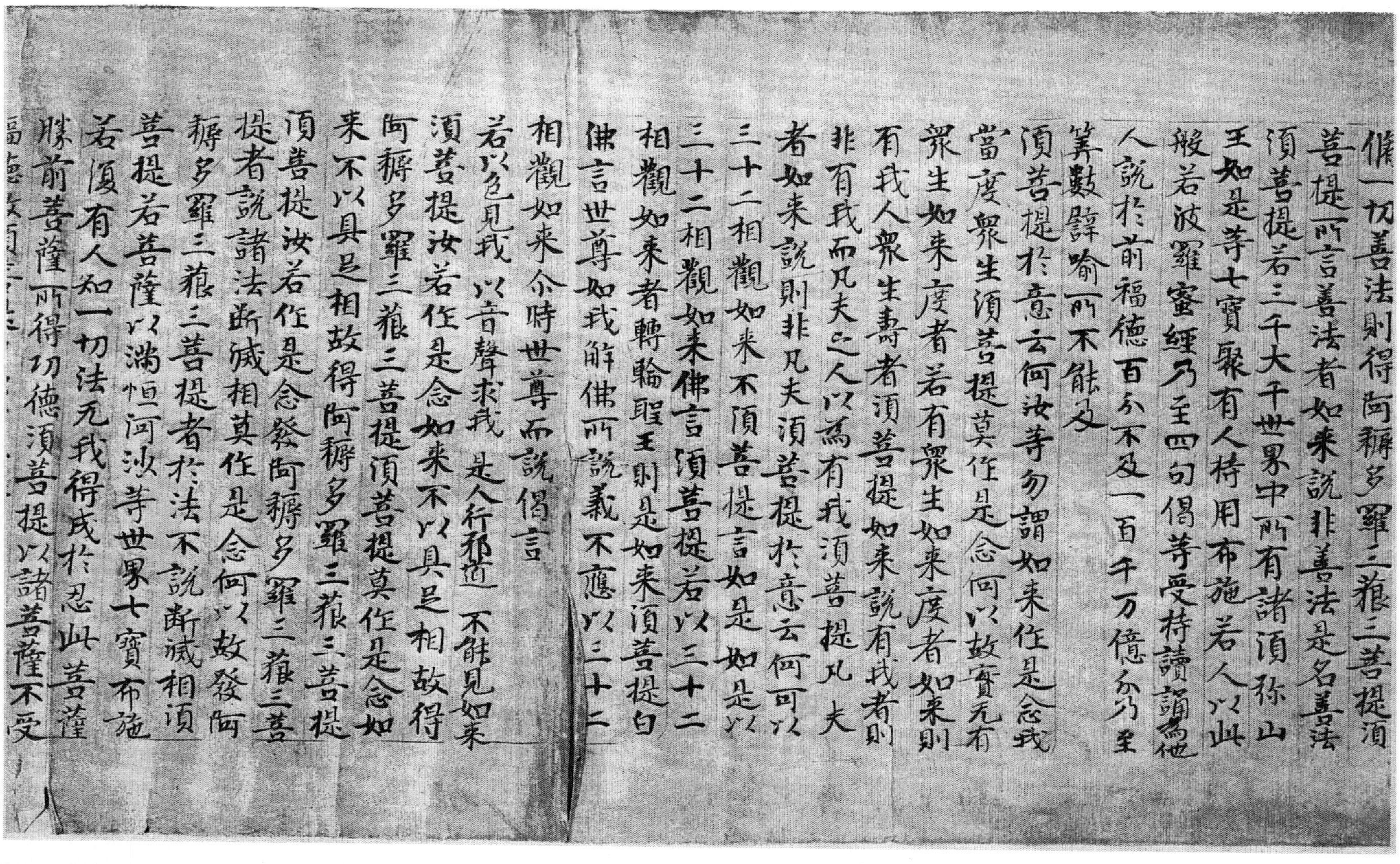

修一切善法則得阿耨多羅三藐三菩提須
菩提所言善法者如来說非善法是名善法
須菩提若三千大千世界中所有諸須弥山
王如是等七寶聚有人持用布施若人以此
般若波羅蜜經乃至四句偈等受持讀誦為他
人說於前福德百分不及一百千万億分乃至
筭數譬喻所不能及
須菩提於意云何汝等勿謂如来作是念我
當度衆生須菩提莫作是念何以故實无有
衆生如来度者若有衆生如来度者如来則
有我人衆生壽者須菩提如来說有我者則
非有我而凡夫之人以為有我須菩提凡夫
者如来說則非凡夫須菩提於意云何可以
三十二相觀如来不須菩提言如是如是以
三十二相觀如来佛言須菩提若以三十二
相觀如来者轉輪聖王則是如来須菩提白
佛言世尊如我解佛所說義不應以三十二
相觀如来尒時世尊而說偈言
若以色見我　以音聲求我　是人行邪道　不能見如来
須菩提汝若作是念如来不以具足相故得
阿耨多羅三藐三菩提須菩提莫作是念如
来不以具足相故得阿耨多羅三藐三菩提
須菩提汝若作是念發阿耨多羅三藐三菩
提者說諸法斷滅相莫作是念何以故發阿
耨多羅三藐三菩提者於法不說斷滅相須
菩提若菩薩以滿恒河沙等世界七寶布施
若復有人知一切法无我得成於忍此菩薩
勝前菩薩所得功德須菩提以諸菩薩不受

BD03934號　金剛般若波羅蜜經　（4–2）

提者說諸法斷滅相莫作是念何以故發阿
耨多羅三藐三菩提者於法不說斷滅相須
菩提若菩薩以滿恒河沙等世界七寶布施
若復有人知一切法无我得成於忍此菩薩
勝前菩薩所得功德須菩提以諸菩薩不受
福德故須菩提白佛言世尊云何菩薩不受
福德須菩提菩薩所作福德不應貪著是
故說不受福德須菩提若有人言如来若来若
去若坐若卧是人不解我所說義何以故如
来者无所從来亦无所去故名如来
須菩提若善男子善女人以三千大千世界
碎爲微塵於意云何是微塵衆寧爲多不甚
多世尊何以故若是微塵衆實有者佛則不
說是微塵衆所以者何佛說微塵衆則非微
塵衆是名微塵衆世尊如来所說三千大千
世界則非世界是名世界何以故若世界實
有者則是一合相如来說一合相則非一合
相是名一合相須菩提一合相者則是不可
說但凡夫之人貪著其事須菩提若人言佛
說我見人見衆生見壽者見須菩提於意云
何是人解我所說義不世尊是人不解如来
所說義何以故世尊說我見人見衆生見壽
者見即非我見人見衆生見壽者見是名我
見人見衆生見壽者見須菩提發阿耨多羅
三藐三菩提心者於一切法應如是知如是
見如是信解不生法相須菩提所言法相者
如来說即非法相是名法相須菩提若有人
以滿无量阿僧祇世界七寶持用布施若有

BD03934號　金剛般若波羅蜜經　（4–3）

者見即非我見人見衆生見壽者見是名我
見人見衆生見壽者見須菩提發阿耨多羅
三藐三菩提心者於一切法應如是知如是
見如是信解不生法相須菩提所言法相者
如来說即非法相是名法相須菩提若有人
以滿无量阿僧祇世界七寶持用布施若有
善男子善女人發菩薩心者持於此經乃至
四句偈等受持讀誦爲人演說其福勝彼云
何爲人演說不取於相如如不動何以故
一切有爲法　如夢幻泡影　如露亦如電　應作如是觀
佛說是經已長老須菩提及諸比丘比丘尼
優婆塞優婆夷一切世間天人阿脩羅聞佛
所說皆大歡喜信受奉行

金剛般若波羅蜜經

BD03934號　金剛般若波羅蜜經　（4–4）

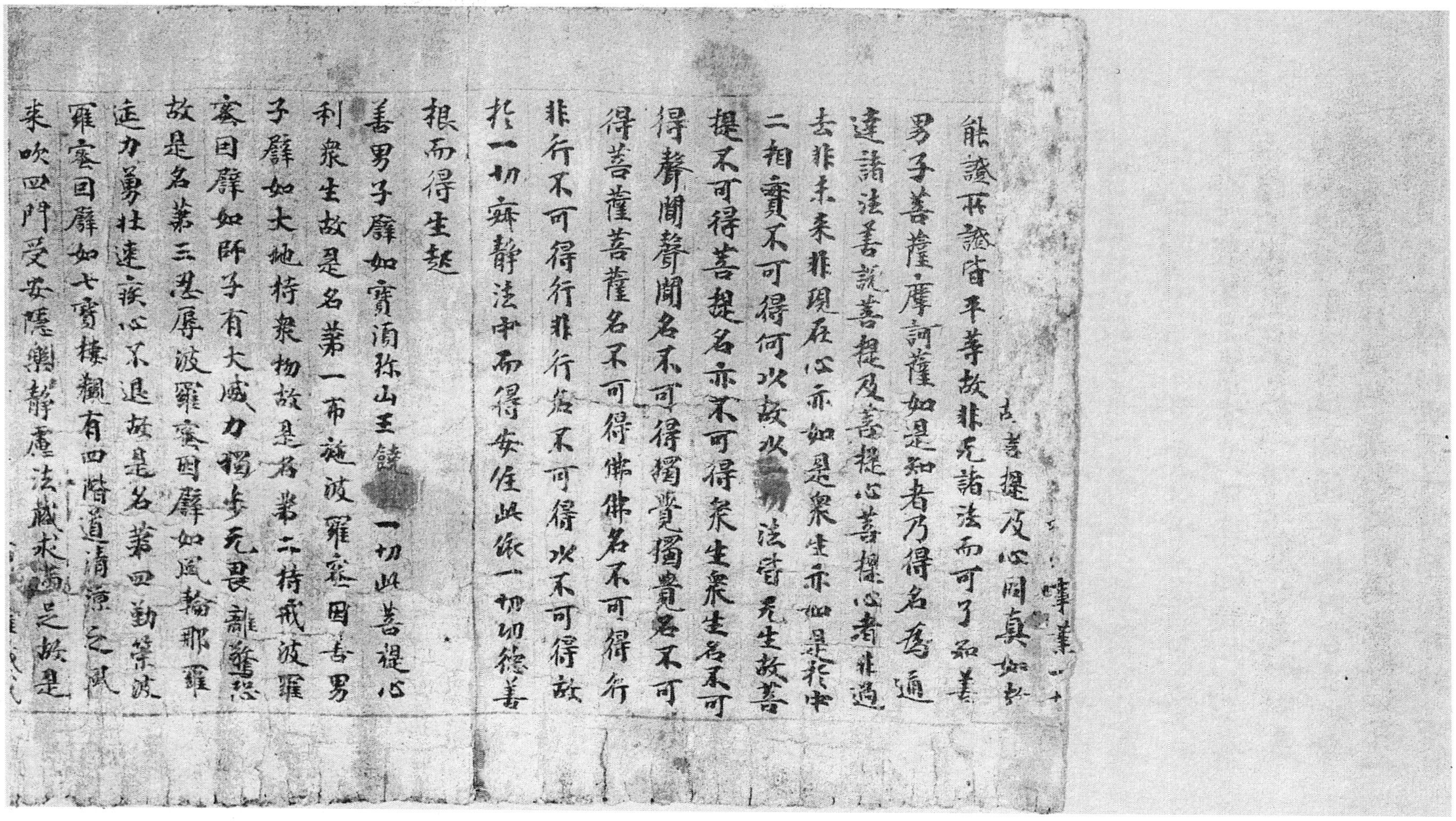

菩提及心同真如故

能證所證皆平等故非無諸法而可了知善
男子菩薩摩訶薩如是知者乃得名為通
達諸法善說菩提及菩提心菩提心者非過
去非未來非現在心亦如是衆生亦如是於中
二相實不可得何以故以一切法皆无生故菩
提不可得菩提名亦不可得衆生衆生名不可
得聲聞聲聞名不可得獨覺獨覺名不可
得菩薩菩薩名不可得佛佛名不可得行
非行不可得行非行名不可得以不可得故
於一切寂靜法中而得安住此依一切功德善
根而得生起
善男子譬如寶須弥山王饒益一切此菩提心
利衆生故是名第一布施波羅蜜因善男
子譬如大地持衆物故是名第二持戒波羅
蜜因譬如師子有大威力獨步无畏離驚怖
故是名第三忍辱波羅蜜因譬如風輪那羅
延力勇壯速疾心不退故是名第四勤策波
羅蜜因譬如七寶樓觀有四階道清涼之風
來吹四門受安隱樂靜慮法藏求滿足故是

BD03935號　金光明最勝王經卷四

（2–1）

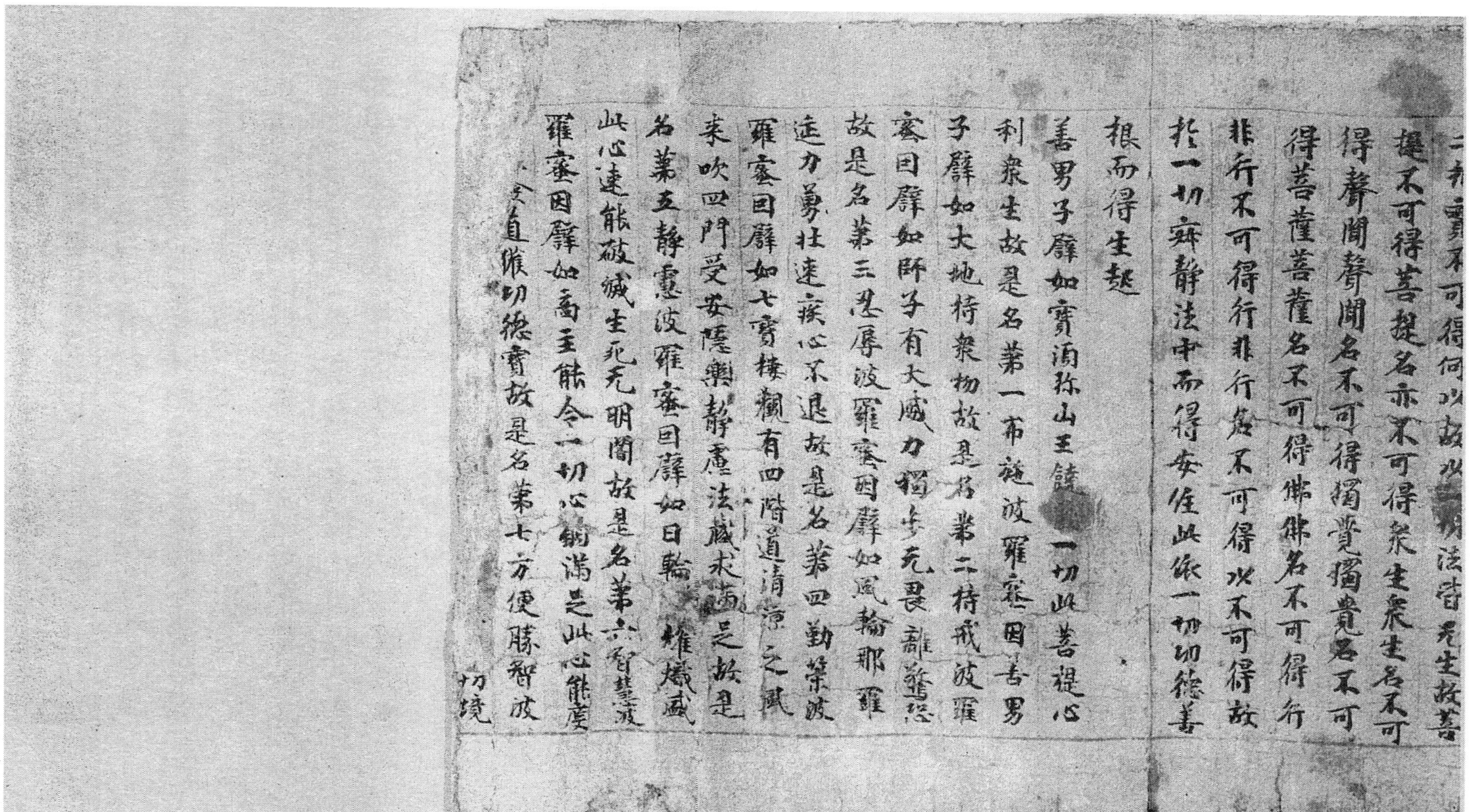

二相實不可得何以故以一切法皆无生故菩
提不可得菩提名亦不可得衆生衆生名不可
得聲聞聲聞名不可得獨覺獨覺名不可
得菩薩菩薩名不可得佛佛名不可得行
非行不可得行非行名不可得以不可得故
於一切寂靜法中而得安住此依一切功德善
根而得生起
善男子譬如寶須弥山王饒益一切此菩提心
利衆生故是名第一布施波羅蜜因善男
子譬如大地持衆物故是名第二持戒波羅
蜜因譬如師子有大威力獨步无畏離驚怖
故是名第三忍辱波羅蜜因譬如風輪那羅
延力勇壯速疾心不退故是名第四勤策波
羅蜜因譬如七寶樓觀有四階道清涼之風
來吹四門受安隱樂靜慮法藏求滿足故是
名第五靜慮波羅蜜因譬如日輪光耀熾盛
此心速能破滅生死无明闇故是名第六智慧波
羅蜜因譬如商主能令一切心願滿足此心能度
直備功德寶故是名第七方便勝智波
切境

BD03935號　金光明最勝王經卷四

（2–2）

妙法蓮華經妙音菩薩品第二十四
尒時釋迦牟尼佛放大人相肉髻光明及放眉
間白毫相光遍照東方百八万億那由他恒
河沙等諸佛世界過是數已有世界名淨光莊
嚴其國有佛号淨華宿王智如來應供正遍
知明行足善逝世間解无上士調御丈夫天人
師佛世尊為无量无邊菩薩大衆恭敬圍繞
而為說法釋迦牟尼佛白毫光明遍照其國
尒時一切淨光莊嚴國中有一菩薩名曰妙音
久已殖衆德本供養親近无量百千万億諸佛而
悉成就甚深智慧得妙幢相三昧法華三昧
淨德三昧宿王戲三昧无緣三昧智印三昧解
一切衆生語言三昧集一切功德三昧清淨三昧
神通遊戲三昧慧炬三昧莊嚴王三昧淨光
三昧淨藏三昧不共三昧日旋三昧得如是等
百千万億恒河沙等諸大三昧釋迦牟尼佛光
照其身即白淨華宿王智佛言世尊我當往
詣娑婆世界礼拜親近供養釋迦牟尼佛及見
文殊師利法王子菩薩藥王菩薩勇施菩薩宿
王華菩薩上行意菩薩莊嚴王菩薩藥上菩薩尒時
淨華宿王智佛告妙音菩薩汝莫輕彼國生下劣
想善男子彼娑婆世界高下不平土石諸山穢
惡充滿佛身卑小諸菩薩衆其形亦小而汝身

BD03936 號　妙法蓮華經卷七　（4–1）

照其身即白淨華宿王智佛言世尊我當往
詣娑婆世界礼拜親近供養釋迦牟尼佛及見
文殊師利法王子菩薩藥王菩薩勇施菩薩宿
王華菩薩上行意菩薩莊嚴王菩薩藥上菩薩尒時
淨華宿王智佛告妙音菩薩汝莫輕彼國生下劣
想善男子彼娑婆世界高下不平土石諸山穢
惡充滿佛身卑小諸菩薩衆其形亦小而汝身
四万二千由旬我身六百八十万由旬汝身第一端政
百千万福光明殊妙是故汝往莫輕彼國生下
菩薩及國土生下劣想妙音菩薩白其佛言世
尊我今詣娑婆世界皆是如來之力如來神通
遊戲如來功德智慧莊嚴於是妙音菩薩不
起于坐身不動搖而入三昧以三昧力於耆闍崛
山去法座不遠化作八万四千衆寶蓮華閻浮檀
金為莖白銀為葉金剛為鬚甄叔迦寶以為其
臺尒時文殊師利法王子見是蓮華而白佛言
世尊是何因緣先現此瑞有若干千万蓮華閻
浮檀金為莖白銀為葉金剛為鬚甄叔迦寶以為
其臺尒時釋迦牟尼佛告文殊師利是妙音菩
薩摩訶薩欲從淨華宿王智佛國與八万四千菩
薩圍繞而來至此娑婆世界供養親近礼拜於
我亦欲供養聽法華經文殊師利白佛言世尊是
菩薩種何善本脩何功德有是大神通力行何三
昧願為我等說是三昧名字我等亦欲勤脩行
之行此三昧乃能見菩薩色相大小威儀進止唯
願世尊以神通力彼菩薩來令我得見尒時釋迦牟
尼佛告文殊師利此久滅度多寶如來當為汝等
而現其相時多寶佛告彼菩薩善男子來文殊
師法王子欲見汝身于時妙音菩薩於彼國沒與
八万四千菩薩俱共發來所經諸國六種震動皆
悉雨於七寶蓮華百千天樂不鼓自鳴是菩薩

BD03936 號　妙法蓮華經卷七　（4–2）

之行此三昧乃能見是菩薩色相大小威儀進止唯
願世尊以神通力彼菩薩来令我得見尒時釋迦牟
尼佛告文殊師利此久滅度多寶如来當為汝等
而現其相時多寶佛告彼菩薩善男子来文殊
師利法王子欲見汝身于時妙音菩薩扵彼國沒與
八万四千菩薩俱共發来所経諸國六種震動皆
悉雨扵七寶蓮華百千天樂不鼓自鳴是菩薩
目如廣大青蓮華葉正使和合百千万月其面
貌端政復過扵此身真金色无量百千功德莊
嚴威德熾盛光明照曜諸相具足如那羅延堅固
之身入七寶臺上昇虛空去地七多羅樹諸
菩薩衆恭敬圍繞而来詣此娑婆世界耆闍崛
山到已下七寶臺以價直百千瓔珞持至釋迦
牟尼佛所頭面礼足奉上瓔珞而白佛言世尊
淨華宿王智佛問訊世尊少病少惱起居輕
利安樂行不四大調和不世事可忍不衆生易
度不无多貪欲瞋恚愚癡嫉妬憍慢不无不
孝父母不敬沙門邪見不善心不攝五情不世
尊衆生能降伏諸魔怨不久滅度多寶如来
在七寶塔中来聽法不又問訊多寶如来安隱
少惱堪忍久住不世尊我今欲見多寶佛身
唯願世尊示我令見尒時釋迦牟尼佛語多寶
佛是妙音菩薩欲得相見時多寶佛告妙音
言善哉善哉汝能為供養釋迦牟尼佛及聽法
華経并見文殊師利等故来至此尒時華德
菩薩白佛言世尊是妙音菩薩種何善根脩何
功德有是神力佛告華德菩薩過去有佛名雲
雷音宿王華智多陀阿伽度阿羅訶三藐三佛
陀國名現一切世間劫名喜見妙音菩薩扵万二
千歲以十万種伎樂供養雲雷音王佛并奉上八
万四千鉢以是因緣果報今生淨華宿王智佛所

BD03936號　妙法蓮華經卷七

（4–3）

華経并見文殊師利等故来至此尒時華德
菩薩白佛言世尊是妙音菩薩種何善根脩何
功德有是神力佛告華德菩薩過去有佛名雲
雷音宿王華智多陀阿伽度阿羅訶三藐三佛
陀國名現一切世間劫名喜見妙音菩薩扵万二
千歲以十万種伎樂供養雲雷音王佛并奉上八
万四千鉢以是因緣果報今生淨華宿王智佛所
有是神力華德扵汝意云何尒時雲雷音王佛所
妙音菩薩伎樂供養奉上寶器者豈異人乎
今此妙音菩薩摩訶薩是華德是妙音菩薩已曾
供養親近无量諸佛久殖德本又值恒河沙等
百千万億那由他佛華德汝但見妙音菩薩其身
在此而是菩薩現種種身處處為諸衆生說諸
経典或現梵王身或現帝釋身或現自在天身或
現大自在天身或現天大將軍身或現毗沙門
天王身或現轉輪聖王身或現諸小王身或現
長者身或現居士身或現宰官身或現婆羅門
身或現比丘比丘尼優婆塞優婆夷身或現長者
居士婦女身或現宰官婦女身或現婆羅門婦
女身或現童男童女身或現天龍夜叉乾闥阿
脩羅迦樓羅緊那羅摩睺羅伽人非人等身而說
是經諸有地獄餓鬼畜生及衆難處皆能救濟
乃至扵王後宮變為女身而說是經華德是妙音
薩能救護娑婆世界諸衆生者是妙音菩薩
如是種種變化現身在此娑婆國土為諸衆生

BD03936號　妙法蓮華經卷七

（4–4）

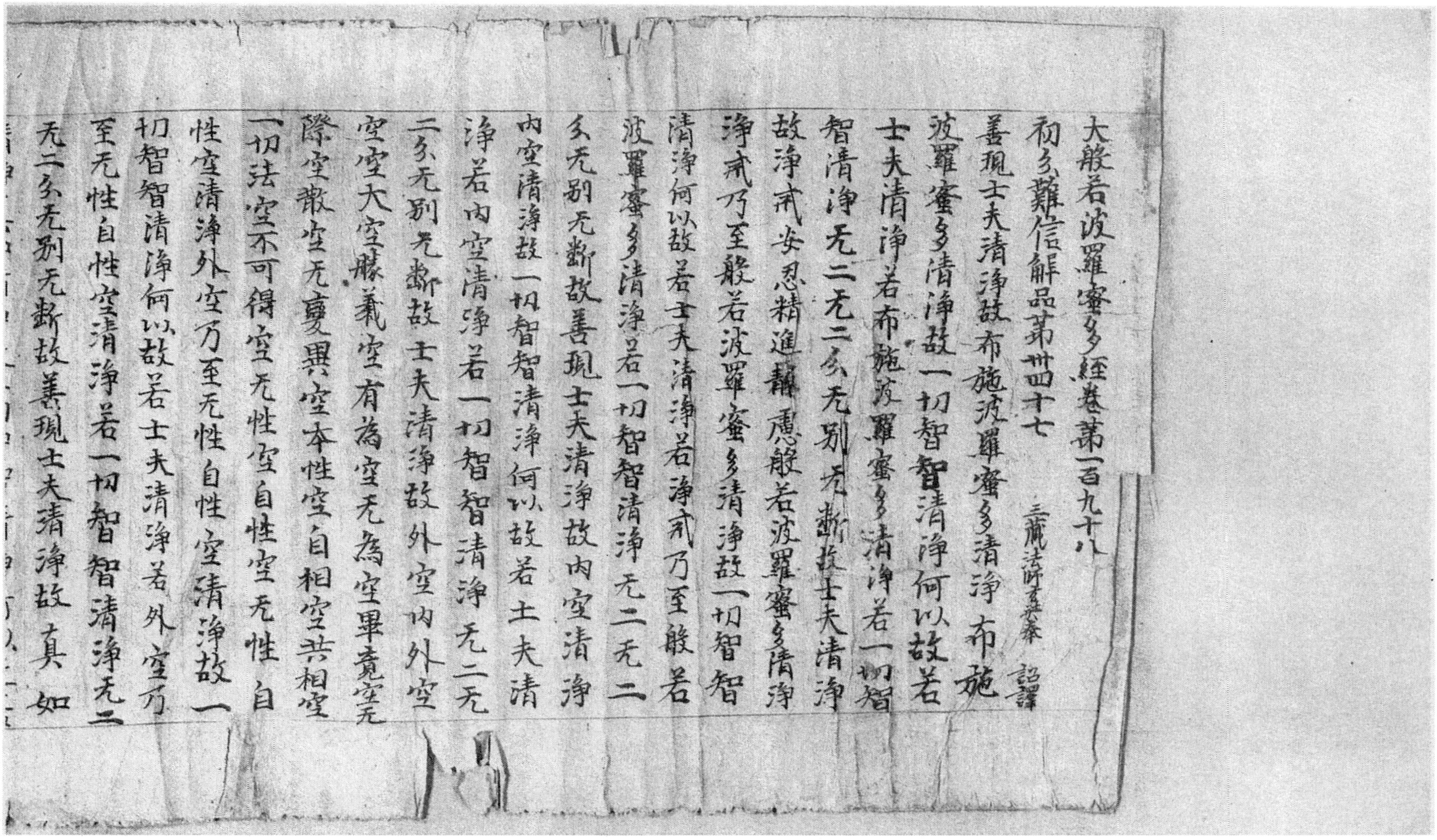

大般若波羅蜜多經卷第一百九十八
三藏法師玄奘奉　詔譯
初分難信解品第卅四之十七
善現士夫清淨故布施波羅蜜多清淨布施
波羅蜜多清淨故一切智智清淨何以故若
士夫清淨若布施波羅蜜多清淨若一切智
智清淨无二无二分无別无斷故士夫清淨
故淨戒安忍精進靜慮般若波羅蜜多清淨
淨戒乃至般若波羅蜜多清淨故一切智智
清淨何以故若士夫清淨若淨戒乃至般若
波羅蜜多清淨若一切智智清淨无二无二
分无別无斷故善現士夫清淨故內空清淨
內空清淨故一切智智清淨何以故若士夫清
淨若內空清淨若一切智智清淨无二无
二分无別无斷故士夫清淨故外空內外空
空空大空勝義空有為空无為空畢竟空无
際空散空无變異空本性空自相空共相空
一切法空不可得空无性空自性空无性自
性空清淨外空乃至无性自性空清淨故一
切智智清淨何以故若士夫清淨若外空乃
至无性自性空清淨若一切智智清淨无二
无二分无別无斷故善現士夫清淨故真如

BD03937號　大般若波羅蜜多經卷一九八　（2-1）

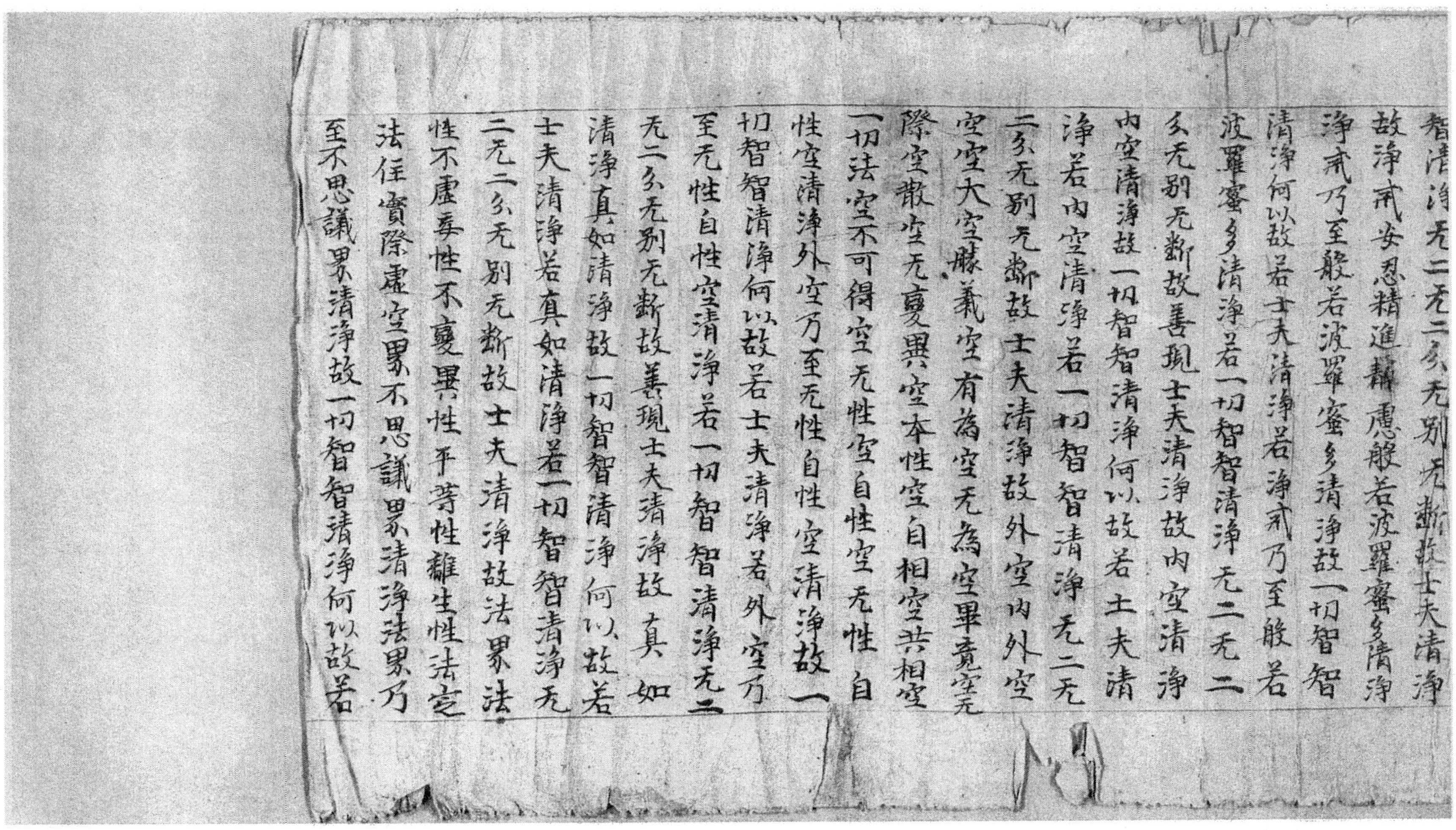

智清淨无二无二分无別无斷故士夫清淨
故淨戒安忍精進靜慮般若波羅蜜多清淨
淨戒乃至般若波羅蜜多清淨故一切智智
清淨何以故若士夫清淨若淨戒乃至般若
波羅蜜多清淨若一切智智清淨无二无二
分无別无斷故善現士夫清淨故內空清淨
內空清淨故一切智智清淨何以故若士夫清
淨若內空清淨若一切智智清淨无二无
二分无別无斷故士夫清淨故外空內外空
空空大空勝義空有為空无為空畢竟空无
際空散空无變異空本性空自相空共相空
一切法空不可得空无性空自性空无性自
性空清淨外空乃至无性自性空清淨故一
切智智清淨何以故若士夫清淨若外空乃
至无性自性空清淨若一切智智清淨无二
无二分无別无斷故善現士夫清淨故真如
清淨真如清淨故一切智智清淨何以故若
士夫清淨若真如清淨若一切智智清淨无
二无二分无別无斷故士夫清淨故法界法
性不虛妄性不變異性平等性離生性法定
法住實際虛空界不思議界清淨法界乃
至不思議界清淨故一切智智清淨何以故若

BD03937號　大般若波羅蜜多經卷一九八　（2-2）

□樓□……□尼子
㝡為第一亦常歎
讃持助宣我法能於四衆
示教利喜具足解釋佛之正法而大饒益同
梵行者自捨如来无能盡其言論之辯汝等
勿謂富樓那但能讃持助宣我法亦於過去
九十億諸佛所讃持助宣佛之正法於彼說
法人中亦㝡第一又於諸佛所說空法明了
通達得四无礙智常能審諦清淨說法无有
疑惑具足菩薩神通之力隨其壽命常脩梵
行彼佛世人咸皆謂之實是聲聞而富樓那
以斯方便饒益无量百千衆生又化无量阿
僧祇人令立阿耨多羅三藐三菩提為淨佛
土故常作佛事教化衆生諸比丘富樓那亦
於七佛說法人中而得第一今於我所說法
人中亦為第一於賢劫中當来諸佛說法人
中亦復第一而皆讃持助宣佛法亦於未来
讃持助宣无量无邊諸佛之法教化饒益无
量衆生令立阿耨多羅三藐三菩提為淨佛
土故常勤精進教化衆生漸漸具足菩薩之
道過无量阿僧祇劫當於此土得阿耨多羅
三藐三菩提号曰法明如来應供正遍知明
行足善逝世間解无上士調御丈夫天人師
佛世尊其佛以恒河沙等三千大千世界為

BD03938號　妙法蓮華經卷四

(28–1)

道過无量阿僧祇劫當於此土得阿耨多羅
三藐三菩提号曰法明如来應供正遍知明
行足善逝世間解无上士調御丈夫天人師
佛世尊其佛以恒河沙等三千大千世界為
一佛土七寶為地地平如掌无有山陵谿澗
溝壑七寶臺觀充滿其中諸天宮殿近處虛
空人天交接兩得相見无諸惡道亦无女人
一切衆生皆以化生无有婬欲得大神通身
出光明飛行自在志念堅固精進智慧普皆
金色三十二相而自莊嚴其國衆生常以二
食一者法喜食二者禪悅食有无量阿僧祇
千万億那由他諸菩薩衆得大神通四无礙
智善能教化衆生之類其聲聞衆筭數校計
所不能知皆得具足六通三明及八解脫其
佛國土有如是等无量功德莊嚴成就劫名
寶明國名善淨其佛壽命无量阿僧祇劫法
住甚久佛滅度後起七寶塔遍滿其國尒時
世尊欲重宣此義而說偈言
諸比丘諦聽　佛子所行道　善學方便故　不可得思議
知衆樂小法　而畏於大智　是故諸菩薩　作聲聞緣覺
以无數方便　化諸衆生類　自說是聲聞　去佛道甚遠
度脫无量衆　皆悉得成就　雖小欲懈怠　漸當令作佛
內祕菩薩行　外現是聲聞　少欲猒生死　實自淨佛土
示衆有三毒　又現邪見相　我弟子如是　方便度衆生
若我具足說　種種現化事　衆生聞是者　心則懷疑惑
今此富樓那　於昔千億佛　勤脩所行道　宣讃諸佛法
為求无上慧　而於諸佛所　現居弟子上　多聞有智慧
所說无所畏　能令衆歡喜　未曾有疲惓　而以助佛事
已度大神通　具四无礙智　知衆根利鈍　常說清淨法

BD03938號　妙法蓮華經卷四

(28–2)

若我具足說　種種現化事　衆生聞是者　心則懷疑惑
今此富樓那　於昔千億佛　勤脩所行道　宣護諸佛法
為求无上慧　而於諸佛所　現居弟子上　多聞有智慧
所說无所畏　能令衆歡喜　未曾有疲惓　而以助佛事
已度大神通　具四无礙智　知衆根利鈍　常說清淨法
演暢如是義　教諸千億衆　令住大乘法　而自淨佛土
未來亦供養　无量无數佛　護助宣正法　亦自淨佛土
常以諸方便　說法无所畏　度不可計衆　成就一切智
供養諸如來　護持法寶藏　其後當作佛　号名曰法明
其國名善淨　七寶所合成　劫名為寶明　菩薩衆甚多
其數无量億　皆度大神通　威德力具足　充滿其國土
聲聞亦无數　三明八解脫　得四无礙智　以是等為僧
其國諸衆生　婬欲皆已斷　純一變化生　具相莊嚴身
法喜禪悅食　更无餘食想　无有諸女人　亦无諸惡道
富樓那比丘　功德悉成滿　當得斯淨土　賢聖衆甚多
如是无量事　我今但略說
尒時千二百阿羅漢心自在者作是念我等
歡喜得未曾有若世尊各見授記如餘大弟
子者不亦快乎佛知此等心之所念告摩訶
迦葉是千二百阿羅漢我今當現前次第與
受阿耨多羅三藐三菩提記於此衆中我大
弟子憍陳如比丘當供養六万二千億佛然
後得成為佛号曰普明如來應供正遍知明
行足善逝世間解无上士調御丈夫天人師
佛世尊其五百阿羅漢優樓頻螺迦葉伽耶
迦葉那提迦葉迦留陀夷優陀夷阿㝹樓馱
離婆多劫賓那薄拘羅周陀莎伽陀等皆當
得阿耨多羅三藐三菩提盡同一号名曰普
明尒時世尊欲重宣此義而說偈言

BD03938 號　妙法蓮華經卷四　（28–3）

佛世尊其五百阿羅漢優樓頻螺迦葉伽耶
迦葉那提迦葉迦留陀夷優陀夷阿㝹樓馱
離婆多劫賓那薄拘羅周陀莎伽陀等皆當
得阿耨多羅三藐三菩提盡同一号名曰普
明尒時世尊欲重宣此義而說偈言
憍陳如比丘　當見无量佛　過阿僧祇劫　乃成等正覺
常放大光明　具足諸神通　名聞遍十方　一切之所敬
常說无上道　故号為普明　其國土清淨　菩薩皆勇猛
咸昇妙樓閣　遊諸十方國　以无上供具　奉獻於諸佛
作是供養已　心懷大歡喜　須臾還本國　有如是神力
佛壽六万劫　正法住倍壽　像法復倍是　法滅天人憂
其五百比丘　次第當作佛　同号曰普明　轉次而授記
我滅度之後　某甲當作佛　其所化世間　亦如我今日
國土之嚴淨　及諸神通力　菩薩聲聞衆　正法及像法
壽命劫多少　皆如上所說　迦葉汝已知　五百自在者
餘諸聲聞衆　亦當復如是　其不在此會　汝當為宣說
尒時五百阿羅漢於佛前得受記已歡喜踊
躍即從座起到於佛前頭面礼足悔過自責
世尊我等常作是念自謂已得究竟滅度今
乃知之如无智者所以者何我等應得如來
智慧而便自以小智為足世尊譬如有人至
親友家醉酒而卧是時親友官事當行以无
價寶珠繫其衣裏與之而去其人醉卧都不
覺知起已遊行到於他國為衣食故勤力求
索甚大艱難若少有所得便以為足於後親
友會遇見之而作是言咄哉丈夫何為衣食
乃至如是我昔欲令汝得安樂五欲自恣於
某年日月以无價寶珠繫汝衣裏今故現在
而汝不知勤苦憂惱以求自活甚為癡也汝

BD03938 號　妙法蓮華經卷四　（28–4）

覺知起已遊行到於他國為衣食故勤力求
索甚大艱難若少有所得便以為足於後親
友會遇見之而作是言咄哉丈夫何為衣食
乃至如是我昔欲令汝得安樂五欲自恣於
某年日月以无價寶珠繫汝衣裏今故現在
而汝不知勤苦憂惱以求自活甚為癡也汝
今可以此寶貿易所須常可如意无所乏短
佛亦如是為菩薩時教化我等令發一切智
心而尋廢忘不知不覺既得阿羅漢道自謂
滅度資生艱難得少為足一切智願猶在不
失今者世尊覺悟我等作如是言諸比丘汝
等所得非究竟滅我久令汝等種佛善根以
方便故示涅槃相而汝謂為實得滅度世尊
我今乃知實是菩薩得受阿耨多羅三藐三
菩提記以是因緣甚大歡喜得未曾有尒時
阿若憍陳如等欲重宣此義而說偈言
我等聞无上　安隱授記聲　歡喜未曾有　礼无量智佛
今於世尊前　自悔諸過咎　於无量佛寶　得少涅槃分
如无智愚人　便自以為足　譬如貧窮人　往至親友家
其家甚大富　具設諸餚饍　以无價寶珠　繫著內衣裏
嘿與而捨去　時臥不覺知　是人既已起　遊行詣他國
求衣食自濟　資生甚艱難　得少便為足　更不願好者
不覺內衣裏　有无價寶珠　與珠之親友　後見此貧人
苦切責之已　示以所繫珠　貧人見此珠　其心大歡喜
富有諸財物　五欲而自恣　我等亦如是　世尊於長夜
常愍見教化　令種无上願　我等无智故　不覺亦不知
得少涅槃分　自足不求餘　今佛覺悟我　言非實滅度
得佛无上慧　尒乃為真滅　我今從佛聞　授記莊嚴事
及轉次受決　身心遍歡喜

BD03938號　妙法蓮華經卷四　(28–5)

富有諸財物　五欲而自恣　我等亦如是　世尊於長夜
常愍見教化　令種无上願　我等无智故　不覺亦不知
得少涅槃分　自足不求餘　今佛覺悟我　言非實滅度
得佛无上慧　尒乃為真滅　我今從佛聞　授記莊嚴事
及轉次受決　身心遍歡喜
妙法蓮華經授學无學人記品第九
尒時阿難羅睺羅而作是念我等每自思惟
設得受記不亦快乎即從座起到於佛前頭
面礼足俱白佛言世尊我等於此亦應有分
唯有如來我等所歸又我等為一切世間天
人阿脩羅所見知識阿難常為侍者護持法
藏羅睺羅是佛之子若佛見授阿耨多羅三
藐三菩提記者我願既滿眾望亦足尒時學
无學聲聞弟子二千人皆從座起偏袒右肩
到於佛前一心合掌瞻仰世尊如阿難羅睺
羅所願住立一面尒時佛告阿難汝於來世
當得作佛号山海慧自在通王如來應供正
遍知明行足善逝世間解无上士調御丈夫
天人師佛世尊當供養六十二億諸佛護持
法藏然後得阿耨多羅三藐三菩提教化二
十千万億恒河沙諸菩薩等令成阿耨多羅
三藐三菩提國名常立勝幡其土清淨瑠璃
為地劫名妙音遍滿其佛壽命无量千万億
阿僧祇劫若人於千万億无量阿僧祇劫中
算數校計不能得知正法住世倍於壽命像
法住世復倍正法阿難是山海慧自在通王
佛為十方无量千万億恒河沙等諸佛如來
所共讚歎稱其功德尒時世尊欲重宣此義
而說偈言

BD03938號　妙法蓮華經卷四　(28–6)

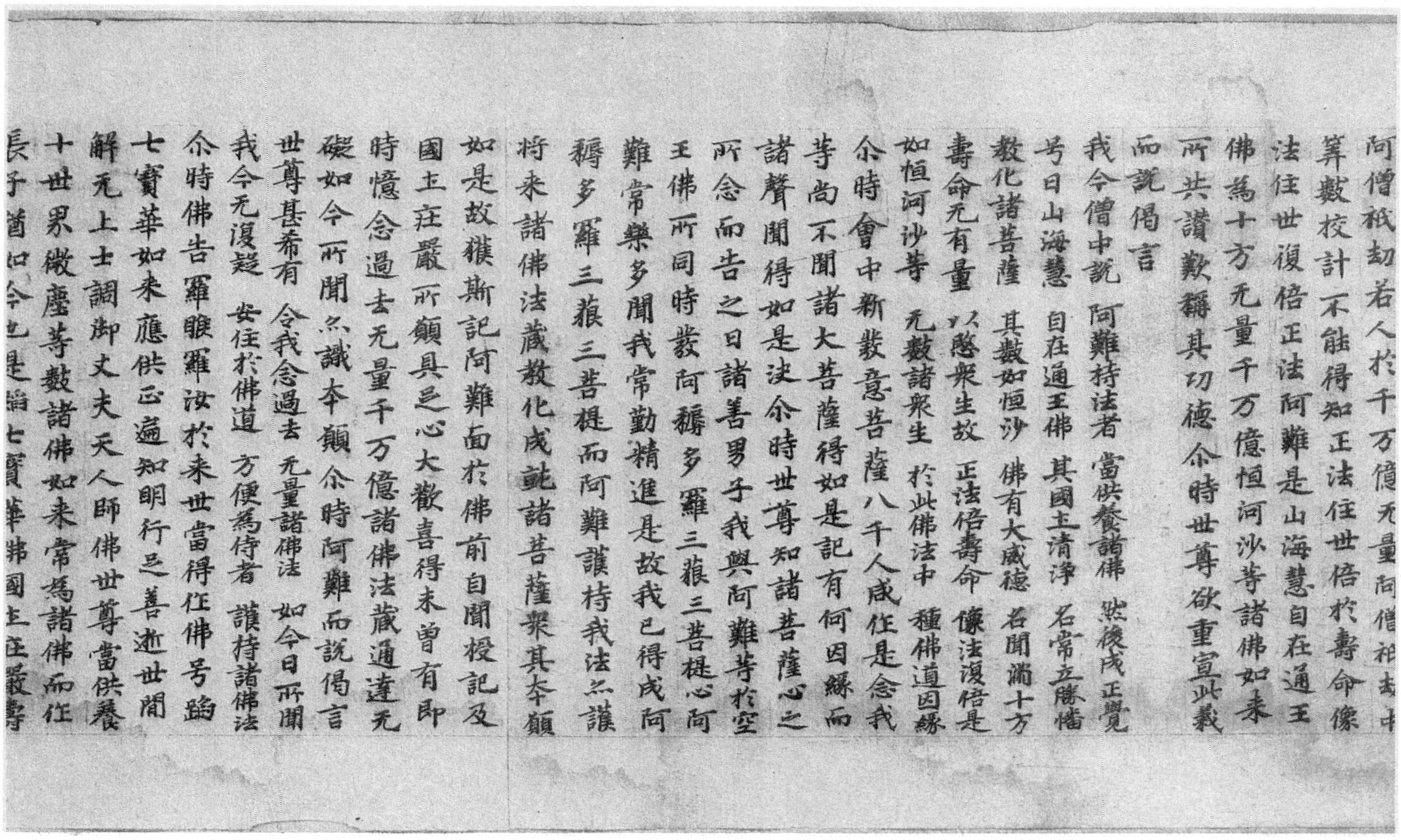
阿僧祇劫若人於千万億无量阿僧祇劫中
筭數校計不能得知正法住世倍於壽命像
法住世復倍正法阿難是山海慧自在通王
佛為十方无量千万億恒河沙等諸佛如来
所共讃歎稱其功德尒時世尊欲重宣此義
而說偈言
我今僧中說 阿難持法者 當供養諸佛 然後成正覺
号曰山海慧 自在通王佛 其國土清淨 名常立勝幡
教化諸菩薩 其數如恒沙 佛有大威德 名聞滿十方
壽命无有量 以愍衆生故 正法倍壽命 像法復倍是
如恒河沙等 无數諸衆生 於此佛法中 種佛道因緣
尒時會中新發意菩薩八千人咸作是念我
等尚不聞諸大菩薩得如是記有何因緣而
諸聲聞得如是決尒時世尊知諸菩薩心之
所念而告之曰諸善男子我與阿難等於空
王佛所同時發阿耨多羅三藐三菩提心阿
難常樂多聞我常勤精進是故我已得成阿
耨多羅三藐三菩提而阿難護持我法亦護
将来諸佛法藏教化成就諸菩薩衆其本願
如是故獲斯記阿難面於佛前自聞授記及
國土莊嚴所願具足心大歡喜得未曾有即
時憶念過去无量千万億諸佛法藏通達无
礙如今所聞亦識本願尒時阿難而說偈言
世尊甚希有 令我念過去 无量諸佛法 如今日所聞
我今无復疑 安住於佛道 方便為侍者 護持諸佛法
尒時佛告羅睺羅汝於来世當得作佛号蹈
七寶華如来應供正遍知明行足善逝世間
解无上士調御丈夫天人師佛世尊當供養
十世界微塵等數諸佛如来常為諸佛而作
長子猶如今也是蹈七寶華佛國土莊嚴壽



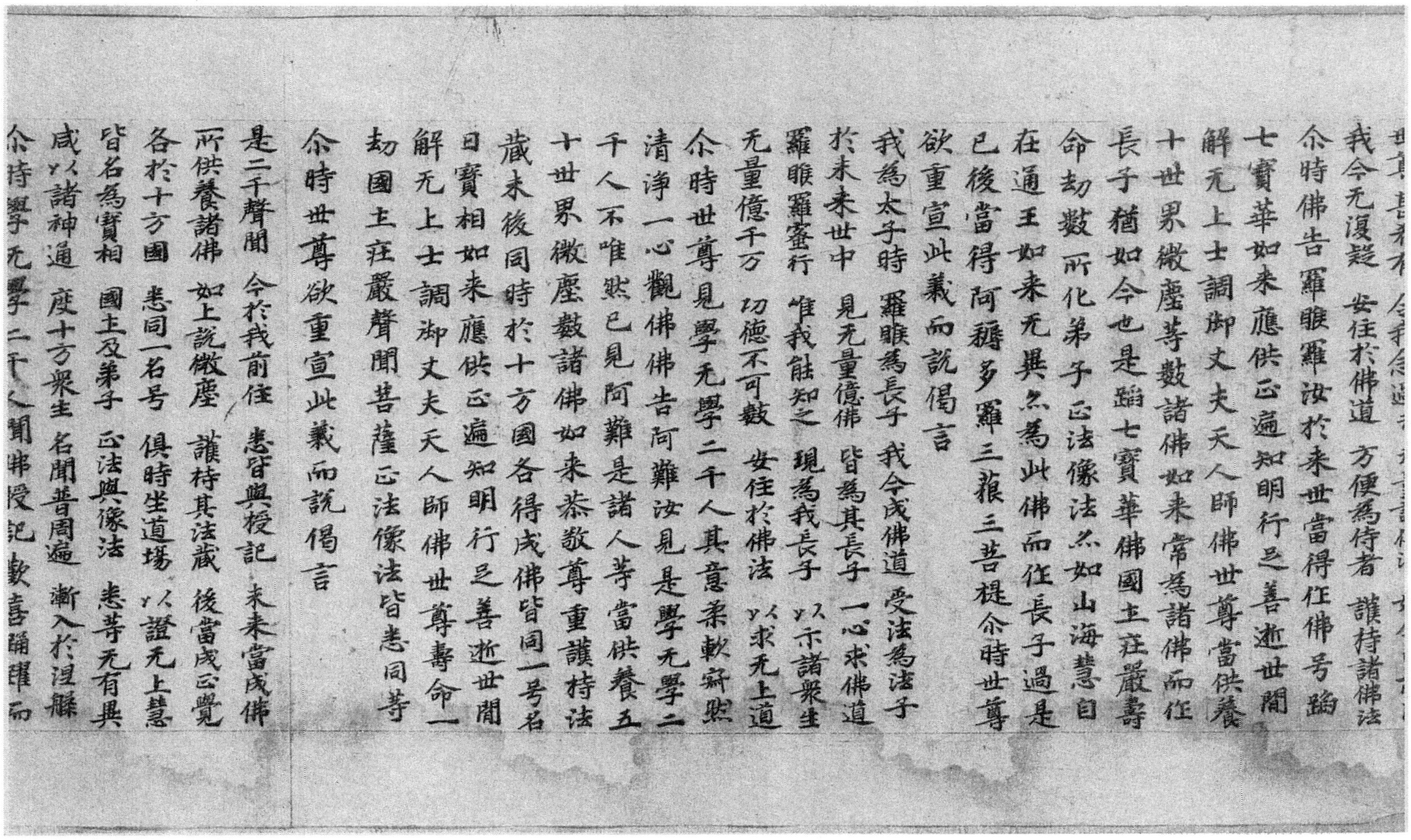
世尊甚希有 令我念過去 无量諸佛法 如今日所聞
我今无復疑 安住於佛道 方便為侍者 護持諸佛法
尒時佛告羅睺羅汝於来世當得作佛号蹈
七寶華如来應供正遍知明行足善逝世間
解无上士調御丈夫天人師佛世尊當供養
十世界微塵等數諸佛如来常為諸佛而作
長子猶如今也是蹈七寶華佛國土莊嚴壽
命劫數所化弟子正法像法亦如山海慧自
在通王如来无異亦為此佛而作長子過是
已後當得阿耨多羅三藐三菩提尒時世尊
欲重宣此義而說偈言
我為太子時 羅睺為長子 我今成佛道 受法為法子
於未来世中 見无量億佛 皆為其長子 一心求佛道
羅睺羅密行 唯我能知之 現為我長子 以示諸衆生
无量億千万 功德不可數 安住於佛法 以求无上道
尒時世尊見學无學二千人其意柔軟寂然
清淨一心觀佛佛告阿難汝見是學无學二
千人不唯然已見阿難是諸人等當供養五
十世界微塵數諸佛如来恭敬尊重護持法
藏末後同時於十方國各得成佛皆同一号名
曰寶相如来應供正遍知明行足善逝世間
解无上士調御丈夫天人師佛世尊壽命一
劫國土莊嚴聲聞菩薩正法像法皆悉同等
尒時世尊欲重宣此義而說偈言
是二千聲聞 今於我前住 悉皆與授記 未来當成佛
所供養諸佛 如上說微塵 護持其法藏 後當成正覺
各於十方國 悉同一名号 俱時坐道場 以證无上慧
皆名為寶相 國土及弟子 正法與像法 悉等无有異
咸以諸神通 度十方衆生 名聞普周遍 漸入於涅槃
尒時學无學二千人聞佛授記歡喜踊躍而

是二千聲聞　今於我前住　悉皆與授記　未來當成佛
所供養諸佛　如上說微塵　護持其法藏　後當成正覺
各於十方國　悉同一名号　俱時坐道場　以證无上慧
皆名為寶相　國土及弟子　正法與像法　悉等无有異
咸以諸神通　度十方衆生　名聞普周遍　漸入於涅槃
尒時學无學二千人聞佛授記歡喜踊躍而
說偈言
世尊慧燈明　我聞授記音　心歡喜充滿　如甘露見灌

## 妙法蓮華經法師品第十

尒時世尊因藥王菩薩告八万大士藥王汝
見是大衆中无量諸天龍王夜叉乾闥婆阿
脩羅迦樓羅緊那羅摩睺羅伽人與非人及
比丘比丘尼優婆塞優婆夷求聲聞者求辟
支佛者求佛道者如是等類咸於佛前聞妙
法華經一偈一句乃至一念隨喜者我皆與
受記當得阿耨多羅三藐三菩提佛告藥王
又如來滅度之後若有人聞妙法華經乃至
一偈一句一念隨喜者我亦與受阿耨多羅
三藐三菩提記若復有人受持讀誦解說書
寫妙法華經乃至一偈於此經卷敬視如佛
種種供養華香瓔珞末香塗香燒香繒蓋幢
幡衣服伎樂乃至合掌恭敬藥王當知是諸
人等已曾供養十万億佛於諸佛所成就大
願愍衆生故生此人間藥王若有人問何等
衆生於未來世當得作佛應示是諸人等於
未來世必得作佛何以故若善男子善女人
於法華經乃至一句受持讀誦解說書寫種
種供養經卷華香瓔珞末香塗香燒香繒蓋
幢幡衣服伎樂合掌恭敬是人一切世間所應

BD03938號　妙法蓮華經卷四

（28–9）

衆生於未來世當得作佛應示是諸人等於
未來世必得作佛何以故若善男子善女人
於法華經乃至一句受持讀誦解說書寫種
種供養經卷華香瓔珞末香塗香燒香繒蓋
幢幡衣服伎樂合掌恭敬是人一切世間所應
瞻奉應以如來供養而供養之當知此人是
大菩薩成就阿耨多羅三藐三菩提哀愍
衆生願生此間廣演分別妙法華經何況盡
能受持種種供養者藥王當知是人自捨清
淨業報於我滅度後愍衆生故生於惡世廣
演此經若是善男子善女人我滅度後能竊
為一人說法華經乃至一句當知是人則如
來使如來所遣行如來事何況於大衆中廣
為人說藥王若有惡人以不善心於一劫中
現於佛前常毀罵佛其罪尚輕若人以一惡
言毀呰在家出家讀誦法華經者其罪甚重
藥王其有讀誦法華經者當知是人以佛莊
嚴而自莊嚴則為如來肩所荷擔其所至方
應隨向礼一心合掌恭敬供養尊重讚歎華
香瓔珞末香塗香燒香繒蓋幢幡衣服餚饌
作諸伎樂人中上供而供養之應持天寶而
以散之天上寶聚應以奉獻所以者何是人
歡喜說法須臾聞之即得究竟阿耨多羅三
藐三菩提故尒時世尊欲重宣此義而說偈
言
若欲住佛道　成就自然智　常當勤供養　受持法華者
其有欲疾得　一切種智慧　當受持是經　并供養持者
若有能受持　妙法華經者　當知佛所使　愍念諸衆生
諸有能受持　妙法華經者　捨於清淨土　愍衆故生此
當知如是人　自在所欲生　能於此惡世　廣說无上法

BD03938號　妙法蓮華經卷四

（28–10）

言
若欲住佛道　成就自然智　常當勤供養　受持法華者
其有欲疾得　一切種智慧　當受持是經　并供養持者
若有能受持　妙法華經者　當知佛所使　愍念諸衆生
諸有能受持　妙法華經者　捨於清淨土　愍衆故生此
當知如是人　自在所欲生　能於此惡世　廣說无上法
應以天華香　及天寶衣服　天上妙寶聚　供養說法者
吾滅後惡世　能持是經者　當合掌礼敬　如供養世尊
上饌衆甘美　及種種衣服　供養是佛子　兾得須臾聞
若能於後世　受持是經者　我遣在人中　行於如來事
若於一劫中　常懷不善心　作色而罵佛　獲无量重罪
其有讀誦持　是法華經者　須臾加惡言　其罪復過彼
有人求佛道　而於一劫中　合掌在我前　以无數偈讚
由是讚佛故　得无量功德　歎美持經者　其福復過彼
於十八億劫　以取妙色聲　及與香味觸　供養持經者
如是供養已　若得須臾聞　則應自欣慶　我今獲大利
藥王今告汝　我所說諸經　而於此經中　法華取第一
尒時佛復告藥王菩薩摩訶薩所說經典
无量千億已說今說當說而於其中此法華
經取為難信難解藥王此經是諸佛秘要之
藏不可分布妄授與人諸佛世尊之所守護
從昔已來未曾顯說而此經者如來現在猶
多怨嫉况滅度後藥王當知如來滅後其能
書持讀誦供養為他人說者如來則為以衣
覆之又為他方現在諸佛之所護念是人有
大信力及志願力諸善根力當知是人與如
來共宿則為如來手摩其頭藥王在在處處
若說若讀若誦若書若經卷所住處皆應起
七寶塔極令高廣嚴飾不須復安舍利所以
者何此中已有如來全身此塔應以一切華



覆之又為他方現在諸佛之所護念是人有
大信力及志願力諸善根力當知是人與如
來共宿則為如來手摩其頭藥王在在處處
若說若讀若誦若書若經卷所住處皆應起
七寶塔極令高廣嚴飾不須復安舍利所以
者何此中已有如來全身此塔應以一切華
香瓔珞繒蓋幢幡伎樂歌頌供養恭敬尊重
讚歎若有人得見此塔礼拜供養當知是等
皆近阿耨多羅三藐三菩提藥王多有人在
家出家行菩薩道若不能得見聞讀誦書持
供養是法華經者當知是人未善行菩薩道
若有得聞是經典者乃能善行菩薩之道其
有衆生求佛道者若見若聞是法華經聞已
信解受持者當知是人得近阿耨多羅三藐
三菩提藥王譬如有人渴乏須水於彼高原
穿鑿求之猶見乾土知水尚遠施功不已轉
見濕土遂漸至泥其心決定知水必近菩薩
亦復如是若未聞未解未能脩習是法華經
當知是人去阿耨多羅三藐三菩提尚遠若
得聞解思惟脩習必知得近阿耨多羅三藐
三菩提所以者何一切菩薩阿耨多羅三藐
三菩提皆屬此經此經開方便門示真實相
是法華經藏深固幽遠无人能到今佛教化
成就菩薩而為開示藥王若有菩薩聞是法
華經驚疑怖畏當知是為新發意菩薩若聲
聞人聞是經驚疑怖畏當知是為增上慢者
藥王若有善男子善女人如來滅後欲為四
衆說是法華經者云何應說是善男子善女
人入如來室著如來衣坐如來座尒乃應為
四衆廣說斯經如來室者一切衆生中大慈

華經驚疑怖畏當知是為新發意菩薩若聲
聞人聞是經驚疑怖畏當知是為增上慢者
藥王若有善男子善女人如來滅後欲為四
衆說是法華經者云何應說是善男子善女
人入如來室著如來衣坐如來座尒乃應為
四衆廣說斯經如來室者一切衆生中大慈
悲心是如來衣者柔和忍辱心是如來座者
一切法空是安住是中然後以不懈怠心為
諸菩薩及四衆廣說是法華經藥王我於餘
國遣化人為其集聽法衆亦遣化比丘比丘
尼優婆塞優婆夷聽其說法是諸化人聞法
信受隨順不逆若說法者在空閑處我時廣
遣天龍鬼神乾闥婆阿脩羅等聽其說法我
雖在異國時時令說法者得見我身若於此
經忘失句逗我還為說令得具足尒時世尊
欲重宣此義而說偈言
欲捨諸懈怠　應當聽此經　是經難得聞　信受者亦難
如人渴須水　穿鑿於高原　猶見乾燥土　知去水尚遠
漸見濕土泥　决定知近水　藥王汝當知　如是諸人等
不聞法華經　去佛智甚遠　若聞是深經　决了聲聞法
是諸經之王　聞已諦思惟　當知此人等　近於佛智慧
若人說此經　應入如來室　著於如來衣　而坐如來座
處衆无所畏　廣為分別說　大慈悲為室　柔和忍辱衣
諸法空為座　處此為說法　若說此經時　有人惡口罵
加刀杖凡石　念佛故應忍　我千万億土　現淨堅固身
於无量億劫　為衆生說法　若我滅度後　能說此經者
我遣化四衆　比丘比丘尼　及清信士女　供養於法師
引導諸衆生　集之令聽法　若人欲加惡　刀杖及凡石
則遣變化人　為之作衛護　若說法之人　獨在空閑處

BD03938 號　妙法蓮華經卷四　（28–13）

加刀杖凡石　念佛故應忍　我千万億土　現淨堅固身
於无量億劫　為衆生說法　若我滅度後　能說此經者
我遣化四衆　比丘比丘尼　及清信士女　供養於法師
引導諸衆生　集之令聽法　若人欲加惡　刀杖及凡石
則遣變化人　為之作衛護　若說法之人　獨在空閑處
寂漠无人聲　讀誦此經典　我尒時為現　清淨光明身
若忘失章句　為說令通利　若人具是德　或為四衆說
空處讀誦經　皆得見我身　若人在空閑　我遣天龍王
夜叉鬼神等　為作聽法衆　是人樂說法　分別无罣礙
諸佛護念故　能令大衆喜　若親近法師　速得菩薩道
隨順是師學　得見恒沙佛
妙法蓮華經見寶塔品第十一
尒時佛前有七寶塔高五百由旬縱廣二百
五十由旬從地踊出住在空中種種寶物而
莊校之五千欄楯龕室千万无數幢幡以為
嚴飾垂寶瓔珞寶鈴万億而懸其上四面皆
出多摩羅跋栴檀之香充滿世界其諸幡蓋
以金銀瑠璃車𤦲馬瑙真珠玫瑰七寶合成
高至四天王宮三十三天雨天曼陁羅華供
養寶塔餘諸天龍夜叉乾闥婆阿脩羅迦樓
羅緊那羅摩睺羅伽人非人等千万億衆以
一切華香瓔珞幡蓋伎樂供養寶塔恭敬尊
重讚歎尒時寶塔中出大音聲歎言善哉善
哉釋迦牟尼世尊能以平等大慧教菩薩法
佛所護念妙法華經為大衆說如是如是釋
迦牟尼世尊如所說者皆是真實尒時四衆
見大寶塔住在空中又聞塔中所出音聲皆
得法喜怪未曾有從座而起恭敬合掌却住
一面尒時有菩薩摩訶薩名大樂說知一切

BD03938 號　妙法蓮華經卷四　（28–14）

我釋迦牟尼世尊能以平等大慧教菩薩法
佛所護念妙法華經為大衆說如是如是釋
迦牟尼世尊如所說者皆是真實尒時四衆
見大寶塔住在空中又聞塔中所出音聲皆
得法喜怪未曾有從座而起恭敬合掌却住
一面尒時有菩薩摩訶薩名大樂說知一切
世間天人阿脩羅等心之所疑而白佛言世
尊以何因緣有此寶塔從地踊出又於其中
發是音聲尒時佛告大樂說菩薩此寶塔中
有如來全身乃往過去東方无量千万億阿
僧祇世界國名寶淨彼中有佛号曰多寶其
佛行菩薩道時作大誓願若我成佛滅度之
後於十方國土有說法華經處我之塔廟為
聽是經故踊現其前為作證明讚言善哉彼
佛成道已臨滅度時於天人大衆中告諸比
丘我滅度後欲供養我全身者應起一大塔
其佛神通願力十方世界在在處處若有說
法華經者彼之寶塔皆踊出其前全身在於
塔中讚言善哉善哉大樂說今多寶如來塔
聞說法華經故從地踊出讚言善哉善哉是
時大樂說菩薩以如來神力故白佛言世尊
我等願欲見此佛身佛告大樂說菩薩摩訶
薩是多寶佛有深重願若我寶塔為聽法華
經故出於諸佛前時其有欲以我身示四衆
者彼佛分身諸佛在於十方世界說法盡還
集一處然後我身乃出現耳大樂說我分身
諸佛在於十方世界說法者今應當集大樂
說白佛言世尊我等亦願欲見世尊分身諸
佛礼拜供養尒時佛放白毫一光即見東方
五百万億那由他恒河沙等國土諸佛彼諸

BD03938 號　妙法蓮華經卷四　（28–15）

者彼佛分身諸佛在於十方世界說法盡還
集一處然後我身乃出現耳大樂說我分身
諸佛在於十方世界說法者今應當集大樂
說白佛言世尊我等亦願欲見世尊分身諸
佛礼拜供養尒時佛放白毫一光即見東方
五百万億那由他恒河沙等國土諸佛彼諸
國土皆以頗梨為地寶樹寶衣以為莊嚴无
數千万億菩薩充滿其中遍張寶幔寶網羅
上彼國諸佛以大妙音而說諸法及見无量
万億菩薩遍滿諸國為衆說法南西北方四
維上下白毫相光所照之處亦復如是尒時
十方諸佛各告衆菩薩言善男子我今應往
娑婆世界釋迦牟尼佛所并供養多寶如來
寶塔時娑婆世界即變清淨瑠璃為地寶樹
莊嚴黃金為繩以界八道无諸聚落村營城
邑大海江河山川林藪燒大寶香曼陁羅華
遍布其地以寶網幔羅覆其上懸諸寶鈴唯
留此會衆移諸天人置於他土是時諸佛各
將一大菩薩以為侍者至娑婆世界各到寶
樹下一一寶樹高五百由旬枝葉華菓次苐
莊嚴諸寶樹下皆有師子之座高五由旬亦
以大寶而校飾之尒時諸佛各於此座結加
趺坐如是展轉遍滿三千大千世界而於釋
迦牟尼佛一方所分之身猶故未盡時釋迦
牟尼佛欲容受所分身諸佛故八方各更變
二百万億那由他國皆令清淨无有地獄餓
鬼畜生及阿脩羅又移諸天人置於他土所
化之國亦以瑠璃為地寶樹莊嚴樹高五百
由旬枝葉華菓次苐嚴飾樹下皆有寶師子

BD03938 號　妙法蓮華經卷四　（28–16）

牟尼佛欲容受所分身諸佛故八方各更變
二百万億那由他國皆令清淨无有地獄餓
鬼畜生及阿脩羅又移諸天人置於他土所
化之國亦以瑠璃為地寶樹莊嚴樹高五百
由旬枝葉華菓次第嚴飾樹下皆有寶師子
座高五由旬種種諸寶以為莊校亦无大海
江河及目真隣陁山摩訶目真隣陁山鐵圍
山大鐵圍山須弥山等諸山王通為一佛國
土寶地平正寶交露幔遍覆其上懸諸幡蓋
燒大寶香諸天寶華遍布其地釋迦牟尼佛
為諸佛當來坐故復於八方各變二百万億
那由他國皆令清淨无有地獄餓鬼畜生及
阿脩羅又移諸天人置於他土所化之國亦
以瑠璃為地寶樹莊嚴樹高五百由旬枝葉
華菓次第莊嚴樹下皆有寶師子座高五由
旬亦以大寶而校飾之亦无大海江河及目
真隣陁山摩訶目真隣陁山鐵圍山大鐵圍
山須弥山等諸山王通為一佛國土寶地平
正寶交露幔遍覆其上懸諸幡蓋燒大寶香
諸天寶華遍布其地尒時東方釋迦牟尼所
分之身百千万億那由他恒河沙等國土中
諸佛各各說法來集於此如是次第十方諸
佛皆悉來集坐於八方尒時一一方四百万
億那由他國土諸佛如來遍滿其中是時諸
佛各在寶樹下坐師子座皆遣侍者問訊釋
迦牟尼佛各齎寶華滿掬而告之言善男子
汝往詣耆闍崛山釋迦牟尼佛所如我辭曰
少病少惱氣力安樂及菩薩聲聞衆悉安隱
不以此寶華散佛供養而作是言彼某甲佛



佛各在寶樹下坐師子座皆遣侍者問訊釋
迦牟尼佛各齎寶華滿掬而告之言善男子
汝往詣耆闍崛山釋迦牟尼佛所如我辭曰
少病少惱氣力安樂及菩薩聲聞衆悉安隱
不以此寶華散佛供養而作是言彼某甲佛
與欲開此寶塔諸佛遣使亦復如是尒時釋
迦牟尼佛見所分身佛悉已來集各各坐於
師子之座皆聞諸佛與欲同開寶塔即從座
起住虛空中一切四衆起立合掌一心觀佛
於是釋迦牟尼佛以右指開七寶塔戶出大
音聲如却關鑰開大城門即時一切衆會皆
見多寶如來於寶塔中坐師子座全身不散
如入禪定又聞其言善哉善哉釋迦牟尼佛
快說是法華經我為聽是經故而來至此尒
時四衆等見過去无量千万億劫滅度佛說
如是言歎未曾有以天寶華聚散多寶佛及
釋迦牟尼佛上尒時多寶佛於寶塔中分半
座與釋迦牟尼佛而作是言釋迦牟尼佛可
就此座即時釋迦牟尼佛入其塔中坐其半
座結跏趺坐尒時大衆見二如來在七寶塔
中師子座上結跏趺坐各作是念佛座高遠
唯願如來以神通力令我等輩俱處虛空即
時釋迦牟尼佛以神通力接諸大衆皆在虛
空以大音聲普告四衆誰能於此娑婆國土
廣說妙法華經今正是時如來不久當入涅
槃佛欲以此妙法華經付囑有在尒時世尊
欲重宣此義而說偈言
聖主世尊　雖久滅度　在寶塔中　尚為法來
諸人云何　不勤為法　此佛滅度　无鞅數劫

滕佛欲以此妙法華經付囑有在　尒時世尊
欲重宣此義而說偈言
聖主世尊　雖久滅度　在寶塔中　尚為法來
諸人云何　不勤為法　此佛滅度　无鞅數劫
處處聽法　以難遇故　彼佛本願　我滅度後
在在所往　常為聽法　又我分身　无量諸佛
如恒沙等　來欲聽法　及見滅度　多寶如來
各捨妙土　及弟子眾　天人龍神　諸供養事
令法久住　故來至此　為坐諸佛　以神通力
移无量眾　令國清淨　諸佛各各　詣寶樹下
如清淨池　蓮華莊嚴　其寶樹下　諸師子座
佛坐其上　光明嚴飾　如夜闇中　燃大炬火
身出妙香　遍十方國　眾生蒙薰　喜不自勝
譬如大風　吹小樹枝　以是方便　令法久住
告諸大眾　我滅度後　誰能護持　讀說斯經
今於佛前　自說誓言　其多寶佛　雖久滅度
以大誓願　而師子吼　多寶如來　及與我身
所集化佛　當知此意　諸佛子等　誰能護法
當發大願　令得久住　其有能護　此經法者
則為供養　我及多寶　此多寶佛　處於寶塔
常遊十方　為是經故　亦復供養　諸來化佛
莊嚴光飾　諸世界者　若說此經　則為見我
多寶如來　及諸化佛　諸善男子　各諦思惟
此為難事　宜發大願　諸餘經典　數如恒沙
雖說此等　未足為難　若接須弥　擲置他方
无數佛土　亦未為難　若以足指　動大千界
遠擲他國　亦未為難　若立有頂　為眾演說
无量餘經　亦未為難　若佛滅後　於惡世中
能說此經　是則為難　假使有人　手把虛空



雖說此等　亦未為難　若接須弥　擲置他方
无數佛土　亦未為難　若以足指　動大千界
遠擲他國　亦未為難　若立有頂　為眾演說
无量餘經　亦未為難　若佛滅後　於惡世中
能說此經　是則為難　假使有人　手把虛空
而以遊行　亦未為難　於我滅後　若自書持
若使人書　是則為難　若以大地　置足甲上
昇於梵天　亦未為難　佛滅度後　於惡世中
暫讀此經　是則為難　假使劫燒　擔負乾草
入中不燒　亦未為難　我滅度後　若持此經
為一人說　是則為難　若持八万　四千法藏
十二部經　為人演說　令諸聽者　得六神通
雖能如是　亦未為難　於我滅後　聽受此經
問其義趣　是則為難　若人說法　令千万億
无量无數　恒沙眾生　得阿羅漢　具六神通
雖有是益　亦未為難　於我滅後　若能奉持
如斯經典　是則為難　我為佛道　於无量土
從始至今　廣說諸經　而於其中　此經第一
若有能持　則持佛身　諸善男子　於我滅後
誰能護持　讀誦此經　今於佛前　自說誓言
此經難持　若暫持者　我則歡喜　諸佛亦然
如是之人　諸佛所歎　是則勇猛　是則精進
是名持戒　行頭陁者　則為疾得　无上佛道
能於來世　讀持此經　是真佛子　住淳善地
佛滅度後　能解其義　是諸天人　世間之眼
於恐畏世　能須臾說　一切天人　皆應供養
妙法蓮華經提婆達多品第十二
尒時佛告諸菩薩及天人四眾吾於過去无
量劫中求法華經无有懈惓於多劫中常作

佛滅度後　能解其義　是諸天人　世間之眼
於恐畏世　能須臾說　一切天人　皆應供養
妙法蓮華經提婆達多品第十二
尒時佛告諸菩薩及天人四衆吾於過去无
量劫中求法華經无有懈倦於多劫中常作
國王發願求於无上菩提心不退轉為欲滿
足六波羅蜜勤行布施心无悋惜象馬七珎
國城妻子奴婢僕從頭目髓腦身肉手足不
惜軀命時世人民壽命无量為於法故捐捨
國位委政太子擊鼓宣令四方求法誰能為
我說大乘者吾當終身供給走使時有仙人
来白王言我有大乘名妙法華若不違我當
為宣說王聞仙言歡喜踊躍即隨仙人供給
所須採菓汲水拾薪設食乃至以身而為床
座身心无惓于時奉事經於千歲為於法故
精勤給侍令无所乏尒時世尊欲重宣此義
而說偈言
我念過去劫　為求大法故　雖作世國王　不貪五欲樂
椎鍾告四方　誰有大法者　若為我解說　身當為奴僕
時有阿私仙　来白於大王　我有微妙法　世間所希有
若能脩行者　吾當為汝說　時王聞仙言　心生大喜悅
即便隨仙人　供給於所須　採薪及菓蓏　隨時恭敬與
情存妙法故　身心无懈惓　普為諸衆生　勤求於大法
亦不為己身　及以五欲樂　故為大國王　勤求獲此法
遂致得成佛　今故為汝說
佛告諸比丘尒時王者則我身是時仙人者
今提婆達多是由提婆達多善知識故令我
具足六波羅蜜慈悲喜捨三十二相八十種
好紫磨金色十力四无所畏四攝法十八不
共神通道力成等正覺廣度衆生皆因提婆

BD03938號　妙法蓮華經卷四　(28–21)

佛告諸比丘尒時王者則我身是時仙人者
今提婆達多是由提婆達多善知識故令我
具足六波羅蜜慈悲喜捨三十二相八十種
好紫磨金色十力四无所畏四攝法十八不
共神通道力成等正覺廣度衆生皆因提婆
達多善知識故告諸四衆提婆達多却後過
无量劫當得成佛号曰天王如来應供正遍
知明行足善逝世間解无上士調御丈夫天
人師佛世尊世界名天道時天王佛住世二
十中劫廣為衆生說於妙法恒河沙衆生得
阿羅漢果无量衆生發緣覺心恒河沙衆生
發无上道心得无生忍至不退轉時天王佛
般涅槃後正法住世二十中劫全身舍利起
七寶塔高六十由旬縱廣四十由旬諸天人
民悉以雜華末香燒香塗香衣服瓔珞幢幡
寶蓋伎樂歌頌礼拜供養七寶妙塔无量衆
生得阿羅漢无量衆生悟辟支佛不可思議
衆生發菩提心至不退轉佛告諸比丘未来
世中若有善男子善女人聞妙法華經提婆
達多品淨心信敬不生疑惑者不墮地獄餓
鬼畜生生十方佛前所生之處常聞此經若
生人天中受勝妙樂若在佛前蓮華化生於
時下方多寶世尊所從菩薩名曰智積白多
寶佛當還本土釋迦牟尼佛告智積曰善男
子且待須臾此有菩薩名文殊師利可與相
見論說妙法可還本土尒時文殊師利坐千
葉蓮華大如車輪俱来菩薩亦坐寶華從於
大海娑竭龍宮自然踊出住虛空中詣靈鷲
山從蓮華下至於佛所頭面敬礼二世尊足

BD03938號　妙法蓮華經卷四　(28–22)

寶佛當還本土釋迦牟尼佛告智積曰善男
子且待須臾此有菩薩名文殊師利可與相
見論說妙法可還本土尒時文殊師利坐千
葉蓮華大如車輪俱來菩薩亦坐寶華從於
大海娑竭龍宮自然踊出住虛空中詣靈鷲
山從蓮華下至於佛所頭面敬礼二世尊足
脩敬已畢往智積所共相慰問却坐一面智
積菩薩問文殊師利仁往龍宮所化眾生其
數幾何文殊師利言其數无量不可稱計非
口所宣非心所測且待須臾自當有證所言
未竟无數菩薩坐寶蓮華從海踊出詣靈鷲
山住在虛空此諸菩薩皆是文殊師利之所
化度具菩薩行皆共論說六波羅蜜本聲聞
人在虛空中說聲聞行今皆脩行大乘空義
文殊師利謂智積曰於海教化其事如是尒
時智積菩薩以偈讚曰
大智德勇健　化度无量眾　今此諸大會　及我皆已見
演暢實相義　開闡一乘法　廣度諸群生　令速成菩提
文殊師利言我於海中唯常宣說妙法華經
智積問文殊師利言此經甚深微妙諸經中
寶世所希有頗有眾生勤加精進脩行此經
速得佛不文殊師利言有娑竭羅龍王女年
始八歲智慧利根善知眾生諸根行業得
陁羅尼諸佛所說甚深祕藏悉能受持深入
禪定了達諸法於剎那頃發菩提心得不退轉
辯才无礙慈念眾生猶如赤子功德具足心
念口演微妙廣大慈悲仁讓志意和雅能至
菩提智積菩薩言我見釋迦如來於无量劫
難行苦行積功累德求菩薩道未曾止息觀



辯才无礙慈念眾生猶如赤子功德具足心
念口演微妙廣大慈悲仁讓志意和雅能至
菩提智積菩薩言我見釋迦如來於无量劫
難行苦行積功累德求菩薩道未曾止息觀
三千大千世界乃至无有如芥子許非是菩
薩捨身命處為眾生故然後乃得成菩提道
不信此女於須臾頃便成正覺言論未訖時
龍王女忽現於前頭面礼敬却住一面以偈
讚曰
深達罪福相　遍照於十方　微妙淨法身　具相三十二
以八十種好　用莊嚴法身　天人所戴仰　龍神咸恭敬
一切眾生類　无不宗奉者　又聞成菩提　唯佛當證知
我闡大乘教　度脫苦眾生
時舍利弗語龍女言汝謂不久得无上道是
事難信所以者何女身垢穢非是法器云何
能得无上菩提佛道懸曠經无量劫勤苦積
行具脩諸度然後乃成又女人身猶有五障
一者不得作梵天王二者帝釋三者魔王四
者轉輪聖王五者佛身云何女身速得成佛
尒時龍女有一寶珠價直三千大千世界持
以上佛佛即受之龍女謂智積菩薩尊者舍
利弗言我獻寶珠世尊納受是事疾不答言
甚疾女言以汝神力觀我成佛復速於此當
時眾會皆見龍女忽然之間變成男子具菩
薩行即往南方无垢世界坐寶蓮華成等正
覺三十二相八十種好普為十方一切眾生
演說妙法尒時娑婆世界菩薩聲聞天龍八
部人與非人皆遙見彼龍女成佛普為時會
人天說法心大歡喜悉遙敬礼无量眾生聞

覺三十二相八十種好普為十方一切衆生
演說妙法尒時娑婆世界菩薩聲聞天龍八
部人與非人皆遥見彼龍女成佛普為時會
人天說法心大歡喜悉遥敬礼无量衆生聞
法解悟得不退轉无量衆生得受道記无垢
世界六反震動娑婆世界三千衆生住不退
地三千衆生發菩提心而得受記智積菩薩
及舍利弗一切衆會嘿然信受
妙法蓮華經持品第十三
尒時藥王菩薩摩訶薩及大樂說菩薩摩訶
薩與二万菩薩眷屬俱皆於佛前作是誓言
唯願世尊不以為慮我等於佛滅後當奉持
讀誦說此經典後惡世衆生善根轉少多增
上慢貪利供養增不善根遠離解脫雖難可
教化我等當起大忍力讀誦此經持說書寫
種種供養不惜身命尒時衆中五百阿羅漢
得受記者白佛言世尊我等亦自誓願於異
國土廣說此經復有學无學八千人得受記
者從座而起合掌向佛作是誓言世尊我等
亦當於他國土廣說此經所以者何是娑婆
國中人多弊惡懷增上慢功德淺薄瞋濁諂
曲心不實故尒時佛姨母摩訶波闍波提比
丘尼與學无學比丘尼六千人俱從座而起
一心合掌瞻仰尊顔目不暫捨於時世尊告
憍曇弥何故憂色而視如来汝心將无謂我
不說汝名授阿耨多羅三藐三菩提記耶憍
曇弥我先惣說一切聲聞皆已授記今汝欲
知記者將来之世當於六万八千億諸佛法
中為大法師及六千學无學比丘尼俱為法

BD03938號　妙法蓮華經卷四　(28–25)

憍曇弥何故憂色而視如来汝心將无謂我
不說汝名授阿耨多羅三藐三菩提記耶憍
曇弥我先惣說一切聲聞皆已授記今汝欲
知記者將来之世當於六万八千億諸佛法
中為大法師及六千學无學比丘尼俱為法
師汝如是漸漸具菩薩道當得作佛号一切
衆生憙見如来應供正遍知明行足善逝世
間解无上士調御丈夫天人師佛世尊憍曇
弥是一切衆生憙見佛及六千菩薩轉次授
記得阿耨多羅三藐三菩提尒時羅睺羅母
耶輸陁羅比丘尼作是念世尊於授記中獨
不說我名佛告耶輸陁羅汝於来世百千万億
諸佛法中脩菩薩行為大法師漸具佛道於
善國中當得作佛号具足千万光相如来應
供正遍知明行足善逝世間解无上士調御
丈夫天人師佛世尊佛壽无量阿僧祇劫尒
時摩訶波闍波提比丘尼及耶輸陁羅比丘尼
并其眷屬皆大歡喜得未曾有即於佛前
而說偈言
世尊導師　安隱天人　我等聞記　心安具足
諸比丘尼說是偈已白佛言世尊我等亦能
於他方國土廣宣此經尒時世尊視八十万
億那由他諸菩薩摩訶薩是諸菩薩皆是阿
惟越致轉不退法輪得諸陁羅尼即從座起
至於佛前一心合掌而作是念若世尊告勅
我等持說此經者當如佛教廣宣斯法復作
是念佛今嘿然不見告勅我當云何時諸菩
薩敬順佛意并欲自滿本願便於佛前作師
子吼而發誓言世尊我等於如来滅後周旋

BD03938號　妙法蓮華經卷四　(28–26)

我等持說此經者當如佛教廣宣斯法復作
是念佛今嘿然不見告勑我當云何時諸菩
薩敬順佛意并欲自滿本願便於佛前作師
子吼而發誓言世尊我等於如來滅後周旋
往反十方世界能令衆生書寫此經受持讀
誦解說其義如法脩行正憶念皆是佛之威
力唯願世尊在於他方遥見守護即時諸菩
薩俱同發聲而說偈言
唯願不為慮　於佛滅度後　恐怖惡世中　我等當廣說
有諸无智人　惡口罵詈等　及加刀杖者　我等皆當忍
惡世中比丘　邪智心諂曲　未得謂為得　我慢心充滿
或有阿練若　納衣在空閑　自謂行真道　輕賤人間者
貪著利養故　與白衣說法　為世所恭敬　如六通羅漢
是人懷惡心　常念世俗事　假名阿練若　好出我等過
而作如是言　此諸比丘等　為貪利養故　說外道論議
自作此經典　誑惑世間人　為求名聞故　分別於是經
常在大衆中　欲毀我等故　向國王大臣　婆羅門居士
及餘比丘衆　誹謗說我惡　謂是邪見人　說外道論議
我等敬佛故　悉忍是諸惡　為斯所輕言　汝等皆是佛
如此輕慢言　皆當忍受之　濁劫惡世中　多有諸恐怖
惡鬼入其身　罵詈毀辱我　我等敬信佛　當著忍辱鎧
為說是經故　忍此諸難事　我不愛身命　但惜无上道
我等於來世　護持佛所囑　世尊自當知　濁世惡比丘
不知佛方便　隨宜所說法　惡口而顰蹙　數數見擯出
遠離於塔寺　如是等衆惡　念佛告勑故　皆當忍是事
諸聚落城邑　其有求法者　我皆到其所　說佛所囑法
我是世尊使　處衆无所畏　我當善說法　願佛安隱住
我於世尊前　諸來十方佛　發如是誓言　佛自知我心

BD03938 號　妙法蓮華經卷四　（28–27）

是人懷惡心　常念世俗事　假名阿練若　好出我等過
而作如是言　此諸比丘等　為貪利養故　說外道論議
自作此經典　誑惑世間人　為求名聞故　分別於是經
常在大衆中　欲毀我等故　向國王大臣　婆羅門居士
及餘比丘衆　誹謗說我惡　謂是邪見人　說外道論議
我等敬佛故　悉忍是諸惡　為斯所輕言　汝等皆是佛
如此輕慢言　皆當忍受之　濁劫惡世中　多有諸恐怖
惡鬼入其身　罵詈毀辱我　我等敬信佛　當著忍辱鎧
為說是經故　忍此諸難事　我不愛身命　但惜无上道
我等於來世　護持佛所囑　世尊自當知　濁世惡比丘
不知佛方便　隨宜所說法　惡口而顰蹙　數數見擯出
遠離於塔寺　如是等衆惡　念佛告勑故　皆當忍是事
諸聚落城邑　其有求法者　我皆到其所　說佛所囑法
我是世尊使　處衆无所畏　我當善說法　願佛安隱住
我於世尊前　諸來十方佛　發如是誓言　佛自知我心
妙法蓮華經卷第四

BD03938 號　妙法蓮華經卷四　（28–28）

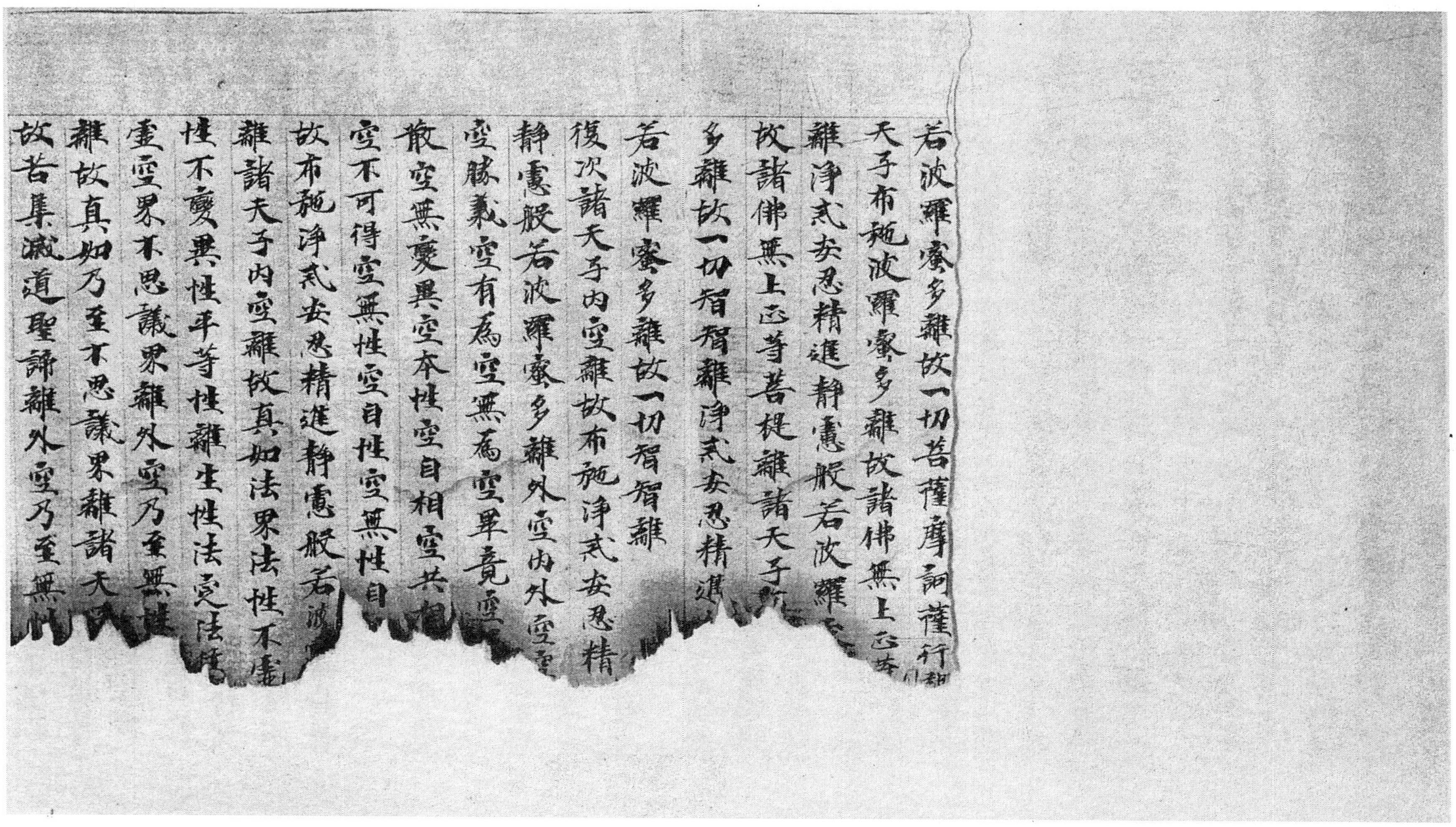

若波羅蜜多離故一切菩薩摩訶薩行離
天子布施波羅蜜多離故諸佛無上正等
離淨戒安忍精進靜慮般若波羅蜜
故諸佛無上正等菩提離諸天子於
多離故一切智智離淨戒安忍精進
若波羅蜜多離故一切智智離
復次諸天子內空離故布施淨戒安忍精
靜慮般若波羅蜜多離外空內外空空
空大空勝義空有為空無為空畢竟空
散空無變異空本性空自相空共相
空不可得空無性空自性空無性自
故布施淨戒安忍精進靜慮般若波
離諸天子內空離故真如法界法性不虛
性不變異性平等性離生性法定法住
虛空界不思議界離外空乃至無性
離故真如乃至不思議界離諸天
故苦集滅道聖諦離外空乃至無

BD03939 號　大般若波羅蜜多經卷三四四　（4–1）

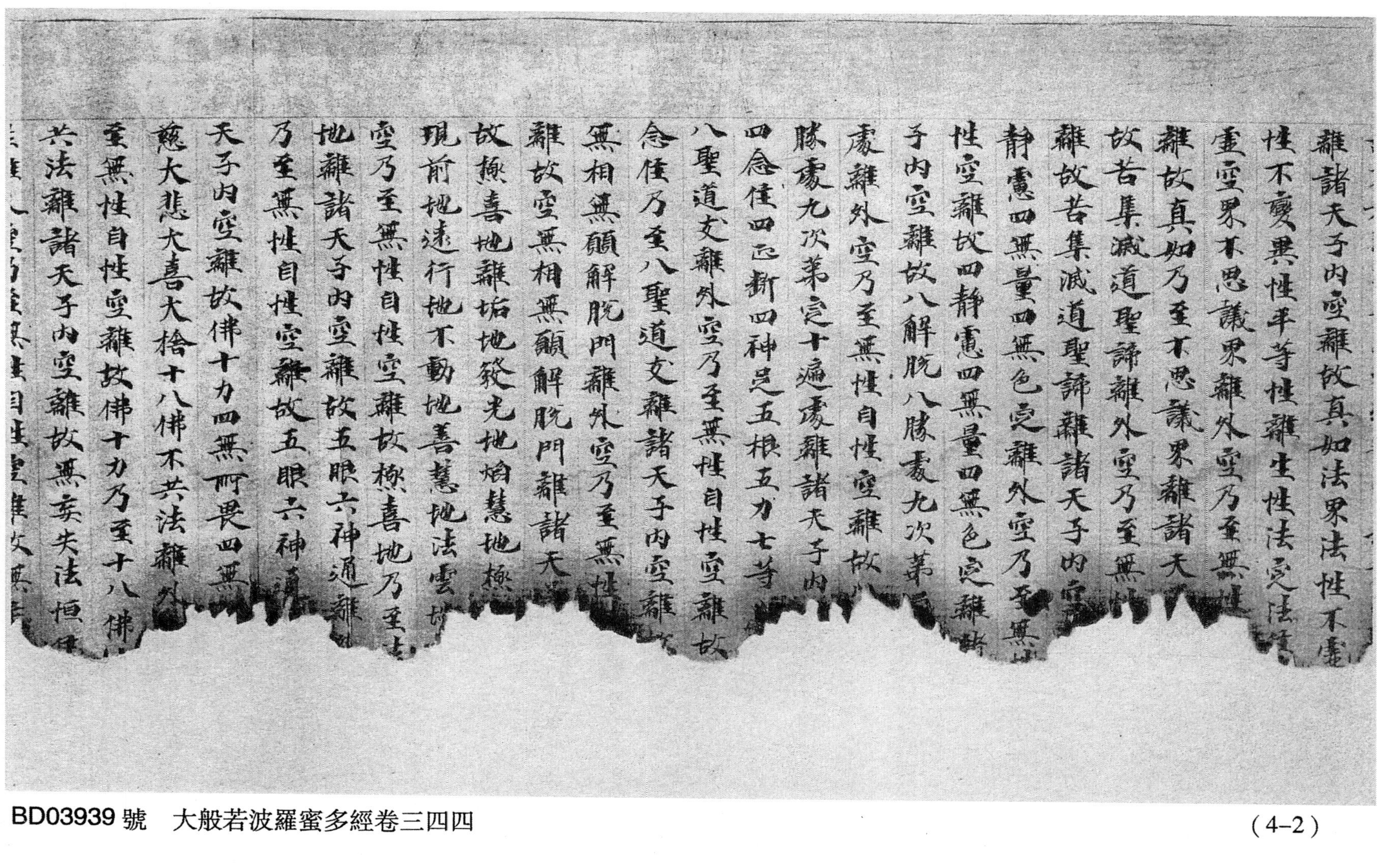

離諸天子內空離故真如法界法性不虛
性不變異性平等性離生性法定法住
虛空界不思議界離外空乃至無性
離故真如乃至不思議界離諸天
故苦集滅道聖諦離外空乃至無性
離故苦集滅道聖諦離諸天子內空
靜慮四無量四無色定離外空乃至無
性空離故四靜慮四無量四無色定離故
子內空離故八解脫八勝處九次第
處離外空乃至無性自性空離故
勝處九次第定十遍處離諸天子內
四念住四正斷四神足五根五力七等
八聖道支離外空乃至無性自性空離故
念住乃至八聖道支離諸天子內空離
無相無願解脫門離外空乃至無性
離故空無相無願解脫門離諸天
故極喜地離垢地發光地焰慧地極
現前地遠行地不動地善慧地法雲
空乃至無性自性空離故極喜地乃至
地離諸天子內空離故五眼六神通離
乃至無性自性空離故五眼六神
天子內空離故佛十力四無所畏四無
慈大悲大喜大捨十八佛不共法離外
至無性自性空離故佛十力乃至十八佛
共法離諸天子內空離故無忘失法恒住

BD03939 號　大般若波羅蜜多經卷三四四　（4–2）

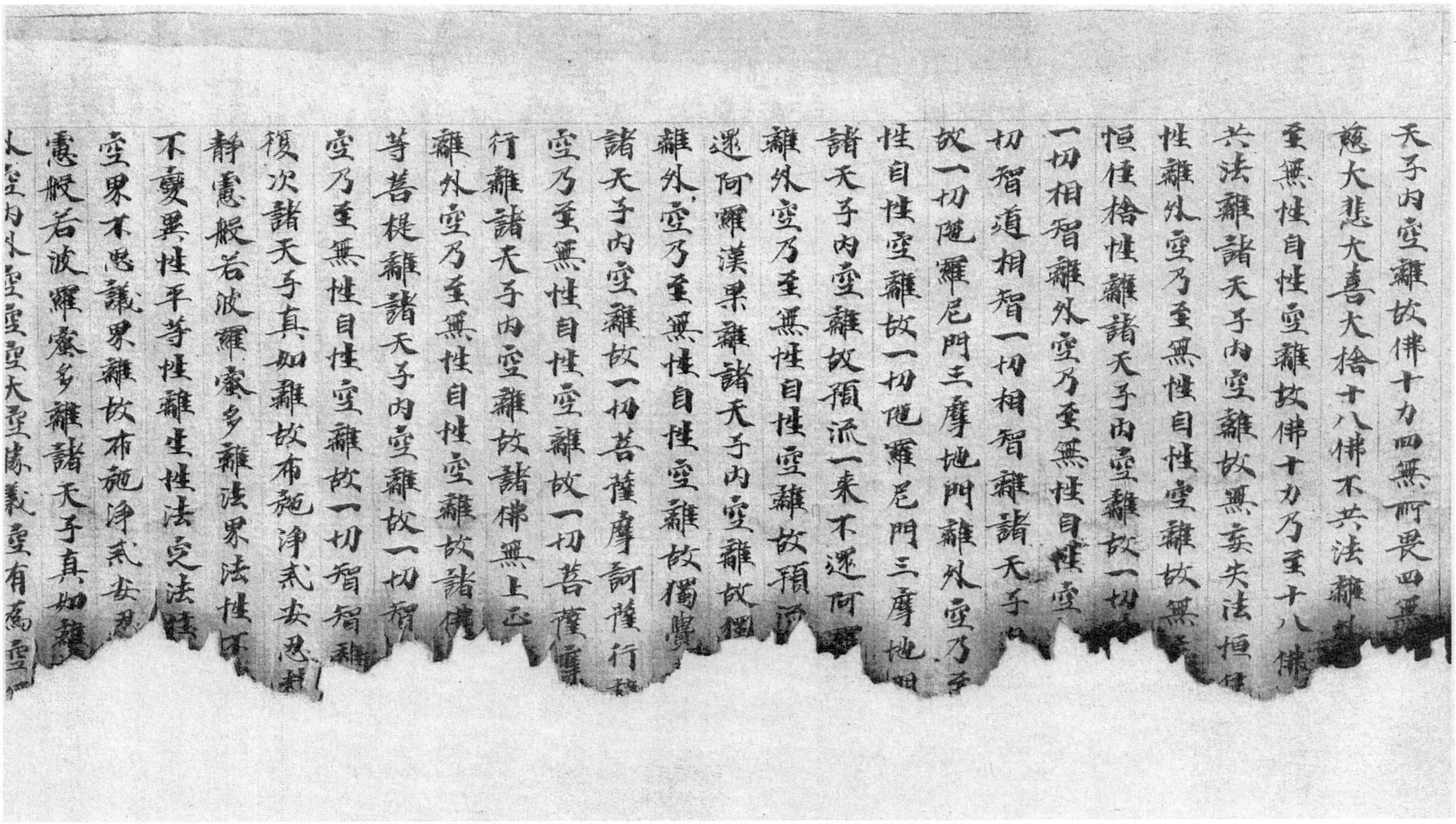
天子內空離故佛十力四無所畏四無
慈大悲大喜大捨十八佛不共法離
至無性自性空離故佛十力乃至十八佛
共法離諸天子內空離故無忘失法恒住
性離外空乃至無性自性空離故無忘
恒住捨性離諸天子內空離故一切智
一切相智離外空乃至無性自性空
切智道相智一切相智離諸天子
故一切陀羅尼門三摩地門離外空乃至
性自性空離故一切陀羅尼門三摩地
諸天子內空離故預流一來不還阿
離外空乃至無性自性空離故預流
還阿羅漢果離諸天子內空離故獨
離外空乃至無性自性空離故獨覺
諸天子內空離故一切菩薩摩訶薩行
空乃至無性自性空離故一切菩薩摩
行離諸天子內空離故諸佛無上正
離外空乃至無性自性空離故諸佛
等菩提離諸天子內空離故一切智
空乃至無性自性空離故一切智離
復次諸天子真如離故布施淨戒安忍
靜慮般若波羅蜜多離法界法性不
不變異性平等性離生性法定法住
空界不思議界離故布施淨戒安忍
靜慮般若波羅蜜多離諸天子真如離
內空內外空空空大空勝義空有為空

BD03939號　大般若波羅蜜多經卷三四四　（4–3）

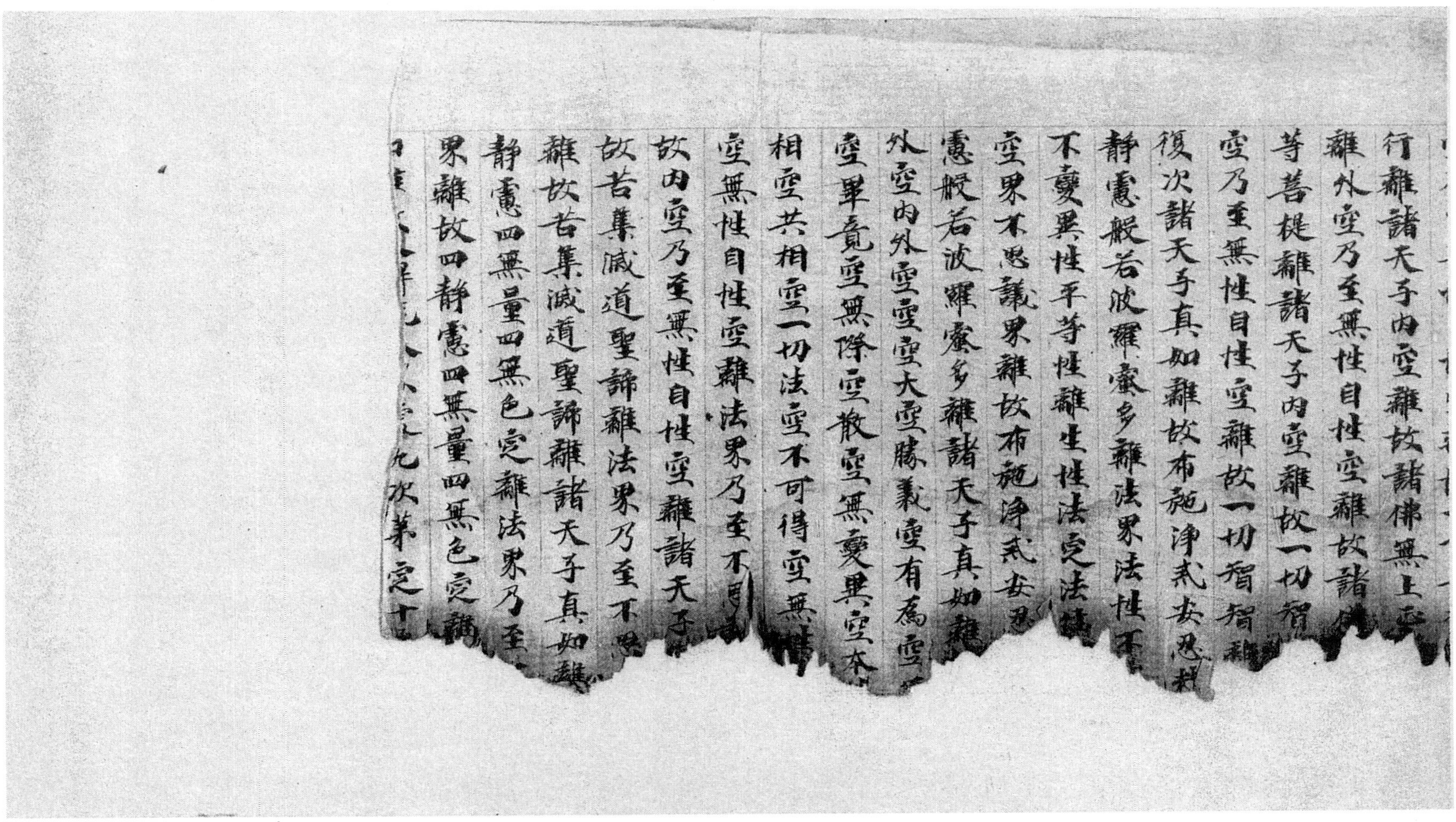
行離諸天子內空離故諸佛無上正
離外空乃至無性自性空離故諸佛
等菩提離諸天子內空離故一切智
空乃至無性自性空離故一切智離
復次諸天子真如離故布施淨戒安忍
靜慮般若波羅蜜多離法界法性不
不變異性平等性離生性法定法住
空界不思議界離故布施淨戒安忍
靜慮般若波羅蜜多離諸天子真如離
外空內外空空空大空勝義空有為空
空畢竟空無際空散空無變異空本
相空共相空一切法空不可得空無
空無性自性空離法界乃至不思
故內空乃至無性自性空離諸天子
故苦集滅道聖諦離法界乃至不思
離故苦集滅道聖諦離諸天子真如離
靜慮四無量四無色定離法界乃至
界離故四靜慮四無量四無色定離

BD03939號　大般若波羅蜜多經卷三四四　（4–4）

善心僧中施捨外 獲福
僧中施報无有盡 若人當來求速離
應當虔誠心 於僧寶中樹因果
若有種植功德子 當來獲无邊畔
施者不籌量受者 平等奉施无二心
受人天中勝妙果 无量功德具莊嚴
凡夫寃眼難分別 如處在火上
内秘无量諸功德 應當信順崇重之
或有外現其威儀 或示未能捨其欲
外相人觀謂凡夫 不妨内即是其聖 猶如四種菴羅菓
生熟難分不可別 如来弟子亦如是 有戒无戒亦難辯
是故懇懃勸諸人 不聽毀罵僧寶衆 若欲不沉淪苦上
常當敬重植良田 若欲天中受樂者 可共僧
勿以凡夫下劣心 分別如来弟子衆 若有清信士女等
能於一念生信心 平等洪養苾蒭僧 是人獲得无量
若於僧中起耶見 當来定墮三惡道 世尊親自以梵音
金口弘宣誠不妄 寧以利刀割其舌 或以檢杵碎其身
不應一念瞋恚心 誹謗如来淨僧衆 寧以吞大熱鐵丸
寧使口中出猛焰 不應戲論以一言 毀罵出家清淨衆
寧以利刀自屠割 殘害支節毀肌膚 不應戲笑調凡愚
何況打罵苾蒭衆 寧以自手挑兩目 寧於多劫受生
其於習行離欲人 不應惡眼而瞻視 寧毀精舍及制多
寧焚七寶舍利塔 勿於僧中出惡言 誹謗如来清淨衆
毀塔之人自墮落 經无量劫受諸苦 好說衆僧短長者

BD03940 號　讚僧功德經　（3–1）

不應一念瞋恚心　誹謗如来法僧衆　寧以[illegible]大熱鐵[illegible]
寧使口中出猛焰　不應戲論以一言　毀罵出家清淨衆
寧以利刀自屠割　殘害支節毀肌膚　不應戲笑調凡愚
何況打罵苾蒭衆　寧以自手挑兩目　寧於多劫受寒苦
其於習行離欲人　不應惡眼而瞻視　寧毀精舍及剎多
寧焚七寶舍利塔　勿於僧中出惡言　誹謗如来清淨衆
毀塔之人自墮落　經无量劫受諸苦　好說衆僧短長者
自墮亦引无量衆　是故智者善思量　勿於僧起中輕慢
善自防護口業非　莫談此持彼犯戒　若一惡言毀沙門
當墮泥犁受極苦　從地獄出得人身　即招聾盲瘖啞報
世間多有愚劣人　誹說僧尼諸過惡　因茲墮落惡道中
永劫沉淪没苦海　大悲世尊礼大衆　尊敬和合大德僧
諸佛尚自致懇勤　何況凡夫輕慢衆　世間多有信心人
崇重世尊弟子者　聞說三寶短長時　恐於僧中起恥見
因此退敗諸善人　毀壞如来清淨衆　不見賢劫千世尊
是故智者應思忖　昔有俱迦離苾蒭　以一惡言罵僧衆
由茲鉢頭摩地獄　舌被耕犁數万段　亦有迦葉佛弟子
謗毀无量世間人　承斯惡業捨殘形　還受耕舌地獄苦
沙門懷忿毀諸人　尚招无量口業報　何況无戒白衣人
罵僧免墮惡道者　是故智人不應罵　乃至草木塼瓦等
況毀清淨出家人　習行離欲善法者　縱使欲火熾燒心
汙點尸羅清淨戒　不久速能自懺除　還入如来聖衆位
如人暫迷失其道　有目還能尋本路　苾蒭雖犯世尊禁
雖然暫犯還能懺　如人平地蹶腳時　有足還能而速起
苾蒭雖暫犯尸羅　雖犯不久還能補　由如世間金寶器
雖破其價一種貴　木器縱然全不漏　不可比於破寶器
破禁苾蒭雖无戒　初心出家功德勝　百千万億白衣人
功德縱多不及彼　出家弟子能堪任　継嗣如来宗代法
万億无量在俗人　不能須臾弘聖教　寧下犯禁破戒僧
供養猶獲万億報　是故世尊讚勝因　天上人中受尊貴
是故懇勤勸諸人　勿毀如来僧寶衆　今生習惡因緣故
當来業成亦毀佛　緣茲身口意業女　永斷世間人天種
當墮三塗惡道中　億劫沉淪无休息　若於清衆起正信
无有毀謗[illegible]僧罪　常能防護口業過　[illegible]

万億无量在俗人　不能須臾弘聖教　寧下犯禁破戒僧
供養猶獲万億報　是故世尊讚勝因　天上人中受尊貴
是故懇勤勸諸人　勿毀如来僧寶衆　今生習惡自緣故
當来業成亦毀佛　緣茲身口意業女　永斷世間人天種
當墮三塗惡道中　億劫沉淪无休息　若於清衆起正信
无有毀謗於僧罪　常能防護口業過　不謗如来僧寶衆
若人於僧有罵罪　應須志誠速求懺　於僧勿起憍慢心
来生受苦必當悔　如僧剎那有功德　其福不容於大地
何況經月累歲年　堅持如来嚴禁戒　是人持戒功德報
佛於一劫說不盡　況餘凡俗知其邊　福等虛空无有量
當知功德廣莊嚴　釋迦如来僧寶衆　是汝不聽在家者
毀辱打罵出家僧　縱見沙門犯戒時　當寬其意勿嫌毀
如入芳叢採妙花　不應揀選枯枝葉　廣大清淨佛法海
多有持戒精脩者　其中縱有犯威儀　白衣不應生毀謗
譬如田中新苗稼　於中亦有稗莠草　應可一種敬良田
不應揀選生分別　是以世尊勅諸人　不聽毀謗沙門衆
唯當尊重生敬心　同此受勝諸天報　佛日滅沒雖久遠
僧寶連暉傳法燈　猶如龍王降甘雨　大地萌芽普洽潤
和合僧寶亦如是　雨於如来妙法雨　滋潤枯渇諸群生
長養善芽功德種　於多劫中宿植因　得為如来弟子衆
處在賢聖法海中　飲妙解脫甘露味　所持世尊末代教
流化十方諸國土　利益一切諸衆生　令佛法輪恒不絕
佛法久後滅沒時　伽藍精舍毀成聚　龕塔尊像併荒良
設欲供養難可得　辟畫僧形不可見　何況得聞於正法
人身難得生人中　佛法難逢今已遇　如何於妙良福田
不種當来功德種　寘路懸遠不可達　當辦資粮備前所
善福田中不種植　當来嶮路之資粮　是故諸人應善思
聞強僧中應惠施　依經我略讚僧寶　功德无量遍虛空
迴施一切諸群生　願共當来值慈勒
讚僧功德經

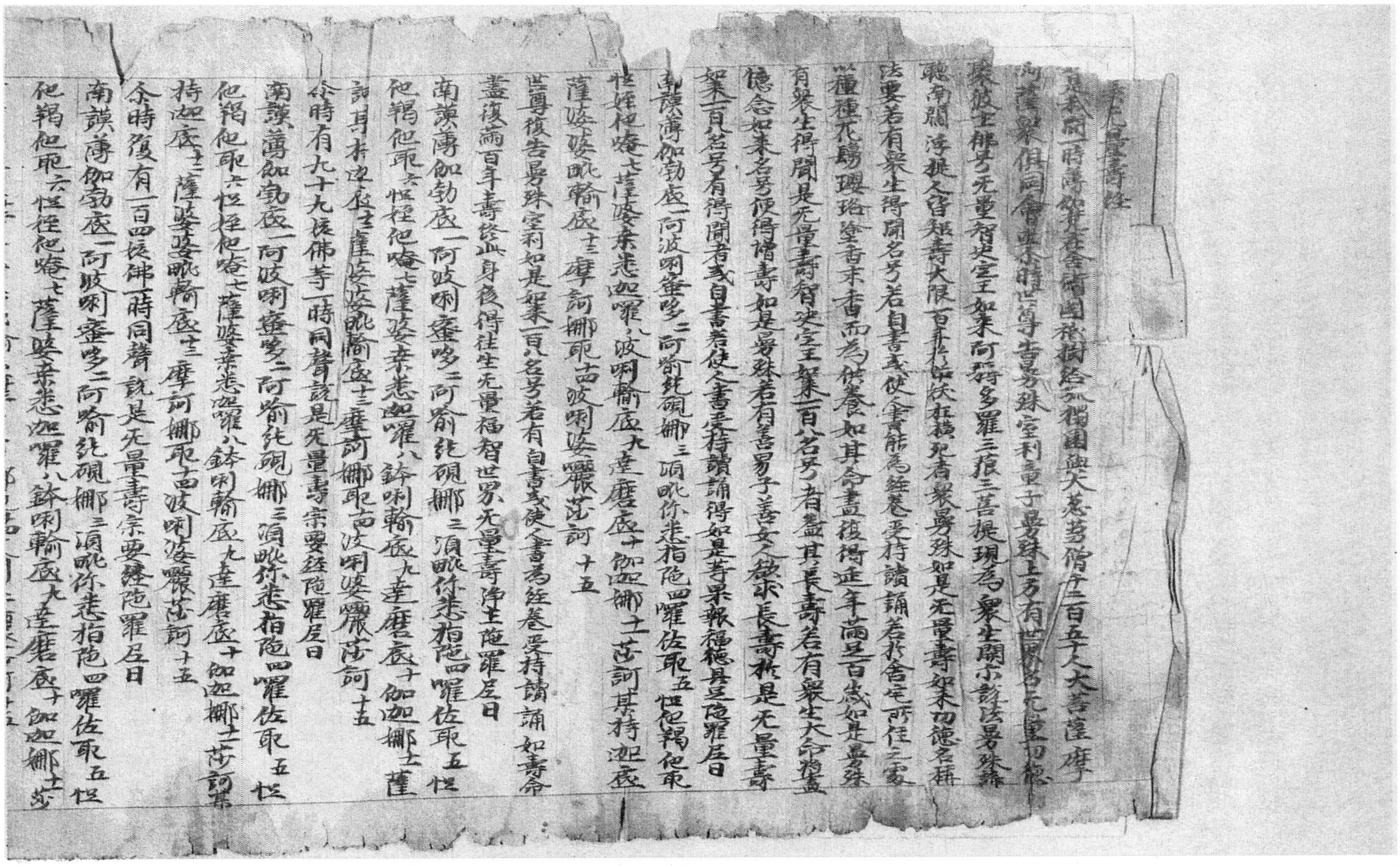
无量壽經
如是我聞一時薄伽梵在舍衛國祇樹給孤獨園與大苾芻僧千二百五十人大菩薩摩
訶薩衆俱爾時世尊告曼殊室利童子曼殊上方有世界名无量功德
聚彼土佛号无量智決定王如來阿羅多羅三藐三菩提現為衆生開示說法曼殊
聽南閻浮提人皆短壽大限百年於中夭枉者衆曼殊如是无量壽如來功德名稱
法要若有衆生得聞名号若自書或使人書能為經卷受持讀誦若於舍宅所住之處
以種種花鬘瓔珞塗香末香而為供養如其命盡復得延年滿足百歲如是曼殊
若有衆生得聞是无量壽智決定王如來一百八名号者益其長壽若有衆生大命將盡
憶念如來名号便得增壽如是曼殊若有善男子善女人欲求長壽於是无量壽
如來一百八名号有得聞者或自書若使人書受持讀誦得如是等果報福德具足陀羅尼曰
南謨薄伽勃底一阿波唎蜜哆二阿喻紇硯娜三須毗你悉指陀四囉佐耶五怛他羯他耶
怛姪他唵七薩婆桒悉迦囉八波唎輸底九達磨底十伽迦娜十一莎訶其持迦底
薩婆婆毗輸底十三摩訶娜耶十四波唎婆囉莎訶十五
世尊復告曼殊室利如是如來一百八名号若有自書或使人書為經卷受持讀誦如壽命
盡復滿百年壽終此身後得往生无量福智世界无量壽淨土陀羅尼曰
南謨薄伽勃底一阿波唎蜜哆二阿喻紇硯娜三須毗你悉指陀四囉佐耶五怛
他羯他耶六怛姪他唵七薩婆桒悉迦囉八波唎輸底九達磨底十伽迦娜十一薩
訶其持迦底十二薩婆婆毗輸底十三摩訶娜耶十四波唎婆囉莎訶十五
爾時有九十九倶胝佛等一時同聲說是无量壽宗要經陀羅尼曰
南謨薄伽勃底一阿波唎蜜哆二阿喻紇硯娜三須毗你悉指陀四囉佐耶五怛
他羯他耶六怛姪他唵七薩婆桒悉迦囉八鉢唎輸底九達磨底十伽迦娜十一莎訶其
持迦底十二薩婆婆毗輸底十三摩訶娜耶十四波唎婆囉莎訶十五
爾時復有一百四倶胝佛一時同聲說是无量壽宗要經陀羅尼曰
南謨薄伽勃底一阿波唎蜜哆二阿喻紇硯娜三須毗你悉指陀四囉佐耶五怛
他羯他耶六怛姪他唵七薩婆桒悉迦囉八鉢唎輸底九達磨底十伽迦娜十一莎

BD03941 號　無量壽宗要經　（6–1）

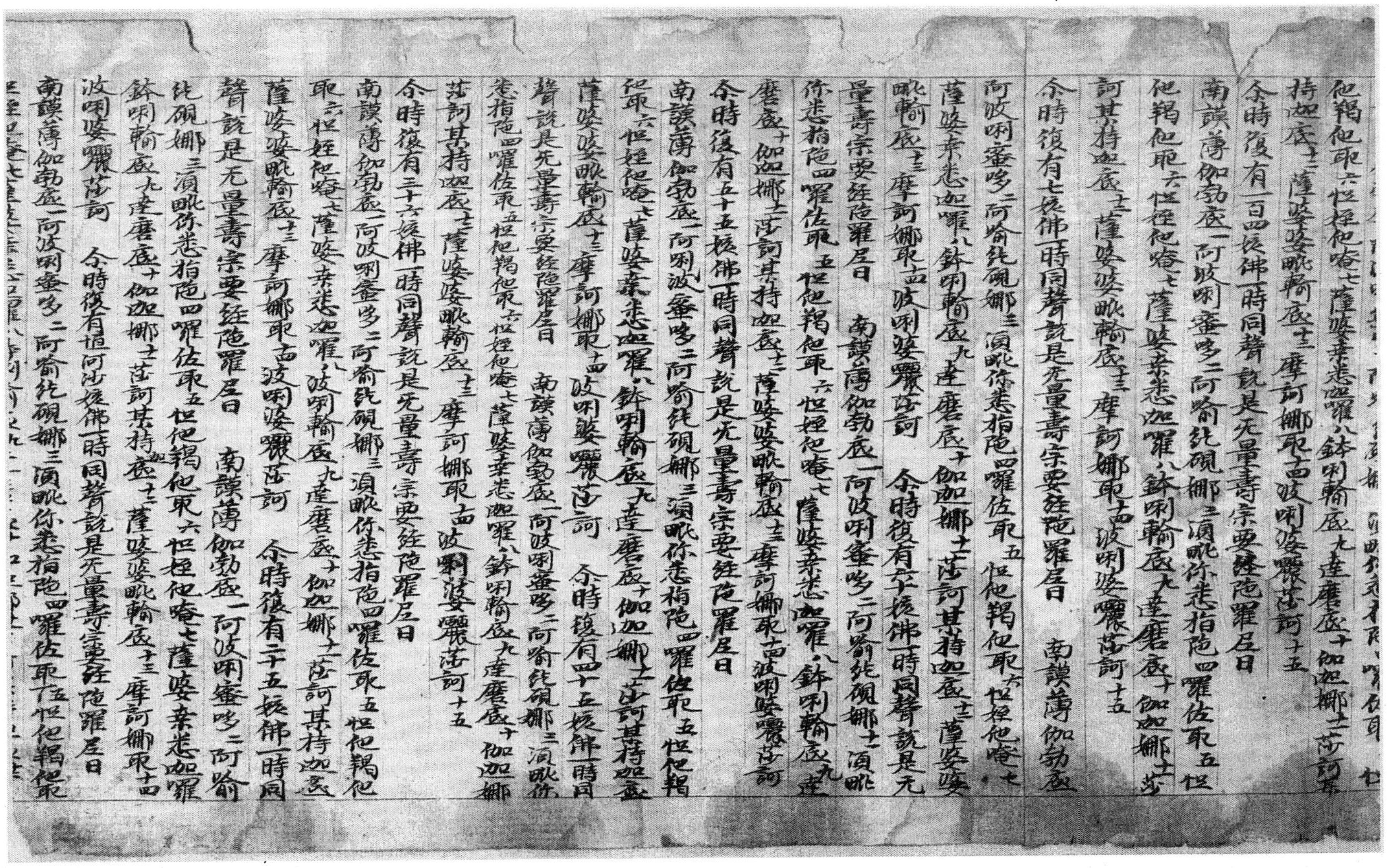
他羯他耶六怛姪他唵七薩婆桒悉迦囉八鉢唎輸底九達磨底十伽迦娜十一莎訶其
持迦底十二薩婆婆毗輸底十三摩訶娜耶十四波唎婆囉莎訶十五
爾時復有一百四倶胝佛一時同聲說是无量壽宗要經陀羅尼曰
南謨薄伽勃底一阿波唎蜜哆二阿喻紇硯娜三須毗你悉指陀四囉佐耶五怛
他羯他耶六怛姪他唵七薩婆桒悉迦囉八鉢唎輸底九達磨底十伽迦娜十一莎
訶其持迦底十二薩婆婆毗輸底十三摩訶娜耶十四波唎婆囉莎訶十五
爾時復有七倶胝佛一時同聲說是无量壽宗要經陀羅尼曰　南謨薄伽勃底
一阿波唎蜜哆二阿喻紇硯娜三須毗你悉指陀四囉佐耶五怛他羯他耶六怛姪他唵七
薩婆桒悉迦囉八鉢唎輸底九達磨底十伽迦娜十一莎訶其持迦底十二薩婆婆
毗輸底十三摩訶娜耶十四波唎婆囉莎訶　爾時復有六十五倶胝佛一時同聲說是无
量壽宗要經陀羅尼曰　南謨薄伽勃底一阿波唎蜜哆二阿喻紇硯娜三須毗
你悉指陀四囉佐耶五怛他羯他耶六怛姪他唵七薩婆桒悉迦囉八鉢唎輸底九達
磨底十伽迦娜十一莎訶其持迦底十二薩婆婆毗輸底十三摩訶娜耶十四波唎婆囉莎訶
爾時復有五十五倶胝佛一時同聲說是无量壽宗要經陀羅尼曰
南謨薄伽勃底一阿唎波蜜哆二阿喻紇硯娜三須毗你悉指陀四囉佐耶五怛他羯
他耶六怛姪他唵七薩婆桒悉迦囉八鉢唎輸底九達磨底十伽迦娜十一莎訶其持迦底
薩婆婆毗輸底十三摩訶娜耶十四波唎婆囉莎訶　爾時復有四十五倶胝佛一時同
聲說是无量壽宗要經陀羅尼曰　南謨薄伽勃底一阿波唎蜜哆二阿喻紇硯娜三須毗你
悉指陀四囉佐耶五怛他羯他耶六怛姪他唵七薩婆桒悉迦囉八鉢唎輸底九達磨底十伽迦娜
莎訶其持迦底十二薩婆婆毗輸底十三摩訶娜耶十四波唎婆囉莎訶十五
爾時復有三十六倶胝佛一時同聲說是无量壽宗要經陀羅尼曰
南謨薄伽勃底一阿波唎蜜哆二阿喻紇硯娜三須毗你悉指陀四囉佐耶五怛他羯他
耶六怛姪他唵七薩婆桒悉迦囉八波唎輸底九達磨底十伽迦娜十一莎訶其持迦底
薩婆婆毗輸底十三摩訶娜耶十四波唎婆囉莎訶　爾時復有二十五倶胝佛一時同
聲說是无量壽宗要經陀羅尼曰　南謨薄伽勃底一阿波唎蜜哆二阿喻
紇硯娜三須毗你悉指陀四囉佐耶五怛他羯他耶六怛姪他唵七薩婆桒悉迦囉
鉢唎輸底九達磨底十伽迦娜十一莎訶其持迦底十二薩婆婆毗輸底十三摩訶娜耶十四
波唎婆囉莎訶　爾時復有恒河沙倶胝佛一時同聲說是无量壽宗要經陀羅尼曰
南謨薄伽勃底一阿波唎蜜哆二阿喻紇硯娜三須毗你悉指陀四囉佐耶五怛他羯他耶

BD03941 號　無量壽宗要經　（6–2）

薩婆婆毗輸底十三摩訶娜耶十四波唎婆囉莎訶　尒時復有二十五殑伽佛一時同
聲說是无量壽宗要經陁羅尼曰　南謨薄伽勃底一阿波唎蜜哆二阿喻
紇硯娜三須毗你悉指陁四囉佐耶五怛他羯他耶六怛姪他唵七薩婆桑悉迦囉
鉢唎輸底九達磨底十伽迦娜十一莎訶其持伽底十二薩婆婆毗輸底十三摩訶娜耶十四
波唎婆囉莎訶　尒時復有恒河沙殑佛一時同聲說是无量壽宗要經陁羅尼曰
南謨薄伽勃底一阿波唎蜜哆二阿喻紇硯娜三須毗你悉指陁四囉佐耶五怛他羯他耶六
怛姪他唵七薩婆桑悉迦囉八鉢唎輸底九達磨底十伽迦娜十一莎訶其持伽底十二薩
婆婆毗輸底十三摩訶娜耶十四波唎婆囉莎訶　善男子若有書寫教人書寫是无
量壽宗要經如其命盡復得長壽百滿年陁羅尼曰　南謨薄伽勃底一阿波唎蜜哆二
阿喻紇硯娜三須毗你悉指陁四囉佐耶五怛他羯他耶六怛姪他唵七薩婆桑悉迦囉八
鉢唎輸底九達磨底十伽迦娜十一莎訶其持伽底十二莎婆婆毗輸底十三摩訶娜耶
波唎婆囉莎訶　若有自書寫教人書寫是无量壽宗要經受持讀誦畢竟不
墮地獄在在所生得宿命智陁羅尼曰
南謨薄伽勃底一阿波唎蜜哆二阿喻紇硯娜三須毗你悉指陁四囉佐耶五怛他羯他
耶六怛姪他唵七薩婆桑悉迦囉八波唎輸底九達磨底十伽迦娜十一莎訶其持伽底
薩婆婆毗輸底十三摩訶娜耶十四波唎婆囉莎訶　若有自書寫教人書寫是
无量壽宗要經受持讀誦如同書寫八万四千一切經典陁羅尼曰
南謨薄伽勃底一阿波唎蜜哆二阿喻紇硯娜三須毗你悉指陁四囉佐耶五怛他羯他
耶六怛姪他唵七薩婆桑悉迦囉八鉢唎輸底九達磨底十伽迦娜十一莎訶其持伽底
薩婆婆毗輸底十三摩訶娜耶十四波唎婆囉莎訶　若有自書寫教人書寫是无
量壽宗要經即是書寫八万四千部建立塔廟陁羅尼曰　南謨薄伽勃底一
阿波唎蜜哆二阿喻紇硯娜三須毗你悉指陁四囉佐耶五怛他羯他耶六怛姪他唵
薩婆桑悉迦囉八波唎輸底九達磨底十伽迦娜十一莎訶其持伽底十二薩婆婆
毗輸底十三摩訶娜耶十四波唎婆囉莎訶　若有自書寫教人書寫是无量壽
宗要經能消五无間等一切重罪陁羅尼曰　南謨薄伽勃底一阿波唎蜜哆二阿
喻紇硯娜三須毗你悉指陁四囉佐耶五怛他羯他耶六怛姪他唵七薩婆桑悉
迦囉八鉢唎輸底九達磨底十伽迦娜十一莎訶其持伽底十二薩婆婆毗輸底十三
摩訶娜耶十四波唎婆囉莎訶　若有自書寫教人書寫是无量壽宗要
經受持讀誦設有重罪猶如須彌盡能除滅陁羅尼曰
南謨薄伽勃底一阿波唎蜜哆二阿喻紇硯娜三須毗你悉指陁四囉佐耶五怛他羯他耶六怛

BD03941號　無量壽宗要經

（6-3）

宗要經能消五无間等一切重罪陁羅尼曰　南謨薄伽勃底一阿波唎蜜哆二阿
喻紇硯娜三須毗你悉指陁四囉佐耶五怛他羯他耶六怛姪他唵七薩婆桑悉
迦囉八鉢唎輸底九達磨底十伽迦娜十一莎訶其持伽底十二薩婆婆毗輸底十三
摩訶娜耶十四波唎婆囉莎訶　若有自書寫教人書寫是无量壽宗要
經受持讀誦設有重罪猶如須彌盡能除滅陁羅尼曰
南謨薄伽勃底一阿波唎蜜哆二阿喻紇硯娜三須毗你悉指陁四囉佐耶五怛他羯他耶六怛
姪他唵七薩婆桑悉迦囉八鉢唎輸底九達磨底十伽迦娜十一莎訶其持伽底十二薩婆
婆毗輸底十三摩訶娜耶十四波唎婆囉莎訶　若有自書寫教人書寫是无量壽宗
要經受持讀誦若魔魔之眷屬夜叉羅剎不得其便終无枉死陁羅尼曰
南謨薄伽勃底一阿波唎蜜哆二阿喻紇硯娜三須毗你悉指陁四囉佐耶五怛他羯他耶六
怛姪他唵七薩婆桑悉迦囉八鉢唎輸底九達磨底十伽迦娜十一莎訶其持伽底十二薩
婆婆毗輸底十三摩訶娜耶十四波唎婆唎莎訶　若有自書教人書寫是无量壽
宗要經受持讀誦當命終時有九十九殑佛現其人前來千佛授手能遊一切佛剎莫於此經生於疑惑陁
羅尼曰　南謨薄伽勃底一阿波唎蜜哆二阿喻紇硯娜三須毗你悉指陁四囉佐耶五
怛他羯他耶六怛姪他唵七薩婆桑悉迦囉八鉢唎輸底九達磨底十伽迦娜十一莎
訶其持伽底十二薩婆婆毗輸底十三摩訶娜耶十四波唎婆囉莎訶十五
若有自書寫教人書寫是无量壽宗要經受持讀誦當得四天大王隨其衛護陁羅尼曰
南謨薄伽勃底一阿波唎蜜哆二阿喻紇硯娜三須毗你悉指陁四囉佐耶五怛他羯他耶六
怛姪他唵七薩婆桑悉迦囉八鉢唎輸底九達磨底十伽迦娜十一莎訶其持伽底十二
薩婆婆毗輸底十三摩訶娜耶十四波唎婆囉莎訶　若有自書寫教人書寫是无量
壽宗要經受持讀誦當得往生西方極樂世界阿彌陁淨土陁羅尼曰
南謨薄伽勃底一阿波唎蜜哆二阿喻紇硯娜三須毗你悉指陁四囉佐耶五怛他羯他耶
怛姪他唵七薩婆桑悉迦囉八鉢唎輸底九達磨底十伽迦娜十一莎訶其持伽底十二薩
婆婆毗輸底十三摩訶娜耶十四波唎婆囉莎訶十五
若有方所自書寫使人書寫是无量經典之處則為是塔皆應恭敬作禮若是
畜生或為鳥獸得聞是經如是等類皆當不久得成一切種智陁羅尼曰
南謨薄伽勃底一阿波唎蜜哆二阿喻紇硯娜三須毗你悉指陁四囉佐耶五怛他羯
他耶六怛姪他唵七薩婆桑悉迦囉八波唎輸底九達磨底十伽迦娜十一莎訶其持伽
底十二薩婆婆毗輸底十三摩訶娜耶十四波唎婆囉莎訶十五
若有於是无量壽經自書寫若使人書畢竟不受女人之身陁羅尼曰
南謨薄伽勃底一阿波唎蜜哆二阿喻紇硯娜三須毗你悉指陁四囉佐耶五怛他羯他

BD03941號　無量壽宗要經

（6-4）

南謨薄伽勃底一阿波唎蜜哆二阿喻紇硯娜三須毗你悉指陁四囉佐耶五怛他羯
他耶六怛姪他唵七薩婆桑悉迦囉八波唎輸底九達磨底十伽迦娜十一莎訶某持迦
底十二薩婆娑毗輸底十三摩訶娜耶十四波唎婆囉莎訶十五
若有於是无量壽經自書寫若使人書畢竟不受女人之身陁羅尼曰
南謨薄伽勃底一阿波唎蜜哆二阿喻紇硯娜三須毗你悉指陁四囉佐耶五怛他羯他
耶六怛姪他唵七薩婆桑悉迦囉八波唎輸底九達磨底十伽迦娜十一莎訶某持迦
底十二薩婆娑毗輸底十三摩訶娜耶十四波唎婆囉莎訶十五
若有能於是經少分能惠施者等於三千大世界滿中七寶布施陁羅尼曰
南謨薄伽勃底一阿波唎蜜哆二阿喻紇硯娜三須毗你悉指陁四囉佐耶五怛他羯
他耶六怛姪他唵七薩婆桑悉迦囉八鉢唎輸底九達磨底十伽迦娜十一莎訶
某持迦底十二薩婆娑毗輸底十三摩訶娜耶十四波唎婆囉莎訶十五
若有自供養是經者則是供養一切諸經等无有異陁羅尼曰
南謨薄伽勃底一阿波唎蜜哆二阿喻紇硯娜三須毗你悉指陁四囉佐耶五怛他羯
他耶六怛姪他唵七薩婆桑悉迦囉八鉢唎輸底九達磨底十伽迦娜十一莎訶某持
迦底十二薩婆娑毗輸底十三摩訶娜耶十四波唎婆囉莎訶十五
如是毗婆尸佛尸弃佛毗舍浮佛俱留孫佛俱那含牟尼佛迦葉佛釋迦牟尼佛
若有人以七寶供養如是七佛其福有限書寫受持是无量壽經所有功德不可限量陁羅
尼曰　南謨薄伽勃底一阿波唎蜜哆二阿喻紇硯娜三須毗你悉指陁四囉佐耶五
怛他羯他耶六怛姪他唵七薩婆桑悉迦囉八鉢唎輸底九達磨底十伽迦娜十一莎訶某持
迦底十二薩婆娑毗輸底十三摩訶娜耶十四波唎婆囉莎訶　若有七寶等於須弥以用
布施其福上能知其限量是无量壽經典其福不可知數陁羅尼曰
南謨薄伽勃底一阿波唎蜜哆二阿喻紇硯娜三須毗你悉指陁四囉佐耶五怛他羯他
耶六怛姪他唵七薩婆桑悉迦囉八波唎輸底九達磨底十伽迦娜十一莎訶某持迦底
十二薩婆娑毗輸底十三摩訶娜耶十四波唎婆囉莎訶　如四大海水可知渧數是无量壽
經典所生果報不可數量陁羅尼曰　南謨薄伽勃底一阿波唎蜜哆二阿喻紇
硯娜三須毗你悉指陁四囉佐耶五怛他羯他耶六怛姪他唵七薩婆桑悉迦囉
鉢唎輸底九達磨底十伽迦娜十一莎訶某持迦底十二薩婆娑毗輸底十三摩訶娜
耶十四波唎婆囉莎訶　若有自書寫教人書寫是无量壽經典又能護持供養即如供養
十方佛土如來无有異陁羅尼曰　南謨薄伽勃底一阿波唎蜜哆二
阿喻紇硯娜三須毗你悉指陁四囉佐耶五怛他羯他耶六怛姪他唵七薩婆桑
悉迦囉八鉢唎輸底九達磨底十伽迦娜十一莎訶某持迦底十二薩婆娑毗輸底

BD03941 號　無量壽宗要經　（6–5）

經典所生果報不可數量陁羅尼曰　南謨薄伽勃底一阿波唎蜜哆二阿喻紇
硯娜三須毗你悉指陁四囉佐耶五怛他羯他耶六怛姪他唵七薩婆桑悉迦囉
鉢唎輸底九達磨底十伽迦娜十一莎訶某持迦底十二薩婆娑毗輸底十三摩訶娜
耶十四波唎婆囉莎訶　若有自書寫教人書寫是无量壽經典又能護持供養即如供養
十方佛土如來无有異陁羅尼曰　南謨薄伽勃底一阿波唎蜜哆二
阿喻紇硯娜三須毗你悉指陁四囉佐耶五怛他羯他耶六怛姪他唵七薩婆桑
悉迦囉八鉢唎輸底九達磨底十伽迦娜十一莎訶某持迦底十二薩婆娑毗輸底
摩訶娜耶十四波唎婆囉莎訶十五
布施力能成正覺　悟布施力入師子　布施力能聲普聞　慈悲階漸最能入
持戒力能成正覺　悟持戒力入師子　持戒力能聲普聞　慈悲階漸最能入
忍辱力能成正覺　悟忍辱力入師子　忍辱力能聲普聞　慈悲階漸最能入
精進力能成正覺　悟精進力入師子　精進力能聲普聞　慈悲階漸最能入
禪定力能成正覺　悟禪定力入師子　禪定力能聲普聞　慈悲階漸最能入
智慧力能成正覺　悟智慧力入師子　智慧力能聲普聞　慈悲階漸最能入
尒時如來說是經已一切世間天人阿脩羅揵闥婆等聞佛所說皆大
歡喜信受奉行

佛說无量壽宗要經

田廣談

BD03941 號　無量壽宗要經　（6–6）

衆生於生死中馳騖往来不肯親近佛及
菩薩諸善知識展轉遠離无歸向時違背聖
道失於己利於三乘中乃至不得一乘之法為
取所縛不見真諦不得預於密嚴之土乃至
名字亦不得聞仁主諸觀行人咸於此識淨
除我見汝及諸菩薩摩訶薩亦應如是既自
勤修復為人說令其速入密嚴佛土

大乘密嚴經阿賴耶微密品第八

尒時衆中有菩薩名曰寶手白衆色最勝王
言王應請問金剛藏住三昧者一切世間所有
衆法離諸分別及以名字不相應名相應
之名彼法自住於何而住此諸佛子專心願
聞時衆色最勝王即隨其義而問之曰
名想等境界　一切世間法　為唯是分別　為離分別有
如其所立名　是名何所住　金剛自在者　願為我宣說
尒時金剛藏菩薩摩訶薩以偈答言
世間種種法　一切唯有名　但想所安立　離名无別義
四蘊唯名字　是故說為名　如名摩納婆　但名无有體
佛及諸佛子　說名唯在相　離相而有名　不作是分別
是故依於相　分別種種名　譬如袂哇等　此皆无有實

BD03942 號　大乘密嚴經（地婆訶羅本）卷下　（11–1）

尒時金剛藏菩薩摩訶薩以偈答言
世間種種法　一切唯有名　但想所安立　離名无別義
四蘊唯名字　是故說為名　如名摩納婆　但名无有體
佛及諸佛子　說名唯在相　離相而有名　不作是分別
是故依於相　分別種種名　譬如袂哇等　此皆无有實
凡夫所分別　莫不皆依相　是故世間法　離相即皆无
瓶衣車乘等　名言所分別　色相雖可說　體性无所有
世間衆色法　但相无有餘　唯依相立名　是名无實事
王應觀世法　離名无所有　但以分別心　而生於取著
若離於分別　衆著即不生　無生即轉依　證於無盡法
是故大王等　常應觀相事　但是分別心　離此即无有
形相體增長　散壞質與身　如是等衆名　皆唯色之想
想名及分別　體性本无異　隨於世俗義　建立而不同
若捨離名字　而求於物體　過去及未来　此皆无所得
能知諸識起　无有所知法　所知唯是名　世法悉如是
以名分別法　法不稱於名　諸法性如是　不住於分別
以法唯名故　想即无有體　想无名亦无　何處有分別
若得无分別　身心恒寂靜　如木火燒已　畢竟不復生
譬如人負擔　是人名擔者　隨其擔有殊　擔者相差別
名如所擔物　分別名擔者　以名種種故　分別各不同
如見杌為人　見人以為杌　人杌二分別　但有於名字
諸大和合中　分別以為色　若離於諸大　色性即无有
如德依瓶處　瓶依名亦然　捨名而取瓶　瓶終不可得
瓶不住瓶體　名豈住於名　二合生分別　名量亦非有
住於如是定　其心不動搖

BD03942 號　大乘密嚴經（地婆訶羅本）卷下　（11–2）

諸大和合中　分別以為色　若離於諸大　色性即无有
如德依瓶處　瓶依名亦然　捨名而取瓶　瓶終不可得
瓶不住瓶體　名豈住於名　二合生分別　名量亦非有
住於如是定　其心不動搖
譬如金石等　本來无水相　與火共和合　若水而流動
藏識亦如是　體非流轉法　諸識共相應　與法同流轉
如鐵因慈石　周迴而轉移　二俱无有思　狀若有思覺
賴耶與七識　當知亦復然　習繩之所繫　无人而若有
普遍眾生身　周行諸險趣　如鐵与慈石　展轉不相知
或離於險道　而得住諸地　神通自在力　如幻首楞嚴
乃至陀羅尼　莫不皆成滿　諸佛實功德　以之為供養
或現无量身　一身无量手　肩頭口及舌　展轉皆无量
往諸十方國　供養諸如來
或雨眾妙花　寶衣及瓔珞　其積甚高廣　如須弥等山
供養於如來　及以諸菩薩
或作寶宮殿　如雲備眾彩　化現諸天女　遊處於其中
妓樂眾妙音　供養於諸佛
或與佛菩薩　遊止常共俱　一切眾魔怨　自在而降伏
得自證三昧　已轉於所依　闡揚五種法　八識及无我
相續无暫停　一心而供養
或現身為小　其量如微塵　復現為大身　无邊不可測
種種諸色相　以供養如來
或於自身中　普納諸世界　復以諸世界　置之於芥子

BD03942號　大乘密嚴經（地婆訶羅本）卷下　（11–3）

相續无暫停　一心而供養
或現身為小　其量如微塵　復現為大身　无邊不可測
種種諸色相　以供養如來
或於自身中　普納諸世界　復以諸世界　置之於芥子
大海為牛跡　牛跡海亦然　是中諸眾生　身心无所嬈
一切所資用　平等而饒益　如日月如地　如水及火風
又如大寶洲　亦如良妙藥
諸法不生滅　不斷亦不常　一異及來去　如是悉无有
妄立種種名　是為遍計性　諸法猶如幻　如夢與乾城
陽焰水中月　火輪雲電等　此中妄所取　是為遍計性
種種諸名字　說於種種法　此皆无所有　是為遍計性
一切世間法　不離於名色　斯皆但有名　離名无別義
如是遍計性　我說為世間
眼色等為緣　而起三和合　聲依桴鼓發　手從地種生
宮殿及瓶衣　无非眾緣起　眾生若諸法　此悉依他性
若法是无漏　其義不可捨　證智所從生　此性名真實
諸法相差別　已說其自性　若離自性門　諸法不明了
如人以眾物　幻作種種形　色相雖不同　性皆无決定
世事悉如是　種種皆非實　妄情之所執　遍計无有餘
譬如摩尼寶　隨色而像現　世間亦復然　但隨分別有
體用无所在　是為遍計性
如乾闥婆城　非城而似城　亦非无有因　而能如是見
世間種種物　應知悉亦然　日月及諸山　屋宅煙雲等
體相各差別　未嘗有雜亂　自他及與共　體性皆不成

BD03942號　大乘密嚴經（地婆訶羅本）卷下　（11–4）

譬如人夢□　□已不復見　世間亦復然　但隨分別有
體用无所在　是為遍計性
如乾闥婆城　非城而似城　亦非无有因　而能如是見
世間種種物　應知悉亦然　日月及諸山　屋宅煙雲等
體相各差別　未嘗有雜亂　自他及與共　體性皆不成
但是所分別　遍計之自性　諸物非因生　亦非无有因
若有若非有　此皆情所執
若依於相起　二從分別生　正智及如如　遠離於分別
心如相顯現　相為意所依　意及五心生　猶如海波浪
習氣无有始　境界亦復然　心因習氣生　境令心惑亂
依止賴耶識　一切諸種子　心如境界現　是說為世間
七識阿賴耶　展轉力相生　如是八種識　不常亦不斷
一切諸世間　似有而安布
有計諸眾生　我等三和合　發生種種識　了別於諸境
或有妄計言　作者業因故　生於梵天等　內外諸世間
世間非作者　業及微塵作　但是阿賴耶　變現似於境
藏識非緣作　藏亦不作緣　諸識雖流轉　无有三和合
賴耶體常住　眾識與之俱　如輪與水精　亦如星共月
從此生習氣　新新自增長　復增長餘識　餘識亦復然
如是常輪轉　悟者心方息
譬如火燒木　漸次而轉移　此木既已燒　復更燒餘木
依止賴耶識　无漏心亦然　漸除諸有漏　永息輪迴法
此是現法樂　三昧之境界　眾聖由斯道　普詣十方國
如金在礦中　无有能見金　智者善陶鍊　真金乃明顯



如是常輪轉　悟者心方息
譬如火燒木　漸次而轉移　此木既已燒　復更燒餘木
依止賴耶識　无漏心亦然　漸除諸有漏　永息輪迴法
此是現法樂　三昧之境界　眾聖由斯道　普詣十方國
如金在礦中　无有能見金　智者善陶鍊　真金乃明顯
藏識亦如是　習氣之所纏　三昧淨除已　定者常明見
如酪未攢搖　蘇終不可得　是故諸智者　攢酪而得蘇
藏識亦復然　諸識所纏覆　密嚴諸定者　勤觀乃能得
密嚴是大明　妙智之殊勝　佛子勤修習　當生此國中
色及无色界　空識非非想　於彼常勤修　而來生此處
此中諸佛子　威光猶日月　住於修行地　演說相應言
如來所證法　隨見而轉依　一切佛世尊　灌頂授其位
雖住密嚴土　應物隨所宜　在空而變化　若見或聞法
尒時金剛藏菩薩摩訶薩復告大眾諸仁者
阿賴耶識從无始來為戲論熏習諸業所繫
輪迴不已如海因風起諸識浪恒生恒滅不
斷不常而諸眾生不自覺知隨於自識現眾
境界若自了知如火焚薪即皆息滅入无漏
位名為聖人諸仁者阿賴耶識變似眾境彌
於世間染意執我我所諸識於境各各
了別諸仁者心積集業意亦復然意識了知
種種諸法五識分別現前境界如翳目者見
似毛輪於似色心中非色計色諸仁者如摩
尼寶體性清淨若有置於日月光中隨其所

了别諸仁者心積集業意亦復然意識了知
種種諸法五識分别現前境界如翳目者見
似毛輪於似色心中非色計色諸仁者如摩
尼寶體性清淨若有置於日月光中隨其所
應各雨其物阿賴耶識亦復如是是諸如來
清淨之藏與習氣合變似衆色周於世間若
无漏相應即雨一切諸功德法如乳變異而成
於酪乃至酪漿阿賴耶識亦復如是變似
一切世間衆色如翳目者以翳病故見似毛
輪一切衆生亦復如是以習氣翳住藏識眼
生諸似色此所見色譬如陽焰遠離有无皆
阿賴耶之所變現諸仁者依於眼色有似色
識如幻而生住於眼中其相飄動如熱時焰
諸仁者一切衆色皆阿賴耶與色習相應變
似其相非别有體同於愚夫妄所分别諸仁
者一切衆生若坐若卧若行若立惛醉睡眠
乃至狂走莫不皆是阿賴耶識譬如盛日舒
光燭地氣蒸飄動猶如水流渴獸迷惑向之
奔走阿賴耶識亦復如是體性非色而似色
現分别之人妄生取著如慈石力令鐵轉移
雖无有心似有心者阿賴耶識亦復如是爲
生死法之所攝持往来諸趣非我似我如水
中有物雖无思覺而隨於水流動不住阿賴
耶識亦復如是雖无分别依身運行如有二
鳥捕力而鬬若一被傷退而不復阿賴耶識



雖无有心似有心者阿賴耶識亦復如是爲
生死法之所攝持往来諸趣非我似我如水
中有物雖无思覺而隨於水流動不住阿賴
耶識亦復如是雖无分别依身運行如有二
鳥捕力而鬬若一被傷退而不復阿賴耶識
應知亦然斷諸染分更不流轉譬如蓮花出
離淤泥皎潔清淨離諸塵垢諸天貴人見之
珎敬阿賴耶識亦復如是出習氣泥而得明
潔爲諸佛菩薩大人所重如有妙寶世所希
絶在愚下人邊常被汙賤智者得已獻之於
王用飾寶冠爲王所戴阿賴耶識亦復如是
是諸如來清淨種姓於凡夫位恒被雜染菩
薩證已斷諸習氣乃至成佛常所寶持如美
玉在水竜衣所覆阿賴耶識亦復如是在生
死海爲諸惡習覆而不現諸仁者阿賴耶識
有能取所取二種相生如蛇有二頭所樂同
往此亦如是與色相俱世間之人取之爲色
或計我我所若有若无能作世間於世自在
諸仁者阿賴耶識雖種種變現而性甚深无
智之人不能覺了譬如幻師幻作諸獸或行
或走相似衆生都无定實阿賴耶識亦復如
是幻作種種世間衆生而无實事凡愚不了
妄生取著起微塵勝性自在丈夫有无等見
諸仁者意能分别一切世間是分别見如畫

或定相似衆生都无定實阿賴耶識亦復如
是幻作種種世間衆生而无實事凡愚不了
妄生取著起微塵勝性自在丈夫有无等見
諸仁者意能分別一切世間是分別見如畫
中質如雲中形如翳夢者所見之物如因陁
羅弓如乾闥婆城如谷響音如陽焰水如川
影樹如池像月分別之人於阿賴耶如是妄取
若有於此能正觀察知諸世間皆是自心
是分別見即皆轉滅諸仁者阿賴耶識是意
等諸法習氣所依爲分別心之所擾濁若離
分別即或无漏无漏即常猶如虛空若諸菩
薩於阿賴耶而得三昧則生无漏禪定解脫
方便力自在神通如是等諸切德法十究竟
願意生之身轉於所依識界常住同虛空性
不壞不盡諸仁者如來普見一切世間无有
增減般涅槃者非是壞滅亦无非衆生而今
始生十方國土同一法性諸佛出世不出世間
一切諸法住於法性不常不斷若解脫者
衆生界滅即壞如來一切智性去來今佛所
知之法不得平等又若涅槃衆生滅者誰離
於苦有餘无餘降魔等事皆是妄說是故當
知諸觀行者證於解脫其身常住離衆有蘊
滅諸習氣譬如熱鐵投之冷水熱勢雖除而
鐵不壞此亦如是諸仁者阿賴耶海爲戲論
麁重所擊五法三性諸識波浪相續而生所

BD03942號　大乘密嚴經（地婆訶羅本）卷下

（11-9）

知諸觀行者證於解脫其身常住離衆有蘊
滅諸習氣譬如熱鐵投之冷水熱勢雖除而
鐵不壞此亦如是諸仁者阿賴耶海爲戲論
麁重所擊五法三性諸識波浪相續而生所
有境界其相飄動於无義處中似義而現諸
仁者阿賴耶識行於諸蘊稠林之中意爲先
導意識決了色等衆境五識依根了現境界
所取之境莫不皆是阿賴耶識諸仁者阿賴
邪識與壽命煖觸和合而住意住於此識復
住意所餘五識亦住自根諸仁者心意及識
住於諸蘊爲業所牽流轉不息諸所有業因
愛而起以業受身身復造業捨此身已更受
餘身如步屈蟲行心及心法生於諸趣復更
積集稠林之蘊諸仁者壽煖及識若捨於身
身无覺知同於木石諸仁者藏識是心執我
名意取諸境界說之爲識諸仁者心能持身
意著諸趣意識遍了五現分別諸仁者藏識
爲因生於諸識意及意識又從所緣无間而
起五識復待增上緣生以同時自根爲增上
故諸仁者身如起屍亦如陽焰隨於諸行因
緣而轉非是虛妄亦非真實爲愛所牽性空
无我諸仁者意等諸識與心共生五識復與
意識同生如是恒將大地俱轉諸仁者阿賴
邪識爲愛所熏而得增長自增長已復增餘
識如輪不絶以諸識故衆趣得生於諸趣中
識復[illegible]

BD03942號　大乘密嚴經（地婆訶羅本）卷下

（11-10）

為因生於諸識意及意識又從所緣无間而
起五識復待增上緣生以同時自根為增上
故諸仁者身如起尸亦如陽焰隨於諸行因
緣而轉非是虛妄亦非真實為愛所牽往空
无我諸仁者意等諸識與心共生五識復與
意識同生如是恒時大地俱轉諸仁者阿賴
耶識為愛所熏而得增長自增長已復增餘
識如輪不絕以諸識故眾趣得生於諸趣中
識復增長識與世間更互為因如河中流前
後不斷如牙與種相續而生各各差別分明
顯現識行亦尒三和合已復更和合差別而生
无有斷絕內外眾法因茲而起一切凡夫不
了自心汝諸佛子應勤觀察尒時眾色最
勝王等復向金剛藏菩薩摩訶薩而作是言
金剛三昧藏　得无所畏者　善入於密嚴　能演一切法
佛及諸佛子　三昧正思惟　所見諸法相　微妙最无比
惟願大智者　為我等宣說
尊者恒安住　摩尼月藏宮　坐於師子座　菩薩眾圍遶
須為諸瑜祇　說密嚴定法　此是月幢佛　為眾所開演

BD03942 號　大乘密嚴經（地婆訶羅本）卷下　（11–11）

是法花經大饒益諸菩薩摩訶薩能令至於
…耨多羅三藐三菩提是故諸菩薩摩訶薩
於如來滅後常應受持讀誦解說書寫是經
尒時世尊欲重宣此義而說偈言
過去有佛　號威音王　神智无量　將導一切
天人龍神　所共供養　是佛滅後　法欲盡時
…菩薩　名常不輕　時諸四眾　計著於法
不輕菩薩　往到其所　而語之言　我不輕汝
汝等行道　皆當作佛　諸人聞已　輕毀罵詈
不輕菩薩　能忍受之　其罪畢已　臨命終時
得聞此經　六根清淨　神通力故　增益壽命
復為諸人　廣說是經　諸著法眾　皆蒙菩薩
教化成就　令住佛道　不輕命終　值无數佛
說是經故　得无量福　漸具功德　疾成佛道
…不輕　則我身是　時四部眾　著法之者
…輕言　汝當作佛　以是因緣　值无數佛
…會菩薩　五百之眾　并及四眾　清信士女
…於我前　聽法者是　我於前世　勸是諸人
聽受斯經　第一之法　開示教人　令住涅槃

BD03943 號　妙法蓮華經卷六　（15–1）

說是經故　得无量福　漸具功德　疾成佛道
彼時不輕　則我身是　時四部衆　著法之者
聞不輕言　汝當作佛　以是因緣　值无數佛
此會菩薩　五百之衆　并及四衆　清信士女
今於我前　聽法者是　我於前世　勸是諸人
聽受斯經　第一之法　開示教人　令住涅槃
世世受持　如是經典　億億万劫　至不可議
時乃得聞　是法花經　億億万劫　至不可議
諸佛世尊　時說是經　是故行者　於佛滅後
聞如是經　勿生疑惑　應當一心　廣說此經
世世值佛　疾成佛道

妙法蓮華經如來神力品第二十一

尒時千世界微塵等菩薩摩訶薩從地踊出
者皆於佛前一心合掌瞻仰尊顔而白佛言
世尊我等於佛滅後世尊分身所在國土滅
度之處當廣說此經所以者何我等亦自欲
得是真淨大法受持讀誦解說書寫而供養
之尒時世尊於文殊師利等无量百千万億
娑婆世界菩薩摩訶薩及諸比丘比丘
尼優婆塞優婆夷天龍夜叉乾闥婆阿脩羅
迦樓羅緊那羅摩睺羅伽人非人等一切衆
前現大神力出廣長舌上至梵世一切毛孔
放於无量无數色光皆悉遍照十方世界衆
寶樹下師子座上諸佛亦復如是出廣長舌
放无量光釋迦牟尼佛及寶樹下諸佛現神
力時滿百千歲然後還攝舌相一時謦欬俱

BD03943號　妙法蓮華經卷六　（15–2）

迦樓羅緊那羅摩睺羅伽人非人等一切衆
前現大神力出廣長舌上至梵世一切毛孔
放於无量无數色光皆悉遍照十方世界衆
寶樹下師子座上諸佛亦復如是出廣長舌
放无量光釋迦牟尼佛及寶樹下諸佛現神
力時滿百千歲然後還攝舌相一時謦欬俱
共彈指是二音聲遍至十方諸佛世界地皆
六種震動其中衆生天龍夜叉乾闥婆阿脩
羅迦樓羅緊那羅摩睺羅伽人非人等以佛
神力故皆見此娑婆世界无量无邊百千萬
億衆寶樹下師子座上諸佛及見釋迦牟尼
佛共多寶如來在寶塔中坐師子座又見无
量无邊百千万億菩薩摩訶薩及諸四衆恭
敬圍繞釋迦牟尼佛既見是已皆大歡喜得
未曾有即時諸天於虛空中高聲唱言過此
无量无邊百千万億阿僧祇世界有國名娑
婆是中有佛名釋迦牟尼今為諸菩薩摩訶
薩說大乘經名妙法蓮華教菩薩法佛所護
念汝等當深心隨喜亦當礼拜供養釋迦牟
尼佛彼諸衆生聞虛空中聲已合掌向娑婆
世界作如是言南无釋迦牟尼佛南无釋迦
牟尼佛以種種華香瓔珞幡蓋及諸嚴身之
具珎寶妙物皆共遙散娑婆世界所散諸物
從十方來譬如雲集變成寶帳遍覆此間諸
佛之上于時十方世界通達无礙如一佛土
尒時佛告上行等菩薩大衆諸佛神力如是

BD03943號　妙法蓮華經卷六　（15–3）

世界作如是言南无釋迦牟尼佛南无釋迦
牟尼佛以種種華香瓔珞幡蓋及諸嚴身之
具珎寶妙物皆共遥散娑婆世界所散諸物
從十方來譬如雲集變成寶帳遍覆此間諸
佛之上于時十方世界通達无礙如一佛土
尒時佛告上行等菩薩大衆諸佛神力如是
无量无邊不可思議若我以是神力於无量
无邊百千万億阿僧祇劫為囑累故說此經
功德猶不能盡以要言之如來一切所有之
法如來一切自在神力如來一切秘要之藏
如來一切甚深之事皆於此經宣示顯說是
故汝等於如來滅後應一心受持讀誦解說
書寫如說脩行所在國土若有受持讀誦解
說書寫如說脩行若經卷所住之處若於園
中若於林中若於樹下若於僧坊若白衣舍
若在殿堂若山谷曠野是中皆應起塔供養
所以者何當知是處即是道場諸佛於此得
阿耨多羅三藐三菩提諸佛於此轉于法輪
諸佛於此而般涅槃尒時世尊欲重宣此義
而說偈言
諸佛救世者　住於大神通　為悅衆生故　現无量神力
舌相至梵天　身放无數光　為求佛道者　現此希有事
諸佛謦欬聲　及彈指之聲　周聞十方國　地皆六種動
以佛滅度後　能持是經故　諸佛皆歡喜　現无量神力
囑累是經故　讚美受持者　於无量劫中　猶故不能盡
是人之功德　无邊无有窮　如十方虛空　不可得邊盡

BD03943 號　妙法蓮華經卷六　（15–4）

諸佛救世者　住於大神通　為悅衆生故　現无量神力
舌相至梵天　身放无數光　為求佛道者　現此希有事
諸佛謦欬聲　及彈指之聲　周聞十方國　地皆六種動
以佛滅度後　能持是經故　諸佛皆歡喜　現无量神力
囑累是經故　讚美受持者　於无量劫中　猶故不能盡
是人之功德　无邊无有窮　如十方虛空　不可得邊盡
能持是經者　則為已見我　亦見多寶佛　及諸分身者
又見我今日　教化諸菩薩　能持是經者　令我及分身
滅度多寶佛　一切皆歡喜　十方現在佛　并過去未來
亦見亦供養　亦令得歡喜　諸佛坐道場　所得秘要法
能持是經者　不久亦當得　能持是經者　於諸法之義
名字及言辭　樂說无窮盡　如風於空中　一切无障礙
於如來滅後　知佛所說經　因緣及次第　隨義如實說
如日月光明　能除諸幽冥　斯人行世間　能滅衆生闇
教无量菩薩　畢竟住一乘　是故有智者　聞此功德利
於我滅度後　應受持斯經　是人於佛道　決定无有疑
妙法蓮華經囑累品第二十二
尒時釋迦牟尼佛從法座起現大神力以右
手摩无量菩薩摩訶薩頂而作是言我於无
量百千万億阿僧祇劫脩習是難得阿耨多
羅三藐三菩提法今以付囑汝等汝等應當
一心流布此法廣令增益如是三摩諸菩薩
摩訶薩頂而作是言我於无量百千万億阿僧
祇劫脩習是難得阿耨多羅三藐三菩提法
今以付囑汝等汝等當受持讀誦廣宣此法
令一切衆生普得聞知所以者何如來有大

BD03943 號　妙法蓮華經卷六　（15–5）

一心流布此法廣令增益如是三摩諸菩薩
摩訶薩頂而作是言我於无量百千万億阿僧
祇劫脩習是難得阿耨多羅三藐三菩提法
今以付囑汝等汝等當受持讀誦廣宣此法
令一切衆生普得聞知所以者何如來有大
慈悲无諸慳悋亦无所畏能與衆生佛之智
慧如來智慧自然智慧如來是一切衆生之
大施主汝等亦應隨學如來之法勿生慳悋
於未來世若有善男子善女人信如來智慧
者當為演說此法華經使得聞知為令其人
得佛慧故若有衆生不信受者當於如來餘
深法中示教利喜汝等若能如是則為已報
諸佛之恩時諸菩薩摩訶薩聞佛作是說已
皆大歡喜遍滿其身益加恭敬曲躬低頭合
掌向佛俱發聲言如世尊勅當具奉行唯然
世尊願不有慮諸菩薩摩訶薩衆如是三
反俱發聲言如世尊勅當具奉行唯然世尊
願不有慮尒時釋迦牟尼佛令十方來諸分
身佛各還本土而作是言諸佛各隨所安多
寶佛塔還可如故說是語時十方无量分身
諸佛坐寶樹下師子座上者及多寶佛并上
行等无邊阿僧祇菩薩大衆舍利弗等聲聞
四衆及一切世間天人阿脩羅等聞佛所說
皆大歡喜
妙法蓮華經藥王菩薩本事品第二十三

BD03943號　妙法蓮華經卷六

（15–6）

諸佛坐寶樹下師子座上者及多寶佛并上
行等无邊阿僧祇菩薩大衆舍利弗等聲聞
四衆及一切世間天人阿脩羅等聞佛所說
皆大歡喜
妙法蓮華經藥王菩薩本事品第二十三
尒時宿王華菩薩白佛言世尊藥王菩薩云
何遊於娑婆世界世尊是藥王菩薩有若干
百千万億那由他難行苦行善哉世尊願少
解說諸天龍神夜叉乾闥婆阿脩羅迦樓羅
緊那羅摩睺羅伽人非人等又他國土諸來
菩薩及此聲聞衆聞皆歡喜尒時佛告宿王
華菩薩乃往過去无量恒河沙劫有佛号日
月淨明德如來應供正遍知明行足善逝世
間解无上士調御丈夫天人師佛世尊其佛
有八十億大菩薩摩訶薩七十二恒河沙大聲
聞衆佛壽四万二千劫菩薩壽命亦等彼國
无有女人地獄餓鬼畜生阿脩羅等及以諸
難地平如掌琉璃所成寶樹莊嚴寶帳覆上
垂寶花幡寶瓶香爐周遍國界七寶為臺一
樹一臺其樹去臺盡一箭道此諸寶樹皆
有菩薩聲聞而坐其下諸寶臺上各有百
億諸天作天伎樂歌歎於佛以為供養尒時
彼佛為一切衆生憙見菩薩及衆菩薩諸聲
聞衆說法花經是一切衆生憙見菩薩樂習
苦行於日月淨明德佛法中精進經行一心
求佛滿万二千歲已得現一切色身三昧得此

BD03943號　妙法蓮華經卷六

（15–7）

億諸天作天伎樂歌歎於佛以為供養命時
彼佛為一切衆生憙見菩薩及衆菩薩諸聲
聞衆說法花經是一切衆生憙見菩薩樂習
苦行於日月淨明德佛法中精進經行一心
求佛滿万二千歲已得現一切色身三昧得此
三昧已心大歡喜即作念言我得現一切色身
三昧皆是得聞法花經力我今當供養日月
淨明德佛及法花經即時入是三昧於虛空
中雨曼陀羅花摩訶曼陀羅花細末堅黑栴
檀滿虛空中如雲而下又雨海此岸栴檀之
香此香六銖價直娑婆世界以供養佛作是
供養已從三昧起而自念言我雖以神力供
養於佛不如以身供養即服諸香栴檀薰陸
兜樓婆畢力迦沈水膠香又飲瞻蔔諸花香
油滿千二百歲已香油塗身於日月淨明德
佛前以天寶衣而自纏身灌諸香油以神通
力願而自然身光明遍照八十億恒河沙世
界其中諸佛同時讚言善哉善哉善男子
是真精進是名真法供養如來若以花香瓔
珞燒香末香塗香天繒幡蓋及海此岸栴檀
之香如是等種種諸物供養所不能及假使
國城妻子布施亦所不及善男子是名第一
之施於諸施中最尊最上以法供養諸如來
故作是語已而各嘿然其身火然千二百歲
過是已後其身乃盡一切衆生憙見菩薩作
如是法供養已命終之後復生日月淨明德



國城妻子
之施於諸施中最尊最上以法供養諸如來
故作是語已而各嘿然其身火然千二百歲
過是已後其身乃盡一切衆生憙見菩薩作
如是法供養已命終之後復生日月淨明德
佛國中於淨德王家結加趺坐忽然化生即
為其父而說偈言
大王今當知　我經行彼處　即時得一切　現諸身三昧
懃行大精進　捨所愛之身
說是偈已而白父言日月淨明德佛今故現
在我先供養佛已得解一切衆生語言陀羅
尼復聞是法花經八百千万億那由他甄迦
羅頻婆羅阿閦婆等偈大王我今當還供養
此佛白已即坐七寶之臺上昇虛空高七多
羅樹往到佛所頭面禮足合十指爪以偈讚
佛
容顏甚奇妙　光明照十方　我適曾供養　今復還親近
爾時一切衆生憙見菩薩說是偈已而白佛
言世尊世尊猶故在世爾時日月淨明德佛
告一切衆生憙見菩薩善男子我涅槃時到
滅盡時至汝可安施床座我於今夜當般涅
槃又勑一切衆生憙見菩薩善男子我以佛
法囑累於汝及諸菩薩大弟子并阿耨多羅
三藐三菩提法亦以三千大千七寶世界諸
寶樹寶臺及給侍諸天悉付於汝我滅度後
所有舍利亦付囑汝當令流布廣設供養應

三藐三菩提法亦以三千大千七寶世界諸
寶樹寶臺及給侍諸天悉付於汝我滅度後
所有舍利亦付囑汝當令流布廣設供養應
起若干千塔如是日月淨明德佛勅一切衆
生憙見菩薩已於夜後分入於涅槃尒時一
切衆生憙見菩薩見佛滅度悲感懊惱戀慕
於佛即以海此岸栴檀為𧂐供養佛身而以
燒之火滅已後收取舍利作八万四千寶瓶
以起八万四千塔高三世界表刹莊嚴垂諸
幡蓋懸衆寶鈴尒時一切衆生憙見菩薩復
自念言我雖作是供養心猶未足我今當更
供養舍利便語諸菩薩大弟子及天龍夜叉
等一切大衆汝等當一心念我今供養日月
淨明德佛舍利作是語已即於八万四千塔
前然百福莊嚴臂七万二千歲而以供養令
无數求聲聞衆无量阿僧祇人發阿耨多羅
三藐三菩提心皆使得住現一切色身三昧
尒時諸菩薩天人阿脩羅等見其无臂憂惱
悲哀而作是言此一切衆生憙見菩薩是我
等師教化我者而今燒臂身不具足于時一
切衆生憙見菩薩於大衆中立此誓言我捨
兩臂必當得佛金色之身若實不虛令我兩
臂還復如故作是誓已自然還復由斯菩薩
福德智慧淳厚所致當尒之時三千大千世
界六種震動天雨寶華一切人天得未曾有
佛告宿王華菩薩於汝意云何一切衆生憙

BD03943號　妙法蓮華經卷六　（15-10）

兩臂必當得佛金色之身若實不虛令我兩
臂還復如故作是誓已自然還復由斯菩薩
福德智慧淳厚所致當尒之時三千大千世
界六種震動天雨寶華一切人天得未曾有
佛告宿王華菩薩於汝意云何一切衆生憙
見菩薩豈異人乎今藥王菩薩是也[illegible]
身布施如是无量百千万億那由他數宿王
華若有發心欲得阿耨多羅三藐三菩提者
能然手指乃至足一指供養佛塔勝以國城
妻子及三千大千國土山林河池諸珎寶物
而供養者若復有人以七寶滿三千大千世
界供養於佛及大菩薩辟支佛阿羅漢是人
所得功德不如受持此法華經乃至一四句
偈其福最多宿王華譬如一切川流江河諸
水之中海為第一此法華經亦復如是於諸
如來所說經中最為深大又如土山黒山小
鐵圍山大鐵圍山及十寶山衆山之中須弥
山為第一此法華經亦復如是於諸經中最
為照明又如日天子能除諸闇此經亦復如
是能破一切不善之闇又如諸小王中轉輪
聖王最為第一此經亦復如是於衆經中最
為其尊又如帝釋於三十三天中王此經亦
復如是諸經中王又如大梵天王一切衆生
之父此經亦復如是一切賢聖學无學及發
菩薩心者之父又如一切凡夫人中須陁洹

BD03943號　妙法蓮華經卷六　（15-11）

為其尊又如帝釋於三十三天中王此經亦
復如是諸經中王又如大梵天王一切衆生
之父此經亦復如是一切賢聖學无學及發
菩薩心者之父又如一切凡夫人中須陀洹
斯陀含阿那含阿羅漢辟支佛為第一此經
亦復如是一切如來所說若菩薩所說若聲
聞所說諸經法中最為第一有能受持是經
典者亦復如是於一切衆生中亦為第一一
切聲聞辟支佛中菩薩為第一此經亦復如
是於一切諸經法中最為第一如佛為諸法
王此經亦復如是諸經中王宿王華此經能
救一切衆生者此經能令一切衆生離諸苦
惱此經能大饒益一切衆生充滿其願如清
涼池能滿一切諸渴乏者如寒者得火如裸
者得衣如商人得主如子得母如渡得船如
病得醫如暗得燈如貧得寶如民得王如賈
客得海如炬除暗此法華經亦復如是能令
衆生離一切苦一切病痛能解一切生死之縛
若人得聞此法華經若自書若使人書所得
功德以佛智慧籌量多少不得其邊若書
是經卷花香瓔珞燒香末香塗香幡蓋衣服
種種之燈蘇燈油燈諸香油燈瞻蔔油燈須
曼油燈波羅羅油燈婆利師迦油燈那婆摩
利油燈供養所得功德亦復无量宿王華若
有人聞是藥王菩薩本事品者亦得无量无
邊功德若有女人聞是藥王菩薩本事品能

BD03943號　妙法蓮華經卷六　（15–12）

是經卷花香瓔珞燒香末香塗香幡蓋衣服
種種之燈蘇燈油燈諸香油燈瞻蔔油燈須
曼油燈波羅羅油燈婆利師迦油燈那婆摩
利油燈供養所得功德亦復无量宿王華若
有人聞是藥王菩薩本事品者亦得无量无
邊功德若有女人聞是藥王菩薩本事品能
受持者盡是女身後不復受若如來滅後後
五百歲中若有女人聞是經典如說脩行於
此命終即往安樂世界阿弥陀佛大菩薩衆
圍繞住處生蓮花中寶座之上不復為貪欲
所惱亦復不為瞋恚愚癡所惱亦復不為憍
慢嫉妬諸垢所惱得菩薩神通无生法忍得
是忍已眼根清淨以是清淨眼根見七百万
二千億那由他恒河沙等諸佛如來是時諸
佛遥共讚言善哉善哉善男子汝能於釋迦
牟尼佛法中受持讀誦思惟是經為他人說
所得福德无量无邊火不能燒水不能漂汝
之功德千佛共說不能令盡汝今已能破諸
魔賊壞生死軍諸餘怨敵皆悉摧滅善男子
百千諸佛以神通力共守護汝於一切世間
天人之中无如汝者唯除如來其諸聲聞辟
支佛乃至菩薩智慧禪定无有與汝等者宿
王華此菩薩成就如是功德智慧之力若有
人聞是藥王菩薩本事品能隨喜讚善者是
人現世口中常出青蓮花香身毛孔中常出
牛頭栴檀香所得功德如上所說是故宿王

BD03943號　妙法蓮華經卷六　（15–13）

文佛乃至菩薩智慧禪定无有與汝等者宿
王花此菩薩成就如是功德智慧之力若有
人聞是藥王菩薩本事品能隨喜讚善者是
人現世口中常出青蓮花香身毛孔中常出
牛頭栴檀香所得功德如上所說是故宿王
華以此藥王菩薩本事品囑累於汝我滅度
後後五百歲中廣宣流布於閻浮提无令斷
絕惡魔魔民諸天龍夜叉鳩槃荼等得其便
也宿王華汝當以神通之力守護是經所以
者何此經則為閻浮提人病之良藥若人有
病得聞是經病即消滅不老不死宿王華汝
若見有受持是經者應以青蓮花盛滿末香
供散其上散已作是念言此人不久必當取
草坐於道場破諸魔軍當吹法螺擊大法鼓
度脫一切眾生老病死海是故求佛道者見
有受持是經典人應當如是生恭敬心說是
藥王菩薩本事品時八万四千菩薩得解一
切眾生語言陁羅尼多寶如來於寶塔中讚
宿王花菩薩言善哉善哉宿王華汝成就不
可思議功德乃能問釋迦牟尼佛如此之事
利益无量一切眾生

法蓮華經卷第六

BD03943號　妙法蓮華經卷六

（15–14）

若見有受持是經者應以青蓮花盛滿末香
供散其上散已作是念言此人不久必當取
草坐於道場破諸魔軍當吹法螺擊大法鼓
度脫一切眾生老病死海是故求佛道者見
有受持是經典人應當如是生恭敬心說是
藥王菩薩本事品時八万四千菩薩得解一
切眾生語言陁羅尼多寶如來於寶塔中讚
宿王花菩薩言善哉善哉宿王華汝成就不
可思議功德乃能問釋迦牟尼佛如此之事
利益无量一切眾生

法蓮華經卷第六

BD03943號　妙法蓮華經卷六

（15–15）

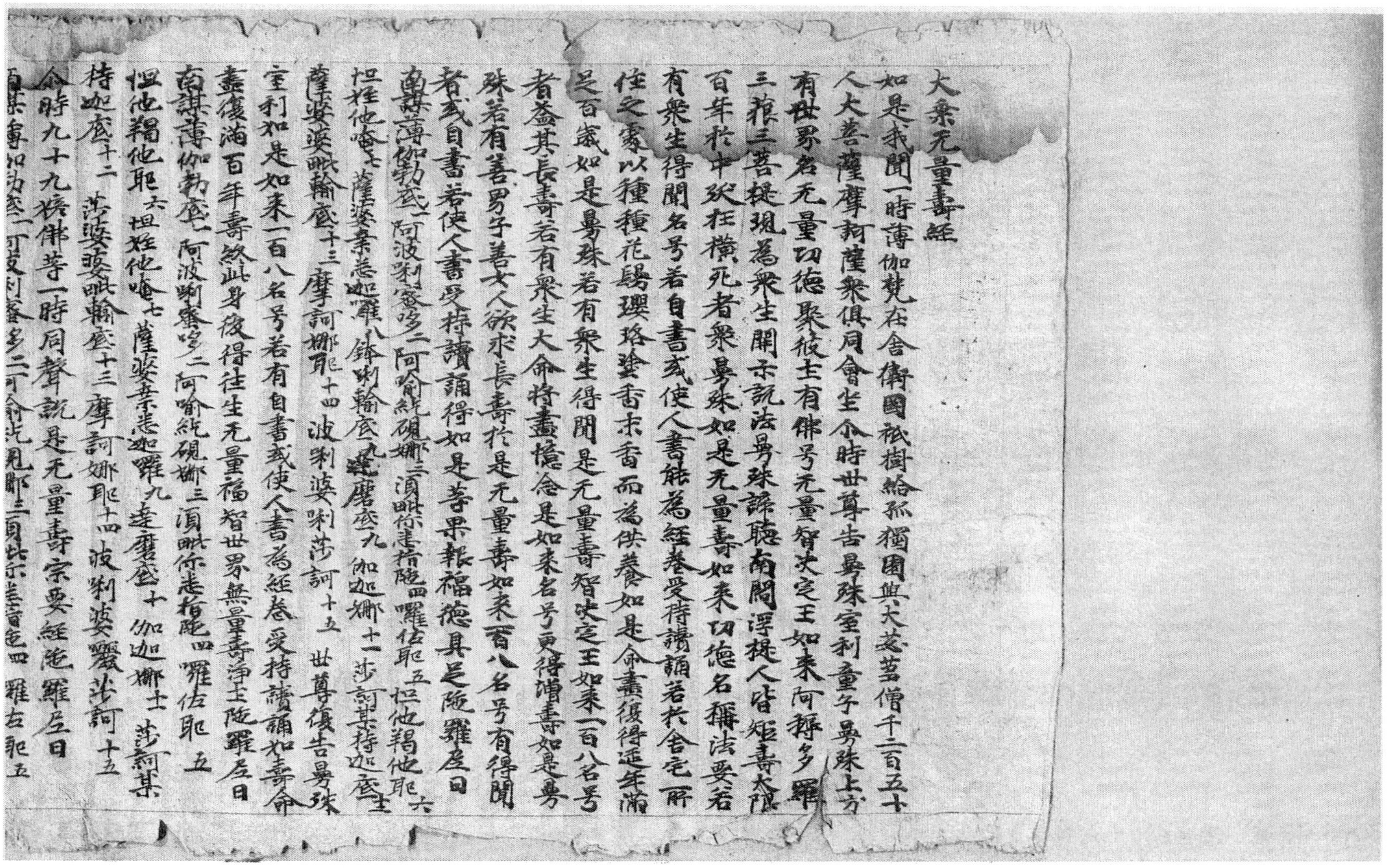

大乘无量壽經
如是我聞一時薄伽梵在舍衛國祇樹給孤獨園與大苾芻僧千二百五十
人大菩薩摩訶薩衆俱同會坐尒時世尊告曼殊室利童子曼殊上方
有世界名无量功德聚彼土有佛号无量智決定王如來阿耨多羅
三藐三菩提現為衆生開示說法曼殊諦聽南閻浮提人皆短壽大限
百年於中夭枉橫死者衆曼殊如是无量壽如來功德名稱法要若
有衆生得聞名号若自書或使人書能為經卷受持讀誦若於舍宅所
住之處以種種花鬘瓔珞塗香末香而為供養如是命盡復得延年滿
足百歲如是曼殊若有衆生得聞是无量壽智決定王如來一百八名号
者益其長壽若有衆生大命將盡憶念是如來名号更得增壽如是曼
殊若有善男子善女人欲求長壽於是无量壽如來百八名号有得聞
者或自書若使人書受持讀誦得如是等果報福德具足陀羅尼曰
南謨薄伽勃底一阿波唎蜜哆二阿喻紇硯娜三須毗你悉指陀四囉佐耶五怛他羯他耶六
怛姪他唵七薩婆桑悉迦囉八鉢唎輸底九達磨底十伽迦娜十一莎訶某持迦底十二
薩婆婆毗輸底十三摩訶娜耶十四波唎婆唎莎訶十五世尊復告曼殊
室利如是如來一百八名号若有自書或使人書為經卷受持讀誦如壽命
盡復滿百年壽終此身後得往生无量福智世界無量壽淨土陀羅尼曰
南謨薄伽勃底一阿波唎蜜哆二阿喻紇硯娜三須毗你悉指陀四囉佐耶五
怛他羯他耶六怛姪他唵七薩婆桑悉迦囉九達磨底十伽迦娜十一莎訶某
持迦底十二莎婆婆毗輸底十三摩訶娜耶十四波唎婆唎莎訶十五
尒時九十九殑伽等一時同聲說是无量壽宗要經陀羅尼曰
南謨薄伽勃底一阿波唎蜜哆二阿喻紇硯娜三須毗你悉指陀四囉佐耶五

BD03944 號　無量壽宗要經　（2–1）

三藐三菩提現為衆生開示說法曼殊諦聽南閻浮提人皆短壽大限
百年於中夭枉橫死者衆曼殊如是无量壽如來功德名稱法要若
有衆生得聞名号若自書或使人書能為經卷受持讀誦若於舍宅所
住之處以種種花鬘瓔珞塗香末香而為供養如是命盡復得延年滿
足百歲如是曼殊若有衆生得聞是无量壽智決定王如來一百八名号
者益其長壽若有衆生大命將盡憶念是如來名号更得增壽如是曼
殊若有善男子善女人欲求長壽於是无量壽如來百八名号有得聞
者或自書若使人書受持讀誦得如是等果報福德具足陀羅尼曰
南謨薄伽勃底一阿波唎蜜哆二阿喻紇硯娜三須毗你悉指陀四囉佐耶五怛他羯他耶六
怛姪他唵七薩婆桑悉迦囉八鉢唎輸底九達磨底十伽迦娜十一莎訶某持迦底十二
薩婆婆毗輸底十三摩訶娜耶十四波唎婆唎莎訶十五世尊復告曼殊
室利如是如來一百八名号若有自書或使人書為經卷受持讀誦如壽命
盡復滿百年壽終此身後得往生无量福智世界無量壽淨土陀羅尼曰
南謨薄伽勃底一阿波唎蜜哆二阿喻紇硯娜三須毗你悉指陀四囉佐耶五
怛他羯他耶六怛姪他唵七薩婆桑悉迦囉九達磨底十伽迦娜十一莎訶某
持迦底十二莎婆婆毗輸底十三摩訶娜耶十四波唎婆唎莎訶十五
尒時九十九殑伽等一時同聲說是无量壽宗要經陀羅尼曰
南謨薄伽勃底一阿波唎蜜哆二阿喻紇硯娜三須毗你悉指陀四囉佐耶五
怛他羯他耶六怛姪他唵七薩婆桑悉迦囉八鉢唎輸底九達磨底十伽迦娜十一
莎訶某持迦底十二莎婆婆毗輸底十三摩訶娜耶十四波唎婆唎莎訶十五
尒時復有一百四殑伽等一時同聲說是无量壽宗要經陀羅尼曰
南謨薄伽勃底一阿波唎蜜哆二阿喻紇硯娜三須毗你悉指陀四囉佐耶五
怛他羯他耶六怛姪他唵七薩婆桑悉迦囉八波唎輸底九達磨底十

BD03944 號　無量壽宗要經　（2–2）

南无普寶佛　南无日光佛
南无說提他佛　南无厌眼佛
南无師子身佛　南无稱見親光佛
南无清淨聲佛　南无怖樂佛
南无寂靜增上佛　南无寶威德佛
南无善威德供養佛　南无七光佛
南无世間尊佛　南无善行淨佛
南无菩提他威德佛　南无應眼佛
南无大步佛　南无成義佛
南无安隱愛佛　南无天摩拉多佛
南无捨湯流佛　南无捨寶佛
南无智滿佛　南无攝佛
南无解脫賢佛　南无衆步佛
南无光明威德佛　南无慈力佛
南无月勝佛　南无寂光勝佛
從此以上五千一百佛十二部經一切賢聖
南无愛眼佛　南无睺尸羅聲佛
南无不死色佛　南无樂法佛
南无大月佛　南无无障身聲佛
南无功德奮迅佛　南无不死華佛

BD03945號　佛名經（十六卷本）卷六　（13–1）

從此以上五千一百佛十二部經一切賢聖
南无愛眼佛　南无睺尸羅聲佛
南无不死色佛　南无樂法佛
南无大月佛　南无无障身聲佛
南无功德奮迅佛　南无不死華佛
南无平等見佛　南无大月佛
南无功德味佛　南无十光佛
南无種種華佛　南无龍德佛
南无雲聲佛　南无功德步佛
南无思功德佛　南无大聲佛
南无了聲佛　南无遠離慈處佛
南无天華佛　南无快眼佛
南无大然燈佛　南无離癡行佛
南无堅固希佛　南无捨邪佛
南无相華佛　南无不可思議光明佛
南无普賢佛　南无月妙佛
南无樂德佛　南无清淨聲佛
南无勝慧佛　南无賢光佛
南无堅固華佛　南无光明意佛
南无福德佛　南无意成就佛
南无樂解脫佛　南无離濁河佛
南无調怨佛　南无不去捨佛
南无甘露光明佛　南无樂聲佛
南无不可量眼佛　南无快修行佛
南无妙高光佛　南无集功德佛

BD03945號　佛名經（十六卷本）卷六　（13–2）

南无樂解脫佛　南无離濁问佛
南无調怨佛　南无不去捨佛
南无甘露光明佛　南无樂聲佛
南无不可量眼佛　南无快修行佛
南无妙高光佛　南无集功德佛
南无可樂佛　南无大心佛
南无天信佛　南无思惟甘露佛
南无黠慧佛　南无勝燈佛
南无堅意佛　南无力步佛
南无蓮華葉眼佛　南无菩提光明佛
南无妙吼聲佛　南无六通聲佛
南无威德力佛　南无人稱佛
南无勝華集佛　南无大語佛
南无不隨他佛　南无畏行佛
南无不怯弱佛　南无離憂闇佛
南无過潮佛　南无月光佛
南无心勇猛佛　南无解脫慧佛
南无不取捨佛　南无薝蔔燈佛
南无勝火佛　南无善思意佛
南无勝威德色佛　南无信世間佛
南无妙慧佛　南无善喜信佛
南无華光佛　南无人華佛
南无善香佛　南无勝功德佛
南无種種華佛　南无高勝佛
南无虛空劫佛　南无天信佛

BD03945號　佛名經（十六卷本）卷六　（13–3）

南无華光佛　南无人華佛
南无善香佛　南无勝功德佛
南无種種華佛　南无高勝佛
南无虛空劫佛　南无天信佛
南无可敬攜佛　南无月光佛
南无大衆佛　南无寂力佛
南无智地佛　南无高意佛
南无山王智佛　南无快昇佛
南无妙身佛　南无勝觀佛
南无離疑佛
從此以上五千二百佛十二部經一切賢聖
南无應行佛　南无勝香佛
南无无靜行佛　南无修行功德佛
南无大精進心佛　南无然光明佛
南无攝步佛　南无脩行深心佛
南无香希佛　南无香手佛
南无寂靜智佛　南无妙心佛
南无功德莊嚴佛　南无增上行佛
南无智意佛　南无功德山清淨聲佛
南无攝集佛　南无妙信佛
南无月見佛　南无功德王光明佛
南无法不可力佛　南无離諸疑奮迅佛
南无稱王佛　南无攝諸根佛
南无上去佛　南无甘露光佛
南无甘露心佛　南无諸衆上佛
南无語佛　南无不可降伏色佛

BD03945號　佛名經（十六卷本）卷六　（13–4）

南无法不可[illegible]佛　南无[illegible]佛
南无稱王佛　南无攝諸根佛
南无上去佛　南无甘露光佛
南无甘露心佛　南无諸衆上佛
南无語佛　南无不可降伏色佛
南无普信佛　南无莊嚴王佛
南无甘露日佛　南无勝燈佛
南无波頭上佛　南无寶藏佛
南无普光佛　南无最勝王佛
南无普光上勝積王佛　南无普賢佛
南无普現佛　南无還華勝佛
南无自在轉法王佛　南无千世自在聲佛
南无善无垢聲自在王佛　南无離无畏聲自在王佛
南无千无垢威德自在王佛　南无五百聲自在王佛
南无五百樂自聲佛　南无日龍歡喜佛
南无離畏稱王佛　南无妙光幢佛
南无離光聲佛　南无稱自在聲佛
南无妙法稱聲佛　南无勝藏稱王佛
南无不可思議意王佛　南无寶幢佛
南无火自在佛　南无聖智自在幢勇猛佛
南无不可思慧佛　南无智藏佛
南无智高幢佛　南无智海王佛
南无精進聲自在王佛　南无弥留勝劫佛
南无智顯脩自在種子善无垢吼自在王佛
南无降伏切德海王佛　南无智成就力王佛
南无勝道自在王佛　南无勝闇積自在佛

BD03945號　佛名經（十六卷本）卷六　（13-5）

南无精進聲自在王佛　南无弥留勝劫佛
南无智顯脩自在種子善无垢吼自在王佛
南无降伏切德海王佛　南无智成就力王佛
南无勝道自在王佛　南无勝闇積自在佛
南无華勝積智佛　南无金剛師子佛
南无成勝佛　南无賢勝佛
南无无邊光佛　南无師子喜佛
南无无盡智積佛　南无寶行佛
南无智波羅婆佛　南无師子稱佛
南无智切德王佛　南无法華雨佛
南无能作光佛　南无高山佛
南无法妙王无垢佛　南无香自在无垢眼佛
南无集大导佛　南无无障导力王佛
南无自福德力佛　南无智衣佛
南无自在佛　南无无量安隱佛
南无智集佛　南无大弥留佛
南无日藏佛　南无作切德莊嚴佛
南无華幢佛　南无切德光明佛
南无離切德闇王佛
從此以上五千三百佛十二部經一切賢聖
南无切德王佛　南无法幢佛
南无聲自在王佛　南无自讓佛
南无寶自在佛　南无妙幢佛
南无上劫佛　南无樂雲佛
南无法作佛　南无莎羅王佛
南无[illegible]力德堅固王佛　南无有[illegible]佛

BD03945號　佛名經（十六卷本）卷六　（13-6）

南无聲自在王佛　南无自讓佛
南无寶自在佛　南无妙幢佛
南无上劫佛　南无樂雲佛
南无法作佛　南无莎羅王佛
南无善功德堅固王佛　南无栴檀佛
南无善住佛　南无善至佛
南无幢勝燈佛　南无智步佛
南无堅幢佛　南无散法稱佛
南无降伏憍慢佛　南无功德炎佛
南无智光明佛　南无智然燈佛
南无无畏王佛　南无智聲幢幡佛
南无金剛燈佛　南无莊嚴王佛
南无勝數佛　南无善住意佛
南无月王佛　南无次第降伏王佛
南无堅固自在王佛　南无師子步佛
南无那羅延勝藏佛　南无集寶藏佛
南无樹提藏佛　南无星宿差別稱佛
南无功德力堅固王佛　南无妙聲佛
南无梵聲佛　南无勝梵佛
南无堅固土佛　南无千香佛
南无波頭摩勝王佛　南无光輪光佛
南无大光明王佛　南无香波頭摩王佛
南无疾光遍功德海智王佛　南无閻浮影光王佛
南无功德山幢王佛　南无師子幢勝佛
南无龍吼王勝佛　南无華威德王勝佛
[illegible]

BD03945號　佛名經（十六卷本）卷六　（13–7）

南无波頭摩勝王佛　南无光輪光佛
南无大光明王佛　南无香波頭摩王佛
南无疾光遍功德海智王佛　南无閻浮影光王佛
南无功德山幢王佛　南无師子幢勝佛
南无龍吼王勝佛　南无華威德王勝佛
南无善香種子佛　南无我甘露功德威德王佛
南无復有八千同名无我甘露功德威德王劫佛
南无法智佛　南无龍自在解脫佛
南无金華佛　南无龍吼自在聲佛
南无寶積佛　南无華照佛
南无大香佛　南无須摩那華佛
南无山王佛　南无世眼佛
南无淨土佛　南无閻浮影佛
南无根本上佛　南无寶山佛
南无海藏佛　南无堅力佛
南无上聖佛　南无自在聖佛
南无拘隣佛　南无師子步佛
南无智幢佛　南无佛聲聞佛
南无廣勝佛　南无安佛
南无智光佛　南无大自在佛
南无稱世佛　南无手喜佛
南无尼拘律王佛　南无金銀佛
南无供養佛　南无日喜佛
南无寶炎佛　南无善眼佛
南无高淨佛　南无淨聖佛
[illegible]

BD03945號　佛名經（十六卷本）卷六　（13–8）

南无尼拘律王佛　南无金銀佛
南无供養佛　南无日喜佛
南无寶炎佛　南无善眼佛
南无高淨佛　南无淨聖佛
南无吼聲佛　南无見義佛
南无稱喜佛　南无稱勝佛
次礼十二部尊經大藏法輪
南无八龍王大神呪經　南无和休經
南无羅什辟喻經　南无稻芉經
從此以上五千四百佛十二部經一切賢聖
南无觀察諸王要偈經　南无鸚鵡王經
南无佛說陁憐尼經　南无方便心論經
南无佛說王耶經　南无鉢記經
南无佛說四顛經　南无佛說六字呪王經
南无佛說迦葉經　南无佛說中心經
南无照明三昧經　南无五夢經
南无賢者威儀經　南无法鏡經
南无老母人經　南无未曾有經
南无未生怨經　南无弥勒慧經
南无大泥洹經　南无薩和菩王經
南无人本欲生經　南无十二因緣經
南无野雞經　南无我所經
次礼十方諸大菩薩
南无陁羅尼在王菩薩　南无辯才莊嚴菩薩
南无須弥頂王菩薩　南无海德寶嚴淨意菩薩
南无大嚴淨菩薩　南无大相菩薩

BD03945號　佛名經（十六卷本）卷六　（13–9）

南无野雞經　南无我所經
次礼十方諸大菩薩
南无陁羅尼在王菩薩　南无辯才莊嚴菩薩
南无須弥頂王菩薩　南无海德寶嚴淨意菩薩
南无大嚴淨菩薩　南无大相菩薩
南无光相菩薩　南无光德菩薩
南无争意菩薩　南无喜王菩薩
南无堅勢菩薩　南无堅意菩薩
南无慈王法子菩薩　南无大目法王子菩薩
南无花音法王子菩薩　南无妙色法王子菩薩
南无揁林法王子菩薩　南无師子吼音法王子菩薩
南无妙聲法王子菩薩　南无妙色形貌法王子菩薩
南无種種莊嚴法王子菩薩　南无纓幢法王子菩薩
南无頂生法王子菩薩
次礼聲聞緣覺一切賢聖
南无聞辟支佛　南无智身辟支佛
南无毗耶離辟支佛　南无俱薩羅辟支佛
南无波蘇陁羅辟支佛　南无无毒淨心辟支佛
南无寶无垢辟支佛　南无福德辟支佛
南无黑辟支佛　南无唯黑辟支佛
礼三寶已次復懺悔
已懺地獄報竟今當復次懺悔三惡道報經
中佛說多欲之人多求利故苦惱亦多知足之
人雖卧地上猶以為樂不知足者雖處天
堂猶不稱意但世間人忽有急難使能捨財

BD03945號　佛名經（十六卷本）卷六　（13–10）

礼三寶已次復懺悔
已懺地獄報竟今當復次懺悔三惡道報經
中佛說多欲之人多求利故苦惱亦多知足之
人雖卧地上猶以爲樂不知足者雖處天
堂猶不稱意但世間人忽有急難便能捨財
不計多少而不知此身臨於三塗深坑之上
一息不還便應墮落忽有知識營功德福
令修未來善法資粮執此慳心无肯作理夫
如此者極爲愚惑何以故尒經中佛說生時不
賫一文而來死亦不持一文而去苦身積聚爲
之憂惱於已无益徒爲他有无善可恃无德可
怙致使命終墮諸惡道是故弟子等今日誓
顙懇到歸依於佛
南无東方大光曜佛　南无南方虛空住佛
南无西方金剛步佛　南无北方无邊力佛
南无東南方无邊王佛　南无西南方壞諸怨賊佛
南无西北方離垢光佛　南无東北方金色光音佛
南无下方師子遊戲佛　南无上方月幢王佛
如是十方盡虛空界一切三寶
弟子今日次復懺悔畜生道中无所識知罪報
懺悔畜生道中負重牽犁償他宿債罪報懺悔
畜生道中不得自在爲他斫刺屠割罪報懺悔
畜生无足二足四足多足罪報懺悔畜生道
中身諸毛羽鱗甲之內爲諸小虫之所唼食
罪報如是畜生道中有無量罪報之日至誠
皆悉懺悔

BD03945號　佛名經（十六卷本）卷六　（13–11）

如是十方盡虛空界一切三寶
弟子今日次復懺悔畜生道中无所識知罪報
懺悔畜生道中負重牽犁償他宿債罪報懺悔
畜生道中不得自在爲他斫刺屠割罪報懺悔
畜生无足二足四足多足罪報懺悔畜生道
中身諸毛羽鱗甲之內爲諸小虫之所唼食
罪報如是畜生道中有無量罪報之日至誠
皆悉懺悔
次復懺悔餓鬼道中長飢罪報懺悔餓鬼百千
万歲初不曾聞漿水之名罪報懺悔餓鬼食噉膿
血糞穢罪報懺悔餓鬼動身之時一切支節火
然罪報懺悔餓鬼腹大咽小罪報如是餓鬼
道中无量苦報今日稽顙皆悉懺悔
次復一切鬼神脩羅道中諛諂詐稱罪報懺悔
鬼神道擔沙負石塡河塞海罪報懺悔鬼神
羅剎鳩槃荼諸鬼神生噉血肉受此醜陋罪報
如是鬼神道中无量无邊一切罪報今日稽顙
向十方佛大地菩薩求哀懺悔悉令消滅
願弟子等承是懺悔畜生等報所生功德生
生世世滅愚癡垢自識業緣智慧明照斷
惡道身願以懺悔餓鬼等報所生功德生生
世世永離慳貪飢渴之苦常飡甘露解脫
之味願以懺悔鬼神脩羅等報所生功德生生
世世質直无諂離邪命因除醜陋果福利人天
願弟子等從今以去乃至道場決定不受四
[illegible]

BD03945號　佛名經（十六卷本）卷六　（13–12）

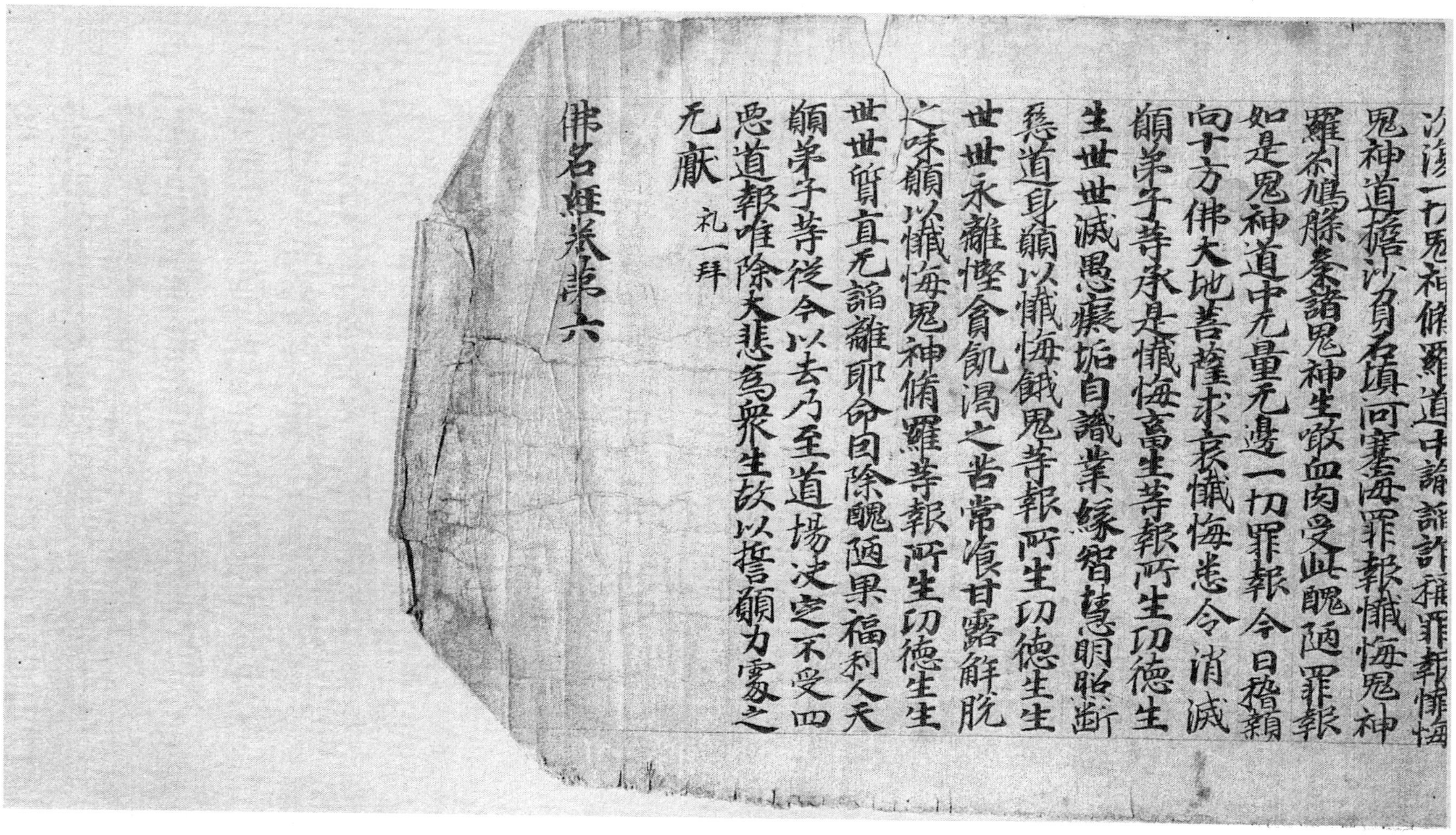
汝後一切鬼神脩羅道中諸誹謗稱罪報慚愧
鬼神道擔沙負石填河塞海罪報慚愧鬼神
羅刹鳩槃荼諸鬼神生噉血肉受此醜陋罪報
如是鬼神道中无量无邊一切罪報今日稽顙
向十方佛大地菩薩求哀懺悔悉令消滅
願弟子等承是懺悔畜生等報所生功德生
生世世滅愚癡垢自識業緣智慧明照斷
惡道身願以懺悔餓鬼等報所生功德生生
世世永離慳貪飢渴之苦常飡甘露解脫
之味願以懺悔鬼神脩羅等報所生功德生生
世世質直无諂離邪命因除醜陋果福利人天
願弟子等從今以去乃至道場決定不受四
惡道報唯除大悲為衆生故以誓願力處之
无猒　礼一拜
佛名經卷第六

BD03945號　佛名經（十六卷本）卷六

（13–13）

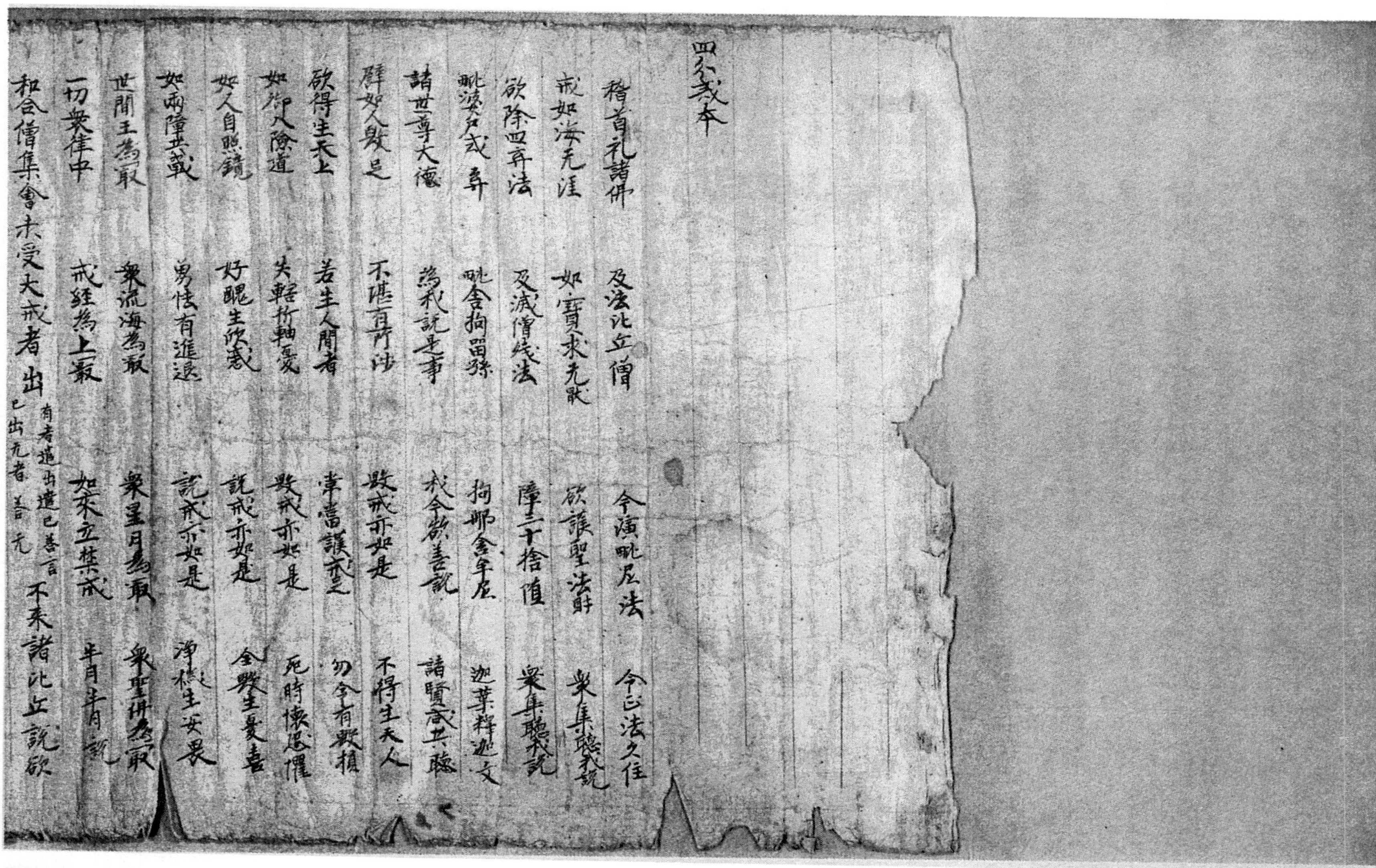
四分戒本
稽首禮諸佛　及法比丘僧　今演毗尼法　令正法久住
戒如海无涯　如寶求无猒　欲護聖法財　衆集聽我說
欲除四弃法　及滅僧殘法　障卅捨墮　衆集聽我說
毗婆尸式弃　毗舍拘留孫　拘那含牟尼　迦葉釋迦文
諸世尊大德　為我說是事　我今欲善說　諸賢咸共聽
譬如人毀足　不堪有所涉　毀戒亦如是　不得生天人
欲得生天上　若生人間者　常當護戒足　勿令有毀損
如御入險道　失轄折軸憂　毀戒亦如是　死時懷恐懼
如人自照鏡　好醜生欣慼　說戒亦如是　全毀生憂喜
如兩陣共戰　勇怯有進退　說戒亦如是　淨穢生安畏
世間王為最　衆流海為最　衆星月為最　衆聖佛為最
一切衆律中　戒經為上最　如來立禁戒　半月半月說
和合僧集會　未受大戒者出　有者遣出 遣已答言 已出 无者答言无　不來諸比丘說欲

BD03946號　四分律比丘戒本

（2–1）

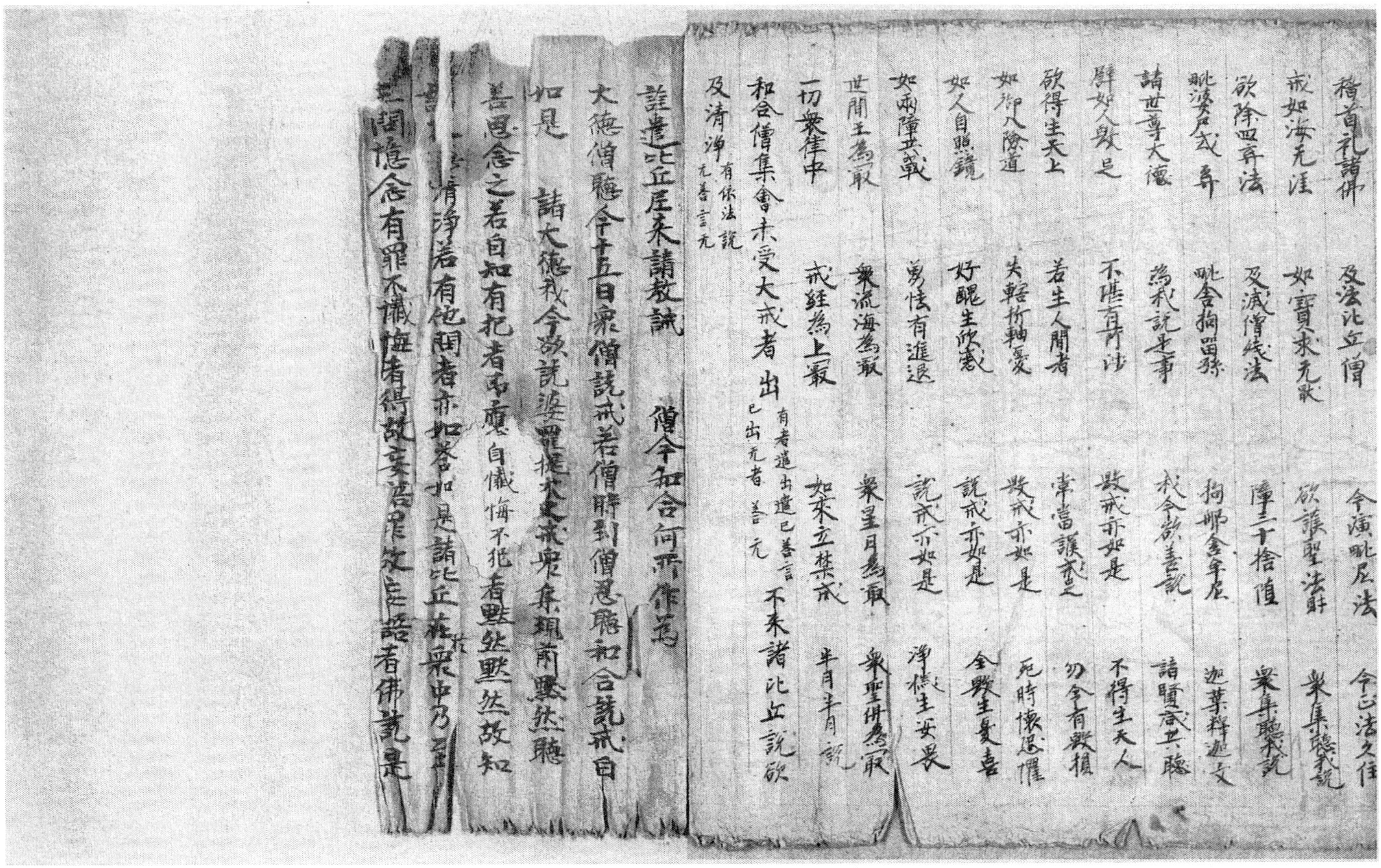

稽首禮諸佛　及法比丘僧　今演毗尼法　令正法久住
戒如海無涯　如寶求無厭　欲護聖法財　衆集聽我說
欲除四棄法　及滅僧殘法　障三十捨墮　衆集聽我說
毗婆尸式棄　毗舍拘留孫　拘那含牟尼　迦葉釋迦文
諸世尊大德　為我說是事　我今欲善說　諸賢咸共聽
譬如人毀足　不堪有所涉　毀戒亦如是　不得生天人
欲得生天上　若生人間者　常當護戒足　勿令有毀損
如御入險道　失轄折軸憂　毀戒亦如是　死時懷恐懼
如人自照鏡　好醜生欣戚　說戒亦如是　全毀生憂喜
如兩陣共戰　勇怯有進退　說戒亦如是　淨穢生安畏
世間王為最　衆流海為最　衆星月為最　衆聖佛為最
一切衆律中　戒經為上最　如來立禁戒　半月半月說
和合僧集會未受大戒者出（有者遣出遣已善言 已出無者善言無）不來諸比丘說欲
及清淨（有依法說 無善言無）
誰遣比丘尼來請教誡　僧今和合何所作為
大德僧聽今十五日衆僧說戒若僧時到僧忍聽和合說戒白
如是　諸大德我今欲說婆羅提木叉戒衆集現前默然聽
善思念之若自知有犯者即應自懺悔不犯者默然默然故知
[illegible]清淨若有他問者亦如答如是諸比丘在衆中乃至
[illegible]聞憶念有罪不懺悔者得故妄語罪故妄語者佛說是

BD03946 號　四分律比丘戒本　（2–2）

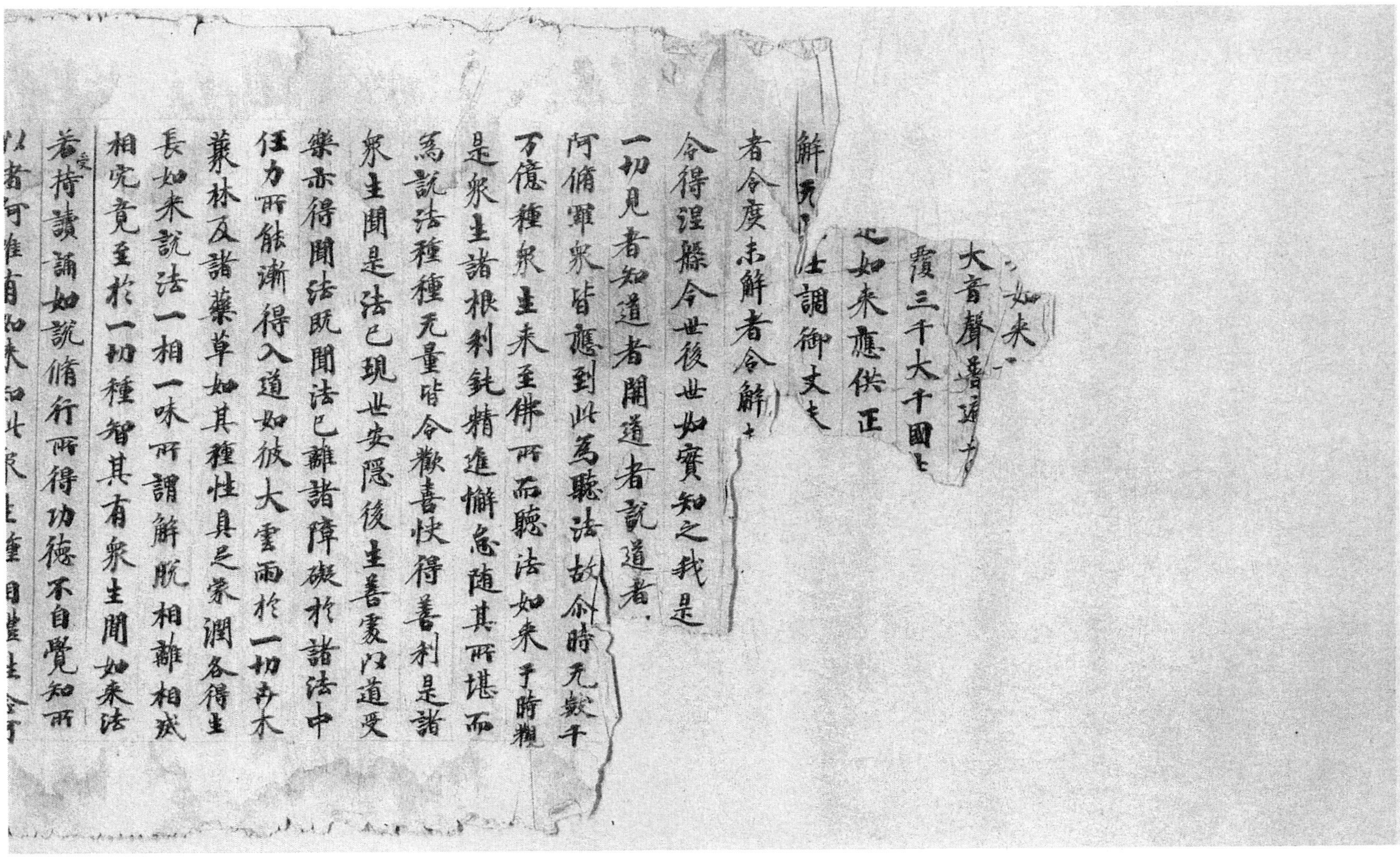

如來
大音聲普遍
覆三千大千國土
如來應供正
士調御丈夫
解無
者令度未解者令解未
令得涅槃今世後世如實知之我是
一切見者知道者開道者說道者
阿脩羅衆皆應到此為聽法故爾時無數千
萬億種衆生來至佛所而聽法如來于時觀
是衆生諸根利鈍精進懈怠隨其所堪而
為說法種種無量皆令歡喜快得善利是諸
衆生聞是法已現世安隱後生善處以道受
樂亦得聞法既聞法已離諸障礙於諸法中
任力所能漸得入道如彼大雲雨於一切卉木
叢林及諸藥草如其種性具足蒙潤各得生
長如來說法一相一味所謂解脫相離相滅
相究竟至於一切種智其有衆生聞如來法
若持讀誦如說修行所得功德不自覺知所
以者何唯有如來知此衆生種相體性念

BD03947 號　妙法蓮華經卷三　（17–1）

任力所能漸得入道如彼大雲雨於一切卉木
叢林及諸藥草如其種性具足蒙潤各得生
長如來說法一相一味所謂解脫相離相滅
相究竟至於一切種智其有衆生聞如來法
若持讀誦如說脩行所得功德不自覺知所
以者何唯有如來知此衆生種相體性念何
事思何事脩何事云何念云何思云何脩以
何法念以何法思以何法脩以何法得何
法衆生住於種種之地唯有如來如實見
之明了无礙如彼卉木叢林諸藥草等而不自
知上中下性如來知是一相一味之法所謂解
脫相離相滅相究竟涅槃常寂滅相終歸
於空佛知是已觀衆生心欲而將護之是故
不即爲說一切種智汝等迦葉甚爲希有能
知如來隨宜說法能信能受所以者何諸佛
世尊隨宜說法難解難知尒時世尊欲重宣
此義而說偈言
破有法王　出現於世　隨衆生欲　種種說法
如來尊重　智慧深遠　久默斯要　不務速說
有智若聞　則能信解　无智疑悔　則爲永失
是故迦葉　隨力爲說　以種種緣　令得正見
迦葉當知　譬如大雲　起於世間　遍覆一切
慧雲含潤　電光晃曜　雷聲遠震　令衆悅豫
日光掩蔽　地上清涼　靉靆垂布　如可承攬
其雨普等　四方俱下　流澍无量　率土充洽
山川險谷　幽邃所生　卉木藥草　大小諸樹



慧雲含潤　電光晃曜　雷聲遠震　令衆悅豫
日光掩蔽　地上清涼　靉靆垂布　如可承攬
其雨普等　四方俱下　流澍无量　率土充洽
山川險谷　幽邃所生　卉木藥草　大小諸樹
百穀苗稼　甘蔗蒲桃　雨之所潤　无不豐足
乾地普洽　藥木並茂　其雲所出　一味之水
草木叢林　隨分受潤　一切諸樹　上中下等
稱其大小　各得生長　根莖枝葉　華菓光色
一雨所及　皆得鮮澤　如其體相　性分大小
所潤是一　而各滋茂　佛亦如是　出現於世
譬如大雲　普覆一切　既出于世　爲說衆生
分別演說　諸法之實　大聖世尊　於諸天人
一切衆中　而宣是言　我爲如來　兩足之尊
出于世間　猶如大雲　充潤一切　枯槁衆生
皆令離苦　得安隱樂　世間之樂　及涅槃樂
諸天人衆　一心善聽　皆應到此　覲无上尊
我爲世尊　无能及者　安隱衆生　故現於世
爲大衆說　甘露淨法　其法一味　解脫涅槃
以一妙音　演暢斯義　常爲大乘　而作因緣
我觀一切　普皆平等　无有彼此　愛憎之心
我无貪著　亦无限礙　恒爲一切　平等說法
如爲一人　衆多亦然　常演說法　曾无他事
去來坐立　終不疲猒　充足世間　如雨普潤
貴賤上下　持戒毀戒　威儀具足　及不具足
正見耶見　利根鈍根　等雨法雨　而无懈倦
一切衆生　聞我法者　隨力所受　住於諸地

去來坐立 終不疲猒 充足世間 如雨普潤
貴賤上下 持戒毀戒 威儀具足 及不具足
正見耶見 利根鈍根 等雨法雨 而无懈倦
一切衆生 聞我法者 隨力所受 住於諸地
或處人天 轉輪聖王 釋梵諸王 是小藥草
知无漏法 能得涅槃 起六神通 及得三明
獨處山林 常行禪定 得緣覺證 是中藥草
求世尊處 我當作佛 行精進定 是上藥草
又諸佛子 專心佛道 常行慈悲 自知作佛
決定无疑 是名小樹 安住神通 轉不退輪
度无量億 百千衆生 如是菩薩 名爲大樹
佛平等說 如一味雨 隨衆生性 所受不同
如彼草木 所稟各異 佛以此喻 方便開示
種種言辞 演說一法 於佛智慧 如海一渧
我雨法雨 充滿世間 一味之法 隨力修行
如彼叢林 藥草諸樹 隨其大小 漸增茂好
諸佛之法 常以一味 令諸世間 普得具足
漸次修行 皆得道果 聲聞緣覺 處於山林
住冣後身 聞法得果 是名藥草 各得增長
若諸菩薩 智慧堅固 了達三界 求冣上乘
是名小樹 而得增長 復有住禪 得神通力
聞諸法空 心大歡喜 放无數光 度諸衆生
是名大樹 而得增長 如是迦葉 佛所說法
譬如大雲 以一味雨 潤於人華 各得成實
迦葉當知 以諸因緣 種種譬喻 開示佛道
是我方便 諸佛亦然 今爲汝等 說冣實事

BD03947 號　妙法蓮華經卷三　（17–4）

聞諸法空 心大歡喜 放无數光 度諸衆生
是名大樹 而得增長 如是迦葉 佛所說法
譬如大雲 以一味雨 潤於人華 各得成實
迦葉當知 以諸因緣 種種譬喻 開示佛道
是我方便 諸佛亦然 今爲汝等 說冣實事
諸聲聞衆 皆非滅度 汝等所行 是菩薩道
漸漸修學 悉當成佛

妙法蓮華經授記品第六

尒時世尊說是偈已告諸大衆唱如是言我
此弟子摩訶迦葉於未來世當得奉覲三百
万億諸佛世尊供養恭敬尊重讚歎廣宣
諸佛无量大法於冣後身得成爲佛名曰光
明如來應供正遍知明行足善逝世間解无
上士調御丈夫天人師佛世尊國名光德劫名
大莊嚴佛壽十二小劫正法住世二十小劫
像法亦住二十小劫國界嚴飾无諸穢惡瓦
礫荊棘便利不淨其土平正无有高下坑坎
堆阜琉璃爲地寶樹行列黃金爲繩以界道
側散諸寶華周遍清淨其國菩薩无量千億
諸聲聞衆亦復无數无有魔事雖有魔及
魔民皆護佛法尒時世尊欲重宣此義而說
偈言
告諸比丘 我以佛眼 見是迦葉 於未來世
過无數劫 當得作佛 而於來世 供養奉覲
三百万億 諸佛世尊 爲佛智慧 淨修梵行
供養冣上 二足尊已 修習一切 无上之慧

BD03947 號　妙法蓮華經卷三　（17–5）

告諸比丘 我以佛眼 見是迦葉 於未來世
過无數劫 當得作佛 而於來世 供養奉覲
三百万億 諸佛世尊 為佛智慧 淨脩梵行
供養最上 二足尊已 脩習一切 无上之慧
於最後身 得成為佛 其土清淨 琉璃為地
多諸寶樹 行列道側 金繩界道 見者歡喜
常出好香 散衆名華 種種奇妙 以為莊嚴
其地平正 无有丘坑 諸菩薩衆 不可稱計
其心調柔 逮大神通 奉持諸佛 大乘經典
諸聲聞衆 无漏後身 法王之子 亦不可計
乃以天眼 不能數知 其佛當壽 十二小劫
正法住世 二十小劫 像法亦住 二十小劫
光明世尊 其事如是
尒時大目揵連須菩提摩訶迦栴延等皆悉
悚慄一心合掌瞻仰尊顏目不暫捨即共同
聲而說偈言
大雄猛世尊 諸釋之法王 哀愍我等故 而賜佛音聲
若知我深心 見為授記者 如以甘露灑 除熱得清涼
如從飢國來 忽遇大王膳 心猶懷疑懼 未敢即便食
若復得王教 然後乃敢食 我等亦如是 每惟小乘過
不知當云何 得佛无上慧 雖聞佛音聲 言我等作佛
心尚懷憂懼 如未敢便食 若蒙佛授記 爾乃快安樂
大雄猛世尊 常欲安世間 願賜我等記 如飢須教食
尒時世尊知諸大弟子心之所念告諸比丘
是須菩提於當來世奉覲三百万億那由他
佛供養恭敬尊重讚歎常脩梵行具菩薩道

BD03947號 妙法蓮華經卷三 （17–6）

心尚懷憂懼 如未敢便食 若蒙佛授記 爾乃快安樂
大雄猛世尊 常欲安世間 願賜我等記 如飢須教食
尒時世尊知諸大弟子心之所念告諸比丘
是須菩提於當來世奉覲三百万億那由他
佛供養恭敬尊重讚歎常脩梵行具菩薩道
於最後身得成為佛号曰名相如來應供正
遍知明行足善逝世間解无上士調御丈夫
天人師佛世尊劫名有寶國名寶生其土平
正頗梨為地寶樹莊嚴无諸丘坑沙礫荊棘
便利之穢寶華覆地周遍清淨其土人民皆
處寶臺珍妙樓閣聲聞弟子无量无邊筭
數譬喻所不能知諸菩薩衆无數千万億那
由他佛壽十二小劫正法住世二十小劫像法
亦住二十小劫其佛常處虛空為衆說法度
脫无量菩薩及聲聞衆尒時世尊欲重宣此
義而說偈言
諸比丘衆 今告汝等 皆當一心 聽我所說
我大弟子 須菩提者 當得作佛 号曰名相
當供无數 万億諸佛 隨佛所行 漸具大道
最後身得 三十二相 端正姝妙 猶如寶山
其佛國土 嚴淨第一 衆生見者 无不愛樂
佛於其中 度无量衆 其佛法中 多諸菩薩
皆悉利根 轉不退輪 彼國常以 菩薩莊嚴
諸聲聞衆 不可稱數 皆得三明 具六神通
住八解脫 有大威德 其佛說法 現於无量
神通變化 不可思議 諸天人民 數如恒沙

BD03947號 妙法蓮華經卷三 （17–7）

最後身得　三十二相　端正姝妙　猶如寶山
其佛國土　嚴淨第一　衆生見者　无不愛樂
佛於其中　度无量衆　其佛法中　多諸菩薩
皆悉利根　轉不退輪　彼國常以　菩薩莊嚴
諸聲聞衆　不可稱數　皆得三明　具六神通
住八解脫　有大威德　其佛說法　現於无量
神通變化　不可思議　諸天人民　數如恒沙
皆共合掌　聽受佛語　其佛當壽　十二小劫
正法住世　二十小劫　像法亦住　二十小劫
尒時世尊復告諸比丘衆我今語汝是大迦
旃延於當來世以諸供具供養奉事八千億
佛恭敬尊重諸佛滅後各起塔廟高千由旬
縱廣正等五百由旬以金銀琉璃車𤦲馬瑙
真珠玫瑰七寶合成衆華瓔珞塗香末香燒
香繒蓋幢幡供養塔廟過是已後當復供
養二万億佛亦復如是供養是諸佛已具菩
薩道當得作佛号曰閻浮那提金光如來應供
正遍知明行足善逝世間解无上士調御丈
夫天人師佛世尊其土平正頗梨為地寶樹
莊嚴黃金為繩以界道側妙華覆地周遍清
淨見者歡喜无四惡道地獄餓鬼畜生阿脩
羅道多有天人諸聲聞衆及諸菩薩无量万
億莊嚴其國佛壽十二小劫正法住世二十
小劫像法亦住二十小劫尒時世尊欲重宣
此義而說偈言
諸比丘衆　皆一心聽　如我所說　真實无異
是迦旃延　當以種種　妙好供具　供養諸佛



億莊嚴其國佛壽十二小劫正法住世二十
小劫像法亦住二十小劫尒時世尊欲重宣
此義而說偈言
諸比丘衆　皆一心聽　如我所說　真實无異
是迦旃延　當以種種　妙好供具　供養諸佛
諸佛滅後　起七寶塔　亦以華香　供養舍利
其最後身　得佛智慧　成等正覺　國土清淨
度脫无量　万億衆生　皆為十方　之所供養
佛之光明　无能勝者　其佛号曰　閻浮金光
菩薩聲聞　斷一切有　无量无數　莊嚴其國
尒時世尊復告大衆我今語汝是大目揵
連當以種種供具供養八千諸佛恭敬尊重
諸佛滅後各起塔廟高千由旬縱廣正等五
百由旬以金銀琉璃車𤦲馬瑙真珠玫瑰七寶
合成衆華瓔珞塗香𣏌香燒香繒蓋幢幡以
用供養過是已後當復供養二百万億諸佛
亦復如是當得成佛号曰多摩羅跋栴檀香
如來應供正遍知明行足善逝世間解无上
士調御丈夫天人師佛世尊劫名喜滿國
名意樂其土平正頗梨為地寶樹莊嚴散真
珠華周遍清淨見者歡喜多諸天人菩薩聲
聞其數无量佛壽二十四小劫正法住世四十
小劫像法亦住四十小劫尒時世尊欲重宣
此義而說偈言
我此弟子　大目揵連　捨是身已　得見八千
二百万億　諸佛世尊　為佛道故　供養恭敬

此衆而說偈言
我此弟子　大目揵連　捨是身已　得見八千
二百万億　諸佛世尊　為佛道故　供養恭敬
於諸佛所　常脩梵行　於无量劫　奉持佛法
諸佛滅後　起七寶塔　長表金剎　華香伎樂
而以供養　諸佛塔廟　漸漸具足　菩薩道已
於意樂國　而得作佛　号多摩羅　栴檀之香
其佛壽命　二十四劫　常為天人　演說佛道
聲聞无量　如恒河沙　三明六通　有大威德
菩薩无數　志固精進　於佛智慧　皆不退轉
佛滅度後　正法當住　四十小劫　像法亦尒
我諸弟子　威德具足　其數五百　皆當授記
於未來世　咸得成佛
我及汝等　宿世因緣　吾今當說　汝等善聽

妙法蓮華經化城喻品第七

佛告諸比丘乃往過去无量无邊不可思議
阿僧祇劫尒時有佛名大通智勝如來應
供正遍知明行足善逝世間解无上士調御
丈夫天人師佛世尊其國名好成劫名大相諸
比丘彼佛滅度已來甚大久遠譬如三千大
千世界所有地種假使有人磨以為墨過於
東方千國土乃下一點大如微塵又過千國
土復下一點如是展轉盡地種墨於汝等意
云何是諸國土若算師若算師弟子能得邊
際知其數不不也世尊諸比丘是人所經國

BD03947 號　妙法蓮華經卷三　（17–10）

東方千國土乃下一點大如微塵又過千國
土復下一點如是展轉盡地種墨於汝等意
云何是諸國土若算師若算師弟子能得邊
際知其數不不也世尊諸比丘是人所經國
土若點不點盡末為塵一塵一劫彼佛滅度
已來復過是數无量无邊百千万億阿僧
祇劫我以如來知見力故觀彼久遠猶若
今日尒時世尊欲重宣此義而說偈言
我念過去世　无量无邊劫　有佛兩足尊　名大通智勝
如人以力磨　三千大千土　盡此諸地種　皆悉以為墨
過於千國土　乃下一塵點　如是展轉點　盡此諸塵墨
如是諸國土　點與不點等　復盡末為塵　一塵為一劫
此諸微塵數　其劫復過是　彼佛滅度來　如是无量劫
如來无礙智　知彼佛滅度　及聲聞菩薩　如見今滅度
諸比丘當知　佛智淨微妙　无漏无所礙　通達无量劫
佛告諸比丘大通智勝佛壽五百四十万億
那由他劫其佛本坐道場破魔軍已垂得阿
耨多羅三藐三菩提而諸佛法不現在前如
是一小劫乃至十小劫結加趺坐身心不動
而諸佛法猶不在前尒時忉利諸天先為彼
佛於菩提樹下敷師子座高一由旬佛於此
座時當得阿耨多羅三藐三菩提適坐此座時
諸梵天王雨衆天華面百由旬香風時來吹
去萎華更雨新者如是不絕滿十小劫供養
於佛乃至滅度常雨此華四王諸天為供養
佛常擊天鼓其餘諸天作天伎樂滿十小劫

BD03947 號　妙法蓮華經卷三　（17–11）

座時當得阿耨多羅三藐三菩提適坐此座時
諸梵天王雨衆天華面百由旬香風時來吹
去萎華更雨新者如是不絕滿十小劫供養
於佛乃至滅度常雨此華四王諸天為供養
佛常擊天鼓其餘諸天作天伎樂滿十小劫
至于滅度亦復如是諸比丘大通智勝佛過
十小劫諸佛之法乃現在前成阿耨多羅三
藐三菩提其佛未出家時有十六王子其第
一者名曰智積諸子各有種種珍異玩好之具
聞父得成阿耨多羅三藐三菩提皆捨所珍
往詣佛所諸母涕泣而隨送之其祖轉輪聖
王與一百大臣及餘百千万億人民皆共圍繞
隨至道場咸欲親近大通智勝如來供養
恭敬尊重讚歎到已頭面礼足繞佛畢已一心
合掌瞻仰世尊以偈頌曰
大威德世尊　為度衆生故　於无量億歲　尒乃得成佛
諸願已具足　善哉吉无上　世尊甚希有　一坐十小劫
身體及手足　靜然安不動　其心常惔怕　未曾有散亂
究竟永寂滅　安住无漏法　今者見世尊　安隱成佛道
我等得善利　稱慶大歡喜　衆生常苦惱　盲瞑无導師
不識苦盡道　不知求解脫　長夜增惡趣　減損諸天衆
從瞑入於瞑　永不聞佛名　今佛得最上　安隱无漏道
我等及天人　為得最大利　是故咸稽首　歸命无上尊
尒時十六王子偈讚佛已勸請世尊轉於法輪
咸作是言世尊說法多所安隱憐愍饒益
諸天人民重說偈言

BD03947號　妙法蓮華經卷三　（17–12）

我等及天人　為得最大利　是故咸稽首　歸命无上尊
尒時十六王子偈讚佛已勸請世尊轉於法輪
咸作是言世尊說法多所安隱憐愍饒益
諸天人民重說偈言
世雄无等倫　百福自莊嚴　得无上智慧　願為世間說
度脫於我等　及諸衆生類　為分別顯示　令得是智慧
若我等得佛　衆生亦復然　世尊知衆生　深心之所念
亦知所行道　又知智慧力　欲樂及脩福　宿命所行業
世尊悉知已　當轉无上輪
佛告諸比丘大通智勝佛得阿耨多羅三藐
三菩提時十方各五百万億諸佛世界六種
震動其國中間幽瞑之處日月威光所不能
照而皆大明其中衆生各得相見咸作是言
此中云何忽生衆生又其國界諸天宮殿乃至
梵宮六種震動大光普照遍滿世界勝諸
天光尒時東方五百万億諸國土中梵天宮
殿光明照曜倍於常明諸梵天王各作是念
今者宮殿光明昔所未有以何因緣而現此
相是時梵天王即各相詣共議此事時彼衆
中有一大梵天王名救一切為諸梵衆而
說偈言
我等諸宮殿　光明昔未有　此是何因緣　宜各共求之
為大德天生　為佛出世間　而此大光明　遍照於十方
尒時五百万億國土諸梵天王與宮殿俱各以
衣祴盛諸天華共詣西方推尋是相見大
通智勝如來處于道場菩提樹下坐師子座

BD03947號　妙法蓮華經卷三　（17–13）

為大德天生　為佛出世間　而此大光明　遍照於十方
尒時五百万億國土諸梵天王與宮殿俱各以
衣祴盛諸天華共詣西方推尋是相見大
通智勝如來處于道場菩提樹下坐師子座
諸天龍王乹闥婆緊那羅摩睺羅伽人非人
等恭敬圍繞及見十六王子請佛轉法輪即
時諸梵天王頭面礼佛繞百千匝即以天華
而散佛上其所散華如須弥山并以供養佛
菩提樹其菩提樹高十由旬華供養已各以
宮殿奉上彼佛而作是言唯見哀愍饒益我
等所獻宮殿願垂納受時諸梵天王即於佛
前一心同聲以偈頌曰
世尊甚希有　難可得值遇　具无量功德　能救護一切
天人之大師　哀愍於世間　十方諸衆生　普皆蒙饒益
我等所從來　五百万億國　捨深禪定樂　為供養佛故
我等先世福　宮殿甚嚴飾　今以奉世尊　唯願哀納受
尒時諸梵天王偈讚佛已各作是言唯願世
尊轉於法輪度脫衆生開涅槃道時諸梵天
王一心同聲而說偈言
世雄兩足尊　唯願演說法　以大慈悲力　度苦惱衆生
尒時大通智勝如來默然許之又諸比丘東
南方五百万億國土諸大梵王各自見宮殿
光明照曜昔所未有歡喜踊躍生希有心即
各相詣共議此事時彼衆中有一大梵天王
名曰大悲為諸梵衆而說偈言
是事何因緣　而現如此相　我等諸宮殿　光明昔未有

BD03947號　妙法蓮華經卷三

（17–14）

光明照曜昔所未有歡喜踊躍生希有心即
各相詣共議此事時彼衆中有一大梵天王
名曰大悲為諸梵衆而說偈言
是事何因緣　而現如此相　我等諸宮殿　光明昔未有
為大德天生　為佛出世間　未曾見此相　當共一心求
過千万億土　尋光共推之　多是佛出世　度脫苦衆生
尒時五百万億諸梵天王與宮殿俱各以衣
祴盛諸天華共詣西北方推尋是相見大通
智勝如來處于道場菩提樹下坐師子座諸
天龍王乹闥婆緊那羅摩睺羅伽人非人等
恭敬圍繞及見十六王子請佛轉法輪時諸
梵天王頭面礼佛繞百千匝即以天華而散
佛上所散之華如須弥山并以供養佛菩提
樹華供養已各以宮殿奉上彼佛而作是言
唯見哀愍饒益我等所獻宮殿願垂納受尒
時諸梵天王即於佛前一心同聲以偈頌曰
聖主天中王　迦陵頻伽聲　哀愍衆生者　我等今敬礼
世尊甚希有　久遠乃一現　一百八十劫　空過无有佛
三惡道充滿　諸天衆減少　今佛出於世　為衆生作眼
世間所歸趣　救護於一切　為衆生之父　哀愍饒益者
我等宿福慶　今得值世尊
尒時梵天王偈讚佛已各作是言唯願世尊
哀愍一切轉於法輪度脫衆生時諸梵天王
一心同聲而說偈言
大聖轉法輪　顯示諸法相　度苦惱衆生　令得大歡喜
衆生聞此法　得道若生天　諸惡道減少　忍善者增益

BD03947號　妙法蓮華經卷三

（17–15）

衆生之父　哀愍饒益者
我等宿福慶　今得值世尊
尒時梵天王偈讚佛已各作是言唯願世尊
哀愍一切轉於法輪度脫衆生時諸梵天王
一心同聲而說偈言
大聖轉法輪　顯示諸法相　度苦惱衆生　令得大歡喜
衆生聞此法　得道若生天　諸惡道減少　忍善者增益
尒時大通智勝如來默然許之又諸比丘南
方五百万億國土諸大梵王各自見宮殿光
明照曜昔所未有歡喜踊躍生希有心即各
相詣共議此事以何因緣我等宮殿有此光
曜而彼衆中有一大梵天王名曰妙法為諸
梵衆而說偈言
我等諸宮殿　光明甚威曜　此非无因緣　是相宜求之
過於百千劫　未曾見是相　為大德天生　為佛出世間
尒時五百万億諸梵天王與宮殿俱各以衣裓
盛諸天華共詣北方推尋是相見大通智
勝如來處于道場菩提樹下坐師子座諸天
龍王乾闥婆緊那羅摩睺羅伽人非人等恭
敬圍繞及見十六王子請佛轉法輪時諸梵
天王頭面礼佛繞百千匝即以天華而散佛
上所散之華如須弥山并以供養佛菩提樹
華供養已各以宮殿奉上彼佛而作是言唯
見哀愍饒益我等所獻宮殿願垂納受尒時
諸梵天王即於佛前一心同聲以偈頌曰
世尊甚難見　破諸煩惱者　過百三十劫　久乃得一見
諸飢渴衆生　以法雨充滿　昔所未曾見　无量智慧者

BD03947號　妙法蓮華經卷三　（17–16）

衆生聞此法　得道若生天　諸惡道減少　忍善者增益
尒時大通智勝如來默然許之又諸比丘南
方五百万億國土諸大梵王各自見宮殿光
明照曜昔所未有歡喜踊躍生希有心即各
相詣共議此事以何因緣我等宮殿有此光
曜而彼衆中有一大梵天王名曰妙法為諸
梵衆而說偈言
我等諸宮殿　光明甚威曜　此非无因緣　是相宜求之
過於百千劫　未曾見是相　為大德天生　為佛出世間
尒時五百万億諸梵天王與宮殿俱各以衣裓
盛諸天華共詣北方推尋是相見大通智
勝如來處于道場菩提樹下坐師子座諸天
龍王乾闥婆緊那羅摩睺羅伽人非人等恭
敬圍繞及見十六王子請佛轉法輪時諸梵
天王頭面礼佛繞百千匝即以天華而散佛
上所散之華如須弥山并以供養佛菩提樹
華供養已各以宮殿奉上彼佛而作是言唯
見哀愍饒益我等所獻宮殿願垂納受尒時
諸梵天王即於佛前一心同聲以偈頌曰
世尊甚難見　破諸煩惱者　過百三十劫　久乃得一見
諸飢渴衆生　以法雨充滿　昔所未曾見　无量智慧者
如優曇鉢羅　今日乃值遇　我等諸宮殿　蒙光故嚴飾
世尊大慈愍　唯願垂納受
尒時諸梵天王偈讚佛已各作是言唯願世

BD03947號　妙法蓮華經卷三　（17–17）

佛頂尊勝陁羅經序

佛頂尊勝陁羅尼經者婆羅門僧佛陁波

利儀鳳元年從西國來至此土到五臺山次遂

五體投地向山頂礼曰如来滅後衆聖潛靈

唯有大士文殊師利於此山中汲引倉生教

諸菩薩波利生逢八難所恨不覩聖容遠

涉流沙故來敬謁伏乞大慈大悲普覆令見尊

儀言已悲泣雨淚向山頂礼礼已舉頭忽見

一老人從山中出來遂作婆羅門語謂僧曰法

師情存慕道追訪聖蹤不憚劬勞遠尋遺跡

然漢地衆生多造罪業出家之輩亦多犯戒

律唯有佛頂尊勝陁羅尼經能滅除惡業

未知法師頗將此經來不僧曰貧道直來礼謁

不將經來老人曰既不將經空來何益縱見

文殊亦何必識師可到西國取此經來流傳

漢土即是遍奉衆聖廣利群生拯濟幽冥

BD03948 號　佛頂尊勝陀羅尼經序　（2–1）

諸菩薩波利生逢八難所恨不覩聖容遠

涉流沙故來敬謁伏乞大慈大悲普覆令見尊

儀言已悲泣雨淚向山頂礼礼已舉頭忽見

一老人從山中出來遂作婆羅門語謂僧曰法

師情存慕道追訪聖蹤不憚劬勞遠尋遺跡

然漢地衆生多造罪業出家之輩亦多犯戒

律唯有佛頂尊勝陁羅尼經能滅除惡業

未知法師頗將此經來不僧曰貧道直來礼謁

不將經來老人曰既不將經空來何益縱見

文殊亦何必識師可到西國取此經來流傳

漢土即是遍奉衆聖廣利群生拯濟幽冥

報諸佛恩也師取經來至此弟子當示師文

殊師利菩薩所在僧聞此語不勝喜躍遂

裁抑悲淚至心敬礼舉頭之頃忽不見老人其

僧驚愕倍更虔心繫念傾誠迴還西國取佛

頂尊勝陁羅尼經至永淳二年迴至西京具

以上事聞奏大帝大帝遂將其本入內請日

照三藏法師及勑司賓寺典客令杜行顗等

共譯此經施僧絹三十疋其經本禁在內不

出其僧悲泣奏曰貧道損軀委命遠取經

來情望普濟群生救諸苦難不以財寶為

BD03948 號　佛頂尊勝陀羅尼經序　（2–2）

念不以名利關懷請還經本流行庶望含靈
同益　帝遂留翻得之經還僧梵本其僧得
梵本將向西明寺訪得善梵語漢僧順貞奏
共翻譯　帝隨其請僧遂對諸大德共貞翻
譯譯訖僧將梵本向五臺山入山於今不出
今前後所翻兩本普流行於代小小語有不
同者幸勿恠焉至垂拱三年定覺寺主僧志
靜因停在神都魏國寺親見日照三藏法師
問其逗留一如上說志靜遂就三藏法師諮
受神呪法師於是口宣梵音經二七日句句
委授具足梵音一無差失仍更取舊翻梵本
勘校所有脫錯悉皆改定其呪初注亦
別翻者是也其呪句稍異於杜令所翻者其
新呪改定不錯并注其音訖後有學者幸詳
此焉至永昌元年八月於大敬愛寺見西明
寺上座澄法師問其逗留亦如前說其翻經
僧順貞見在西明寺此經救拔幽顯㝡不
可思議恐學者不知故具錄委曲以傳未悟
佛頂尊勝陁羅尼經　罽賓沙門佛陁波利奉　詔譯
如是我聞一時薄伽梵在室羅筏住誓多林
給孤獨園與大苾芻衆千二百五十人俱又
與諸大菩薩僧万二千人俱尒時三十三天

BD03949 號 1　佛頂尊勝陀羅尼經（佛陀波利本）　（2–1）

勘校所有脫錯悉皆改定其呪初注亦
別翻者是也其呪句稍異於杜令所翻者其
新呪改定不錯并注其音訖後有學者幸詳
此焉至永昌元年八月於大敬愛寺見西明
寺上座澄法師問其逗留亦如前說其翻經
僧順貞見在西明寺此經救拔幽顯㝡不
可思議恐學者不知故具錄委曲以傳未悟
佛頂尊勝陁羅尼經　罽賓沙門佛陁波利奉　詔譯
如是我聞一時薄伽梵在室羅筏住誓多林
給孤獨園與大苾芻衆千二百五十人俱又
與諸大菩薩僧万二千人俱尒時三十三天
於善法堂會有一天子名曰善住與諸大天
遊於園觀又與大天受勝尊貴與諸天女
種音樂共相娛樂
子即於夜分聞有聲言善
住七日命將欲盡命終之後生贍
生身即受地獄苦從地獄出

BD03949 號 2　佛頂尊勝陀羅尼經（佛陀波利本）　（2–2）

菩提南西北方四維上下
也世尊須菩提菩薩无住相布施福德亦復
如是不可思量須菩提菩薩但應如所教住
須菩提於意云何可以身相見如來不不也
世尊不可以身相得見如來何以故如來所
說身相即非身相佛告須菩提凡所有相皆
是虛妄若見諸相非相即見如來
須菩提白佛言世尊頗有眾生得聞如是言
說章句生實信不佛告須菩提莫作是說如
來滅後後五百歲有持戒脩福者於此章
句能生信心以此為實當知是人不於一
佛二佛三四五佛而種善根已於无量千万佛
所種諸善根聞是章句乃至一念生淨信
者須菩提如來悉知悉見是諸眾生得如
是无量福何以故是諸眾生无復我相人相
眾生壽者相无法相亦无非法相何以故
是諸眾生若心取相則為著我人眾生壽者
若取法相即著我人眾生壽者何以故若取
非法相即著我人眾生壽者是故不應取法
不應取非法以是義故如來常說汝等比丘
知我說法如筏喻者法尚應捨何況非法

BD03950號　金剛般若波羅蜜經

（7–1）

是无量福何以故是諸眾生无復我相人相
眾生壽者相无法相亦无非法相何以故
是諸眾生若心取相則為著我人眾生壽者
若取法相即著我人眾生壽者何以故若取
非法相即著我人眾生壽者是故不應取法
不應取非法以是義故如來常說汝等比丘
知我說法如筏喻者法尚應捨何況非法
須菩提於意云何如來得阿耨多羅三藐三
菩提耶如來有所說法耶須菩提言如我解
佛所說義无有定法名阿耨多羅三藐三菩
提亦无有定法如來可說何以故如來所說
法皆不可取不可說非法非非法所以者何
一切賢聖皆以无為法而有差別
須菩提於意云何若人滿三千大千世界七
寶以用布施是人所得福德寧為多不須菩
提言甚多世尊何以故是福德即非福德性
是故如來說福德多若復有人於此經中受
持乃至四句偈等為他人說其福勝彼何以
故須菩提一切諸佛及諸佛阿耨多羅三藐
三菩提法皆從此經出須菩提所謂佛法者
即非佛法
須菩提於意云何須陀洹能作是念我得須
陀洹果不須菩提言不也世尊何以故須陀
洹名為入流而无所入不入色聲香味觸法
是名須陀洹須菩提於意云何斯陀含能作
是念我得斯陀含果不須菩提言不也世尊

BD03950號　金剛般若波羅蜜經

（7–2）

須菩提於意云何須陁洹能作是念我得須
陁洹果不須菩提言不也世尊何以故須陁
洹名為入流而无所入不入色聲香味觸法
是名須陁洹須菩提於意云何斯陁含能作
是念我得斯陁含果不須菩提言不也世尊
何以故斯陁含名一往來而實无往來是名
斯陁含須菩提於意云何阿那含能作是念
我得阿那含果不須菩提言不也世尊何以
故阿那含名為不來而實无來是故名阿那
含須菩提於意云何阿羅漢能作是念我得
阿羅漢道不須菩提言不也世尊何以故實
无有法名阿羅漢世尊若阿羅漢作是念我
得阿羅漢道即為著我人衆生壽者世尊佛
說我得无諍三昧人中最為弟一是弟一離
欲阿羅漢我不作是念我是離欲阿羅漢世
尊我若作是念我得阿羅漢道世尊則不說
須菩提是樂阿蘭那行者以須菩提實无所
行而名須菩提是樂阿蘭那行
佛告須菩提於意云何如來昔在然燈佛所
於法有所得不世尊如來在然燈佛所於法
實无所得
須菩提於意云何菩薩莊嚴佛土不不也世
尊何以故莊嚴佛土者則非莊嚴是名莊嚴
是故須菩提諸菩薩摩訶薩應如是生清淨
心不應住色生心不應住聲香味觸法生心
應无所住而生其心

BD03950號　金剛般若波羅蜜經　（7–3）

實无所得
須菩提於意云何菩薩莊嚴佛土不不也世
尊何以故莊嚴佛土者則非莊嚴是名莊嚴
是故須菩提諸菩薩摩訶薩應如是生清淨
心不應住色生心不應住聲香味觸法生心
應无所住而生其心
須菩提譬如有人身如須彌山王於意云
何是身為大不須菩提言甚大世尊何以故
佛說非身是名大身
須菩提如恒河中所有沙數有如是沙等恒
河於意云何是諸恒河沙寧為多不須菩
言甚多世尊但諸恒河尚多无數何況其沙
須菩提我今實言告汝若有善男子善女人
以七寶滿尒所恒河沙數三千大千世界以
用布施得福多不須菩提言甚多世尊佛告
須菩提若善男子善女人於此經中乃至受
持四句偈等為他人說而此福德勝前福德
復次須菩提隨說是經乃至四句偈等當知
此處一切世間天人阿脩羅皆應供養如佛
塔廟何況有人盡能受持讀誦須菩提當知
是人成就最上弟一希有之法若是經典所
在之處則為有佛若尊重弟子尒時須菩提
白佛言世尊當何名此經我等云何奉持佛
告須菩提是經名為金剛般若波羅蜜以是
名字汝當奉持所以者何須菩提佛說般若
波羅蜜則非般若波羅蜜須菩提於意云何

BD03950號　金剛般若波羅蜜經　（7–4）

是人成就最上第一希有之法若是經典所
在之處則為有佛若尊弟子尒時須菩提
白佛言世尊當何名此經我等云何奉持佛
告須菩提是經名為金剛般若波羅蜜以是
名字汝當奉持所以者何須菩提佛說般若
波羅蜜則非般若波羅蜜須菩提於意云何
如来有所說法不須菩提白佛言世尊如来
无所說須菩提於意云何三千大千世界所
有微塵是為多不須菩提言甚多世尊須菩
提諸微塵如来說非微塵是名微塵如来說
世界非世界是名世界須菩提於意云何可
以三十二相見如来不不也世尊何以故如
来說三十二相即是非相是名三十二相
須菩提若有善男子善女人以恒河沙等身
命布施若復有人於此經中乃至受持四句
偈等為他人說其福甚多
尒時須菩提聞說是經深解義趣涕淚悲泣
而白佛言希有世尊佛說如是甚深經典我
從昔来所得慧眼未曾得聞如是之經世尊
若復有人得聞是經信心清淨則生實相當
知是人成就第一希有功德世尊是實相者
則是非相是故如来說名實相世尊我今得
聞如是經典信解受持不足為難若當来世
後五百歲其有衆生得聞是經信解受持是
人則為第一希有何以故此人无我相人相
衆生相壽者相所以者何我相即是非相
人相衆生相壽者相即是非相何以故離一切



則是非相是故如来說名實相世尊我今得
聞如是經典信解受持不足為難若當来世
後五百歲其有衆生得聞是經信解受持是
人則為第一希有何以故此人无我相人相
衆生相壽者相所以者何我相即是非相
人相衆生相壽者相即是非相何以故離一切
諸相則名諸佛佛告須菩提如是如是若
復有人得聞是經不驚不怖不畏當知是人
甚為希有何以故須菩提如来說第一波
羅蜜非第一波羅蜜是名第一波羅蜜
須菩提忍辱波羅蜜如来說非忍辱波羅
蜜何以故須菩提如我昔為歌利王割截身
體我於尒時无我相无人相无衆生相无壽
者相何以故我於往昔節節支解時若有
我相人相衆生相壽者相應生瞋恨須菩提
我念過去於五百世作忍辱仙人於尒所世
无我相无人相无衆生相无壽者相是故須菩
提菩薩應離一切相發阿耨多羅三藐三菩
提心不應住色生心不應住聲香味觸法生心
應生无所住心若心有住則為非住是故佛說
菩薩心不應住色布施須菩提菩薩為利
益一切衆生應如是布施如来說一切諸相
即是非相又說一切衆生則非衆生
須菩提如来是真語者實語者如語者不誑
語者不異語者須菩提如来所得法此法无
實无虛

益一切衆生應如是布施如來說一切諸相
即是非相又說一切衆生則非衆生
須菩提如來是真語者實語者如語者不誑
語者不異語者須菩提如來所得法此法无
實无虛
須菩提若菩薩心住於法而行布施如人入
闇則无所見若菩薩心不住法而行布施如
人有目日光明照見種種色
須菩提當來之世若有善男子善女人能於
此經受持讀誦則為如來以佛知慧悉知是
人悉見是人皆得成就无量无邊功德須菩
提若有善男子善女人初日分以恒河沙等
身布施中日分復以恒河沙等身布施後
日亦以恒河沙等身布施如是无量百千万
億劫以身布施若復有人聞此經典信心不
逆其福勝彼何況書寫受持讀誦為人解說
須菩提以要言之是經有不可思議不可稱
量无邊功德如來為發大乘者說為發最上
乘者說若有人能受持讀誦廣為人說如
來悉知是人悉見是人皆成就不可量不可
稱无有邊不可思議功德如是人等則為荷擔
如來阿耨多羅三藐三菩提何以故須菩提
若樂小法者著我見人見衆生見壽者見則於

BD03950 號　金剛般若波羅蜜經　（7–7）

能及故舍利子置
速滿四大洲如稻麻
[illegible]有智慧比行般若波羅蜜
多一菩薩摩訶薩智慧百分不及一千分不
及一百千分不及一俱胝分不及一百俱胝
分不及一千俱胝分不及一百千俱胝分
不及一數分筭分計分喻分乃至鄔波尼煞
曇分亦不及一何以故舍利子是菩薩摩訶
薩智慧能使一切有情趣般涅槃一切聲聞
獨覺智慧不如是故又舍利子脩行般若波
羅蜜多一菩薩摩訶薩於一日中所脩智慧
一切聲聞獨覺智慧不能及故舍利子置四
大洲假使汝及大目乾連滿一三千大千世界
如稻麻竹筆甘蔗林等所有智慧比行般
若波羅蜜多一菩薩摩訶薩智慧百分不及
一千分不及一百千分不及一俱胝分不及一
百俱胝分不及一千俱胝分不及一百千
俱胝分不及一數分筭分計分喻分乃至
鄔波尼煞曇分亦不及一何以故舍利子是菩
薩摩訶薩智慧能使一切有情趣般涅槃一

BD03951 號　大般若波羅蜜多經卷四　（17–1）

一千分不及一百千分不及一俱胝分不及一
百俱胝分不及一千俱胝分不及一百千
俱胝分不及一數分筭分計分喻分乃至
鄔波尼煞曇分亦不及一何以故舍利子是菩
薩摩訶薩智慧能使一切有情趣般涅槃一
切聲聞獨覺智慧不如是故又舍利子脩行
般若波羅蜜多一菩薩摩訶薩於一日中所脩
智慧一切聲聞獨覺智慧不能及故舍利
子置一三千大千世界假使汝及大目乹連
充滿十方殑伽沙等諸佛世界如稻麻竹葦
甘蔗林等所有智慧比行般若波羅蜜多一
菩薩摩訶薩智慧百分不及一千分不及一
百千分不及一俱胝分不及一百俱胝分不及
一千俱胝分不及一百千俱胝分不及一數分
筭分計分喻分乃至鄔波尼煞曇分亦
不及一何以故舍利子是菩薩摩訶薩智慧
能使一切有情趣般涅槃一切聲聞獨覺智
慧不如是故又舍利子脩行般若波羅蜜多
一菩薩摩訶薩於一日中所脩智慧一切聲
聞獨覺智慧不能及故
尒時舍利子白佛言世尊若聲聞乘預流一
來不還阿羅漢智慧若獨覺乘智慧若菩
薩摩訶薩智慧若諸如來應正等覺智慧是
諸智慧皆無差別不相違背無生無滅自性皆
空若法無差別不相違背無生滅自性空是法
差別既不可得云何世尊說行般若波羅蜜多

BD03951號　大般若波羅蜜多經卷四　（17–2）

來不還阿羅漢智慧若獨覺乘智慧若菩
薩摩訶薩智慧若諸如來應正等覺智慧是
諸智慧皆無差別不相違背無生無滅自性皆
空若法無差別不相違背無生滅自性空是法
差別既不可得云何世尊說行般若波羅蜜多
一菩薩摩訶薩於一日中所脩智慧一切聲
聞獨覺智慧所不能及佛告具壽舍利子
言舍利子於意云何脩行般若波羅蜜多一
菩薩摩訶薩於一日中所脩智慧所成勝事
一切聲聞獨覺智慧有此事不舍利子言不
也世尊不也善逝又舍利子於意云何脩行
般若波羅蜜多一菩薩摩訶薩於一日中所
脩智慧作是念言我當脩行一切相微妙智
一切智道相智一切相智利益安樂一切有情
彼於一切法覺一切相已方便安立一切有情
於無餘依般涅槃界一切聲聞獨覺智慧
有此事不舍利子言不也世尊不也善逝又
舍利子於意云何一切聲聞獨覺頗能作是
念我當證得無上正等菩提方便安立一切
有情於無餘依涅槃界不舍利子言不也世
尊不也善逝又舍利子於意云何一切聲聞
獨覺頗能作是念我當脩行布施淨戒安
忍精進靜慮般若波羅蜜多我當脩行殊
勝四念住四正斷四神足五根五力七等覺支八
聖道支我當脩行殊勝四靜慮四無量四無
色定我當脩行殊勝八解脫八勝處九次第

BD03951號　大般若波羅蜜多經卷四　（17–3）

獨覺頗能作是念我當修行布施淨戒安
忍精進靜慮般若波羅蜜多我當修行殊
勝四念住四正斷四神足五根五力七等覺支八
聖道支我當修行殊勝四靜慮四無量四無
色定我當修行殊勝八解脫八勝處九次第
定十遍處我當修行殊勝空無相無願解脫
門我當安住內空外空內外空空空大空勝義
空有為空無為空畢竟空無際空散空無
變異空本性空自相空共相空一切法空不
可得空無性空自性空無性自性空我當安
住真如法界法性不虛妄性不變異性平等
性離生性法定法住實際虛空界不思議界
我當安住殊勝苦集滅道聖諦我當修行
一切陁羅尼門三摩地門我當修行極喜地
離垢地發光地焰慧地極難勝地現前地遠
行地不動地善慧地法雲地我當圓滿菩薩
神通成熟有情嚴淨佛土我當圓滿五根六
神通我當圓滿佛十力四無所畏四無礙解
大慈大悲大喜大捨十八佛不共法我當圓
滿三十二大士相八十隨好我當圓滿無忘失
法恒住捨性我當圓滿一切智道相智一
切相智永拔一切煩惱習氣證得無上正等
菩提方便安立無量無數無邊有情於無餘
依涅槃界不舍利子言不也世尊不也善逝
佛言舍利子修行般若波羅蜜多諸菩薩摩
訶薩皆作是念我當修行布施淨戒安忍精

BD03951號　大般若波羅蜜多經卷四　（17–4）

切相智永拔一切煩惱習氣證得無上正等
菩提方便安立無量無數無邊有情於無餘
依涅槃界不舍利子言不也世尊不也善逝
佛言舍利子修行般若波羅蜜多諸菩薩摩
訶薩皆作是念我當修行布施淨戒安忍精
進靜慮般若波羅蜜多乃至我當永拔一切
煩惱習氣證得無上正等菩提方便安立無
量無數無邊有情於無餘依般涅槃界
舍利子譬如螢火無如是念我光能照遍贍
部洲普令大明如是一切聲聞獨覺無如是
念我當修行布施淨戒安忍精進靜慮般若
波羅蜜多乃至我當永拔一切煩惱習氣證
得無上正等菩提方便安立無量無數無邊
有情於無餘依般涅槃界舍利子譬如日輪
光明熾盛照贍部洲無不周遍如是修行般
若波羅蜜多諸菩薩摩訶薩常作是念我
當修行布施淨戒安忍精進靜慮般若波羅蜜
多乃至我當永拔一切煩惱習氣證得無上
正等菩提方便安立無量無數無邊有情
於無餘依般涅槃界以是故舍利子當知一切
聲聞獨覺所有智慧比行般若波羅蜜多一
菩薩摩訶薩於一日中所修智慧百分不及
一千分不及一百千分不及一俱胝分不及一百
俱胝分不及一千俱胝分不及一百千俱
胝分不及一數分算分計分喻分乃至鄔
波尼殺曇分亦不及一

BD03951號　大般若波羅蜜多經卷四　（17–5）

一千亦不及一百千亦不及一俱胝亦不及一百
俱胝亦不及一千俱胝亦不及一百千俱
胝亦不及一數亦筭亦計亦喻亦乃至鄔
波尼殺曇亦亦不及一
尒時舍利子白佛言世尊云何菩薩摩訶薩
能起聲聞獨覺等地能得菩薩不退轉地
能淨無上佛菩提道佛告具壽舍利子言舍
利子諸菩薩摩訶薩從初發心脩行布施淨戒
安忍精進靜慮般若方便善巧妙願力智波
羅蜜多住空無相無願之法即能超過一切
聲聞獨覺等地能得菩薩不退轉地能淨
無上佛菩提道時舍利子復白佛言世尊諸菩
薩摩訶薩住何等地能與一切聲聞獨覺作
真福田佛告具壽舍利子言舍利子諸菩薩
摩訶薩從初發心脩行布施淨戒安忍精進
靜慮般若方便善巧妙願力智波羅蜜多住
空無相無願之法乃至安住妙菩提座常與
一切聲聞獨覺作真福田何以故舍利子以
依菩薩摩訶薩故一切善法出現世間謂依
菩薩摩訶薩故有十善業道五近事戒八近
住戒四靜慮四無量四無色定施性福業事
戒性福業事脩性福業事等出現世間又依
菩薩摩訶薩故有四念住四正斷四神足五
根五力七等覺支八聖道支空無相無願解
脫門苦集滅道聖諦等出現世間又依菩薩
摩訶薩故有布施淨戒安忍精進靜慮般若

BD03951 號　大般若波羅蜜多經卷四　（17–6）

菩薩摩訶薩故有四念住四正斷四神足五
根五力七等覺支八聖道支空無相無願解
脫門苦集滅道聖諦等出現世間又依菩薩
摩訶薩故有布施淨戒安忍精進靜慮般若
波羅蜜多出現世間有內空外空內外空空
大空勝義空有為空無為空畢竟空無際
空散空無變異空本性空自相空共相空一
切法空不可得空無性空自性空無性自性
空出現世間有一切法真如法界法性不虛妄
性不變異性平等性離生性法定法住實
際虛空界不思議界出現世間有八解脫八
勝處九次第定十遍處出現世間有一切陁
羅尼門三摩地門菩薩十地出現世間有五
眼六神通出現世間有佛十力四無所畏四無
礙解大慈大悲大喜大捨十八佛不共法出
現世間有無忘失法恒住捨性出現世間有
一切智道相智一切相智出現世間有成熟
有情嚴淨佛土等無量無數無邊善法出
現世間由有如是諸善法故世間便有剎帝
利大族婆羅門大族長者大族居士大族由
有如是諸善法故世間便有四大王衆天三
十三天夜摩天覩史多天樂變化天他化自
在天由有如是諸善法故世間便有梵衆天
梵輔天梵會天大梵天光天少光天無量光
天極光淨天淨天少淨天無量淨天遍淨天
廣天少廣天無量廣天廣果天無想有情天

BD03951 號　大般若波羅蜜多經卷四　（17–7）

在天由有如是諸善法故世間便有梵衆天
梵輔天梵會天大梵天光天少光天無量光
天極光淨天淨天少淨天無量淨天遍淨天
廣天少廣天無量廣天廣果天無想有情天
無繁天無熱天善現天善見天色究竟天由
有如是諸善法故世間便有空無邊處天識
無邊處天無所有處天非想非非想處天由
有如是諸善法故世間便有預流一來不還
阿羅漢獨覺由有如是諸善法故世間便有
菩薩摩訶薩及諸如來應正等覺
尒時舍利子白佛言世尊諸菩薩摩訶薩為
復須報施主恩不佛告具壽舍利子言舍利
子諸菩薩摩訶薩不復須報諸施主恩何以
故已多報故所以者何舍利子諸菩薩摩訶薩
為大施主施諸有情無量善法謂施有情十
善業道五近事戒八近住戒四靜慮四無量
四無色定施戒脩性三福業事又施有情四
念住四正斷四神足五根五力七等覺支八
聖道支空無相無願解脫門苦集滅道聖
諦又施有情布施淨戒安忍精進靜慮般若
方便善巧妙願力智波羅蜜多又施有情內
空外空內外空空空大空勝義空有為空無
為空畢竟空無際空散空無變異空本性空
自相空共相空一切法空不可得空無性空自
性空無性自性空又施有情一切法真如法界
法性不虛妄性不變異性平等性離生性法

BD03951號　大般若波羅蜜多經卷四　（17–8）

空外空內外空空空大空勝義空有為空無
為空畢竟空無際空散空無變異空本性空
自相空共相空一切法空不可得空無性空自
性空無性自性空又施有情一切法真如法界
法性不虛妄性不變異性平等性離生性法
定法住實際虛空界不思議界又施有情八
解脫八勝處九次第定十遍處又施有情陀
羅尼門三摩地門菩薩十地又施有情五眼
六神通又施有情如來十力四無所畏四無
礙解大慈大悲大喜大捨十八佛不共法又
施有情無妄失法恒住捨性又施有情一切
智道相智一切相智又施有情布施愛語利
行同事成熟有情嚴淨佛土方便善巧又施
有情預流一來不還阿羅漢果獨覺菩提
又施有情一切菩薩摩訶薩行諸佛無上
正等菩提舍利子諸菩薩摩訶薩施諸有情
如是等類無量無數無邊善法故說菩薩
為大施主由此已報諸施主恩是真福田生
長勝福
初分相應品第三
尒時舍利子白佛言世尊脩行般若波羅蜜
多菩薩摩訶薩與何法相應故當言與般若
波羅蜜多相應佛告具壽舍利子言舍利子
脩行般若波羅蜜多菩薩摩訶薩與色空相
應故當言與般若波羅蜜多相應受想行
識空相應故當言與般若波羅蜜多相應舍

BD03951號　大般若波羅蜜多經卷四　（17–9）

多菩薩摩訶薩與佛法相應故當言與般若
波羅蜜多相應佛告具壽舍利子言舍利子
脩行般若波羅蜜多菩薩摩訶薩與色空相
應故當言與般若波羅蜜多相應受想行
識空相應故當言與般若波羅蜜多相應舍
利子脩行般若波羅蜜多菩薩摩訶薩與眼處
空相應故當言與般若波羅蜜多相應與耳
鼻舌身意處空相應故當知與般若波羅蜜
多相應舍利子脩行般若波羅蜜多菩薩摩訶
薩與色處空相應故當言與般若波羅
蜜多相應與聲香味觸法處空相應故當言
與般若波羅蜜多相應舍利子脩行般若波
羅蜜多菩薩摩訶薩與眼界空相應故當言
與般若波羅蜜多相應與耳鼻舌身意界空
相應故當言與般若波羅蜜多相應舍利子
脩行般若波羅蜜多菩薩摩訶薩與色界空
相應故當言與般若波羅蜜多相應與聲界
味觸法界空相應故當言與般若波羅蜜多
相應舍利子脩行般若波羅蜜多菩薩摩訶
薩與眼識界空相應故當言與般若波羅蜜
多相應與耳鼻舌身意識界空相應故當
言與般若波羅蜜多相應舍利子脩行般若
波羅蜜多菩薩摩訶薩與眼觸空相應故當
言與般若波羅蜜多相應與耳鼻舌身意觸
空相應故當言與般若波羅蜜多相應舍利
子脩行般若波羅蜜多菩薩摩訶薩與眼觸
為緣所生諸受空相應故當言與般若波羅蜜

BD03951 號　大般若波羅蜜多經卷四

（17–10）

波羅蜜多菩薩摩訶薩與眼觸空相應故當
言與般若波羅蜜多相應與耳鼻舌身意觸
空相應故當言與般若波羅蜜多相應舍利
子脩行般若波羅蜜多菩薩摩訶薩與眼觸
為緣所生諸受空相應故當言與般若波羅蜜
多相應與耳鼻舌身意觸為緣所生諸受
空相應故當言與般若波羅蜜多相應舍利
子脩行般若波羅蜜多菩薩摩訶薩與地界
空相應故當言與般若波羅蜜多相應與水
火風空識界空相應故當言與般若波羅蜜多
相應舍利子脩行般若波羅蜜多菩薩摩訶
薩與因緣空相應故當言與般若波羅蜜多
相應與等無間緣所緣緣增上緣及從諸緣
所生諸法空相應故當言與般若波羅蜜多
相應舍利子脩行般若波羅蜜多菩薩摩訶
薩與無明空相應故當言與般若波羅蜜多
相應與行識名色六處觸受愛取有生老死
愁歎苦憂惱空相應故當言與般若波羅
蜜多相應
舍利子脩行般若波羅蜜多菩薩摩訶薩與
布施波羅蜜多空相應故當言與般若波羅蜜
多相應與淨戒安忍精進靜慮般若波羅蜜
多空相應故當言與般若波羅蜜多相應
舍利子脩行般若波羅蜜多菩薩摩訶薩與
內空相應故當言與般若波羅蜜多相應與
外空內外空空空大空勝義空有為空無為
空畢竟空無際空散空無變異空本性空自相

BD03951 號　大般若波羅蜜多經卷四

（17–11）

多空相應故當言與般若波羅蜜多相應
舍利子脩行般若波羅蜜多菩薩摩訶薩與
內空相應故當言與般若波羅蜜多相應與
外空內外空空空大空勝義空有為空無為
空畢竟空無際空散空無變異空本性空自
相空共相空一切法空不可得空無性空自性
空無性自性空相應故當言與般若波羅蜜
多相應舍利子脩行般若波羅蜜多菩薩摩
訶薩與真如空相應故當言與般若波羅蜜
多相應與法界法性不虛妄性不變異性平
等性離生性法定法住實際虛空界不思議
界空相應故當言與般若波羅蜜多相應
舍利子脩行般若波羅蜜多菩薩摩訶薩與
四念住空相應故當言與般若波羅蜜多相
應與四正斷四神足五根五力七等覺支八聖
道支空相應故當言與般若波羅蜜多相
應舍利子脩行般若波羅蜜多菩薩摩訶薩
與苦聖諦空相應故當言與般若波羅蜜多
相應與集滅道聖諦空相應故當言與般若
波羅蜜多相應舍利子脩行般若波羅蜜多
菩薩摩訶薩與十善業道空相應故當言與
般若波羅蜜多相應與五近事戒八近住戒
空相應故當言與般若波羅蜜多相應舍利
子脩行般若波羅蜜多菩薩摩訶薩與施性
福業事空相應故當言與般若波羅蜜多相
應與戒性脩性福業事空應相故當言與般
若波羅蜜多相應舍利子脩行般若波羅蜜多



空相應故當言與般若波羅蜜多相應舍利
子脩行般若波羅蜜多菩薩摩訶薩與施性
福業事空相應故當言與般若波羅蜜多相
應與戒性脩性福業事空應相故當言與般
若波羅蜜多相應舍利子脩行般若波羅蜜多
菩薩摩訶薩與四靜慮空相應故當言與
般若波羅蜜多相應與四無量四無色定空
相應故當言與般若波羅蜜多相應舍利子
脩行般若波羅蜜多菩薩摩訶薩與八解脫
空相應故當言與般若波羅蜜多相應與八
勝處九次第定十遍處空相應故當言與般
若波羅蜜多相應舍利子脩行般若波羅蜜
多菩薩摩訶薩與空解脫門空相應故當言
與般若波羅蜜多相應與無相無願解脫門
空相應故當言與般若波羅蜜多相應舍利
子脩行般若波羅蜜多菩薩摩訶薩與一切
陁羅尼門空相應故當言與般若波羅蜜多
相應與一切三摩地門空相應故當言與般
若波羅蜜多相應舍利子脩行般若波羅蜜
多菩薩摩訶薩與極喜地空相應故當言與
般若波羅蜜多相應與離垢地發光地焰慧
地極難勝地現前地遠行地不動地善慧地
法雲地空相應故當言與般若波羅蜜多相
應舍利子脩行般若波羅蜜多菩薩摩訶薩
與五眼空相應故當言與般若波羅蜜多相
應與六神通空相應故當言與般若波羅蜜

法雲地空相應故當言與般若波羅蜜多相
應舍利子脩行般若波羅蜜多菩薩摩訶薩
與五眼空相應故當言與般若波羅蜜多相
應與六神通空相應故當言與般若波羅蜜
多相應舍利子脩行般若波羅蜜多菩薩摩
訶薩與佛十方空相應故當言與般若波羅
蜜多相應與四無所畏四無礙解大慈大悲
大喜大捨十八佛不共法空相應故當言與般
若波羅蜜多相應舍利子脩行般若波羅蜜
多菩薩摩訶薩與三十二大士相空相應
故當言與般若波羅蜜多相應與八十隨好
空相應故當言與般若波羅蜜多相應舍利
子脩行般若波羅蜜多菩薩摩訶薩與無忘
失法空相應故當言與般若波羅蜜多相應
與恒住捨性空相應故當與般若波羅蜜多
相應舍利子脩行般若波羅蜜多菩薩摩
訶薩與一切智空相應故當言與般若波羅
蜜多相應與道相智一切相智空相應故當
言與般若波羅蜜多相應舍利子脩行般若
波羅蜜多菩薩摩訶薩與一切智智空相應
故當言與般若波羅蜜多相應與永拔一切
煩惱習氣空相應故當言與般若波羅蜜多
相應舍利子脩行般若波羅蜜多菩薩摩訶薩
與預流果空相相應故當言與般若波羅蜜多
相應與一来不還阿羅漢果獨覺菩提空相
應故當言與般若波羅蜜多相應舍利子脩
行般若波羅蜜多菩薩摩訶薩與一切菩薩



與預流果空相相應故當言與般若波羅蜜多
相應與一来不還阿羅漢果獨覺菩提空相
應故當言與般若波羅蜜多相應舍利子脩
行般若波羅蜜多菩薩摩訶薩與一切菩薩
摩訶薩行空相應故當言與般若波羅蜜多
相應與諸佛無上正等菩提空相應故當言
與般若波羅蜜多相應舍利子脩行般若波
羅蜜多菩薩摩訶薩與我空相應故當言與
般若波羅蜜多相應與有情命者生者養者
士夫補特伽羅意生儒童作者使作者起
者使起者受者使受者知者見者空相應故
當言與般若波羅蜜多相應舍利子脩行般
若波羅蜜多菩薩摩訶薩與如是等空相應
故當言與般若波羅蜜多相應舍利子脩行
般若波羅蜜多菩薩摩訶薩與如是等空相
應時不見色若相應若不相應不見受想行
識若相應若不相應何以故舍利子是菩薩
摩訶薩不見色若生法若是滅法不見受
想行識若是生法若是滅法不見色若是染
法若是淨法不見受想行識若是染法若是
淨法舍利子是菩薩摩訶薩不見色與受合
不見受與想合不見想與行合不見行與識
合何以故舍利子無有少法與少法合本性空
故所以者何舍利子諸色空彼非色諸受想
行識空彼非受想行識何以故舍利子諸色空
彼非變礙相諸受空彼非領納相諸想空彼

淨法舍利子是菩薩摩訶薩不見色與受合
不見受與想合不見想與行合不見行與識
合何以故舍利子無有少法與少法合本性空
故所以者何舍利子諸色空彼非色諸受想
行識空彼非受想行識何以故舍利子諸色空
彼非變礙相諸受空彼非領納相諸想空彼
非取像相諸行空彼非造作相諸識空彼非
了別相何以故舍利子色不異空空不異色
色即是空空即是色受想行識不異空空不
異受想行識受想行識即是空空即是受想
行識何以故舍利子是諸法空相不生不滅
不染不淨不增不減非過去非未來非現在
舍利子如是空中無色無受想行識無地界
無水火風空識界無眼處無耳鼻舌身意處
無色處無聲香味觸法處無眼界無耳鼻
舌身意界無色界無聲香味觸法界無眼
識界無耳鼻舌身意識界無眼觸無耳鼻舌
身意觸無眼觸為緣所生諸受無耳鼻舌身
意觸為緣所生諸受無無明無無明滅無行
識名色六處觸受愛取有生老死愁歎苦憂
惱生無行乃至老死愁歎苦憂惱滅無苦聖
諦無集滅道聖諦無得無現觀無預流無預
流果無一來無一來果無不還無不還果無
阿羅漢無阿羅漢果無獨覺無獨覺菩提
無菩薩無菩薩行無佛無佛菩提舍利子脩
行般若波羅蜜多菩薩摩訶薩與如是等法

BD03951號　大般若波羅蜜多經卷四　　（17–16）

身意觸無眼觸為緣所生諸受無耳鼻舌身
意觸為緣所生諸受無無明無無明滅無行
識名色六處觸受愛取有生老死愁歎苦憂
惱生無行乃至老死愁歎苦憂惱滅無苦聖
諦無集滅道聖諦無得無現觀無預流無預
流果無一來無一來果無不還無不還果無
阿羅漢無阿羅漢果無獨覺無獨覺菩提
無菩薩無菩薩行無佛無佛菩提舍利子脩
行般若波羅蜜多菩薩摩訶薩與如是等法
相應故當言與般若波羅蜜多相應

大般若波羅蜜多經卷第四

BD03951號　大般若波羅蜜多經卷四　　（17–17）

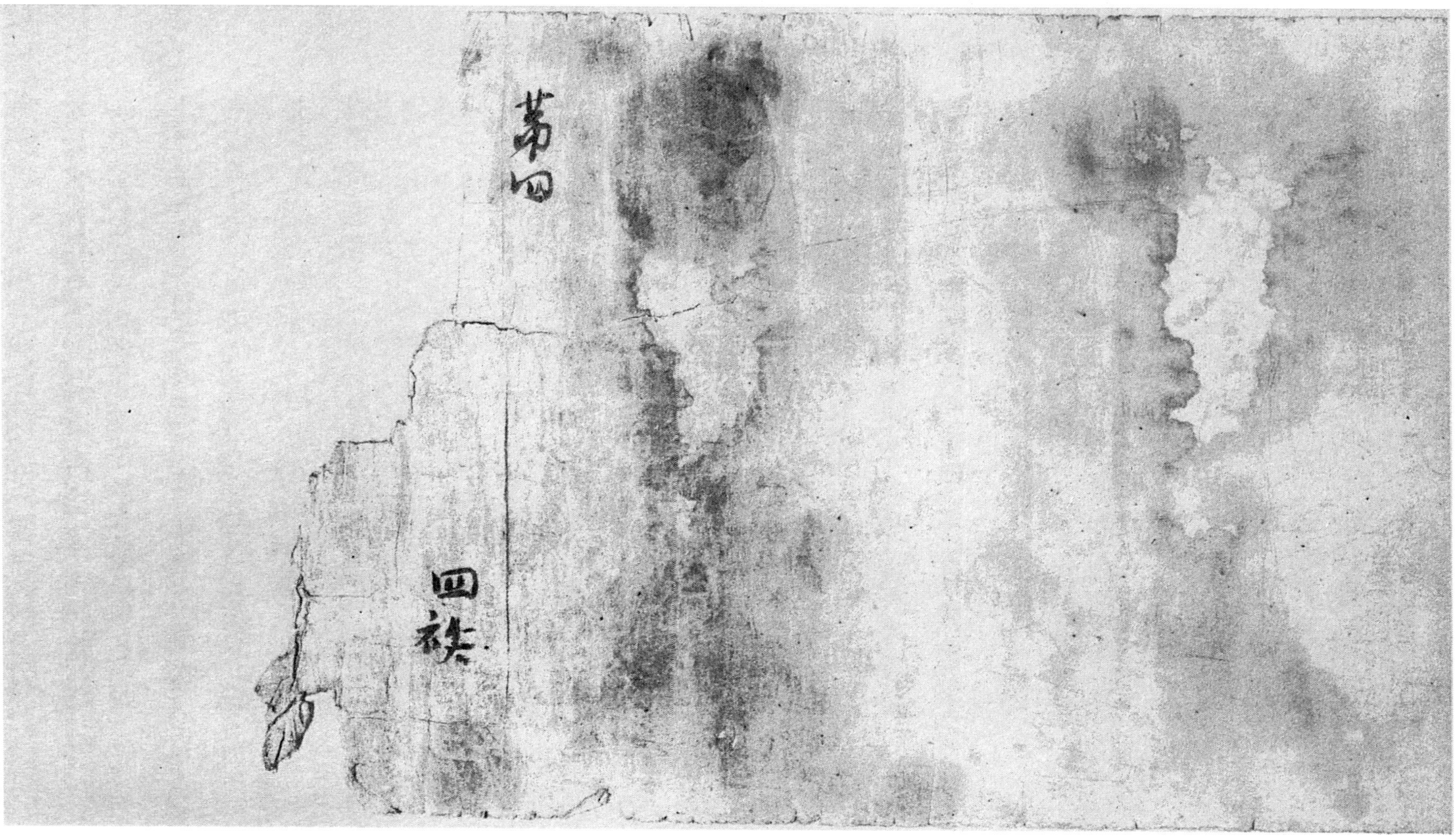
第四
四袟

BD03951 號背　勘記

（1–1）

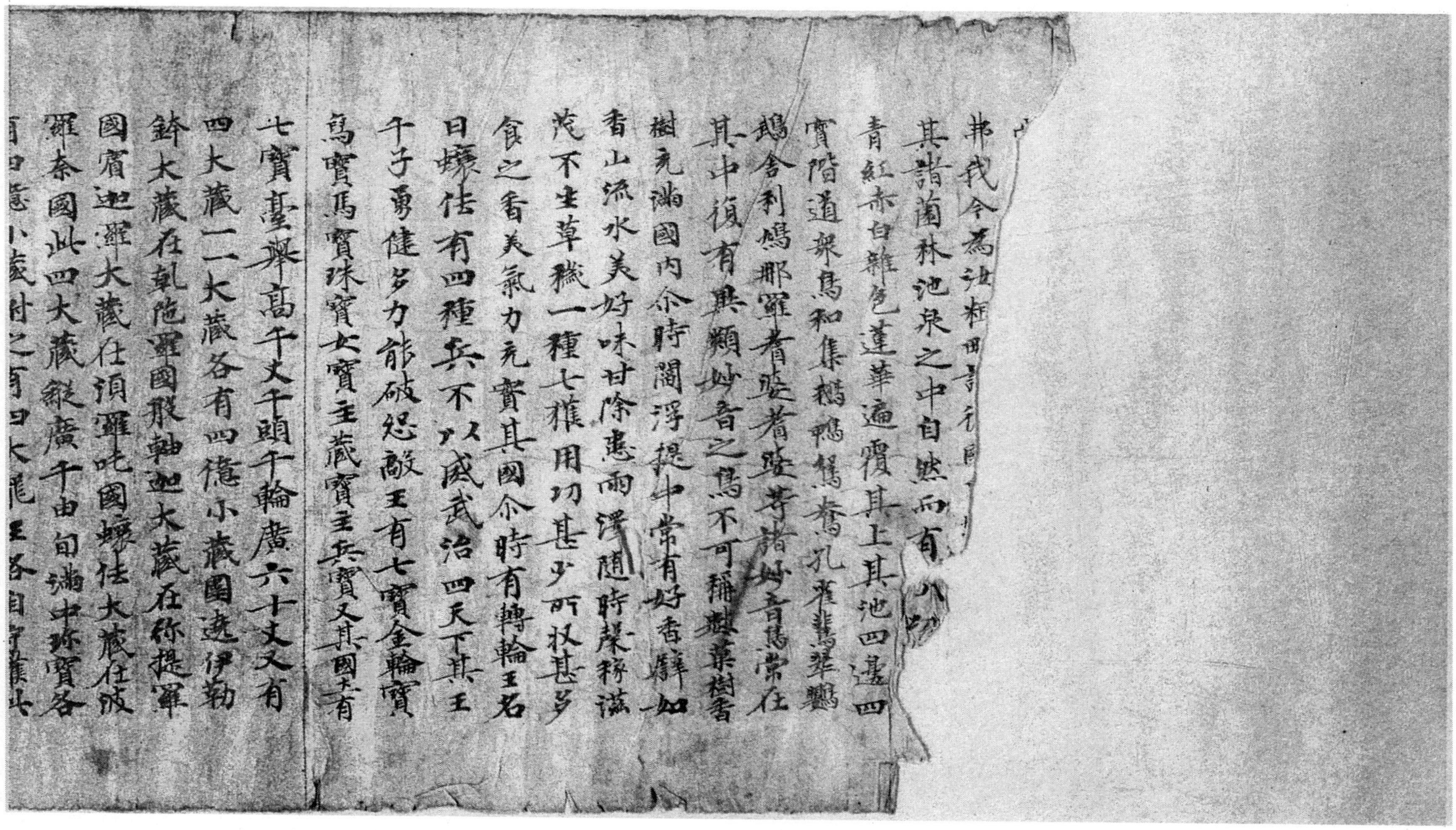
佛我今為汝粗
其諸園林池泉之中自然而有八功
青紅赤白雜色蓮華遍覆其上其池四邊四
寶階道眾鳥和集鵝鴨鴛鴦孔雀翡翠鸚
鵡舍利鳩那羅耆婆耆婆諸妙音鳥常在
其中復有異類妙音之鳥不可稱數果樹香
樹充滿國內尒時閻浮提中常有好香譬如
香山流水美好味甘除患雨澤隨時穀稼滋
茂不生草穢一種七穫用功甚少所收甚多
食之香美氣力充實其國尒時有轉輪王名
曰蠰佉有四種兵不以威武治四天下其王
千子勇健多力能破怨敵王有七寶金輪寶
象寶馬寶珠寶女寶主藏寶主兵寶又其國土有
七寶臺舉高千丈千頭千輪廣六十丈又有
四大藏一一大藏各有四億小藏圍遶伊勒
鉢大藏在乾陀羅國般軸迦大藏在彌提羅
國賓伽羅大藏在須羅吒國蠰佉大藏在波
羅㮈國此四大藏縱廣千由旬滿中珍寶各
有四億小藏附之有四大龍王各自守護此

BD03952 號　彌勒下生成佛經（鳩摩羅什本）

（8–1）

七寶臺舉高千丈千頭千輪廣六十丈又有
四大藏一一大藏各有四億小藏圍遶伊勒
鉢大藏在乹陁羅國般軸迦大藏在彌提羅
國賓伽羅大藏在須羅吒國蠰佉大藏在波
羅柰國此四大藏縱廣千由旬滿中珍寶各
有四億小藏附之有四大龍王各自守護此
四大藏及諸小藏自然踊出形如蓮華无鞅
數人皆共往觀是時衆寶无守護者衆人見
之心不貪著棄之於地猶如瓦石草木土塊
時人見者皆生猒心而作是念往昔衆生爲
此寶故共相殘害更相偷劫欺誑妄語令生死
罪緣展轉增長翅頭末城衆寶羅網彌覆其
上寶鈴莊嚴微風吹動其聲和雅如扣鍾磬其
城中有大婆羅門主名曰妙梵婆羅門女名
曰梵摩婆提彌勒託生以爲父母身紫金色
三十二相衆生視之无有猒足身力无量不
可思議光明照曜无所鄣㝵日月火珠都不
復現身長千尺胷廣三十丈面長二丈四尺
身體具足端政无比成就相好如鑄金像肉
眼清淨見十由旬常光四照面百由旬日月
珠火光不復現但有佛光珠妙第一彌勒菩
薩觀世五欲致患甚多衆生沉沒在大生死
甚可憐愍自以如是正念觀故不樂在家時
蠰佉王共諸大臣持此寶臺奉上彌勒彌勒
受已施諸婆羅門諸婆羅門受已即便毀壞
各共分之彌勒菩薩見此妙臺須臾无常知
一切法皆悉磨滅脩无常想出家學道坐於

BD03952號　彌勒下生成佛經（鳩摩羅什本）　（8–2）

甚可憐愍自以如是正念觀故不樂在家時
蠰佉王共諸大臣持此寶臺奉上彌勒彌勒
受已施諸婆羅門諸婆羅門受已即便毀壞
各共分之彌勒菩薩見此妙臺須臾无常知
一切法皆悉磨滅脩无常想出家學道坐於
龍華菩提樹下樹莖枝葉高五十里即以出
家日得阿耨多羅三藐三菩提尒時諸天龍
神王不現其身而雨華香供養於佛三千大千
世界皆大震動佛身出光照无量國應可度
者皆得見佛
尒時人民各作是念雖復千万億歲受五欲
樂不能得免三惡道苦妻子財產所不能救
世間无常命難久保我等今者宜於佛法脩
行梵行作是念已出家學道時蠰佉王亦共
八万四千大臣恭敬圍遶出家學道復有八
万四千諸婆羅門聰明大智於佛法中亦共
出家復有長者名須達那今須達長者是是
人亦与八万四千人俱共出家復有梨師達
多富蘭那兄弟亦共八万四千人出家復有
二大臣一名栴檀二名須曼王所愛重亦與
八万四千人俱共佛法中出家蠰佉王寶女
名舍彌婆帝今毗舍佉是亦與八万四千婇女
俱共出家蠰佉王太子名曰天色今提婆娑
那是亦与八万四千人俱共出家彌勒佛親
族婆羅門子名須摩提利根智慧今鬱多羅
是亦與八万四千人俱於佛法中出家如是
等无量千万億衆見世苦惱皆於彌勒佛

BD03952號　彌勒下生成佛經（鳩摩羅什本）　（8–3）

名舍彌[illegible]今毗舍[illegible]與八万四千婇女
俱共出家穰佉王太子名曰天色今提婆娑
那是亦与八万四千人俱共出家彌勒佛親
族婆羅門子名須摩提利根智慧今欝多羅
是亦與八万四千人俱於佛法中出家如是
等无量千万億衆見世苦惱皆於彌勒佛
法中出家尒時彌勒佛見諸大衆作是念言
今諸人等不以生天樂故亦復不為今世樂
故來至我所但為涅槃常樂因緣是諸人等
皆於佛法中種諸善根釋迦牟尼佛遣來付
我是故今者皆至我所我今受之是諸人等
或以讀誦分別決定脩多羅毗尼阿毗曇藏脩
諸功德來至我所或以衣食施人持戒智慧
脩此功德來至我所或以幡蓋華香供養於
佛脩此功德來至我所或布施持齋脩習慈
心行此功德來至我所或為苦惱衆生令其
得樂脩此功德來至我所或以持戒忍辱脩
清淨慈以此功德來至我所或以施僧常食
齋講設會供養飲食脩此功德來至我所或
以持戒多聞脩行禪定无漏智慧以此功德
來至我所或有起塔供養舍利以此功德來
至我所善哉釋迦牟尼佛能善教化如是等
百千万億衆生令至我所彌勒佛如是三稱
讚釋迦牟尼佛然後說法而作是言汝等衆
生能為難事於彼惡世貪欲瞋恚愚癡迷惑
短命人中能脩持戒作諸功德甚為希有尒
時衆生不識父母沙門婆羅門不知道法互

BD03952號　彌勒下生成佛經（鳩摩羅什本）　（8–4）

百千万億衆生令至我所彌勒佛如是三稱
讚釋迦牟尼佛然後說法而作是言汝等衆
生能為難事於彼惡世貪欲瞋恚愚癡迷惑
短命人中能脩持戒作諸功德甚為希有尒
時衆生不識父母沙門婆羅門不知道法互
相惱害近刀兵劫深着五欲嫉妬諂曲佞濁
邪偽无憐愍心更相煞害食肉飲血汝等而
能於中脩行善事是為希有善哉釋迦牟尼
佛以大悲心能於苦惱衆生之中說誠實語
示我當來度脫汝等如是之師甚為難遇深
心憐愍惡世衆生救拔苦惱令得安隱釋迦
牟尼佛為汝等故以頭布施割截耳鼻手足
支體受諸苦惱以利汝等彌勒如是開導安
隱无量衆生令其歡喜然後說法福德之人
充滿其所恭敬信受渴仰大師各欲聞法皆
作是念五欲不淨衆苦之本又能除捨憂慼
愁恨知苦樂法皆是无常彌勒佛觀察時會
大衆心淨調柔為說四諦聞者同時得涅槃
道
尒時彌勒佛於華林園其園縱廣一百由旬
大衆滿中初會說法九十六億人得阿羅漢
第二大會九十四億人得阿羅漢第三大會
九十二億人得阿羅漢彌勒佛既轉法輪度
天人已將諸弟子入城乞食无量淨居天衆
恭敬從佛入翅頭末城當入城時現種種神
力无量變現釋提桓因與欲界諸天梵天王
與色界諸天作百千伎樂歌詠佛德雨天諸

BD03952號　彌勒下生成佛經（鳩摩羅什本）　（8–5）

九十二億人得阿羅漢弥勒佛既轉法輪度
天人已将諸弟子入城乞食无量淨居天衆
恭敬從佛入翅頭末城當入城時現種種神
力无量變現釋提桓因與欲界諸天梵天王
無色界諸天作百千伎樂歌詠佛德雨天諸
華旃檀末香供養於佛街巷道陌竪諸幡蓋
燒衆名香其烟如雲世尊入城時大梵天王
釋提桓因合掌恭敬以偈讚言
正遍知者兩足尊　天人世間无與等
十力世尊甚希有　无上最勝良福田
其供養者生天上　稽首无比大精進
尒時天人羅刹等見大力魔佛降伏之千万
億无量衆生皆大歡喜合掌唱言甚為希有
甚為希有如來神力功德具足不可思議是
時天人以種種雜色蓮華及曼陁羅華散佛前
地積至于膝諸天空中作百千伎樂歌歎佛
德尒時魔王於初夜後夜覺諸天人民作如是
言汝等既得人身值遇好時不應竟夜睡眠
覆心汝等若立若坐當懃精進正念諦觀五
陰无常皆空无我汝等勿為放逸不行佛教
若起惡業後必致悔時街巷男女皆放此言
語汝等勿為放逸不行佛教若起惡業後必
有悔當懃方便精進求道莫失法利而徒生
徒死世如是大師拔苦惱者甚為難遇堅固
精進當得常樂涅槃
尒時弥勒佛諸弟子普皆端政威儀具足厭

BD03952 號　彌勒下生成佛經（鳩摩羅什本）　（8–6）

若起惡業後必致悔時街巷男女皆放此言
語汝等勿為放逸不行佛教若起惡業後必
有悔當懃方便精進求道莫失法利而徒生
徒死世如是大師拔苦惱者甚為難遇堅固
精進當得常樂涅槃
尒時弥勒佛諸弟子普皆端政威儀具足厭
生老病死多聞廣學守護法藏行於禪定得
離諸欲如鳥出觳尒時弥勒佛欲往長老大
迦葉所即與四衆俱就耆闍崛山於山頂上
見大迦葉時男女大衆心皆驚怪弥勒佛讚
言迦葉比丘是釋迦牟尼佛大弟子釋迦牟
尼佛於大衆中常所讚嘆頭陁第一通達禪
定解脫三昧是人雖有大神力而无高心能
令衆生得大歡喜常愍下賤貧恤衆生救拔苦
惱令得安隱弥勒佛讚大迦葉骨身言善哉大神
德釋師子大弟子大迦葉於彼惡世能脩其心尒
時人衆見大迦葉為弥勒佛所讚百千億人因是
事已厭世得道是諸人等念釋迦牟尼佛於
惡世中教化无量衆生令得具六神通成阿
羅漢尒時說法之處廣八十由旬長百由旬
其中人衆若坐若立若近若遠各各自見佛
在其前獨為說法弥勒佛住世六万歲憐
愍衆生令得法眼滅度之後法住於世亦六
万歲汝等宜應精進發清淨心起諸善業得
見世間燈明弥勒佛身必无疑也佛說此經
已舍利弗等歡喜受持

BD03952 號　彌勒下生成佛經（鳩摩羅什本）　（8–7）

定解脫三昧是人雖有大神力而无高心能
令衆生得大歡喜常愍下賤貧愍衆生救拔苦
惱令得安隱弥勒佛讚大迦葉骨身言善哉大神
德釋師子大弟子大迦葉於彼惡世能脩其心尒
時人衆見大迦葉為弥勒佛所讚百千億人因是
事已猒世得道是諸人等念釋迦牟尼佛於
惡世中教化无量衆生令得具六神通成阿
羅漢尒時說法之處廣八十由旬長百由旬
其中人衆若坐若立若近若遠各各自見佛
在其前獨為說法弥勒佛住世六万歲憐
愍衆生令得法眼滅度之後法住於世亦六
万歲汝等宜應精進發清淨心起諸善業得
見世間燈明弥勒佛身必无疑也佛說此經
已舍利弗等歡喜受持

弥勒上生下生經

BD03952號　彌勒下生成佛經（鳩摩羅什本）

（8–8）

任天子却
部洲受七返畜
希得人身生於貧賤處於母胎即无兩目
尒時善住天子聞此聲已即大驚怖身毛皆
竪愁憂不樂速疾往詣天帝釋所悲啼號哭
惶怖无計頂礼帝釋二足尊已白帝釋言聽
我所說我與諸天女共相圍繞受諸快樂聞
有聲言善住天子却後七日命將欲盡命終
之後生贍部洲七返畜生身受七身已墮諸
地獄從地獄出希得人身生貧賤家而无兩
目天帝云何令我得免斯苦尒時帝釋聞善
住天子語已甚大驚愕即自思惟此善住天
子受何七返惡道之身尒時帝釋須臾靜住
入定諦觀即見善住當受七返惡道之身所
謂猪狗野干獼猴蟒虵烏鷲等身食諸穢惡
不淨之物尒時帝釋觀見善住天子當墮七
返惡道之身極助苦惱痛割於心諦思无計
何所歸依唯有如來應正等覺令其善住得
免斯苦
尒時帝釋即於此日初夜分時以種種花鬘

BD03953號　佛頂尊勝陀羅尼經（佛陀波利本）

（9–1）

子受何七返惡道之身尒時帝釋須臾靜坐
入定諦觀即見善住當受七返惡道之身所
謂猪狗野干獼猴蟒虵烏鷲等身食諸穢惡
不淨之物尒時帝釋觀見善住天子當墮七
返惡道之身極助苦惱痛割於心諦思無計
何所歸依唯有如來應正等覺令其善住得
免斯苦
尒時帝釋即於此日初夜分時以種種花鬘
塗香末香以妙天衣莊嚴執持往詣逝多林
園於世尊所到已頂礼佛足右繞七匝即於
佛前廣大供養佛前胡跪而白佛言世尊善
住天子云何當受七返畜生惡道之身具如
上說
尒時如來頂上放種種光遍滿十方一切世
界已其光還來繞佛三匝從佛口入佛便微
笑告帝釋言天帝有陁羅尼名為如來佛
尊勝頂能淨一切惡道能淨除一切生死苦惱
又能淨除諸地獄閻羅王界畜生之苦又破
一切地獄能迴向善道天帝此佛頂尊勝陁
羅尼若有人聞一經於耳先世所造一切地
獄惡業皆悉消滅當得清淨之身隨所生處
憶持不忘從一佛剎至一佛剎從一天界至
一天界遍歷三十三天所生之處憶持不忘
天帝若人命欲將終須臾憶念此陁羅尼還
得增壽得身口意淨身無苦痛隨其福利隨
處安隱一切如來之所觀視一切天神恒常
侍衛為人所敬惡障消滅一切菩薩同心覆

BD03953 號　佛頂尊勝陀羅尼經（佛陀波利本）　（9–2）

一天界遍歷三十三天所生之處憶持不忘
天帝若人命欲將終須臾憶念此陁羅尼還
得增壽得身口意淨身無苦痛隨其福利隨
處安隱一切如來之所觀視一切天神恒常
侍衛為人所敬惡障消滅一切菩薩同心覆
護天帝若人能須臾讀誦此陁羅尼者此人
所有一切地獄畜生閻羅王界餓鬼之苦破
壞消滅無有遺餘諸佛剎土及諸天宮一切
菩薩所住之門無有障礙隨意遊入尒時帝
釋白佛言世尊唯願如來為衆生說增益壽
命之法尒時世尊知帝釋意心之所念樂聞
佛說是陁羅尼法即說呪曰
那謨薄伽跋帝一啼隸路迦鉢羅底毗失瑟吒
引折佉反耶二勃陁耶三薄伽跋帝四怛姪他五唵六引
毗輸馱耶七娑婆三漫多婆嚩娑八娑撥羅拏
揭底伽訶那娑破嚩娑輸地九阿鼻詵者蘇
揭多伐折那阿蜜唎多毗曬雞此取羅字呼聲嗘阿引
訶羅阿訶羅十一阿引瑜散陁引羅尼十二輸馱耶
輸馱耶十三伽伽那毗輸提十四烏瑟尼沙毗折
耶輸提十五娑訶娑囉喝囉濕民珊珠地帝十六
薩引婆怛他揭多地瑟耻多引那地瑟耻帝
慕姪隸十七跋折羅迦引耶僧訶多那輸提
十八薩婆嚩羅拏毗輸提十九鉢羅底祢伐怛
耶阿瑜輸提廿薩末耶地瑟耻帝廿一末你
末你廿二怛闥多倍他俱胝鉢唎輸提廿三毗薩
普吒勃地輸提廿四社耶社耶廿五毗社耶毗社
耶廿六薩末囉薩末囉勃陁阿地瑟耻多輸提廿七

BD03953 號　佛頂尊勝陀羅尼經（佛陀波利本）　（9–3）

十八薩婆颰羅拏毗輸提十九鉢羅底祢伐怛
邪阿瑜輸提廿薩末邪地瑟恥帝廿一末你
末你廿二怛闥多倍他俱胝鉢唎輸提廿三毗薩
普吒勃地輸提廿四社邪社邪廿五毗社邪毗社
邪廿六薩末囉薩末囉勃陁阿地瑟恥多輸提廿七
跋折囉跋折囉揭鞞廿八跋折藍婆伐都廿九
摩摩甲某薩婆薩埵寫迦引邪毗輸提卅薩
婆揭底鉢唎輸提卅一薩婆怛他揭多三摩濕
婆娑去歌地瑟恥帝卅二勃地邪勃地邪卅三地耶反蒲
馱邪蒲馱邪三漫多鉢唎輸提卅四薩婆怛
他揭多地瑟恥哆引耶地瑟恥帝卅五莎婆訶
佛告帝釋言此呪名淨除一切惡道佛頂
尊勝陁羅尼能除一切罪業等障能破一切
穢惡道苦天帝此陁羅尼八十八殑伽沙俱
胝百千諸佛同共宣說随喜受持大如来智
印印之為破一切衆生穢惡道義故為一切
地獄畜生閻羅王界衆生得解脫故臨急苦
難墮生死海中衆生得解脫故短命薄福无救
護衆生樂造雜染惡業衆生故說又此陁羅
尼於贍部洲住持力故能令地獄惡道衆生
種種流轉生死薄福衆生不信善惡業失正
道衆生等得解脫義故
佛告天帝我說此陁羅尼付囑於汝汝當授
與善住天子復當受持讀誦思惟愛樂憶念
供養於贍部洲一切衆生廣為宣說此陁羅
尼印亦為一切諸天子故說此陁羅尼印付
囑於汝天帝汝當善持守護勿令忘失

BD03953號　佛頂尊勝陀羅尼經（佛陀波利本）　　（9–4）

佛告天帝我說此陁羅尼付囑於汝汝當授
與善住天子復當受持讀誦思惟愛樂憶念
供養於贍部洲一切衆生廣為宣說此陁羅
尼印亦為一切諸天子故說此陁羅尼印付
囑於汝天帝汝當善持守護勿令忘失
天帝若人須臾得聞此陁羅尼千劫已来積
造惡業重鄣應受種種流轉生死地獄餓鬼
畜生閻羅王界阿脩羅身夜叉羅刹鬼神布
單那羯吒布單那阿波娑摩囉蚊䖟龜狗蟒
虵一切諸鳥及諸猛獸一切蠢動含靈乃至
蟻子之身更不重受即得轉生諸佛如来一
生補處菩薩同會處生或得大姓婆羅門家
生或得大刹利種家生或得豪貴最勝家生
天帝此人得如上貴處生者皆由聞此陁羅
尼故轉所生處皆得清淨天帝乃至得到菩
提道場最勝之處皆由讃美此陁羅尼功德
如是天帝此陁羅尼名為吉祥能淨一切惡
道此佛頂尊勝陁羅尼猶如日藏摩尼之寶
淨无瑕穢淨等虛空光焰照徹无不周遍若
諸衆生持此陁羅尼亦復如是亦如閻浮檀
金明淨柔軟令人喜見不為穢惡之所染著
天帝若有衆生持此陁羅尼亦復如是乘斯
善淨得生善道天帝此陁羅尼所在之處若
能書寫流通受持讀誦聽聞供養能如是者
一切惡道皆得清淨一切地獄苦悉皆消滅
佛告天帝若人能書寫此陁羅尼安高幢上
或安高山或安樓上乃至安置窣堵波中天

BD03953號　佛頂尊勝陀羅尼經（佛陀波利本）　　（9–5）

善淨得生善道天帝此陁羅尼所在之處若
能書寫流通受持讀誦聽聞供養能如是者
一切惡道皆得清淨一切地獄苦惱皆消滅
佛告天帝若人能書寫此陁羅尼安高幢上
或安高山或安樓上乃至安置窣堵波中天
帝若有苾芻苾芻尼優婆塞優婆夷族姓男
族姓女於幢等上或見或與相近其影映身
或風吹陁羅尼上幢等上塵落在身上天帝
彼諸衆生所有罪業應墮惡道地獄畜生閻
羅王界餓鬼阿脩羅身惡道之苦悉皆不受
亦不爲罪垢染汙天帝此等衆生爲一切諸
佛之所授記皆得不退於阿耨多羅三藐三
菩提
天帝何況更以多諸供具花鬘塗香末香幢
幡寶蓋衣服瓔珞作諸莊嚴於四衢道造窣
堵波安置陁羅尼合掌恭敬旋繞行道歸依
礼拜天帝彼人能如是供養者名摩訶薩埵
真是佛子持法棟梁又是如來全身舍利窣
堵波塔
尒時閻摩羅法王於時夜分來詣佛所到已
以種種天衣妙花塗香莊嚴供養佛已繞佛
七迊頂礼佛足而作是言我聞如來演說讚
持大力陁羅尼者我常隨逐而護念之
念時護世四天大王繞佛三迊白佛言世尊
惟願如來爲我廣說持陁羅尼法尒時佛告
四天王汝今諦聽我當爲汝宣說受持此陁
羅尼法亦爲短命諸衆生說當先洗浴著新

BD03953 號　佛頂尊勝陀羅尼經（佛陀波利本）　（9–6）

念時護世四天大王繞佛三迊白佛言世尊
惟願如來爲我廣說持陁羅尼法尒時佛告
四天王汝今諦聽我當爲汝宣說受持此陁
羅尼法亦爲短命諸衆生說當先洗浴著新
淨衣白月圓滿十五日時持齋誦此陁羅尼
滿其千遍令短命衆生還得增壽永離病苦
一切業障悉皆消滅一切地獄諸苦亦得解
脫諸飛鳥畜生含靈之類聞此陁羅尼一經
於耳盡此一身更不復受
佛言若遇大惡病聞陁羅尼即得永離一切
諸病亦得消滅應墮惡道亦得除斷即得往
生寂靜世界從此身已後更不受胞胎之身
所生之處蓮花化生一切生處憶持不忘常
識宿命
佛言若人先造一切極重罪業遂即命終乘
斯惡業應墮地獄或墮畜生閻羅王界或墮
餓鬼乃至墮大阿鼻地獄或生水中或生禽
獸異類之身取其亡者隨身分骨以土一把
誦此陁羅尼廿一遍散亡者骨上即得生天
佛言若人能日日誦此陁羅尼廿一遍能消
一切世間廣大供養捨身往生極樂世界若
常誦念得大涅槃復增壽命受勝快樂捨此
身已即得往生種種微妙諸佛剎土常與諸
佛俱會一處一切如來恒爲演說微妙之義
一切世尊即授其記身光照曜一切佛剎佛言
若誦此陁羅尼法於其佛前先取淨土作壇
隨其大小方四角作以種種草花散於壇上

BD03953 號　佛頂尊勝陀羅尼經（佛陀波利本）　（9–7）

常誦念得大涅槃復增壽命受勝快樂捨此
身已即得往生種種微妙諸佛剎土常與諸
佛俱會一處一切如來恒為演說微妙之義
一切世尊即授其記身光照曜一切佛剎佛言
若誦此陁羅尼法於其佛前先取淨土作壇
隨其大小方四角作以種種草花散於壇上
燒眾名香右膝著地胡跪心常念佛作慕陁
羅尼印屈其頭指以大母指押合掌當其心
上誦此陁羅尼一百八遍訖於其壇中如雲
王雨花能遍供養八十八俱胝殑伽沙那庾
多百千諸佛彼佛世尊咸共讚言善哉希有
真是佛子即得无鄣礙智三昧得大菩提心
莊嚴三昧持此陁羅尼法應如是佛言天帝
我以此方便一切眾生應墮地獄道令得解
脫一切惡道亦得清淨復令持者增益壽命
天帝汝去將我陁羅尼授與善住天子滿其
七日汝與善住俱來見我
尒時天帝於世尊所受此陁羅尼法奉持還
於本天授與善住天子尒時善住天子受此
陁羅尼已滿六日六夜依法受持一切願滿
應受一切惡道等苦即得解脫住菩提道增
壽无量甚大歡喜高聲歎言希有如來希有
妙法希有明驗甚為難得令我解脫
尒時帝釋至第七日與善住天子將諸天眾
嚴持花鬘塗香末香寶幢幡蓋天衣瓔珞微
妙莊嚴往詣佛所設大供養以妙天衣及諸
瓔珞供養世尊繞百千匝於佛前立踊躍歡
喜坐而聽法

BD03953 號　佛頂尊勝陁羅尼經（佛陀波利本）　（9–8）

應受一切惡道等苦即得解脫住菩提道增
壽无量甚大歡喜高聲歎言希有如來希有
妙法希有明驗甚為難得令我解脫
尒時帝釋至第七日與善住天子將諸天眾
嚴持花鬘塗香末香寶幢幡蓋天衣瓔珞微
妙莊嚴往詣佛所設大供養以妙天衣及諸
瓔珞供養世尊繞百千匝於佛前立踊躍歡
喜坐而聽法
尒時世尊舒金色臂摩善住天子頂而為說
法授菩提記佛言此經名淨一切惡道佛頂
尊勝陁羅尼汝當受持尒時大眾聞法歡喜
信受奉行

佛頂尊勝陁羅尼經一卷

勘了

BD03953 號　佛頂尊勝陁羅尼經（佛陀波利本）　（9–9）

疾
佛告大目揵連汝行詣維摩詰
佛言世尊我不堪任詣彼問疾所以者
念我昔入毗耶離大城於里巷中為
說法時維摩詰來謂我言
居士說法不當如仁者所說夫說法者當
法說法无衆生離衆生垢故法无有我離我
垢故法无壽命離生死故法无有人前後際
斷故法常寂然滅諸相故法
故法无名字言語斷故法无有說離覺觀故
法无形相如虛空故法无戲論畢竟空故法
无我所離我所故法无分別離諸識故法无
有比无相待故法不屬因不在緣故法同法
性入諸法故法隨於如无所隨故法住實際
諸邊不動故法无動搖不依六塵故法无去
來常不住故法順空隨无相應无作法離好
醜法无增損法无生滅法无所歸法過眼耳
鼻舌身心法无高下法常住不動法離一切

BD03954 號　維摩詰所說經卷上　（10–1）

有比无相待故法不屬因不在緣故法同法
性入諸法故法隨於如无所隨故法住實際
諸邊不動故法无動搖不依六塵故法无去
來常不住故法順空隨无相應无作法離好
醜法无增損法无生滅法无所歸法過眼耳
鼻舌身心法无高下法常住不動法離一切
觀行唯大目連法相如是豈可說乎夫說法
者无說无示其聽法者无聞无得譬如幻士
為幻人說法當建是意而為說法當了衆生
根有利鈍善於知見无所罣㝵以大悲心讚
于大乘念報佛恩不斷三寶然後說法維摩
詰說是法時八百居士發阿耨多羅三藐三
菩提心我无此辯是故不任詣彼問疾
佛告大迦葉汝行詣維摩詰問疾迦葉白佛
言世尊我不堪任詣彼問疾所以者何憶念
我昔於貧里而行乞時維摩詰來謂我言唯
大迦葉有慈悲心而不能普捨豪富從貧乞
迦葉住平等法應次行乞食為不食故應行
乞食為壞和合相故應取揣食為不受故應
受彼食以空聚想入於聚落所見色與盲等
所聞聲與響等所嗅香與風等所食味不分
別受諸觸如智證知諸法如幻相无自性无
他性本自不然今則无滅迦葉若能不捨八
耶入八解脫以耶相入正法以一食施一切
供養諸佛及衆賢聖然後可食如是食者非

BD03954 號　維摩詰所說經卷上　（10–2）

別受諸觸如智證知諸法如幻相无自性无
他性本自不然今則无滅迦葉若能不捨八
耶入八解脫以耶相入正法以一食施一切
供養諸佛及衆賢聖然後可食如是食者非
有煩惱非離煩惱非入定意非起定意非住
世間非住涅槃其有施者无大福无小福不
為益不為損是為正入佛道不依聲聞迦葉
若如是食為不空食人之施也時我世尊聞
說是語得未曾有即於一切菩薩深起敬心
復作是念斯有家名辯才智慧乃能如是其
誰不發阿耨多羅三藐三菩提心我從是來
不復勸人以聲聞辟支佛行是故不任詣彼
問疾
佛告須菩提汝行詣維摩詰問疾須菩提白
佛言世尊我不任詣彼問疾所以者何憶念
我昔入其舍從乞食時維摩詰取我鉢盛滿
飯謂我言唯須菩提若能於食等者諸法亦
等諸法等者於食亦等如是行乞乃可取食
若須菩提不斷婬怒癡亦不與俱不壞於身
而隨一相不滅癡愛起於明脫以五逆相而
得解脫亦不解不縛不見四諦非不見諦非
得果非凡夫非離凡夫法非聖人非不聖人
雖成就一切法而離諸法相乃可取食若須
菩提不見佛不聞法彼外道六師富蘭那迦
葉末伽利拘賒梨子刪闍夜毗羅胝子阿耆
多翅舍欽婆羅迦羅鳩馱迦栴延尼犍陁若

BD03954 號　維摩詰所說經卷上　（10–3）

得解脫亦不解不縛不見四諦非不見諦非
得果非凡夫非離凡夫法非聖人非不聖人
雖成就一切法而離諸法相乃可取食若須
菩提不見佛不聞法彼外道六師富蘭那迦
葉末伽利拘賒梨子刪闍夜毗羅胝子阿耆
多翅舍欽婆羅迦羅鳩馱迦栴延尼犍陁若
提子等是汝之師因其出家彼師所墮汝亦
隨墮乃可取食若須菩提入諸耶見不到彼
岸住於八難不得无難同於煩惱離清淨法
汝得无諍三昧一切衆生亦得是定其施汝
者不名福田供養汝者墮三惡道為與衆魔
共一手作諸勞侶汝與衆魔及諸塵勞等无
有異於一切衆生而有怨心謗諸佛毀於法
不入衆數終不得滅度汝若如是乃可取食
時我世尊聞此語茫然不識是何言不知以何
荅便置鉢欲出其舍維摩詰言唯須菩提取
鉢勿懼於意云何如來所作化人若以是事
詰寧有懼不我言不也維摩詰言一切諸法
如幻化相汝今不應有所懼也所以者何一
切言說不離是相至於智者不著文字故无
所懼何以故文字性離无有文字是則解脫
解脫相者則諸法也維摩詰說是法時二百天
子得法眼淨故我不任詣彼問疾
佛告富樓那彌多羅尼子汝行詣維摩詰問
疾富樓那白佛言世尊我不堪任詣彼問疾
所以者何憶念我昔於大林中在一樹下為

BD03954 號　維摩詰所說經卷上　（10–4）

所懼何以故文字性離无有文字是則解脫
解脫相者則諸法也維摩詰說是法時二百天
子得法眼淨故我不任詣彼問疾
佛告富樓那弥多羅尼子汝行詣維摩詰問
疾富樓那白佛言世尊我不堪任詣彼問疾
所以者何憶念我昔於大林中在一樹下為
諸新學比丘說法時維摩詰来謂我言唯富
樓那先當入定觀此人心然後說法无以穢
食置於寶器當知是比丘心之所念无以瑠
璃同彼水精汝不能知衆生根原无得發起
以小乘法彼自无瘡勿傷之也欲行大道莫
示小徑无以大海内於牛跡无以日光等彼
螢火富樓那此比丘久發大乘心中忘此意
如何以小乘法而教導之我觀小乘智慧微
淺猶如盲人不能分別一切衆生根之利鈍
時維摩詰即入三昧令此比丘自識宿命曽
於五百佛所殖衆德本迴向阿耨多羅三藐
三菩提即時豁然還得本心於是諸比丘稽
首礼維摩詰足時維摩詰因為說法於阿耨
多羅三藐三菩提不復退轉我念聲聞不觀
人根不應說法是故不任詣彼問疾
佛告摩訶迦旃延汝行詣維摩詰問疾迦旃
延白佛言世尊我不堪任詣彼問疾所以者
何憶念昔者佛為諸比丘略說法要我即於
後敷演其義謂无常義苦義空義无我義寂
滅義時維摩詰来謂我言唯迦旃延无以生

BD03954 號　維摩詰所說經卷上　（10–5）

人根不應說法是故不任詣彼問疾
佛告摩訶迦旃延汝行詣維摩詰問疾迦旃
延白佛言世尊我不堪任詣彼問疾所以者
何憶念昔者佛為諸比丘略說法要我即於
後敷演其義謂无常義苦義空義无我義寂
滅義時維摩詰来謂我言唯迦旃延无以生
滅心行說實相法迦旃延諸法畢竟不生不
滅是无常義五受陰洞達空无所起是苦義
諸法究竟无所有是空義於我无我而不二
是无我義法本不然今則无滅是寂滅義說
是法時彼諸比丘心得解脫故我不任詣彼
問疾
佛告阿那律汝行詣維摩詰問疾阿那律白
佛言世尊我不堪任詣彼問疾所以者何憶
念我昔於一處經行時有梵王名曰嚴淨與
万梵俱放淨光明来詣我所稽首作礼問我
言幾何阿那律天眼所見我即荅言仁者吾
見此釋迦牟尼佛土三千大千世界如觀掌中
菴摩勒菓時維摩詰来謂我言唯阿那律天
眼為作相耶无作相耶假使作相則與外道
五通等若无作相即是无為不應有見世尊
我時嘿然彼諸梵聞其言得未曽有即為作
礼而問曰世孰有真天眼者維摩詰言有佛
世尊得真天眼常在三昧悉見諸佛國不以
二相於是嚴淨梵王及其眷屬五百梵天皆
發阿耨多羅三藐三菩提心礼維摩詰足已

BD03954 號　維摩詰所說經卷上　（10–6）

[illegible]
我時嘿然彼諸梵聞其言得未曾有即為作
礼而問曰世孰有真天眼者維摩詰言有佛
世尊得真天眼常在三昧悉見諸佛國不以
二相於是嚴淨梵王及其眷屬五百梵天皆
發阿耨多羅三藐三菩提心礼維摩詰足已
忽然不現故我不任詣彼問疾
佛告優波離汝行詣維摩詰問疾優波離白
佛言世尊我不堪任詣彼問疾所以者何憶
念昔者有二比丘犯律行以為耻不敢問佛
来問我言唯優波離我等犯律誠以為耻不
敢問佛願解疑悔得免斯咎我即為其如法
解說時維摩詰来謂我言唯優波離无重增
此二比丘罪當直除滅勿擾其心所以者何
彼罪性不在内不在外不在中間如佛所說
心垢故衆生垢心淨故衆生淨心亦不在内
不在外不在中間如其心然罪垢亦然諸法
亦然不出於如如優波離以心相得解脫時
寧有垢不我言不也維摩詰言一切衆生心
相无垢亦復如是唯優波離妄想是垢无妄
想是淨顛倒是垢无顛倒是淨取我是垢不
取我是淨優波離一切法生滅不住如幻如
電諸法不相待乃至一念不住諸法皆妄見
如夢如炎如水中月如鏡中像以妄想生其
知此者是名奉律其知此者是名善解於是
二比丘言上智哉是優波離所不及持律之
上而不能說我荅言自捨如来未有聲聞以

BD03954 號　維摩詰所說經卷上

（10-7）

電諸法不相待乃至一念不住諸法皆妄見
如夢如炎如水中月如鏡中像以妄想生其
知此者是名奉律其知此者是名善解於是
二比丘言上智哉是優波離所不及持律之
上而不能說我荅言自捨如来未有聲聞以
菩薩能制其樂說之辯其智慧明達為若此
也時二比丘疑悔即除發阿耨多羅三藐三
菩提心作是願言令一切衆生皆得是辯故
我不任詣彼問疾
佛告羅睺羅汝行詣維摩詰問疾羅睺羅白
佛言世尊我不堪任詣彼問疾所以者何憶
念昔時毗耶離諸長者子来詣我所稽首作
礼問我言唯羅睺羅汝佛之子捨轉輪王位
出家為道其出家者有何等利我即如法為說
出家功德之利時維摩詰来謂我言唯羅睺
羅不應說出家功德之利所以者何无利无
功德是為出家有為法者可說有利有功德
夫出家者為无為法无為法中无利无功德
羅睺羅夫出家者无彼无此亦无中間離六十
二見處於涅槃智者所受聖所行處降伏衆
魔度五道淨五眼得五力立五根不惱於彼
離衆雜惡摧諸外道超越假名出淤泥无繫
著无我所无所受无擾亂内懷喜護彼意隨
禪定離衆過若能如是是真出家於是維摩
詰語諸長者子汝等於正法中宜共出家所
以者何佛世難值諸長者子言居士我聞佛

BD03954 號　維摩詰所說經卷上

（10-8）

離衆雜惡摧諸外道超越假名出淤泥无繋
著无我所无所受无擾亂內懷善護彼意隨
禪定離衆過若能如是是真出家於是維摩
詰語諸長者子汝等於正法中宜共出家所
以者何佛世難值諸長者子言居士我聞佛
言父母不聽不得出家維摩詰言然汝等便
發阿耨多羅三藐三菩提心是即出家是即
具足尒時三十二長者子皆發阿耨多羅三
藐三菩提心故我不任詣彼問疾
佛告阿難汝行詣維摩詰問疾阿難白佛言
世尊我不堪任詣彼問疾所以者何憶念昔
時世尊身小有疾當用牛乳我即持鉢詣大
婆羅門家門下立時維摩詰來謂我言唯阿
難何為晨朝持鉢住此我言居士世尊身小
有疾當用牛乳故來至此維摩詰言止止阿
難莫作是語如來身者金剛之體諸惡已斷
衆善普會當有何疾當有何惱嘿往阿難勿
謗如來莫使異人聞此麁言无令大威德諸
天及他方淨土諸來菩薩得聞斯語阿難轉
輪聖王以少福故尚得无病豈況如來无量
福會普勝者哉行矣阿難勿使我等受斯耻
也外道梵志若聞此語當作是念何名為師
自疾不能救而能救諸疾人可密速去勿使
人聞當知阿難諸如來身即是法身非思欲
身佛為世尊過於三界佛身无漏諸漏已盡
佛身无為不墮諸數如此之身當有何病時

BD03954號　維摩詰所說經卷上　（10–9）

難莫作是語如來身者金剛之體諸惡已斷
衆善普會當有何疾當有何惱嘿往阿難勿
謗如來莫使異人聞此麁言无令大威德諸
天及他方淨土諸來菩薩得聞斯語阿難轉
輪聖王以少福故尚得无病豈況如來无量
福會普勝者哉行矣阿難勿使我等受斯耻
也外道梵志若聞此語當作是念何名為師
自疾不能救而能救諸疾人可密速去勿使
人聞當知阿難諸如來身即是法身非思欲
身佛為世尊過於三界佛身无漏諸漏已盡
佛身无為不墮諸數如此之身當有何病時
我世尊實懷慙愧得无近佛而謬聽也即聞
空中聲曰阿難如居士言但為佛出五濁惡
世現行斯法度脫衆生行矣阿難取乳勿慙
世尊維摩詰智慧辯才為若此也是故不任
詣彼問疾如是五百大弟子各各向佛說其
本緣稱述維摩詰所言皆曰不任詣彼問疾
菩薩品第四
於是佛告彌勒菩薩汝行詣維摩詰問疾彌
勒白佛言世尊我不堪任詣彼問疾所以者何

BD03954號　維摩詰所說經卷上　（10–10）

BD03954 號背　社司轉帖　（1–1）

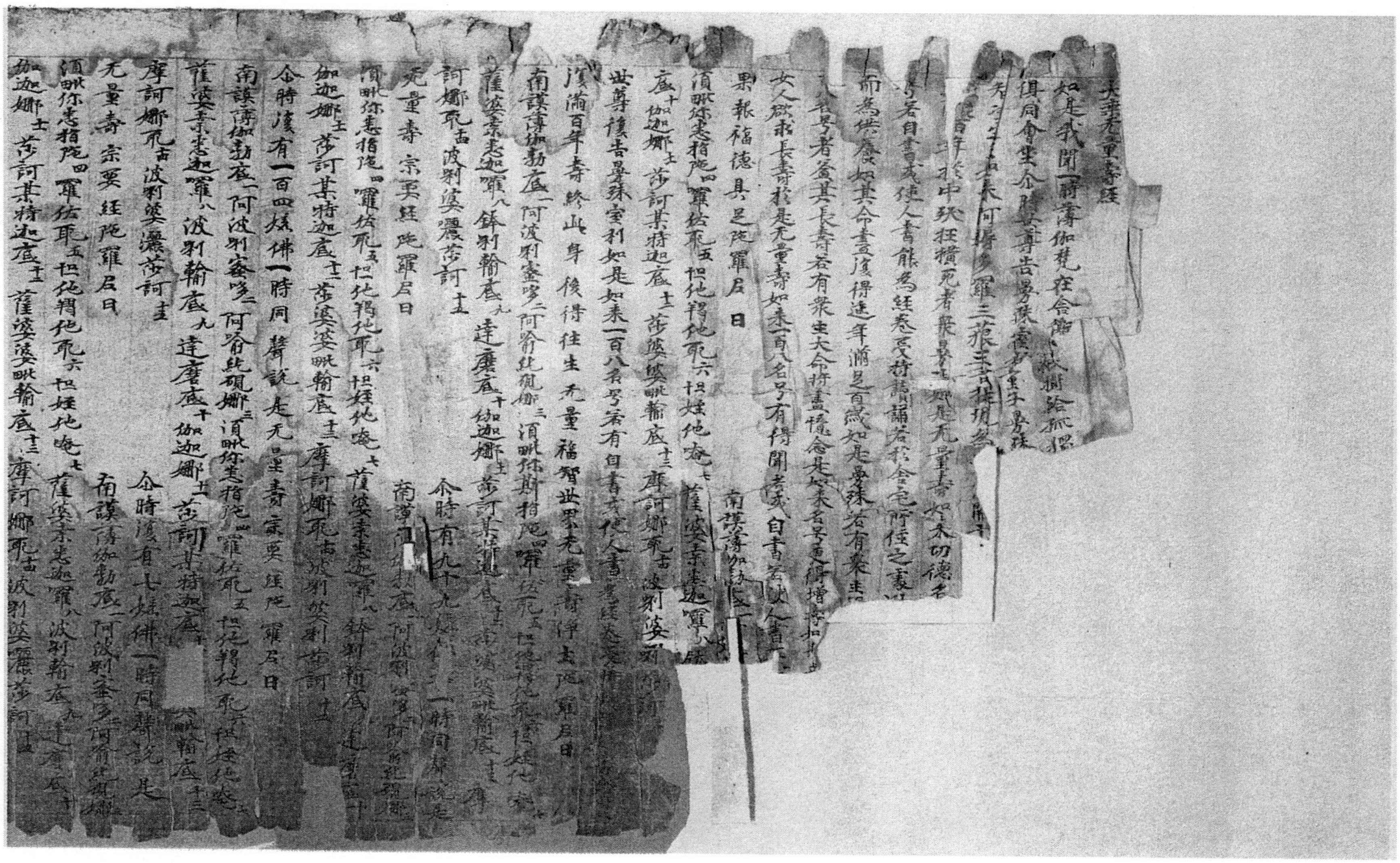

BD03955 號　無量壽宗要經　（5–1）

尒時復有一百四殑伽佛一時同聲說是无量壽宗要經陁羅尼曰
南謨薄伽勃底一阿波唎蜜哆二阿喻紇硯娜三須毗你悉指陁四羅佐耶五怛他羯他耶六怛姪他唵七
薩婆桑悉迦羅八波唎輸底九達磨底十伽迦娜十一莎訶某特迦底十二薩婆婆毗輸底十三
摩訶娜耶十四波唎婆潔莎訶十五　尒時復有七殑伽佛一時同聲說是
无量壽宗要經陁羅尼曰　南謨薄伽勃底一阿波唎蜜哆二阿喻紇硯娜三
須毗你悉指陁四羅佐耶五怛他羯他耶六怛姪他唵七薩婆桑悉迦羅八波唎輸底九達磨底十
伽迦娜十一莎訶某特迦底十二薩婆婆毗輸底十三摩訶娜耶十四波唎婆潔莎訶十五
尒時復有六十五殑伽佛一時同聲說是无量壽宗要經陁羅尼曰
南謨薄伽勃底一阿波唎蜜哆二阿喻紇硯娜三須毗你悉指陁四羅佐耶五怛他羯他耶六怛姪他唵七
薩婆桑悉迦羅八波唎輸底九達磨底十伽迦娜十一莎訶某特迦底十二薩婆婆毗輸底十三摩
訶娜耶十四波唎婆潔莎訶十五　尒時復有五十五殑伽佛一時同聲說是
无量壽宗要經陁羅尼曰　南謨薄伽勃底一阿波唎蜜哆二阿喻紇硯娜三
須毗你悉指陁四羅佐耶五怛他羯他耶六怛姪他唵七薩婆桑悉迦羅八波唎輸底九達磨底十伽迦
娜十一莎訶某特迦底十二薩婆婆毗輸底十三摩訶娜耶十四波唎婆潔莎訶十五
尒時復有四十五殑伽佛一時同聲說是无量壽宗要經陁羅尼曰
南謨薄伽勃底一阿波唎蜜哆二阿喻紇硯娜三須毗你悉指陁四羅佐耶五怛他羯他耶六怛姪他唵七
薩婆桑悉迦羅八波唎輸底九達磨底十伽迦娜十一莎訶某特迦底十二薩婆婆毗輸底十三摩訶
娜耶十四波唎婆潔莎訶十五　尒時復有三十六殑伽佛一時同聲說是无
量壽宗要經陁羅尼曰　南謨薄伽勃底一阿波唎蜜哆二阿喻紇硯娜三
須毗你悉指陁四羅佐耶五怛他羯他耶六怛姪他唵七薩婆桑悉迦羅八波唎輸底九達磨底十
伽迦娜十一莎訶某特迦底十二薩婆婆毗輸底十三摩訶娜耶十四波唎婆潔莎訶十五
尒時復有二十五殑伽佛一時同聲說是无量壽宗要經陁羅尼曰
南謨薄伽勃底一阿波唎蜜哆二阿喻紇硯娜三須毗你悉指陁四羅佐耶五怛他羯他耶六怛姪他唵七
薩婆桑悉迦羅八波唎輸底九達磨底十伽迦娜十一莎訶某特迦底十二薩婆婆毗輸底十三摩訶
娜耶十四波唎婆潔莎訶十五　尒時復有恒河沙殑伽佛一時同聲說是
无量壽宗要經陁羅尼曰　南謨薄伽勃底一阿波唎蜜哆二阿喻紇硯娜三
須毗你悉指陁四羅佐耶五怛他羯他耶六怛姪他唵七薩婆桑悉迦羅八波唎輸底九達磨底十
伽迦娜十一莎訶某特迦底十二薩婆婆毗輸底十三摩訶娜耶十四波唎婆潔莎訶十五
善男子若有自書寫教人書寫是无量壽宗要經如其命盡復得長壽而滿百年陁羅尼曰
南謨薄伽勃底一阿波唎蜜哆二阿喻紇硯娜三須毗你悉指陁四羅佐耶五怛他羯他耶六怛姪他唵七
薩婆桑悉迦羅八波唎輸底九達磨底十伽迦娜十一莎訶某特迦底十二薩婆婆毗輸底十三

BD03955 號　無量壽宗要經　（5–2）

无量壽宗要經陁羅尼曰　南謨薄伽勃底一阿波唎蜜哆二阿喻紇硯娜三
須毗你悉指陁四羅佐耶五怛他羯他耶六怛姪他唵七薩婆桑悉迦羅八波唎輸底九達磨底十
伽迦娜十一莎訶某特迦底十二薩婆婆毗輸底十三摩訶娜耶十四波唎婆潔莎訶十五
善男子若有自書寫教人書寫是无量壽宗要經如其命盡復得長壽而滿百年陁羅尼曰
南謨薄伽勃底一阿波唎蜜哆二阿喻紇硯娜三須毗你悉指陁四羅佐耶五怛他羯他耶六怛姪他唵七
薩婆桑悉迦羅八波唎輸底九達磨底十伽迦娜十一莎訶某特迦底十二薩婆婆毗輸底十三
摩訶娜耶十四波唎婆潔莎訶十五　若有自書教人書寫是无量壽宗要
經讀誦受持畢竟不墮地獄在在所生得宿命智陁羅尼曰
南謨薄伽勃底一阿波唎蜜哆二阿喻紇硯娜三須毗你悉指陁四羅佐耶五怛他羯他耶六怛姪他唵七
薩婆桑悉迦羅八波唎輸底九達磨底十伽迦娜十一莎訶某特迦底十二薩婆婆毗輸底十三摩訶
娜耶十四波唎婆潔莎訶十五　若有自書教人書寫是无量壽宗要經受持讀誦
如同書寫八万四千一切經典陁羅尼曰
須毗你悉指陁四羅佐耶五怛他羯他耶六怛姪他唵七薩婆桑悉迦羅八波唎輸底九達磨底十伽
迦娜十一莎訶某特迦底十二薩婆婆毗輸底十三摩訶娜耶十四波唎婆潔莎訶十五
若有自書寫教人書寫是无量壽宗要經即是書寫八万四千部建立塔廟陁羅尼曰
南謨薄伽勃底一阿波唎蜜哆二阿喻紇硯娜三須毗你悉指陁四羅佐耶五怛他羯他耶六怛姪他唵七
薩婆桑悉迦羅八波唎輸底九達磨底十伽迦娜十一莎訶某特迦底十二薩婆婆毗輸底十三摩
訶娜耶十四波唎婆潔莎訶十五　若有自書寫教人書寫是无量壽宗要經
能消五无間等一切重罪陁羅尼曰　南謨薄伽勃底一阿波唎蜜哆二阿喻紇硯娜三
須毗你悉指陁四羅佐耶五怛他羯他耶六怛姪他唵七薩婆桑悉迦羅八波唎輸底九達磨底十
伽迦娜十一莎訶某特迦底十二薩婆婆毗輸底十三摩訶娜耶十四波唎婆潔莎訶十五
若有自書寫教人書寫是无量壽宗要經受持讀誦設有重罪猶如須弥盡能除滅陁羅尼曰
南謨薄伽勃底一阿波唎蜜哆二阿喻紇硯娜三須毗你悉指陁四羅佐耶五怛他羯他耶六怛姪他唵七
薩婆桑悉迦羅八波唎輸底九達磨底十伽迦娜十一莎訶某特迦底十二薩婆婆毗輸底十三摩
訶娜耶十四波唎婆潔莎訶十五　若有自書寫教人書寫是无量壽宗要
經受持讀誦若魔魔之眷屬夜叉羅刹不得其便終无枉死陁羅尼曰
南謨薄伽勃底一阿波唎蜜哆二阿喻紇硯娜三須毗你悉指陁四羅佐耶五怛他羯他耶六怛姪他唵七
薩婆桑悉迦羅八波唎輸底九達磨底十伽迦娜十一莎訶某特迦底十二薩婆婆毗輸底十三摩訶
娜耶十四波唎婆潔莎訶十五　若有自書教人書寫是无量壽宗要經受持讀誦
當命終時有九十九殑伽佛現其人前千佛授手能遊一切佛刹莫於此經生於疑惑陁羅尼曰
南謨薄伽勃底一阿波唎蜜哆二阿喻紇硯娜三須毗你悉指陁四羅佐耶五怛他羯他耶六怛姪他唵七
薩婆桑悉迦羅八波唎輸底九達磨底十伽迦娜十一莎訶某特迦底十二薩婆婆毗輸底十三摩訶
娜耶十四波唎婆潔莎訶十五

BD03955 號　無量壽宗要經　（5–3）

經受持讀誦若魔魔之眷屬夜叉羅剎不得其便終无枉死陁羅尼曰
南謨薄伽勃底一阿波唎蜜多二阿喻紇硯娜三須毗你悉指陁四囉佐耶五怛他羯他耶六怛姪他唵七
薩婆桑悉迦囉八波唎輸底九達磨底十伽迦娜十一莎訶娑特迦底十二薩婆娑毗輸底十三摩訶
娜耶十四波唎婆嚹莎訶十五　若有自書教人書寫是无量壽宗要經受持讀誦
當命終時有九十九姟佛現其人前來千佛授手能遊一切佛剎莫於此經生於疑惑陁羅尼曰
南謨薄伽勃底一阿波唎蜜多二阿喻紇硯娜三須毗你悉指陁四囉佐耶五怛他羯他耶六怛姪他唵七
薩婆桑悉迦囉八波唎輸底九達磨底十伽迦娜十一莎訶娑特迦底十二薩婆娑毗輸底十三摩訶
娜耶十四波唎婆嚹莎訶十五　若有自書教人書寫是无量壽宗要經受持
讀誦常得四天大王隨其衛護陁羅尼曰　南謨薄伽勃底一阿波唎蜜多二阿喻紇硯娜三
須毗你悉指陁四囉佐耶五怛他羯他耶六怛姪他唵七薩婆桑悉迦囉八波唎輸底九達磨底十
伽迦娜十一莎訶娑特迦底十二薩婆娑毗輸底十三摩訶娜耶十四波唎婆嚹莎訶十五
若有自書教人書寫是无量壽宗要經受持讀誦當得往生西方極樂世界阿彌陁淨土
陁羅尼曰　南謨薄伽勃底一阿波唎蜜多二阿喻紇硯娜三須毗你
悉指陁四囉佐耶五怛他羯他耶六怛姪他唵七薩婆桑悉迦囉八波唎輸底九達磨底十
伽迦娜十一莎訶娑特迦底十二薩婆娑毗輸底十三摩訶娜耶十四波唎婆嚹莎訶十五
若有於方所自書寫使人書寫是无量壽經典之處則為是塔皆應恭敬作禮若是畜生或為
鳥獸得聞是經如是等類皆不久得成一切種智陁羅尼曰
南謨薄伽勃底一阿波唎蜜多二阿喻紇硯娜三須毗你悉指陁四囉佐耶五怛他羯他耶六怛姪他唵七
薩婆桑悉迦囉八波唎輸底九達磨底十伽迦娜十一莎訶娑特迦底十二薩婆娑毗輸底十三摩訶
娜耶十四波唎婆嚹莎訶十五　若有於是无量壽經自書寫若使人書
寫畢竟不受女人之身陁羅尼曰　南謨薄伽勃底一阿波唎蜜多二阿喻紇硯娜三
須毗你悉指陁四囉佐耶五怛他羯他耶六怛姪他唵七薩婆桑悉迦囉八波唎輸底九達磨底十
伽迦娜十一莎訶娑特迦底十二薩婆娑毗輸底十三摩訶娜耶十四波唎婆嚹莎訶十五
若有能於是經少分能惠施者尋於三千大千世界滿中七寶布施陁羅尼曰
南謨薄伽勃底一阿波唎蜜多二阿喻紇硯娜三須毗你悉指陁四囉佐耶五怛他羯他耶六怛姪他唵七
薩婆桑悉迦囉八波唎輸底九達磨底十伽迦娜十一莎訶娑特迦底十二薩婆娑毗輸底十三摩訶
娜耶十四波唎婆嚹莎訶十五　若有能供養是經者則是供養一切諸經
陁羅尼曰　南謨薄伽勃底一阿波唎蜜多二阿喻紇硯娜三
須毗你悉指陁四囉佐耶五怛他羯他耶六怛姪他唵七薩婆桑悉迦囉八波唎輸底九達磨底十
伽迦娜十一莎訶娑特迦底十二薩婆娑毗輸底十三摩訶娜耶十四波唎婆嚹莎訶十五
如是毗婆尸佛尸棄佛毗舍浮佛俱留孫佛俱那含牟尼佛迦葉佛釋迦牟尼佛
若有人以七寶供養如是七佛其福有限書寫受持是无量壽經典所有功德不可限量

BD03955號　無量壽宗要經　（5–4）

南謨薄伽勃底一阿波唎蜜多二阿喻紇硯娜三
須毗你悉指陁四囉佐耶五怛他羯他耶六怛姪他唵七薩婆桑悉迦囉八波唎輸底九達磨底十
伽迦娜十一莎訶娑特迦底十二薩婆娑毗輸底十三摩訶娜耶十四波唎婆嚹莎訶十五
如是毗婆尸佛尸棄佛毗舍浮佛俱留孫佛俱那含牟尼佛迦葉佛釋迦牟尼佛
若有人以七寶供養如是七佛其福有限書寫受持是无量壽經典所有功德不可限量
陁羅尼曰　南謨薄伽勃底一阿波唎蜜多二阿喻紇硯娜三須毗你悉指
陁四囉佐耶五怛他羯他耶六怛姪他唵七薩婆桑悉迦囉八波唎輸底九達磨底十伽迦
娜十一莎訶娑特迦底十二薩婆娑毗輸底十三摩訶娜耶十四波唎婆嚹莎訶十五
若有七寶等於須彌以用布施其福上能知其限量是无量壽經典其福不可知數陁羅尼曰
南謨薄伽勃底一阿波唎蜜多二阿喻紇硯娜三須毗你悉指陁四囉佐耶五怛他羯他耶六怛姪他唵七
薩婆桑悉迦囉八波唎輸底九達磨底十伽迦娜十一莎訶娑特迦底十二薩婆娑毗輸底十三
摩訶娜耶十四波唎婆嚹莎訶十五　如是四大海水可知滴數是无量
壽經典所生果報不可數量陁羅尼曰　南謨薄伽勃底一阿波唎蜜多二
阿喻紇硯娜三須毗你悉指陁四囉佐耶五怛他羯他耶六怛姪他唵七薩婆桑悉迦囉八
波唎輸底九達磨底十伽迦娜十一莎訶娑特迦底十二薩婆娑毗輸底十三摩訶娜耶十四
波唎婆嚹莎訶十五　若有自書使人書寫是无量壽經典又能讚
持供養即如恭敬供養一切十方佛土如來无有別異陁羅尼曰
南謨薄伽勃底一阿波唎蜜多二阿喻紇硯娜三須毗你悉指陁四囉佐耶五怛他羯他耶六怛姪他唵七
薩婆桑悉迦囉八波唎輸底九達磨底十伽迦娜十一莎訶娑特迦底十二薩婆娑毗輸底十三
摩訶娜耶十四波唎婆嚹莎訶十五
布施力能成正覺　悟布施力人師子　布施力能聲普聞　慈悲階漸最能入
持戒力能成正覺　悟持戒力人師子　持戒力能聲普聞　慈悲階漸最能入
忍辱力能成正覺　悟忍辱力人師子　忍辱力能聲普聞　慈悲階漸最能入
精進力能成正覺　悟精進力人師子　精進力能聲普聞　慈悲階漸最能入
禪定力能成正覺　悟禪定力人師子　禪定力能聲普聞　慈悲階漸最能入
智慧力能成正覺　悟智慧力人師子　智慧力能聲普聞　慈悲階漸最能入
尒時如來說是經已一切世間天人阿脩羅揵闥婆等聞佛所說皆大歡喜信受奉行

佛說无量壽宗要經

張力汶武寫

BD03955號　無量壽宗要經　（5–5）

BD03955 號背　雜寫　（1–1）

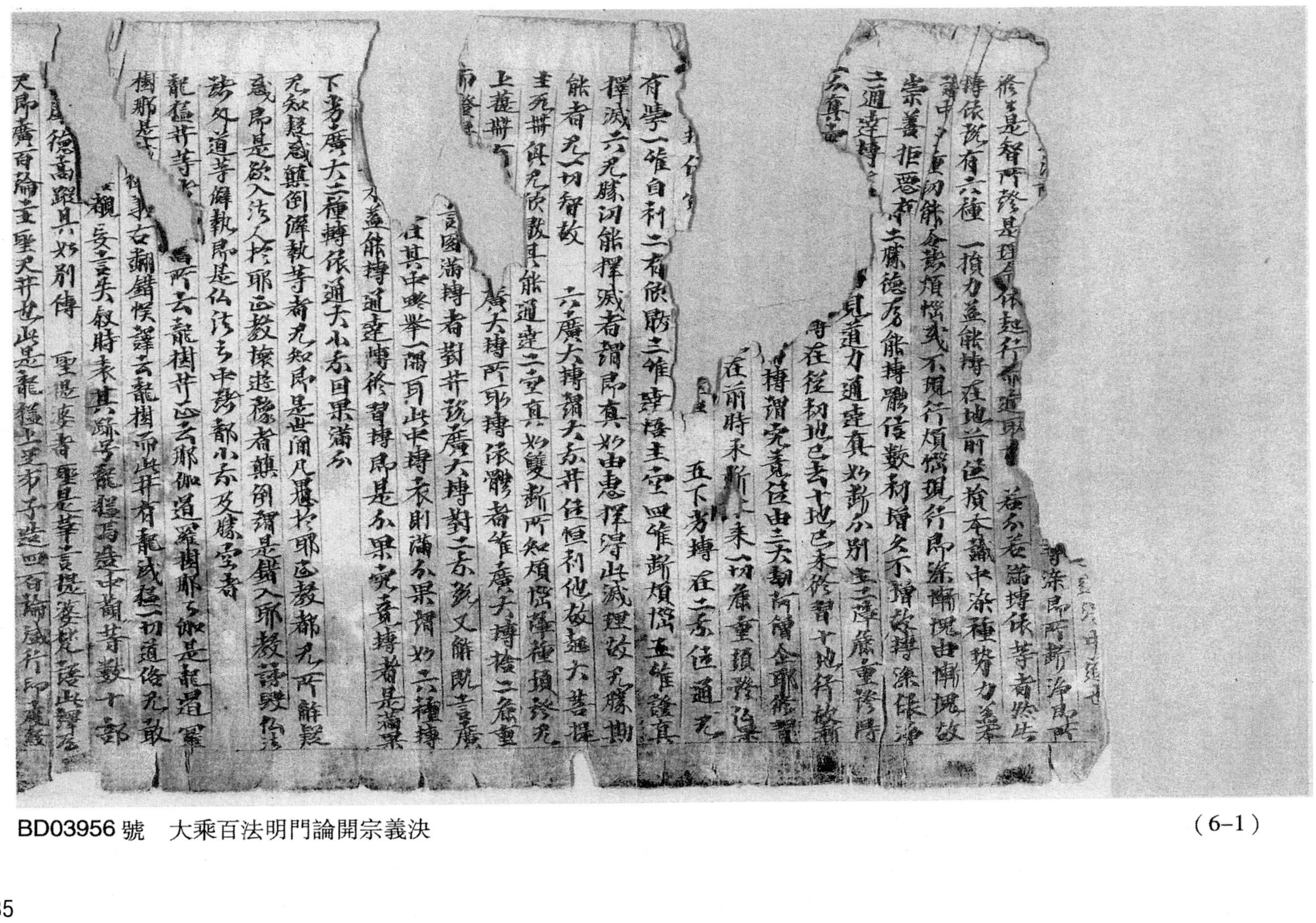

BD03956 號　大乘百法明門論開宗義決　（6–1）

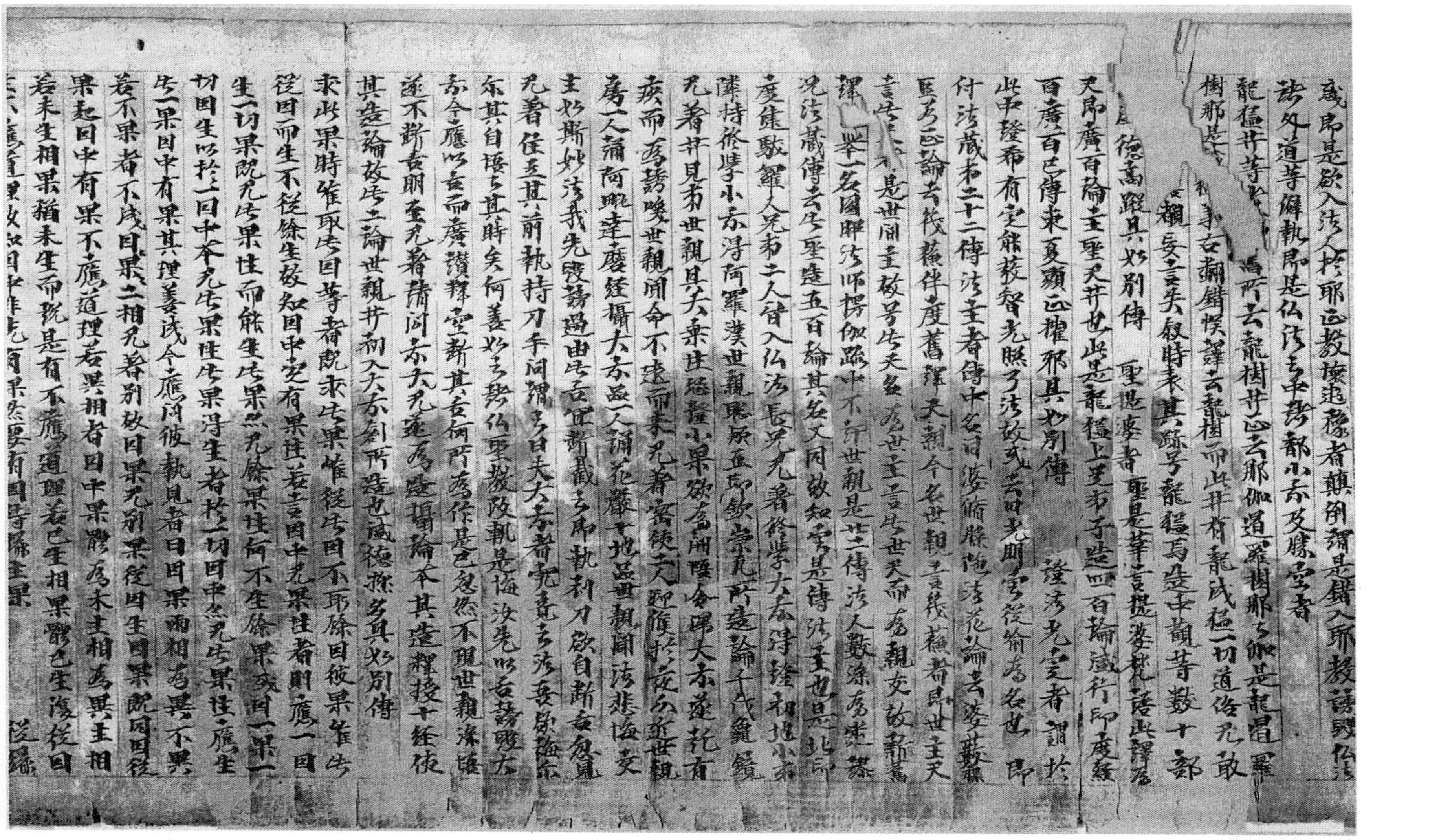

BD03956 號　大乘百法明門論開宗義決　（6–2）

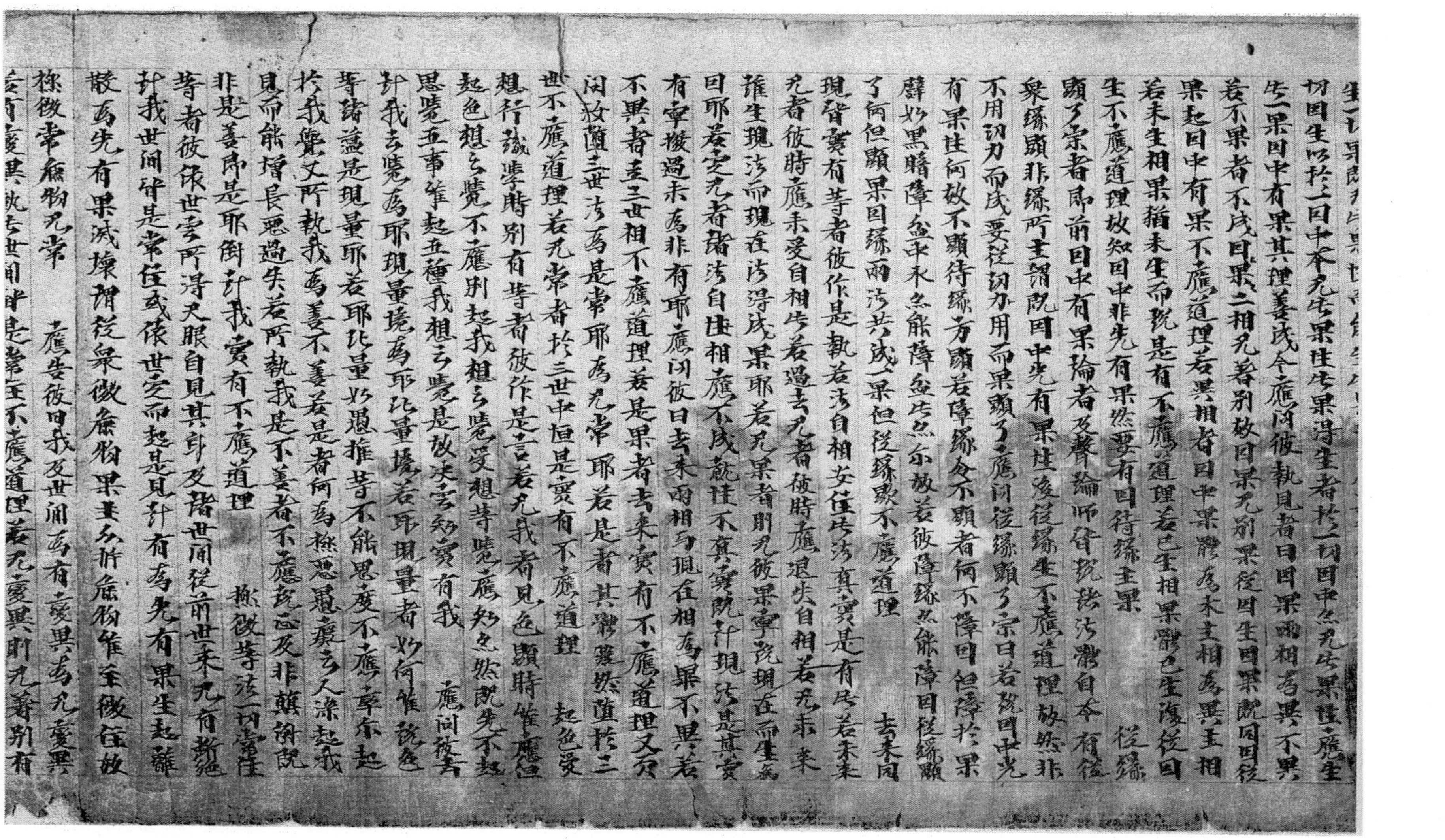

BD03956 號　大乘百法明門論開宗義決　（6–3）

[illegible]
見而能增長惡過失若所執我是不善者不應說正及非顛倒說
非是善所是耶倒計我實有不應道理　　無微等說一切常住
等者彼依世尊所得天眼自見其身及諸世間從前世來無有斷絕
計我世間皆是常住或依世定而起是見計有為先有果生起離
散為先有果滅壞聚從無微無物果量分析無物唯至微住故
無微常無物無常　　應告彼曰我及世間為有變異為無變異
若有變異執先世間皆是常住不應道理若無變異則無差別有
種種相不應道理無微論者我今問汝所執無微有方分不若有方
分應可分析而計為常不應道理若無分則無質导聚生無色不
應道理　　說苦樂等宿因作等者彼見世間雖具正方便而招
於苦雖具邪方便而致於樂故起是思惟如是論說苦樂因皆
宿作若現受苦由宿惡業若勤精進無緣修苦行能吐舊業現在惡
因由不作因之所害故如是於後不復有漏宿因所滅及現苦行所
招業盡一切皆盡能證後身苦盡涅槃應問彼曰若說現苦皆用宿
作惡業為因汝於現法所修苦行為用宿作惡業為因為用現法
方便為因若用宿作惡業為因者說是現在新修苦行能吐舊業
不應道理若用現法方便為因汝先所說世間世間苦樂皆由宿因
不應道理故知世間所受苦樂或由宿作或由現身勤用正
法於現身中而得證播　　欲行善等事皆等者謂見世間於有
情類於彼因時欲修淨業不遂本心反更為惡於彼果時欲生善趣不
遂本心返墮惡趣意欲受樂反受諸苦由見如是彼作是思世間諸物然
應別有作者生者及變化者為彼物父謂自在天或復其餘應問
彼曰大在天變化所能為用先業為用耶若用先業為因起者唯
此所能用業為因非餘世間不應道理若無先業而自起者唯此
所能無因而起非世間物不應道理又更問彼汝此在天為世間攝不攝
耶若言攝者自同世間通生世間不應道理若不攝者應非世法
能生世間不應道理　　愛宗梵志等者謂於諍競惡相起時諸
婆羅門違越古昔婆羅門法為欲食肉妄起計言於彼祀中呪術
為先害諸生命若能祀者若為害者若諸助伴皆得生天應彼
言呪術力為是正法為非正法若是正法害生祠祀非法處用不
應道理若非正法用呪害生皆得生天不應道理若言妙毒為呪
所伏不能為害呪亦者先呪然能除之毒不若言能者不聞一人會
真毒盡靜息可得若不能者用呪害生除非法業不應道理憶

BD03956 號　大乘百法明門論開宗義決　　　　（6–4）

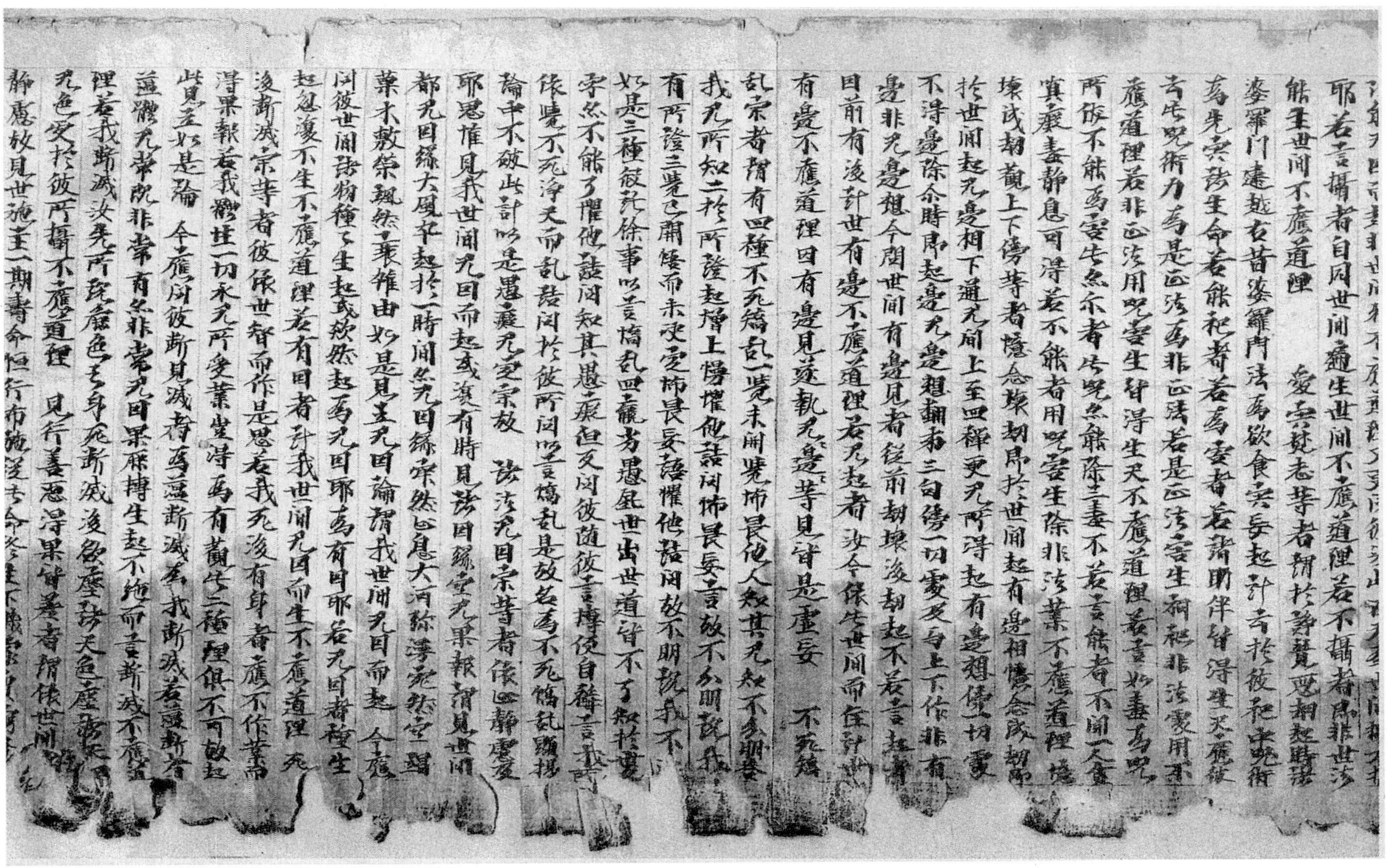

[illegible]
耶若言攝者自同世間通生世間不應道理若不攝者應非世法
能生世間不應道理　　愛宗梵志等者謂於諍競惡相起時諸
婆羅門違越古昔婆羅門法為欲食肉妄起計言於彼祀中呪術
為先害諸生命若能祀者若為害者若諸助伴皆得生天應彼
言呪術力為是正法為非正法若是正法害生祠祀非法處用不
應道理若非正法用呪害生皆得生天不應道理若言妙毒為呪
所伏不能為害呪亦者先呪然能除之毒不若言能者不聞一人會
真毒盡靜息可得若不能者用呪害生除非法業不應道理憶
壞或劫觀上下傍等者憶念壞劫時於世間起有邊想憶念成劫時
於世間起無邊想下通無間上至四禪更無所得起有邊想憶一切處
不得邊際今時即起邊無邊想翻前三句傍一切處及與上下作非有
邊非無邊想今問世間有邊見者從前劫壞後劫起不若言起者
因前有後計世有邊不應道理若無起者汝今依先世間而住計為
有邊不應道理因有邊見起執無邊等見皆是虛妄　　不死矯
亂宗者謂有四種不死矯亂一覺未開覺怖畏他人知其無知不分明說
我無所知二於所證起增上慢懼他詰問怖畏妄言故不分明說我
有所證三覺已開發而未決定怖畏妄語懼他詰問故不明說我不
如是三種敘此餘事以言矯亂四鈍劣愚昧世出世道皆不了知於他要
學然不能了懼他詰問知其愚癡但反問彼隨彼言轉便自稱言我許
依覺不死淨天而亂語問於彼所問以言矯亂是故名為不死矯亂顯揚
論中不破此計以是愚癡無定宗故　　諸法無因宗等者依正靜處定
耶愚惟見我世間無因而起或復有時見諸因緣定無果報謂見世間
都無因緣大風卒起於一時間然無因緣然止息大河瀑流忽然空竭
叢木敷榮颯然衰摧由如是見生無因論謂我世間無因而起　今應
問彼世間諸物種子生起或然然起為無因耶為有因耶若無因者種生
起忽復不生不應道理若有因者計我世間無因而生不應道理　死
後斷滅宗等者彼依世智而作是思若我死後有身者應不作業而
得果報若我體量一切永無所受業豈得為有顛倒二種理俱不可故起
此見立如是論　今應問彼斷見滅者為蘊斷滅為我斷滅若蘊斷者
蘊體無常既非常有名非常無因果展轉生起不絕而言斷滅不應道
理若我斷滅汝先所說麁色之身死後斷滅後欲塵諸天色塵[illegible]
無色空於彼所攝不應道理　見行善惡得果皆虛者謂依世間
靜慮故見世施主一期壽命恒行布施從生命終生不[illegible]

BD03956 號　大乘百法明門論開宗義決　　　　（6–5）

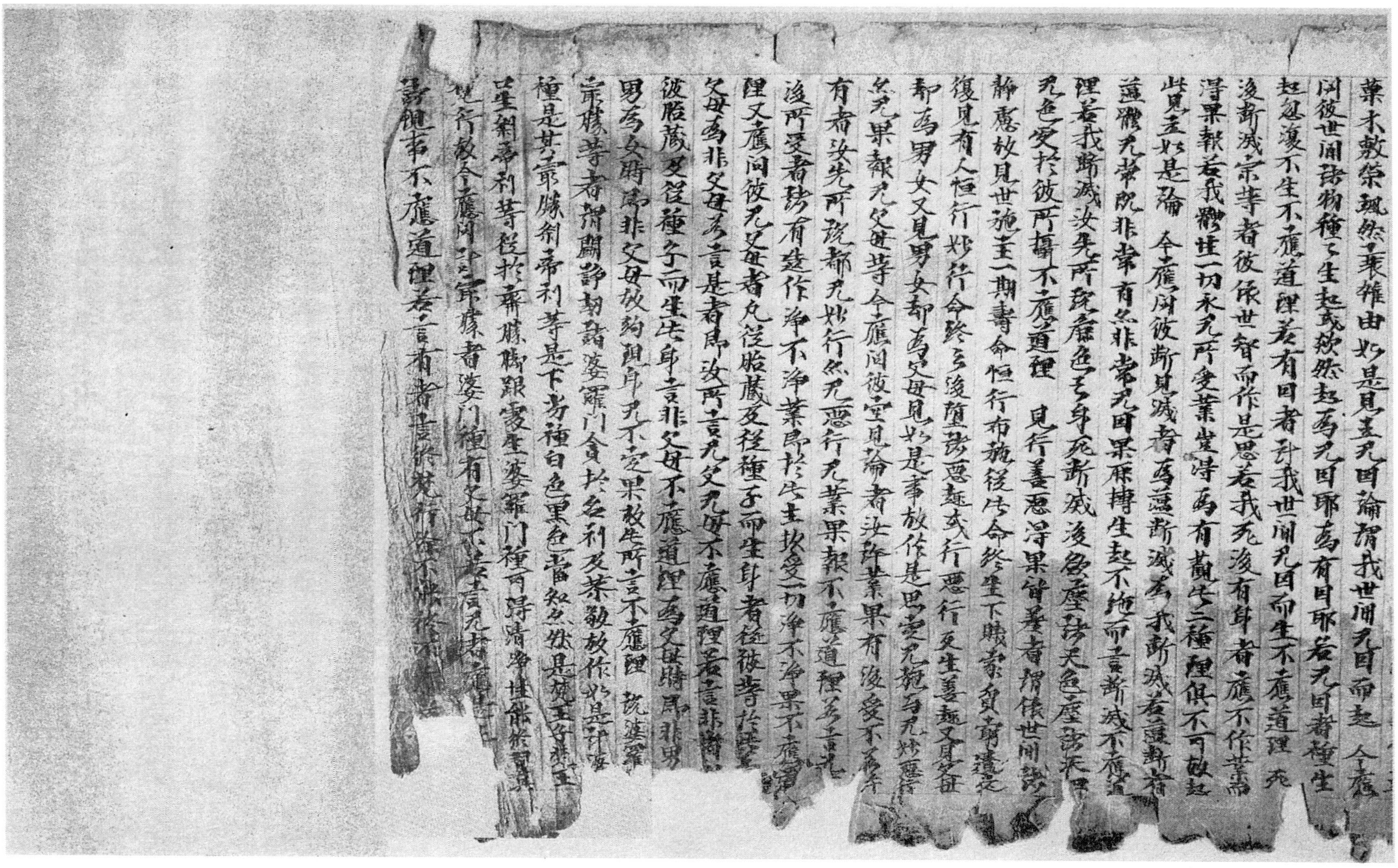

業不敷榮颯然衰悴由如是見妄无因論謂我世間无因而起今應
問彼世間諸物種種生起或欻然起為无因耶為有因耶若无因者種生
起已復不生不應道理若有因者計我世間无因而生不應道理死
後斷滅宗等者彼依世智而作是思若我死後有身者應不作業而
得果報若我斷壞一切永无所愛業豈得為有見此二種理俱不可故起
此見立如是論今應問彼斷見滅者為蘊斷滅為我斷滅若蘊斷者
蘊體无常既非常有然非常无因果相搏生起不絕而言斷滅不應道
理若我斷滅汝先所說麁色之身死斷滅後欲界色界諸天
无色受於彼所攝不應道理　見行善惡得果皆妄者謂依世間諸
靜慮故見世施主一期壽命恒行布施從此命終生下賤家貧窮遭
復見有人恒行妙行命終之後墮諸惡趣或行惡行反生善趣又見父母
都為男女又見男女都為父母見如是事故作是思受无施與无妙惡行
然无果報无父母等今應問彼空見論者汝許業果有後受不
有者汝先所說都无妙行然无惡行无業果報不應道理若言无
後所受者諸有造作淨不淨業即於先生故受一切淨不淨果不應道
理又應問彼无父母者凡從胎藏及從種子而生身者從彼等於
父母為非父母若言是者即汝所言无父无母不應道理若言非者
彼胎藏及從種子而生身言非父母不應道理為父母時即非男
男為女時即非父母故約現身无不定果故先所言不應理　說婆羅
門勝等者謂鬪諍劫諸婆羅門貪於名利及恭敬故作如是計婆
種是其最勝剎帝利等是下劣種白色黑色當知亦然是梵王
口生剎帝利等從於臍勝眾生婆羅門種可得清淨
梵行故今應問汝所說婆羅門種有父母不若言无
諸佛事不應道理若言有者

BD03956 號　大乘百法明門論開宗義決　（6–6）

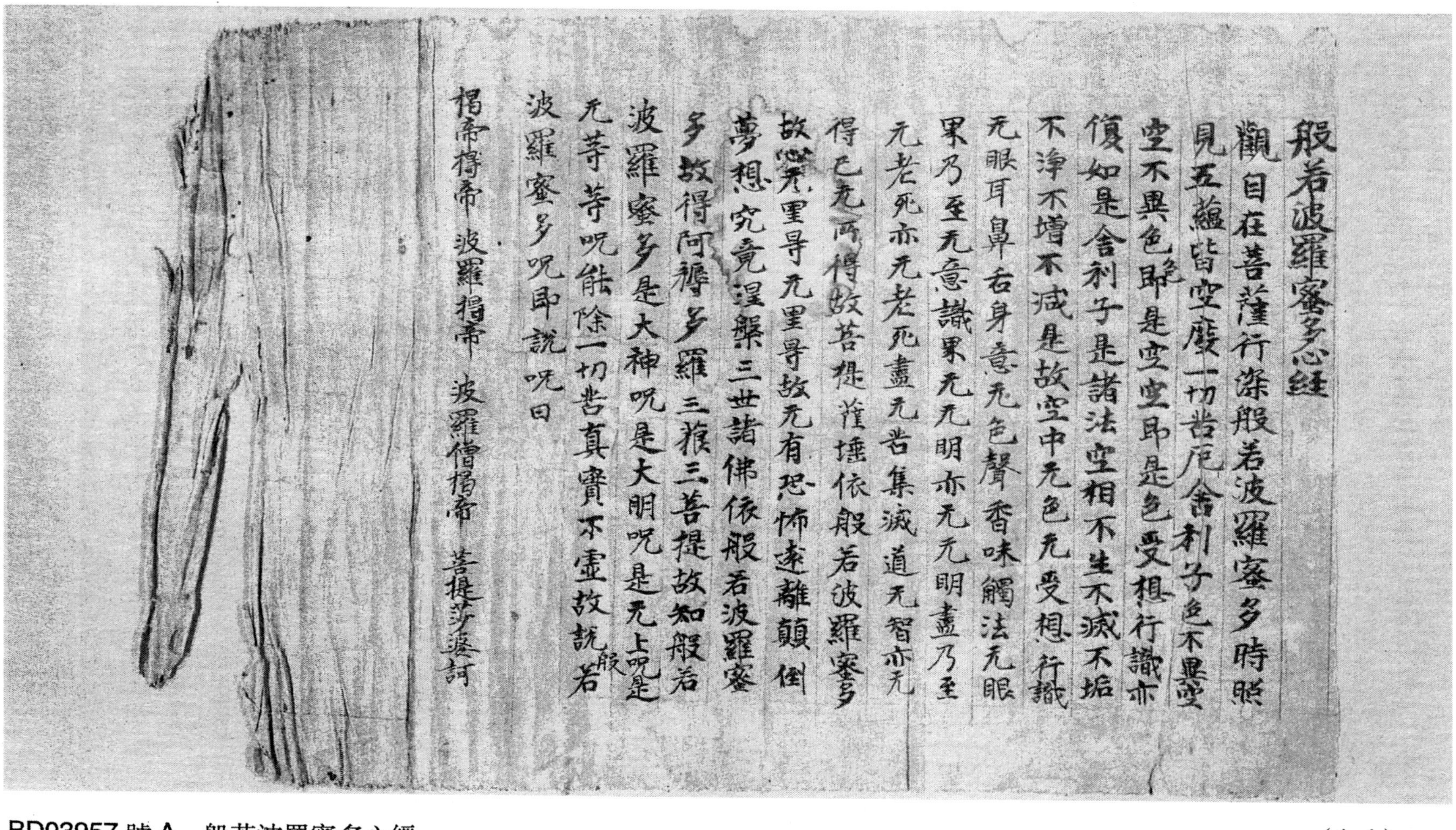

般若波羅蜜多心經
觀自在菩薩行深般若波羅蜜多時照
見五蘊皆空度一切苦厄舍利子色不異空
空不異色色即是空空即是色受想行識亦
復如是舍利子是諸法空相不生不滅不垢
不淨不增不減是故空中无色无受想行識
无眼耳鼻舌身意无色聲香味觸法无眼
界乃至无意識界无无明亦无无明盡乃至
无老死亦无老死盡无苦集滅道无智亦无
得以无所得故菩提薩埵依般若波羅蜜多
故心无罣㝵无罣㝵故无有恐怖遠離顛倒
夢想究竟涅槃三世諸佛依般若波羅蜜
多故得阿耨多羅三藐三菩提故知般若
波羅蜜多是大神呪是大明呪是无上呪是
无等等呪能除一切苦真實不虛故說般若
波羅蜜多呪即說呪曰
揭帝揭帝　波羅揭帝　波羅僧揭帝　菩提莎婆訶

BD03957 號 A　般若波羅蜜多心經　（1–1）

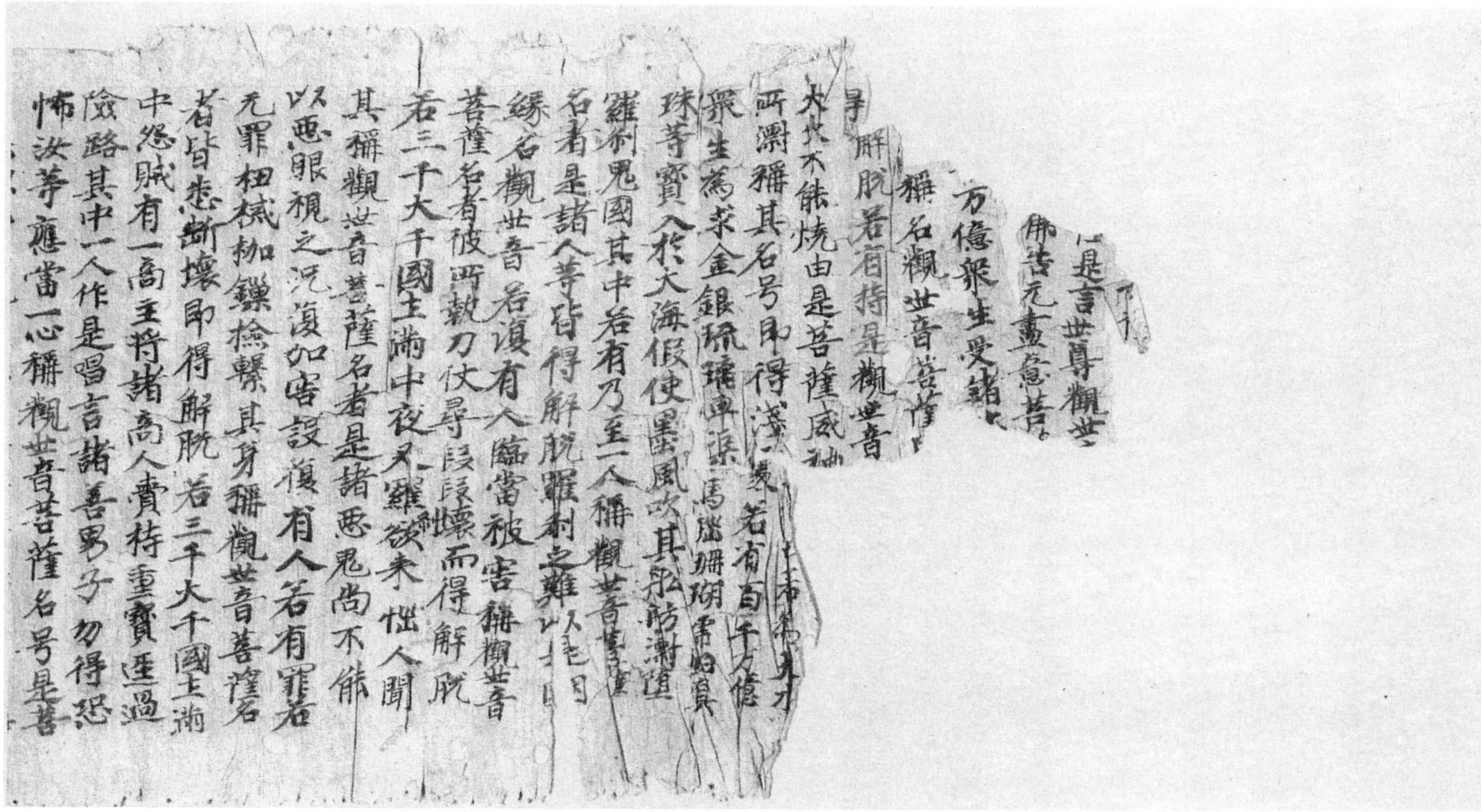

是言世尊觀世
佛告无盡意菩
万億衆生受諸
稱名觀世音菩薩
解脫若有持是觀世音
大火不能燒由是菩薩威神
所漂稱其名号即得淺處若有百千万億
衆生為求金銀琉璃硨磲馬瑙珊瑚琥珀真
珠等寶入於大海假使黑風吹其船舫飄墮
羅剎鬼國其中若有乃至一人稱觀世音菩薩
名者是諸人等皆得解脫羅剎之難以是因
緣名觀世音若復有人臨當被害稱觀世音
菩薩名者彼所執刀杖尋段段壞而得解脫
若三千大千國土滿中夜叉羅剎欲來惱人聞
其稱觀世音菩薩名者是諸惡鬼尚不能
以惡眼視之況復加害設復有人若有罪若
无罪杻械枷鎖檢繫其身稱觀世音菩薩名
者皆悉斷壞即得解脫若三千大千國土滿
中怨賊有一商主將諸商人齎持重寶經過
險路其中一人作是唱言諸善男子勿得恐
怖汝等應當一心稱觀世音菩薩名号是菩

BD03957 號 B　觀世音經　（6–1）

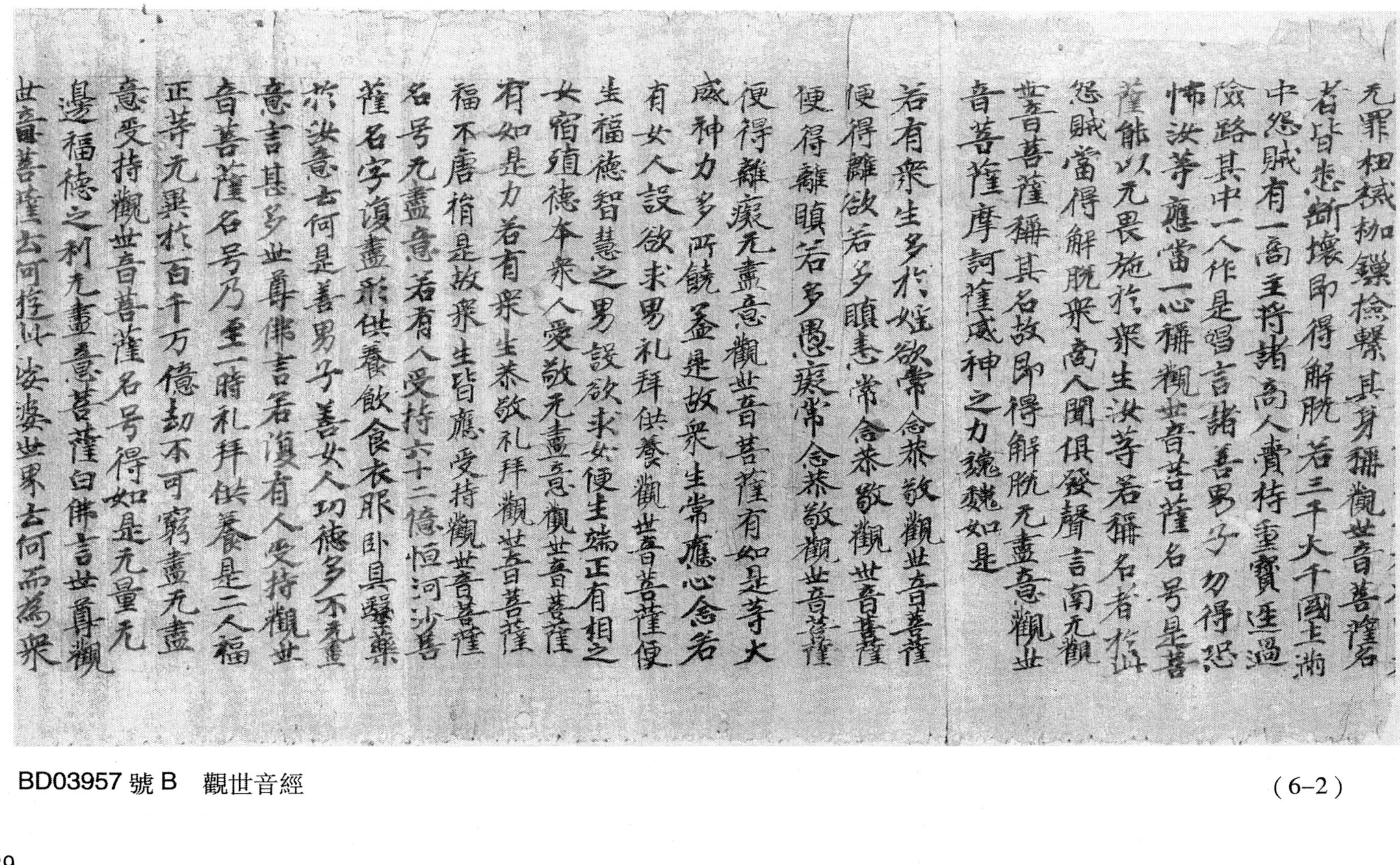

无罪杻械枷鎖檢繫其身稱觀世音菩薩名
者皆悉斷壞即得解脫若三千大千國土滿
中怨賊有一商主將諸商人齎持重寶經過
險路其中一人作是唱言諸善男子勿得恐
怖汝等應當一心稱觀世音菩薩名号是菩
薩能以无畏施於衆生汝等若稱名者於此
怨賊當得解脫衆商人聞俱發聲言南无觀
世音菩薩稱其名故即得解脫无盡意觀世
音菩薩摩訶薩威神之力巍巍如是
若有衆生多於婬欲常念恭敬觀世音菩薩
便得離欲若多瞋恚常念恭敬觀世音菩薩
便得離瞋若多愚癡常念恭敬觀世音菩薩
便得離癡无盡意觀世音菩薩有如是等大
威神力多所饒益是故衆生常應心念若
有女人設欲求男礼拜供養觀世音菩薩便
生福德智慧之男設欲求女便生端正有相之
女宿殖德本衆人愛敬无盡意觀世音菩薩
有如是力若有衆生恭敬礼拜觀世音菩薩
福不唐捐是故衆生皆應受持觀世音菩薩
名号无盡意若有人受持六十二億恒河沙菩
薩名字復盡形供養飲食衣服卧具醫藥
於汝意云何是善男子善女人功德多不无盡
意言甚多世尊佛言若復有人受持觀世
音菩薩名号乃至一時礼拜供養是二人福
正等无異於百千万億劫不可窮盡无盡
意受持觀世音菩薩名号得如是无量无
邊福德之利无盡意菩薩白佛言世尊觀
世音菩薩云何遊此娑婆世界云何而為衆

BD03957 號 B　觀世音經　（6–2）

音菩薩名号乃至一時礼拜供養是二人福
正等无異於百千万億劫不可窮盡无盡
意受持觀世音菩薩名号得如是无量无
邊福德之利无盡意菩薩白佛言世尊觀
世音菩薩云何遊此娑婆世界云何而為衆
生說法方便之力其事云何佛告无盡意菩薩
善男子若有國土衆生應以佛身得度者觀
世音菩薩即現佛身而為說法應以辟支佛
身得度者即現辟支佛身而為說法應以
聲聞身得度者即現聲聞身而為說法應以梵王身得度者即現
梵王身而為說法應以帝釋身得度者即
現帝釋身而為說法應以自在天身得度者
即現自在天身而為說法應以大自在天身
得度者即現大自在天身而為說法應以
天大將軍身得度者即現天大將軍身而
為說法應以毗沙門身得度者即現毗沙
門身而為說法應以小王身得度者即現小王
身而為說法應以長者身得度者即現長
者身而為說法應以居士身得度者即現居
士身而為說法應以宰官身得度者即現
宰官身而為說法應以婆羅門身得度者
即現婆羅門身而為說法應以比丘比丘尼
優婆塞優婆夷身得度者即現比丘比丘尼
優婆塞優婆夷身而為說法應以長者居
士宰官婆羅門婦女身得度者即現婦
女身而為說法以童男童女身得度者即
現童男童女身而為說法應以天龍夜叉
乾闥婆阿脩羅迦樓羅緊那羅摩睺羅伽

BD03957 號 B　觀世音經

（6–3）

優婆塞優婆夷身得度者即現比丘比丘尼
優婆塞優婆夷身而為說法應以長者居
士宰官婆羅門婦女身得度者即現婦
女身而為說法以童男童女身得度者即
現童男童女身而為說法應以天龍夜叉
乾闥婆阿脩羅迦樓羅緊那羅摩睺羅伽
人非人等身得度者即皆現之而為說法應
執金剛神得度者即現執金剛神而為說
法无盡意是觀世音菩薩成就如是功德
以種種形遊諸國土度脫衆生是故汝等
應當一心供養觀世音菩薩是觀世音菩薩
摩訶薩於怖畏急難之中能施无畏是故此
娑婆世界皆号之為施无畏者无盡意菩薩
白佛言世尊我今當供養觀世音菩薩即
解頸衆寶珠瓔珞價直百千兩金而與
之作是言仁者受此法施珎寶瓔珞時觀世
音菩薩不肯受之无盡意復白觀世音菩薩言仁者愍我等故受此瓔珞尒時佛
告觀世音菩薩當愍此无盡意菩薩及四
衆天龍夜叉乾闥婆阿脩羅迦樓羅緊那
羅摩睺羅伽人非人等故受是瓔珞即時觀
世音菩薩愍諸四衆及於天龍人非人等受其
瓔珞分作二分一分奉釋迦牟尼佛一分奉多
寶佛塔无盡意觀世音菩薩有如是自在神
力遊於娑婆世界尒時无盡意菩薩以偈問曰
世尊妙相具　我今重問彼　佛子何因緣　名為觀世音
具足妙相尊　偈荅无盡意　汝聽觀音行　善應諸方所
弘誓深如海　歷劫不思議　侍多千億佛　發大清淨願
我為汝略說　聞名及見身　心念不空過　能滅諸有苦

BD03957 號 B　觀世音經

（6–4）

寶佛塔无盡意觀世音菩薩有如是自在神
力遊於娑婆世界　尒時无盡意菩薩以偈問曰
世尊妙相具　我今重問彼　佛子何因緣　名為觀世音
具足妙相尊　偈荅无盡意　汝聽觀音行　善應諸方所
弘誓深如海　歷劫不思議　侍多千億佛　發大清淨願
我為汝略說　聞名及見身　心念不空過　能滅諸有苦
假使興害意　推落大火坑　念彼觀音力　火坑變成池
或漂流巨海　龍魚諸鬼難　念彼觀音力　波浪不能沒
或在須彌峯　為人所推墮　念彼觀音力　如日虛空住
或被惡人逐　墮落金剛山　念彼觀音力　不能損一毛
或值怨賊遶　各執刀加害　念彼觀音力　咸即起慈心
或遭王難苦　臨刑欲壽終　念彼觀音力　刀尋段段壞
或囚禁枷鎖　手足被杻械　念彼觀音力　釋然得解脫
呪詛諸毒藥　所欲害身者　念彼觀音力　還著於本人
或遇惡羅剎　毒龍諸鬼等　念彼觀音力　時悉不敢害
若惡獸圍遶　利牙爪可怖　念彼觀音力　疾走无邊方
蚖蛇及蝮蠍　氣毒煙火然　念彼觀音力　尋聲自迴去
雲雷鼓掣電　降雹澍大雨　念彼觀音力　應時得消散
眾生被困厄　无量苦逼身　觀音妙智力　能救世間苦
具足神通力　廣脩智方便　十方諸國土　无剎不現身
種種諸惡趣　地獄鬼畜生　生老病死苦　以漸悉令滅
真觀清淨觀　廣大智慧觀　悲觀及慈觀　常願常瞻仰
无垢清淨光　慧日破諸闇　能伏災風火　普明照世間
悲體戒雷震　慈意妙大雲　澍甘露法雨　滅除煩惱焰
諍訟經官處　怖畏軍陣中　念彼觀音力　眾怨悉退散
妙音觀世音　梵音海潮音　勝彼世間音　是故須常念
念念勿生疑　觀世音淨聖　於苦惱死厄　能為作依怙
具一切功德　慈眼視眾生　福聚海无量　是故應頂禮
尒時持地菩薩即從座起前白佛言世尊若

BD03957 號 B　觀世音經　（6–5）

若惡獸圍遶　利牙爪可怖　念彼觀音力　疾走无邊方
蚖蛇及蝮蠍　氣毒煙火然　念彼觀音力　尋聲自迴去
雲雷鼓掣電　降雹澍大雨　念彼觀音力　應時得消散
眾生被困厄　无量苦逼身　觀音妙智力　能救世間苦
具足神通力　廣脩智方便　十方諸國土　无剎不現身
種種諸惡趣　地獄鬼畜生　生老病死苦　以漸悉令滅
真觀清淨觀　廣大智慧觀　悲觀及慈觀　常願常瞻仰
无垢清淨光　慧日破諸闇　能伏災風火　普明照世間
悲體戒雷震　慈意妙大雲　澍甘露法雨　滅除煩惱焰
諍訟經官處　怖畏軍陣中　念彼觀音力　眾怨悉退散
妙音觀世音　梵音海潮音　勝彼世間音　是故須常念
念念勿生疑　觀世音淨聖　於苦惱死厄　能為作依怙
具一切功德　慈眼視眾生　福聚海无量　是故應頂禮
尒時持地菩薩即從座起前白佛言世尊若
有眾生聞是觀世音菩薩品自在之業普門
示現神通力者當知是人功德不少佛說是
普門品時眾中八万四千眾生皆發无等等
阿耨多羅三藐三菩提心

觀世音經

BD03957 號 B　觀世音經　（6–6）

比丘白佛言世尊今此天女作何功德獲
此天身端正殊特佛言往昔之時以華
歸供養迦葉佛塔以是因緣今獲
天女以蓮華供養迦葉佛塔緣
尒時復有一天女頭上華鬘光明晃曜
天衆來集善法堂上時諸天衆見是天女生
希有心天帝釋以偈問曰
汝昔作何福　身如真金聚　光色如蓮華
而有大威德　身出微妙光　面如開敷花
光明甚煒煒　以何業行得　唯願為我說
天女即便說偈答言
我昔以蓮華　供養迦葉塔　今日值世尊
得是勝功德　生處於天上　得是金色報
釋提桓因重說偈讚
甚奇功德天　減除諸穢惡　殖因者甚少
獲得勝果報　誰不樂供養　恭敬真金聚
誰不供養佛　上妙福勝田　目廣脩長而
其喻清蓮花　汝昔能興供　第一最勝尊
作妙福德業　獲得如此報

BD03958號　雜寶藏經（異卷）卷五　（9-1）

得是勝功德　生處於天上　得是金色報
釋提桓因重說偈讚
甚奇功德天　減除諸穢惡　殖因者甚少
獲得勝果報　誰不樂供養　恭敬真金聚
誰不供養佛　上妙福勝田　目廣脩長而
其喻清蓮花　汝昔能興供　第一最勝尊
作妙福德業　獲得如此報
尒時天女即從天下執持情蓋來到佛所聽
佛說法得法眼淨還於天上時諸比丘即問
言佛此女往昔作何行業得報如是佛言過
去之時以妙蓮花供養迦葉佛塔故獲勝果
今見道跡
天女受持八戒齋緣
尒時復有一天受持八齋生於天上得端正報
光顏威相与衆超異時共諸天集善法堂上
諸天見已生希有心釋提桓因以偈而問
汝昔作何業　身如真金山　光顏甚暐暐
色如淨蓮花　得是勝威德　身出大妙光
以何業行獲　願為我說之
天於尒時說偈答言
昔於迦葉佛　受持八戒齋　今得生天中　獲得端正報
釋提桓因重以讚偈
奇哉功德田　生能勝妙報　昔少脩微因
而得生天上　如此勝福聚　誰當不供養
如是最勝尊　誰當不恭敬　諸有聞是法
宜應大歡喜　欲求生天者　應當持淨戒
尒時此天持好華蓋來至佛所佛為說法得
見道歸時諸比丘即問佛言此天往昔作何

BD03958號　雜寶藏經（異卷）卷五　（9-2）

而得生天上　如此勝福報　誰當不供養
如是眾勝尊　誰當不恭敬　諸有聞是法
宜應大歡喜　欲求生天者　應當持淨戒
爾時此天持好華蓋來至佛所佛為說法得
見道跡時諸比丘即問佛言此天昔作何
福業得生天中而獲聖果佛言昔為人時於
迦葉佛所受持八齋由是善行生於天上而
見道跡

天女本以然燈供養緣

爾時王舍城頻婆羅王於佛法中得道獲不
壞信常以然明供養於佛後提婆達多與阿
闍世王作惡知識欲害佛法是以國土怖畏
不敢然燈供養有一女人以習常故於僧自
恣日佛經行道頭然燈供養阿闍世王聞極
大瞋恚即以劍輪斬要而殺之命終得生卅
三天摩尼炎宮殿中乘此宮殿至善法堂帝
釋以偈問言
汝昔作何業　身如融真金　如有大威德　容顏甚光明
天女即時以偈答言
三界之真濟　三有之大燈　至心眼觀佛
相好莊嚴身　法中之最勝　為之然明燈
然燈以滅闇　佛燈滅眾惡　見燈如月光
真實生信心　都燈明熾盛　歡喜而禮佛
說此偈已來至佛所佛為說法得須陁洹即
還天上比丘問佛以何因緣生於天宮佛言
昔在人間於僧自恣日佛經行道頭然燈供
養阿闍世王斬其要殺以是善緣命終之後
得生天中重我於道聞法信解得須陁洹道



還天上比丘問佛以何因緣生於天宮佛言
昔在人間於僧自恣日佛經行道頭然燈供
養阿闍世王斬其要殺以是善緣命終之後
得生天中重我於道聞法信解得須陁洹道

天女本以乘車見佛歡喜避道緣

爾時佛在舍衛國入城乞食有一童女乘
車遊戲欲向園中道逢如來迴車避路生歡
喜心其後命終生卅三天往集善法堂釋提
桓因已偈問言
汝昔作何行　身色如真金　光顏甚煒煒　猶若夜鋒羅
得是勝威德　而生於天中　願今為我說　何由而得之
天女即時以偈答言
我見佛入城　迴車而避道　歡喜生信敬　終命得生天
說此偈已來向佛所佛為說法得須陁洹即
還天宮比丘問言以何業緣生此天中佛言
昔於人間迴車避我令得生天重於我所聞
法信受證須陁洹果

天女本以華散佛化成華蓋緣

爾時舍衛國有一女子於節日中採阿恕伽
華還入城來還值佛出即以此華散於佛上
化成華蓋歡喜踊躍生敬重心於是命終生
於卅三天即乘宮殿至善法堂帝釋以偈問言
汝昔作何業　得來生天中　身如真金色　威德甚光明
以何業行獲　願為我說之
天女即以偈答言
我於閻浮提　採阿恕伽華　還值於如來
即以供養佛　歡喜生敬重　命終得生天

以何業行獲　願為我說之
天女即以偈答言
我於閻浮提　見阿恕伽華
即以供養佛　歡喜生敬重
命終得生天　還值於如來
說是偈已，來向佛所，佛為說法，得須陀洹，便
還天上。比丘問言：此天女者，以何因緣，得受
天身？佛言：昔在人中，出城見阿恕伽華，還來
值我，即以華供養，發歡喜心，乘此善業，命終
生天，重於我邊聞法得悟，證須陀洹。

舍利弗摩提供養佛塔緣

頻婆娑羅王已得見諦，數至佛所，禮拜問訊。
時宮中婦女不得日日來到佛邊，王以佛髮
宮中起塔，宮中之人遙常供養。頻婆娑羅王
崩，提婆達多共阿闍世王同精相厚，生誹謗
心，不聽宮中供養此塔。有一宮人名舍利弗
摩提，以僧自恣日，憶本所習，即以香華供養
此塔。時阿闍世王嫌其供養佛塔，用鑽鑽殺。
命終得生三十三天，乘天宮殿，集善法堂。帝
釋以偈而問
汝昔作何福　而得生天中　威德甚光明
猶如真金色　作何業行獲　願為我說之
天女以偈答之曰
我昔在人中　歡喜恭敬心　以諸好香華
供養於佛塔　而為阿闍世　鉆鑽鑽殺我
命終得生天　受此極快樂
說是偈以，來向佛所，佛為說法，得須陀洹，即
還天宮。比丘問言：以何因緣，生此天中？佛言：
本於人間曾以香華供養佛塔，由是善業，今



供養於佛塔　而為阿闍世　鉆鑽鑽殺我
命終得生天　受此極快樂
說是偈以，來向佛所，佛為說法，得須陀洹，即
還天宮。比丘問言：以何因緣，生此天中？佛言：
本於人間曾以香華供養佛塔，由是善業，今
得天身，重從我所聞法而悟，證須陀洹。

長者夫婦造作浮圖生天緣

舍衛國有一長者，作佛圖僧坊。長者得病，命
終生天三十三天。婦追憶夫，憂愁苦惱，以追
憶故，修治浮圖及與僧坊，如來在時。夫在天
上自觀察言：我以何緣生此天上？知造作塔
寺功德，是故得來。自見定是天身，心生歡喜，
常念塔寺，以天眼觀所作塔寺，今誰料理，即
見其婦晝夜憶夫，憂苦愁惱，以其夫故，修治
塔寺。夫作念言：我婦於我大有功夫，我今應
當往至其所，問訊安慰。從天上沒，即到婦邊，
而語之言：汝大憂惱，念於我也。婦言：汝為是
誰，勸諫於我？若言我是汝夫，以作僧坊塔寺
因緣，得生上三十三天，見汝精懃修治塔寺，
故來如所。婦言：來前，與我交會。夫言：人身穢
臭，不復可近。欲為我妻者，但懃供養佛及比
丘僧，命終之後，生我天宮，以與為妻。婦用夫
語，供養佛僧，作終功德，發願生天。其後命終，
即生彼天宮，夫婦相將共至佛邊，佛為說法，
得須陀洹。諸比丘等驚怪，所以便問何業緣
得生此天？佛言：昔在人中作佛圖僧坊，供養
佛僧，由是功德，今得生天。

長者夫婦信敬礼佛緣

即生彼天宮夫婦相將共至佛邊佛為說法
得須陁洹諸比丘等甚怪所以便問何業緣
得生此天佛言昔在人中作佛為僧坊供養
佛僧由是功德今得生天
長者夫婦信敬礼佛緣
王舍城中有一長者曰〻往至佛所其婦生
疑而作念言將不与他私通曰〻恒去便問
夫言曰〻恒向何處来還夫若婦言佛邊去
来問言佛為好醜能勝与也而恒至邊夫即
為婦歎說佛之種〻功德尒時其婦聞佛功
德心生歡喜即乘車往既至佛所尒時佛邊
有諸王大臣逼塞左右不能得前遥為佛礼
即還入城其後捨壽生三十三天便自念言
得佛恩重一礼功德使我生天即從天下往
至佛邊佛為說法得須陁洹比丘問言以何
因緣得生此天佛言昔在人中為我作礼以
一礼功德命終生天
外道婆羅門女學佛弟子作齋緣
尒時舍衛國有佛諸弟子女人作邑會數〻
往至佛邊併徒之中有一婆羅門女耶見不
信不曾受齋持戒見諸女人共聚齋食問言
汝等今作何等吉會汝与親厚而不命我諸
女若言我等作齋婆羅門女言今非月六日
有非十二日為誰法作齋諸女言我作佛齋
婆羅門女言汝作佛齋得何功德若言得生
天解脫婆羅門女貪飲食故受永作齋食後
与好飲饌美婆羅門齋法不飲不食佛齋之

BD03958 號　雜寶藏經（異卷）卷五　（9–7）

女若言我等作齋婆羅門女言今非月六日
有非十二日為誰法作齋諸女言我作佛齋
婆羅門女言汝作佛齋得何功德若言得生
天解脫婆羅門女貪飲食故受永作齋食後
与好飲饌美婆羅門齋法不飲不食佛齋之
法食好食飲美饌此齋易樂心生歡喜却後
壽盡得生天上来向佛邊佛為說法得須陁
洹比丘問言以何因緣生於天中佛言昔在
人間見諸女等聚集作齋隨喜作齋由是善
業得来生天
貧女以疊施須達緣
尒時須達長者作是思惟生我家者命終之
後无墮惡道何以故我盡教以善法故貧窮
困苦信与不信我今之當教以善法使供養
佛僧於是具以上事啓波斯匿王〻便擊鼓
鳴鈴却後七日須達長者欲勸化乞索供養
三寶一切人民各〻隨喜多少布施至七日
頭須達長者從諸人等勸□□索有一貧女
辛苦貫求唯得一疊以覆身〻見須達乞即
便施与須達得已奇其所能便以財錢穀帛
衣食隨意所欲供給貧女其後壽盡命終生
於天上来至佛邊佛為說法得須陁洹比丘
問言今此天女以何因緣生於天上佛言當
在人中隨須達長者教化乞索心生歡喜即
以所著白疊布施須□□之善業得生天上
里於我邊聞法信

雜寶藏卷五

BD03958 號　雜寶藏經（異卷）卷五　（9–8）

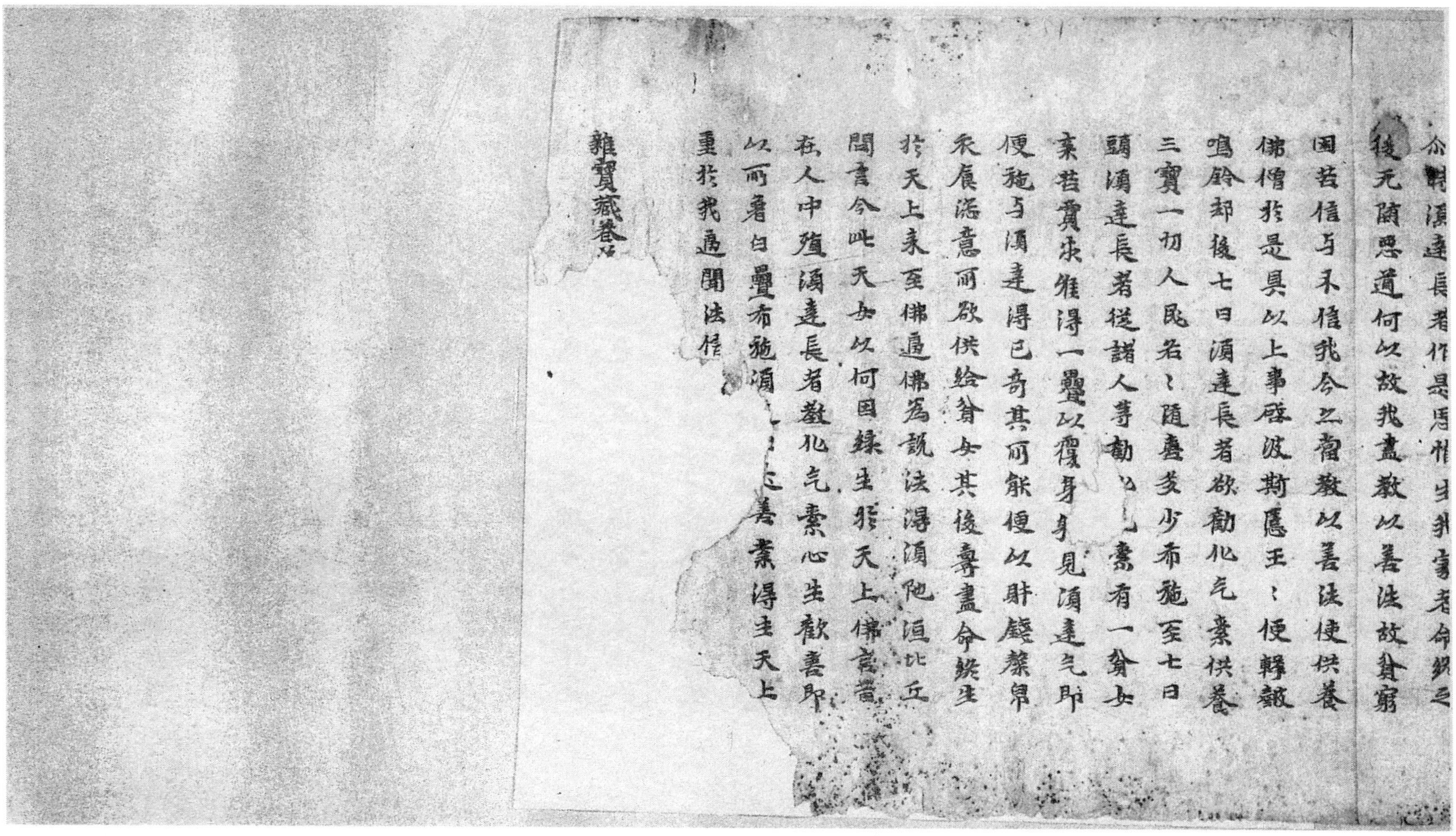
尒時須達長者作是思惟生我家者命終之
後无墮惡道何以故我盡教以善法故貧窮
困苦信与不信我今亦當教以善法使供養
佛僧於是具以上事啓波斯匿王王便擊鼓
鳴鈴却後七日須達長者欲勸化乞索供養
三寶一切人民各各隨喜多少布施至七日
頭須達長者從諸人等勸化[illegible]索有一貧女
乘若貧求唯得一疊以覆身身見須達乞即
便施与須達得已奇其所能便以財錢粲帛
衣裳滿意所欲供給貧女其後壽盡命終生
於天上來至佛邊佛為說法得須陁洹比丘
聞言今此天女以何因緣生於天上佛言當
在人中值須達長者教化乞索心生歡喜即
以所著白疊布施須[illegible]之善業得生天上
重於我邊聞法信
雜寶藏卷五

BD03958 號　雜寶藏經（異卷）卷五　　（9–9）

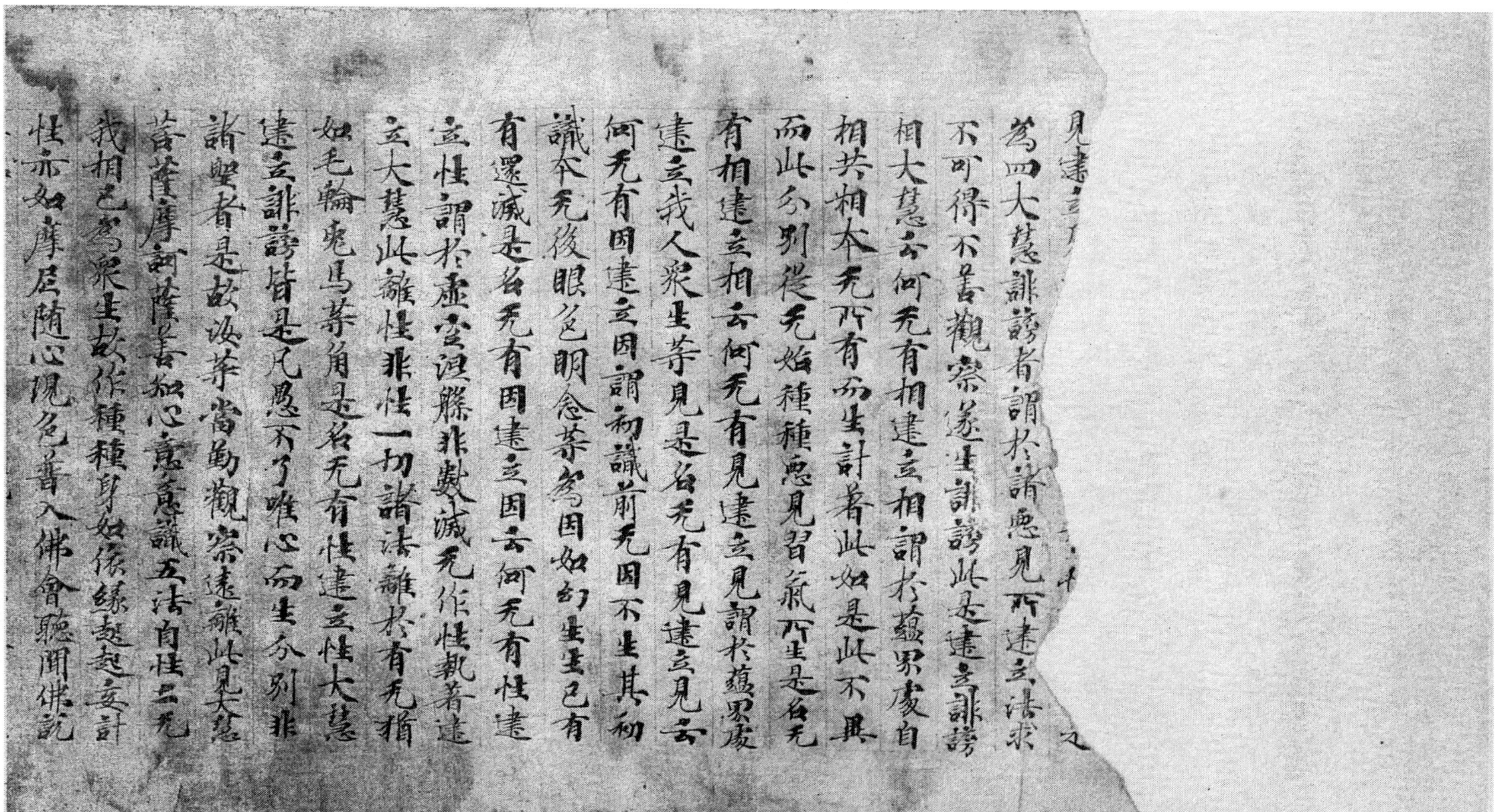
見建立[illegible]
為四大慧誹謗者謂於諸惡見所建立法求
不可得不善觀察遂生誹謗此是建立誹謗
相大慧云何无有相建立相謂於蘊界處自
相共相本无所有而生計著此如是此不異
而此分別從无始種種惡見習氣所生是名无
有相建立相云何无有見建立見謂於蘊界處
建立我人衆生等見是名无有見建立見云
何无有因建立因謂初識前无因不生其初
識本无後眼色明念等為因如幻生生已有
有還滅是名无有因建立因云何无有性建
立性謂於虛空涅槃非數滅无作性執著建
立大慧此離性非性一切諸法離於有无猶
如毛輪兔馬等角是名无有性建立性大慧
建立誹謗皆是凡愚不了唯心而生分別非
諸聖者是故汝等當勤觀察遠離此見大慧
菩薩摩訶薩善知心意意識五法自性二无
我相已為衆生故作種種身如依緣起妄計
性亦如摩尼隨心現色普入佛會聽聞佛說

BD03959 號　大乘入楞伽經卷二　　（4–1）

諸聖者是故汝等當勤觀察遠離此見大慧
菩薩摩訶薩善知心意意識五法自性二无
我相已為衆生故作種種身如依緣起起妄計
性亦如摩尼隨心現色普入佛會聽聞佛說
諸法如幻如夢如影如鏡中像如水中月遠
離生滅及以斷常不住聲聞辟支佛道聞
已成就无量百千俱胝踰膳三摩地得此三
摩地已遍遊一切諸佛國土供養諸佛生諸
天上顯揚三寶示現佛身為諸聲聞菩薩大
衆說外境界皆唯是心悉令遠離有无等執
尒時世尊即說頌言
佛子能觀見　世間唯是心　示現種種身　所作无鄣礙
神通力自在　一切皆成就
尒時大慧菩薩摩訶薩復請佛言唯願為我說
一切法空无生无二无自性相我及諸菩薩悟
此相故離有无分別疾得阿耨多羅三藐三菩
提佛言諦聽當為汝說大慧空者即是妄
計性句義大慧為執著妄計自性故說空无
生无二无自性大慧略說空性有七種謂相
空自性空无行空行空一切法不可說空第
一義聖智大空彼彼空云何相空謂一切法
自相共相空展轉積聚互相待故分析推求
无所有故自他及共皆不生故自共相无生
亦无住是故名一切法自相空云何自性空
謂一切法自性不生是名自性空云何无行
空所謂諸蘊本來涅槃无有諸行是名无

BD03959 號　大乘入楞伽經卷二　（4–2）

自相共相空展轉積聚互相待故分析推求
无所有故自他及共皆不生故自共相无生
亦无住是故名一切法自相空云何自性空
謂一切法自性不生是名自性空云何无行
空所謂諸蘊本來涅槃无有諸行是名无
行空云何行空所謂諸蘊由業及因和合
而起離我我所是名行空云何一切法不可
說空謂一切法妄計自性无可言說是名不
可說空云何第一義聖智大空謂得自證聖智
時一切諸見過習氣悉離是名第一義聖智大
空云何彼彼空謂於此无彼是名彼彼空大
慧我昔為鹿子母說堂无象馬牛羊等我說
彼堂空非无比丘衆大慧非謂堂无堂自性非
謂比丘无比丘自性非謂餘處无象馬牛羊大
慧一切諸法自相共相彼彼求不可得是故說名
彼彼空是名七種空大慧此彼彼空空中最
麤汝應遠離復次大慧无生者自體不生言
不生除住三昧是名无生大慧无自性者以
无生故密意而說大慧一切法无自性以刹
那不住故見後變異是名无自性云何无
二相大慧如日光影如長短如黑白皆相待立
獨則不成大慧非於生死外有涅槃非於涅
槃外有生死生死涅槃无相違相如生死涅槃
一切法亦如是是名无二相大慧空无生无
二无自性相汝當勤學尒時世尊重說頌言
[illegible]

BD03959 號　大乘入楞伽經卷二　（4–3）

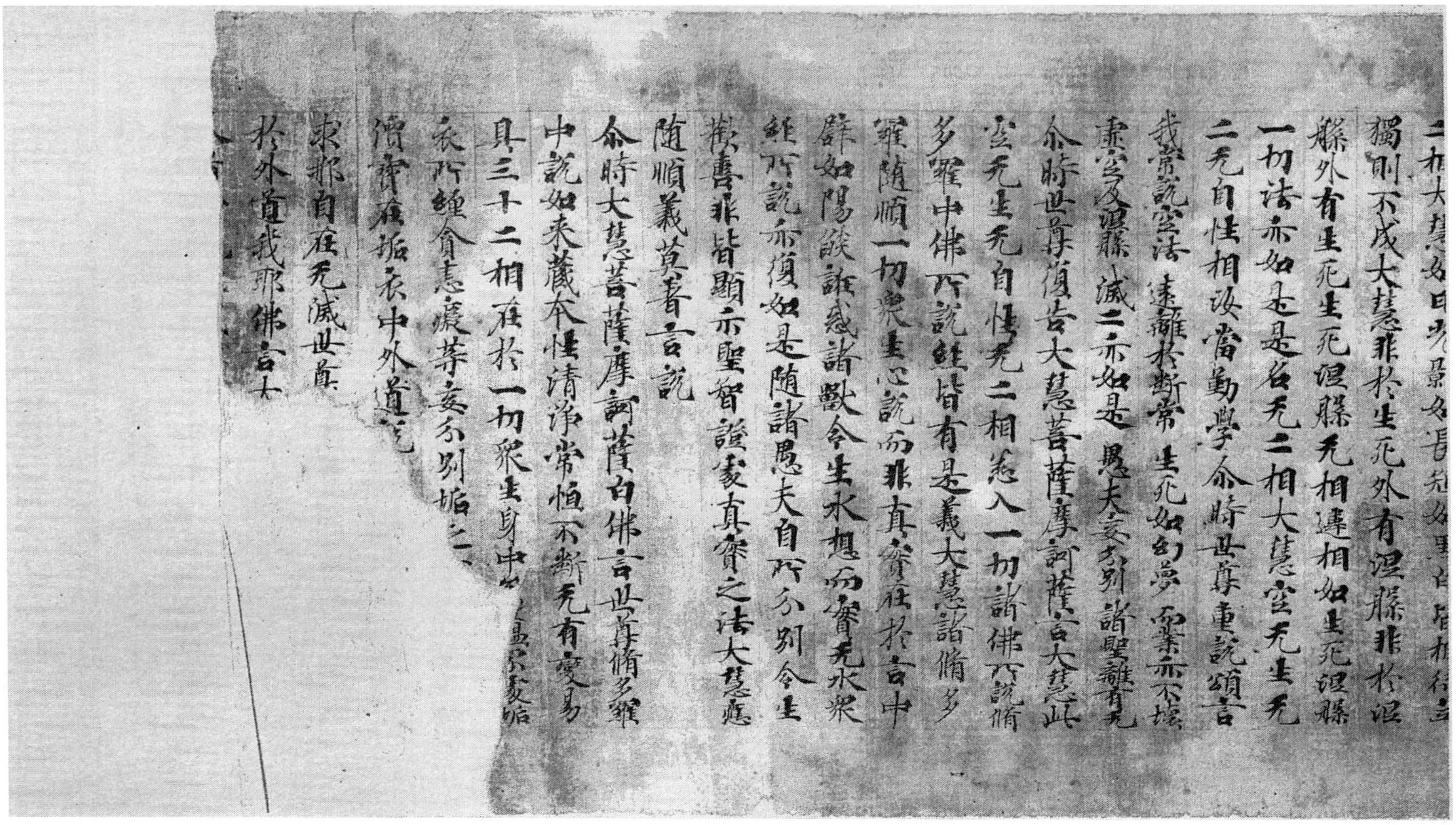

二相大慧如日光影長短如是
獨則不成大慧非於生死外有涅槃非於涅
槃外有生死生死涅槃无相違相如生死涅槃
一切法亦如是是名无二相大慧空无生无
二无自性相汝當勤學尒時世尊重說頌言
我常說空法 遠離於斷常 生死如幻夢 而業亦不壞
虛空及涅槃 滅二亦如是 愚夫妄分別 諸聖離有无
尒時世尊復告大慧菩薩摩訶薩言大慧此
空无生无自性无二相悉入一切諸佛所說修
多羅中佛所說經皆有是義大慧諸修多
羅隨順一切衆生心說而非真實在於言中
譬如陽焰誑惑諸獸令生水想而實无水衆
經所說亦復如是隨諸愚夫自所分別令生
歡喜非皆顯示聖智證處真實之法大慧應
隨順義莫著言說
尒時大慧菩薩摩訶薩白佛言世尊修多羅
中說如來藏本性清淨常恒不斷无有變易
具三十二相在於一切衆生身中
衣所纏貪恚癡等妄分別垢之
價寶在垢衣中外道說
求那自在无滅世尊
於外道我耶佛言大

BD03959 號　大乘入楞伽經卷二　　（4–4）

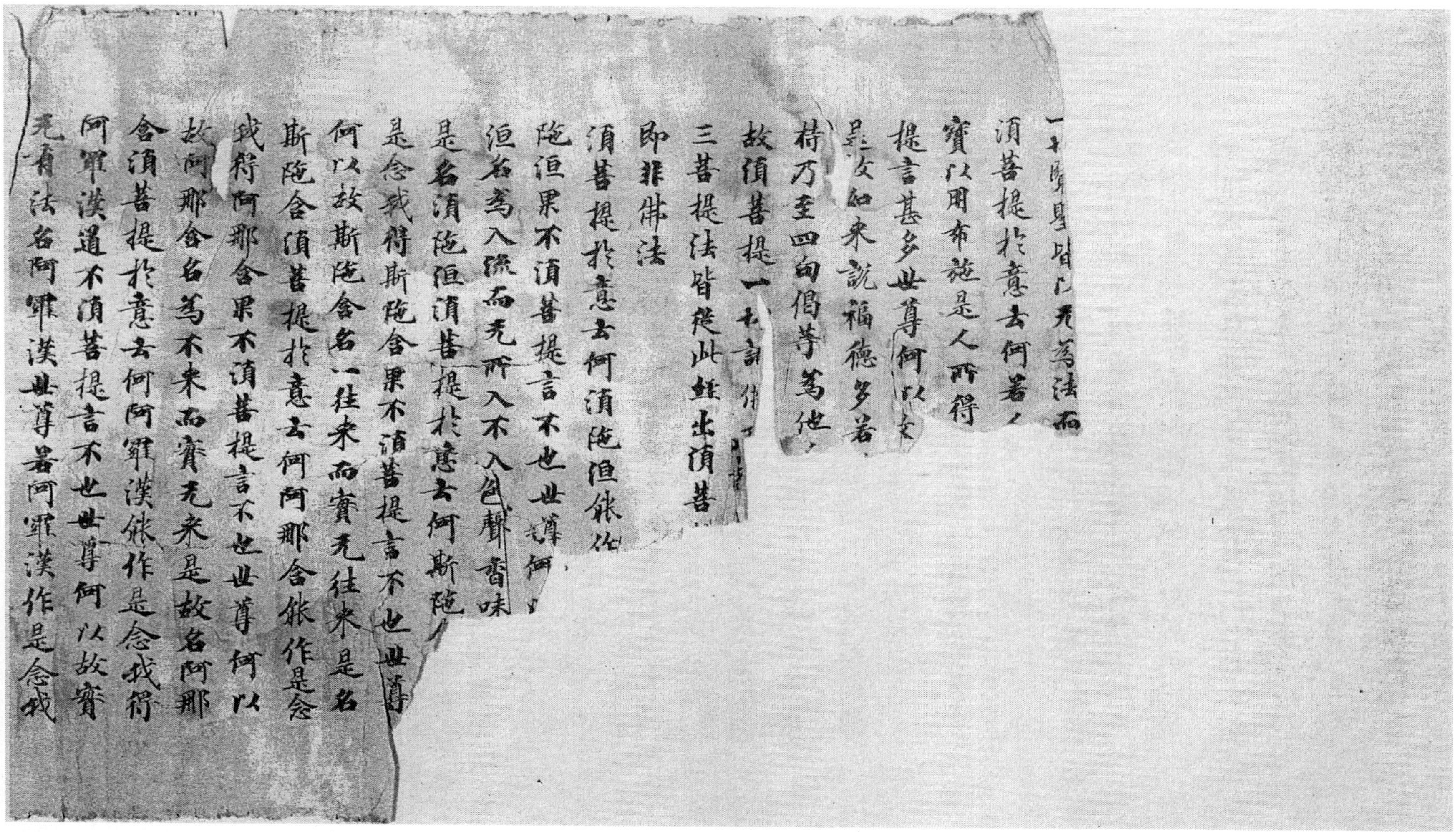

一切賢聖皆以无爲法而
須菩提於意云何若人
寶以用布施是人所得
提言甚多世尊何以故
是故如來說福德多若
持乃至四句偈等爲他
故須菩提一切諸
三菩提法皆從此經出須菩
即非佛法
須菩提於意云何須陀洹能作
陀洹果不須菩提言不也世尊何
洹名爲入流而无所入不入色聲香味
是名須陀洹須菩提於意云何斯陀
含能作是念我得斯陀含果不須菩提言不也世尊
何以故斯陀含名一往來而實无往來是名
斯陀含須菩提於意云何阿那含能作是念
我得阿那含果不須菩提言不也世尊何以
故阿那含名爲不來而實无來是故名阿那
含須菩提於意云何阿羅漢能作是念我得
阿羅漢道不須菩提言不也世尊何以故實
无有法名阿羅漢世尊若阿羅漢作是念我

BD03960 號　金剛般若波羅蜜經　　（12–1）

……那含名為不來而實無來是故名阿那
含須菩提於意云何阿羅漢能作是念我得
阿羅漢道不須菩提言不也世尊何以故實
无有法名阿羅漢世尊若阿羅漢作是念我
得阿羅漢道即為著我人衆生壽者世尊佛
說我得无諍三昧人中最為第一是第一離
欲阿羅漢我不作是念我是離欲阿羅漢世
尊我若作是念我得阿羅漢道世尊則不說
須菩提是樂阿蘭那行者以須菩提實无所
行而名須菩提是樂阿蘭那行
佛告須菩提於意云何如來昔在然燈佛所
於法有所得不世尊如來在然燈佛所於法
實无所得須菩提於意云何菩薩莊嚴佛土
不不也世尊何以故莊嚴佛土者則非莊嚴
是名莊嚴是故須菩提諸菩薩摩訶薩應如
是生清淨心不應住色生心不應住聲香味
觸法生心應无所住而生其心須菩提譬如
有人身如須弥山王於意云何是身為大不須
菩提言甚大世尊何以故佛說非身是名大
身須菩提如恒河中所有沙數如是沙等恒
河於意云何是諸恒河沙寧為多不須菩提
言甚多世尊但諸恒河尚多无數何況其沙
須菩提我今實言告汝若有善男子善女人以
七寶滿爾所恒河沙數三千大千世界以用
布施得福多不須菩提言甚多世尊佛告須
菩提若善男子善女人於此經中乃至受持
四句偈等為他人說而此福德勝前福德復
次須菩提隨說是經乃至四句偈等當知此
處一切世間天人阿脩羅皆應供養如佛塔……

BD03960 號　金剛般若波羅蜜經　（12–2）

七寶滿爾所恒河沙數三千大千世界以用
布施得福多不須菩提言甚多世尊佛告須
菩提若善男子善女人於此經中乃至受持
四句偈等為他人說而此福德勝前福德復
次須菩提隨說是經乃至四句偈等當知此
處一切世間天人阿脩羅皆應供養如佛塔
廟何況有人盡能受持讀誦須菩提當知是
人成就最上第一希有之法若是經典所在
之處則為有佛若尊重弟子
爾時須菩提白佛言世尊當何名此經我等
云何奉持佛告須菩提是經名為金剛般若
波羅蜜以是名字汝當奉持所以者何須菩
提佛說般若波羅蜜則非般若波羅蜜須菩
提於意云何如來有所說法不須菩提白佛
言世尊如來无所說須菩提於意云何三千
大千世界所有微塵是為多不須菩提言甚
多世尊須菩提諸微塵如來說非微塵是名
微塵如來說世界非世界是名世界須菩提於
意云何可以卅二相見如來不不也世尊不可以
卅二相得見如來何以故如來說卅二相即是非
相是名卅二相須菩提若有善男子善女人以
恒河沙等身命布施若復有人於此經中乃
至受持四句偈等為他人說其福甚多
爾時須菩提聞說是經深解義趣涕淚悲泣
而白佛言希有世尊佛說如是甚深經典我
從昔來所得慧眼未曾得聞如是之經世尊
若復有人得聞是經信心清淨則生實相當
知是人成就第一希有功德世尊是實相者
……

BD03960 號　金剛般若波羅蜜經　（12–3）

尒時須菩提聞說是經深解義趣涕淚悲泣
而白佛言希有世尊佛說如是甚深經典我
從昔來所得慧眼未曾得聞如是之經世尊
若復有人得聞是經信心清淨則生實相當
知是人成就第一希有功德世尊是實相者
則是非相是故如來說名實相世尊我今得
聞如是經典信解受持不足為難若當來世
後五百歲其有衆生得聞是經信解受持是
人則為第一希有何以故此人无我相人相
衆生相壽者相所以者何我相即是非相人
相衆生相壽者相即是非相何以故離一切
諸相則名諸佛
佛告須菩提如是如是若復有人得聞是經
不驚不怖不畏當知是人甚為希有何以故
須菩提如來說第一波羅蜜非第一波羅蜜
是名第一波羅蜜須菩提忍辱波羅蜜如來
說非忍辱波羅蜜何以故須菩提如我昔為
歌利王割截身體我於尒時无我相无人相
无衆生相无壽者相何以故我於往昔節節
支解時若有我相人相衆生相壽者相應生
瞋恨須菩提又念過去於五百世作忍辱仙
人於尒所世无我相无人相无衆生相无壽
者相是故須菩提菩薩應離一切相發阿耨
多羅三藐三菩提心不應住色生心不應住
聲香味觸法生心應生无所住心若心有住
則為非住是故佛說菩薩心不應住色布施
須菩提菩薩為利益一切衆生應如是布施
如來說一切諸相即是非相又說一切衆生

BD03960號　金剛般若波羅蜜經

(12–4)

多羅三藐三菩提心不應住色生心不應住
聲香味觸法生心應生无所住心若心有住
則為非住是故佛說菩薩心不應住色布施
須菩提菩薩為利益一切衆生應如是布施
如來說一切諸相即是非相又說一切衆生
則非衆生須菩提如來是真語者實語者如
語者不誑語者不異語者須菩提如來所得
法此法无實无虛須菩提若菩薩心住於法
而行布施如人入闇則无所見若菩薩心不
住法而行布施如人有目日光明照見種種
色須菩提當來之世若有善男子善女人能
於此經受持讀誦則為如來以佛智慧悉知
是人悉見是人皆得成就无量无邊功德
須菩提若有善男子善女人初日分以恒河
沙等身布施中日分復以恒河沙等身布施
後日分亦以恒河沙等身布施如是无量百
千万億劫以身布施若復有人聞此經典信
心不逆其福勝彼何況書寫受持讀誦為人
解說須菩提以要言之是經有不可思議不
可稱量无邊功德如來為發大乘者說為發
最上乘者說若有人能受持讀誦廣為人說
如來悉知是人悉見是人皆得成就不可量不
可稱无有邊不可思議功德如是人等則為
荷擔如來阿耨多羅三藐三菩提何以故須
菩提若樂小法者著我見人見衆生見壽者
見則於此經不能聽受讀誦為人解說須菩
提在在處處若有此經一切世間天人阿脩
羅所應供養當知此處則為是塔皆應恭敬

BD03960號　金剛般若波羅蜜經

(12–5)

荷擔如來阿耨多羅三藐三菩提何以故須
菩提若樂小法者著我見人見衆生見壽者
見則於此經不能聽受讀誦為人解說須菩
提在在處處若有此經一切世間天人阿脩
羅所應供養當知此處則為是塔皆應恭敬
作禮圍繞以諸華香而散其處
復次須菩提善男子善女人受持讀誦此經
若為人輕賤是人先世罪業應墮惡道以今
世人輕賤故先世罪業則為消滅當得阿耨
多羅三藐三菩提須菩提我念過去无量阿
僧祇劫於然燈佛前得值八百四千万億那
由他諸佛悉皆供養承事无空過者若復有
人於後末世能受持讀誦此經所得功德於
我所供養諸佛功德百分不及一千万億分
乃至筭數辟喻所不能及須菩提若善男子
善女人於後末世有受持讀誦此經所得功
德我若具說者或有人聞心則狂亂狐疑不
信須菩提當知是經義不可思議果報亦不
可思議
尒時須菩提白佛言世尊善男子善女人發
阿耨多羅三藐三菩提心云何應住云何降
伏其心佛告須菩提善男子善女人發阿耨
多羅三藐三菩提心者當生如是心我應滅
度一切衆生滅度一切衆生已而无有一衆
生實滅度者何以故若菩薩有我相人相衆
生相壽者相則非菩薩所以者何須菩提實
无有法發阿耨多羅三藐三菩提心者須菩
提於意云何如來於然燈佛所有法得阿耨

BD03960號　金剛般若波羅蜜經　（12–6）

多羅三藐三菩提心者當生如是心我應滅
度一切衆生滅度一切衆生已而无有一衆
生實滅度者何以故若菩薩有我相人相衆
生相壽者相則非菩薩所以者何須菩提實
无有法發阿耨多羅三藐三菩提心者須菩
提於意云何如來於然燈佛所有法得阿耨
多羅三藐三菩提不不也世尊如我解佛所
說義佛於然燈佛所无有法得阿耨多羅三
藐三菩提佛言如是如是須菩提實无有法
如來得阿耨多羅三藐三菩提須菩提若有
法如來得阿耨多羅三藐三菩提者然燈佛則
不與我受記汝於來世當得作佛号釋迦牟
尼以實无有法得阿耨多羅三藐三菩提是
故然燈佛與我受記作是言汝於來世當得作
佛号釋迦牟尼何以故如來者即諸法如
義若有人言如來得阿耨多羅三藐三菩提
須菩提實无有法佛得阿耨多羅三藐三菩
提須菩提如來所得阿耨多羅三藐三菩提
於是中无實无虛是故如來說一切法皆是
佛法須菩提所言一切法者即非一切法是
故名一切法須菩提辟如人身長大須菩提
言世尊如來說人身長大則為非大身是名
大身須菩提菩薩亦如是若作是言我當滅度
无量衆生則不名菩薩何以故須菩提實无
有法名為菩薩是故佛說一切法无我无人
无衆生无壽者須菩提若菩薩作是言我當
莊嚴佛土是不名菩薩何以故如來說莊嚴
佛土者即非莊嚴是名莊嚴須菩提若菩薩

BD03960號　金剛般若波羅蜜經　（12–7）

无量衆生則不名菩薩何以故須菩提實无
有法名爲菩薩是故佛說一切法无我无人
无衆生无壽者須菩提若菩薩作是言我當
莊嚴佛土是不名菩薩何以故如來說莊嚴
佛土者即非莊嚴是名莊嚴須菩提若菩薩
通達无我法者如來說名真是菩薩
須菩提於意云何如來有肉眼不如是世尊
如來有肉眼須菩提於意云何如來有天眼
不如是世尊如來有天眼須菩提於意云何
如來有慧眼不如是世尊如來有慧眼須菩
提於意云何如來有法眼不如是世尊如來
有法眼須菩提於意云何如來有佛眼不如
是世尊如來有佛眼須菩提於意云何恒河
中所有沙佛說是沙不如是世尊如來說是
沙須菩提於意云何如一恒河中所有沙有
如是等恒河是諸恒河所有沙數佛世界如
是寧爲多不甚多世尊佛告須菩提尒所國
土中所有衆生若干種心如來悉知何以故
如來說諸心皆爲非心是名爲心所以者何
須菩提過去心不可得現在心不可得未來
心不可得須菩提於意云何若有人滿三千
大千世界七寶以用布施是人以是因緣得
福多不如是世尊此人以是因緣得福甚多
須菩提若福德有實如來不說得福德多以
福德无故如來說得福德多
須菩提於意云何佛可以具足色身見不不也
世尊如來不應以色身見何以故如來說具
足色身即非具足色身是名具足色身 須

BD03960號 金剛般若波羅蜜經 （12–8）

須菩提若福德有實如來不說得福德多以
福德无故如來說得福德多
須菩提於意云何佛可以具足色身見不不也
世尊如來不應以色身見何以故如來說具
足色身即非具足色身是名具足色身 須
菩提於意云何如來可以具足諸相見不不
也世尊如來不應以具足諸相見何以故如
來說諸相具足即非具足是名諸相具足須
菩提汝勿謂如來作是念我當有所說法莫
作是念何以故若人言如來有所說法即爲
謗佛不能解我所說故須菩提說法者无法
可說是名說法須菩提白佛言世尊佛得阿
耨多羅三藐三菩提爲无所得耶如是 如是
須菩提我於阿耨多羅三藐三菩提乃至无
有少法可得是名阿耨多羅三藐三菩提復
次須菩提是法平等无有高下是名阿耨多
羅三藐三菩提以无我无人无衆生无壽者
脩一切善法則得阿耨多羅三藐三菩提須
菩提所言善法者如來說非善法是名善法
須菩提若三千大千世界中所有諸須弥山
王如是等七寶聚有人持用布施若人以此般
若波羅蜜經乃至四句偈等受持讀誦爲他人
說於前福德百分不及一百千万億分乃至
筭數譬喻所不能及
須菩提於意云何汝等勿謂如來作是念我
當度衆生須菩提莫作是念何以故實无有
衆生如來度者若有衆生如來度者如來則
有我人衆生壽者須菩提如來說有我者則
非有我而凡夫之人以爲有我須菩提凡夫

BD03960號 金剛般若波羅蜜經 （12–9）

須菩提於意云何汝等勿謂如來作是念我
當度衆生須菩提莫作是念何以故實无有
衆生如來度者若有衆生如來度者如來則
有我人衆生壽者須菩提如來說有我者則
非有我而凡夫之人以為有我須菩提凡夫
者如來說則非凡夫須菩提於意云何可以
卅二相觀如來不須菩提言如是如是以
卅二相觀如來佛言須菩提若以卅二相觀
如來者轉輪聖王則是如來須菩提白佛言
世尊如我解佛所說義不應以卅二相觀如
來尒時世尊而說偈言
若以色見我 以音聲求我 是人行邪道 不能見如來
須菩提汝若作是念如來不以具足相故得
阿耨多羅三藐三菩提須菩提莫作是念如
來不以具足相故得阿耨多羅三藐三菩提
須菩提汝若作是念發阿耨多羅三藐三菩
提心者說諸法斷滅相莫作是念何以故發
阿耨多羅三藐三菩提心者於法不說斷滅
相須菩提若菩薩以滿恒河沙等世界七寶
布施若復有人知一切法无我得成於忍此
菩薩勝前菩薩所得功德須菩提以諸菩薩
不受福德故須菩提白佛言世尊云何菩薩
不受福德須菩提菩薩所作福德不應貪著
是故說不受福德須菩提若有人言如來若
來若去若坐若卧是人不解我所說義何以
故如來者无所從來亦无所去故名如來
須菩提若善男子善女人以三千大千世界
碎為微塵於意云何是微塵衆寧為多不甚
多世尊何以故若是微塵衆實有者佛則不

BD03960 號　金剛般若波羅蜜經　（12–10）

是故說不受福德須菩提若有人言如來若
來若去若坐若卧是人不解我所說義何以
故如來者无所從來亦无所去故名如來
須菩提若善男子善女人以三千大千世界
碎為微塵於意云何是微塵衆寧為多不甚
多世尊何以故若是微塵衆實有者佛則不
說是微塵衆所以者何佛說微塵衆則非微
塵衆是名微塵衆世尊如來所說三千大千
世界則非世界是名世界何以故若世界實
有者則是一合相如來說一合相則非一合
相是名一合相須菩提一合相者則是不可
說但凡夫之人貪著其事須菩提若人言佛
說我見人見衆生見壽者見須菩提於意云
何是人解我所說義不世尊是人不解如來
所說義何以故世尊說我見人見衆生見壽
者見即非我見人見衆生見壽者見是名我
見人見衆生見壽者見須菩提發阿耨多羅
三藐三菩提心者於一切法應如是知如是
見如是信解不生法相須菩提所言法相者如
來說即非法相是名法相須菩提若有人以
滿无量阿僧祇世界七寶持用布施若有善
男子善女人發菩薩心者持於此經乃至四
句偈等受持讀誦為人演說其福勝彼云何
為人演說不取於相如如不動何以故
一切有為法 如夢幻泡影 如露亦如電 應作如是觀
佛說是經已長老須菩提及諸比丘比丘尼
優婆塞優婆夷一切世間天人阿脩羅聞佛
所說皆大歡喜信受奉行

BD03960 號　金剛般若波羅蜜經　（12–11）

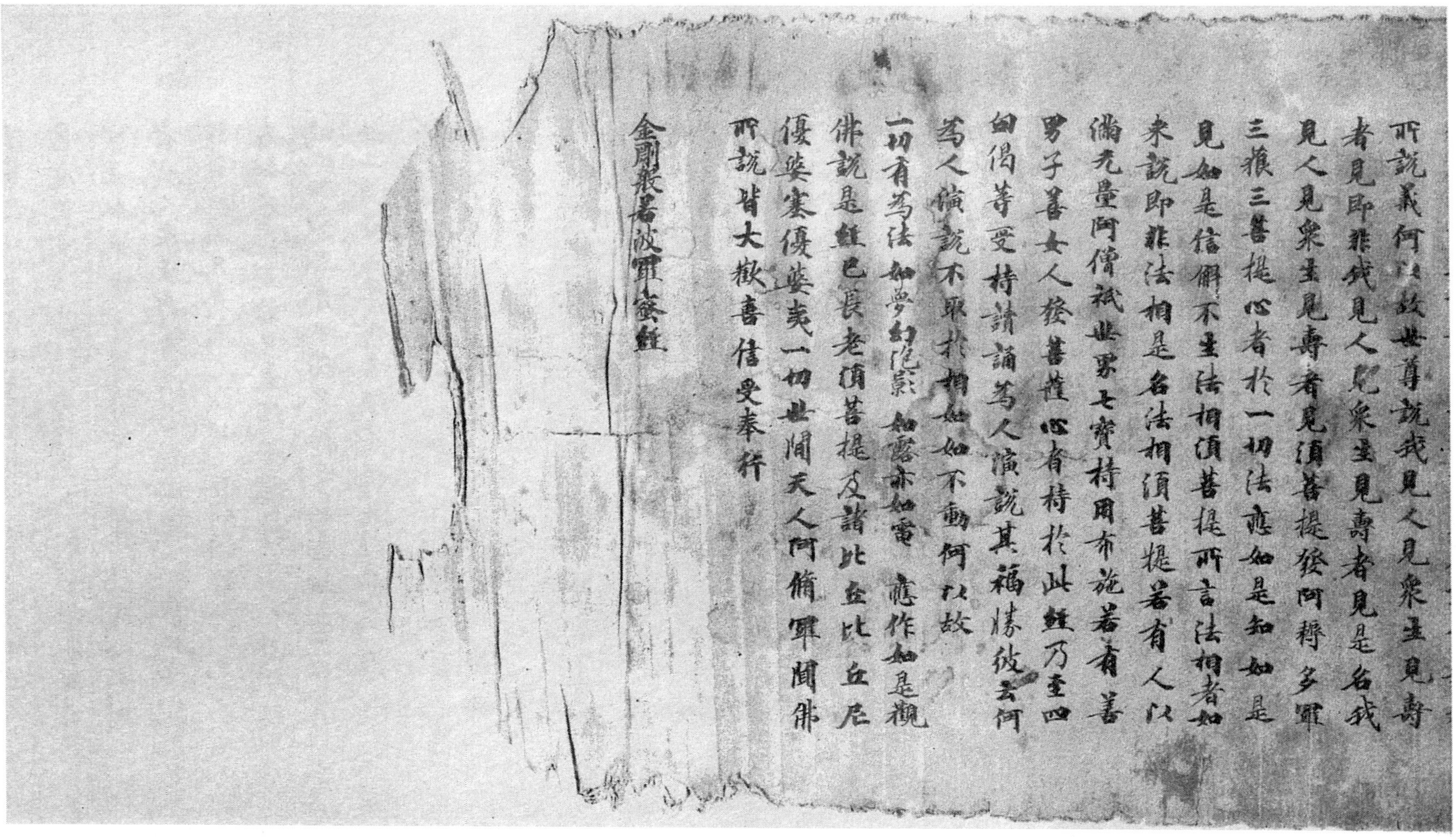
所說義何以故世尊說我見人見衆生見壽
者見即非我見人見衆生見壽者見是名我
見人見衆生見壽者見須菩提發阿耨多羅
三藐三菩提心者於一切法應如是知如是
見如是信解不生法相須菩提所言法相者如
來說即非法相是名法相須菩提若有人以
滿无量阿僧祇世界七寶持用布施若有善
男子善女人發菩薩心者持於此經乃至四
句偈等受持讀誦為人演說其福勝彼云何
為人演說不取於相如如不動何以故
一切有為法如夢幻泡影如露亦如電應作如是觀
佛說是經已長老須菩提及諸比丘比丘尼
優婆塞優婆夷一切世間天人阿脩羅聞佛
所說皆大歡喜信受奉行
金剛般若波羅蜜經

BD03960號 金剛般若波羅蜜經 （12–12）

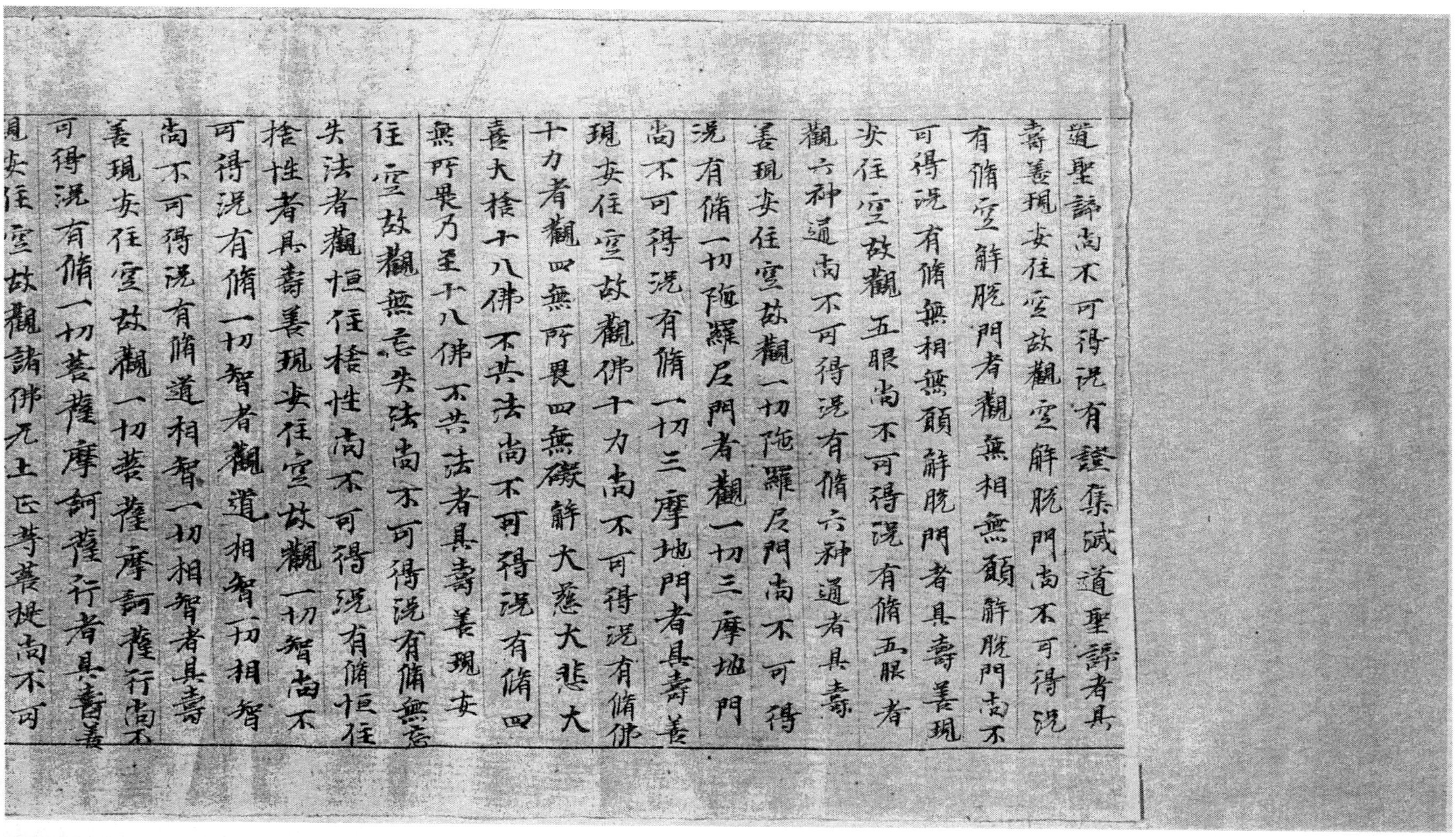
道聖諦尚不可得況有證集滅道聖諦者具
壽善現安住空故觀空解脫門尚不可得況
有脩空解脫門者觀無相無願解脫門尚不
可得況有脩無相無願解脫門者具壽善現
安住空故觀五眼尚不可得況有脩五眼者
觀六神通尚不可得況有脩六神通者具壽
善現安住空故觀一切陁羅尼門尚不可得
況有脩一切陁羅尼門者觀一切三摩地門
尚不可得況有脩一切三摩地門者具壽善
現安住空故觀佛十力尚不可得況有脩佛
十力者觀四無所畏四無礙解大慈大悲大
喜大捨十八佛不共法尚不可得況有脩四
無所畏乃至十八佛不共法者具壽善現安
住空故觀無忘失法尚不可得況有脩無忘
失法者觀恒住捨性尚不可得況有脩恒住
捨性者具壽善現安住空故觀一切智尚不
可得況有脩一切智者觀道相智一切相智
尚不可得況有脩道相智一切相智者具壽
善現安住空故觀一切菩薩摩訶薩行尚不
可得況有脩一切菩薩摩訶薩行者具壽善
現安住空故觀諸佛无上正等菩提尚不可

BD03961號 大般若波羅蜜多經卷三四六 （9–1）

尚不可得況有脩道相智一切相智者具壽
善現安住空故觀一切菩薩摩訶薩行尚不
可得況有脩一切菩薩摩訶薩行者具壽善
現安住空故觀諸佛无上正等菩提尚不可
得況有證諸佛无上正等菩提者具壽善現
安住空故觀諸如來尚不可得況有轉法輪
者具壽善現安住空故觀無生滅法尚不可
得況有證無生滅者具壽善現安住空故觀
三十二相八十隨好尚不可得況有具此相
好身者
何以故憍尸迦具壽善現於一切法住遠離
住寂靜住無所得住空住無相住无願住憍
尸迦具壽善現於一切法住如是等無量勝
住憍尸迦善現所住比諸菩薩摩訶薩眾所
住般若波羅蜜多最勝行住百分不及一千
分不及一百千分不及一俱胝分不及一百
俱胝分不及一千俱胝分不及一百千俱胝
分不及一那庾多分不及一百那庾多分不
及一千那庾多分不及一百千那庾多分不
及一百千俱胝那庾多分不及一數分計分
筭分喻分乃至鄔波尼殺曇分亦不及一何
以故憍尸迦除如來住是諸菩薩摩訶薩眾
所住般若波羅蜜多最勝行住於諸聲聞獨
覺等住為最為勝為長為尊為妙為微妙
為上為无上以是故憍尸迦若菩薩摩訶薩
欲住一切有情上者當住般若波羅蜜多最勝



所住般若波羅蜜多最勝行住於諸聲聞獨
覺等住為最為勝為長為尊為妙為微妙
為上為无上以是故憍尸迦若菩薩摩訶薩
欲住一切有情上者當住般若波羅蜜多最勝
行住何以故憍尸迦諸菩薩摩訶薩安住般
若波羅蜜多最勝行住超諸聲聞獨覺等地
證入菩薩正性離生速能圓滿一切佛法斷
諸煩惱相續習氣疾證無上正等菩提得名
如來應正等覺成就圓滿一切智智
尒時會中有无量无數三十三天歡喜踊躍
各取天上微妙音花奉散如來及苾芻眾于
時衆內六千苾芻從坐而起偏覆左肩右膝
著地向佛合掌佛神力故各於掌中微妙音
花自然盈滿是諸苾芻歡喜踊躍得未曾有
各以此花奉散如來應正等覺既散佛已俱
發願言我等用斯勝善根力願常安住甚深
般若波羅蜜多最勝行住聲聞獨覺所不能
住速超无上正等菩提超諸聲聞及獨覺地
尒時世尊智諸苾芻心行清白即便微笑如
佛常法於微笑時種種色光從口中出所謂
青黃赤白紅縹等光遍照此三千大千佛之世
界還繞佛身經三匝已從頂上入具壽慶喜
即從坐起禮佛合掌白言世尊何因何緣
現此微笑諸佛現笑非无因緣惟願如來哀
愍為說佛告慶喜發勝願六千苾芻於未
來世星喻劫中當得无上正等菩提皆同一

眾還繞佛身經三匝已從頂上入具壽慶喜
即從坐起礼佛合掌白言世尊何因何緣
現此微笑諸佛現笑非无因緣唯願如來哀
愍為說佛告慶喜發勝願六千苾芻於未
來世日喻劫中當得无上正等菩提皆同一
號名散花如來應正等覺明行圓滿善逝世
間解无上丈夫調御士天人師佛薄伽梵彼
諸如來應正等覺苾芻弟子佛土壽量皆悉
齊等同受千歲是諸如來應正等覺初生出
家及成佛已隨所在處若晝若夜常雨五色
微妙音花以是因緣故我微笑慶喜當知若
菩薩摩訶薩欲得安住最勝住者當學般
若波羅蜜多慶喜當知若菩薩摩訶薩欲得
安住如來住者當學般若波羅蜜多慶喜當
知若善男子善女人等精勤修學甚深般若
波羅蜜多是善男子善女人等先世或從人
間沒已還生此處或從覩史多天上沒已來
生人間彼於先世或在人中或復天上由得
廣聞甚深般若波羅蜜多能於今生精勤修
學甚深般若波羅蜜多慶喜當知如來現見
精勤修學甚深般若波羅蜜多无所顧者
彼人決定是大菩薩
復次慶喜若善男子善女人等能於如是甚
深般若波羅蜜多愛樂聽聞受持讀誦究竟
通利如理思惟為菩薩乘諸善男子善女人
等宣說開示教誡教授當知彼人是大菩薩
曾於過去親從如來應正等覺聞說如是甚

BD03961號　大般若波羅蜜多經卷三四六　（9–4）

復次慶喜若善男子善女人等能於如是甚
深般若波羅蜜多愛樂聽聞受持讀誦究竟
通利如理思惟為菩薩乘諸善男子善女人
等宣說開示教誡教授當知彼人是大菩薩
曾於過去親從如來應正等覺聞說如是甚
深般若波羅蜜多聞已愛樂受持讀誦究竟
通利如理思惟廣為他說故於今生能辦是
事慶喜當知彼善男子善女人等曾於過去無
量佛所多種善根故於今生能辦是事彼善
男子善女人等應作是念我先不從聲聞獨
覺聞說如是甚深般若波羅蜜多定從如來
應正等覺聞說如是甚深般若波羅蜜多我
先不於聲聞獨覺種諸善根定於如來應正
等覺種諸善根由是因緣今得聞此甚深般
若波羅蜜多愛樂受持讀誦通利如理思惟
廣為他說能無厭倦慶喜當知若善男子善
女人等能於如是甚深般若波羅蜜多愛樂
聽聞受持讀誦究竟通利如理思惟於義於
法於深意趣隨順修行是善男子善女人等
則為現見等如來應正等覺慶喜當知若善
男子善女人等聞說如是甚深般若波羅蜜
多深心信受不毀不謗不可沮壞是善男子
善女人等已曾供養無量諸佛於諸佛所多
種善根亦為無量善友攝受慶喜當知若善
男子善女人等能於如來應正等覺勝福田
所種諸善根雖定當得或聲聞果或獨覺果
[illegible]

BD03961號　大般若波羅蜜多經卷三四六　（9–5）

多深心信受不毀不謗不可沮壞是善男子
善女人等已曾供養無量諸佛於諸佛所多
種善根亦為無量善友攝受當知是善
男子善女人等能於如來應正等覺勝福田
所種諸善根雖定當得或聲聞果或獨覺果
或如來果而證無上正等菩提要於如是甚
深般若波羅蜜多善解無礙脩行布施波羅
蜜多脩行淨戒安忍精進靜慮般若波羅蜜
多安住內空外空內外空空空大空勝
義空有為空無為空畢竟空無際空散空無
變異空本性空自相空共相空一切法空不可
得空無性空自性空無性自性空安住真
如安住法界法性不虛妄性不變異性平等
性離生性法定法住實際虛空界不思議界
安住苦聖諦安住集滅道聖諦脩行四念住脩
行四正斷四神足五根五力七等覺支八
聖道支脩行四靜慮脩行四無量四無色定
脩行八解脫脩行八勝處九次第定十遍處
脩行空解脫門脩行無相無願解脫門脩行
五眼脩行六神通脩行佛十力脩行四無所
畏四無礙解大慈大悲大喜大捨十八佛不
共法脩行無忘失法脩行恒住捨性脩行一
切陀羅尼門脩行一切三摩地門脩行一切
智脩行道相智一切相智令得圓滿慶喜
當知若菩薩摩訶薩能於如是甚深般若
波羅蜜多善解無礙脩行布施波羅蜜多脩

BD03961號　大般若波羅蜜多經卷三四六　（9–6）

共法脩行無忘失法脩行恒住捨性脩行一
切陀羅尼門脩行一切三摩地門脩行一切
智脩行道相智一切相智令得圓滿慶喜
當知若菩薩摩訶薩能於如是甚深般若
波羅蜜多善解無礙脩行布施波羅蜜多脩
行淨戒安忍精進靜慮般若波羅蜜多安住
內空安住外空內外空空空大空勝義空有
為空無為空畢竟空無際空散空無變異空
本性空自相空共相空一切法空不可得空無
性空自性空無性自性空安住真如安住法
界法性不虛妄性不變異性平等性離生性
法定法住實際虛空界不思議界安住苦聖
諦安住集滅道聖諦脩行四念住脩行四正
斷四神足五根五力七等覺支八聖道支脩
行四靜慮脩行四無量四无色定脩行八解
脫脩行八勝處九次第定十遍處脩行空解
脫門脩行無相無願解脫門脩行五眼脩行
六神通脩行佛十力脩行四无所畏四无礙
解大慈大悲大喜大捨十八佛不共法脩行
無忘失法脩行恒住捨性行一切陀羅尼
門脩行一切三摩地門脩行一切智脩、行道
相智一切相智令得圓滿是菩薩摩訶薩不
得無上正等菩提而住聲聞獨覺地者無有
是處是故菩薩摩訶薩欲證無上正等菩提
應於如是甚深般若波羅蜜多善解無礙脩
行布施淨戒安忍精進靜慮般若波羅蜜多
乃至脩行一切智道相智一切相智令得圓滿

BD03961號　大般若波羅蜜多經卷三四六　（9–7）

相智一切相智令得圓滿是菩薩摩訶薩不
得無上正等菩提而住聲聞獨覺地者無有
是處是故菩薩摩訶薩欲證無上正等菩提
應於如是甚深般若波羅蜜多善辭無礙脩
行布施淨戒安忍精進靜慮般若波羅蜜多
乃至脩行一切智道相智一切相智令得圓滿
是故慶喜我以般若波羅蜜多甚深經典
付囑於汝應正受持讀誦通利勿令忘失慶
喜當知除此般若波羅蜜多甚深經典受持
諸餘我所說法設有忘失其罪猶小若於般
若波羅蜜多甚深經典不善受持下至一句
有忘失者其罪甚大慶喜當知若於般若波
羅蜜多甚深經典下至一句能善受持不忘
失者獲福無量若有於此不善受持下至一
句有忘失者所獲重罪同前福量是故慶喜
我以般若波羅蜜多甚深經典殷勤付汝當
正受持讀誦通利如理思惟廣為他說分別
開示令受持者究竟解了文義意趣

大般若波羅蜜多經卷第三百卌六

BD03961號　大般若波羅蜜多經卷三四六　　（9–8）

諸餘我所說法設有忘失其罪猶小若於般
若波羅蜜多甚深經典不善受持下至一句
有忘失者其罪甚大慶喜當知若於般若波
羅蜜多甚深經典下至一句能善受持不忘
失者獲福無量若有於此不善受持下至一
句有忘失者所獲重罪同前福量是故慶喜
我以般若波羅蜜多甚深經典殷勤付汝當
正受持讀誦通利如理思惟廣為他說分別
開示令受持者究竟解了文義意趣

大般若波羅蜜多經卷第三百卌六

BD03961號　大般若波羅蜜多經卷三四六　　（9–9）

…非法相何以…
…取相則為著我人衆生壽
法相即著我人衆生壽者何以故…
相即著我人衆生壽者是故不應取
取非法以是義故如來常說汝等比丘…
說法如筏喻者法尚應捨何況非法
須菩提於意云何如來得阿耨多羅
菩提耶如來有所說法耶須菩提…
佛所說義无有定法名阿耨多羅三…
提亦无有定法如來可說何以故如來所…
法皆不可取不可說非法非非法所以者何
一切賢聖皆以无為法而有差別
須菩提於意云何若人滿三千大千世界七
寶以用布施是人所得福德寧為多不須
菩提言甚多世尊何以故是福德即非福德
性是故如來說得福德多須菩提於意云何
若復有人於此經中受持乃至四句偈等為他
人說其福勝彼何以故須菩提一切諸佛及
諸佛阿耨多羅三藐三菩提法皆從此經出
須菩提所謂佛法者即非佛法
須菩提於意云何須陁洹能作是念我得須
陁洹果不須菩提言不也世尊何以故須陁

BD03962號　金剛般若波羅蜜經　（13–1）

若復有人於此經中受持乃至四句偈等為他
人說其福勝彼何以故須菩提一切諸佛及
諸佛阿耨多羅三藐三菩提法皆從此經出
須菩提所謂佛法者即非佛法
須菩提於意云何須陁洹能作是念我得須
陁洹果不須菩提言不也世尊何以故須陁
洹名為入流而无所入不入色聲香味觸法
是名須陁洹須菩提於意云何斯陁含能作
是念我得斯陁含果不須菩提言不也世尊
何以故斯陁含名一往來而實无往來是名
斯陁含須菩提於意云何阿那含能作是念
我得阿那含果不須菩提言不也世尊何以
故阿那含名為不來而實无來是故名阿那
含須菩提於意云何阿羅漢能作是念我
得阿羅漢道不須菩提言不也世尊何以故
實无有法名阿羅漢世尊若阿羅漢作是念
我得阿羅漢道即為著我人衆生壽者世尊
佛說我得无諍三昧人中最為第一是第一
離欲阿羅漢我不作是念我是離欲阿羅漢
世尊我若作是念我得阿羅漢道世尊則不
說須菩提是樂阿蘭那行者以須菩提實无
所行而名須菩提是樂阿蘭那行
佛告須菩提於意云何如來昔在然燈佛所
於法有所得不世尊如來在然燈佛所於法
實无所得須菩提於意云何菩薩莊嚴佛土
不不也世尊何以故莊嚴佛土者則非莊嚴
是名莊嚴是故須菩提諸菩薩摩訶薩應如
是生清淨心不應住色生心不應住聲香味

BD03962號　金剛般若波羅蜜經　（13–2）

不不也世尊何以故莊嚴佛土者則非莊嚴
是名莊嚴是故須菩提諸菩薩摩訶薩應如
是生清淨心不應住色生心不應住聲香味
觸法生心應无所住而生其心須菩提譬如
有人身如須弥山王於意云何是身為大不
須菩提言甚大世尊何以故佛說非身是名
大身須菩提如恒河中所有沙數如是沙等
恒河於意云何是諸恒河沙寧為多不須菩
提言甚多世尊但諸恒河尚多无數何況其
沙須菩提我今實言告汝若有善男子善女
人以七寶滿尒所恒河沙數三千大千世界以
用布施得福多不須菩提言甚多世尊佛
告須菩提若善男子善女人於此經中乃至
受持四句偈等為他人說而此福德勝前福
德復次須菩提隨說是經乃至四句偈等當
知此處一切世間天人阿脩羅皆應供養如
佛塔廟何況有人盡能受持讀誦須菩提當
知是人成就最上第一希有之法若是經典
所在之處則為有佛若尊重弟子
尒時須菩提白佛言世尊當何名此經我等
云何奉持佛告須菩提是經名為金剛般若
波羅蜜以是名字汝當奉持所以者何須菩
提佛說般若波羅蜜則非般若波羅蜜須菩
提於意云何如來有所說法不須菩提白佛
言世尊如來无所說須菩提於意云何三千
大千世界所有微塵是為多不須菩提言甚
多世尊須菩提諸微塵如來說非微塵是名

BD03962 號　金剛般若波羅蜜經

（13–3）

提於意云何如來有所說法不須菩提白佛
言世尊如來无所說須菩提於意云何三千
大千世界所有微塵是為多不須菩提言甚
多世尊須菩提諸微塵如來說非微塵是名
微塵如來說世界非世界是名世界須菩提
於意云何可以三十二相見如來不不也世
尊不可以三十二相得見如來何以故如來說
三十二相即是非相是名三十二相須菩提若
有善男子善女人以恒河沙等身命布施若
復有人於此經中乃至受持四句偈等為他人
說其福甚多
尒時須菩提聞說是經深解義趣涕淚悲泣
而白佛言希有世尊佛說如是甚深經典我
從昔來所得慧眼未曾得聞如是之經世尊
若復有人得聞是經信心清淨則生實相當
知是人成就第一希有功德世尊是實相者
則是非相是故如來說名實相世尊我今得
聞如是經典信解受持不足為難若當來世
後五百歲其有眾生得聞是經信解受持是
人則為第一希有何以故此人无我相人相
眾生相壽者相所以者何我相即是非相人
相眾生相壽者相即是非相何以故離一切
諸相則名諸佛佛告須菩提如是如是若復
有人得聞是經不驚不怖不畏當知是人甚
為希有何以故須菩提如來說第一波羅蜜
非第一波羅蜜是名第一波羅蜜
須菩提忍辱波羅蜜如來說非忍辱波羅蜜

BD03962 號　金剛般若波羅蜜經

（13–4）

諸相則名諸佛佛告須菩提如是如是若復
有人得聞是經不驚不怖不畏當知是人甚
為希有何以故須菩提如来説第一波羅蜜
非第一波羅蜜是名第一波羅蜜
須菩提忍辱波羅蜜如来説非忍辱波羅蜜
何以故須菩提如我昔為歌利王割截身體
我於尒時无我相无人相无衆生相无壽者
相何以故我於往昔節節支解時若有我相
人相衆生相壽者相應生瞋恨須菩提又念
過去於五百世作忍辱仙人於尒所世无我
相无人相无衆生相无壽者相是故須菩提
菩薩應離一切相發阿耨多羅三藐三菩提
心不應住色生心不應住聲香味觸法生心
應生无所住心若心有住則為非住是故佛
説菩薩心不應住色布施須菩提菩薩為利
益一切衆生應如是布施如来説一切諸相
即是非相又説一切衆生則非衆生須菩提
如来是真語者實語者如語者不誑語者不
異語者須菩提如来所得法此法无實无虚
須菩提若菩薩心住於法而行布施如人入
闇則无所見若菩薩心不住法而行布施如
人有目日光明照見種種色須菩提當来之
世若有善男子善女人能於此經受持讀誦
則為如来以佛智慧悉知是人悉見是人皆
得成就无量无邊功德
須菩提若有善男子善女人初日分以恒河
沙等身布施中日分復以恒河沙等身布施

BD03962號　金剛般若波羅蜜經　　（13–5）

則為如来以佛智慧悉知是人悉見是人皆
得成就无量无邊功德
須菩提若有善男子善女人初日分以恒河
沙等身布施中日分復以恒河沙等身布施
後日分亦以恒河沙等身布施如是无量百
千万億劫以身布施若復有人聞此經典信
心不逆其福勝彼何況書冩受持讀誦為人
解説須菩提以要言之是經有不可思議不
可稱量无邊功德如来為發大乘者説為發
最上乘者説若有人能受持讀誦廣為人説
如来悉知是人悉見是人皆得成就不可量
不可稱无有邊不可思議功德如是人等則
為荷擔如来阿耨多羅三藐三菩提何以故
須菩提若樂小法者著我見人見衆生見壽
者見則於此經不能聽受讀誦為人解説須
菩提在在處處若有此經一切世間天人阿
脩羅所應供養當知此處則為是塔皆應恭
敬作礼圍繞以諸華香而散其處
復次須菩提若善男子善女人受持讀誦此
經若為人輕賤是人先世罪業應墮惡道以
今世人輕賤故先世罪業則為消滅當得阿
耨多羅三藐三菩提須菩提我念過去无量
阿僧祇劫於然燈佛前得值八百四千万億
那由他諸佛悉皆供養承事无空過者若復
有人於後末世能受持讀誦此經所得功德
於我所供養諸佛功德百分不及一千万億
分乃至筭數譬喻所不能及須菩提若善男
子善女人於後末世有受持讀誦此經所得

BD03962號　金剛般若波羅蜜經　　（13–6）

那由他諸佛悉皆供養承事无空過者若復
有人於後末世能受持讀誦此經所得功德
於我所供養諸佛功德百分不及一千万億
分乃至筭數譬喻所不能及須菩提若善男
子善女人於後末世有受持讀誦此經所得
功德我若具說者或有人聞心則狂亂狐疑
不信須菩提當知是經義不可思議果報亦
不可思議
尔時須菩提白佛言世尊善男子善女人發
阿耨多羅三藐三菩提心云何應住云何降
伏其心佛告須菩提善男子善女人發阿耨
多羅三藐三菩提者當生如是心我應滅度
一切衆生滅度一切衆生已而无有一衆生
實滅度者何以故若菩薩有我相人相衆生
相壽者相則非菩薩所以者何須菩提實无
有法發阿耨多羅三藐三菩提者須菩提於
意云何如來於然燈佛所有法得阿耨多羅
三藐三菩提不不也世尊如我解佛所說義
佛於然燈佛所无有法得阿耨多羅三藐三
菩提佛言如是如是須菩提實无有法如來
得阿耨多羅三藐三菩提
須菩提若有法如來得阿耨多羅三藐三菩
提者然燈佛則不與我受記汝於來世當
得作佛号釋迦牟尼以實无有法得阿耨多
羅三藐三菩提是故然燈佛與我受記作是
言汝於來世當得作佛号釋迦牟尼何以故
如來者即諸法如義若有人言如來得阿耨



得作佛号釋迦牟尼以實无有法得阿耨多
羅三藐三菩提是故然燈佛與我受記作是
言汝於來世當得作佛号釋迦牟尼何以故
如來者即諸法如義若有人言如來得阿耨
多羅三藐三菩提須菩提實无有法佛得阿
耨多羅三藐三菩提須菩提如來所得阿耨
多羅三藐三菩提於是中无實无虛是故如
來說一切法皆是佛法須菩提所言一切法
者即非一切法是故名一切法須菩提譬如
人身長大須菩提言世尊如來說人身長大
則非大身是名大身須菩提菩薩亦如是若
作是言我當滅度无量衆生則不名菩薩何
以故須菩提實无有法名為菩薩是故佛
說一切法无我无人无衆生无壽者須菩提
若菩薩作是言我當莊嚴佛土是不名菩薩
何以故如來說莊嚴佛土者即非莊嚴是名
莊嚴須菩提若菩薩通達无我法者如來
說名真是菩薩
須菩提於意云何如來有肉眼不如是世尊
如來有肉眼須菩提於意云何如來有天眼
不如是世尊如來有天眼須菩提於意云何
如來有慧眼不如是世尊如來有慧眼須菩
提於意云何如來有法眼不如是世尊如來
有法眼須菩提於意云何如來有佛眼不如
是世尊如來有佛眼須菩提於意云何恒河
中所有沙佛說是沙不如是世尊如來說是
沙須菩提於意云何如一恒河中所有沙有
如是等恒河是諸恒河所有沙數佛世界如

有法眼須菩提於意云何如來有佛眼不如
是世尊如來有佛眼須菩提於意云何恒河
中所有沙佛說是沙不如是世尊如來說是
沙須菩提於意云何如一恒河中所有沙有
如是等恒河是諸恒河所有沙數佛世界如
是寧為多不甚多世尊佛告須菩提尒所
國土中所有衆生若干種心如來悉知何以故
如來說諸心皆為非心是名為心所以者何
須菩提過去心不可得現在心不可得未來
心不可得須菩提於意云何若有人滿三千
大千世界七寶以用布施是人以是因緣得
福多不如是世尊此人以是因緣得福甚多
須菩提若福德有實如來不說得福德多
以福德无故如來說得福德多
須菩提於意云何佛可以具足色身見不不
也世尊如來不應以具足色身見何以故如來
說具足色身即非具足色身是名具足色身
須菩提於意云何如來可以具足諸相見不不
也世尊如來不應以具足諸相見何以故如
來說諸相具足即非具足是名諸相具足須
菩提汝等勿謂如來作是念我當有所說法
莫作是念何以故若人言如來有所說法即
為謗佛不能解我所說故須菩提說法者无
法可說是名說法須菩提白佛言世尊佛得
阿耨多羅三狼三菩提為无所得邪如是如
是須菩提我於阿耨多羅三狼三菩提乃至
无有少法可得是名阿耨多羅三狼三菩提
復次須菩提是法平等无有高下是名阿耨

BD03962號　金剛般若波羅蜜經　（13–9）

法可說是名說法須菩提白佛言世尊佛得
阿耨多羅三狼三菩提為无所得邪如是如
是須菩提我於阿耨多羅三狼三菩提乃至
无有少法可得是名阿耨多羅三狼三菩提
復次須菩提是法平等无有高下是名阿耨
多羅三狼三菩提以无我无人无衆生无壽
者脩一切善法則得阿耨多羅三狼三菩提
須菩提所言善法者如來說非善法是名善
法須菩提若三千大千世界中所有諸須弥
山王如是等七寶聚有人持用布施若人以
此般若波羅蜜經乃至四句偈等受持讀誦
為他人說於前福德百分不及一百千万億
分乃至筭數譬喻所不能及
須菩提於意云何汝等勿謂如來作是念我
當度衆生須菩提莫作是念何以故實无有
衆生如來度者若有衆生如來度者如來則
有我人衆生壽者須菩提如來說有我者則
非有我而凡夫之人以為有我須菩提凡夫
者如來說則非凡夫須菩提於意云何可以
三十二相觀如來不須菩提言如是如是以
三十二相觀如來佛言須菩提若以三十二
相觀如來者轉輪聖王則是如來須菩提白
佛言世尊如我解佛所說義不應以三十二
相觀如來尒時世尊而說偈言
若以色見我　以音聲求我　是人行邪道　不能見如來
須菩提汝若作是念如來不以具足相故得阿
耨多羅三狼三菩提須菩提莫作是念如來

BD03962號　金剛般若波羅蜜經　（13–10）

佛言世尊如我解佛所說義不應以三十二
相觀如來尒時世尊而說偈言
若以色見我　以音聲求我　是人行邪道　不能見如來
須菩提汝若作是念如來不以具足相故得阿
耨多羅三藐三菩提須菩提莫作是念如來
不以具足相故得阿耨多羅三藐三菩提須
菩提汝若作是念發阿耨多羅三藐三菩提
者說諸法斷滅相莫作是念何以故發阿
耨多羅三藐三菩提者於法不說斷滅相須
菩提若菩薩以滿恒河沙等世界七寶布施
若復有人知一切法无我得成於忍此菩
薩勝前菩薩所得功德須菩提以諸菩薩
不受福德故須菩提白佛言世尊云何菩薩
不受福德須菩提菩薩所作福德不應貪著
是故說不受福德須菩提若有人言如來若
來若去若坐若卧是人不解我所說義何以
故如來者无所從來亦无所去故名如來
須菩提若善男子善女人以三千大千世界
碎為微塵於意云何是微塵衆寧為多不
甚多世尊何以故若是微塵衆實有者佛則
不說是微塵衆所以者何佛說微塵衆則非微
塵衆是名微塵衆世尊如來所說三千大千
世界則非世界是名世界何以故若世界實
有者則是一合相如來說一合相則非一合
相是名一合相須菩提一合相者則是不可
說但凡夫之人貪著其事
須菩提若人言佛說我見人見衆生見壽者
見須菩提於意云何是人解我所說義不不

BD03962號　金剛般若波羅蜜經

（13–11）

不說是微塵衆所以者何佛說微塵衆則非微
塵衆是名微塵衆世尊如來所說三千大千
世界則非世界是名世界何以故若世界實
有者則是一合相如來說一合相則非一合
相是名一合相須菩提一合相者則是不可
說但凡夫之人貪著其事
須菩提若人言佛說我見人見衆生見壽者
見須菩提於意云何是人解我所說義不不
也世尊是人不解如來所說義何以故世尊
說我見人見衆生見壽者見即非我見人見
衆生見壽者見是名我見人見衆生見壽者
見須菩提發阿耨多羅三藐三菩提心者於
一切法應如是知如是見如是信解不生法
相須菩提所言法相者如來說即非法相是
名法相須菩提若有人以滿无量阿僧祇世
界七寶持用布施若有善男子善女人發菩
薩心者持於此經乃至四句偈等受持讀誦
為人演說其福勝彼云何為人演說不取於
相如如不動何以故
一切有為法　如夢幻泡影　如露亦如電　應作如是觀
佛說是經已長老須菩提及諸比丘比丘尼
優婆塞優婆夷一切世間天人阿脩羅聞佛
所說皆大歡喜信受奉行

金剛般若波羅蜜經

BD03962號　金剛般若波羅蜜經

（13–12）

見須菩提發阿耨多羅三藐三菩提心者於
一切法應如是知如是見如是信解不生法
相須菩提所言法相者如來說即非法相是
名法相須菩提若有人以滿无量阿僧祇世
界七寶持用布施若有善男子善女人發菩
薩心者持於此經乃至四句偈等受持讀誦
為人演說其福勝彼云何為人演說不取於
相如如不動何以故
一切有為法 如夢幻泡影 如露亦如電 應作如是觀
佛說是經已長老須菩提及諸比丘比丘尼
優婆塞優婆夷一切世間天人阿脩羅聞佛
所說皆大歡喜信受奉行
金剛般若波羅蜜經

BD03962號　金剛般若波羅蜜經　（13–13）

須毗你悉指陀四 囉佐耶五 怛他羯他耶六 怛姪他唵
七 薩婆桑悉迦羅八 波唎輸底九 達磨底十 伽
迦娜十一 莎訶某特迦底十二 莎婆婆毗輸底十三
摩訶娜耶十四 波唎婆唎莎訶十五
若有於是无量壽經自書寫若使人書 畢竟
不受女人之身陁羅尼日
南謨薄伽勃底一 阿波唎蜜哆二 阿喻紇硯娜三
須毗你悉指陀四 囉佐耶五 怛他羯他耶六 怛姪他唵
七 薩婆桑悉迦羅八 波唎輸底九 達磨底十 伽迦
娜十一 莎訶某特迦底十二 莎婆婆毗輸底十三 摩
訶娜耶十四 波唎婆唎莎訶十五
若有能於是經少分能惠施者等於三千大
千世界滿中七寶布施陁羅尼日
南謨薄伽勃底一 阿波唎蜜哆二 阿喻紇硯娜三
須毗你悉指陀四 囉佐耶五 怛他羯他耶六 怛姪他唵
七 薩婆桑悉迦羅八 波唎輸底九 達磨底十 伽迦
娜十一 莎訶某特迦底十二 莎婆婆毗輸底十三 摩
訶娜耶十四 波唎婆唎莎訶十五
若有能供養是經者則是供養一切諸經

BD03963號　無量壽宗要經　（2–1）

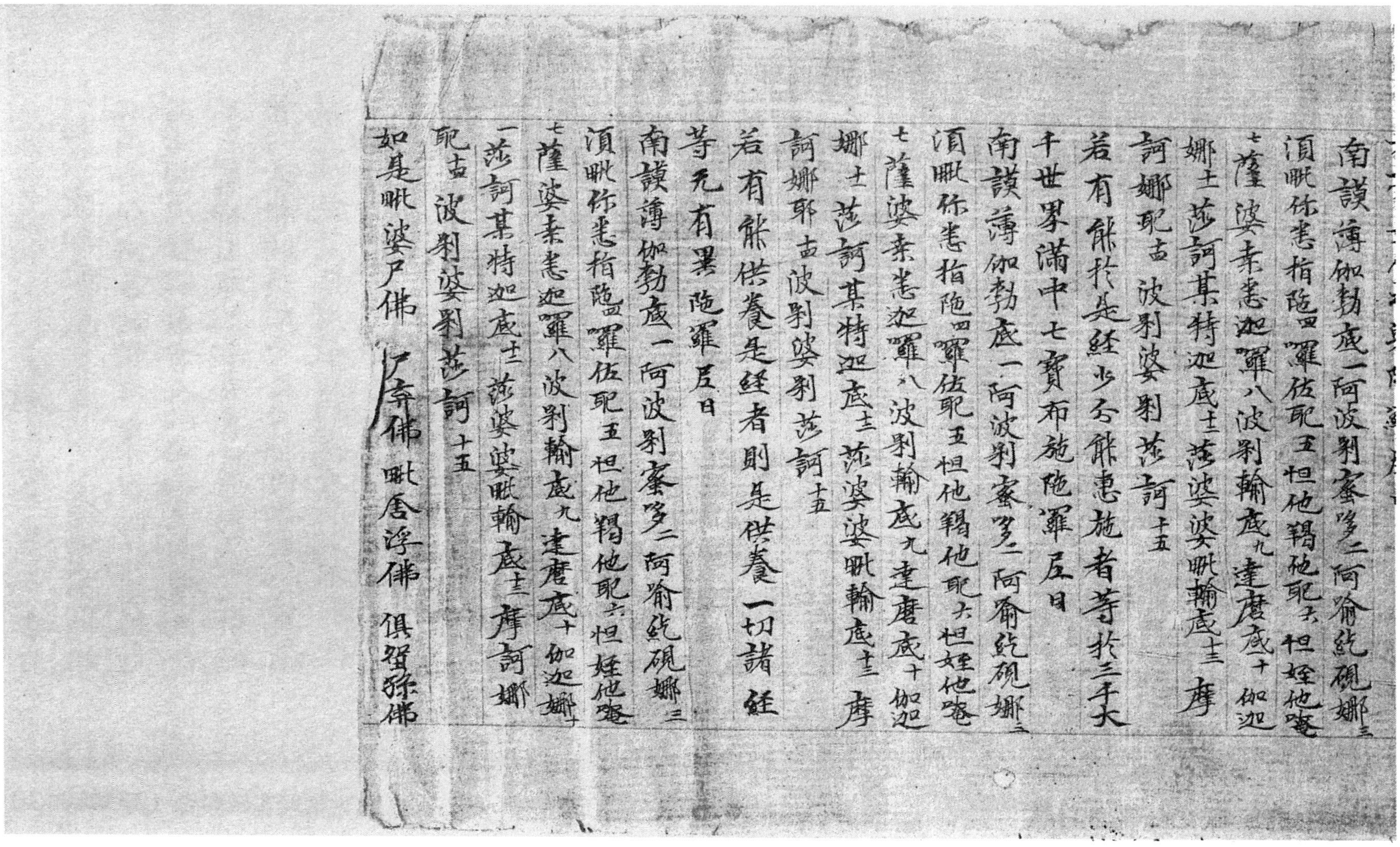

南謨薄伽勃底一阿波唎蜜哆二阿喻紇硯娜三
須毗你悉指陁四囉佐耶五怛他羯他耶六怛姪他唵
七薩婆桒悉迦囉八波唎輸底九達磨底十伽迦
娜十一莎訶某特迦底十二薩婆婆毗輸底十三摩
訶娜耶古波唎婆唎莎訶十五
若有能於是經少分能惠施者等於三千大
千世界滿中七寶布施陁羅尼曰
南謨薄伽勃底一阿波唎蜜哆二阿喻紇硯娜三
須毗你悉指陁四囉佐耶五怛他羯他耶六怛姪他唵
七薩婆桒悉迦囉八波唎輸底九達磨底十伽迦
娜十一莎訶某特迦底十二薩婆婆毗輸底十三摩
訶娜耶古波唎婆唎莎訶十五
若有能供養是經者則是供養一切諸經
等无有異陁羅尼曰
南謨薄伽勃底一阿波唎蜜哆二阿喻紇硯娜三
須毗你悉指陁四囉佐耶五怛他羯他耶六怛姪他唵
七薩婆桒悉迦囉八波唎輸底九達磨底十伽迦娜十
一莎訶某特迦底十二薩婆婆毗輸底十三摩訶娜
耶古波唎婆唎莎訶十五
如是毗婆尸佛　尸棄佛　毗舍浮佛　俱留孫佛

BD03963號　無量壽宗要經　（2–2）

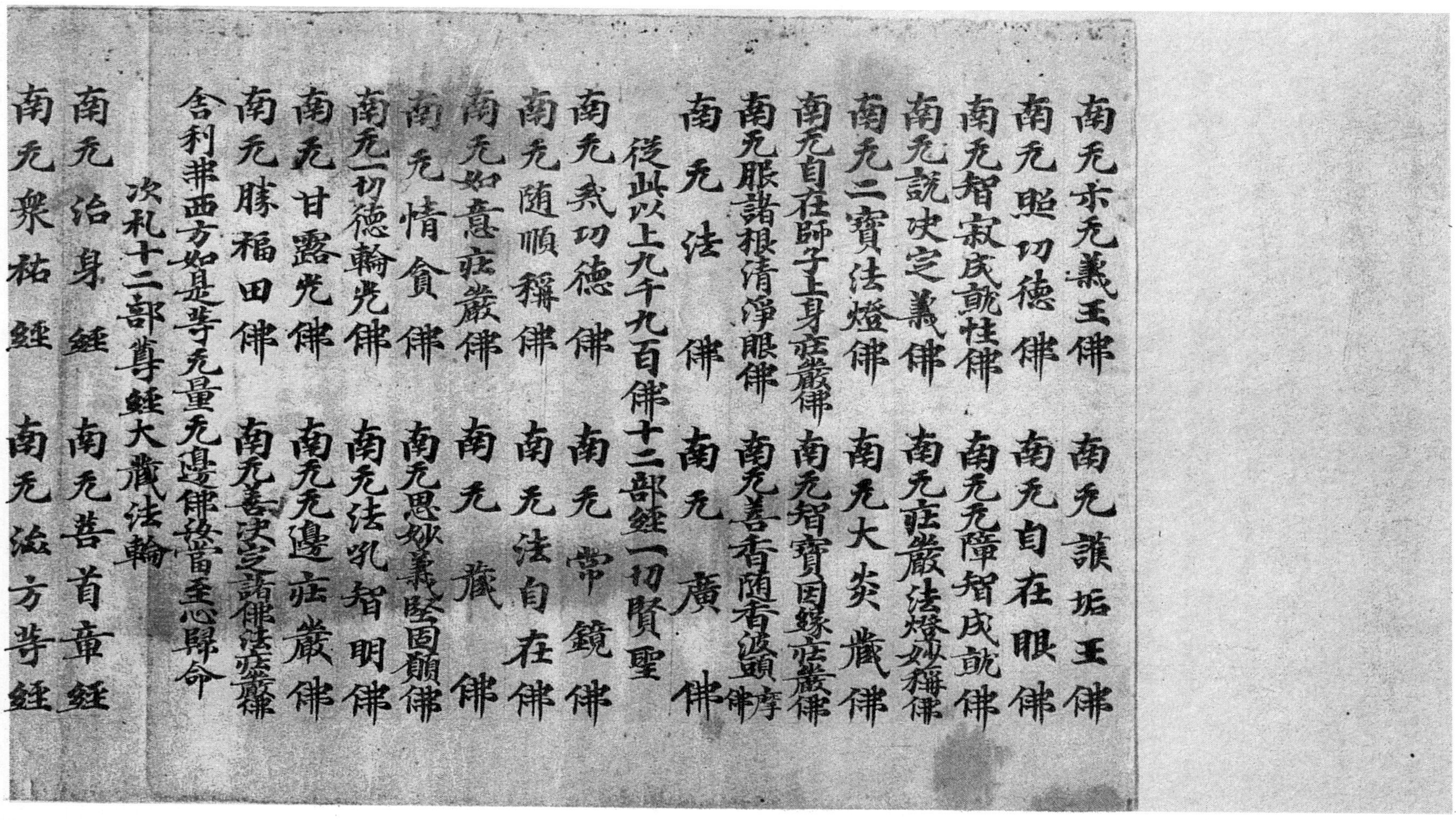

南无示无義王佛　南无誰垢王佛
南无照切德佛　南无自在眼佛
南无智寂戍就柱佛　南无无障智戍就佛
南无說决定義佛　南无莊嚴法燈妙稱佛
南无二寶法燈佛　南无大炎幟佛
南无自在師子上身莊嚴佛　南无智寶因緣莊嚴佛
南无眼諸根清淨眼佛　南无善香隨香滿頭摩佛
南无法佛　南无廣佛
從此以上九千九百佛十二部經一切賢聖
南无森切德佛　南无常鏡佛
南无隨順稱佛　南无法自在佛
南无如意莊嚴佛　南无藏佛
南无情貪佛　南无思妙義堅固願佛
南无一切德輪光佛　南无法吼智明佛
南无甘露光佛　南无无邊莊嚴佛
南无勝福田佛　南无善决定諸佛法莊嚴佛
舍利弗西方如是等无量无邊佛皆當至心歸命
次礼十二部尊經大藏法輪
南无治身經　南无普首章經
南无衆祐經　南无滋方等經

BD03964號　佛名經（十六卷本）卷一三　（2–1）

南無一切德佛　南無常鏡佛
南無隨順稱佛　南無法自在佛
南無如意莊嚴佛　南無藏佛
南無情貪佛　南無思妙義堅固願佛
南無一切德輪光佛　南無法吼智明佛
南無甘露光佛　南無無邊莊嚴佛
南無勝福田佛　南無善決定諸佛法莊嚴佛
舍利弗西方如是等無量無邊佛皆當至心歸命
次礼十二部尊經大藏法輪
南無治身經　南無菩首童經
南無衆祐經　南無澁方等經
南無獨居思惟自念經　南無長者須達經
南無獨思惟意中念生經　南無無本經
南無檀若經　南無月明童子經
南無無憂施經　南無無思議孩童經
南無隨藍經　南無法律三昧經
南無給孤獨四姓家門要施經　南無禪行法相經
南無法受塵經　南無頻多和多經
南無羅云母經　南無嚴調經

BD03964號　佛名經（十六卷本）卷一三　（2–2）

南無七處三觀經　南無貧女經
次礼十方諸大菩薩
南無金剛色世界法首菩薩　南無頗梨色世界智首菩薩
南無如實色世界賢首菩薩　南無因陀羅世界法慧菩薩
南無蓮華世界一切慧菩薩　南無衆寶世界勝慧菩薩
南無真頗羅世界功德慧菩薩　南無妙行世界精進慧菩薩
南無善行世界善慧菩薩　南無歡喜世界智慧菩薩
南無星宿世界真實菩薩　南無無厭慈世界無上慧菩薩
南無虛空世界堅固慧菩薩
南無衆寶金剛藏世界觀勝法妙清淨王菩薩
南無無量慧世界功德菩薩　南無憧慧世界慧休菩薩
南無地慧世界勝休菩薩　南無勝慧世界無量菩薩
南無燈慧世界慚愧林菩薩　南無金剛慧世界精進菩薩
南無安樂慧世界力成就林菩薩　南無日慧世界堅固林菩薩
南無清淨慧世界如來林菩薩　南無梵慧世界智菩薩
次礼聲聞緣覺一切賢聖
南無善吉辟支佛　南無不可心辟支佛
南無善住辟支佛　南無無比辟支佛
南無憍慢辟支佛　南無動多辟支佛
南無斷愛辟支佛　南無耳辟支佛
南無心得解脫辟支佛　南無優波耳辟支佛

BD03965號　佛名經（十六卷本）卷一三　（19–1）

南无衆寶金剛藏世界觀勝法妙清淨王菩薩
南无无量慧世界功德菩薩　南无幢慧世界慧休菩薩
南无地慧世界勝休菩薩　南无勝慧世界无量菩薩
南无燈慧世界慚愧林菩薩　南无金剛慧世界精進菩薩
南无安樂慧世界力成就林菩薩　南无日慧世界堅固林菩薩
南无清淨慧世界如來林菩薩　南无梵慧世界智菩薩
次礼聲聞緣覺一切賢聖
南无善吉辟支佛　南无不可心辟支佛
南无善住辟支佛　南无无比辟支佛
南无憍慢辟支佛　南无勧多辟支佛
南无斷愛辟支佛　南无耳辟支佛
南无心得解脫辟支佛　南无優波耳辟支佛
南无吉辟支佛　南无善摩辟支佛
歸命如是等无量无邊辟支佛
礼三寶已次復懺悔
已懺地獄報竟今當復次懺悔三惡道報經
中佛說多欲之人多求利故苦惱亦多知
足之人雖卧地上猶以為樂不知足者雖
處天堂猶不稱意但世間人忽有急難
便能捨財不計多少而不知此身臨於三
塗深坑之上一息不還便應墮落忽有知
識營功福德令脩未來善法資粮執此慳心
无肯作理夫如此者極為愚惑何以故今經
中佛說生時不賫一文而來死亦不持一文而
去苦身積聚為之憂惱於已無益徒為



便能捨財不計多少而不知此身臨於三
塗深坑之上一息不還便應墮落忽有知
識營功福德令脩未來善法資粮執此慳心
无肯作理夫如此者極為愚惑何以故今經
中佛說生時不賫一文而來死亦不持一文而
去苦身積聚為之憂惱於已無益徒為
他有無善可恃無德可怙致使命終墮諸
惡道是故弟子等今日誓顙墾到歸依佛
南无東方大光明曜佛　南无南方虛空住佛
南无西方金剛步佛　南无北方无邊力佛
南无東南方无邊王佛　南无西南方懷諸怨賊佛
南无西北方離垢光佛　南无東北方金色光音佛
南无下方師子遊戲佛　南无上方月幢王佛
如是十方盡虛空界一切三寶至心歸命常住三寶
弟子今日次復懺悔畜生道中无所識知
罪報懺悔畜生道中負重牽犁償他
宿債罪報懺悔畜生道中不得自在為
他斫刺屠割罪報懺悔畜生无足二足
四足多足罪報懺悔畜生道中身諸毛羽
鱗甲之內為諸小虫之所唼食罪報如是
畜生道中有无量罪報今日至誠皆悉懺
悔至心歸命常住三寶
次復懺悔餓鬼道中長飢罪報懺悔餓鬼
百千万歲初不曾聞漿水之名罪報懺悔
餓鬼食噉膿血糞穢罪報懺悔餓鬼動身
之時一切枝節火然罪報懺悔餓鬼腹大咽

畜生道中有无量罪報今日至誠皆悉懺
悔至心歸命常住三寶
次復懺悔餓鬼道中長飢罪報懺悔餓鬼
百千万歲初不曾聞漿水之名罪報懺悔
餓鬼食噉膿血糞穢罪報懺悔餓鬼動身
之時一切枝節火然罪報懺悔餓鬼腹大咽
小罪報如是餓鬼道中无量苦報今日誓
願皆悉懺悔至心頂礼常住三寶
次復懺悔一切鬼神脩羅道中諂語詐稱
罪報懺悔鬼神道中擔沙負石填河塞海
罪報懺悔鬼神羅刹鳩槃荼諸惡鬼神生
噉肉血受此醜陋罪報如是鬼神道中无
量无邊一切罪報今日誓願向十方佛大地菩
薩求哀懺悔悉令消滅至心頂礼常住三寶
願弟子等承是懺悔畜生等報所生功德
生生世世滅愚癡垢自識業緣智慧明照
斷惡道身願以懺悔餓鬼等報所生功德
生生世世永離慳貪飢渴之苦常食甘露
解脫之味願以懺悔鬼神脩羅等報所生
功德生生世世質直无謟離邪命因除醜
陋果福利人天願弟子等從今以去乃至
道場決定不受四惡道報唯除大悲為衆
生故以誓願力處之无猒至心頂礼常住三寶
舍利弗汝當至心歸命北方佛
南无勝藏佛　南无自在藏佛
南无无邊花龍一俱蘇摩生佛南无降伏諸魔勇猛佛



陋果福利人天願弟子等從今以去乃至
道場決定不受四惡道報唯除大悲為衆
生故以誓願力處之无猒至心頂礼常住三寶
舍利弗汝當至心歸命北方佛
南无勝藏佛　南无自在藏佛
南无无邊花龍一俱蘇摩生佛南无降伏諸魔勇猛佛
南无定諸魔佛　南无法像佛
南无功德勝佛　南无山峰光佛
南无法王佛　南无普恭敬燈佛
從此以上一万佛十二部經一切賢聖
南无地勝佛　南无成就如来家佛
南无一切寶成就佛　南无陁羅尼文句決定義佛
南无忍自在王佛　南无成就一切稱佛
南无三世智自在佛　南无勝歸依德善住佛
南无種種摩尼光佛　南无勝功德佛
南无佛功德勝佛　南无无餘證佛
南无得佛眼佛　南无隨過去佛
南无大慈成就悲勝佛　南无住持師子智佛
南无无衆生住實際王佛　南无自家法得成就佛
南无大智莊嚴身佛　南无智稱佛
南无佛法首佛　南无一切衆生德佛
南无過一切法聞佛　南无自在因陁羅佛
南无弥足意佛　南无大瑠璃佛
南无菩提光明佛　南无不可思議法智光明佛
南无真檀不空王佛　南无不染波頭摩幢佛
南无法財聲王佛　南无釋法善知稱佛

南无佛法首佛　南无一切衆生德佛
南无過一切法閒佛　南无自在因陁羅佛
南无滿足意佛　南无大蝠蝸佛
南无菩提光明佛　南无不可思議法智光明佛
南无真檀不空王佛　南无不染波頭摩幢佛
南无法財聲王佛　南无釋法善知稱佛
南无智賸劫佛　南无佛眼清淨分陁利佛
南无智自在稱佛　南无斷无邊疑佛
南无衆生方便自在王佛　南无无邊實奮迅无量思惟佛
南无法行地善住佛　南无普衆生男廣佛
南无降伏諸魔力堅固佛　南无天王自在寶合王佛
南无如實脩行藏佛　南无能生一切歡喜月見佛
南无大迅覺迅佛　南无種種摩尼聲吼王佛
南无无歡王佛　南无不退了勇猛佛
南无佛土莊嚴身佛　南无智根本華幢佛
南无化身无量稱佛　南无一切龍摩尼藏佛
南无法聲自在佛　南无法甘露涉梨羅佛
南无无邊寶福德藏佛　南无清淨華行佛
南无大法王華勝佛　南无一切盡无盡藏佛
南无華山藏佛　南无智虛空山佛
南无智力不可破壞佛　南无无量堅固隨順智佛
南无无邊大海藏佛　南无智王无盡稱佛
南无奮迅心意王佛　南无自清淨智佛
南无智自在法王佛　南无勝行佛
南无金剛見佛　南无法滿足隨香見佛
南无龍月佛　南无目陁羅國佛

BD03965號　佛名經（十六卷本）卷一三　（19–6）

南无奮迅心意王佛　南无自清淨智佛
南无智自在法王佛　南无勝行佛
南无金剛見佛　南无法滿足隨香見佛
南无龍月佛　南无目陁羅國佛
南无无量王佛　南无寶目陁羅輪王佛
南无能生一切衆生敬稱佛　南无大威德光明輪王佛
南无无障量波羅佛　南无无垢騎佛
南无放光明佛　南无山力月藏佛
南无心自在王佛　南无堅固无畏上首佛
南无堅固勇猛寶佛　南无堅固心善住王佛
南无能破闇曀王佛　南无勝丈夫分陁利佛
南无百聖藏佛　南无妙蓮華藏佛
南无見平等法身佛　南无衆生月佛
南无師子去佛　南无大威德佛
南无妙聲佛　南无无邊光佛
南无見愛佛　南无大首佛
南无勝首佛　南无樂聲佛
南无見實佛　南无清稱佛
從此以上一万一百佛十二部經一切賢聖
南无師子慧佛　南无德聲佛
南无脩樓毗香佛　南无電燈佛
南无波頭摩光佛　南无大光佛
南无梵聲佛　南无无疑佛
南无无邊勢力佛　南无月面佛
南无邊光佛　南无愛威德佛

BD03965號　佛名經（十六卷本）卷一三　（19–7）

南无脩樓[illegible]香佛　南无電燈佛
南无波頭摩光佛　南无大光佛
南无梵聲佛　南无无髮佛
南无无邊勢力佛　南无月面佛
南无邊光佛　南无愛威德佛
南无散髮佛　南无功德燈佛
南无不藏威德佛　南无无邊藏佛
南无光明奮迅王佛　南无廣稱佛
南无遠離憧佛　南无增長聖佛
南无普見佛　南无不可稱佛
南无威德聚佛　南无堅固步佛
南无摩覓賒稱佛　南无无邊色佛
南无大光明佛　南无妙聲佛
南无不動步佛　南无无邊莊嚴佛
南无大清淨佛　南无威德聚光明佛
南无住智佛　南无堅固佛
南无愛解脫佛　南无愛无畏佛
南无甘露藏佛　南无普觀察佛
南无大脩行佛　南无細威德佛
南无十方恭敬佛　南无光明勝佛
南无重說佛　南无光明莊嚴佛
南无師子奮迅佛　南无善見佛
南无甘露步佛　南无月光明佛
南无功德稱佛　南无去根佛
南无清淨聲佛　南无无号輪佛

BD03965 號　佛名經（十六卷本）卷一三　（19–8）

南无師子奮迅佛　南无善見佛
南无甘露步佛　南无月光明佛
南无功德稱佛　南无去根佛
南无清淨聲佛　南无无号輪佛
南无甘露聲佛　南无眾生可敬佛
南无如意威德佛　南无无邊色佛
南无大力佛　南无吠莊嚴佛
南无普照觀佛　南无奮迅德佛
南无妙色佛　南无稱意佛
南无寶莊嚴佛　南无高光明佛
南无解脫步佛　南无功德莊嚴佛
南无畢竟智佛　南无生難覓佛
南无不動智佛　南无行竟佛
南无妙色佛　南无寶色佛
南无火聲佛　南无善思惟佛
南无功德華佛　南无思惟世間佛
南无大高光佛　南无无辟喻奮迅佛
南无清淨覺佛　南无无月重佛
南无月燈佛　南无无邊光佛
南无種種日佛　南无天城佛
南无心清淨佛　南无波頭摩藏佛
南无常擇智佛　南无師子聲佛
南无无邊光佛　南无勝聲佛
南无可樂意智光佛　南无功德光佛
南无自在光佛　南无淨嚴身佛

BD03965 號　佛名經（十六卷本）卷一三　（19–9）

南无稱□日佛　南无□□城佛
南无心清淨佛　南无波頭摩藏佛
南无常擇智佛　南无師子聲佛
南无无邊光佛　南无勝聲佛
南无可樂意智光佛　南无功德光佛
南无自在光佛　南无淨嚴身佛
南无无濁義佛　南无應威德佛
南无成就義智佛　南无得大聲佛
南无婆藪陁聲佛　南无讚哆光佛
從此以上一万二百佛十二部經一切賢聖
南无決定思惟佛　南无薩遮婆覺佛
南无焉閣光明佛　南无毗弗波威德佛
南无憂多羅魔吒佛　南无夜舍難兒佛
南无功德清淨佛　南无法燈佛
南无勝功德佛　南无仙倚波提愛面佛
南无心荷步去佛　南无思惟衆生佛
南无娑伽羅智佛　南无波頭摩藏佛
南无蓋仙佛　南无娑羅王佛
南无脩利邪光佛　南无菩提味佛
南无寂諸根佛　南无婆覺光佛
南无芬陁利光佛　南无弥留光佛
南无旃陁面佛　南无娑利荼去佛
南无諸方眼佛　南无法光明佛
南无尸羅波散那佛　南无阿難陁智佛
南无阿難陁色佛　南无地荼毗梨邪佛
南无提婆弥多佛　南无娑濕多智佛

BD03965號　佛名經（十六卷本）卷一三

（19–10）

南无旃陁面佛　南无娑利荼去佛
南无諸方眼佛　南无法光明佛
南无尸羅波散那佛　南无阿難陁智佛
南无阿難陁色佛　南无地荼毗梨邪佛
南无提婆弥多佛　南无娑濕多智佛
南无寂靜光佛　南无摩覺舍威德佛
南无善尒若提陁佛　南无稱聖佛
南无稱幢佛　南无輪面佛
南无普清淨佛　南无摩訶提闍佛
南无阿羅訶應佛　南无優多那勝佛
南无悲達他思惟佛　南无愛供養佛
南无三濕多誰佛　南无尼弥佛
南无信菩提佛　南无破意佛
南无出智佛　南无勝聲佛
南无寶多羅婆覺佛　南无弥荷聲佛
南无大炎騫陁佛　南无勝枸吒佛
南无阿舒伽愛佛　南无天國土佛
南无師子難提枸沙佛　南无阿難陁波頗佛
南无見愛佛　南无波提波王佛
南无勝難兒佛　南无方聞聲佛
南无愛眼佛　南无旃陁難兒佛
南无阿婆夜達多佛　南无那剎多王佛
南无蘇摩提婆佛　南无日光明佛
南无大稱佛　南无真聲佛
南无說愛佛　南无稱憂多羅佛
南无摩頭羅光明佛　南无有法賢佛

BD03965號　佛名經（十六卷本）卷一三

（19–11）

南无阿婆夜達多佛　南无那弥多王佛
南无蘇摩提婆佛　南无日光明佛
南无大稱佛　南无真聲佛
南无説愛佛　南无稱憂多羅佛
南无摩頭羅光明佛　南无脩佉聲佛
南无寶多意佛　南无婆藪陁清淨佛
南无寂瞋佛　南无破意佛
南无宿王佛　南无毗伽陁畏佛
南无勝憂多摩佛　南无波薩那智佛
南无慈勝種光佛　南无普見佛
南无見月佛　南无降伏諸魔威德佛
南无摩訶羅他佛　南无心荷步去佛
南无樂光佛　南无普讃佛
南无清淨意佛　南无成就義佛
南无香山佛　南无摩尼清淨佛
南无功德光佛　南无日光佛
南无成就光佛　南无見愛佛
南无善思惟佛　南无婆濡多見佛
從此以上一万三百佛十二部經一切賢聖
南无師子幢佛　南无普行佛
南无大步佛　南无阿羅頻頭波頭摩佛眼
南无日光佛　南无阿弥多清淨佛
南无阿難多樓波佛　南无蓋天佛
南无羅多那光佛　南无沙羅樓羅多佛
南无善見佛　南无親味佛
南无婆耆羅沙佛　南无脩利邪那那佛



南无大步佛　南无阿羅頻頭波頭摩佛
南无日光佛　南无阿弥多清淨佛
南无阿難多樓波佛　南无蓋天佛
南无羅多那光佛　南无沙羅樓羅多佛
南无善見佛　南无親味佛
南无婆耆羅沙佛　南无脩利邪那那佛
南无无障㝵眼佛　南无沙荷去佛
南无大然燈佛　南无盧尚伽佛
南无清淨功德佛　南无功德藏佛
南无法佛　南无摩樓多愛佛
南无阿婆邪愛佛　南无慧幢佛
南无威德光佛　南无月德佛
南无求那婆藪佛　南无无邊光佛
南无安樂佛　南无稱難兜佛
南无光明吼佛　南无普功德佛
南无勝難兜佛　南无那羅延佛
南无寶清淨佛　南无普心佛
南无善意佛　南无善意佛
南无不量威德佛　南无師子髀佛
南无光明意佛　南无那羅延天佛
南无薩遮難兜佛　南无善住意佛
南无阿弥多天佛　南无大慧德佛
南无大幢佛　南无光明日佛
南无法佛　南无善法佛
南无旃陁婆覺佛　南无菴摩羅勝佛

南无阿弥多天佛　南无大慧德佛
南无大幢佛　南无光明日佛
南无法佛　南无善法佛
南无旃陁婆覺佛　南无菴摩羅滕佛
南无解脫觀佛　南无羅多那光佛
南无无羅聲佛　南无普心擇佛
南无戍就光佛　南无甘露眼佛
南无彌愛佛　南无善讃佛
南无天信佛　南无善量步佛
南无提婆多羅佛　南无深智佛
南无斯那步佛　南无旃陁跋陁佛
南无提閻積佛　南无大滕佛
南无大步佛　南无閻那天佛
南无悲達他意佛　南无寶多憂佛
南无師子聲佛　南无信提舍那佛
南无智光佛　南无枸蘇摩提閻佛
南无提閻羅尸佛　南无如意光佛
南无无邊威德佛　南无无邊光佛
南无滕藏佛　南无盧遮那稱佛
南无寶難見佛　南无郁伽提閻佛
南无日難見佛　南无摩訶弥留佛
南无摩訶韻倚佛　南无世間得名佛
南无郁伽德佛　南无憂多摩稱佛
南无戍就義步佛　南无提婆摩醯多佛
次礼十二部尊經大藏法輪

BD03965號　佛名經（十六卷本）卷一三　（19–14）

南无郁伽德佛　南无憂多摩稱佛
南无戍就義步佛　南无提婆摩醯多佛
次礼十二部尊經大藏法輪
南无決捴持經　南无七智經
南无所秖經　南无七車經
南无秖閻掘山解經　南无留多經
南无未生王經　南无三乘經
從此以上一万四百佛十二部經一切賢聖
南无便賢者旃經　南无颰陁悔過經
南无三轉月明經　南无聽施經
南无是時自梵自守經　南无三品脩行經
南无句義經　南无鷹王經
南无須摩經　南无弘道三昧經
南无義決律經　南无須邪越國貢人經
南无齋經　南无等入法嚴經
次礼十方諸大菩薩
南无堅固寶世界金剛幢菩薩　南无堅固寶王世界多福幢菩薩
南无堅固樂世界堅固幢菩薩　南无堅固金世界夜光幢菩薩
南无堅固摩世界智幢菩薩　南无堅固金剛世界寶幢菩薩
南无堅固蓮華世界精進幢菩薩　南无堅固青蓮華世界離旃幢菩薩
南无堅固旃檀世界寶賓幢菩薩　南无堅固香世界法幢菩薩
南无南方善思議菩薩　南无現在西方菩薩
南无善吉世界戌一切利菩薩　南无善吉世界金光齋菩薩
南无寶樹世界精進首菩薩　南无寶揚世界明首菩薩
南无善觀無世界思於大衆菩薩　南无无憂世界普曜菩薩

BD03965號　佛名經（十六卷本）卷一三　（19–15）

南无堅固栴檀世界寶幢菩薩　南无堅固香世界法幢菩薩
南无南方善思議菩薩　南无現在西方菩薩
南无善吉世界成一切利菩薩　南无善吉世界金光齊菩薩
南无寶樹世界精進首菩薩　南无寶揚世界明首菩薩
南无善觀世界患於大衆菩薩　南无无憂世界普曜菩薩
南无香勝離垢光明世界普智光明慧燈菩薩
南无金剛慧世界淨光菩薩　南无善行世界无勝意菩薩
南无善吉世界明星菩薩　南无寶樹世界无言菩薩
南无歡喜世界蓮華菩薩　南无歡喜世界山王菩薩
次礼聲聞緣覺一切賢聖
南无十同名婆羅辟支佛　南无大身辟支佛
南无同菩提辟支佛　南无摩訶男辟支佛
南无心上辟支佛　南无駃淨辟支佛
南无善決辟支佛　南无團随辟支佛
南无吉沙辟支佛　南无優波吉沙辟支佛
南无斷有辟支佛　南无優波羅辟支佛
南无斷愛辟支佛　南无施婆羅辟支佛
礼三寶已次復懺悔
已懺三塗苦報今當復次稽顙懺悔人天
餘報相與稟此閻浮壽命雖曰百歲滿者
无幾於其中間盛年枉夭其數无量但有
衆苦煎迫形心愁憂怨怯未曾蹔離如此
皆是善根微弱惡業滋多致使現在心有
所為皆不稱意當知悉是過去已來惡業
餘報是故弟子今日至誠歸依佛



衆苦煎迫形心愁憂怨怯未曾蹔離如此
皆是善根微弱惡業滋多致使現在心有
所為皆不稱意當知悉是過去已來惡業
餘報是故弟子今日至誠歸依佛
南无東方蓮華上佛　南无南方調伏佛
南无西方无量明佛　南无北方勝諸根佛
南无東南方蓮華尊佛　南无西南方无量華佛
南无西北方自在智佛　南无東北方赤蓮華德佛
南无下方分別佛　南无上方伏怨智佛
如是十方盡虛空界一切三寶至心歸命
常住三寶弟子等无始以來至於今日所
有現在及以未來人天之中无量餘報流
殃宿對癃殘百疾六根不具罪報懺悔人
間邊地邪見三惡八難罪報懺悔人間多
病消瘦促命夭枉罪報懺悔人間六親眷
屬不能得常相保守罪報懺悔人間親舊
財喪愛別離苦罪報懺悔人間怨家聚會
愁憂怖畏罪報懺悔人間水火盜賊刀兵
危嶮驚恐怯弱罪報懺悔人間孤獨困
苦流離波迸亡失國土罪報懺悔人間
牢獄繫閉幽執倒立鞭撻考楚罪報懺
悔人間公私口舌便相罪涂更相誣謗
罪報懺悔人間惡病連年累月不差枕
卧床席不能起居罪報懺悔人間冬溫夏

呰流離波迸已失國土罪報懺悔人間
牢獄繫閉幽執側立鞭撻考搥罪報懺
悔人間公私口舌便相羅染更相誣謗
罪報懺悔人間惡病連年累月不差枕
卧床席不能起居罪報懺悔人間冬溫夏
疫毒厲傷寒罪報懺悔人間賊風腫滿否
塞罪報懺悔人間為諸惡神伺求其便欲
作禍祟罪報懺悔人間有鳥鳴百怪飛
屍邪鬼為作妖異罪報懺悔人間為虎狼犲
狼水陸一切諸惡禽獸所傷罪報懺悔人
間自經自刺自煞罪報懺悔人間投坑赴火
自沉自墜罪報懺悔人間无有威德名
聞罪報懺悔人間衣服資生不稱心罪報
懺悔人間行來出入有所去為值惡知識
為作留難罪報如是現在未來人天之中无
量禍橫灾疫厄難衰惱罪報弟子今日向十方
佛尊賢聖僧求哀懺悔至心頂礼常住三寶

佛名經卷第十三

BD03965號　佛名經（十六卷本）卷一三　（19–18）

間自經自刺自煞罪報懺悔人間投坑赴火
自沉自墜罪報懺悔人間无有威德名
聞罪報懺悔人間衣服資生不稱心罪報
懺悔人間行來出入有所去為值惡知識
為作留難罪報如是現在未來人天之中无
量禍橫灾疫厄難衰惱罪報弟子今日向十方
佛尊賢聖僧求哀懺悔至心頂礼常住三寶

佛名經卷第十三

BD03965號　佛名經（十六卷本）卷一三　（19–19）

三事不舍利弗言无也於本无中頗見菩薩一乘者不言
荅不見也是法名曰无為无作无所有法云何欲於中求
索三乘羅漢辟支佛三耶三佛乘當作是知舍利弗菩
薩摩呵薩皆於本无中出生諸菩薩聞是本无亦不恐
不怖亦不厭不動還如是菩薩輩令成阿耨多羅
三耶三菩不久尒時佛嘆須菩提言善善哉哉如汝之
所說皆是佛威神力之所致菩薩聞是諸法出於本无
中不恐不懅不厭不還當如是菩薩成阿耨多羅三
耶三菩不久舍利弗白佛言天中天菩薩摩呵薩當
出生何道佛言菩薩當出生於阿耨多羅三耶三菩
道須菩提言天中天菩薩欲出成阿耨多羅三耶三菩
者當云何住佛告須菩提菩薩所住常當等意於一切
衆生大慈大悲普念无有偏黨當為衆生執勞護
念安隱與語意常和順无得中傷人意視衆生等視如
父如母如身如子以慈勸人令不害衆生常勸衆生令行
十善見人行正離於耶見代其歡喜菩薩摩呵薩欲
得成阿耨多羅三耶三菩者當作是住自行四諦四禪
四等四空定勸人令行見人行者代其歡喜自行六波
羅蜜常勸教人令行六波羅蜜見有行者代其歡喜
自行內外空及有无空卅七品自行惟无礙九次第禪佛十

BD03966號　放光般若經卷一二　（7–1）


父如母如身如子以慈勸人令不害衆生常勸衆生令行
十善見人行正離於耶見代其歡喜菩薩摩呵薩欲
得成阿耨多羅三耶三菩者當作是住自行四諦四禪
四等四空定勸人令行見人行者代其歡喜自行六波
羅蜜常勸教人令行六波羅蜜見有行者代其歡喜
自行內外空及有无空卅七品自行惟无礙九次第禪佛十

種力四无所畏大慈大悲自行逆順十二因緣勸人令行順
見人行者代其歡喜自行聲聞辟支佛慧勸人令行
不為本際作證見有行者代其歡喜自上菩薩位教人
令精進見自行神通淨國土教化衆生勸人令學見有
學者代其歡喜自滅習緒勸彼令滅自壽命成就自受
住法勸彼住法見彼為者代其歡喜復次須菩提菩薩
摩呵薩欲成阿耨多羅三耶三菩者當作是學當作是住
菩薩摩呵薩當作是學般若波羅蜜漚和拘舍羅作如
是學作如是住者於五陰无有罣导乃至薩云若亦无所罣
导所以者何是菩薩摩呵薩學本際不受五陰乃至薩云若亦
无所受何以故不受五陰則非五陰不受薩云若則非薩云若
說是菩薩住品時三千菩薩得无所從生法忍　五千言
摩訶般若波羅蜜阿惟越致品第五十六
尒時須菩提白佛言世尊我等當以何相像貌知是阿
惟越致菩薩佛告須菩提解知凡人地及弟子辟支佛
地乃至如來地盡是一本无亦不分別一无有二入自身本无等
一入而不分別聞是本无已直信適无狐疑於本无无所失所說
不增不減亦不視他人長短如是像貌者當知是為阿惟
越致菩薩須菩提言世尊當復以何相像之貌知是
阿惟越致菩薩佛言諸法亦无形亦无像貌亦无有相須
菩提言天中天若諸法无形无像亦无相者為從何法
轉還而為阿惟越致菩薩佛言於五陰轉還知是阿
惟越致菩薩復次須菩提菩薩於六波羅蜜轉還於內

BD03966號　放光般若經卷一二　（7–2）

阿惟越致菩薩佛言諸法亦无形亦无像貌亦无有相須
菩提言天中天若諸法无形无像亦无相者為從何法
轉還而為阿惟越致菩薩佛言於五陰轉還知是阿
惟越致菩薩復次須菩提菩薩於六波羅蜜轉還於內
外空及有无空卅七品佛十八法轉還於聲聞辟支佛及
阿耨多羅三耶三菩地轉還須菩提當知是為阿惟越致
菩薩何以故須菩提五陰无有形道亦无有形是故菩薩於
五陰轉還於道轉還何以故五陰及道无有處故復次
須菩提阿惟越致菩薩摩訶薩亦不觀視外道及沙門
婆羅門所為所知所見亦不觀視諸外道家耶見直見
亦不狐疑此不說外道沙門婆羅門者亦不於戲隨諸耶
見不持香華繒蓋幢幡奉上諸天鬼神亦不教他人令
奉耶見以是像貌觀其相行具足當知是為阿惟越致菩
薩復次須菩提阿惟越致亦不生下賤之家不生八懅之處
不作女人姿態如是行者終不受女人身以是像貌具足知是
阿惟越致菩薩復次須菩提阿惟越致菩薩常行十善
而不毀犯常於夢中守行十善亦復教他人令行見人行者
代其歡喜如是像貌具足當知是為阿惟越致菩薩復
次須菩提阿惟越致菩薩為眾生故行六波羅蜜自學十
二部經常作是願言持是十二部經勸逸眾生滿眾生之
願持是功德皆施眾生使成阿耨多羅三耶三菩如是
像貌具足當知是為阿惟越致菩薩復次須菩提阿
惟越致於深經中亦不狐疑亦不乎相須菩提白佛言云
何阿惟越致於深經中无有狐疑佛言是菩薩亦不有法
亦不見五陰亦不見道有可乎相狐疑者如是像狙具足
當知是為阿惟越致復次須菩提阿惟越致菩薩身口
意行常慈柔濡身口意慈常施眾生如是像貌具足當
知是為阿惟致菩薩復次須菩提阿惟越致菩薩不
與五蓋事俱和无憩慕恩愛之意如是像貌具足當知是

BD03966號　放光般若經卷一二　（7–3）

亦不見五陰亦不見道有可乎相狐疑者如是像狙具足
當知是為阿惟越致復次須菩提阿惟越致菩薩身口
意行常慈柔濡身口意慈常施眾生如是像貌具足當
知是為阿惟致菩薩復次須菩提阿惟越致菩薩不
與五蓋事俱和无憩慕恩愛之意如是像貌具足當知是
為阿惟越致菩薩復次須菩提阿惟越致菩薩淨潔自
意无有塵垢衣服牀臥亦復淨潔少於疾病凡人身中有八
萬種虫常侵食人阿惟越致都无此虫何以故是菩薩功德
過出世間諸天龍鬼神阿須輪之上具足諸善本於功德中
稍漸增益身口意淨如是相行像貌具足當知是為阿
惟越致菩薩須菩提白佛言云何菩薩當身口意淨佛
言隨諸善本身口意淨瑕穢即除功德稍增瑕穢轉滅
是為身口意淨以是三事淨過於聲聞辟支佛上如是相行
像貌具足當知是為阿惟越致菩薩復次須菩提阿惟
越致菩薩不貪利養不貪衣服具足十二沙門法行无嫉妒
意亦无愚癡貪利之意无不等意時无懸急意无惡意
以是相行像貌具足知是為阿惟越致菩薩復次須菩
提阿惟越致意志常安隱意常深入一意聽受所聞法教與
般若波羅蜜俱等意奉行所有俗事皆與般若波羅蜜
俱有不入法性皆見與般若波羅蜜合如是相行像貌具足
當知是為阿惟越致菩薩復次須菩提阿惟越致菩薩
若見魔波旬化作十八大地獄一一地獄中有无數億百千
菩薩皆在其中受諸苦痛波旬指示語菩薩言是諸
苦人皆從過去佛所受記莂已皆是阿惟越致菩薩今皆
墮是中受諸苦痛今卿若是阿惟越致受記莂者佛為
授卿地獄記莂不為授卿菩薩記莂卿不如捨菩薩
道可得生天不復受是地獄勤苦須菩提若是菩薩意
不動者終不墮地獄中當知是為阿惟越致菩薩時魔
波旬復作沙門被服至菩薩所言卿前所行六波羅蜜

BD03966號　放光般若經卷一二　（7–4）

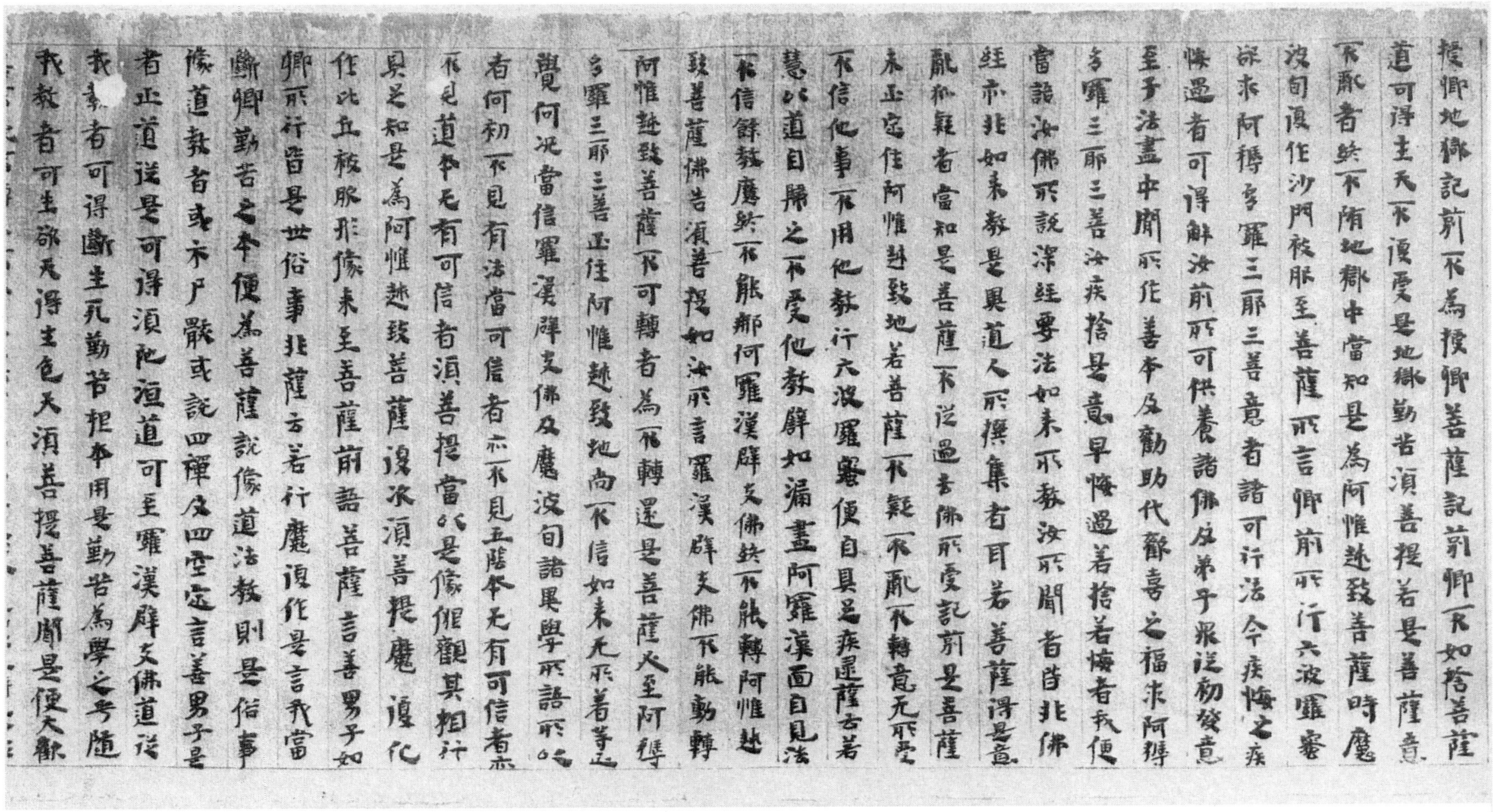

授卿地獄記莂不為授卿菩薩記莂卿不如餘菩薩
道可得生天不復受是地獄勤苦須菩提若是菩薩意
不耐者終不離地獄中當知是為阿惟越致菩薩時魔
波旬復作沙門被服至菩薩所言卿前所行六波羅蜜
欲求阿耨多羅三耶三菩意者諸可行法今疾悔之疾
悔過者可得解汝前所可供養諸佛及弟子衆從初發意
至乎法盡中間所作善本及勸助代歡喜之福求阿耨
多羅三耶三菩汝疾捨是意早悔過若捨若悔者我便
當語汝佛所說深經要法如來所教汝所聞者皆非佛
經亦非如來教是異道人所撰集者耳若菩薩得是意
亂狐疑者當知是菩薩不從過去佛所受記莂是菩薩
未立定住阿惟越致地若菩薩不疑不亂不轉意无所受
不信他事不用他教行六波羅蜜便自具足疾逮薩云若
慧以道自歸之不受他教辟如漏盡阿羅漢面自見法
不信餘教魔終不能制阿羅漢辟支佛終不能轉阿惟越
致菩薩佛告須菩提如汝所言羅漢辟支佛不能動轉
阿惟越致菩薩不可轉者為不轉還是菩薩又至阿耨
多羅三耶三菩正住阿惟越致地尚不信如來无所著等正
覺何況當信羅漢辟支佛及魔波旬諸異學所語所以
者何初不見有法當可信者亦不見五陰本无有可信者亦
不見道本无有可信者須菩提當以是像觀其相行
具足知是為阿惟越致菩薩復次須菩提魔復化
作比丘被服形像來至菩薩前語菩薩言善男子如
卿所行皆是世俗事非薩云若行魔復作是言我當
斷卿勤苦之本便為菩薩說像道法教則是俗事
像道教者或亦尸骸或說四禪及四空定言善男子是
者正道從是可得須陁洹道可至羅漢辟支佛道從
我教者可得斷生死勤苦拒本用是勤苦為學之乎隨
我教者可生欲天得生色天須菩提菩薩聞是便大歡

BD03966號　放光般若經卷一二　（7–5）

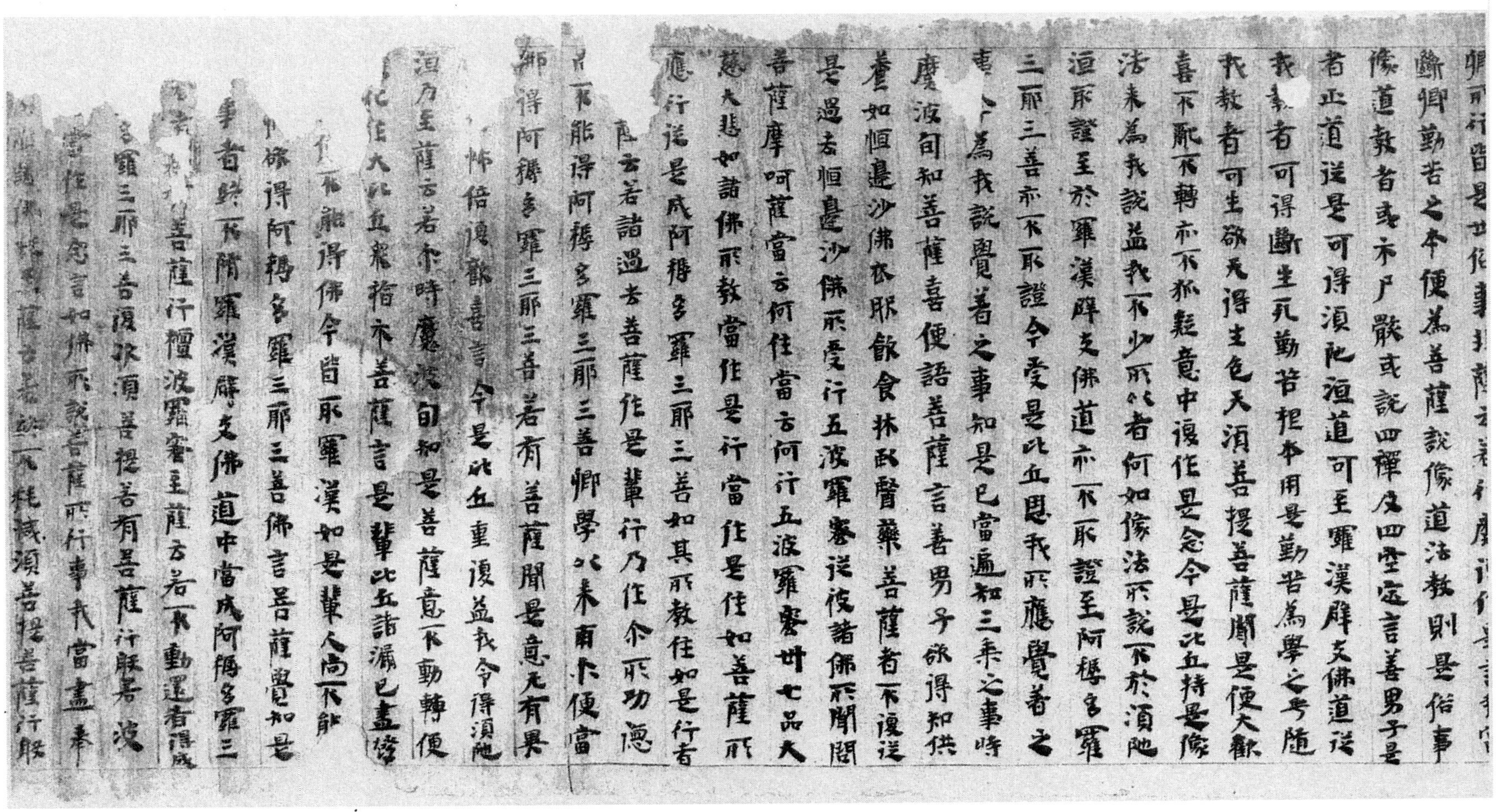

卿所行皆是世俗事非薩云若行魔復作是言我當
斷卿勤苦之本便為菩薩說像道法教則是俗事
像道教者或亦尸骸或說四禪及四空定言善男子是
者正道從是可得須陁洹道可至羅漢辟支佛道從
我教者可得斷生死勤苦拒本用是勤苦為學之乎隨
我教者可生欲天得生色天須菩提菩薩聞是便大歡
喜不耐不轉亦不狐疑意中復作是念今是比丘持是像
法來為我說益我不少所以者何如像法所說不於須陁
洹所證至於羅漢辟支佛道亦不所證至阿耨多羅
三耶三菩亦不所證今受是比丘恩我所應覺者之
事今為我說覺著之事知是已當遍知三乘之事時
魔波旬知菩薩喜便語菩薩言善男子欲得知供
養如恒邊沙佛衣服飲食牀臥醫藥菩薩者不復從
是過去恒邊沙佛所受行五波羅蜜從彼諸佛所聞問
菩薩摩訶薩當云何住當云何行五波羅蜜卅七品大
慈大悲如諸佛所教當作是行當作是住如菩薩所
應行從是成阿耨多羅三耶三菩如其所教住如是行者
亦云若諸過去菩薩作是輩行乃住介所功德
亦不能得阿耨多羅三耶三菩卿學以來甫未便當
那得阿耨多羅三耶三菩若有菩薩聞是意无有異
怖倍復歡喜言今是比丘重復益我令得須陁
洹乃至薩云若尒時魔波旬知是菩薩意不動轉便
化作大比丘衆稽首菩薩言是輩比丘諸漏已盡得
亦不能得佛今皆所羅漢如是輩人尚不能
中修得阿耨多羅三耶三菩佛言菩薩覺知是
事者終不隨羅漢辟支佛道中當成阿耨多羅三
[illegible]菩薩行檀波羅蜜至薩云若不動還者得成
多羅三耶三菩復次須菩提若有菩薩行般若波
當作是念言如佛所說菩薩所行事我當盡奉
[illegible]諸佛[illegible]菩薩云若終不耗減須菩提菩薩行般

BD03966號　放光般若經卷一二　（7–6）

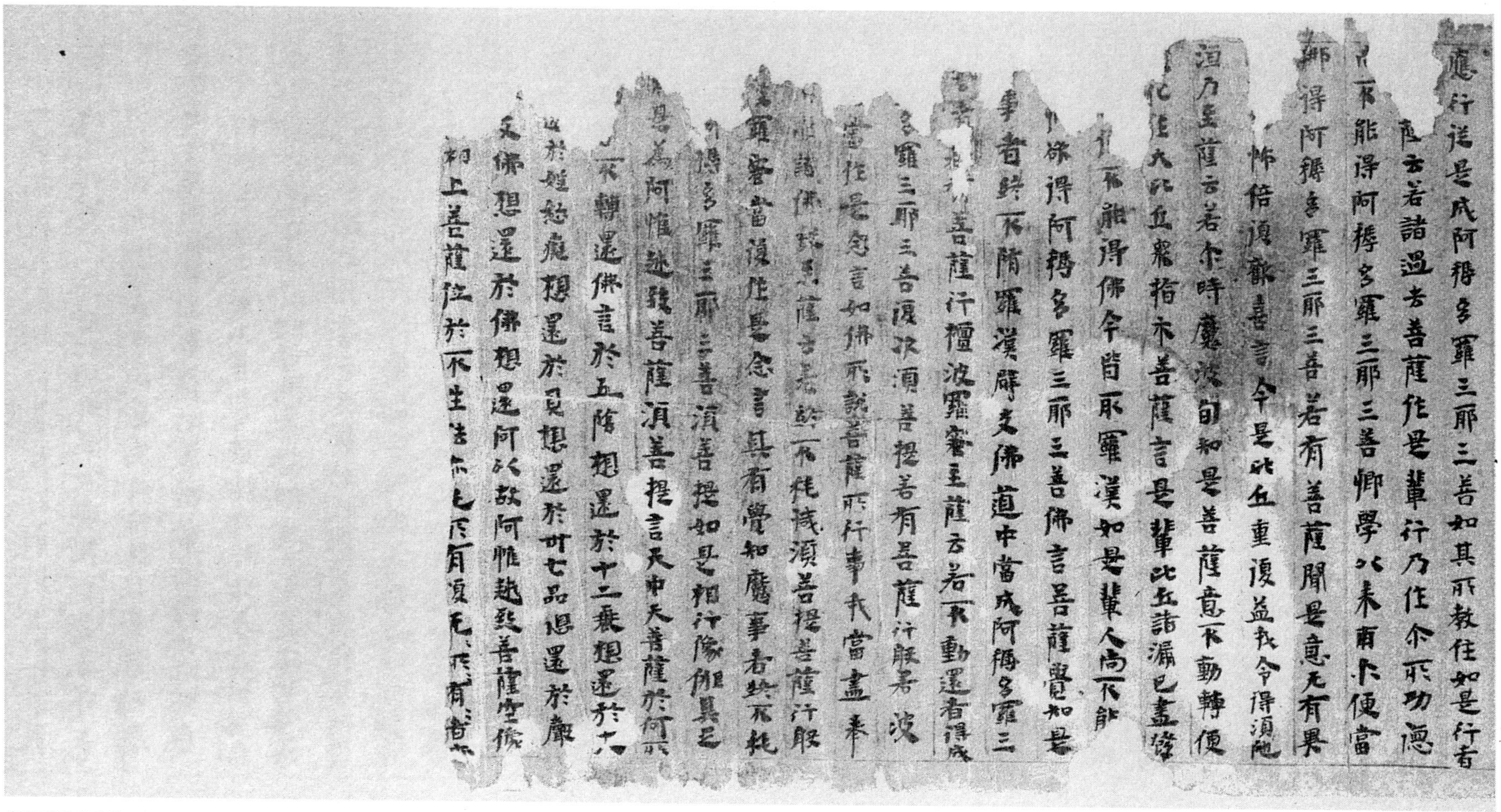
應行從是成阿耨多羅三耶三菩如其所教住如是行者
應言若諸過去菩薩作是輩行乃作尒所功德
不能得阿耨多羅三耶三菩卿學以來甫卞便當
鄉得阿耨多羅三耶三菩若有菩薩聞是意无有畏
怖倍須歡喜言令是比丘重復益我令得須陁
洹乃至薩云若尒時魔波旬知是菩薩意不動轉便
化作大比丘衆指示菩薩言是輩比丘諸漏已盡皆
不能得佛今皆取羅漢如是輩人尚不能
欲得阿耨多羅三耶三菩佛言菩薩覺知如是
事者終不隨羅漢辟支佛道中當成阿耨多羅三
菩薩行檀波羅蜜至薩云若不動還者得成
多羅三耶三菩復次須菩提菩薩有菩薩行般若波
當作是念言如佛所說菩薩所行事我當盡奉
諸佛說菩薩云若於一不捨識須菩提菩薩行般
羅蜜當復作是念言其有覺知魔事者終不耗
耨多羅三耶三菩須菩提如是相行隨俱其已
是為阿惟越致菩薩須菩提言天中天菩薩於何其
不轉還佛言於五陰想還於十二衰想還於六
於婬怒癡想還於見想還於廿七品想還於廟
天佛想還於佛想還何以故阿惟越致菩薩空候
相上菩薩住於不生法亦无所有復无所有者

BD03966 號　放光般若經卷一二

（7–7）

香積佛品第十
於是舍利弗心念日時欲至此諸菩薩當於何
食時維摩詰知其意而語言佛說八解脫
仁者受行豈雜欲食而聞法乎若欲食者且
待須臾當令汝得未曾有食時維摩詰即
入三昧以神通力示諸大衆上方界分過四十
二恒河沙佛土有國名衆香佛号香積今現
在其國香氣比於十方諸佛世界人天之香
最爲第一彼土无有聲聞辟支佛名唯有清
淨大菩薩衆爲說法其界一切皆以香作
樓閣經行香地苑園皆香其食香氣周流
十方无量世界時彼佛與諸菩薩方共坐食
有諸天子皆号香嚴悉發阿耨多羅三藐三
菩提心供養彼佛及諸菩薩此諸大衆莫不
目見時維摩詰問衆菩薩諸仁者誰能致彼
佛飯以文殊師利威神力故咸皆默然時維摩
詰言仁者此諸大衆无乃可恥文殊師利曰如
佛所言勿輕未學於是維摩詰不起于座居
衆會前化作菩薩相好光明威德殊勝蔽於

菩提心供養彼佛及諸菩薩此諸大衆莫不
目見時維摩詰問衆菩薩諸仁者誰能致彼
佛飯以文殊師利威神力故咸皆默然時維摩
詰言仁者此諸大衆无乃可恥文殊師利曰如
佛所言勿軽未學於是維摩詰不起于座居
衆會前化作菩薩相好光明威德殊勝蔽於
衆會而告之曰汝往上方界分度如四十二恒
河沙佛土有國名衆香佛号香積與諸菩薩
方共坐食汝往到彼如我辭曰維摩詰稽首
世尊足下致敬无量問訊起居少病少惱氣
力安不願得世尊所食之餘當於娑婆世界
施作佛事令此樂小法者得弘大道亦使如
来名聲普聞時化菩薩即於會前昇于上
方舉衆皆見其去到衆香界礼佛足又聞
其言維摩詰稽首世尊足下致敬无量問訊
起居少病少惱氣力安不願得世尊所食之餘
欲於娑婆世界施作佛事使此樂小法者得
弘大道亦使如来名聲普聞彼諸大士見化
菩薩嘆未曾有今此上人從何所来娑婆世
界為在何許云何名為樂小法者即以問佛
佛告之曰下方度如四十二恒河沙佛土有世界
名娑婆佛号釋迦牟尼今在於五濁惡世為樂
小法衆生敷演道教彼有菩薩名維摩詰
住不可思議解脫法門為諸菩薩說法故遣
来稱揚我名并讚此土令彼菩薩增益功德

名娑婆佛号釋迦牟尼今在於五濁惡世為樂
小法衆生敷演道教彼有菩薩名維摩詰
住不可思議解脫法門為諸菩薩說法故遣
来稱揚我名并讚此土令彼菩薩增益功德
彼菩薩言其人何如乃作是化德力无畏神足
若斯佛言甚大一切十方皆遣化往施作佛事
饒益衆生於是香積如来以衆香鉢盛滿香飯
與化菩薩時彼九百万菩薩俱發聲言我欲
詣娑婆世界供養釋迦牟尼佛并欲見維摩
詰等諸菩薩衆佛言可往攝汝身香无令
彼諸衆生起惑著心又當捨汝本形勿使彼
國求菩薩者而自鄙恥又汝於彼莫懷輕賤
而作礙想所以者何十方國土皆如虚空又諸
佛為欲化諸樂小法者不盡現其清淨土
耳時化菩薩既受鉢飯與彼九百万菩薩俱
承佛威神及維摩詰力於彼世界忽然不現
須臾之間至維摩詰舍時維摩詰即化作九百
万師子之座嚴好如前菩薩皆坐其上化
菩薩以滿鉢香飯與維摩詰飯香普薰毗
耶離城及三千大千世界時毗耶離婆羅門居
士等聞是香氣身意快然嘆未曾有於是長
者主月蓋從八万四千人来入維摩詰舍見其
室中菩薩甚多諸師子座高廣嚴好皆大歡
喜礼衆菩薩及大弟子却住一面諸地神虚
空神及欲色界諸天聞此香氣亦皆来入維

士等聞是香氣身意快然歎未曾有於是長
者主月蓋從八万四千人來入維摩詰舍見其
室中菩薩甚多諸師子座高廣嚴好皆大歡
喜礼衆菩薩及大弟子却住一面諸地神虛
空神及欲色界諸天聞此香氣亦皆來入維
摩詰舍時維摩詰語舍利弗等諸大聲聞仁
者可食如來甘露味飯大悲所薰无以限意
食之使不消也有異聲聞念是飯少而此大衆
人人當食化菩薩曰勿以聲聞小德小智稱
量如來无量福慧四海有竭此飯无盡使一切
人食摶若須弥乃至一劫猶不能盡所以
者何无盡戒定智慧解脫解脫智見功德
具足者所食之餘終不可盡於是鉢飯悉飽
衆會猶故不賜其諸菩薩聲聞天人食此
飯者身安快樂譬如一切樂莊嚴國諸菩薩
也又諸毛孔皆出妙香亦如衆香國土諸樹之
香尒時維摩詰問衆香菩薩香積如來以何
說法彼菩薩曰我土如來无文字說但以衆
香令諸天人得入律行菩薩各各坐香樹下
聞斯妙香即獲一切德藏三昧得是三昧者菩
薩所有功德皆悉具足彼諸菩薩問維摩
詰今世尊釋迦牟尼以何說法維摩詰言
此土衆生剛強難化故佛為說剛強之語以
調伏之是地獄是畜生是餓鬼是諸難處是
愚人生處是身邪行是身邪行報是口邪行是
口邪行報是意邪行是意邪行報是殺生

薩所有功德皆悉具足彼諸菩薩聞維摩
詰言今世尊釋迦牟尼以何說法維摩詰言
此土眾生剛強難化故佛為說剛強之語以
調伏之是地獄是畜生是餓鬼是諸難處是
愚人生處是身邪行是身邪行報是口邪行是
口邪行報是意邪行是意邪行報是煞生
是煞生報是不與取是不與取報是邪婬是
邪婬報是妄語是妄語報是兩舌是兩舌報
是惡口是惡口報是无義語是无義語報是
貪嫉是貪嫉報是瞋惱是瞋惱報是邪見是
邪見報是慳悋是慳悋報是毀戒是毀戒報
是瞋恚是瞋恚報是懈怠是懈怠報是亂意
是亂意報是愚癡是愚癡報是結戒是持戒
是犯戒是應作是不應作是鄣礙是不鄣礙
是得罪是離罪是淨是垢是有漏是无漏是
邪道是正道是有為是无為是世間是涅槃
以難化之人心如猨猴故以若干種法制御其
心乃可調伏譬如象馬𢤱悷不調如諸楚毒
乃至徹骨然後調伏如是剛強難化眾生故
以一切苦切之言乃可入律彼諸菩薩聞說是
已皆曰未曾有也如世尊釋迦牟尼佛隱
其无量自在之力乃以貧所樂法度脫眾生
斯諸菩薩亦能勞謙以无量大悲生是佛
土維摩詰言此土菩薩於諸眾生大悲堅
固誠如所言然其一世饒益眾生多於彼國

其无量自在之力乃以貪所樂法度脫衆生
斯諸菩薩亦能勞謙以无量大悲生是佛
土維摩詰言此土菩薩於諸衆生大悲堅
固誠如所言然其一世饒益衆生多於彼國
百千劫行所以者何此娑婆世界有十事善
法諸餘淨土之所无有何等爲十以布施攝
貧窮以淨戒攝毀禁以忍辱攝瞋恚以精
進攝懈怠以禪定攝亂意以智慧攝愚癡
說除難法度難八者大乘法度樂小乘者以
諸善根濟无德者常以四攝成就衆生是爲十
彼菩薩曰菩薩成就幾法於此世界行无瘡疣
生于淨土維摩詰言菩薩成就八法於此世
界行无瘡疣生于淨土何等爲八饒益衆生
而不望報代一切衆生受諸苦惱所作功德
盡以施之等心衆生謙下无礙於諸菩薩
視之如佛所未聞經聞之不疑不與聲聞而
相違背不嫉彼供不高己利而於其中調伏
其心常省己過不訟彼短恒以一心求諸功德
是爲八維摩詰文殊師利於大衆中說是
法時百千天人皆發阿耨多羅三藐三菩提
心十千菩薩得无生法忍

菩薩行品第十一

是時佛說法於菴羅樹園其地忽然廣博嚴
事一切衆會皆作金色阿難白佛言世尊以何
因緣有此瑞應是處忽然廣博嚴事一切

心十千菩薩得无生法忍
菩薩行品第十一
是時佛說法於菴羅樹園其地忽然廣博嚴
事一切衆會皆作金色阿難白佛言世尊以何
因緣有此瑞應是處忽然廣博嚴事一切
衆會皆作金色佛告阿難是維摩詰文殊
師利與諸大衆恭敬圍遶發意欲來故先爲作此
瑞應於是維摩詰語文殊師利可共見佛與諸
菩薩礼事供養文殊師利言善哉行矣今
正是時維摩詰即以神力持諸大衆并師子
座置於右掌往詣佛所到已著地稽首佛
足右遶七匝一心合掌在一面立其諸菩薩即皆
避座稽首佛足亦遶七匝於一面立諸大弟子
釋梵四天王等亦皆避座稽首佛足在一面
立於是世尊如法慰問諸菩薩已各令復座
即皆受教衆坐已定佛語舍利弗汝見菩
薩大士自在神力之所爲乎唯然已見汝意
云何世尊我覩其爲不可思議非意所圖
非度所測尒時阿難白佛言世尊今所聞香
自昔未有是爲何香佛告阿難是彼菩薩毛
孔之香於是舍利弗語阿難言我等毛孔亦
出是香阿難言此所從來曰是長者維摩詰
從衆香國取餘飯於舍食者一切毛孔皆香
若此阿難問維摩詰是香氣住當久如維
摩詰言至此飯消曰此飯久如當消曰此飯勢

孔之香於是舍利弗語阿難言我等毛孔亦
出是香阿難言此所從來曰是長者維摩詰
從衆香國取餘飯於舍食者一切毛孔皆香
若此阿難問維摩詰是香氣住當久 如維
摩詰言至此飯消曰此飯久如當消曰此飯勢
力至于七日然後乃消又阿難若聲聞人未
入正位食此飯者得入正位然後乃消已入
正位食此飯者得心解脫然後乃消若未發
大乘意食此飯者至發大乘意然後乃消
已發意食此飯者得无生忍然後乃消已得无生
忍食此飯者至一生補處然後乃消譬如有藥名
曰上味其有服者身諸毒滅然後乃消 此飯
如是滅除一切諸煩惱毒然後乃消阿難白佛
言未曾有也世尊如此香飯能作佛事佛言
如是如是阿難或有佛土以佛光明而作佛
事有以諸菩薩而作佛事有以佛所化人
而作佛事有以菩提樹而作佛事有以佛衣
服卧具而作佛事有以飯食而作佛事有以
園林臺觀而作佛事有以三十二相八十隨
形好而作佛事有以佛身而作佛事有以虛
空而作佛事衆生應以此緣得入律行有以
夢幻影響鏡中像水中月熱時焰如是等喻
而作佛事有以音聲語言文字而作佛事或
有清淨佛土寂漠无言說无示无識无作无
為而作佛事如是阿難諸佛威儀進止諸所

形如而作佛事有以佛身而作佛事有以虛
空而作佛事衆生應以此緣得入律行有以
夢幻影響鏡中像水中月熱時焰如是等喻
而作佛事又以音聲語言文字而作佛事或
有清淨佛土寂漠无言无說无示无識无作无
為而作佛事如是阿難諸佛威儀進止諸所
施為无非佛事阿難有此四魔八万四千諸煩惱門
而諸衆生為之疲勞諸佛即以此法而作佛
事是名入一切諸佛法門菩薩入此門者若見一切
淨妙佛土不以為喜不貪不高若見一切不
淨佛土不以為憂不礙不沒但於諸佛生清淨
心歡喜恭敬未曾有也諸佛如来功德平等為
教化衆生故而現佛土不同阿難汝見諸佛國
土地有若干而虛空无若干也如是見諸佛色
身有若干耳其无礙慧无若干也阿難諸佛
色身威德種姓戒定智慧解脫解脫智見力
无所畏不共之法大慈大悲威儀所行及其壽
命說法教化成就衆生淨佛國土具諸佛法悉
皆同等是故名為三藐三佛陀名為多陀阿伽度
名為佛陀阿難若我廣說此三句義汝以劫壽不
能盡受正使三千大千世界滿中衆生皆如阿
難多聞第一得念總持此諸人等以劫之壽
亦不能受如是阿難諸佛阿耨多羅三藐三
菩提无有限量智慧辯才不可思議阿難
自佛言我從今已往不敢自謂以為多聞佛告
阿難勿起退意所以者何我說汝於聲聞中

難多聞第一得念揔持此諸人等以劫之壽
亦不能受如是阿難諸佛阿耨多羅三藐三
菩提无有限量智慧辯才不可思議阿難
白佛言我從今已往不敢自謂以為多聞佛告
阿難勿起退意所以者何我說汝於聲聞中
為最多聞非謂菩薩且止阿難其有智者不
應限度諸菩薩也一切海淵尚可測量菩薩
禪定智慧揔持辯才一切功德不可量也阿
難汝等且置菩薩所行是維摩詰一時所現
神通之力一切聲聞辟支佛於百千劫盡力變
化所不能作
尒時衆香世界菩薩來者合掌白佛言世尊
我等初見此土生下劣想今自悔責捨離是
心所以者何諸佛方便不可思議為度衆生故
隨其所應現佛國異唯然世尊願賜少法還
於彼土當念如來佛告諸菩薩有盡无盡
解脫法門汝等當學何謂為盡謂有為法何
謂无盡謂无為法如菩薩者不盡有為不住
无為何謂不盡有為謂不離大慈不捨大悲
深發一切智心而不忽忘教化衆生終不猒惓
於四攝法常念順行護持正法不惜軀命
種諸善根无有疲猒志常安住方便迴向求
法不懈說法无悋勤供諸佛故入生死而无
所畏於諸榮辱心无憂喜不輕未學敬學如
佛墮煩惱者令發正念於遠離樂不以為貴

種諸善根无有疲厭志常安住方便迴向求
法不懈說法无悋勤供諸佛故入生死而无
所畏於諸榮辱心无憂喜不輕未學敬學如
佛墮煩惱者令發正念於遠離樂不以為貴
不著己樂慶於彼樂在諸禪定如地獄想於
生死中如園觀想見來求者為善師想捨諸
所有具一切智想見毀戒人起救護想諸波羅
蜜為父母想道品之法為眷屬想發行善根
无有齊限以諸淨國嚴飾之事成己佛土
行不限施具足相好除一切惡身口意淨生
死无數劫意而有勇聞佛无量德志而不倦
以智慧劍破煩惱賊出陰界入荷負眾生永
使解脫以大精進摧伏魔軍常求无念實
相智慧行少欲知足而不捨世間法不壞威儀
而能隨俗起神通慧引導眾生得念摠持所
聞不妄善別諸根斷眾生疑以樂說辯演法
无礙淨十善道受天人福脩四无量開梵天道
勸請說法隨喜讚善得佛音聲身口意
善得佛威儀深脩善法所行轉勝以大乘教
成菩薩僧心无放逸不失眾善行如此法是名
菩薩不盡有為何謂菩薩不住无為謂脩學
空不以空為證脩學无相无作不以无相无作
為證脩學无起不以无起為證觀於无常而
不厭善本觀世間苦而不惡生死觀於无
我而誨人不倦觀於寂滅而不永滅觀於遠
離而身心脩善觀无所歸而歸趣善法觀於

无有際限以諸淨國嚴飾之事成已佛土
行不限施具足之相好除一切惡身口意淨生
死无數劫意而有勇聞佛无量德志而不惓
以智慧劍破煩惱賊出陰界入荷負衆生永
使解脫以大精進摧伏魔軍常求无念實
相智慧行少欲知足而不捨世間法不壞威儀
而能隨俗起神通慧引導衆生得念揔持所
聞不妄善別諸根斷衆生疑以樂說辯演法
无礙淨十善道受天人福脩四无量開梵天道
勸請說法隨喜讚善得佛音聲身口意
善得佛威儀深脩善法所行轉勝以大乘教
成菩薩僧心无放逸不失衆善行如此法是名
菩薩不盡有爲何謂菩薩不住无爲謂脩學
空不以空爲證脩學无相无作不以无相无作
爲證脩學无起不以无起爲證觀於无常而
不猒善本觀世間苦而不惡生死觀於无
我而誨人不惓觀於寂滅而不永滅觀於遠
離而身心脩善觀无所歸而歸趣善法觀於
无生而以生法荷負一切觀於无漏而不斷

（1-1）

顯流通

之序若此三有別得別立序由无別之故又
皆有勸學勸受持故得別立流通也請々
主德曰仏言已下第二正陳請辭前文有
主智大有二義一世俗智大謂年始八歲誦外典十八部
書義理於十六大國論義第一智大也二出世智大如仏偈說一切衆生智唯除
尊　欲比舍利弗　智慧及多聞　於十六分中　猶尚不及一故智大也二令
弗者翌請々主名父名優波提舍以於論義故從得立名々優波提舍
名舍利此人形容端正眼似舍利鳥眼因鳥立名故稱舍利弗之
從父立字々優波提舍但世人見其母聰明智慧於女中人家
其母故但云舍利子不言優波提舍即從母立字也三能道
者歎請々主德謂有轉法輪德以能霞仏後轉大法輪摂道
仏法々大將也四憐愍衆生故者歎其請意以慈悲心欲利益衆生
故請也　曰仏言等者第二正陳請辭有二比初即牒前後略經作發請
緣由總指如來一代所說為前後經即以法華等為前經涅槃等為後
經於彼並略習弥勒當下作仏事然未廣明功德神力等相故須問
也二願欲廣聞等者正明請問有三比初即問所值弥勒功德神力
也二國土等者問所生國土莊嚴々事也三衆生以何施等者問衆生
所脩值仏因也　尒時仏告舍利弗等者第二明說尒有請須說故次來

緣由摠指如來一代所說為前後經說以法華等為前經涅槃等為後
經於彼並略習弥勒當下作仏事然未廣明功德神力等相故須問
也二願欲廣聞等者正明請問有三比初即問所值弥勒功德神力
也二國土等者問所生國土莊嚴々々事也三衆生以何施等者問衆生
所脩值仏因也 尒時仏告舍利弗等者第二明說々有請須說故次來
也有三初答第二問國土嚴々事其城中有大婆羅門王已下第二答
初問弥勒功德神力尒時弥勒仏見諸大衆作是念言已下第三答
答第三問何施等值仏因前文有二初略答其諸園林已下第二廣
答略文有三初答國土莊嚴事是時有一大城已下第二答城邑莊嚴
事舍利弗我今為汝已下第三結略答文齊 尒時仏告舍利弗等
者將欲答故先勅聽許說也舍利弗四大海水以々漸減少等者正明地
莊嚴事弥勒未出時閻浮提廣廿六万里瞿耶尼卅二万里弥勒仏生
時東弗于逮卅六万里欝單越卅万里海水廣三百卅六万里弥勒仏生時
衆生慈心相向故海水減十二万里諸小山皆平故閻浮提地更長卅万里廣
卅二万里平坦如鏡也名華濡草等者以々華草樹林等莊嚴於地是說
等者以々城邑人民莊嚴國界也女人年五百歲等者尒時人壽命八万歲
故女年五百歲始行嫁男年五百歲方娉妻也 是時有一大城等者第二答
城莊嚴事有二比初即習城名幹也長十二由旬等者明亮圓淨南
北長四百八十里東西廣二百八十里也二福々人等者明莊嚴相有二初明
清淨莊嚴相時世安樂无有怨賊已下第二明无穢惡相前文有五
初福德々人等者以々人嚴城七寶等者以々雜寶莊嚴城也三有大力龍等
者以々龍王莊嚴城也四時世人民福德所致等者以々明珠柱及以金沙莊嚴
城也 五有大夜叉神等者比神名善教復以比神莊嚴城也 時世安樂
无有怨賊等者第二明无穢惡相比句明无十惡相也二无衰惱等者
明无五濁相旦舉劫濁例餘濁之无也人常慈心等者由慈心相向
故无五濁等惡也舍利弗我今為汝粗略說等者結略答文齊也其

城也　五有大夜叉神等者此神名善教復以此神庄嚴城也時世安樂
无有怨賊等者第二明无穢惡相此句明无十惡相也亦无裏怨等者
明无五濁相旦舉劫濁例餘濁之无也人常慈心等者由慈心相向
故无五濁等惡也舍利弗我今為汝粗略說等者結略答之齊也其
諸園林第二廣答有二初重答國界庄嚴事翅頭末城已下第
二重答城邑庄嚴事前又有五此初即以園林池花等庄嚴國界
也二雨澤隨時等者以穀稼滋茂庄嚴國界也　三尒時有轉輪王
等者以轉輪聖王庄嚴國界也有四種兵等者復以四兵千子及以七
寶庄嚴王也四又其國土有七寶臺等者以寶臺庄嚴國界也
五又有四大藏等者以大寶藏庄嚴國界也四大藏縱廣千由旬等
者顯藏之量相一一藏各縱廣四万里也各有四億小藏等者復以小
藏庄嚴大藏也有四大龍王等者復以龍王庄嚴寶藏也翅頭末
城等者第二明重答城庄嚴事也其城中有大婆羅門主等者大
下第二答初問弥勒功德神力有二初答功德弥勒菩薩觀世五欲
已下第二神力前文者有二初即明生家功德勝明諸菩薩各有二家
一法家謂法性二生家即父母今經文且論生家以妙梵為父梵摩婆提
此云珠勝妙顏為母以此清淨豪族婆羅門種為父母故功德勝也二身
紫金色等者明生身功德勝有七一色功德勝如經身紫金色等故
二相功德勝如經卅二相等故三力功德勝謂那羅延力如經身力无量
等故四光功德勝如經光明照耀等故五量功德勝如經身長千尺等故
六諸根功德勝如經肉眼清淨等故七光業功德勝如經常光四照乃
至但有佛光等故也弥勒菩薩觀世五欲等者第二答神力有二初明
神力因緣坐於菩提龍花已下第二正答神力此句明神力遠緣
以觀過生獸作出家方便集神力因緣故也時穰佉王共諸大臣等
者明弥勒修无常觀作神力近緣此句先觀寶臺无常也如一切法皆之摩

六諸根功德勝如經內眼清淨等故七光業功德勝如經常光四照乃
至但有仏光等故也弥勒菩薩觀世五欲等者第二明神力有二初明
神力因緣坐於菩提龍花已下第二正明神力七句明神力遠緣
觀過生猒作出家方便集神力因緣故也時穰佉王共諸大臣等
者明弥勒脩无常觀作神力近緣七句先觀寶臺无常也如一切法皆摩
滅等者例觀餘法悉皆无常猒心倍增便出家學道修集神力
近緣也坐於龍花菩提樹下等者第二正明神力有五句初即
明以神力得道七句先習菩提樹量相也即以出家日等者正明以
神力得道即日出家即日成道故知是神力變化非實行也二尒時
諸天龍神等者明以神力攝衆諸攝衆生令信心於仏田內施以諸香
花為菩提種子也三三千大千世界等者明以神力動地為諸衆生作
得度因緣也四仏身出光等者以神力放光令諸衆生尋光見仏作得
度因緣也五尒時人民各作是念等者明以神力度人有二初明苦无
常觀作出家方便七句即明苦觀也世間无常等者无常觀也二作是
念已出家學道者正明出家有三七初總明度人出家即立宗弥
勒仏都未為說法但見仏動地放光等神力相便猒世出家也二時
穰佉王等者別習度人相凡有八衆七初先度王及大臣衆出家也
二復有八万四千諸婆羅門等者次度婆羅門衆也三復有長者
名須達那等者次度長者衆也四復有梨師達等者次度長者
子衆也五復有二大臣等者重明度大臣衆也六穰佉王寶女等
者次度夫人婇女衆也七穰佉王太子等者次度太子及大臣子衆也八
弥勒仏親族等者次度婆羅門子衆也三知是等无日童千万億衆
等者結成本宗也尒時弥勒仏見諸大衆作是念言等者大文第
三答上第三問衆生以何施何戒等見仏因有三初善根已下明弥
勒仏觀衆来意是諸人等皆於仏法中種諸善根已下第二正答見

者次度夫人綵女眾也七假使王太子等者次度太子及大臣子眷作也八
弥勒仏親族等者次度婆羅門子眾也二如是等无日童千万億眾
等者結成本宗也尒時弥勒仏見諸大眾作是念言等者大文弟
三荅上弟三問眾生以何施何戒等見仏因有三初善根已下明弥
勒仏觀眾來意是諸人等皆於仏法中種諸善根已下弟二正荅見
仏因緣弥勒仏如是開導已下弟三明因所對果此初即明觀眾來
意不求世樂唯求涅槃常樂果也二是諸人等皆於法中等者正荅
見仏因緣有二此初即開因緣兩門互宗此句明眾生自脩善根為見
仏因也釋迦牟尼仏遣來付我等者顯見仏緣明如來外緣教化
與眾生值仏緣也二是諸人等或以讀誦分別決定脩多路等者引
習因緣二義有二初明脩九種善根為見仏因釋迦牟尼仏已下弟
二釋上緣門因內有九此初即明脩聞慧及功德業為見仏因也二或
以衣食施人等者明脩施戒慧三種善根為見仏因也三或以幡蓋等者
明於仏田脩布施及恭敬為見仏因也四或以布施等者明行施持齋
習慈三種善根為值仏因也五或以苦惱眾生等者明脩慈善
根為見仏因也六或以持戒等者明持戒脩忍習慈三種善根為見仏
因也七或以施僧常食等者明於僧田行施善根為見仏因也八或以
戒多聞等者明以持戒聞慧脩空及无漏慧四種善根為值仏因也
九或有起塔等者明造塔及於舍利脩施善根為見仏因也善哉
釋迦牟尼仏等者弟二釋上遣來付我等明見仏緣有三此
初即歎釋迦仏善教化也而作是言汝等眾生能為難事等者
兼結歎脩因難成能成也於彼惡世等者釋難成所以此句明三
毒強盛故脩因難成也不識父母等者明惡業知識多故脩因
難成而能成辦故稱有也二善哉釋迦牟尼仏以大悲心等者歎
釋迦仏以大悲實語利益眾生也三釋迦牟尼仏為汝等拔苦
者釋迦仏自苦其身利益眾生也弥勒仏如是開導等者弟三
明因所對果此下明聞法證果者悉是上九種脩因人也有四初明

麦強盛故脩因難成也不識父母等者明悪業知識多故脩因
難成而能成辦故希有也二善哉釋迦牟尼仏以大悲心等者歎
釋迦仏以大悲實語利益衆生也三釋迦牟尼仏為汝等故等
者釋迦仏自苦其身利益衆生也弥勒仏如是開導等者第三
明因所尅果此下明聞法證果者悉是上九種脩因人也有四初明
觀衆機欲為説四諦已下第二觀稱欲〻法尒時弥勒仏於華
林園已下第三明稱根説法弥勒仏住世六万歳已下第四明弥
勒仏法住盡不齊此句明共慰衆生令喜也福德〻人充滿其
所等者明衆有欲也皆作是念五欲不淨等者明衆有機堪
聞於法也弥勒仏觀察等者即觀衆生有機欲也為説四諦等
者第二觀稱根〻法宜聞四諦即得涅槃道也尒時弥勒仏於
華林園等者第三明稱根説法此經顯弥勒仏四會説法於花林
園三會於耆闍崛山一會今且約文就處分之為二初於花林園
説尒時弥勒仏欲往長老大迦葉所已下第二於耆闍崛山説前
文有三初明説法教化令出家衆得出世益弥勒仏既轉法輪已
下第二明神足教化令在家衆得世間益尒時弥勒仏諸弟子
已下第三重結歎出家衆利益相其園縱廣等者明説法會
處縦廣四千里也初會説法等者正明説法教化令得出世果
益阿羅漢者此云不生明此等衆並除斷二輪〻或煩有漏業於
三界地生因緣盡更不生三界故日不生也弥勒仏既轉輪等者第二
明神足教化益在家衆有二初明仏神足力化尒時魔王已下第
二神足力令魔教化前文有三〻初明令衆稱敬供養此即結前
起後也无量淨居天等者正明現神足化令衆稱敬供養增其
福業也二世尊入時等者明説偈讚仏顯法供養益其智慧此
偈有三義初正遍知乃至十力等三句出仏田軒即十力等智為

二神足力令魔教化前文有三。初明令衆修敬供養，此即結前
起後也。无量淨居天等者，正明現神足化令衆修敬供養，增其
福業也。二世尊入時等者，明說偈讚仏顯法供養，益其智慧。此
偈有三義：初正遍知乃至十力等三句，出仏田殊，即十力等智為
幹也。二无上家勝等兩句，嘆田勝，明此仏田家上更无有田上於此
者，故稱无上也。三稽首一句，明對此勝田修敬供養也。三尒時天人羅
剎等者，重明修敬供養也。此句即歎以仏神力降魔也。是時天人
等者，正明修敬供養也。尒時魔王於初夜後夜等者，第二明仏以
神力令魔教化。此明教化衆生令滅省睡眠也。汝等若立若坐等
者，即勸修无常等四種觀也。汝等勿為放逸等者，教令正惡也。時街
巷男女等者，即領解法語轉相教化也。如是大師等者，歎仏世難值，
令既逢遇，應懃精進求常樂涅槃也。尒時弥勒仏諸弟子等
者，第三重結歎出家衆利益相。此即嘆福德勝。多聞廣學等
者，嘆其行勝。得離諸欲等，歎斷德勝也。尒時弥勒仏欲往長老
大迦葉等者，第二於耆闍崛山說有四。此初明起說方便。由所為
往衆藉迦葉為緣，故須往就也。山頂上見大迦葉等者，明大衆既見
迦葉受法撫愛也。二弥勒仏讚言大迦葉等者，正明說法。此即讚大
迦葉所為說也。此歎迦葉六種行，即是為衆說六種法門。一說頭陁知足
之法，如經頭陁第一故。二說禪定住心，心法如經通達禪定故。三說八
解脫離或法，如經解脫故。四說空无相願觀行法，如經三昧故。五說
无𢜔法，如經雖有神力而无高心等故。六說慈心法，如經常愍下賤等
故也。弥勒仏讚大迦葉上來已判歎，此下總歎。三尒時人衆見大
迦葉等者，明說所成益。由聞仏讚迦葉六種德，故情築同得，故於
尊證也。是時人等者，歎釋迦仏能化也。四尒時說法之處等者，明說
法會處廣長之相。廣三千二百里，長四千里，大衆滿中也。弥勒仏往世

BD03968 號 1　彌勒成佛經義疏　（17–7）

无㝵法如經雖有神力而无高心等故六說慈心法如經常慜下賤等
故也弥勒仏讚大迦葉上來已判歎此下總歎三介時人衆見大
迦葉等者明說所成益由聞仏讚迦葉六種德故情篤同侍故於
射證也是時人等者歎釋迦仏能化也四介時說法ゝ處等者明說
法會處廣長之相廣三千二百里長四千里大衆滿中也弥勒仏住世
六万歲等者第四明弥勒仏法住盡分齊也汝等宜應精進等者
大分第三明流通分欲令此法傳通末代與諸衆生作見仏因緣
故汝來也此句即勸學勸受持乃見仏因也仏說是經已等者明舍
利弗等奉教流通也

弥勒成仏經義疏一卷

溫室經義疏一卷

將欲造文先於經首五義分別　一明教起所由　二辯教宗齊　三辯
教下所詮宗指　四辯教所爲人　五釋經之題目　一明教興所由者然法
性平等理均妄末亂識闇取遂令妄徹真元理均妄末即理爲妄
本妄徹真元即妄爲真相真爲妄本故遂令妄法非有妄爲真相故
遂令真不染而染不染而染有其二種一性染謂煩惱業苦多染
其心二事染謂遊廛與津液成其事染多染其色形由此二種染
故令諸衆生沉溺生死不能自出時有𦬇大士出現於世号曰祇域ゝ
名者婆此云活其人根本ゝ慧高遊法性後待之智降靈俯接故現
託醫王志存救苦欲生近念遠ゝ通至道晨旦詣仏請開洗僧之
法如來大慈應機爲說禮聊之祈遂介普興洗僧之教於茲弥
布矣　二明教之分齊者教雖廣沙略要有二謂聲聞菩𦬇藏聲
聞所學名聲聞藏菩𦬇學法名𦬇藏內有二一執性教門謂
雖知陰入界內无有神我猶執三世一切法有自性二破性教門謂知、
知陰入界內无有神我亦破三世一切法明无有自性此二雖相有淺

BD03968 號 1　彌勒成佛經義疏
BD03968 號 2　溫室經義疏

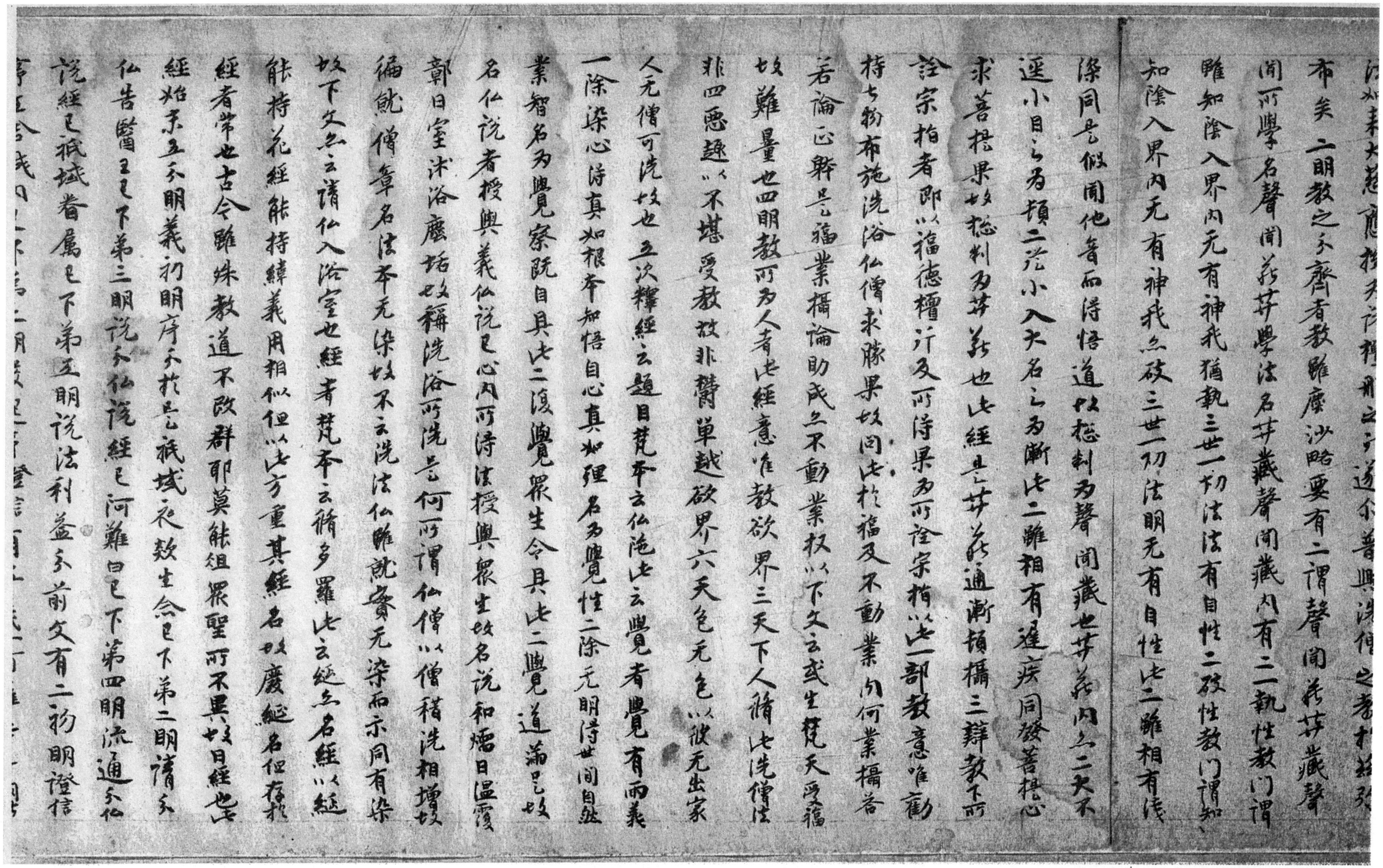

BD03968 號 2　溫室經義疏　（17–9）

經者常也古今雖殊教道不改群耶莫能阻衆聖所不異也日經也
經始末五分明義初明序分於是祇域衣致生念已下第二明請分
仏告醫王已下第三明說分仏說經已下第四明流通分仏
說經已祇域眷屬已下第五明說法利益分前文有二初明證信
序王舍城內已下第二明發起序證信有五義一阿難等者明於
聞法人日者諱吾猶我也二聞如是者明所聞法阿難云如是說
僧法我從仏邊聞也三一時者明聞法時以聞此法時別聞餘法時
故云一時也四仏者明能說法人五在摩竭等者明聞法處梵本
云摩竭提此云善〻國以此國帝〻相承斷十惡行十善故名善〻
國沙崛山者此云零鷲山以此是名山好處三世諸仏及一切仙靈
皆就此山住心故云靈鷲也下明衆坐四輩數千万人即是同聞衆
此略不明也列此時處等為證令物生信故名證信也王舍城內有
大長者等第二明發起序由約祇域爲饗衆為問答賓主發
起經旨故名發起序此文有三義初有大長者柰女之子等者辯
請主名字祇域母本從柰花內生異於常女有大名聞故從
母章通是云柰女子於名祇域者此云活瓶沙王共柰女通一宿
即欲捨去柰女自覺有娠即以白王瓶沙王曰若是男兒當以還
我若是女兒便以還汝即脫手金鐶印付柰女曰以是為信柰女
於後生子即手執針藥囊等後為大醫王能救病苦活衆生
命從此立名活也二為大醫王等者次歎請主德有四一具醫
王持有八種謂知〻病因知病相知病處知藥〻功能持知藥所治
知藥所禁具此八德故善能療病无不除愈祇域始年七歲即
學達一切書論故言少小也二才者即三才德謂上知天文日月星
宿行〻度數等事次知人情人義礼智信等下知地裏伏藏
等事三藝者即六藝德躲御書數礼樂射有六一參連射前

BD03968 號 2　溫室經義疏　　　（17–10）

知禁所習具此六德此義能癒疾元不除愈稍理始第七篇

學達一切書論故言少小也二才者即三才德謂上知天文日月星

宿行〻度數等事次知人情人義礼智信等下知地裏伏藏

等事三藝者即六藝德餘御書數礼樂射有六一參連射前

箭迴上射〻以後箭射前〻相着不令隋落二博囊〻繫兩柱放箭

尋囊〻終不離囊三井儀以腳登井蘭迴上射箭下繞井似井蘭

四漏矣若射山叉紙皆漏失五曲足人急繞樹走放箭〻繞樹

射人著六讓尺臣共君射恒讓君一尺地跡於君也 御有六一鳴和

鸞謂御者動車和鳴哀婉即有鸞應二尋水曲一輪在陸

一輪在水尋水高下曲直終不傾倒三武交渠在四交渠頭四面

一時湊交道其車不相逼突四閒容極車入門時兩軸頭去門兩邊

各一拳許不相楷突五要禽左禽用左便御者恒在左邊以禽元左

便故六釘六捨車有兩輪馬有四〻〻御者馳逐如風急湊一時在

六捨上住元有前卻 書依外國有六十七種方書異書依此方

有六一像形如日月等二形聲如水方為河水工為江等三會意人

言為信不見名覔等四假借作〻度〻等五直陳一二上下等六輪書

知直孝為孝麴腳為老十七之介數有三謂增減滿增者從一万至

千万億等減者九為十万至九二八十一等滿者從十至十万至億兆京

垓滿澗壤正姊宰等礼有五謂吉凶賓君嘉 樂有六一軒轅日

雲門樂軒轅出時常有紫雲應其湯門遂作雲門樂二堯日

醎池樂咸〻言皆池〻言施堯有聖德无施不可三舜日大韶

樂韶〻言繼堯知舜有聖德以二女娥皇女英妻〻後時以丹朱

不紹舜繼其後遂作大韶樂四殷日大濩樂殷有聖德能覆

濩萬民遂作大濩樂五禹日大夏〻言寬欲明此國寬曠遂作大

夏樂六周有大武樂文王崩武王罰紂興千乜動兵武遂作

[illegible]

樂韶韶之言紹堯知舜有聖德以二女娥皇女英妻之後時以丹朱
不紹舜繼其後遂作大韶樂四殷日大濩樂殷有聖德能覆
濩万民遂作大濩樂五周日大夏夏之言寬欲明此國寬廣遂作大
夏樂六周有大武樂文王崩武王罰紂興干戈動兵武遂作
大武樂過通者所有傳達餘不能及也四智達五經等者即
達五經德依此方所傳謂詩礼尚書易春秋樂皆善通達也天文
地理等者第三結成上德此即結三才德其所治者等結上首
王德死者更生等者捺女經云維耶離國迦羅越家子好學武作
一木馬高七尺餘初學適得上馬久久益習忽過度失據墜地而
死死祇域聞之便往以藥王照腹中見其肝反戾向後氣結不通故
死即以金刀破腹以手斯理還肝向前畢以三種神膏塗之至三
日吐氣而悟故曰死而更生等也其德甚多等者總結歎眾德宗
者尊也八國皆尊仰祇域也於是祇域衣放生等念者第二明請
于有二初明請方便祇域長跪已下第二正請前又有三此初明興
發請意非先作意忽生此念故言欻當問我親意有三一欲洗浴
凡須幾物二疑洗浴除幾種病三欲洗僧得幾果報也二晨旦勑
家等者正明勑眷屬詣仏欲請祇域眷屬下車直進等者明敬
仏儀式也三仏慰勞日等者明仏力加勸令其請問此句即通
順世儀慰勞令生歡喜善心增進日者助辞善來等者出慰
勞辞欲有所問等者即與力勸問莫親心裏難於仏而不諮問也祇域
長跪等者第二正明承力請問有三此初明祇域讓退申己无福
具四親近仏法故曰踈流轉生死曠野故稱野道俗眾流者欲有无
明見四流非一故云眾此重習上野未曾為福者重釋前疏也二
今欲請仏等者正陳請辞仏菩薩雖實无染亦同有染故請洗
法本无染又无示現故不請而是敬田能生物善故須供養也三願

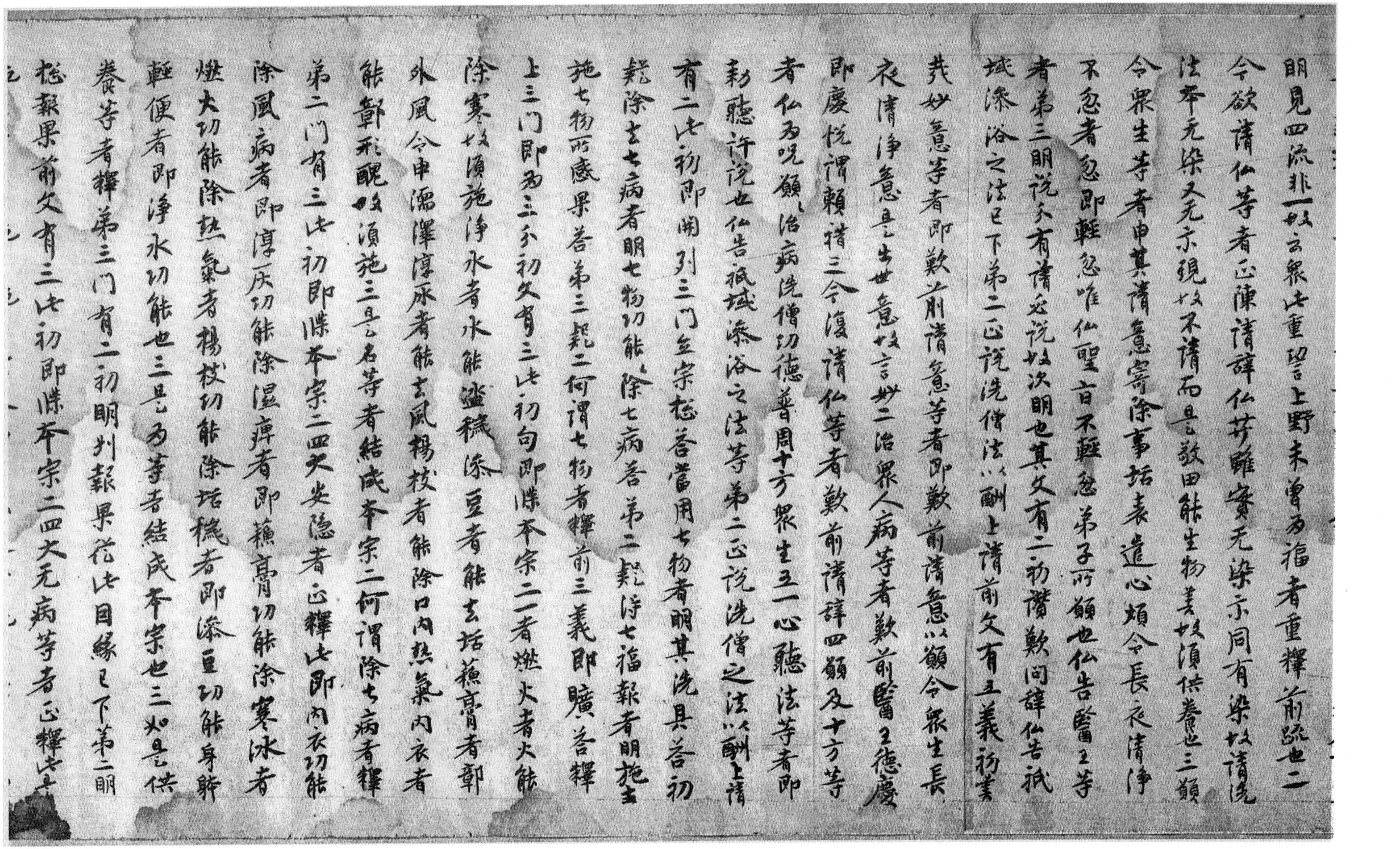
明見四流非一故云衆比重習上野未曾有福者重釋前跡也二
令欲請仏等者正陳請辭仏於雖實无染示同有染故請浣
法本无染又无示現故不請而是敬田能生物善故須供養也三願
令衆生等者申其請意寄除事話表遣心煩令長衣清淨
不忽者忽即輕忽唯仏聖盲不輕忽弟子所願也仏告醫王等
者弟三明説亦有請必説故次明也其文有二初讚歎問辭仏告祇
域滌浴之法已下弟二正説浣僧法以酬上請前文有五義初業
共妙意等者即歎前請意以願令衆生長
衣清淨意是出世意故言妙二治衆人病等者歎前醫王德慶
即慶悦謂賴猜三合復請仏等者歎前請辭四願及十方等
者仏為呪願治病浣僧功德普周十方衆生五一心聽法等者即
勑聽許説也仏告祇域滌浴之法等弟二正説浣僧之法以酬上請
就除去七病者明七物功能除七病答弟二就浮七福報者明施主
有二比初即開列三門立宗揔答當用七物者明其浣具答初
施七物所感果答弟三就二何謂七物者釋前三義即贖答釋
上三門即為三分初文有三比初句即牒本宗二一者然火者火能
除寒故須施淨水者水能盪穢滌且者能去垢藻膏者鄣
外風令申濡澤淳灰者能去風楊枝者能除口内熱氣内衣者
能鄣形醜故須施三是名等者結成本宗二何謂除七病者釋
弟二門有三比初即牒本宗二四大安隱者正釋比即内衣功能
除風病者即淳灰功能除濕痺者即藻膏功能除寒冰者
然大功能除熱氣者楊枝功能除垢穢者即滌且功能身軆
輕便者即淨水功能也三是為等者結成本宗也三知是供
養等者釋弟三門有二初明判報果從比目緣已下弟二明
揔報果前文有三比初即牒本宗二四大无病等者正釋比者

燃火功能除熱氣者楊枝功能除垢穢者即澡豆功能身軆
輕便者即淨水功能也三是以為等者結成本宗也三如是供
養等者釋第三門有二初明判報果從此因緣已下第二明
總報果前文有三此初即牒本宗二四大无病等者正釋此是
施火果報由施主施火洗僧除僧病故還資施主在所受生四
大无病勇武丁健餘果及資例尔所生清淨等者是施淨
水報身軆常香等者施澡豆報肌軆潤澤等者施蘇膏
報多饒人從等者即施淳灰報由洗僧時化多人共作故得
多人從除僧心風故及資得知宿命口塞香好等者即施楊枝
果所生之處自然衣裳等者是施內衣果也三仏告祇域作此
澡浴衆僧等者結成本宗也從此因緣等者第二明總報果一
報上具攝前七果成於一報故名總此文有二初列出所感
報有九一得為人二為臣三帝王四得四天王五為帝釋六得轉
輪王七得梵天王八得菩於中發意者即地前治地者即初
地至十地功成志就者即十地終心九遂致作仏者得无上菩
提果也斯之因由等者第二結成因果有三此初長行總
結畢勞不傷者以七物施仏僧二田決定得果不可破壞不同
世田為旱澇所傷故云不傷二於是世尊重為等者第二偈
誦別結於中有廿偈義分為三初有一偈總結因果次
有十八偈別結末後一偈結歎所洗田勝初觀諸三界中
等者即總結因果嚴福者明洗僧因如身所感果如影
有身必有影隨有因定有果應道德无限量者
結出世因果因為道果為德並各无量諦聽等者勑
聽許讀說於後也二夫人生處世等者自下十八偈別
結前九報此偈即結上哉為人若為大臣子等兩偈結上臣
若生天王家二偈結上帝王第一四天王等二偈結上日月四

結出世因果因為道果為德並名无量讚聽等者初
聽許贖說於後也二夫人生處世等者自下十八偈别
結前九報此偈即結上□為人若為大臣子等兩偈結上臣
若生天王家二偈結上帝王第一四天王等二偈結上日月四
天神王第二忉利天二偈結或為帝釋世間轉輪王等二偈
結上轉輪聖王第六化應天等兩偈結欲界第六天王上
長行内文略故无中間三天王報雖偈及長行俱不顯理有
不絶梵磨三鉢天雨俱結上或生梵天受福難量然
上長行通明凡聖皆生此偈内偏結那含聖人生相也仏
為三界尊等一偈結上或為菩薩意治地等文中雖舉仏
欲求仏因脩道積行无數劫為菩道也金轉玉為瓔等兩
偈結上遂致作仏此偈明得作應身仏諸仏從行得等
明得作報仏仏以資報非化起故云從行得所施三界人等者
明以已所證轉為人說即法施之可此二偈通明報應二仏色
身相以法身本有從因義隐故略不明也三衆僧僧聖尊
等一偈結歎所洗田勝衆僧即僧田聖尊即仏田四道良福
者重歎僧田勝即以四沙门果為四道生福中勝故云良田
亦可総明仏僧通與三乘及凡夫為福田故云四道良福田道
德從中出者由洗仏僧戌世出世因名道感世出果名德即
此道德從所洗仏僧僧田中出是行家妙真者前道德是
因果二行由田勝故所生因果行家妙家真離不善及出
世故云妙不顛倒及不變異故稱真也仏說偈已重告祇
域等者第三重結因戌果即釋㲉有二義此初約别因
釋外人之㲉之云若由洗浴仏僧故得為人乃至仏者因既是

此道德從所洗仏僧〻田中出是行家妙真者前道德是
因果二行由田勝故所生因果行家妙家真離不善及出
世故云妙不顛倒及不變異故稱真也仏說偈已重告祇
域等者第三重結因成果即釋疑有二義此初約別因
釋外人〻疑〻云若由洗浴仏僧故得為人乃至仏者因既是
同得果云何有異即荅云皆由先世用心不等心即心願
以心願為別因故得報不同也二如此受諸福報等者明通因
由洗僧福業同故所受報皆樂即重結因成果也仏說經
已阿難白仏等者第四明流通〻有二初問後荅問辞有
二此即初問結名二以何勸誨之者問流通儀式也仏告阿難此
經名曰等者第二荅有二此初即荅經名明三世諸仏同
說此溫室洗僧經非釋迦獨造也二行者得度非神授與
等者荅流通儀式明若能對前所得果勸行其因即是
流通此經儀式由行洗僧因故得人天勝報度於惡道得為
𦬇乃至作仏故度於世間即此世出世果由衆生自行洗僧為
因故得非外道魔神授與也仏說經已祇域等者
第五明說法利益〻此句明祇域及所将眷屬並得
須陁洹道衆坐大小等者明當尒會坐有數千万人
之得須陁洹道也

以心願爲别因故得報不同也二如此受諸福報等者明通因
由洗僧福業同故所受報皆樂即重結因成果也仏説經
已阿難白仏等者第四明流通分有二初問後荅問辞有
二此即初問結名二以何勸後之者問流通儀式也仏告阿難此
經名曰等者第二荅有二此初即荅經名明三世諸仏同
説此温室洗僧經非釋迦獨造也二行者得度非神授與
等者荅流通儀式明若能對前所得果勸行其因即是
流通此經儀式由行洗僧因故得人天勝報度於悪道得爲
菩乃至作仏故度於世間即此世出世果由衆生自行洗僧爲
因故得非外道魔神授與也仏説經已祇域眷屬等者
第五明説法利益于此句明祇域及所將眷屬並得
須陁洹道衆坐大小等者明當尓會坐有數千万人
立得須陁洹道也

BD03968號背　雜寫

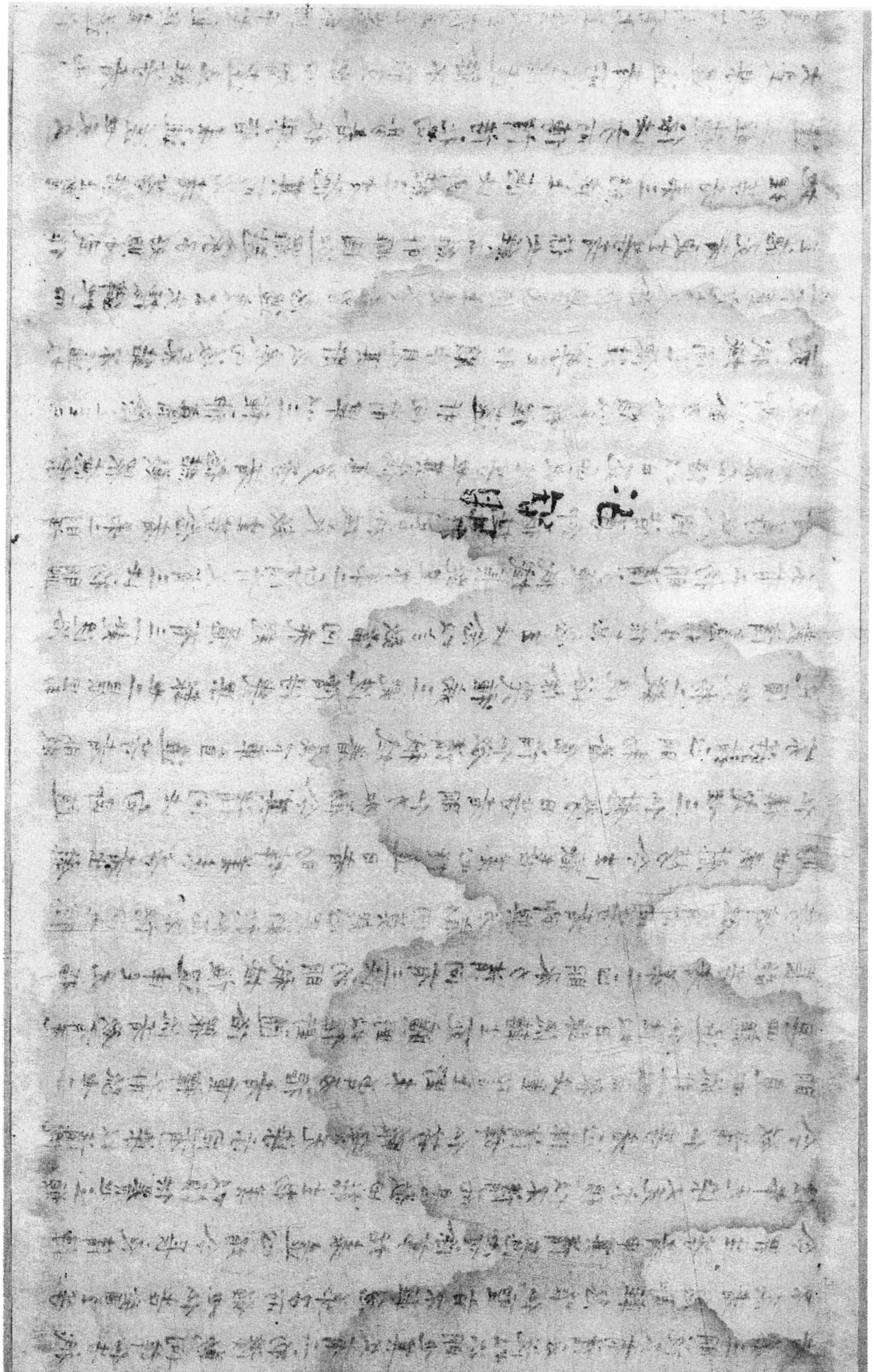

（1–1）

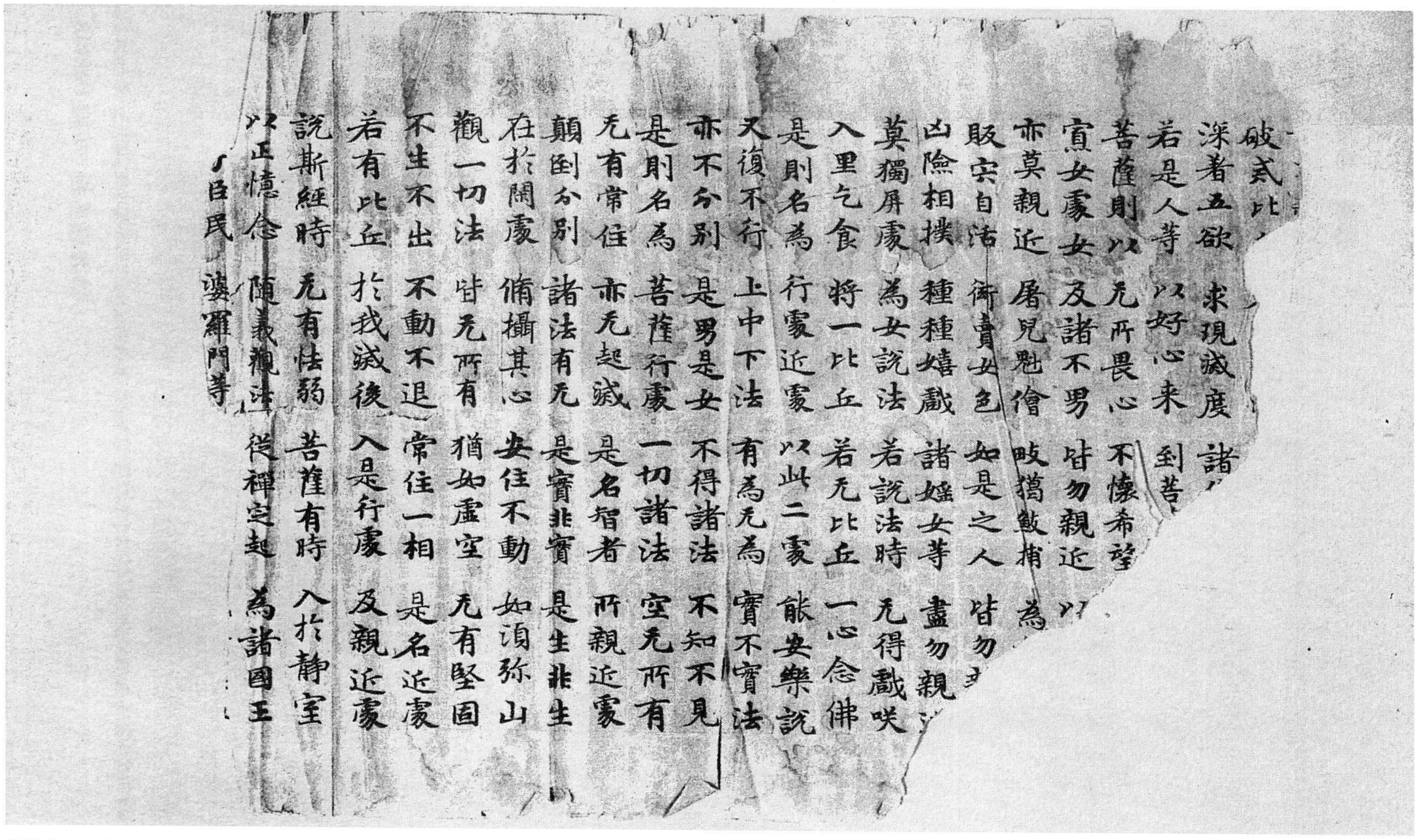

破戒比…
深著五欲　求現滅度　諸…
若是人等　以好心來　到菩…
菩薩則以　无所畏心　不懷希望…
寡女處女　及諸不男　皆勿親近　以…
亦莫親近　屠兒魁膾　畋獵魚捕　為…
販肉自活　衒賣女色　如是之人　皆勿…
凶險相撲　種種嬉戲　諸婬女等　盡勿親…
莫獨屏處　為女說法　若說法時　无得戲笑
入里乞食　將一比丘　若无比丘　一心念佛
是則名為　行處近處　以此二處　能安樂說
又復不行　上中下法　有為无為　實不實法
亦不分別　是男是女　不得諸法　不知不見
是則名為　菩薩行處　一切諸法　空无所有
无有常住　亦无起滅　是名智者　所親近處
顛倒分別　諸法有无　是實非實　是生非生
在於閑處　脩攝其心　安住不動　如須弥山
觀一切法　皆无所有　猶如虛空　无有堅固
不生不出　不動不退　常住一相　是名近處
若有比丘　於我滅後　入是行處　及親近處
說斯經時　无有怯弱　菩薩有時　入於靜室
以正憶念　隨義觀法　從禪定起　為諸國王
…臣民　婆羅門等

BD03969 號　妙法蓮華經卷五　（1–1）

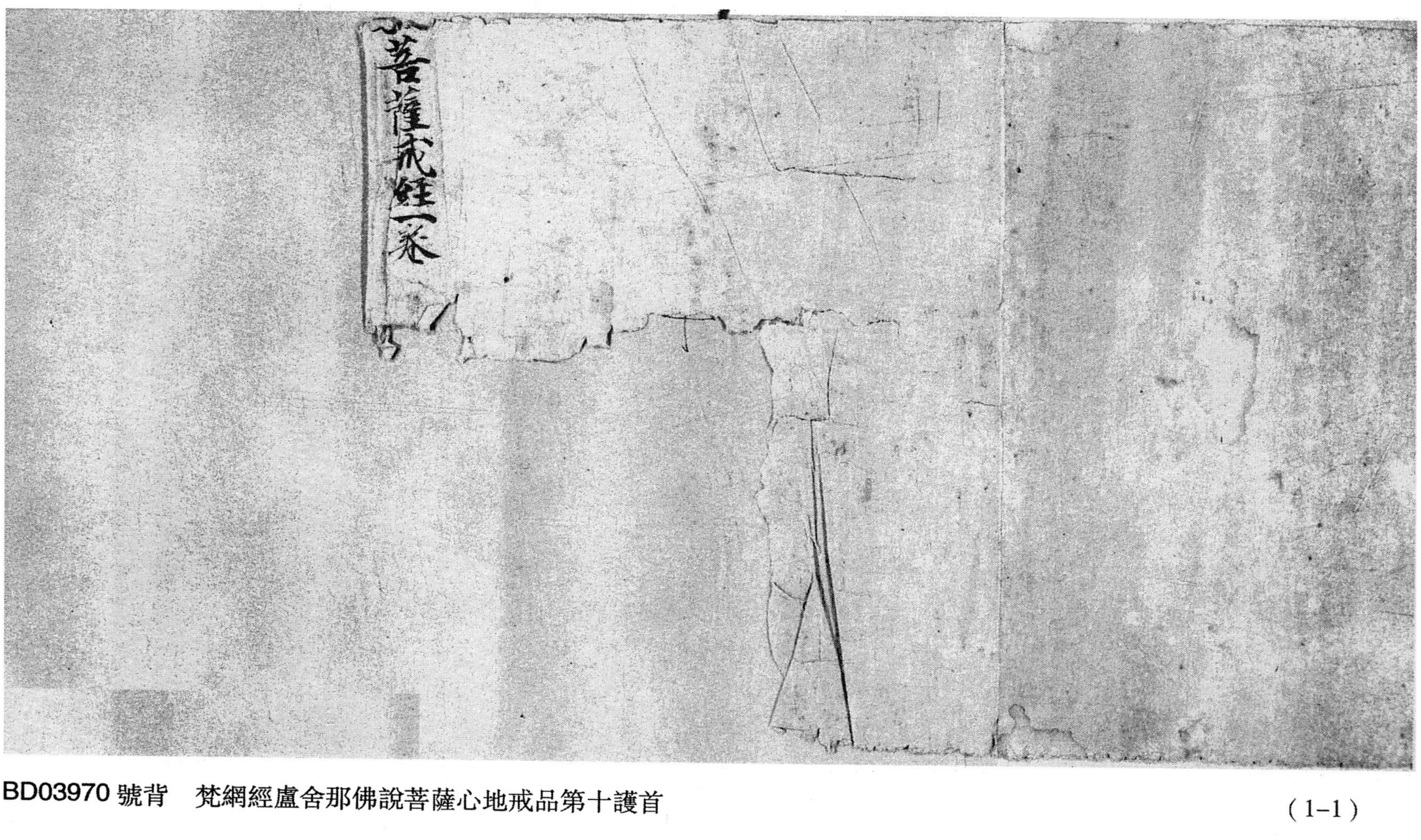

…菩薩戒經一卷

BD03970 號背　梵網經盧舍那佛說菩薩心地戒品第十護首　（1–1）

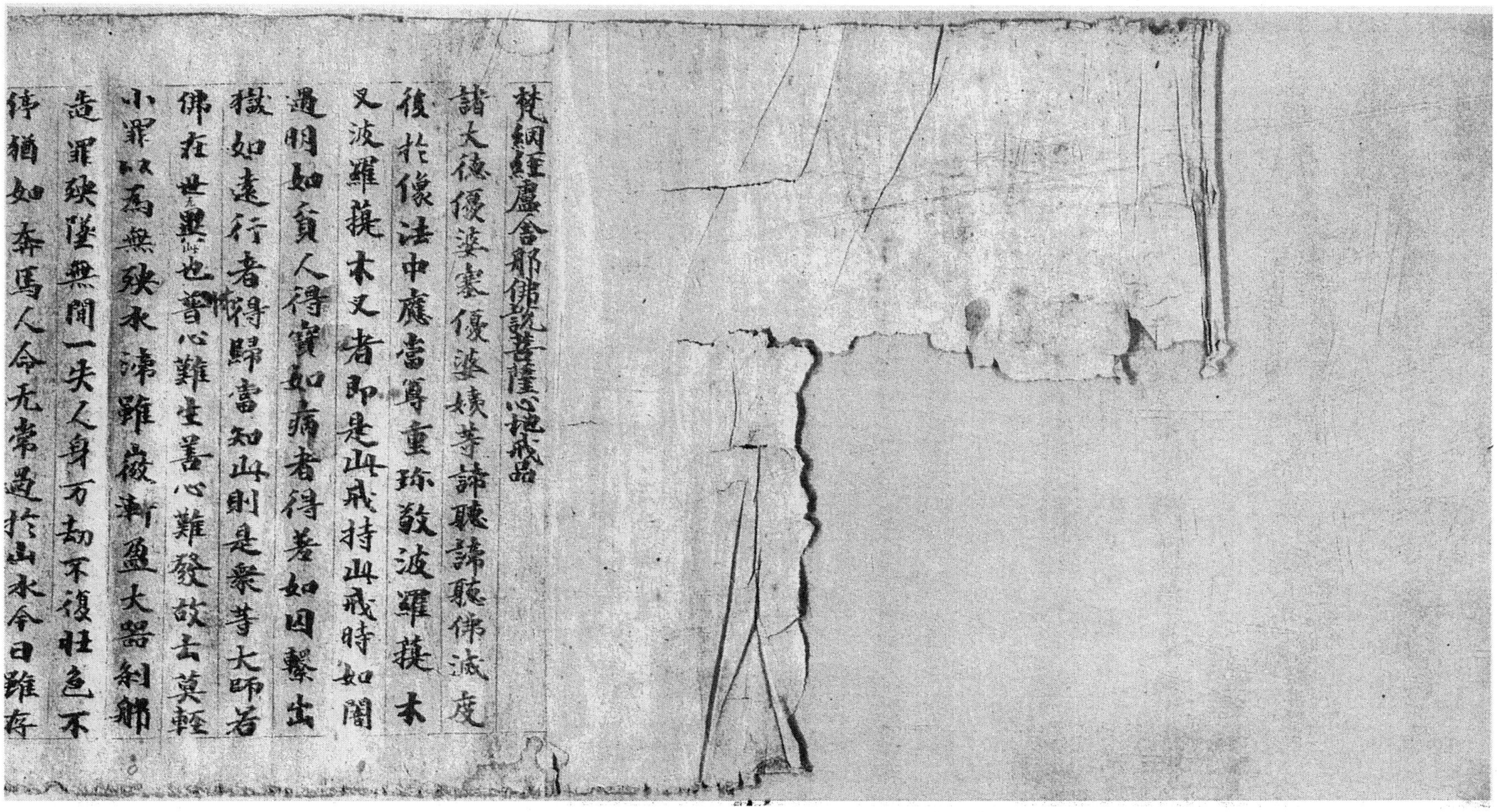
梵網經盧舍那佛說菩薩心地戒品
諸大德優婆塞優婆夷等諦聽諦聽佛滅度
後於像法中應當尊重珍敬波羅提木
叉波羅提木叉者即是此戒持此戒時如闇
遇明如貧人得寶如病者得差如囚繫出
獄如遠行者得歸當知此則是衆等大師若
佛在世無異此也怖心難生善心難發故云莫輕
小罪以為無殃水渧雖微漸盈大器剎那
造罪殃墮無間一失人身万劫不復壯色不
停猶如奔馬人命无常過於山水今日雖存

BD03970 號 1　梵網經盧舍那佛說菩薩心地戒品第十序　（4–1）

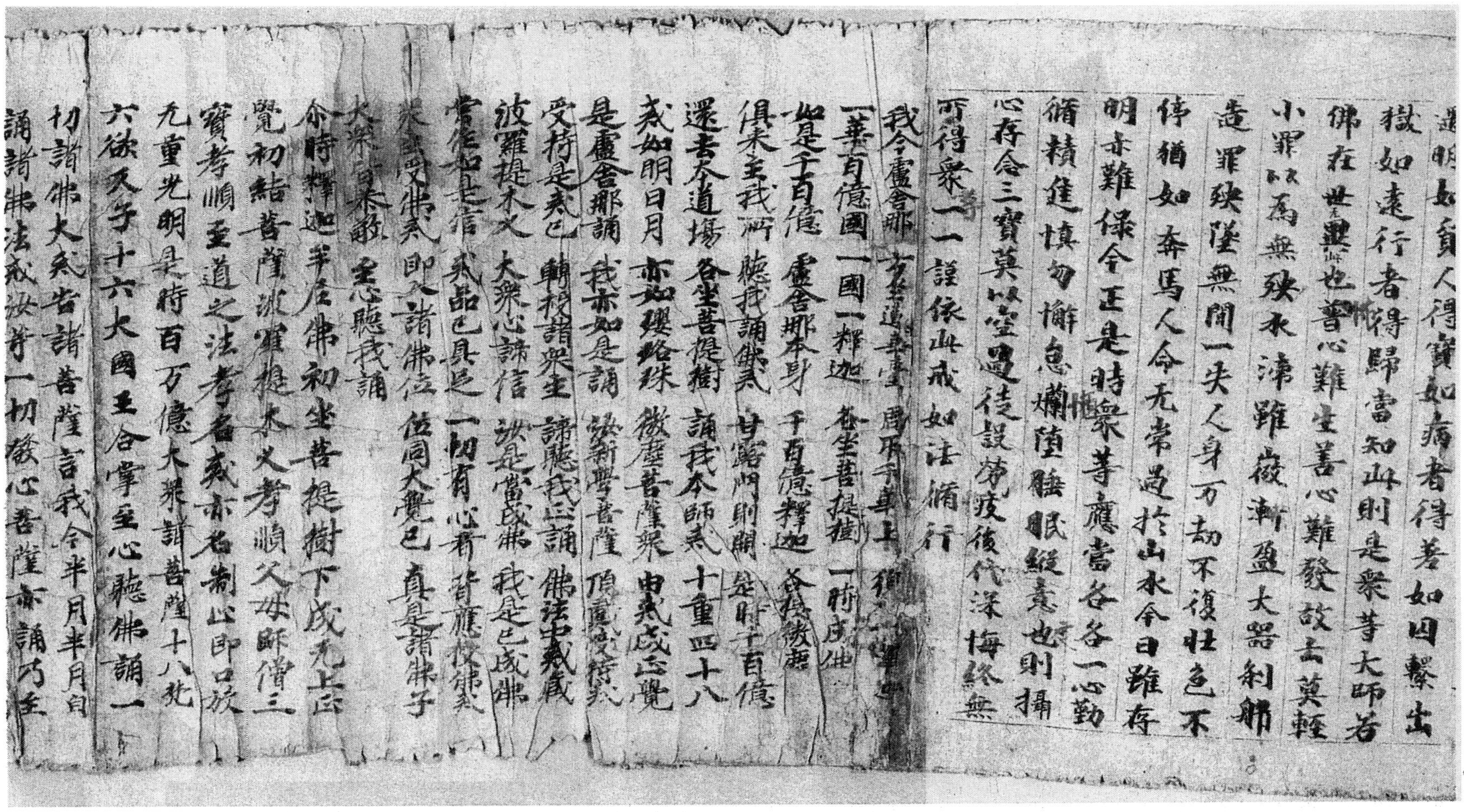
遇明如貧人得寶如病者得差如囚繫出
獄如遠行者得歸當知此則是衆等大師若
佛在世無異此也怖心難生善心難發故云莫輕
小罪以為無殃水渧雖微漸盈大器剎那
造罪殃墮無間一失人身万劫不復壯色不
停猶如奔馬人命无常過於山水今日雖存
明亦難保今正是時衆等應當各各一心勤
修精進慎勿懈怠嬾惰睡眠縱意也則攝
心存念三寶莫以空過徒設疲勞後代深悔終無
所得衆一一謹依此戒如法修行
我今盧舍那　方坐蓮花臺　周匝千花上　復現千釋迦
一花百億國　一國一釋迦　各坐菩提樹　一時成佛道
如是千百億　盧舍那本身　千百億釋迦　各接微塵衆
俱來至我所　聽我誦佛戒　甘露門則開　是時千百億
還至本道場　各坐菩提樹　誦我本師戒　十重四十八
戒如明日月　亦如瓔珞珠　微塵菩薩衆　由是成正覺
是盧舍那誦　我亦如是誦　汝新學菩薩　頂戴受持戒
受持是戒已　轉授諸衆生　諦聽我正誦　佛法中戒藏
波羅提木叉　大衆心諦信　汝是當成佛　我是已成佛
常作如是信　戒品已具足　一切有心者　皆應攝佛戒
衆生受佛戒　即入諸佛位　位同大覺已　真是諸佛子
大衆皆恭敬　至心聽我誦
爾時釋迦牟尼佛初坐菩提樹下成无上正
覺初結菩薩波羅提木叉孝順父母師僧三
寶孝順至道之法孝名為戒亦名制止即口放
无量光明是時百万億大衆諸菩薩十八梵
六欲天子十六大國王合掌至心聽佛誦一
切諸佛大乘戒佛告諸菩薩言我今半月半月自
誦諸佛法戒汝等一切發心菩薩亦誦乃至

BD03970 號 1　梵網經盧舍那佛說菩薩心地戒品第十序　（4–2）
BD03970 號 2　梵網經盧舍那佛說菩薩心地戒品第十卷下

舍那佛初坐菩提樹下成无上正
覺初結菩薩波羅提木叉孝順父母師僧三
寶孝順至道之法孝名為戒亦名制止即口放
无量光明是時百万億大衆諸菩薩十八梵
六欲天子十六大國王合掌至心聽佛誦一
切諸佛大乘戒告諸菩薩言我今半月半月自
誦諸佛法戒汝等一切發心菩薩亦誦乃至
十發趣十長養十金剛十地諸菩薩亦誦是
故戒光從口出有緣非无因故光光非青黃
赤白黑非色心非有非无非因果法諸佛之
本原行菩薩行之根本是大衆諸佛子之根
本是故諸佛子應受持應讀誦善學佛子諦
聽若受佛戒者國王王子百官宰相比丘比
丘尼十八梵六欲天庶民黃門婬男婬女奴
婢八部鬼神金剛神畜生乃至變化人但解
法師語盡受得戒皆名第一清淨者
佛告諸佛子言有十重波羅提木叉若受菩
薩戒不誦此戒者非菩薩非佛種子我亦如
是誦一切菩薩已學一切菩薩當學一切菩
薩今學已略說波羅提木叉相貌應當學敬
心奉持
佛告佛子若自殺教人殺方便殺讚歎
殺見作隨喜乃至呪殺殺因殺緣殺法殺
業乃至一切有命者不得故殺是菩薩
應起常住慈悲心孝順心方便救護
而反自恣心快意殺生者是菩薩波
羅夷罪
若佛子自盜教人盜方便盜盜因盜
緣盜法盜業呪盜乃至鬼神有主劫

BD03970號2　梵網經盧舍那佛說菩薩心地戒品第十卷下

（4-3）

而反自恣心快意殺生者是菩薩波
羅夷罪
若佛子自盜教人盜方便盜盜因盜
緣盜法盜業呪盜乃至鬼神有主劫
賊物一切財物一針一草不得故盜而
菩薩應生佛性孝順心慈悲心常助
一切人生福生樂而反更盜人財物者是
菩薩波羅夷罪
若佛子自婬教人婬乃至一切女人不得
故婬婬因婬緣婬法婬業乃至畜生女
諸天鬼神女及非道行婬而菩薩應生
孝順心救度一切衆生淨法與人而反
更起一切人婬不擇畜生乃至母女姉妹六
親行婬无慈悲心者是菩薩波羅夷罪
若佛子自妄語教人妄語方便妄語妄語因
妄語緣妄語法妄語業乃至不見言見見
言不見身心妄語而菩薩常生正語正見亦生
一切衆生正語正見而反更起一切衆生邪語邪
見邪邪業者是菩薩波羅夷罪
若佛子自沽酒教人沽酒沽酒因沽酒緣沽
酒法沽酒業一切酒不得沽是酒起罪因緣
而菩薩應生一切衆生明達之慧而反更
生衆生顛倒之心者是菩薩波羅夷罪

BD03970號2　梵網經盧舍那佛說菩薩心地戒品第十卷下

（4-4）

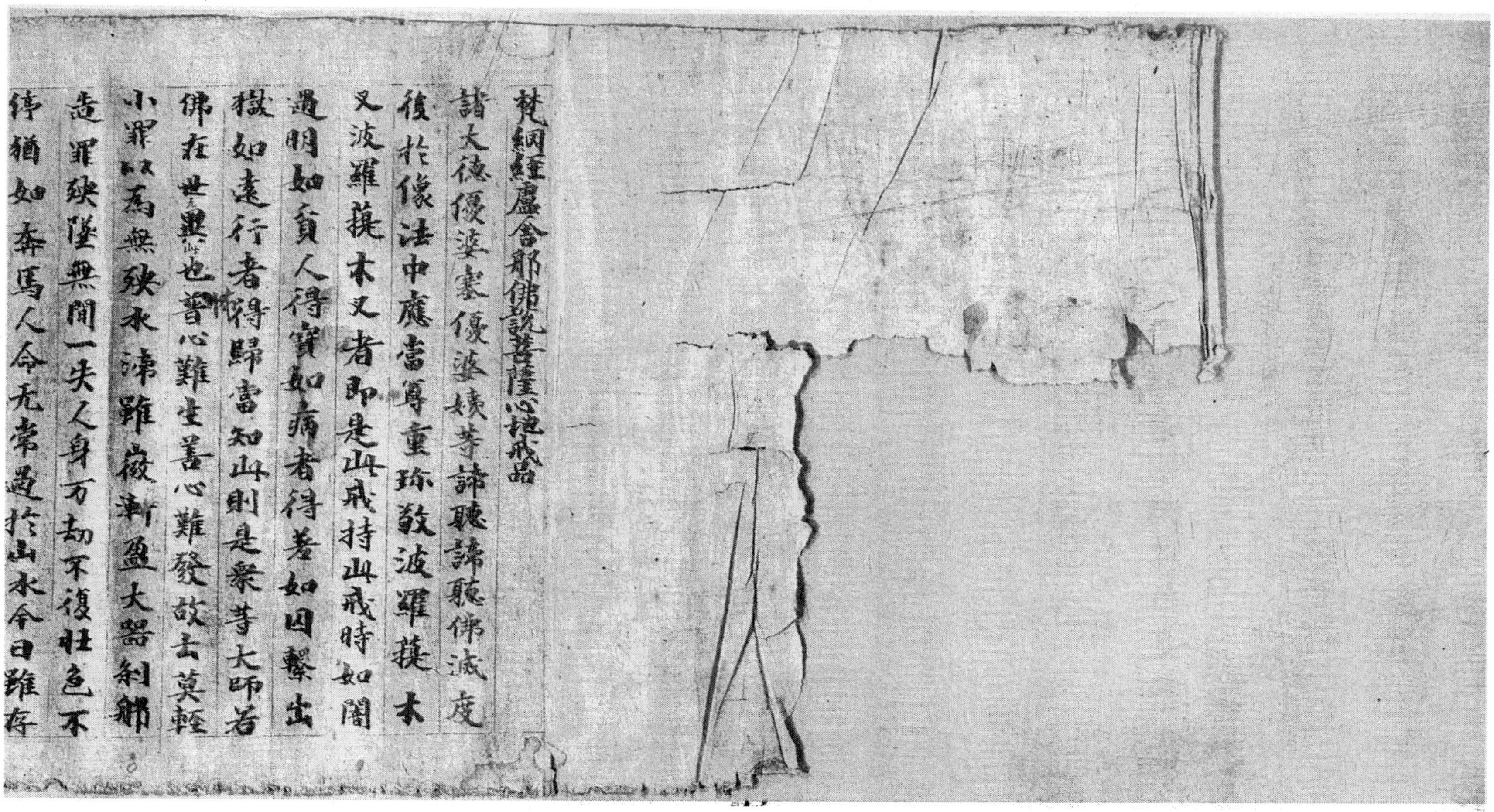
梵網經盧舍那佛說菩薩心地戒品
諸大德優婆塞優婆夷等諦聽佛滅度
後於像法中應當尊重珎敬波羅提木
叉波羅提木叉者即是此戒持此戒時如闇
遇明如貧人得寶如病者得差如囚繫出
獄如遠行者得歸當知此則是衆等大師若
佛在世無異也善心難生善心難發故云莫輕
小罪以為無殃水渧雖微漸盈大器剎那
造罪殃墮無間一失人身万劫不復壯色不
停猶如奔馬人命无常過於山水今日雖存

BD03970 號 1　梵網經盧舍那佛說菩薩心地戒品第十序　（4–1）

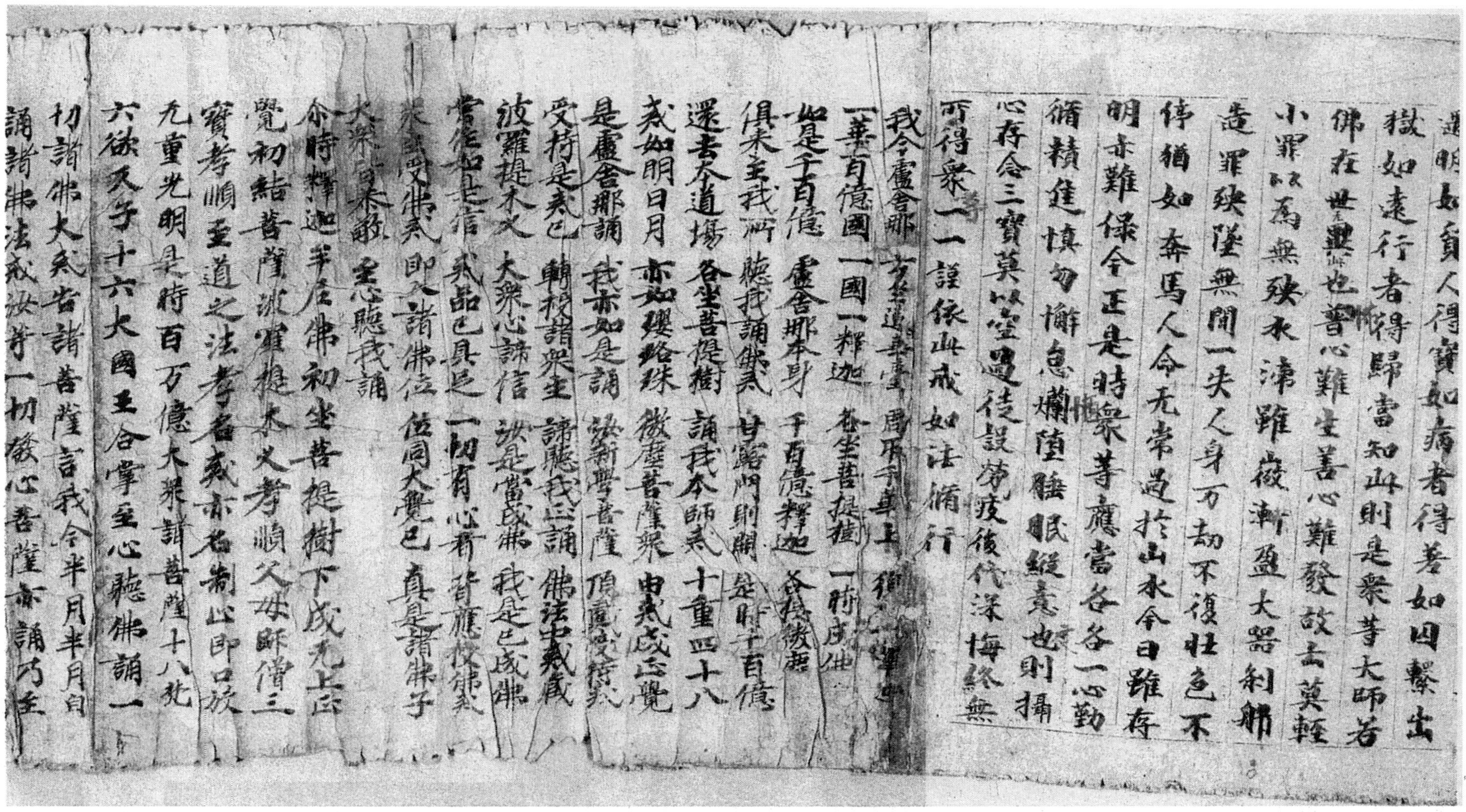
遇明如貧人得寶如病者得差如囚繫出
獄如遠行者得歸當知此則是衆等大師若
佛在世無異也善心難生善心難發故云莫輕
小罪以為無殃水渧雖微漸盈大器剎那
造罪殃墮無間一失人身万劫不復壯色不
停猶如奔馬人命无常過於山水今日雖存
明亦難保衆等各各一心勤
脩精進慎勿懈怠懶墮睡眠縱意也則攝
心存念三寶莫以空過徒設疲勞後代深悔終無
所得衆一一謹依此戒如法脩行
我今盧舍那　方坐蓮花臺　周匝千花上　復現千釋迦
一花百億國　一國一釋迦　各坐菩提樹　一時成佛道
如是千百億　盧舍那本身　千百億釋迦　各接微塵衆
俱來至我所　聽我誦佛戒　甘露門則開　是時千百億
還至本道場　各坐菩提樹　誦我本師戒　十重四十八
戒如明日月　亦如瓔珞珠　微塵菩薩衆　由是成正覺
是盧舍那誦　我亦如是誦　汝新學菩薩　頂戴受持戒
受持是戒已　轉授諸衆生　諦聽我正誦　佛法中戒藏
波羅提木叉　大衆心諦信　汝是當成佛　我是已成佛
常作如是信　戒品已具足　一切有心者　皆應攝佛戒
衆生受佛戒　即入諸佛位　位同大覺已　真是諸佛子
大衆皆恭敬　至心聽我誦
爾時釋迦牟尼佛初坐菩提樹下成无上正
覺初結菩薩波羅提木叉孝順父母師僧三
寶孝順至道之法孝名為戒亦名制止即口放
无量光明是時百万億大衆諸菩薩十八梵
六欲天子十六大國王合掌至心聽佛誦一
切諸佛大乘戒佛告諸菩薩言我今半月半月自
誦諸佛法戒汝等一切發心菩薩亦誦乃至

BD03970 號 1　梵網經盧舍那佛說菩薩心地戒品第十序　（4–2）
BD03970 號 2　梵網經盧舍那佛說菩薩心地戒品第十卷下

尒時釋迦牟尼佛初坐菩提樹下成无上
覺初結菩薩波羅提木叉孝順父母師僧三
寶孝順至道之法孝名爲戒亦名制止即口放
无量光明是時百万億大衆諸菩薩十八梵
六欲天子十六大國王合掌至心聽佛誦一
切諸佛大乘戒佛告諸菩薩言我今半月半月自
誦諸佛法戒汝等一切發心菩薩亦誦乃至
十發趣十長養十金剛十地諸菩薩亦誦是
故戒光從口出有緣非无因故光光非青黃
赤白黑非色心非有非无非因果法諸佛之
本原行菩薩行之根本是大衆諸佛子之根
本是故諸佛子應受持應讀誦善學佛子諦
聽若受佛戒者國王王子百官宰相比丘比
丘尼十八梵六欲天庶民黃門婬男婬女奴
婢八部鬼神金剛神畜生乃至變化人但解
法師語盡受得戒皆名第一清淨者
佛告諸佛子言有十重波羅提木叉若受菩
薩戒不誦此戒者非菩薩非佛種子我亦如
是誦一切菩薩已學一切菩薩當學一切菩
薩今學已略說波羅提木叉相貌應當學敬
心奉持
佛告佛子若自殺教人殺方便殺讚歎
殺見作隨喜乃至呪殺殺因殺緣殺法殺
業乃至一切有命者不得故殺是菩薩
應起常住慈悲心孝順心方便救護
而反自恣心快意殺生者是菩薩波
羅夷罪
若佛子自盜教人盜方便盜盜因盜
緣盜法盜業呪盜乃至鬼神有主劫

BD03970 號 2　梵網經盧舍那佛說菩薩心地戒品第十卷下

（4–3）

而反自恣心快意殺生者是菩薩波
羅夷罪
若佛子自盜教人盜方便盜盜因盜
緣盜法盜業呪盜乃至鬼神有主劫
賊物一切財物一針一草不得故盜而
菩薩應生佛性孝順心慈悲心常助
一切人生福生樂而反更盜人財物者是
菩薩波羅夷罪
若佛子自婬教人婬乃至一切女人不得
故婬婬因婬緣婬法婬業乃至畜生女
諸天鬼神女及非道行婬而菩薩應生
孝順心救度一切衆生淨法與人而反
更起一切人婬不擇畜生乃至母女姊妹六
親行婬无慈悲心是菩薩波羅夷罪
若佛子自妄語教人妄語方便妄語妄語因
妄語緣妄語法妄語業乃至不見言見見
言不見身心妄語而菩薩常生正語正見亦生
一切衆生正語正見而反更起一切衆生邪語邪
見邪業者是菩薩波羅夷罪
若佛子自沽酒教人沽酒沽酒因沽酒緣沽
酒法沽酒業一切酒不得沽是酒起罪因緣
而菩薩應生一切衆生明達之慧而反更
生衆生顛倒之心者是菩薩波羅夷罪

BD03970 號 2　梵網經盧舍那佛說菩薩心地戒品第十卷下

（4–4）

食時著
舍衛大城乞食於其城中次第乞已
還至本處飯食訖收衣鉢洗足已敷座而坐
時長老湏菩提在大眾中即從座起偏袒右
肩右膝著地合掌恭敬而白佛言希有世尊
如來善護念諸菩薩善付囑諸菩薩世尊善
男子善女人發阿耨多羅三藐三菩提心應
云何住云何降伏其心佛言善哉善哉湏菩
提如汝所說如來善護念諸菩薩善付囑諸
菩薩汝今諦聽當為汝說善男子善女人發
阿耨多羅三藐三菩提心應如是住如是降
伏其心唯然世尊願樂欲聞
佛告湏菩提諸菩薩摩訶薩應如是降伏其
心所有一切眾生之類若卵生若胎生若濕
生若化生若有色若无色若有想若无想若
非有想若非无想我皆令入无餘涅槃而滅度
之如是滅度无量无數无邊眾生實无眾生
得滅度者何以故湏菩提若菩薩有我相人
相眾生相壽者相即非菩薩
復次湏菩提菩薩於法應无所住行於布施
所謂不住色布施不住聲香味觸法布施湏菩提

BD03971 號　金剛般若波羅蜜經　（4–1）

得滅度者何以故湏菩提若菩薩有我相人
相眾生相壽者相即非菩薩
復次湏菩提菩薩於法應无所住行於布施
所謂不住色布施不住聲香味觸法布施湏
菩提菩薩應如是布施不住於相何以故若
菩薩不住相布施其福德不可思量湏菩提
於意云何東方虛空可思量不不也世尊湏
菩提南西北方四維上下虛空可思量不不
也世尊湏菩提菩薩无住相布施福德亦復
如是不可思量湏菩提菩薩但應如所教住湏
菩提於意云何可以身相見如來不不也世尊
不可以身相得見如來何以故如來所說身
相即非身相佛告湏菩提凡所有相皆是虛
妄若見諸相非相則見如來
湏菩提白佛言世尊頗有眾生得聞如是言
說章句生實信不佛告湏菩提莫作是說如
來滅後後五百歲有持戒脩福者於此章句
能生信心以此為實當知是人不於一佛二
佛三四五佛而種善根已於无量千万佛所
種諸善根聞是章句乃至一念生淨信者湏
菩提如來悉知悉見是諸眾生得如是无量
福德何以故是諸眾生无復我相人相眾生
相壽者相无法相亦无非法相何以故是諸
眾生若心取相則為著我人眾生壽者若取
法相即著我人眾生壽者何以故若取非法

BD03971 號　金剛般若波羅蜜經　（4–2）

[illegible]
菩提如來悉知悉見是諸衆生得如是无量
福德何以故是諸衆生无復我相人相衆生
相壽者相无法相亦无非法相何以故是諸
衆生若心取相則為着我人衆生壽者若取
法相即着我人衆生壽者何以故若取非法
相即着我人衆生壽者是故不應取法不應
取非法以是義故如來常說汝等比丘知我
說法如筏喻者法尚應捨何况非法
須菩提於意云何如來得阿耨多羅三藐三
菩提耶如來有所說法耶須菩提言如我解
佛所說義无有定法名阿耨多羅三藐三菩
提亦无有定法如來可說何以故如來所說
法皆不可取不可說非法非非法所以者何一
切賢聖皆以无為法而有差別
須菩提於意云何若人滿三千大千世界七寶
以用布施是人所得福德寧為多不須菩提
言甚多世尊何以故是福德即非福德性是
故如來說福德多若復有人於此經中受持
乃至四句偈等為他人說其福勝彼何以故
須菩提一切諸佛及諸佛阿耨多羅三藐三
菩提法皆從此經出須菩提所謂佛法者即
非佛法
須菩提於意云何須陁洹能作是念我得須
陁洹果不須菩提言不也世尊何以故須陁
洹名為入流而无所入不入色聲香味觸法

BD03971號　金剛般若波羅蜜經　（4–3）

非佛法
須菩提於意云何須陁洹能作是念我得須
陁洹果不須菩提言不也世尊何以故須陁
洹名為入流而无所入不入色聲香味觸法
是名須陁洹須菩提於意云何斯陁含能作
是念我得斯陁含果不須菩提言不也世尊
何以故斯陁含名一往來而實无往來是名
斯陁含須菩提於意云何阿那含能作是念
我得阿那含果不須菩提言不也世尊何以
故阿那含名為不來而實无來是故名阿那
含須菩提於意云何阿羅漢能作是念我得
阿羅漢道不須菩提言不也世尊何以故實
无有法名阿羅漢世尊若阿羅漢作是念我
得阿羅漢道即為着我人衆生壽者世尊佛
說我得无諍三昧人中最為第一是第一離
欲阿羅漢我不作是念我是離欲阿羅漢世
尊我若作是念我得阿羅漢道世尊則不說
須菩提是樂阿蘭那行者以須菩提實无所
行而名須菩提是樂阿蘭那行
佛告須菩提於意云何如來昔在然燈
於法有所得不世尊如來在然燈[illegible]於
[illegible]菩提於意云何菩[illegible]
[illegible]何以故莊嚴佛[illegible]
[illegible]提[illegible]

BD03971號　金剛般若波羅蜜經　（4–4）

……三昧安詳而起告……
智慧甚深无量其智慧門難解難
聞辟支佛所不能知所以者何佛
千萬億无數諸佛盡行諸佛无量道法勇猛
精進名稱普聞成就甚深未曾有法隨宜所
說意趣難解舍利弗吾從成佛已來種種因
緣種種譬喻廣演言教无數方便引導衆生
令離諸著所以者何如來方便知見波羅蜜
皆已具足舍利弗如來知見廣大深遠无量
无㝵力无所畏禪定解脫三昧深入无際成
就一切未曾有法舍利弗如來能種種分別
巧說諸法言辭柔軟悅可衆心舍利弗取要
言之无量无邊未曾有法佛悉成就止舍利
弗不須復說所以者何佛所成就第一希有
難解之法唯佛與佛乃能究盡諸法實相所
謂諸法如是相如是性如是體如是力如是
作如是因如是緣如是果如是報如是本末
究竟等尒時世尊欲重宣此義而說偈言
世雄不可量　諸天及世人　一切衆生類　无能知佛者

BD03972號　妙法蓮華經卷一　（13-1）

作如是因如是緣如是果如是報如是本末
究竟等尒時世尊欲重宣此義而說偈言
世雄不可量　諸天及世人　一切衆生類　无能知佛者
佛力无所畏　解脫諸三昧　及佛諸餘法　无能測量者
本從无數佛　具足行諸道　甚深微妙法　難見難可了
於无量億劫　行此諸道已　道場得成果　我已悉知見
如是大果報　種種性相義　我及十方佛　乃能知是事
是法不可示　言辭相寂滅　諸餘衆生類　无有能得解
除諸菩薩衆　信力堅固者　諸佛弟子衆　曾供養諸佛
一切漏已盡　住是最後身　如是諸人等　其力所不堪
假使滿世間　皆如舍利弗　盡思共度量　不能測佛智
正使滿十方　皆如舍利弗　及餘諸弟子　亦滿十方刹
盡思共度量　亦復不能知　辟支佛利智　无漏最後身
亦滿十方界　其數如竹林　斯等共一心　於億无量劫
欲思佛實智　莫能知少分　新發意菩薩　供養无數佛
了達諸義趣　又能善說法　如稻麻竹葦　充滿十方刹
一心以妙智　於恒河沙劫　咸皆共思量　不能知佛智
不退諸菩薩　其數如恒沙　一心共思求　亦復不能知
又告舍利弗　无漏不思議　甚深微妙法　我今已具得
唯我知是相　十方佛亦然　舍利弗當知　諸佛語无異
於佛所說法　當生大信力　世尊法久後　要當說真實
告諸聲聞衆　及求緣覺乘　我令脫苦縛　逮得涅槃者
佛以方便力　示以三乘教　衆生處處著　引之令得出
尒時大衆中有諸聲聞漏盡阿羅漢阿若憍
陳如等千二百人及發聲聞辟支佛心比丘

BD03972號　妙法蓮華經卷一　（13-2）

於佛所說法 當生大信力 世尊法久後 要當說真實
告諸聲聞眾 及求緣覺乘 我令脫苦縛 逮得涅槃者
佛以方便力 示以三乘教 眾生處處著 引之令得出
尒時大眾中有諸聲聞漏盡阿羅漢阿若憍
陳如等千二百人及發聲聞辟支佛心比丘
比丘尼優婆塞優婆夷各作是念今者世尊
何故慇懃稱歎方便而作是言佛所得法甚
深難解有所言說意趣難知一切聲聞辟支
佛所不能及佛說一解脫義我等亦得此法
到於涅槃而今不知是義所趣尒時舍利弗
知四眾心疑自亦未了而白佛言世尊何因
何緣慇懃稱歎諸佛第一方便甚深微妙難
解之法我自昔來未曾從佛聞如是說今者
四眾咸皆有疑唯願世尊敷演斯事世尊何
故慇懃稱歎甚深微妙難解之法尒時舍利
弗欲重宣此義而說偈言
慧日大聖尊 久乃說是法 自說得如是 力无畏三昧
禪定解脫等 不可思議法 道場所得法 无能發問者
我意難可測 亦无能問者 无問而自說 稱歎所行道
智慧甚微妙 諸佛之所得 无漏諸羅漢 及求涅槃者
今皆墮疑網 佛何故說是 其求緣覺者 比丘比丘尼
諸天龍鬼神 及乾闥婆等 相視懷猶豫 瞻仰兩足尊
是事為云何 願佛為解說 於諸聲聞眾 佛說我第一
我今自於智 疑惑不能了 為是究竟法 為是所行道
佛口所生子 合掌瞻仰待 願出微妙音 時為如實說
諸天龍神等 其數如恒沙 求佛諸菩薩 大數有八萬



是事為云何 願佛為解說 於諸聲聞眾 佛說我第一
我今自於智 疑惑不能了 為是究竟法 為是所行道
佛口所生子 合掌瞻仰待 願出微妙音 時為如實說
諸天龍神等 其數如恒沙 求佛諸菩薩 大數有八萬
又諸萬億國 轉輪聖王至 合掌以敬心 欲聞具足道
尒時佛告舍利弗止止不須復說若說是事
一切世間諸天及人皆當驚疑舍利弗重白
佛言世尊唯願說之唯願說之所以者何是
會无數百千萬億阿僧祇眾生曾見諸佛諸
根猛利智慧明了聞佛所說則能敬信尒時
舍利弗欲重宣此義而說偈言
法王无上尊 唯說願勿慮 是會无量眾 有能敬信者
佛復止舍利弗若說是事一切世間天人阿
脩羅皆當驚疑增上慢比丘將墜於大坑尒
時世尊重說偈曰
止止不須說 我法妙難思 諸增上慢者 聞必不敬信
尒時舍利弗重白佛言世尊唯願說之唯願
說之今此會中如我等比百千萬億世世已
曾從佛受化如此人等必能敬信長夜安隱
多所饒益尒時舍利弗欲重宣此義而說偈
言
无上兩足尊 願說第一法 我為佛長子 唯垂分別說
是會无量眾 能敬信此法 佛已曾世世 教化如是等
皆一心合掌 欲聽受佛語 我等千二百 及餘求佛者
願為此眾故 唯垂分別說 是等聞此法 則生大歡喜
尒時世尊告舍利弗汝已慇懃三請豈得不

是會无量衆能敬信此法佛已曾世世教化如是等
皆一心合掌欲聽受佛語我等千二百及餘求佛者
願爲此衆故唯垂分別說是等聞此法則生大歡喜
尒時世尊告舍利弗汝已慇懃三請豈得不
說汝今諦聽善思念之吾當爲汝分別解說
說此語時會中有比丘比丘尼優婆塞優婆
夷五千人等即從座起礼佛而退所以者何
此輩罪根深重及增上慢未得謂得未證謂
證有如此失是以不住世尊嘿然而不制止
尒時佛告舍利弗我今此衆无復枝葉純有
貞實舍利弗如此增上慢人退亦佳矣汝今善
聽當爲汝說舍利弗言唯然世尊願樂欲聞
佛告舍利弗如是妙法諸佛如來時乃說之
如優曇鉢華時一現耳舍利弗汝等當信佛
之所說言不虛妄舍利弗諸佛隨宜說法意
趣難解所以者何我以无數方便種種因緣
譬喻言辭演說諸法是法非思量分別之所
能解唯有諸佛乃能知之所以者何諸佛世
尊唯以一大事因緣故出現於世舍利弗云
何名諸佛世尊唯以一大事因緣故出現於
世諸佛世尊欲令衆生開佛知見使得清淨
故出現於世欲示衆生佛之知見故出現於
世欲令衆生悟佛知見故出現於世欲令衆
生入佛知見道故出現於世舍利弗是爲諸
弗以一大事因緣故出現於世佛告舍利弗

BD03972號　妙法蓮華經卷一　（13–5）

故出現於世欲示衆生佛之知見故出現於
世欲令衆生悟佛知見故出現於世欲令衆
生入佛知見道故出現於世舍利弗是爲諸
佛以一大事因緣故出現於世佛告舍利弗
諸佛如來但教化菩薩諸有所作常爲一事
唯以佛之知見示悟衆生舍利弗如來但以一
佛乘故爲衆生說法无有餘乘若二若三舍
利弗一切十方諸佛法亦如是舍利弗過去
諸佛以无量无數方便種種因緣譬喻言辭
而爲衆生演說諸法是法皆爲一佛乘故是
諸衆生從諸佛聞法究竟皆得一切種智舍
利弗未來諸佛當出於世亦以无量无數方
便種種因緣譬喻言辭而爲衆生演說諸法
是法皆爲一佛乘故是諸衆生從佛聞法究
竟皆得一切種智舍利弗現在十方无量百
千萬億佛土中諸佛世尊多所饒益安樂衆
生是諸佛亦以无量无數方便種種因緣譬
喻言辭而爲衆生演說諸法是法皆爲一佛
乘故是諸衆生從佛聞法究竟皆得一切種
智舍利弗是諸佛但教化菩薩欲以佛之知
見示衆生故欲以佛之知見悟衆生故欲令
衆生入佛之知見故舍利弗我今亦復如是
知諸衆生有種種欲深心所着隨其本性以
種種因緣譬喻言辭方便力故而爲說法舍
利弗如此皆爲得一佛乘一切種智故舍利
弗十方世界中尚无二乘何況有三舍利弗

BD03972號　妙法蓮華經卷一　（13–6）

衆生入佛之知見故舍利弗我今亦復如是
知諸衆生有種種欲深心所著隨其本性以
種種因緣譬喻言辭方便力故而為說法舍
利弗如此皆為得一佛乘一切種智故舍利
弗十方世界中尚无二乘何況有三舍利弗
諸佛出於五濁惡世所謂劫濁煩惱濁衆生
濁見濁命濁如是舍利弗劫濁亂時衆生垢
重慳貪嫉妬成就諸不善根故諸佛以方便
力於一佛乘分別說三舍利弗若我弟子自
謂阿羅漢辟支佛者不聞不知諸佛如來但
教化菩薩事此非佛弟子非阿羅漢非辟支
佛又舍利弗是諸比丘比丘尼自謂已得阿
羅漢是最後身究竟涅槃便不復志求阿耨
多羅三藐三菩提當知此輩皆是增上慢人
所以者何若有比丘實得阿羅漢若不信此
法无有是處除佛滅度後現前无佛所以者
何佛滅度後如是等經受持讀誦解義者是
人難得若遇餘佛於此法中便得決了舍利
弗汝等當一心信解受持佛語諸佛如來言
无虛妄无有餘乘唯一佛乘尒時世尊欲重
宣此義而說偈言

比丘比丘尼　有懷增上慢　優婆塞我慢　優婆夷不信
如是四衆等　其數有五千　不自見其過　於戒有缺漏
護惜其瑕疵　是小智已出　衆中之糟糠　佛威德故去
斯人尠福德　不堪受是法　此衆无枝葉　唯有諸貞實
舍利弗善聽　諸佛所得法　无量方便力　而為衆生說

BD03972號　妙法蓮華經卷一

（13–7）

比丘比丘尼　有懷增上慢　優婆塞我慢　優婆夷不信
如是四衆等　其數有五千　不自見其過　於戒有缺漏
護惜其瑕疵　是小智已出　衆中之糟糠　佛威德故去
斯人尠福德　不堪受是法　此衆无枝葉　唯有諸貞實
舍利弗善聽　諸佛所得法　无量方便力　而為衆生說
衆生心所念　種種所行道　若干諸欲性　先世善惡業
佛悉知是已　以諸緣譬喻　言辭方便力　令一切歡喜
或說脩多羅　伽陀及本事　本生未曾有　亦說於因緣
譬喻并祇夜　優波提舍經　鈍根樂小法　貪著於生死
於諸无量佛　不行深妙道　衆苦所惱亂　為是說涅槃
我設是方便　令得入佛慧　未曾說汝等　當得成佛道
所以未曾說　說時未至故　今正是其時　決定說大乘
我此九部法　隨順衆生說　入大乘為本　以故說是經
有佛子心淨　柔軟亦利根　无量諸佛所　而行深妙道
為此諸佛子　說是大乘經　我記如是人　來世成佛道
以深心念佛　脩持淨戒故　此等聞得佛　大喜充遍身
佛知彼心行　故為說大乘　聲聞若菩薩　聞我所說法
乃至於一偈　皆成佛无疑　十方佛土中　唯有一乘法
无二亦无三　除佛方便說　但以假名字　引導於衆生
說佛智慧故　諸佛出於世　唯此一事實　餘二則非真
終不以小乘　濟度於衆生　佛自住大乘　如其所得法
定慧力莊嚴　以此度衆生　自證无上道　大乘平等法
若以小乘化　乃至於一人　我則墮慳貪　此事為不可
若人信歸佛　如來不欺誑　亦无貪嫉意　斷諸法中惡
故佛於十方　而獨无所畏　我以相嚴身　光明照世間
无量衆所尊　為說實相印　舍利弗當知　我本立誓願

BD03972號　妙法蓮華經卷一

（13–8）

若以小乘化　乃至於一人　我則墮慳貪　此事為不可
若人信歸佛　如來不欺誑　亦无貪嫉意　斷諸法中惡
故佛於十方　而獨无所畏　我以相嚴身　光明照世間
无量眾所尊　為說實相印　舍利弗當知　我本立誓願
欲令一切眾　如我等无異　如我昔所願　今者已滿足
化一切眾生　皆令入佛道　若我遇眾生　盡教以佛道
无智者錯亂　迷惑不受教　我知此眾生　未曾脩善本
堅著於五欲　癡愛故生惱　以諸欲因緣　墜墮三惡道
輪迴六趣中　備受諸苦毒　受胎之微形　世世常增長
薄德少福人　眾苦所逼迫　入邪見稠林　若有若无等
依止此諸見　具足六十二　深著虛妄法　堅受不可捨
我慢自矜高　諂曲心不實　於千萬億劫　不聞佛名字
亦不聞正法　如是人難度　是故舍利弗　我為設方便
說諸盡苦道　示之以涅槃　我雖說涅槃　是亦非真滅
諸法從本來　常自寂滅相　佛子行道已　來世得作佛
我有方便力　開示三乘法　一切諸世尊　皆說一乘道
今此諸大眾　皆應除疑惑　諸佛語无異　唯一无二乘
過去无數劫　无量滅度佛　百千萬億種　其數不可量
如是諸世尊　種種緣譬喻　无數方便力　演說諸法相
是諸世尊等　皆說一乘法　化无量眾生　令入於佛道
又諸大聖主　知一切世間　天人群生類　深心之所欲
更以異方便　助顯第一義　若有眾生類　值諸過去佛
若聞法布施　或持戒忍辱　精進禪智等　種種脩福慧
如是諸人等　皆已成佛道　諸佛滅度已　若人善軟心
如是諸眾生　皆已成佛道　諸佛滅度已　供養舍利者

BD03972號　妙法蓮華經卷一　（13-9）

又諸大聖主　知一切世間　天人群生類　深心之所欲
更以異方便　助顯第一義　若有眾生類　值諸過去佛
若聞法布施　或持戒忍辱　精進禪智等　種種脩福慧
如是諸人等　皆已成佛道　諸佛滅度已　若人善軟心
如是諸眾生　皆已成佛道　諸佛滅度已　供養舍利者
起萬億種塔　金銀及頗梨　車𤦲與馬瑙　玫瑰琉璃珠
清淨廣嚴飾　莊校於諸塔　或有起石廟　栴檀及沈水
木櫁并餘材　甎瓦泥土等　若於曠野中　積土成佛廟
乃至童子戲　聚沙為佛塔　如是諸人等　皆已成佛道
若人為佛故　建立諸形像　刻雕成眾相　皆已成佛道
或以七寶成　鍮鉐赤白銅　白鑞及鈆錫　鐵木及與泥
或以膠漆布　嚴飾作佛像　如是諸人等　皆已成佛道
彩畫作佛像　百福莊嚴相　自作若使人　皆已成佛道
乃至童子戲　若草木及筆　或以指爪甲　而畫作佛像
如是諸人等　漸漸積功德　具足大悲心　皆已成佛道
但化諸菩薩　度脫无量眾　若人於塔廟　寶像及畫像
以華香幡蓋　敬心而供養　若使人作樂　擊鼓吹角貝
簫笛琴箜篌　琵琶鐃銅鈸　如是眾妙音　盡持以供養
或以歡喜心　歌唄頌佛德　乃至一小音　皆已成佛道
若人散亂心　乃至以一華　供養於畫像　漸見无數佛
或有人禮拜　或復但合掌　乃至舉一手　或復小低頭
以此供養像　漸見无量佛　自成无上道　廣度无數眾
入无餘涅槃　如薪盡火滅　若人散亂心　入於塔廟中
一稱南无佛　皆已成佛道　於諸過去佛　在世或滅後
若有聞是法　皆已成佛道　未來諸世尊　其數无有量
是諸如來等　亦方便說法　一切諸如來　以无量方便

BD03972號　妙法蓮華經卷一　（13-10）

入无餘涅槃　如薪盡火滅　若人散亂心　入於塔廟中
一稱南无佛　皆已成佛道　於諸過去佛　在世或滅後
若有聞是法　皆已成佛道　未來諸世尊　其數无有量
是諸如來等　亦方便說法　一切諸如來　以无量方便
度脫諸衆生　入佛无漏智　若有聞法者　无一不成佛
諸佛本誓願　我所行佛道　普欲令衆生　亦同得此道
未來世諸佛　雖說百千億　无數諸法門　其實為一乘
諸佛兩足尊　知法常无性　佛種從緣起　是故說一乘
是法住法位　世間相常住　於道場知已　導師方便說
天人所供養　現在十方佛　其數如恒沙　出現於世間
安隱衆生故　亦說如是法　知第一寂滅　以方便力故
雖示種種道　其實為佛乘　知衆生諸行　深心之所念
過去所習業　欲性精進力　及諸根利鈍　以種種因緣
譬喻亦言辭　隨應方便說　今我亦如是　安隱衆生故
以種種法門　宣示於佛道　我以智慧力　知衆生性欲
方便說諸法　皆令得歡喜　舍利弗當知　我以佛眼觀
見六道衆生　貧窮无福慧　入生死險道　相續苦不斷
深著於五欲　如犛牛愛尾　以貪愛自蔽　盲瞑无所見
不求大勢佛　及與斷苦法　深入諸邪見　以苦欲捨苦
為是衆生故　而起大悲心　我始坐道場　觀樹亦經行
於三七日中　思惟如是事　我所得智慧　微妙最第一
衆生諸根鈍　著樂癡所盲　如斯之等類　云何而可度
尒時諸梵王　及諸天帝釋　護世四天王　及大自在天
并餘諸天衆　眷屬百千萬　恭敬合掌礼　請我轉法輪
我即自思惟　若但讚佛乘　衆生沒在苦　不能信是法

BD03972 號　妙法蓮華經卷一　（13–11）

於三七日中　思惟如是事　我所得智慧　微妙最第一
衆生諸根鈍　著樂癡所盲　如斯之等類　云何而可度
尒時諸梵王　及諸天帝釋　護世四天王　及大自在天
并餘諸天衆　眷屬百千萬　恭敬合掌礼　請我轉法輪
我即自思惟　若但讚佛乘　衆生沒在苦　不能信是法
破法不信故　墜於三惡道　我寧不說法　疾入於涅槃
尋念過去佛　所行方便力　我今所得道　亦應說三乘
作是思惟時　十方佛皆現　梵音慰喻我　善哉釋迦文
第一之導師　得是无上法　隨諸一切佛　而用方便力
我等亦皆得　最妙第一法　為諸衆生類　分別說三乘
少智樂小法　不自信作佛　是故以方便　分別說諸果
雖復說三乘　但為教菩薩　舍利弗當知　我聞聖師子
深淨微妙音　稱南无諸佛　復作如是念　我出濁惡世
如諸佛所說　我亦隨順行　思惟是事已　即趣波羅㮈
諸法寂滅相　不可以言宣　以方便力故　為五比丘說
是名轉法輪　便有涅槃音　及以阿羅漢　法僧差別名
從久遠劫來　讚示涅槃法　生死苦永盡　我常如是說
舍利弗當知　我見佛子等　志求佛道者　无量千萬億
咸以恭敬心　皆來至佛所　曾從諸佛聞　方便所說法
我即作是念　如來所以出　為說佛慧故　今正是其時
舍利弗當知　鈍根小智人　著相憍慢者　不能信是法
今我喜无畏　於諸菩薩中　正直捨方便　但說无上道
菩薩聞是法　疑網皆已除　千二百羅漢　悉亦當作佛
如三世諸佛　說法之儀式　我今亦如是　說无分別法
諸佛興出世　懸遠值遇難　正使出于世　說是法復難

BD03972 號　妙法蓮華經卷一　（13–12）

菩薩聞是法 疑網皆已除 千二百羅漢 悉亦當作佛
如三世諸佛 說法之儀式 我今亦如是 說无分別法
諸佛興出世 懸遠值遇難 正使出于世 說是法復難
无量无數劫 聞是法亦難 能聽是法者 斯人亦復難
譬如優曇華 一切皆愛樂 天人所希有 時時乃一出
聞法歡喜讚 乃至發一言 則為已供養 一切三世佛
是人甚希有 過於優曇華 汝等勿有疑 我為諸法王
普告諸大眾 但以一乘道 教化諸菩薩 无聲聞弟子
汝等舍利弗 聲聞及菩薩 當知是妙法 諸佛之祕要
以五濁惡世 但樂著諸欲 如是等眾生 終不求佛道
當來世惡人 聞佛說一乘 迷惑不信受 破法墮惡道
有慚愧清淨 志求佛道者 當為如是等 廣讚一乘道
舍利弗當知 諸佛法如是 以萬億方便 隨宜而說法
其不習學者 不能曉了此 汝等已以知 諸佛世之師
隨宜方便事 无復諸疑惑 心生大歡喜 自知當作佛

妙法蓮華經卷第一

BD03972號　妙法蓮華經卷一　（13-13）

[illegible]出[illegible]輪 亦以方便說
世尊說實道 波旬无此事 以是我定知 非是魔作佛
我墮疑網故 謂是魔所為 聞佛柔軟音 深遠甚微妙
演暢清淨法 我心大歡喜 疑悔永已盡 安住實智中
我定當作佛 為天人所敬 轉无上法輪 教化諸菩薩
尒時佛告舍利弗吾今於天人沙門婆羅門
等大眾中說我昔曾於二万億佛所為无上
道故常教化汝汝亦長夜隨我受學我以方
便引導汝故生我法中舍利弗我昔教汝志
願佛道汝今悉忘而便自謂已得滅度我今
還欲令汝憶念本願所行道故為諸聲聞說
是大乘經名妙法蓮華教菩薩法佛所護念
舍利弗汝於未來世過无量无邊不可思議
劫供養若干千万億佛奉持正法具足菩薩所
行之道當得作佛号曰華光如來應供正遍
知明行足善逝世間解无上士調御丈夫天人
師佛世尊國名離垢其土平正清淨嚴飾
安隱豐樂天人熾盛瑠璃為地有八交道黃
金為繩以界其側其傍各有七寶行樹常有
華菓華光如來亦以三乘教化眾生舍利弗

BD03973號　妙法蓮華經卷二　（8-1）

行之道當得作佛号曰華光如來應供正遍
知明行足善逝世間解无上士調御丈夫天人
師佛世尊國名離垢其土平正清淨嚴飾
安隱豐樂天人熾盛瑠璃為地有八交道黄
金為繩以界其側其傍各有七寶行樹常有
華菓華光如來亦以三乘教化衆生舍利弗
彼佛出時雖非惡世以本願故說三乘法其
劫名大寶莊嚴何故名曰大寶莊嚴其國中
以菩薩為大寶故彼諸菩薩无量无邊不可
思議筭數譬喻所不能及非佛智力无能知
者若欲行時寶華承足此諸菩薩非初發意
皆久殖德本於无量百千万億佛所淨修梵
行恒為諸佛之所稱歎常脩佛慧具大神通
善知一切諸法之門質直无偽志念堅固如
是菩薩充滿其國舍利弗華光佛壽十二小
劫除為王子未作佛時其國人民壽八小劫
華光如來過十二小劫授堅滿菩薩阿耨多
羅三藐三菩提記告諸比丘是堅滿菩薩次
當作佛号曰華足安行多陁阿伽度阿羅訶三
藐三佛陁其佛國土亦復如是舍利弗是
華光佛滅之後正法住世三十二小劫像
法住世亦三十二小劫尒時世尊欲重宣此
義而說偈言
舍利弗來世 成佛普智尊 号名曰華光 當度无量衆
供養无數佛 具足菩薩行 十力等功德 證於无上道
過无量劫已 劫名大寶嚴 世界名離垢 清淨无瑕穢

BD03973 號　妙法蓮華經卷二　（8–2）

華光佛滅之後正法住世三十二小劫像
法住世亦三十二小劫尒時世尊欲重宣此
義而說偈言
舍利弗來世 成佛普智尊 号名曰華光 當度无量衆
供養无數佛 具足菩薩行 十力等功德 證於无上道
過无量劫已 劫名大寶嚴 世界名離垢 清淨无瑕穢
以瑠璃為地 金繩界其道 七寶雜色樹 常有華菓實
彼國諸菩薩 志念常堅固 神通波羅蜜 皆已悉具足
於无數佛所 善學菩薩道 如是等大士 華光佛所化
佛為王子時 棄國捨世榮 於冣末後身 出家成佛道
華光佛住世 壽十二小劫 其國人民衆 壽命八小劫
佛滅度之後 正法住於世 三十二小劫 廣度諸衆生
正法滅盡已 像法三十二
舍利廣流布 天人普供養 華光佛所為 其事皆如是
其兩足聖尊 冣勝无倫匹 彼即是汝身 宜應自欣慶
尒時四部衆比丘比丘尼優婆塞優婆夷天龍
夜叉乹闥婆阿脩羅迦樓羅緊那羅摩睺羅
伽等大衆見舍利弗於佛前受阿耨多羅三
藐三菩提記心大歡喜踊躍无量各各脫
身所著上衣以供養佛釋提桓因梵天王等
與无數天子亦以天妙衣天曼陁羅華摩訶
曼陁羅華等供養於佛所散天衣住虛空中
而自迴轉諸天伎樂百千万種於虛空中一時
俱作雨衆天華而作是言佛昔於波羅柰
初轉法輪今乃復轉无上冣大法輪尒時諸
天子欲重宣此義而說偈言

BD03973 號　妙法蓮華經卷二　（8–3）

睺羅伽等供養於佛所散天衣住虛空中
而自迴轉諸天伎樂百千万種於虛空中一時
俱作雨衆天華而作是言佛昔於波羅柰
初轉法輪今乃復轉无上最大法輪尒時諸
天子欲重宣此義而說偈言
昔於波羅柰　轉四諦法輪　分別說諸法　五衆之生滅
今復轉最妙　无上大法輪　是法甚深奧　少有能信者
我等從昔來　數聞世尊說　未曾聞如是　深妙之上法
世尊說是法　我等皆隨喜　大智舍利弗　今得受尊記
我等亦如是　必當得作佛　於一切世間　最尊无有上
佛道叵思議　方便隨宜說
我所有福業　今世若過世　及見佛功德　盡迴向佛道
尒時舍利弗白佛言世尊我今无復疑悔親
於佛前得受阿耨多羅三藐三菩提記是諸
千二百心自在者昔住學地佛常教化言我
法能離生老病死究竟涅槃是學无學人亦
各自以離我見及有无見等謂得涅槃而今於
世尊前聞所未聞皆墮疑惑善哉世尊願為
四衆說其因緣令離疑悔尒時佛告舍利弗
我先不言諸佛世尊以種種因緣譬喻言辭
方便說法皆為阿耨多羅三藐三菩提耶是
諸所說皆為化菩薩故然舍利弗今當復以
譬喻更明此義諸有智者以譬喻得解舍利
弗若國邑聚落有大長者其年衰邁財富无
量多有田宅及諸僮僕其家廣大唯有一門
多諸人衆一百二百乃至五百人止住其中堂

BD03973號　妙法蓮華經卷二　（8-4）

我先不言諸佛世尊以種種因緣譬喻言辭
方便說法皆為阿耨多羅三藐三菩提耶是
諸所說皆為化菩薩故然舍利弗今當復以
譬喻更明此義諸有智者以譬喻得解舍利
弗若國邑聚落有大長者其年衰邁財富无
量多有田宅及諸僮僕其家廣大唯有一門
多諸人衆一百二百乃至五百人止住其中堂
閣朽故墻壁隤落柱根腐敗梁棟傾危周
帀俱時欻然火起焚燒舍宅長者諸子若十
二十或至三十在此宅中長者見是大火從
四面起即大驚怖而作是念我雖能於此所
燒之門安隱得出而諸子等於火宅內樂著
嬉戲不覺不知不驚不怖火來逼身苦痛切
己心不猒患无求出意舍利弗是長者作是
思惟我身手有力當以衣裓若以机案從舍
出之復更思惟是舍唯有一門而復狹小諸
子幼稚未有所識戀著戲處或當墮落為火
所燒我當為說怖畏之事此舍已燒宜時疾
出无令為火之所燒害作是念已如所思惟具
告諸子汝等速出父雖憐愍善言誘喻而
諸子等樂著嬉戲不肯信受不驚不畏了无
出心亦復不知何者是火何者為舍云何為
失但東西走戲視父而已尒時長者即作是
念此舍已為大火所燒我及諸子若不時出
必為所焚我今當設方便令諸子等得免斯
害父知諸子先心各有所好種種珍玩奇異
之物情必樂著而告之言汝等所可玩好希

BD03973號　妙法蓮華經卷二　（8-5）

出心亦復不知何者是火何者爲舍云何爲
失但東西走戲視父而已尒時長者即作是
念此舍已爲大火所燒我及諸子若不時出
必爲所焚我今當設方便令諸子等得免斯
害父知諸子先心各有所好種種珎玩奇異
之物情必樂著而告之言汝等所可玩好希
有難得汝若不取後必憂悔如此種種羊車
鹿車牛車今在門外可以遊戲汝等於此火
宅宜速出來隨汝所欲皆當與汝尒時諸子
聞父所說珎玩之物適其願故心各勇銳互
相推排競共馳走爭出火宅是時長者見諸
子等安隱得出皆於四衢道中露地而坐无
復鄣㝵其心泰然歡喜踊躍時諸子等各白
父言父先所許玩好之具羊車鹿車牛車願
時賜與舍利弗尒時長者各賜諸子等一大
車其車高廣衆寶莊校周匝欄楯四面懸鈴
又於其上張設幰蓋亦以珎奇雜寶而嚴餝
之寶繩交絡垂諸華纓重敷綩綖安置丹枕
駕以白牛膚色充潔形體姝好有大筋力行
步平正其疾如風又多僕從而侍衛之所以
者何是大長者財富无量種種諸藏悉皆充
溢而作是念我財物无極不應以下劣小車
與諸子等今此幼童皆是吾子愛无偏黨我
有如是七寶大車其數无量應當等心各各
與之不宜差別所以者何以我此物周給一國
猶尚不匱何況諸子是時諸子各乘大車

BD03973號　妙法蓮華經卷二　（8–6）

者何是大長者財富无量種種諸藏悉皆充
溢而作是念我財物无極不應以下劣小車
與諸子等今此幼童皆是吾子愛无偏黨我
有如是七寶大車其數无量應當等心各各
與之不宜差別所以者何以我此物周給一國
猶尚不匱何況諸子是時諸子各乘大車
得未曾有非本所望舍利弗於汝意云何是
長者等與諸子珎寶大車寧有虛妄不舍利
弗言不也世尊是長者但令諸子得免火難
全其軀命非爲虛妄何以故若全身命便爲
已得玩好之具況復方便於彼火宅而拔濟
之世尊若是長者乃至不與最小一車猶不
虛妄何以故是長者先作是意我以方便令
子得出以是因緣无虛妄也何況長者自知
財富无量欲饒益諸子等與大車佛告舍利
弗善哉善哉如汝所言舍利弗如來亦復如是則
爲一切世間之父於諸怖畏衰惱憂患无明闇
蔽永盡无餘而悉成就无量知見力无所畏有
大神力及智慧力具足方便智慧波羅蜜大慈
大悲常无懈惓恒求善事利益一切而生三界
朽故火宅爲度衆生生老病死憂悲苦惱愚癡
闇蔽三毒之火教化令得阿耨多羅三藐三菩提
見諸衆生爲生老病死憂悲苦惱之所燒煑亦以
五欲財利故受種種苦又以貪著追求故現受衆
苦後受地獄畜生餓鬼之苦若生天上及在人間貧
窮困苦愛別離苦怨憎會苦如是等種種諸苦

BD03973號　妙法蓮華經卷二　（8–7）

朽故火宅為度衆生生老病死憂悲苦惱愚癡
闇蔽三毒之火教化令得阿耨多羅三藐三菩提
見諸衆生為生老病死憂悲苦惱之所燒煑亦以
五欲財利故受種種苦又以貪著追求故現受衆
苦後受地獄畜生餓鬼之苦若生天上及在人間貧
窮困苦愛別離苦怨憎會苦如是等種種諸苦
衆生沒在其中歡喜遊戲不覺不知不驚不
怖亦不生猒不求解脫於此三界火宅東西
馳走雖遭大苦不以為患舍利弗佛見此已
便作是念我為衆生之父應拔其苦難與无
量无邊佛智慧樂令其遊戲舍利弗如來復
作是念若我但以神力及智慧力捨於方便
為諸衆生讃如來知見力无所畏者衆生不
能以是得度所以者何是諸衆生未免生老
病死憂悲苦惱而為三界火宅所燒何由能
解佛之智慧舍利弗如彼長者雖復身手有
力而不用之但以慇懃方便勉濟諸子火宅
之難然後各與珎寶大車如來亦復如是雖
有力无所畏而不用之但以智慧方便於三
界火宅拔濟衆生為說三乘聲[illegible]佛佛
乘而作是言汝等莫得樂住三界火宅勿貪
麁弊色聲香味觸也若貪著生愛則為所燒

BD03973 號　妙法蓮華經卷二　　（8–8）

不不也世尊須
菩提南西北方四維上下虛空可思量不不
也世尊須菩提菩薩无住相布施福德亦復
如是不可思量須菩提菩薩但應如所教住
須菩提於意云何[illegible]身相見如來不不[illegible]
世尊不可以身相得見如來何以故如來所
說身相即非身相佛告須菩提凡所有相皆
是虛妄若見諸相非相則見如來
須菩提白佛言世尊頗有衆生得聞如是言
說章句生實信不佛告須菩提莫作是說如
來滅後後五百歲有持戒脩福者於此章句
能生信心以此為實當知是人不於一佛二
佛三四五佛而種善根已於无量千万佛所
種諸善根聞是章句乃至一念生淨信者須
菩提如來悉知悉見是諸衆生得如是无量
福德何以故是諸衆生无復我相人相衆生
相壽者相无法相亦无非法相何以故是諸
衆生若心取相則為著我人衆生壽者若取
法相即著我人衆生壽者何以故若取非法
相即著我人衆生壽者是故不應取法不應
取非法以是義故如來常說汝等比丘知我
說法如筏喻者法尚應捨何況非法

BD03974 號　金剛般若波羅蜜經　　（9–1）

相壽者相无法相亦无非法相何以故是諸
衆生若心取相則爲著我人衆生壽者若取
法相即著我人衆生壽者何以故若取非法
相即著我人衆生壽者是故不應取法不應
取非法以是義故如来常說汝等比丘知我
說法如筏喻者法尚應捨何况非法
須菩提於意云何如来得阿耨多羅三藐三
菩提耶如来有所說法耶須菩提言如我解
佛所說義无有定法名阿耨多羅三藐三菩
提亦无有定法如来可說何以故如来所說
法皆不可取不可說非法非非法所以者何
一切賢聖皆以无爲法而有差別
須菩提於意云何若人滿三千大千世界七
寶以用布施是人所得福德寧爲多不須菩
提言甚多世尊何以故是福德即非福德性
是故如来說福德多若復有人於此經中受
持乃至四句偈等爲他人說其福勝彼何以
故須菩提一切諸佛及諸佛阿耨多羅三藐三菩
提法皆從此經出須菩提所謂佛法者即非佛法
須菩提於意云何須陁洹能作是念我得須
陁洹果不須菩提言不也世尊何以故須陁
洹名爲入流而无所入不入色聲香味觸法
是名須陁洹須菩提於意云何斯陁含能作
是念我得斯陁含果不須菩提言不也世尊
何以故斯陁含名一往来而實无往来是名
斯陁含須菩提於意云何阿那含能作是念
我得阿那含果不須菩提言不也世尊何以
故阿那含名爲不来而實无来是故名阿那

BD03974號　金剛般若波羅蜜經

（9–2）

洹名爲入流而无所入不入色聲香味觸法
是名須陁洹須菩提於意云何斯陁含能作
是念我得斯陁含果不須菩提言不也世尊
何以故斯陁含名一往来而實无往来是名
斯陁含須菩提於意云何阿那含能作是念
我得阿那含果不須菩提言不也世尊何以
故阿那含名爲不来而實无来是故名阿那
含須菩提於意云何阿羅漢能作是念我得
阿羅漢道不須菩提言不也世尊何以故實
无有法名阿羅漢世尊若阿羅漢作是念我
得阿羅漢道即爲著我人衆生壽者世尊佛
說我得无諍三昧人中最爲第一是第一離
欲阿羅漢我不作是念我是離欲阿羅漢世
尊我若作是念我得阿羅漢道世尊則不說
須菩提是樂阿蘭那行者以須菩提實无所
行而名須菩提是樂阿蘭那行
佛告須菩提於意云何如来昔在然燈佛所
於法有所得不世尊如来在然燈佛所於法
實无所得
須菩提於意云何菩薩莊嚴佛土不不也世
尊何以故莊嚴佛土者則非莊嚴是名莊嚴
是故須菩提諸菩薩摩訶薩應如是生清
淨心不應住色生心不應住聲香味觸法生
心應无所住而生其心須菩提譬如有人身
如須弥山王於意云何是身爲大不須菩提
言甚大世尊何以故佛說非身是名大身
須菩提如恒河中所有沙數如是沙等恒河
於意云何是諸恒河沙寧爲多不須菩提言

BD03974號　金剛般若波羅蜜經

（9–3）

心應无所住而生其心須菩提譬如有人身
如須弥山王於意云何是身為大不須菩提
言甚大世尊何以故佛説非身是名大身
須菩提如恒河中所有沙數如是沙等恒河
於意云何是諸恒河沙寧為多不須菩提言
甚多世尊但諸恒河尚多无數何況其沙須
菩提我今實言告汝若有善男子善女人以
七寶滿尒所恒河沙數三千大千世界以用
布施得福多不須菩提言甚多世尊佛告須
菩提若善男子善女人於此經中乃至受持
四句偈等為他人説而此福德勝前福德
復次須菩提隨説是經乃至四句偈等當知
此處一切世間天人阿脩羅皆應供養如佛
塔廟何況有人盡能受持讀誦須菩提當
知是人成就冣上第一希有之法若是經典
所在之處則為有佛若尊重弟子
尒時須菩提白佛言世尊當何名此經我等
云何奉持佛告須菩提是經名為金剛般若
波羅蜜以是名字汝當奉持所以者何須菩
提佛説般若波羅蜜則非般若波羅蜜須菩
提於意云何如來有所説法不須菩提白佛
言世尊如來无所説須菩提於意云何三千
大千世界所有微塵是為多不須菩提言甚
多世尊須菩提諸微塵如來説非微塵是名
微塵如來説世界非世界是名世界須菩提
於意云何可以三十二相見如來不不也世
尊不可以三十二相得見如來何以故如來
説三十二相即是非相是名三十二相



大千世界所有微塵是為多不須菩提言甚
多世尊須菩提諸微塵如來説非微塵是名
微塵如來説世界非世界是名世界須菩提
於意云何可以三十二相見如來不不也世世
尊不可以三十二相得見如來何以故如來
説三十二相即是非相是名三十二相
須菩提若有善男子善女人以恒河沙等身
命布施若復有人於此經中乃至受持四句
偈等為他人説其福甚多
尒時須菩提聞説是經深解義趣涕淚悲泣
而白佛言希有世尊佛説如是甚深經典我
從昔來所得慧眼未曾得聞如是之經世尊
若復有人得聞是經信心清淨則生實相當
知是人成就第一希有功德世尊是實相者
則是非相是故如來説名實相世尊我今得
聞如是經典信解受持不足為難若當來世
後五百歲其有衆生得聞是經信解受持是
人則為第一希有何以故此人无我相人相
衆生相壽者相所以者何我相即是非相人
相衆生相壽者相即是非相何以故離一切
諸相則名諸佛
佛告須菩提如是如是若復有人得聞是經
不驚不怖不畏當知是人甚為希有何以故
須菩提如來説第一波羅蜜非第一波羅蜜
是名第一波羅蜜
須菩提忍辱波羅蜜如來説非忍辱波羅蜜
何以故須菩提如我昔為歌利王割截身體
我於尒時无我相无人相无衆生相无壽者

是名第一波羅蜜
湏菩提忍辱波羅蜜如來說非忍辱波羅蜜
何以故湏菩提如我昔爲歌利王割截身體
我於尒時无我相无人相无衆生相无壽者
相何以故我於往昔節節支解時若有我相
人相衆生相壽者相應生瞋恨湏菩提又念
過去於五百世作忍辱仙人於尒所世无我
相无人相无衆生相无壽者相是故湏菩提
菩薩應離一切相發阿耨多羅三藐三菩提
心不應住色生心不應住聲香味觸法生心
應生无所住心若心有住則爲非住是故佛
說菩薩心不應住色布施湏菩提菩薩爲
利益一切衆生應如是布施如來說一切諸
相即是非相又說一切衆生則非衆生
湏菩提如來是真語者實語者如語者不
誑語者不異語者湏菩提如來所得法此法
无實无虛
湏菩提若菩薩心住於法而行布施如人入
闇則无所見若菩薩心不住法而行布施如
人有目日光明照見種種色
湏菩提當來之世若有善男子善女人能於此
經受持讀誦則爲如來以佛智慧悉知是人
悉見是人皆得成就无量无邊功德
湏菩提若有善男子善女人初日分以恒河
沙等身布施中日分復以恒河沙等身布施
後日分亦以恒河沙等身布施如是无量百
千万億劫以身布施若復有人聞此經典信
心不逆其福勝彼何況書寫受持讀誦爲人
解說

BD03974 號　金剛般若波羅蜜經　（9–6）

湏菩提若有善男子善女人初日分以恒河
沙等身布施中日分復以恒河沙等身布施
後日分亦以恒河沙等身布施如是无量百
千万億劫以身布施若復有人聞此經典信
心不逆其福勝彼何況書寫受持讀誦爲人
解說
湏菩提以要言之是經有不可思議不可稱
量无邊功德如來爲發大乘者說爲發最上
乘者說若有人能受持讀誦廣爲人說如來
悉知是人悉見是人皆得成就不可量不可
稱无有邊不可思議功德如是人等則爲荷
擔如來阿耨多羅三藐三菩提何以故湏菩
提若樂小法者著我見人見衆生見壽者見
則於此經不能聽受讀誦爲人解說湏菩提
在在處處若有此經一切世間天人阿脩羅
所應供養當知此處則爲是塔皆應恭敬作
礼圍遶以諸華香而散其處
復次湏菩提善男子善女人受持讀誦此經
若爲人輕賤是人先世罪業應墮惡道以今
世人輕賤故先世罪業則爲消滅當得阿耨
多羅三藐三菩提湏菩提我念過去无量阿
僧祇劫於然燈佛前得值八百四千万億那
由他諸佛悉皆供養承事无空過者若復有
人於後末世能受持讀誦此經所得功德於
我所供養諸佛功德百分不及一千万億分
乃至筭數譬喻所不能及湏菩提若善男子
善女人於後末世有受持讀誦此經所得功
德我若具說者或有人聞心則狂亂狐疑不

BD03974 號　金剛般若波羅蜜經　（9–7）

由他諸佛悉皆供養承事无空過者若復有
人於後末世能受持讀誦此經所得功德於
我所供養諸佛功德百分不及一千万億分
乃至筭數譬喻所不能及須菩提若善男子
善女人於後末世有受持讀誦此經所得功
德我若具說者或有人聞心則狂亂狐疑不
信須菩提當知是經義不可思議果報亦不
可思議
尒時須菩提白佛言世尊善男子善女人發
阿耨多羅三藐三菩提心云何應住云何降
伏其心佛告須菩提善男子善女人發阿耨
多羅三藐三菩提者當生如是心我應滅度
一切衆生滅度一切衆生已而无有一衆生
實滅度者何以故若菩薩有我相人相衆生
相壽者相則非菩薩所以者何須菩提實无
有法發阿耨多羅三藐三菩提者
須菩提於意云何如來於然燈佛所有法得
阿耨多羅三藐三菩提不不也世尊如我解
佛所說義佛於然燈佛所无有法得阿耨多
羅三藐三菩提佛言如是如是須菩提實无
有法如來得阿耨多羅三藐三菩提須菩提
若有法如來得阿耨多羅三藐三菩提然燈
佛則不與我受記汝於來世當得作佛号釋
迦牟尼以實无有法得阿耨多羅三藐三菩
提是故然燈佛與我受記作是言汝於來世
當得作佛号釋迦牟尼何以故如來者即諸
法如義若有人言如來得阿耨多羅三藐三
菩提須菩提實无有法佛得阿耨多羅三藐

BD03974號　金剛般若波羅蜜經　（9–8）

佛則不與我受記汝於來世當得作佛号釋
迦牟尼以實无有法得阿耨多羅三藐三菩
提是故然燈佛與我受記作是言汝於來世
當得作佛号釋迦牟尼何以故如來者即諸
法如義若有人言如來得阿耨多羅三藐三
菩提須菩提實无有法佛得阿耨多羅三藐
三菩提須菩提如來所得阿耨多羅三藐三
菩提於是中无實无虛是故如來說一切法
皆是佛法須菩提所言一切法者即非一切
法是故名一切法
須菩提譬如人身長大須菩提言世尊如來
說人身長大則為非大身是名大身
須菩提菩薩亦如是若作是言我當滅度无
量衆生則不名菩薩何以故須菩提實无有
法名為菩薩是故佛說一切法无我无人无
衆生无壽者須菩提若菩薩作是言我當莊
嚴佛土是不名菩薩何以故如來說莊嚴佛
土者即非莊嚴是名莊嚴須菩提若菩薩通
達无我法者如來說名真是菩薩
須菩提於意云何如來有肉眼不如是世尊
如來有肉眼須菩提於意云何如來有天眼
不如是世尊如來有天眼須菩提於意云何
如來有慧眼不如是世尊如來有慧眼須菩
提於意云何如來有法眼不如是世尊如來
有佛眼不如

BD03974號　金剛般若波羅蜜經　（9–9）

大般涅槃經如來性品之三　六
善男子是大涅槃微妙經中有四種人能護
正法建立正法憶念正法能多利益憐愍
世間為世間依安樂人天何等為四有人出世
具煩惱性是名第一須陀洹人斯陀含人是
名第二阿那含人是名第三阿羅漢人是名
第四是四種人出現於世能多利益憐愍世
間為世間依安樂人天云何名為具煩惱性
若有人能奉持禁戒威儀具足建立正法從
佛所聞解其文義轉為他人分別宣說所謂
少欲多欲非道廣說如是八大人覺有犯罪
者教令發露懺悔滅除善知菩薩方便所行
秘密之法是名凡夫非第八人第八人者不
名凡夫名為菩薩不名為佛第二人者名須
陀洹斯陀含人若得正法受持正法從佛聞
法如其所聞聞已書寫受持讀誦轉為
他說若聞法已不寫不受不持不說而言
奴婢不淨之物佛聽畜者无有是處是名
第二人如是之人未得第二第三住處名
為菩薩已得受記第三人者名阿那含阿

BD03975號　大般涅槃經（北本）卷六　（24-1）

陀洹斯陀含人若得正法受持正法從佛聞
法如其所聞聞已書寫受持讀誦轉為
他說若聞法已不寫不受不持不說而言
奴婢不淨之物佛聽畜者无有是處是名
第二人如是之人未得第二第三住處名
為菩薩已得受記第三人者名阿那含阿
那含者誹謗正法若言聽畜奴婢使不淨
之物受持外道典籍書論及為客塵煩惱所
鄣諸舊煩惱之所覆蓋若藏如來真實舍
利及為外病之所惱害或為四大毒蛇所侵論
說我者悉无是處若說无我斯有是處說
著世法无有是處若說大乘相續不絕斯有
是處若所受身有八万戶虫亦无是處永離
婬欲乃至夢中不失不淨斯有是處臨終之
生怖畏者亦无是處阿那含者為何謂也是
人不還如上所說所有過患永不能污往反
周旋名為菩薩已得受記不久得成阿耨多
羅三藐三菩提是則名為第三人也第四人
者名阿羅漢阿羅漢者斷諸煩惱捨於重檐
逮得已利所作已辦住第十地得自在智隨
人所樂種種色像悉能示現如所莊嚴欲成
佛道即能得成能成如是无量功德名阿羅
漢是名四人出現於世能多利益憐愍世間
為世間依安樂人天於人天中最尊最勝猶
如如來名人中勝為歸依處迦葉白佛言世
尊我今不依是四種人何以故如瞿師羅經

BD03975號　大般涅槃經（北本）卷六　（24-2）

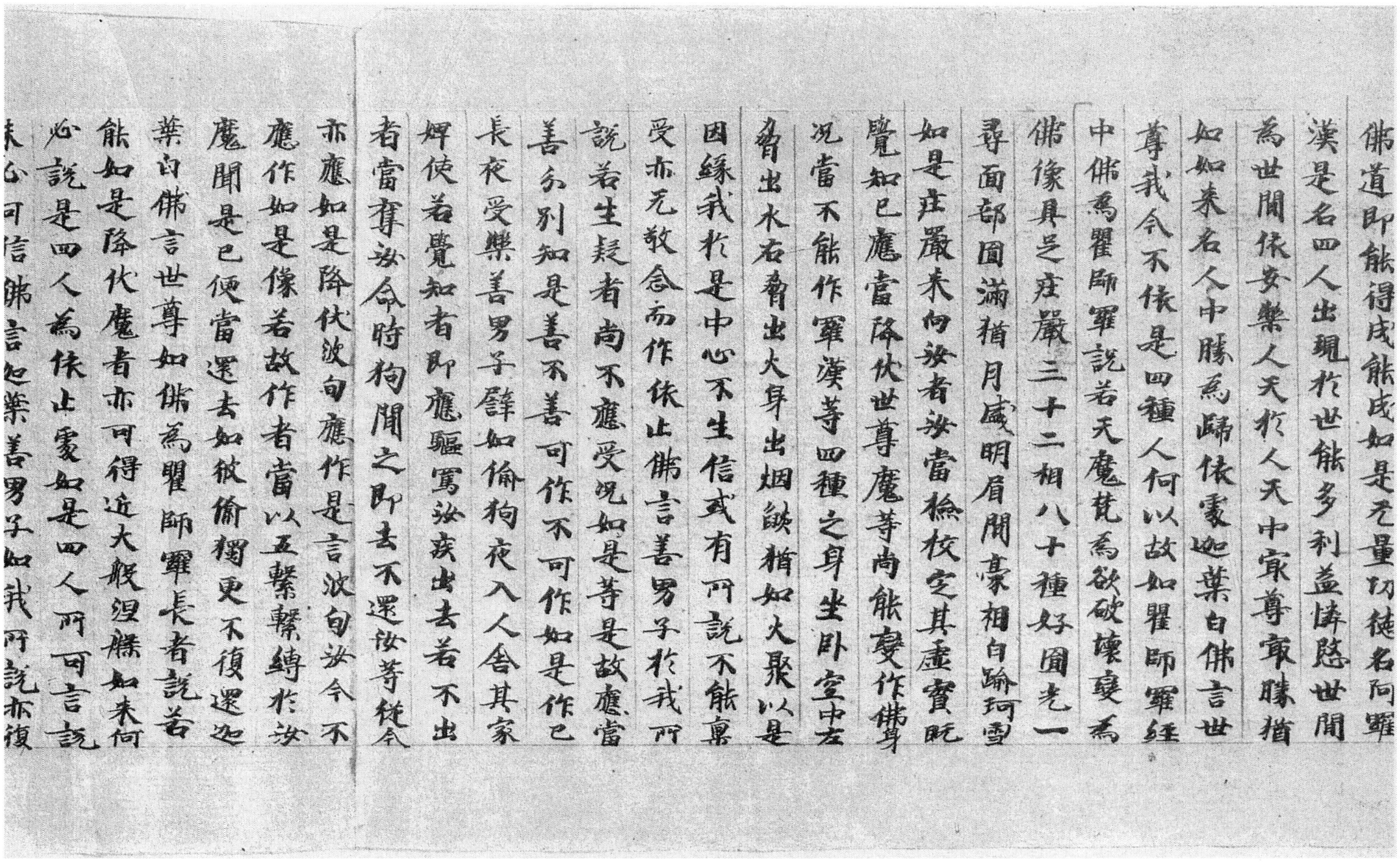

佛道即能得成能成如是无量功德名阿羅
漢是名四人出現於世能多利益憐愍世間
為世間依安樂人天於人天中最尊最勝猶
如如來名人中勝為歸依處迦葉白佛言世
尊我今不依是四種人何以故如瞿師羅經
中佛為瞿師羅說若天魔梵為欲破壞變為
佛像具足莊嚴三十二相八十種好圓光一
尋面部圓滿猶月盛明眉間毫相白踰珂雪
如是莊嚴來向汝者汝當撿校定其虛實既
覺知已應當降伏世尊魔等尚能變作佛身
況當不能作羅漢等四種之身坐臥空中左
脅出水右脅出火身出烟燄猶如火聚以是
因緣我於是中心不生信或有所說不能稟
受亦无敬念而作依止佛言善男子於我所
說若生疑者尚不應受況如是等是故應當
善分別知是善不善可作不可作如是作已
長夜受樂善男子譬如偷狗夜入人舍其家
婢使若覺知者即應驅罵汝疾出去若不出
者當奪汝命時狗聞之即去不還汝等從今
亦應如是降伏波旬應作是言波旬汝今不
應作如是像若故作者當以五繫繫縛於汝
魔聞是已便當還去如彼偷狗更不復還迦
葉白佛言世尊如佛為瞿師羅長者說若
能如是降伏魔者亦可得近大般涅槃如來何
必說是四人為依止處如是四人所可言說
未必可信佛言迦葉善男子如我所說亦復

BD03975 號　大般涅槃經（北本）卷六　（24–3）

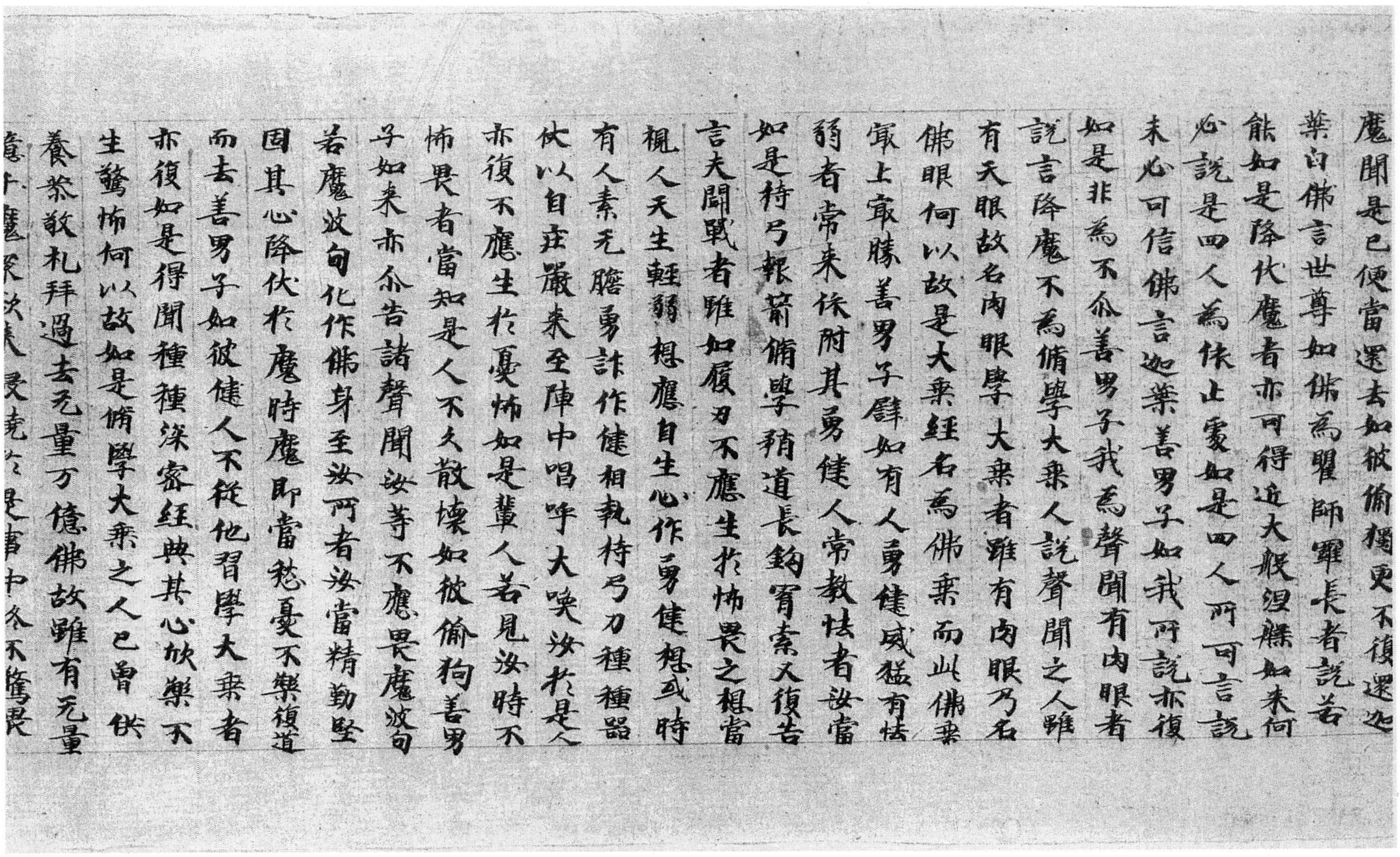

魔聞是已便當還去如彼偷狗更不復還迦
葉白佛言世尊如佛為瞿師羅長者說若
能如是降伏魔者亦可得近大般涅槃如來何
必說是四人為依止處如是四人所可言說
未必可信佛言迦葉善男子如我所說亦復
如是非為不爾善男子我為聲聞有肉眼者
說言降魔不為脩學大乘人說聲聞之人雖
有天眼故名肉眼學大乘者雖有肉眼乃名
佛眼何以故是大乘經名為佛乘而此佛乘
最上最勝善男子譬如有人勇健威猛有怯
弱者常來依附其勇健人常教怯者汝當
如是持弓執箭脩學矟道長鉤羂索又復告
言夫鬪戰者雖如履刃不應生於怖畏之想當
視人天生輕弱想應自生心作勇健想或時
有人素无膽勇詐作健相執持弓刀種種器
仗以自莊嚴來至陣中唱呼大喚汝於是人
亦復不應生於憂怖如是輩人若見汝時不
怖畏者當知是人不久散壞如彼偷狗善男
子如來亦爾告諸聲聞汝等不應畏魔波旬
若魔波旬化作佛身至汝所者汝當精勤堅
固其心降伏於魔時魔即當愁憂不樂復道
而去善男子如彼健人不從他習學大乘者
亦復如是得聞種種深密經典其心欣樂不
生驚怖何以故如是脩學大乘之人已曾供
養恭敬禮拜過去无量万億佛故雖有无量
億數魔眾欲來侵嬈於是事中終不驚畏

BD03975 號　大般涅槃經（北本）卷六　（24–4）

亦復如是得聞種種深密經典其心欣樂不
生驚怖何以故如是脩學大乘之人已曾供
養恭敬礼拜過去无量万億佛故雖有无量
億千魔衆欲來侵嬈於是事中終不驚畏
善男子譬如有人得阿竭陁藥不畏一切毒虵
等畏是藥力故亦能消除一切毒等是大乘
經亦復如是如彼藥力不畏一切諸魔毒等
亦能降伏令更不起復次善男子譬如有龍
性甚姤憋欲害人時或以眼視或以氣噓是故
一切師子虎豹犲狼狗犬皆生怖畏是等
惡獸或聞聲見形或觸其身无不喪命有善
呪者以呪力故能令如是諸惡毒龍金翅鳥
等惡象師子虎豹犲狼皆悉調善任爲御乘
如是等獸見彼善呪即便調伏聲聞緣覺亦
復如是見魔波旬皆生恐怖而魔波旬亦復
不生畏懼之心猶行魔業學大乘者亦復
如是見諸聲聞怖畏魔事於此大乘不生信樂
先以方便降伏諸魔悉令調善堪任爲乘因
爲廣說種種妙法聲聞緣覺見調魔已不
生怖畏於此大乘无上正法方生信樂作如是
言我等從今不應於此正法之中而作鄣閡
復次善男子聲聞緣覺於諸煩惱而生怖畏
學大乘者都无恐懼脩學大乘有如是力以
是因緣先所說者爲欲令彼聲聞緣覺調伏
諸魔非爲大乘是大涅槃微妙經典不可消
伏甚奇甚特若有聞者聞已信受能信如來

BD03975號　大般涅槃經（北本）卷六　（24–5）

復次善男子聲聞緣覺於諸煩惱而生怖畏
學大乘者都无恐懼脩學大乘有如是力以
是因緣先所說者爲欲令彼聲聞緣覺調伏
諸魔非爲大乘是大涅槃微妙經典不可消
伏甚奇甚特若有聞者聞已信受能信如來
是常住法如是之人甚爲希有如優曇華我
涅槃後若有得聞如是大乘微妙經典生信
敬心當知是等於未來世百千億劫不墮惡
道尒時佛告迦葉菩薩善男子我涅槃後當
有百千无量衆生誹謗不信是大涅槃微妙
經典迦葉菩薩復白佛言世尊是諸衆生
於佛滅後久近便當誹謗是經世尊復有何等
純善衆生當能拯濟是謗法者佛告迦葉善
男子我般涅槃後卌年中於閻浮提廣行流
布然後乃當隱沒於地善男子譬如甘蔗稻米
石蜜乳酪醍醐隨有之處其土人民皆言
是味味中第一或復有人純食粟米及以稗
子是人亦言我所食者最爲第一是薄福人
受業報故若是福人耳初不聞粟稗之名所
食唯是粳粮甘蔗石蜜醍醐是大涅槃微妙
經典亦復如是鈍根薄福不樂聽聞如彼薄
福憎惡粳粮及石蜜等二乘之人亦復如是
憎惡无上大涅槃經或有衆生其心甘樂聽
受是經聞已歡喜不生誹謗如彼福人食於
稻粮善男子譬如有王居在山中嶮難惡處

BD03975號　大般涅槃經（北本）卷六　（24–6）

憎惡无上大涅槃經或有衆生其心甘樂聽
受是經聞已歡喜不生誹謗如彼福人食於
稻粮善男子譬如有王居在山中嶮難惡處
雖有甘蔗稻粮石蜜以其難得食惜積聚
不敢噉食懼其有盡唯食菓䔩有異國王聞
之憐笑即以車載稻粮甘蔗而送與之其王得
已即便分張舉國共食民既食已皆生歡喜
咸作是言因彼王故令我得是希有之食善
男子是四種人亦復如是為此无上大法之將
是四種中或有一人見於他方无量菩薩
雖學如是大乘經典若自書寫若令他書為
利養故為稱譽故為了法故為依止故為用
愽易其餘經故不能廣為他人宣說是故持
是微妙經典送至彼方與彼菩薩令發无上
菩提之心安住菩提是諸菩薩得是經已即便
廣為他人演說令无量衆生得受如是大乘
法味皆是此一菩薩力所未聞經卷令得
聞如彼人民因王力故得希有食又善男子
是大涅槃微妙經典所流布處當知其地即
是金剛是中諸人亦如金剛若有能聽如是
經者即不退轉於阿耨多羅三藐三菩提隨
其所願悉得成就如我今日所可宣說汝等
比丘當善受持若有衆生不能聽聞如是經
典當知是人甚可憐愍何以故是人不能受
持如是大乘經典甚深義故迦葉菩薩白佛

BD03975號　大般涅槃經（北本）卷六　（24-7）

其所願悉得成就如我今日所可宣說汝等
比丘當善受持若有衆生不能聽聞如是經
典當知是人甚可憐愍何以故是人不能受
持如是大乘經典甚深義故迦葉菩薩白佛
言世尊如來滅後卌年中是大乘典大涅槃
經於閻浮提廣行流布過是已後沒於地者
却後久近復當還出佛言善男子若我正法
餘八十年前卌年是經復當於閻浮提雨大
法雨迦葉菩薩復白佛言世尊如是經典正
法滅時正戒毀時非法增長時无如法衆生時
誰能聽受奉持讀誦令其通利供養恭敬
書寫解說唯願如來憐愍衆生分別廣說令
諸菩薩聞已受持持已即得不退阿耨多羅
三藐三菩提心
尒時佛讚迦葉善哉善哉善男子汝今善能
問如是義善男子若有衆生於熈連河沙等
諸佛所發菩提心乃能於是惡世受持如是
經典不生誹謗善男子若有能於一恒河沙
等諸佛世尊發菩提心然後乃能於惡世中
不謗是法愛樂是典不能為人分別廣說善
男子若有衆生於二恒河沙等佛所發菩提
心然後乃能於惡世中不謗是法正解信樂
受持讀誦亦不能為他人廣說若有衆生於三
恒河沙等佛所發菩提心然後乃能於惡世
中不謗是法受持讀誦書寫經卷雖為他說

BD03975號　大般涅槃經（北本）卷六　（24-8）

心然後乃能於惡世中不謗是法正解信樂
受持讀誦亦不能為他人廣說若有衆生於三
恒河沙等佛所發菩提心然後乃能於惡世
中不謗是法受持讀誦書寫經卷雖為他說
未解深義若有衆生於四恒河沙等佛所發
菩提心然後乃能於惡世中不謗是經受持讀
誦書寫經卷為他廣說十六分中一分之
義雖復演說亦不具足若有衆生於五恒河
沙等佛所發菩提心然後乃能於惡世中不
謗是法受持讀誦書寫經卷廣為人說十六
分中八分之義若有衆生於恒河沙等佛所發
菩提心然後乃能於惡世中不謗是法受持
讀誦書寫經卷為他廣說十六分中十二分義
若有衆生於七恒河沙等佛所發菩提心然後
乃能於惡世中不謗是法受持讀誦書寫經
卷為他廣說十六分中十四分義若有於八
恒河沙等佛所發菩提心然後乃能於惡世
中不謗是法受持讀誦書寫經卷亦勸他人
令得書寫自能聽受復勸他人令得聽受讀
誦通利擁護堅持憐愍世間諸衆生故供養
是經亦勸他人令其供養恭敬尊重讀誦礼
拜亦復如是具足能解盡其義味所謂如來
常住不變畢竟安樂廣說衆生悉有佛性善
知如來所有法藏供養如是諸佛等已建立
如是无上正法受持擁護若有始發阿耨多

BD03975 號　大般涅槃經（北本）卷六　（24-9）

拜亦復如是具足能解盡其義味所謂如來
常住不變畢竟安樂廣說衆生悉有佛性善
知如來所有法藏供養如是諸佛等已建立
如是无上正法受持擁護若有始發阿耨多
羅三藐三菩提心當知是人未來之世必能
建立如是正法受持擁護是故汝今不應不
知未來世中護法之人何以故是發心者於未
來世必能護持无上正法善男子有惡比
丘聞我涅槃不生憂愁今日如來入般涅槃
何其快哉如來在世遮我等利今入涅槃誰
復當有遮奪我者若无遮奪我則還
得如本利養如來在世禁戒嚴峻今入涅
槃悉當放捨所受袈裟本為法式今當廢
壞如木頭幡如是等人誹謗拒逆是大乘經
善男子汝今應當如是憶持若有衆生成
就具足无量功德乃能信是大乘經典信已
受持其餘衆生有樂法者若能廣解說此
經其人聞已過去无量阿僧祇劫所作惡業
皆悉除滅若有不信是經典者現身當為无
量病苦之所惱害多為衆人所見罵辱命終
之後人所輕賤顏貌醜陋資生艱難常不供
足雖復少得麁澁弊惡生生常處貧窮下賤
誹謗正法邪見之家若臨終時或值荒亂刀
兵競起帝王暴虐怨家讎隙之所侵逼雖有
善友而不遭遇資生所須求不能得雖少得
利常患飢渴唯為凡下之所顧識國王大臣
悉不慈愍設復聞其有所宣說正使是理終

BD03975 號　大般涅槃經（北本）卷六　（24-10）

誹謗正法邪見之家若臨終時或值荒亂刀
兵競起帝王暴虐怨家讎隟之所侵逼雖有
善友而不值遇資生所須求不能得雖少得
利常患飢渴唯為凡下之所顧識國王大臣
悉不齒錄設復聞其有所宣說正使是理終
不信受如是之人不至善處如折翼鳥不能飛
行是人亦尒於未來世不能得至人天善處若
復有人能信如是大乘經典本所受形雖
復麁陋以經功德即便端正威顏色力日更
增多常為人天之所樂見恭敬愛戀情无
捨離國王大臣及家親屬聞其所說悉皆敬
信若我聲聞弟子之中欲行第一希有事者
當為世間廣宣如是大乘經典善男子譬如
霧露勢雖欲住不過日出日既出已消滅无餘
善男子是諸衆生所有惡業亦復如是住
世勢力不過得見大涅槃日是日既出悉能除
滅一切惡業復次善男子譬如有人出家剃
髮雖服袈裟故未得受沙弥十戒或有長者
来請衆僧未受戒者即與大衆俱共受請
雖未受戒已墮僧數善男子若有衆生發
心始學是大乘典大涅槃經書持讀誦亦復如
是雖未具足位階十住則已墮於十住數中
或有衆生是佛弟子或非弟子若因貪怖或
因利養聽受是經乃至一偈聞已不謗當知
是人則為已近阿耨多羅三藐三善提善男
子以是因緣我說四人為世間依善男子如
[illegible]



是雖未具足位階十住則已墮於十住數中
或有衆生是佛弟子或非弟子若因貪怖或
因利養聽受是經乃至一偈聞已不謗當知
是人則為已近阿耨多羅三藐三善提善男
子以是因緣我說四人為世間依善男子如
是四人若以佛說言非佛說无有是處是故
我說如是四人為世間依善男子汝應供養
如是四人世尊我當云何識知是人而為供
養佛告迦葉若有建立護持正法如是之人
應從啓請當捨身命而供養之如我於是大
乘經說
有知法者　若老若少　故應供養　恭敬礼拜
猶如事火　婆羅門等　有知法者　若老若少
故應供養　恭敬礼拜　亦如諸天　奉事帝釋
迦葉菩薩白佛言世尊如佛所說供養師長
正應如是今有所疑唯願廣說若有長宿護
持禁戒從年少邊諮受未聞云何是人當礼
敬不若當礼敬是則不名持禁戒也若是年
少護持禁戒從諸宿舊破戒人邊諮受未聞
復應礼不若出家人從在家人諮受未聞復
當礼不然出家人不應礼敬在家人也然佛
法中年少幼小應當恭敬耆舊長宿以是長
宿先受具戒成就威儀是故應當供養恭敬
如佛言曰其破戒者是佛法中所不容受猶
如良田多有稊稗又如佛說有知法者若老
若少故應供養如事帝釋如是二句其義云

當礼不然出家人不應礼敬在家人也然佛
法中年少幼小應當恭敬耆舊長宿以是長
宿先受具戒成就威儀是故應當供養恭敬
如佛言曰其破戒者是佛法中所不容受猶
如良田多有稊稗又如佛說有知法者若老
若少故應供養如事帝釋如是二句其義云
何將非如來虛妄說也如佛言曰持戒比丘亦
有所犯何故如來而作是說世尊亦於餘
經中說聽治破戒如是所說其義未了佛告
迦葉善男子我為未來諸菩薩等學大乘
者說如是偈不為聲聞弟子說也善男子如我
先說正法滅已毀正戒時增長破戒非法盛
時一切聖人隱不現時受畜奴婢不淨物時
是四人中當有一人出現於世剃除鬚髮出家
脩道見諸比丘各各受畜奴婢僕使不淨
之物淨與不淨一切不知是律非律亦復不
識是人為欲調伏如是諸比丘故與共和光
不同其塵自所行處及佛行處善能別知雖
見諸人犯波羅夷嘿然不舉何以故我出於
世為欲建立護持正法是故嘿然而不舉處
善男子如是之人為護法故雖有所犯不名
破戒善男子如有國王遇病崩亡儲君稚小
未任紹繼有旃陀羅豐饒財寶巨富无量多
有眷屬自以強力伺國虛弱簒居王位治化
未久國人居士婆羅門等亡叛逃走遠投他

BD03975 號　大般涅槃經（北本）卷六　（24–13）

破戒善男子如有國王遇病崩亡儲君稚小
未任紹繼有旃陀羅豐饒財寶巨富无量多
有眷屬自以強力伺國虛弱簒居王位治化
未久國人居士婆羅門等亡叛逃走遠投他
國雖有在者乃至不欲眼見是王或有長者
婆羅門等不離本土譬如諸樹隨其生處即
是中死旃陀羅王知其國人逃叛者衆尋即
還遣諸旃陀羅守邏諸道復於七日擊鼓唱
令諸婆羅門有能為我作灌頂師者當以半
國而為爵賞諸婆羅門聞是語已悉无來者
各作是言何處當有婆羅門種作如是事旃
陀羅王復作是言婆羅門中若无一人為我
師者我要當令諸婆羅門與旃陀羅共住食
宿同其事業若有能來灌我頂者半國之封
此言不虛呪術所致卅三天上妙甘露不死
之藥亦當共分而服食之尓時有一婆羅門
子年在弱冠脩治淨行長髮為相善知呪術
往至王所白言大王王所勑使我悉能為尓
時大王心生歡喜受此童子作灌頂師諸婆
羅門聞是事已皆生瞋恚責此童子婆婆羅
門去何乃作旃陀羅師尓時其王即分半國與
是童子因共治國逕歷多時尓時童子語
其王言我捨家法來作王師然教大王微密
呪術而今大王猶不見親時王答言我今云
何不親汝耶童子答言先王所有不死之藥

BD03975 號　大般涅槃經（北本）卷六　（24–14）

是童子因共治國逕歷多時尒時童子語
其王言我捨家法來作王師然教大王微密
呪術而今大王猶不見親時王答言我今云
何不親汝邪童子答言先王所有不死之藥
猶未共食王言善哉善哉大師我實不知師
若須者唯願持去是時童子聞王語已即取
歸家請諸大臣而共食之諸臣食已即共白
王快哉大師有是甘露不死之藥王既知已
語其師言云何大師獨與諸臣服食甘露而
不見分尒時童子更以其餘雜毒之藥與王
令服王既服已須臾藥發悶亂躄地无所覺
知猶如死人尒時童子立本儲君還以為王
作如是言師子御座法不應令旃陀羅昇我
從昔來未曾聞見旃陀羅種而為王也若旃
陀羅治國理民无有是處汝今應還紹繼先
王正法治國尒時童子經理是已復以解藥
與旃陀羅令其醒寤既醒寤已駈令出國
是時童子雖為是事猶故不失婆羅門法其
餘居士婆羅門等聞其所作歎未曾有讚言
善哉善哉仁者善能駈遣旃陀羅王善男子
我涅槃後護持正法諸菩薩等亦復如是以方
便力與彼破戒假名受畜一切不淨物僧同其
事業尒時菩薩若見有人雖多犯戒能治毀
禁諸惡比丘即往其所恭敬礼拜四事供養
經書什物悉以奉上如其自无要當方便
從諸檀越求覓而與為是事故應畜八種

BD03975 號　大般涅槃經（北本）卷六　（24-15）

便力與彼破戒假名受畜一切不淨物僧同其
事業尒時菩薩若見有人雖多犯戒能治毀
禁諸惡比丘即往其所恭敬礼拜四事供養
經書什物悉以奉上如其自无要當方便
從諸檀越求覓而與為是事故應畜八種不
淨之物何以故是人為治諸惡比丘如彼童
子駈旃陀羅尒時菩薩雖復恭敬礼拜是人
受畜八種不淨之物悉无有罪何以故以是
菩薩為欲擯治諸惡比丘令清淨僧得安隱
住流布方等大乘經典利益一切諸天人故
善男子以是因緣我於經中說是二偈令諸
菩薩皆共讚歎護法之人如彼居士婆羅門
等稱讚童子善哉善哉護法菩薩亦應如是
若有人見護法之人與破戒者同其事業說
有罪者當知是人自受其殃是護法者實无
有罪善男子若有比丘犯禁戒已憍慢心故
覆藏不悔當知是人名真破戒菩薩摩訶薩
為護法故雖有所犯不名破戒何以故以无憍
慢發露悔故善男子是故我於經中覆相
說如是偈
有知法者　若老若少　故應供養　恭敬礼拜
猶如事火　婆羅門等　如第二天　奉事帝釋
以是因緣我亦不為學聲聞人但為菩薩而
說是偈迦葉菩薩白佛言世尊如是等菩
薩摩訶薩於戒緩緩本所受戒為具在不佛
言善男子汝今不應作如是說何以故本所受

BD03975 號　大般涅槃經（北本）卷六　（24-16）

猶如事火婆羅門等　如第二天奉事帝釋
以是因緣我亦不為學聲聞人但為菩薩而
說是偈迦葉菩薩白佛言世尊如是等菩
薩摩訶薩於戒緩緩本所受戒為具在不佛
言善男子汝今不應作如是說何以故本所受
戒如本不失設有所犯即應懺悔已清淨
善男子如故堤塘穿穴有孔水則淋漏何以
故无人治故若有人治水則不出菩薩亦尒
雖與破戒共作布薩受戒自恣同其僧事所
有戒律不如堤塘穿穴淋漏何以故若无清
淨持戒之人僧則損減慢緩懈怠日有增上
若有清淨持戒之人即能具足不失本戒善
男子於乘緩者乃名為緩於戒緩者不名為
緩菩薩摩訶薩於此大乘心不懈慢是名本
戒為護正法以大乘水而自澡浴是故菩薩
雖現破戒不名為緩迦葉菩薩白佛言衆僧
之中有四種人如菴羅菓生熟難知破戒持
戒云何可識佛言善男子因大涅槃微妙經
典則易可知云何因是大涅槃經可得知也
譬如田夫種稻穀等耘除稗莠以肉眼觀名
為淨田至其成實草穀各異如是八事能汙
染僧若能除却以肉眼觀則知清淨若有持
戒破戒不作惡時以肉眼觀難可分別若惡
彰露則易可知如彼稗莠易可分別僧中亦
尒若能遠離於八不淨毒地之法是名清淨
聖衆福田應為人天之所供養清淨果報非

BD03975 號　大般涅槃經（北本）卷六　（24–17）

染僧若能除却以肉眼觀則知清淨若有持
戒破戒不作惡時以肉眼觀難可分別若惡
彰露則易可知如彼稗莠易可分別僧中亦
尒若能遠離於八不淨毒地之法是名清淨
聖衆福田應為人天之所供養清淨果報非
是肉眼所能分別復次善男子如迦羅迦林
其樹衆多於是林中唯有一樹名鎮頭迦是
迦羅迦樹鎮頭迦樹二菓相似不可分別其
果熟時有一女人悉皆拾取鎮頭迦果裁有
一分迦羅迦果乃有十分是女不識賫来詣
市而衒賣之凡愚小兒復不別故買迦羅迦
果噉已命終有智人輩聞是事已即問女人
姊於何處持是果来是時女人即示方所諸
人即言如是方所多有无量迦羅迦樹唯有
一根鎮頭迦樹諸人知已咲而捨去善男子
大衆之中八不淨法亦復如是於是衆中多
有受用如是八法唯有一人清淨持戒不受
如是八不淨法而知諸人受畜非法然與同
事不相捨離如彼林中一鎮頭迦樹有優婆
塞見是諸人多有非法并不恭敬供養是人
若欲供養應先問言大德如是八事為受
畜不佛所聽不若言佛聽如是之人得共布
薩羯磨自恣不是優婆塞如是問已衆皆荅
言如是八事如來憐愍皆悉聽畜優婆塞言
祇桓精舍有諸比丘或言金銀佛所聽畜或
言不聽有言聽者是不聽者不與共住說戒

BD03975 號　大般涅槃經（北本）卷六　（24–18）

畜不佛所聽不若言佛聽如是之人得共布
薩羯磨自恣不是優婆塞如是問已衆皆答
言如是八事如來憐愍皆悉聽畜優婆塞言
祇桓精舍有諸比丘或言金銀佛所聽畜或
言不聽有言聽者是不聽者不與共住說戒
自恣乃至不共一河飲水利養之物悉不共之
汝等云何言佛聽許佛天中天雖復受之汝
等衆僧亦不應畜若有受者乃至不應與
共說戒自恣羯磨同其僧事若共說戒自恣羯
磨同僧事者命終即當墮於地獄如彼諸人
食如羅果已而便命終復次善男子譬如城
市有賣藥人有妙甘藥出於雪山亦復多賣
其餘雜藥味甘相似時有諸人咸皆欲買然
不識別至賣藥所問言汝有雪山藥不其
賣藥人即答言有是人欺誑以餘雜藥語買
者言此是雪山甘好妙藥時買藥者以肉眼
故不能善別即買持去復作是念我今已得
雪山甘藥迦葉若聲聞僧中有假名僧有真
實僧有和合僧若持戒破戒於是衆中等應
供養恭敬礼拜是優婆塞以肉眼故不能分
別喻如彼人不能分別雪山甘藥誰是持戒
誰是破戒誰是真實僧誰是假名假有天
眼者乃能分別迦葉若優婆塞知是比丘是破戒
人不應給施礼拜供養若知是人受畜八法
亦復不應給施所須礼拜供養若於僧中有
破戒者不應以被袈裟因緣恭敬礼拜迦葉

BD03975號　大般涅槃經（北本）卷六　（24–19）

誰是破戒誰是真實僧誰是假名假有天
眼者乃能分別迦葉若優婆塞知是比丘是破戒
人不應給施礼拜供養若知是人受畜八法
亦復不應給施所須礼拜供養若於僧中有
破戒者不應以被袈裟因緣恭敬礼拜迦葉
菩薩復白佛言世尊善哉善哉如來所說真
實不虛我當頂受譬如金剛珍寶異物如佛
所說是諸比丘當依四法何等為四依法不
依人依義不依語依智不依識依了義經不
依不了義經如是四法應當證知非四種人
佛言善男子依法者即是如來大般涅槃一
切佛法即是法性是法性者即是如來是故
如來常住不變若復有言如來无常是人
不知不見法性若不知見是法性者不應依止
如上所說四人出世護持法者應當證知而
為依止何以故是人善解如來微密深奧藏
故能知如來常住不變若言如來无常變
易无有是處如是四人即名如來何以故是人
能解如來密語及能說故若有人能了知如
來甚深密藏及知如來常住不變如是之
若為利養說言如來是无常者无有是處
如是之人尚可依止何況不依是四人也依法者
即是法性不依人者即是聲聞法性者即是
如來聲聞者即是有為如來者即是常住有
為者即是无常善男子若人破戒為利養故
說言如來无常變易如是之人所不應依

BD03975號　大般涅槃經（北本）卷六　（24–20）

即是法性不依人者即是聲聞法性者即是
如來聲聞者即是有為如來者即是常住有
為者即是无常善男子若人破戒為利養故
說言如來无常變易如是之人所不應依
善男子是名定義依義不依語者義者名曰
覺了覺了義者名不羸劣不羸劣者名曰滿
足滿足之義者名曰如來常住不變如來常住不
變義者即是法常法常義者即是僧常是名
依義不依語也何等語言所不應依所謂諸
論綺飾文辭如佛所說无量諸經貪求无猒
多奸諂語詐現親附現相求利經理白衣為
其執使又復唱言佛聽比丘畜諸奴婢不淨
之物金銀珎寶穀米倉庫牛羊象馬販賣求
利於飢饉世憐愍子故聽諸比丘儲貯陳宿
手自作食不受而噉如是等語所不應依依
智不依識者所言智者即是如來若有聲聞
不能善知如來功德如是之識不應依也若
知如來即是法身如是真智所應依也若見
如來方便之身言是陰界諸入所攝食所長
養亦不應依是故知識不可依也若復有人
作是說者及其經書亦不應依依了義經
不依不了義經不了義經者謂聲聞乘聞佛
如來深密藏處悉生疑恠不知是藏出大智海
猶如嬰兒无所別知是則名為不了義也了
義者名為菩薩真實智慧隨於自心无礙

BD03975號　大般涅槃經（北本）卷六　（24-21）

不依不了義經不了義經者謂聲聞乘聞佛
如來深密藏處悉生疑恠不知是藏出大智海
猶如嬰兒无所別知是則名為不了義也了
義者名為菩薩真實智慧隨於自心无礙
大智猶如大人无所不知是名了義又聲聞乘
名不了義无上大乘乃名了義若言如來无
常變易名不了義若言如來常住不變是
名了義聲聞所說應證知者名不了義菩薩
所說應證知者名為了義若言如來食所長
養是不了義若言常住不變易者是名了義
若言如來入於涅槃如薪盡火滅名不了義
若言如來入法性者是名了義聲聞乘法則不
應依何以故如來為欲度眾生故以方便力
說聲聞乘猶如長者教子半字善男子聲
聞乘者猶如初耕未得果實是故不應依聲
聞乘如是名為不了義也大乘之法則應依
止何以故如來為欲度眾生故以方便力說於
大乘是故應依是名了義如是四依應當證
知復次依義者義名質直質直者名曰光
明光明者名不羸劣不羸劣者名曰如來又
光明者名為智慧質直者名為常住如來常
者名為依法法者名常亦名无邊不可思議
不可執持不可繫縛而亦可見若說言不
可見者如是之人所不應依是故依法不依
於人若有人以微妙之語宣說无常如是之言

BD03975號　大般涅槃經（北本）卷六　（24-22）

者名爲依法法者名常亦名无邊不可思議
不可執持不可繫縛而亦可見若說言不
可見者如是之人所不應依是故依法不依
於人若有人以微妙之語宣說无常如是之言
所不應依是故依義不依於語依智者衆僧
是常无爲不變不畜八種不淨之物是故依
智不依於識若有說言識作識受无和合僧
何以故夫和合者名无所有无所有者云何
言常是故此識不可依止依了義經了義
者名爲知足終不詐現威儀清白憍慢自高
貪求利養亦於如來隨宜方便所說法中不
生執著是名了義若有能住如是等中當知
是人則爲已得住第一義是故名爲依了義
經不依不了義不了義者如經中說一切燒然
一切无常一切皆苦一切皆空一切无我是名
不了義何以故以不能了如是義故令諸
衆生墮阿鼻獄所以者何以取著故於義不
了一切燒者謂如來說涅槃亦燒一切无常
者涅槃亦无常苦空无我亦復如是是故名
爲不了義經不應依止善男子若有人言如
來憐愍一切衆生善知時宜以知時故說輕
爲重說重爲輕如來觀知所有弟子有諸檀
越供給所須令无所之如是之人佛則不聽受
畜奴婢金銀財寶販賣市易不淨物等若
諸弟子无有檀越供給所須時世飢饉飲食
難得爲欲建立護持正法我聽弟子受畜奴



越供給所須令无所之如是之人佛則不聽受
畜奴婢金銀財寶販賣市易不淨物等若
諸弟子无有檀越供給所須時世飢饉飲食
難得爲欲建立護持正法我聽弟子受畜奴
婢金銀車乘田宅穀米賣易所須雖聽受畜
如是等物要當淨施篤信檀越如是四法所
應依止若有戒律阿毗曇脩多羅不違是四
亦應依止若有說言有時非時有能護法不
能護法如來悉聽一切比丘受畜如是不淨
物者如是之言不應依止若有戒律阿毗曇
脩多羅中有同是說如是三分亦不應依我
爲肉眼諸衆生等說是四依終不爲於有慧
眼者是故我今說是四依法者即是法性義
者即是如來常住不變智者知一切衆生
悉有佛性了義者了達一切大乘經典

大般涅槃經卷第六

也世尊須菩提菩薩无住相布施福德亦復
如是不可思量須菩提菩薩但應如所教住
須菩提於意云何可以身相見如來不不也
世尊不可以身相得見如來何以故如來所
說身相即非身相佛告須菩提凡所有相皆
是虛妄若見諸相非相則見如來
須菩提白佛言世尊頗有衆生得聞如是言
說章句生實信不佛告須菩提莫作是說如
來滅後後五百歲有持戒脩福者於此章句
能生信心以此為實當知是人不於一佛二
佛三四五佛而種善根已於无量千万佛所
種諸善根聞是章句乃至一念生淨信者須
菩提如來悉知悉見是諸衆生得如是无量
福德何以故是諸衆生无復我相人相衆生
相壽者相无法相亦无非法相何以故是諸
衆生若心取相則為著我人衆生壽者若取
法相即著我人衆生壽者何以故若取非法
相即著我人衆生壽者是故不應取法不應
取非法以是義故如來常說汝等比丘知我
說法如筏喻者法尚應捨何況非法
須菩提於意云何如來得阿耨多羅三藐三
菩提耶如來有所說法耶須菩提言如我解

BD03976號　金剛般若波羅蜜經　（13–1）

法相即著我人衆生壽者何以故若取非法
相即著我人衆生壽者是故不應取法不應
取非法以是義故如來常說汝等比丘知我
說法如筏喻者法尚應捨何況非法
須菩提於意云何如來得阿耨多羅三藐三
菩提耶如來有所說法耶須菩提言如我解
佛所說義无有定法名阿耨多羅三藐三菩
提亦无有定法如來可說何以故如來所說
法皆不可取不可說非法非非法所以者何
一切賢聖皆以无為法而有差別須菩提於
意云何若人滿三千大千世界七寶以用布
施是人所得福德寧為多不須菩提言甚
世尊何以故是福德即非福德性是故如來
說福德多若復有人於此經中乃至受持四
句偈等為他人說其福勝彼何以故須菩提
一切諸佛及諸佛阿耨多羅三藐三菩提法
皆從此經出須菩提所謂佛法者即非佛法
須菩提於意云何須陀洹能作是念我得須
陀洹果不須菩提言不也世尊何以故須陀
洹名為入流而无所入不入色聲香味觸法
是名須陀洹須菩提於意云何斯陀含能作
是念我得斯陀含果不須菩提言不也世尊
何以故斯陀含名一往來而實无往來是名
斯陀含須菩提於意云何阿那含能作是念
我得阿那含果不須菩提言不也世尊何以
故阿那含名為不來而實无來是故名阿那
含須菩提於意云何阿羅漢能作是念我得

BD03976號　金剛般若波羅蜜經　（13–2）

是念我得斯陀含果不須菩提言不也世尊
何以故斯陀含名一往来而實无往来是名
斯陀含須菩提於意云何阿那含能作是念
我得阿那含果不須菩提言不也世尊何以
故阿那含名為不来而實无来是故名阿那
含須菩提於意云何阿羅漢能作是念我得
阿羅漢道不須菩提言不也世尊何以故實
无有法名阿羅漢世尊若阿羅漢作是念我
得阿羅漢道即為著我人衆生壽者世尊佛
說我得无諍三昧人中最為第一是第一離
欲阿羅漢我不作是念我是離欲阿羅漢世
尊我若作是念我得阿羅漢道世尊則不
說須菩提是樂阿蘭那行者以須菩提實
无所行而名須菩提是樂阿蘭那行
佛告須菩提於意云何如来昔在然燈佛所
於法有所得不世尊如来在然燈佛所於法
實无所得須菩提於意云何菩薩莊嚴佛土
不不也世尊何以故莊嚴佛土者則非莊嚴
是名莊嚴是故須菩提諸菩薩摩訶薩應如
是生清淨心不應住色生心不應住聲香味
觸法生心應无所住而生其心須菩提譬如
有人身如須弥山王於意云何是身為大不
須菩提言甚大世尊何以故佛說非身是
名大身
須菩提如恒河中所有沙數如是沙等恒河
於意云何是諸恒河沙寧為多不須菩提言
甚多世尊但諸恒河尚多无數何況其沙須

BD03976 號　金剛般若波羅蜜經　（13–3）

須菩提言甚大世尊何以故佛說非身是
名大身
須菩提如恒河中所有沙數如是沙等恒河
於意云何是諸恒河沙寧為多不須菩提言
甚多世尊但諸恒河尚多无數何況其沙須
菩提我今實言告汝若有善男子善女人以
七寶滿尒所恒河沙數三千大千世界以用
布施得福多不須菩提言甚多世尊佛告須
菩提若善男子善女人於此經中乃至受持
四句偈等為他人說而此福德勝前福德復
次須菩提隨說是經乃至四句偈等當知此
處一切世間天人阿脩羅皆應供養如佛塔
廟何況有人盡能受持讀誦須菩提當知是
人成就最上第一希有之法若是經典所在
之處則為有佛若尊重弟子
尒時須菩提白佛言世尊當何名此經我等
云何奉持佛告須菩提是經名為金剛般若
波羅蜜以是名字汝當奉持所以者何須菩
提佛說般若波羅蜜則非般若波羅蜜須菩
提於意云何如来有所說法不須菩提白佛
言世尊如来无所說須菩提於意云何三千
大千世界所有微塵是為多不須菩提言甚
多世尊須菩提諸微塵如来說非微塵是名
微塵如来說世界非界是名世界須菩提於
意云何可以三十二相見如来不不也世尊
何以故如来說三十二相即是非相是名
三十二相須菩提若有善男子善女人以恒河沙

BD03976 號　金剛般若波羅蜜經　（13–4）

[illegible]
微塵如來說世界非界是名世界須菩提於
意云何可以三十二相見如來不不也世尊
何以故如來說三十二相即是非相是名
三十二相須菩提若有善男子善女人以恒河沙
等身命布施若復有人於此經中乃至
受持四句偈等為他人說其福甚多
尒時須菩提聞說是經深解義趣涕淚悲
泣而白佛言希有世尊佛說如是甚深
經典我從昔來所得慧眼未曾得聞如是
之經世尊若復有人得聞是經信心清淨即
生實相當知是人成就第一希有功德世尊
是實相者則是非相是故如來說名實相世
尊我今得聞如是經典信解受持不足為
難若當來世後五百歲其有衆生得聞是經
信解受持是人則為第一希有何以故此人
无我相人相衆生相壽者相所以者何我相
即是非相人相衆生相壽者相即是非相何
以故離一切諸相則名諸佛
佛告須菩提如是如是若復有人得聞是經
不驚不怖不畏當知是人甚為希有何以故
須菩提如來說第一波羅蜜非第一波羅蜜
是名第一波羅蜜須菩提忍辱波羅蜜如來
說非忍辱波羅蜜何以故須菩提如我昔為
歌利王割截身體我於尒時无我相无人相
无衆生相无壽者相何以故我於往昔節節
支解時若有我相人相衆生相壽者相應生

BD03976號　金剛般若波羅蜜經　（13–5）

說非忍辱波羅蜜何以故須菩提如我昔為
歌利王割截身體我於尒時无我相无人相
无衆生相无壽者相何以故我於往昔節節
支解時若有我相人相衆生相壽者相應生
瞋恨須菩提又念過去於五百世作忍辱仙
人於尒所世无我相无人相无衆生相无壽
者相是故須菩提菩薩應離一切相發阿耨
多羅三藐三菩提心不應住色生心不應住
聲香味觸法生心應生无所住心若心有住
則為非住是故佛說菩薩心不住色布施須
菩提菩薩為利益一切衆生應如是布施如
來說一切諸相即是非相又說一切衆生則
非衆生須菩提如來是真語者實語者如語
者不誑語者不異語者須菩提如來所得法
此法无實无虛須菩提若菩薩心住於法而
行布施如人入闇則无所見若菩薩心不住
法而行布施如人有目日光明照見種種色
須菩提當來之世若有善男子善女人能於
此經受持讀誦則為如來以佛智慧悉知是
人悉見是人皆得成就无量无邊功德
須菩提若有善男子善女人初日分以恒河
沙等身布施中日分復以恒河沙等身布施
後日分亦以恒河沙等身布施如是无量百
千万億劫以身布施若復有人聞此經典信
心不逆其福勝彼何況書寫受持讀誦為人
解說須菩提以要言之是經有不可思議不
可稱量无邊功德如來為發大乘者說為發

BD03976號　金剛般若波羅蜜經　（13–6）

沙等身布施中日分復以恒河沙等身布施
後日分亦以恒河沙等身布施如是无量百
千万億劫以身布施若復有人聞此經典信
心不逆其福勝彼何況書寫受持讀誦為人
解說須菩提以要言之是經有不可思議不
可稱量无邊功德如來為發大乘者說為發
最上乘者說若有人能受持讀誦廣為人說
如來悉知是人悉見是人皆得成就不可量
不可稱无有邊不可思議功德如是人等則
為荷擔如來阿耨多羅三藐三菩提何以故
須菩提若樂小法者著我見人見衆生見壽
者見則於此經不能聽受讀誦為人解說須
菩提在在處處若有此經一切世間天人阿
脩羅所應供養當知此處則為是塔皆應恭
敬作礼圍遶以諸華香而散其處
復次須菩提善男子善女人受持讀誦此經
若為人輕賤是人先世罪業應墮惡道以今
世人輕賤故先世罪業則為消滅當得阿耨
多羅三藐三菩提須菩提我念過去无量阿
僧祇劫於然燈佛前得值八百四千万億那
由他諸佛悉皆供養承事无空過者若復
有人於後末世能受持讀誦此經所得功德於
我所供養諸佛功德百分不及一千万億分
乃至筭數譬喻所不能及須菩提若善男子
善女人於後末世有受持讀誦此經所得功
德我若具說者或有人聞心則狂亂狐疑不
信須菩提當知是經義不可思議果報亦不可



乃至筭數譬喻所不能及須菩提若善男子
善女人於後末世有受持讀誦此經所得功
德我若具說者或有人聞心則狂亂狐疑不
信須菩提當知是經義不可思議果報亦不可
思議
尒時須菩提白佛言世尊善男子善女人發
阿耨多羅三藐三菩提心應云何住云何降
伏其心佛告須菩提善男子善女人發阿耨
多羅三藐三菩提心者當生如是心我應滅
度一切衆生滅度一切衆生已而无有一衆
生實滅度者何以故若菩薩有我相人相衆
生相壽者相則非菩薩所以者何須菩提實
无有法發阿耨多羅三藐三菩提心者須菩
提於意云何如來於然燈佛所有法得阿耨
多羅三藐三菩提不世尊如我解佛所說義
佛於然燈佛所有法得阿耨多羅三藐三
菩提佛言如是如是須菩提實无有法如来
得阿耨多羅三藐三菩提須菩提若有法如
来得阿耨多羅三藐三菩提者然燈佛則不
與我受記汝於来世當得作佛号釋迦牟尼
以實无有法得阿耨當得作佛号釋加牟尼
然燈佛與我受記作是言汝於来世當得作
佛号釋迦牟尼何以故如来者即諸法如義
若有人言如来得阿耨多羅三藐三菩提須
菩提實无有法佛得阿耨多羅三藐三菩提
須菩提如来所得阿耨多羅三藐三菩提於
是中无實无虛是故如来說一切法皆是佛

若有人言如来得阿耨多羅三藐三菩提須
菩提實无有法佛得阿耨多羅三藐三菩提
須菩提如来所得阿耨多羅三藐三菩提於
是中无實无虚是故如来說一切法皆是佛
法須菩提所言一切法者即非一切法是名
一切法須菩提譬如人身長大須菩提言世
尊如来說人身長大則為非大身是名大身
須菩提菩薩亦如是若作是言我當滅度无
量衆生則不名菩薩何以故須菩提實无有
法名為菩薩是故佛說一切法无我无人无
衆生无壽者須菩提若菩薩作是言我當莊
嚴佛土是不名菩薩何以故如来說莊嚴佛
土者即非莊嚴是名莊嚴須菩提若菩薩通
達无我法者如来說名真是菩薩須菩提於
意云何如来有肉眼不如是世尊如来有肉
眼須菩提於意云何如来有天眼不如是世
尊如来有天眼須菩提於意云何如来有慧
眼不如是世尊如来有慧眼須菩提於意云
何如来有法眼不如是世尊如来有法眼須
菩提於意云何如来有佛眼不如是世尊如
来有佛眼須菩提於意云何恒河中所有沙
佛說是沙不如是世尊如来說是沙須菩提
於意云何如来一恒河中所有沙有如是等
恒河是諸恒河所有沙數世界如是寧為多
不甚多世尊佛告須菩提尔所國土中所有
衆生若干種心如来悉知何以故如来說諸

BD03976 號　金剛般若波羅蜜經　（13–9）

佛說是沙不如是世尊如来說是沙須菩提
於意云何如来一恒河中所有沙有如是等
恒河是諸恒河所有沙數世界如是寧為多
不甚多世尊佛告須菩提尔所國土中所有
衆生若干種心如来悉知何以故如来說諸
心皆為非心是名為心所以者何須菩提過
去心不可得現在心不可得未来心不可得
須菩提於意云何若有人滿三千大千世界
七寶以用布施是人以是因緣得福德多不
如是世尊此人以是因緣得福甚多須菩提
若福德有實如来不說得福德多以福德无故
如来說得福德多
須菩提於意云何佛可以具足身見不不也
世尊如来不應以色身見何以故如来說具
足色身即非具足色身是名具足色身須菩
提於意云何如来可以具足諸相見不不
也世尊如来不應以具足諸相見何以故如
来說諸相具足即非具足是名諸相具足須
菩提汝勿謂如来作是念我當有所說法莫
作是念何以故若人言如来有所說法即為
謗佛不能解我所說故須菩提說法者无法
可說是名說法須菩提白佛言世尊佛得阿
耨多羅三藐三菩提為无所得耶如是如是
須菩提我於阿耨多羅三藐三菩提乃至无
有少法可得是名阿耨多羅三藐三菩提復
次須菩提是法平等无有高不是名阿耨多
羅三藐三菩提以无我无人无衆生无壽者

BD03976 號　金剛般若波羅蜜經　（13–10）

耨多羅三藐三菩提爲无所得耶如是如是
須菩提我於阿耨多羅三藐三菩提乃至无
有少法可得是名阿耨多羅三藐三菩提復
次須菩提是法平等无有高下是名阿耨多
羅三藐三菩提以无我无人无衆生无壽者
脩一切善法則得阿耨多羅三藐三菩提須
菩提所言善法者如來說非善法是名善法
須菩提若三千大千世界中所有諸須弥山
王如是等七寶聚有人持用布施若人以此
般若波羅蜜乃至四句偈等受持讀誦爲
他人說於前福德百分不及一百千万億分
乃至筭數譬喻所不能及
須菩提於意云何汝等勿謂如來作是
念我當度衆生須菩提莫作是念何以故
實无有衆生如來度者若有衆生如來
度者如來則有我人衆生壽者須菩提如
來說有我者則非有我而凡夫之人以爲
有我須菩提凡夫者如來說則非凡夫
須菩提於意云何可以三十二相觀如來不
須菩提言如是如是以三十二相觀如來佛
言須菩提若以三十二相觀如來者轉輪聖
王則是如來須菩提白佛言世尊如我解
佛所說義不應以三十二相觀如來尒時世
尊而說偈言
若以色見我　以音聲求我　是人行邪道　不能見如來
須菩提汝若作是念如來不以具足相故
得阿耨多羅三藐三菩提須菩提莫作是

BD03976號　金剛般若波羅蜜經　（13-11）

王則是如來須菩提白佛言世尊如我解
佛所說義不應以三十二相觀如來尒時世
尊而說偈言
若以色見我　以音聲求我　是人行邪道　不能見如來
須菩提汝若作是念如來不以具足相故
得阿耨多羅三藐三菩提須菩提莫作是
念如來不以具足相故得阿耨多羅三藐三
菩提須菩提汝若作是念發阿耨多羅三
藐三菩提者說諸法斷滅相莫作是念何
以故發阿耨多羅三藐三菩提者於法不說斷
滅相須菩提若菩薩以滿恒河沙等世界七
寶布施若復有人知一切法无我得成於忍此
菩薩勝前菩薩所得功德須菩提以諸菩
薩不受福德故須菩提白佛言世尊云
何菩薩不受福德須菩提所作福德不
應貪着是故說不受福德須菩提若有
人言如來若來若去若坐若卧是人不
解我所說義何以故如來者无所從來亦
无所去故名如來
須菩提若善男子善女人以三千大千世
界碎爲微塵於意云何是微塵衆寧
爲多不甚多世尊何以故若是微塵衆
實有者佛則不說是微塵衆所以者何
佛說微塵衆則非微塵衆是名微塵
衆世尊如來所說三千大千世界則非世
界是名世界何以故若世界實有者則
是一合相如來說一合相則非一合相是名
一合相須菩提一合相者則是不可說但凡
夫之人貪着其事須菩提若人言佛說我

BD03976號　金剛般若波羅蜜經　（13-12）

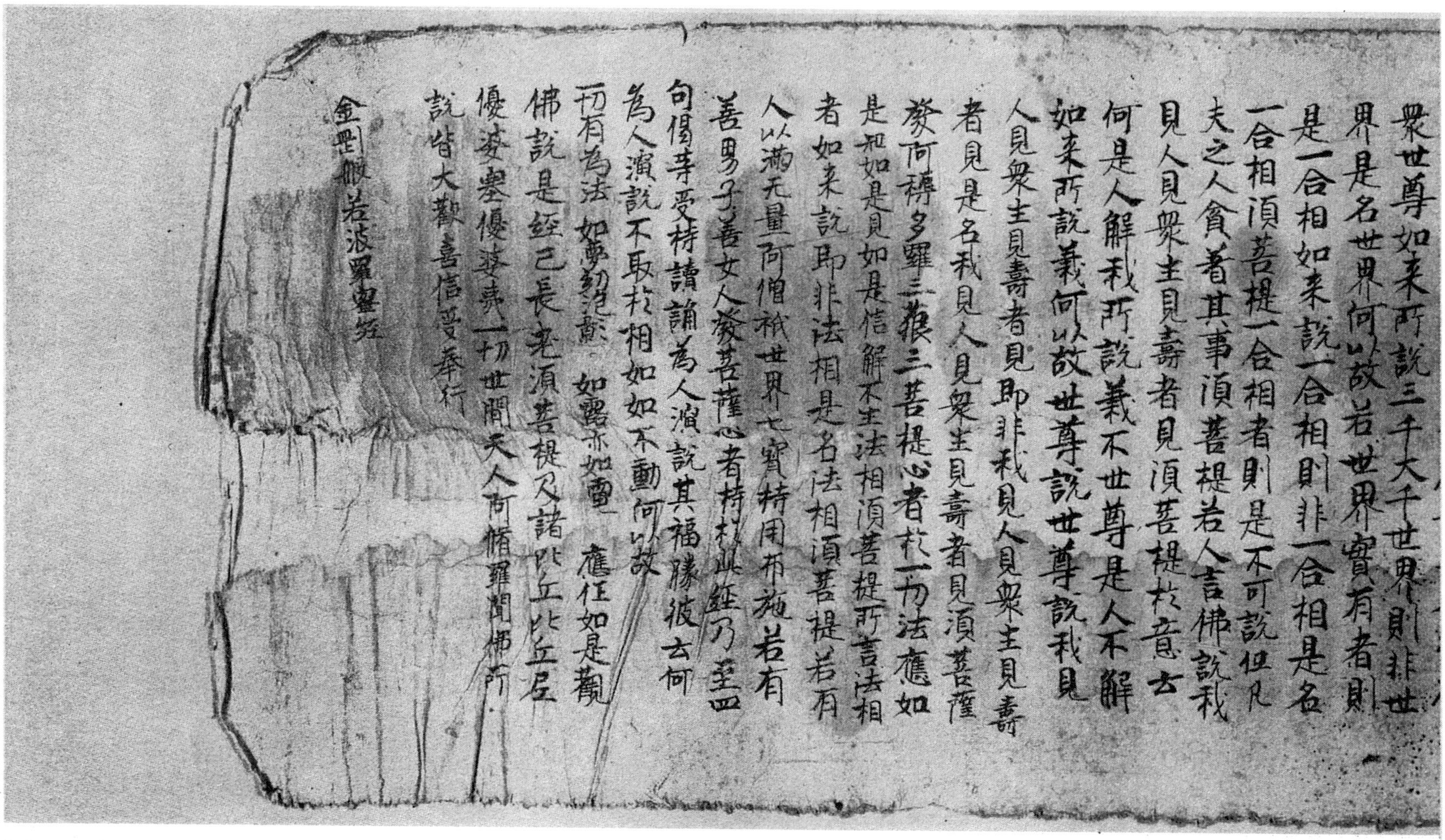
眾世尊如来所說三千大千世界則非世
界是名世界何以故若世界實有者則
是一合相如来說一合相則非一合相是名
一合相須菩提一合相者則是不可說但凡
夫之人貪著其事須菩提若人言佛說我
見人見眾生見壽者見須菩提於意云
何是人解我所說義不世尊是人不解
如来所說義何以故世尊說我見
人見眾生見壽者見即非我見人見眾生見壽
者見是名我見人見眾生見壽者見須菩提
發阿耨多羅三藐三菩提心者於一切法應如
是知如是見如是信解不生法相須菩提所言法相
者如来說即非法相是名法相須菩提若有
人以滿無量阿僧祇世界七寶持用布施若有
善男子善女人發菩薩心者持於此經乃至四
句偈等受持讀誦為人演說其福勝彼云何
為人演說不取於相如如不動何以故
一切有為法　如夢幻泡影　如露亦如電　應作如是觀
佛說是經已長老須菩提及諸比丘比丘尼
優婆塞優婆夷一切世間天人阿脩羅聞佛所
說皆大歡喜信受奉行
金剛般若波羅蜜經

BD03976 號　金剛般若波羅蜜經　（13–13）

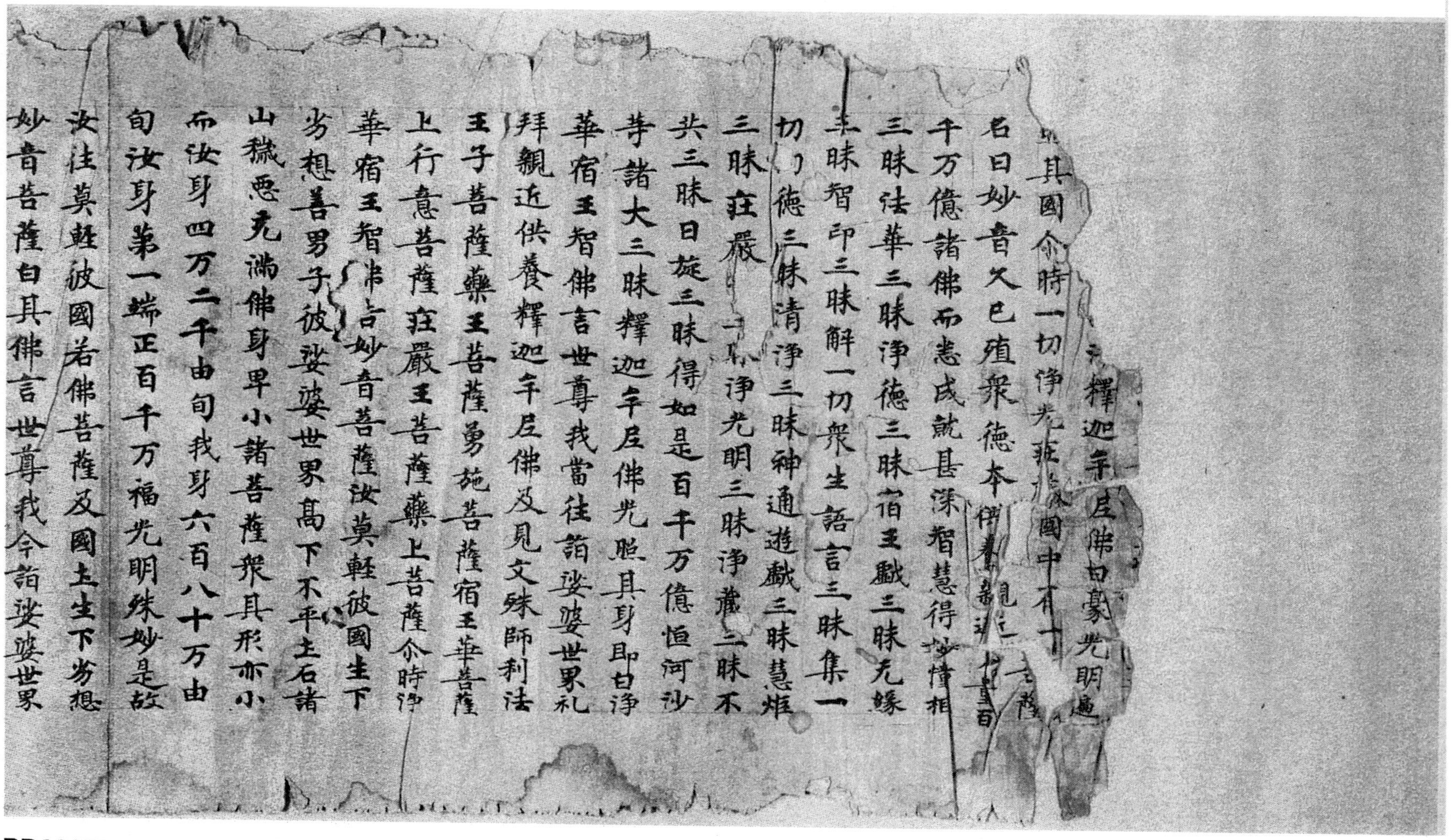
釋迦牟尼佛白毫光明遍
照其國尒時一切淨光莊嚴國中有一菩薩
名曰妙音久已植眾德本供養親近無量百
千万億諸佛而悉成就甚深智慧得妙幢相
三昧法華三昧淨德三昧宿王戲三昧無緣
三昧智印三昧解一切眾生語言三昧集一
切功德三昧清淨三昧神通遊戲三昧慧炬
三昧莊嚴王三昧淨光明三昧淨藏三昧不
共三昧日旋三昧得如是等百千万億恒河沙
等諸大三昧釋迦牟尼佛光照其身即白淨
華宿王智佛言世尊我當往詣娑婆世界礼
拜親近供養釋迦牟尼佛及見文殊師利法
王子菩薩藥王菩薩勇施菩薩宿王華菩薩
上行意菩薩莊嚴王菩薩藥上菩薩尒時淨
華宿王智佛告妙音菩薩汝莫輕彼國生下
劣想善男子彼娑婆世界高下不平土石諸
山穢惡充滿佛身卑小諸菩薩眾其形亦小
而汝身四万二千由旬我身六百八十万由
旬汝身第一端正百千万福光明殊妙是故
汝往莫輕彼國若佛菩薩及國土生下劣想
妙音菩薩白其佛言世尊我今詣娑婆世界

BD03977 號　妙法蓮華經卷七　（12–1）

山穢惡充滿佛身卑小諸菩薩衆其形亦小
而汝身四万二千由旬我身六百八十万由
旬汝身第一端正百千万福光明殊妙是故
汝往莫輕彼國若佛菩薩及國土生下劣想
妙音菩薩白其佛言世尊我今詣娑婆世界
皆是如來之力如來神通遊戲如來功德智
慧莊嚴於是妙音菩薩不起于座身不動揺
而入三昧以三昧力於耆闍崛山去法座不
遠化作八万四千衆寶蓮華閻浮檀金爲莖
白銀爲葉金剛爲鬚甄叔迦寶以爲其臺尒
時文殊師利法王子見是蓮華而白佛言世
尊是何因緣先現此瑞有若干千万蓮華閻
浮檀金爲莖白銀爲葉金剛爲鬚甄叔迦寶
以爲其臺尒時釋迦牟尼佛告文殊師利是
妙音菩薩摩訶薩欲從淨華宿王智佛國與
八万四千菩薩圍繞而來至此娑婆世界供
養親近礼拜於我亦欲供養聽法華經文殊
師利白佛言世尊是菩薩種何善本脩何功
德而能有是大神通力行何三昧願爲我等
說是三昧名字我等亦欲勤脩行之行此三
昧乃能見是菩薩色相大小威儀進止唯願
世尊以神通力彼菩薩來令我得見尒時釋
迦牟尼佛告文殊師利此久滅度多寶如來
當爲汝等而現其相時多寶佛告彼菩薩善
男子來文殊師利法王子欲見汝身于時妙
音菩薩於彼國沒與八万四千菩薩俱共發
來所經諸國六種震動皆悉雨於七寶蓮華

BD03977號　妙法蓮華經卷七　（12–2）

世尊以神通力彼菩薩來令我得見尒時釋
迦牟尼佛告文殊師利此久滅度多寶如來
當爲汝等而現其相時多寶佛告彼菩薩善
男子來文殊師利法王子欲見汝身于時妙
音菩薩於彼國沒與八万四千菩薩俱共發
來所經諸國六種震動皆悉雨於七寶蓮華
百千天樂不鼓自鳴是菩薩目如廣大青蓮
華葉正使和合百千万月其面貌端正復過
於此身真金色无量百千功德莊嚴威德熾
盛光明照曜諸相具足如那羅延堅固之身
入七寶臺上昇虛空去地七多羅樹諸菩薩
衆恭敬圍繞而來詣此娑婆世界耆闍崛山
到已下七寶臺以價直百千瓔珞持至釋迦
牟尼佛所頭面礼足奉上瓔珞而白佛言世
尊淨華宿王智佛問訊世尊少病少惱起居
輕利安樂行不四大調和不世事可忍不衆
生易度不无多貪欲瞋恚愚癡嫉妬慳慢不
无不孝父母不敬沙門邪見不善心不攝五
情不世尊衆生能降伏諸魔怨不久滅度多
寶如來在七寶塔中來聽法不又問訊多寶
如來安隱少惱堪忍久住不世尊我今欲見
多寶佛身唯願世尊示我令見尒時釋迦牟
尼佛語多寶佛是妙音菩薩欲得相見時多
寶佛告妙音言善哉善哉汝能爲供養釋迦
牟尼佛及聽法華經并見文殊師利等故來
至此尒時華德菩薩白佛言世尊是妙音菩
薩種何善根脩何功德有是神力佛告華德

BD03977號　妙法蓮華經卷七　（12–3）

多寶佛身唯願世尊示我令見尒時釋迦牟
尼佛語多寶佛是妙音菩薩欲得相見時多
寶佛告妙音言善哉善哉汝能爲供養釋迦
牟尼佛及聽法華經并見文殊師利等故來
至此尒時華德菩薩白佛言世尊是妙音菩
薩種何善根脩何功德有是神力佛告華德
菩薩過去有佛名雲雷音王多陁阿伽度阿
羅呵三藐三佛陁國名現一切世間劫名憙
見妙音菩薩於万二千歲以十万種伎樂供
養雲雷音王佛并奉上八万四千七寶鉢以
是因緣果報今生淨華宿王智佛國有是神
力華德於汝意云何尒時雲雷音王佛所妙
音菩薩伎樂供養奉上寶器者豈異人乎今
此妙音菩薩摩訶薩是華德是妙音菩薩已
曾供養親近无量諸佛久殖德本又值恒河
沙等百千万億那由他佛華德汝但見妙音
菩薩其身在此而是菩薩現種種身處處爲
諸衆生說是經典或現梵王身或現帝釋身
或現自在天身大自在天身或現天大將軍
身或現毗沙門天王身或現轉輪聖王身或
現諸小王身或現長者身或現居士身或現
宰官身或現婆羅門身或現比丘比丘尼優
婆塞優婆夷身或現長者居士婦女身或現
宰官婦女身或現婆羅門婦女身或現童男
童女身或現天龍夜叉乾闥婆阿脩羅迦樓
羅緊那羅摩睺羅伽人非人等身而說是經
諸有地獄餓鬼畜生及衆難處皆能救濟乃

BD03977號　妙法蓮華經卷七

（12–4）

婆塞優婆夷身或現長者居士婦女身或現
宰官婦女身或現婆羅門婦女身或現童男
童女身或現天龍夜叉乾闥婆阿脩羅迦樓
羅緊那羅摩睺羅伽人非人等身而說是經
諸有地獄餓鬼畜生及衆難處皆能救濟乃
至於王後宮變爲女身而說是經華德是妙
音菩薩能救護娑婆世界諸衆生者是妙音
菩薩如是種種變化現身在此娑婆國土爲
諸衆生說是經典於神通變化智慧无所損
減是菩薩以若干智慧明照娑婆世界令一
切衆生各得所知於十方恒河沙世界中亦
復如是若應以聲聞形得度者現聲聞形而
爲說法應以辟支佛形得度者現辟支佛形
而爲說法應以菩薩形得度者現菩薩形而
爲說法應以佛形得度者即現佛形而爲說
法如是種種隨所應度而爲現形乃至應以
滅度而得度者示現滅度華德妙音菩薩摩
訶薩成就大神通智慧之力其事如是尒時
華德菩薩白佛言世尊是妙音菩薩深種善
根世尊是菩薩住何三昧而能如是在所變
現度脫衆生佛告華德菩薩善男子其三昧
名現一切色身妙音菩薩住是三昧中能如
是饒益无量衆生說是妙音菩薩品時與妙
音菩薩俱來者八万四千人皆得現一切色
身三昧此娑婆世界无量菩薩亦得是三昧
及陁羅尼尒時妙音菩薩摩訶薩供養釋迦
牟尼佛及多寶佛塔已還歸本土所經諸國

BD03977號　妙法蓮華經卷七

（12–5）

音菩薩俱来者八万四千人皆得現一切色
身三昧此娑婆世界无量菩薩亦得是三昧
及陁羅尼尒時妙音菩薩摩訶薩供養釋迦
牟尼佛及多寶佛塔已還歸本土所經諸國
六種震動雨寶蓮華作百千万億種種伎樂
既到本國與八万四千菩薩圍繞至淨華宿
王智佛所白佛言世尊我到娑婆世界饒益
衆生見釋迦牟尼佛及見多寶佛塔礼拜供
養又見文殊師利法王子菩薩及見藥王菩
薩得勤精進力菩薩勇施菩薩等亦令八万
四千菩薩得現一切色身三昧說是妙音菩
薩来往品時四万二千天子得无生法忍華
德菩薩得法華三昧

妙法蓮華經觀世音菩薩普門品第二十五

尒時无盡意菩薩即從座起偏袒右肩合掌
向佛而作是言世尊觀世音菩薩以何因緣
名觀世音佛告无盡意菩薩善男子若有无
量百千万億衆生受諸苦惱聞是觀世音菩
薩一心稱名觀世音菩薩即時觀其音聲皆
得解脫若有持是觀世音菩薩名者設入大
火火不能燒由是菩薩威神力故若爲大水
所漂稱其名号即得淺處若有百千万億衆
生爲求金銀瑠璃車𤦲馬瑙珊瑚虎珀真珠
等寶入於大海假使黑風吹其船舫漂墮羅
刹鬼國其中若有乃至一人稱觀世音菩薩
名者是諸人等皆得解脫羅刹之難以是因

BD03977號　妙法蓮華經卷七　（12–6）

生爲求金銀瑠璃車𤦲馬瑙珊瑚虎珀真珠
等寶入於大海假使黑風吹其船舫漂墮羅
刹鬼國其中若有乃至一人稱觀世音菩薩
名者是諸人等皆得解脫羅刹之難以是因
緣名觀世音若復有人臨當被害稱觀世音
菩薩名者彼所執刀杖尋段段壞而得解脫
若三千大千國土滿中夜叉羅刹欲来惱人
聞其稱觀世音菩薩名者是諸惡鬼尚不能
以惡眼視之況復加害設復有人若有罪若
无罪杻械枷鎖撿繫其身稱觀世音菩薩名
者皆悉斷壞即得解脫若三千大千國土滿
中怨賊有一商主將諸商人賫持重寶經過
嶮路其中一人作是唱言諸善男子勿得恐
怖汝等應當一心稱觀世音菩薩名号是菩
薩能以无畏施於衆生汝等若稱名者於此
怨賊當得解脫衆商人聞俱發聲言南无觀
世音菩薩稱其名故即得解脫无盡意觀世
音菩薩摩訶薩威神之力巍巍如是若有衆
生多於婬欲常念恭敬觀世音菩薩便得離
欲若多瞋恚常念恭敬觀世音菩薩便得離
瞋若多愚癡常念恭敬觀世音菩薩便得離
癡无盡意觀世音菩薩有如是等大威神力
多所饒益是故衆生常應心念若有女人設
欲求男礼拜供養觀世音菩薩便生福德智
慧之男設欲求女便生端正有相之女宿殖
德本衆人愛敬无盡意觀世音菩薩有如是
力若有衆生恭敬礼拜觀世音菩薩福不唐

BD03977號　妙法蓮華經卷七　（12–7）

盡意觀世音菩薩有如是等大威神力
多所饒益是故衆生常應心念若有女人設
欲求男礼拜供養觀世音菩薩便生福德智
慧之男設欲求女便生端正有相之女宿殖
德本衆人愛敬无盡意觀世音菩薩有如是
力若有衆生恭敬礼拜觀世音菩薩福不唐
捐是故衆生皆應受持觀世音菩薩名号无
盡意若有人受持六十二億恒河沙菩薩名
字復盡形供養飲食衣服卧具醫藥於汝意
云何是善男子善女人功德多不无盡意言
甚多世尊佛言若復有人受持觀世音菩薩
名号乃至一時礼拜供養是二人福正等无
異於百千万億劫不可窮盡无盡意受持觀
世音菩薩名号得如是无量无邊福德之利
无盡意菩薩白佛言世尊觀世音菩薩云何
遊此娑婆世界云何而為衆生說法方便之
力其事云何佛告无盡意菩薩善男子若有
國土衆生應以佛身得度者觀世音菩薩即
現佛身而為說法應以辟支佛身得度者即
現辟支佛身而為說法應以聲聞身得度者
即現聲聞身而為說法應以梵王身得度者
即現梵王身而為說法應以帝釋身得度者
即現帝釋身而為說法應以自在天身得度
者即現自在天身而為說法應以大自在天
身得度者即現大自在天身而為說法應以
天大將軍身得度者即現天大將軍身而為
說法應以毗沙門身得度者即現毗沙門身

BD03977 號　妙法蓮華經卷七　（12–8）

即現帝釋身而為說法應以自在天身得度
者即現自在天身而為說法應以大自在天
身得度者即現大自在天身而為說法應以
天大將軍身得度者即現天大將軍身而為
說法應以毗沙門身得度者即現毗沙門身
而為說法應以小王身得度者即現小王身
而為說法應以長者身得度者即現長者身
而為說法應以居士身得度者即現居士身
而為說法應以宰官身得度者即現宰官身
而為說法應以婆羅門身得度者即現婆羅
門身而為說法應以比丘比丘尼優婆塞優
婆夷身得度者即現比丘比丘尼優婆塞優
婆夷身而為說法應以長者居士宰官婆羅
門婦女身得度者即現婦女身而為說法應
以童男童女身得度者即現童男童女身而
為說法應以天龍夜叉乾闥婆阿脩羅迦樓
羅緊那羅摩睺羅伽人非人等身得度者即
皆現之而為說法應以執金剛神得度者即現
執金剛神而為說法无盡意是觀世音菩薩
成就如是功德以種種形遊諸國土度脫衆
生是故汝等應當一心供養觀世音菩薩是
觀世音菩薩摩訶薩於怖畏急難之中能施
无畏是故此娑婆世界皆号之為施无畏者
无盡意菩薩白佛言世尊我今當供養觀世
音菩薩即解頸衆寶珠瓔珞價直百千兩金
而以與之作是言仁者受此法施珎寶瓔珞
時觀世音菩薩不肯受之无盡意復白觀世

BD03977 號　妙法蓮華經卷七　（12–9）

无畏是故此娑婆世界皆号之為施无畏者
无盡意菩薩白佛言世尊我今當供養觀世
音菩薩即解頸衆寶珠瓔珞價直百千兩金
而以與之作是言仁者受此法施珎寶瓔珞
時觀世音菩薩不肯受之无盡意復白觀世
音菩薩言仁者愍我等故受此瓔珞尒時佛
告觀世音菩薩當愍此无盡意菩薩及四衆
天龍夜叉乾闥婆阿脩羅迦樓羅緊那羅摩
睺羅伽人非人等故受是瓔珞即時觀世音
菩薩愍諸四衆及於天龍人非人等受其瓔
珞分作二分一分奉釋迦牟尼佛一分奉多
寶佛塔无盡意觀世音菩薩有如是自在神
力遊於娑婆世界尒時无盡意菩薩以偈問曰
世尊妙相具　我今重問彼　佛子何因緣　名為觀世音
具足妙相尊　偈荅无盡意　汝聽觀音行　善應諸方所
弘誓深如海　歷劫不思議　侍多千億佛　發大清淨願
我為汝略說　聞名及見身　心念不空過　能滅諸有苦
假使興害意　推落大火坑　念彼觀音力　火坑變成池
或漂流巨海　龍魚諸鬼難　念彼觀音力　波浪不能沒
或在須弥峯　為人所推墮　念彼觀音力　如日虛空住
或被惡人逐　墮落金剛山　念彼觀音力　不能損一毛
或值怨賊遶　各執刀加害　念彼觀音力　咸即起慈心
或遭王難苦　臨形欲壽終　念彼觀音力　刀尋段段壞
或囚禁枷鎖　手足被杻械　念彼觀音力　釋然得解脫
呪詛諸毒藥　所欲害身者　念彼觀音力　還著於本人
或遇惡羅刹　毒龍諸鬼等　念彼觀音力　時悉不敢害
若惡獸圍遶　利牙爪可怖　念彼觀音力　疾走无邊方

BD03977號　妙法蓮華經卷七　(12–10)

或囚禁枷鎖　手足被杻械　念彼觀音力　釋然得解脫
呪詛諸毒藥　所欲害身者　念彼觀音力　還著於本人
或遇惡羅刹　毒龍諸鬼等　念彼觀音力　時悉不敢害
若惡獸圍遶　利牙爪可怖　念彼觀音力　疾走无邊方
蚖蛇及蝮蝎　氣毒煙火然　念彼觀音力　尋聲自迴去
雲雷鼓掣電　降雹澍大雨　念彼觀音力　應時得消散
衆生被困厄　无量苦逼身　觀音妙智力　能救世間苦
具足神通力　廣脩智方便　十方諸國土　无刹不現身
種種諸惡趣　地獄鬼畜生　生老病死苦　以漸悉令滅
真觀清淨觀　廣大智慧觀　悲觀及慈觀　常願常瞻仰
无垢清淨光　慧日破諸闇　能伏災風火　普明照世間
悲體戒雷震　慈意妙大雲　澍甘露法雨　滅除煩惱焰
諍訟經官處　怖畏軍陣中　念彼觀音力　衆怨悉退散
妙音觀世音　梵音海潮音　勝彼世間音　是故須常念
念念勿生疑　觀世音淨聖　於苦惱死厄　能為作依怙
具一切功德　慈眼視衆生　福聚海无量　是故應頂禮
尒時持地菩薩即從座起前白佛言世尊若
有衆生聞是觀世音菩薩品自在之業普門
示現神通力者當知是人功德不少佛說是
普門品時衆中八万四千衆生皆發无等等
阿耨多羅三藐三菩提心
妙法蓮華經陁羅尼品第二十六
尒時藥王菩薩即從座起偏袒右肩合掌向
佛而白佛言世尊若善男子善女人有能受
持法華經者若讀誦通利若書寫經卷得幾
所福佛告藥王若有善男子善女人供養八

BD03977號　妙法蓮華經卷七　(12–11)

悲體戒雷震　慈意妙大雲　澍甘露法雨　滅除煩惱焰
諍訟經官處　怖畏軍陣中　念彼觀音力　衆怨悉退散
妙音觀世音　梵音海潮音　勝彼世間音　是故須常念
念念勿生疑　觀世音淨聖　於苦惱死厄　能為作依怙
具一切功德　慈眼視衆生　福聚海无量　是故應頂礼
尒時持地菩薩即從座起前白佛言世尊若
有衆生聞是觀世音菩薩品自在之業普門
示現神通力者當知是人功德不少佛說是
普門品時衆中八万四千衆生皆發无等等
阿耨多羅三藐三菩提心
妙法蓮華經陀羅尼品第二十六
尒時藥王菩薩即從座起偏袒右肩合掌向
佛而白佛言世尊若善男子善女人有能受
持法華經者若讀誦通利若書寫經卷得幾
所福佛告藥王若有善男子善女人供養八
百万億那由他恒河沙等諸佛於汝意云何
其所得福寧為多不甚多世尊佛言若
子善女人能於是經乃至受
誦解義如說脩行功

BD03977號　妙法蓮華經卷七　（12–12）

死中種種
等發起種種
死大海亦當精勤度
生死繫縛亦當精勤
者未於種種生死怖既自安隱亦當
勤安未安者我既自證究竟涅槃亦當精勤
安未安者我既自證究竟涅槃亦當精勤
令未證者皆同證得世尊若善男子善女人
等於初發心菩薩功德深心隨喜得幾許福
於久發心菩薩功德深心隨喜得幾許福於
不退轉地菩薩功德深心隨喜得幾許福於
一生所繫菩薩功德深心隨喜得幾許福尒
時佛告天帝釋言憍尸迦四大洲界可知兩
數此善男子善女人等隨喜俱心所生福德
不可知量憍尸迦小千世界可知兩數此善
男子善女人等隨喜俱心所生福德不可知
量憍尸迦中千世界可知兩數此善男子善
女人等隨喜俱心所生福德不可知量憍尸

BD03978號 1　大般若波羅蜜多經卷五二一　（16–1）

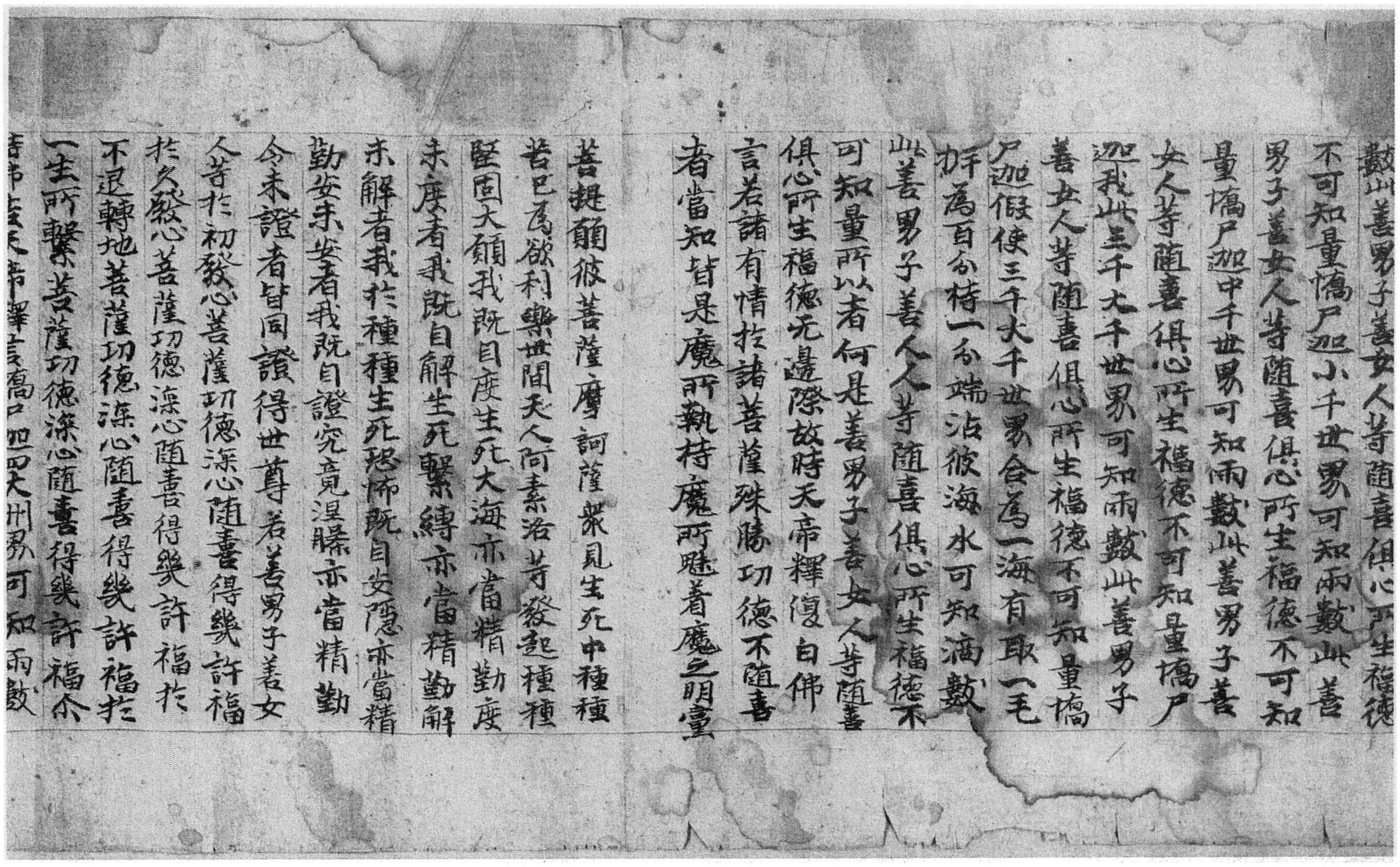

數此善男子善女人等隨喜俱心所生福德
不可知量憍尸迦小千世界可知兩數此善
男子善女人等隨喜俱心所生福德不可知
量憍尸迦中千世界可知兩數此善男子善
女人等隨喜俱心所生福德不可知量憍尸
迦我此三千大千世界可知兩數此善男子
善女人等隨喜俱心所生福德不可知量憍
尸迦假使三千大千世界合為一海有取一毛
析為百分持一分端沾彼海水可知滴數
此善男子善女人等隨喜俱心所生福德不
可知量所以者何是善男子善女人等隨喜
俱心所生福德无邊際故時天帝釋復白佛
言若諸有情於諸菩薩殊勝功德不隨喜
者當知皆是魔所執持魔所魅着魔之朋黨
菩提願彼菩薩摩訶薩衆見生死中種種
苦已為欲利樂世間天人阿素洛等發起種種
堅固大願我既自度生死大海亦當精勤度
未度者我既自解生死繫縛亦當精勤解
未解者我於種種生死恐怖既自安隱亦當精
勤安未安者我既自證究竟涅槃亦當精勤
令未證者皆同證得世尊若善男子善女
人等於初發心菩薩功德深心隨喜得幾許福
於久發心菩薩功德深心隨喜得幾許福於
不退轉地菩薩功德深心隨喜得幾許福於
一生所繫菩薩功德深心隨喜得幾許福介

BD03978 號 1　大般若波羅蜜多經卷五二一　（16–2）
BD03978 號 2　大般若波羅蜜多經卷五二一

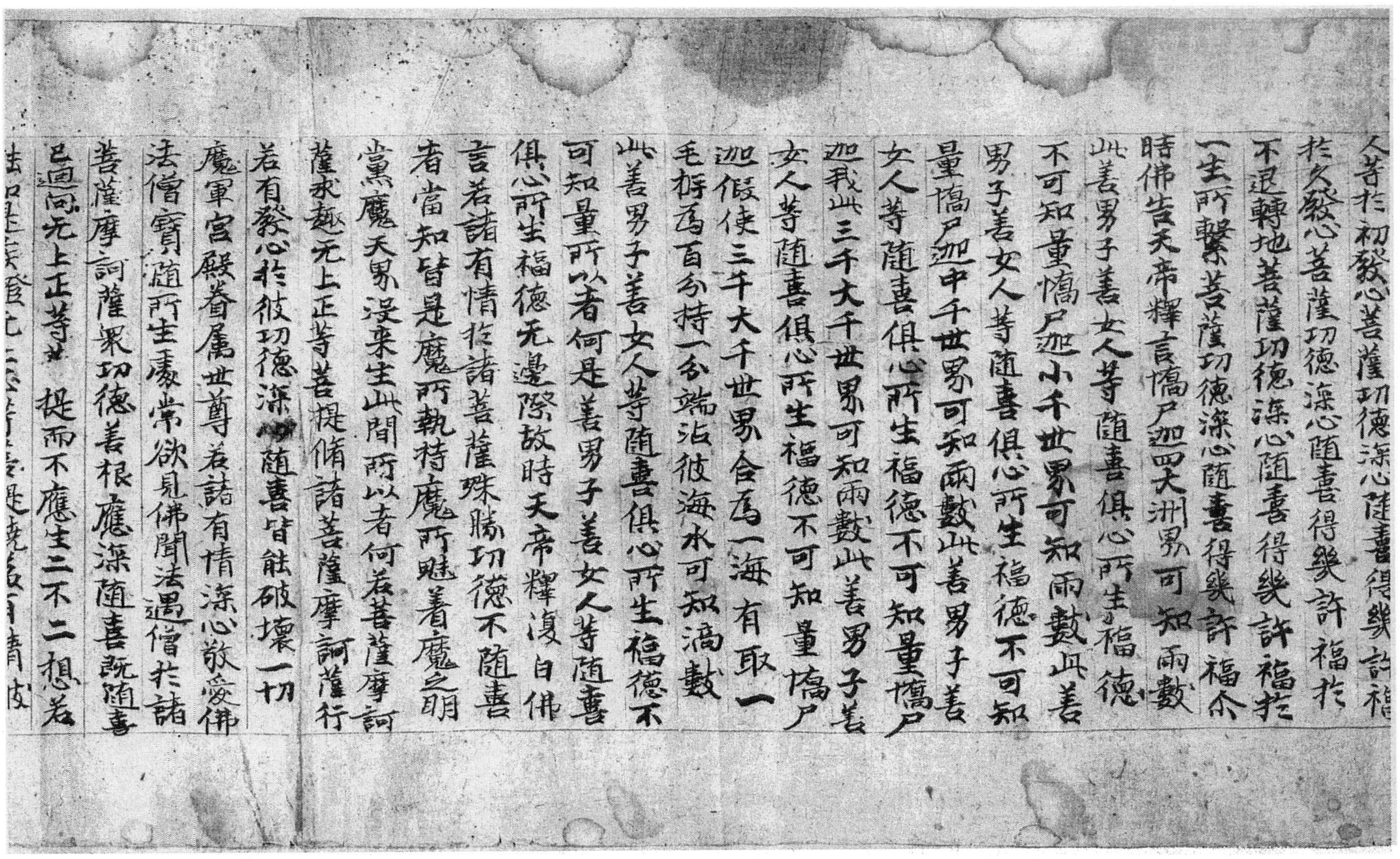

人等於初發心菩薩功德深心隨喜得幾許福
於久發心菩薩功德深心隨喜得幾許福於
不退轉地菩薩功德深心隨喜得幾許福於
一生所繫菩薩功德深心隨喜得幾許福介
時佛告天帝釋言憍尸迦四大洲界可知兩數
此善男子善女人等隨喜俱心所生福德
不可知量憍尸迦小千世界可知兩數此善
男子善女人等隨喜俱心所生福德不可知
量憍尸迦中千世界可知兩數此善男子善
女人等隨喜俱心所生福德不可知量憍尸
迦我此三千大千世界可知兩數此善男子善
女人等隨喜俱心所生福德不可知量憍尸
迦假使三千大千世界合為一海有取一
毛析為百分持一分端沾彼海水可知滴數
此善男子善女人等隨喜俱心所生福德不
可知量所以者何是善男子善女人等隨喜
俱心所生福德无邊際故時天帝釋復白佛
言若諸有情於諸菩薩殊勝功德不隨喜
者當知皆是魔所執持魔所魅着魔之朋
黨魔天界沒來生此間所以者何若菩薩摩訶
薩求趣无上正等菩提脩諸菩薩摩訶薩行
若有發心於彼功德深心隨喜皆能破壞一切
魔軍宮殿眷屬世尊若諸有情深心敬愛佛
法僧寶隨所生處常欲見佛聞法遇僧於諸
菩薩摩訶薩衆功德善根應深隨喜既隨喜
已迴向无上正等菩提而不應生二不二想若

BD03978 號 2　大般若波羅蜜多經卷五二一　（16–3）

魔軍宮殿眷屬世尊若諸有情深心敬愛佛
法僧寶隨所生處常欲見佛聞法遇僧於諸
菩薩摩訶薩衆功德善根應深隨喜既隨喜
已迴向无上正等菩提而不應生二不二想若
能如是疾證无上正等菩提饒益有情破
魔軍衆尒時佛告天帝釋言如是如是如汝
所説憍尸迦若諸有情於菩薩摩訶薩功德
善根深心隨喜迴向无上正等菩提是諸有
情速能圓滿諸菩薩行疾證无上正等菩提
若諸有情於菩薩摩訶薩功德善根深心隨
喜迴向无上正等菩提是諸有情具大威力
常能奉事一切如來應正等覺及善知識恒
聞般若波羅蜜多甚深經典善知義趣是
諸有情成就如是隨喜迴向功德善根隨喜所
生處常爲一切世間天人阿素洛等供養恭敬
尊重讚歎不見惡色不聞惡聲不齅惡香
不嘗惡味不覺惡觸不思惡法常不遠離諸
佛世尊從一佛土趣一佛土親近諸佛種種善
根成熟有情嚴淨佛土何以故憍尸迦是諸
有情能於无量最初發心諸菩薩衆功德善
根深心隨喜迴向无上正等菩提能於无量已
住初地乃至十地諸菩薩衆功德善根深
心隨喜迴向无上正等菩提能於无量一生所
繫諸菩薩衆功德善根深心隨喜迴向无上
正等菩提由此因緣是諸有情善根增進
疾證无上正等菩提既得无上正等菩提能

BD03978 號 2　大般若波羅蜜多經卷五二一　（16–4）

心隨喜迴向无上正等菩提能於无量一生所
繫諸菩薩衆功德善根深心隨喜迴向无上
正等菩提由此因緣是諸有情善根增進
疾證无上正等菩提既得无上正等菩提能
盡未來如實饒益无量无數无邊有情令
住无餘般涅槃界以是故憍尸迦住菩薩乘
善男子等於初發心諸菩薩衆功德善根於久
發心諸菩薩衆功德善根於不退轉地諸菩
薩衆功德善根於一生所繫諸菩薩衆功德
善根皆應隨喜迴向无上正等菩提於生隨
喜及迴向時不應執著即心離心隨喜迴向不
應執著即心脩行離心脩行若能如是无所
執着隨喜迴向脩諸菩薩摩訶薩行速證
无上正等菩提度諸天人阿素洛等令脫生
死得般涅槃
尒時善現便白佛言如世尊説諸法如幻去
何菩薩摩訶薩以如幻心能得无上正等菩
提佛告善現於意去何汝見菩薩摩訶薩
如幻心不善現荅言不也世尊我不見幻亦不
見有如幻之心佛告善現於意去何若處无
幻无如幻心汝見有是心能得无上正等菩提
不善現荅言不也世尊我都不見有處无
幻无如幻心更有是心能得无上正等菩提
佛告善現於意去何若處離幻離如幻心汝見
有是法能得无上正等菩提不善現荅言
不也世尊我都不見有處離幻離如幻心

BD03978 號 2　大般若波羅蜜多經卷五二一　（16–5）

不善現荅言不也世尊我都不見有處无
幻无如幻心更有是心能得无上正等菩提
佛告善現於意云何若處離幻離如幻心汝見
有是法能得无上正等菩提不善現荅言
不也世尊我都不見有處離幻離如幻心
更有是法能得无上正等菩提世尊我不
見即離心法說何等法是有是无以一切法畢
竟離故若一切法畢竟離者不可施設此法
是有此法是无若法不可施設有无則不可
說能得无上正等菩提非无所有法能得
菩提故所以者何一切法皆无所有性不可得
无染无淨何以故以般若波羅蜜多乃至
布施波羅蜜多皆畢竟離故內空乃至
无性自性空亦畢竟離故真如乃至不思議
界亦畢竟離故苦集滅道聖諦亦畢竟離故
四念住乃至八聖道支亦畢竟離故四靜慮四无
量四无色定亦畢竟離故空无相无願解脫
門亦畢竟離故八解脫乃至十遍處亦畢竟
離故極喜地乃至法雲地亦畢竟離故陀羅
尼門三摩地門亦畢竟離故五眼六神通亦
畢竟離故如來十力乃至十八佛不共法亦
畢竟離故大慈大悲大喜大捨亦畢竟離
故三十二大士相八十隨好亦畢竟離故无忘
失法恒住捨性亦畢竟離故一切智道相智
一切相智亦畢竟離故一切菩薩摩訶薩行
諸佛无上正等菩提亦畢竟離故一切智智
亦畢竟離世尊若法畢竟離是法不應脩

BD03978號2　大般若波羅蜜多經卷五二一　（16–6）

故三十二大士相八十隨好亦畢竟離故无忘
失法恒住捨性亦畢竟離故一切智道相智
一切相智亦畢竟離故一切菩薩摩訶薩行
諸佛无上正等菩提亦畢竟離故一切智智
亦畢竟離故世尊若法畢竟離是法不應脩
亦不應遣亦復不應有所引發甚深般若
波羅蜜多畢竟離故於法不應有所引發世
尊甚深般若波羅蜜多既畢竟離云何可
說諸菩薩摩訶薩依深般若波羅蜜多證得
无上正等菩提世尊諸佛无上正等菩提亦畢
竟離云何離法能得離法是故般若波羅蜜多
應不可說證得无上正等菩提佛告善現善
哉善哉如是如是如汝所說般若波羅蜜多
乃至布施波羅蜜多皆畢竟離廣說乃至一
切智智亦畢竟離善現當知以般若波羅蜜
多畢竟離廣說乃至一切智智亦畢竟離可
說菩薩摩訶薩證得畢竟離諸佛无上正等
菩提善現當知若般若波羅蜜多非畢竟
離應非般若波羅蜜多廣說乃至若一切智
智非畢竟離應非一切智智善現當知以般若
波羅蜜多畢竟離故得名般若波羅蜜多
廣說乃至以一切智智畢竟離故得名一切智
智是故善現諸菩薩摩訶薩非不依止甚深
般若波羅蜜多證得无上正等菩提善現當
知雖非離法能得離法而得无上正等菩提
非不依止甚深般若波羅蜜多是故菩薩摩
訶薩衆欲得无上正等菩提應勤脩學甚深

BD03978號2　大般若波羅蜜多經卷五二一　（16–7）

智是故善現諸[illegible]
般若波羅蜜多證得无上正等菩提善現當
知雖非離法能得離法而得无上正等菩提
非不依心甚深般若波羅蜜多是故菩薩摩
訶薩衆欲得无上正等菩提應勤脩學甚深
般若波羅蜜多具壽善現便白佛言諸菩薩
摩訶薩所行義趣極為甚深佛告善現如是
如是諸菩薩摩訶薩所行義趣極為甚深善
現當知諸菩薩摩訶薩能為難事雖行如是
甚深義趣而於聲聞獨覺地法能不作證
尒時善現復白佛言如我解佛所說義者諸
菩薩摩訶薩所作不難不應說彼能為難事
所以者何諸菩薩摩訶薩所證義趣都不可
得能證般若波羅蜜多亦不可得證法證者
證處證時亦不可得世尊諸菩薩摩訶薩觀
一切法既不可得有何義趣可為所證有何
般若波羅蜜多可為能證復有何等而可施
設證法證者證處證時既尒云何可執由此
證得无上正等菩提无上正等菩提尚不可證
況證聲聞獨覺地法世尊若如是行是名菩
薩无所得行若菩薩摩訶薩能行如是无所
得行於一切法得无暗障世尊若菩薩摩訶
薩聞如是語心不沉沒亦不憂悔不驚不怖
是行般若波羅蜜多世尊是菩薩摩訶
薩如是行時不見衆相不見我行不見不行不見
般若波羅蜜多是我所行不見无上正等菩
提是我所證亦復不見證處時等世尊是

BD03978號 2　大般若波羅蜜多經卷五二一

（16–8）

薩聞如[illegible]
是行般若波羅蜜多世尊是菩薩摩訶
薩如是行時不見衆相不見我行不見不行不見
般若波羅蜜多是我所行不見无上正等菩
提是我所證亦復不見證處時等世尊是
菩薩摩訶薩行深般若波羅蜜多不作是念
我遠聲聞獨覺等地我近无上正等菩提譬如
虛空不作是念我去彼事若遠若近所以者
何虛空无動亦无差別无分別故諸菩薩摩
訶薩亦復如是行深般若波羅蜜多不住是
念我遠聲聞獨覺等地我近无上正等菩提
所以者何甚深般若波羅蜜多於一切法无分
別故譬如幻士不作是念幻質幻師去我為
近幻所似法去我為遠聚集徒衆亦近亦
遠所以者何所幻之士无分別故諸菩薩摩
訶薩亦復如是行深般若波羅蜜多不作是
念我遠聲聞獨覺等地我近无上正等菩
提所以者何甚深般若波羅蜜多於一切法无
分別故譬如影像不住是念我因彼現去我
為近所不因法去我為遠所以者何所現影
像无分別故諸菩薩摩訶薩亦復如是行深
般若波羅蜜多不住是念我遠離聲聞獨
覺等地我近无上正等菩提所以者何甚深般若
波羅蜜多於一切法无分別故世尊行深般
若波羅蜜多諸菩薩摩訶薩无愛无憎所
以者何甚深般若波羅蜜多及一切法愛憎
自性不可得故如諸如來應正等覺於一切法

BD03978號 2　大般若波羅蜜多經卷五二一

（16–9）

覺等地我近无上正等菩提所以者何甚深般若
波羅蜜多於一切法无分別故世尊行深般
若波羅蜜多諸菩薩摩訶薩无愛无憎所
以者何甚深般若波羅蜜多及一切法愛憎
自性不可得故如諸如來應正等覺於一切法
无愛无憎行深般若波羅蜜多諸菩薩摩
訶薩亦復如是於一切法无愛无憎所以者何
諸佛菩薩甚深般若波羅蜜多愛憎斷故
如諸如來應正等覺永斷一切妄想分別
行深般若波羅蜜多諸菩薩摩訶薩亦復如
是伏斷一切妄想分別所以者何諸佛菩薩甚深
般若波羅蜜多於一切法无分別故如諸如
來應正等覺不作是念我遠聲聞獨覺等
地我近无上正等菩提行深般若波羅蜜多諸
菩薩摩訶薩亦復如是不作是念我遠聲聞
獨覺等地我近无上正等菩提所以者何諸佛
菩薩甚深般若波羅蜜多於一切法无分別
故如諸如來應正等覺所變化者不作是
念我遠聲聞獨覺等地我近无上正等菩提
所以者何諸佛所化无分別故行深般若波羅
蜜多諸菩薩摩訶薩亦復如是不作是念
我遠聲聞獨覺等地我近无上正等菩提所
以者何甚深般若波羅蜜多於一切法无分別
故如諸佛等欲有所作化作者令作彼事
然所化者不作是念我能造作如是事業
所以者何諸所化者於所作業无分別故行深

BD03978 號 2　大般若波羅蜜多經卷五二一　（16–10）

我遠聲聞獨覺等地我近无上正等菩提所
以者何甚深般若波羅蜜多於一切法无分別
故如諸佛等欲有所作化作者令作彼事
然所化者不作是念我能造作如是事業
所以者何諸所化者於所作業无分別故行深
般若波羅蜜多諸菩薩摩訶薩亦復如是
有所為故而勤脩學既脩學已雖能成辦所作
事業而於所化无所分別所以者何甚深般若
波羅蜜多法尒於法无分別故如有巧近
或彼弟子有所為故造諸機關或女或男或
象馬等此諸機關雖有所作而於彼事都无
分別所以者何機關法尒无分別故行深般
若波羅蜜多諸菩薩摩訶薩亦復如是有
所為故而成立之既成立已雖能成辦種種事
業而於其中都无分別所以者何甚深般若
波若蜜多法尒於法无分別故尒時舍利子
問具壽善現言為但般若波羅蜜多於一切
法无所分別為靜慮等波羅蜜多一切法
亦无分別善現答言非但般若波羅蜜多於
一切法无所分別靜慮等五波羅蜜多於一
切法亦无分別時舍利子問善現言為但六
種波羅蜜多於一切法无所分別為色蘊乃
至識蘊於一切法亦无分別為眼處乃至意
處於一切法亦无分別為色處乃至法處於
一切法亦无分別為眼界乃至意界於一切法
亦无分別為色界乃至法界於一切法亦无

BD03978 號 2　大般若波羅蜜多經卷五二一　（16–11）

至識滋於一切法亦无分別為眼處乃至意
處於一切法亦无分別為色處乃至法處於
一切法亦无分別為眼界乃至意界於一切法
亦无分別為色界乃至法界於一切法亦无
分別為眼識界乃至意識界於一切法亦无
分別為眼觸乃至意觸於一切法亦无分別
為眼觸為緣所生諸受乃至意觸為緣所
生諸受於一切法亦无分別為地界乃至識界
於一切法亦无分別為因緣乃至增上緣於一
切法亦无分別為无明乃至老死於一切法
亦无分別為內空乃至无性自性空於一切
法亦无分別為真如乃至不思議界於一
切法亦无分別為苦集滅道聖諦於一切法
亦无分別為四念住乃至八聖道支於一切
法亦无分別為四靜慮四无量四无色定於
一切法亦无分別為空无相无願解脫門於
一切法亦无分別為八解脫乃至十遍處於
一切法亦无分別為淨觀地乃至如來地於
一切法亦无分別為極喜地乃至法雲地於
一切法亦无分別為陁羅尼門三摩地門於
一切法亦无分別為五眼六神通於一切法
亦无分別為如來十力乃至十八佛不共法
於一切法亦无分別為大慈大悲大喜大捨
於一切法亦无分別為三十二大士相八十隨
好於一切法亦无分別為无忘失法性住捨
性於一切法亦无分別為一切智道相智一

BD03978 號 2　大般若波羅蜜多經卷五二一　（16–12）

亦无分別為如來十力乃至十八佛不共法
於一切法亦无分別為大慈大悲大喜大捨
於一切法亦无分別為三十二大士相八十隨
好於一切法亦无分別為无忘失法性住捨
性於一切法亦无分別為一切智道相智一
切相智於一切法亦无分別為預流果乃
至獨覺菩提於一切法亦无分別為一切菩
薩摩訶薩行諸佛无上正等菩提於一切法
亦无分別為有為界或无為界於一切法亦无
分別善現答言非但六種波羅蜜多於一切
法无所分別色乃至无為界於一切法亦无
分別所以者何以一切法性相皆空无分
別故時舍利子問善現言若一切法皆无分
別云何而有流轉生死五趣差別云何復有
預流一來不還阿羅漢獨覺菩薩及諸如來
聖位差別善現對曰有情顛倒煩惱因緣發
起種種身語意業由斯感得欲根本業
異熟果依此施設地獄傍生餓鬼人天五趣差
別又所問言云何復有預流果等聖位差別
舍利子无分別故施設預流及預流果无分
別故施設一來及一來果无分別故施設不
還及不還果无分別故施設阿羅漢及阿羅
漢果无分別故施設獨覺及獨覺菩提无
分別故施設菩薩摩訶薩及菩薩摩訶薩行
无分別故施設如來應正等覺及佛无上正等
菩提舍利子過去如來應正等覺由无分別
分別斷故可施設有未來如來應正等覺由

BD03978 號 2　大般若波羅蜜多經卷五二一　（16–13）

漢果无分別故施設獨覺及獨覺菩提无
分別故施設菩薩摩訶薩及菩薩摩訶薩行
无分別故施設如來應正等覺及佛无上正等
菩提舍利子過去如來應正等覺由无分別
分別斷故可施設有未來如來應正等覺由
无分別分別斷故可施設有現在十方諸佛
世界一切如來應正等覺亦无分別分別斷
故可施設有舍利子由此因緣當知諸法皆
无分別由无分別真如法界廣說乃至不思
議界為定量故舍利子諸菩薩摩訶薩應
行如是无所分別甚深般若波羅蜜多舍利子
若菩薩摩訶薩能行如是无所分別甚深般
若波羅蜜多便能證得无所分別清淨无上
正等菩提能盡未來利樂一切時舍利子問
善現言諸菩薩摩訶薩行深般若波羅蜜多
時為行堅法為行非堅法善現荅言諸菩薩
摩訶薩行深般若波羅蜜多時行非堅法不行
堅法何以故舍利子般若波羅蜜多乃至布
施波羅蜜多非堅法故內空乃至无性自
性空非堅法故真如乃至不思議界非堅法
故苦聖諦乃至道聖諦非堅法故四念住乃
至八聖道支非堅法故四靜慮四无量四无色
定非堅法故空无相无願解脫門非堅法
故八解脫乃至十遍處非堅法故極喜地乃至
法雲地非堅法故陁羅尼門三摩地門非堅
法故五眼六神通非堅法故如來十力乃至

BD03978 號 2　大般若波羅蜜多經卷五二一　（16–14）

至八聖道支非堅法故四靜慮四无量四无色
定非堅法故空无相无願解脫門非堅法
故八解脫乃至十遍處非堅法故極喜地乃至
法雲地非堅法故陁羅尼門三摩地門非堅
法故五眼六神通非堅法故如來十力乃至
十八佛不共法非堅法故大慈大悲大喜
大捨非堅法故三十二大士相八十隨好非堅
法故无忘失法恒住捨性非堅法故一切智
道相智一切相智非堅法故所以者何諸菩
薩摩訶薩行深般若波羅蜜多時於般
若波羅蜜多乃至一切相智尚不見有非堅
法可得况見有堅法可得時有无量欲界天子
色界天子咸作是念若善男子善女人等能
發无上正等覺心如深般若波羅蜜多所
說義行不證實際不墮聲聞及獨覺地由此
因緣是善男子善女人等甚為希有能為難
事應當敬礼尒時善現知諸天子心之所
念便告之言是善男子善女人等不證實際
不墮聲聞及獨覺地非甚希有亦未為難
若菩薩摩訶薩知一切法及諸有情皆不
可得而發无上正等覺心被精進甲誓度
无量无數有情令入无餘般涅槃界是菩
薩摩訶薩乃甚希有能為難事天子當知
若菩薩摩訶薩雖知有情都无所有而發无
上正等覺心被精進甲為欲調伏諸有情
衆如有為欲調伏虛空何以故諸天子虛

BD03978 號 2　大般若波羅蜜多經卷五二一　（16–15）

可得而發无上正等覺心被精進甲脩度
无量无數有情令入无餘般涅槃界是菩
薩摩訶薩乃甚希有能為難事天子當知
若菩薩摩訶薩雖知有情都无所有而發无
上正等覺心被精進甲為欲調伏諸有情
衆如有為欲調伏虛空何以故諸天子虛
空離故當知一切有情亦離虛空空故
當知一切有情亦空虛空不堅實故當知
一切有情亦不堅實虛空无所有故當知
一切有情亦无所有由此因緣是菩薩摩訶薩
乃甚希有能為難事天子當知是菩薩摩
訶薩被大願鎧為欲調伏一切有情而諸有情
都无所有如有被鎧與虛空戰天子當知
是菩薩摩訶薩被大願鎧為欲饒益一切有情
而諸有情及大願鎧俱不可得何以故諸天子
有情離故此大願鎧當知亦離有情空故
此大願鎧當知亦空有情不堅實故此大願
鎧當知亦不堅實有情无所有故此大願鎧
當知亦无所有天子當知是菩薩摩訶薩
調伏饒益諸有情事亦不可得何以故諸天子
有情離故此調伏饒益事當知亦離有情空

BD03978 號 2　大般若波羅蜜多經卷五二一

（16–16）

如離故八解脫八勝處
界乃至不思議界離故八解脫八勝
第定十遍處離諸天子真如離故四念
四正斷四神足五根五力七等覺支八
支離法界乃至不思議界離故四念
八聖道支離諸天子真如離故空解
解脫門離法界乃至不思議界離故
相無願解脫門離諸天子真如離故
離垢地發光地焰慧地極難勝地現前地
地不動地善慧地法雲地離法界乃至
議界離故極喜地乃至法雲地離
如離故五眼六神通離法界乃至不
離故五眼六神通離諸天子真如離
力四無所畏四無礙解大慈大悲大喜
十八佛不共法離法界乃至不思議界
佛十力乃至十八佛不共法離諸天子
故無忘失法恒住捨性離法界乃至
議界離故無忘失法恒住捨性離諸
真如離故一切智道相智一切相智

BD03979 號　大般若波羅蜜多經卷三四四

（6–1）

力四無所畏四無礙解大慈大悲大喜
十八佛不共法離法界乃至不思議界
佛十力乃至十八佛不共法離諸天子
故無忘失法恒住捨性離法界乃至
議界離故無忘失法恒住捨性離
真如離故一切智道相智一切相智離
至不思議界離故一切智道相智一切
離諸天子真如離故一切陀羅尼門
門離法界乃至不思議界離故一切
門三摩地門離諸天子真如離故預
不還阿羅漢果離法界乃至不思議
預流一來不還阿羅漢果離諸天子真
故獨覺菩提離法界乃至不思議界
覺菩提離諸天子真如離故一切菩
薩行離法界乃至不思議界離故一
摩訶薩行離諸天子真如離故諸佛
等菩提離法界乃至不思議界離故諸
上正等菩提離諸天子真如離故一切
離法界乃至不思議界離故一切智
復次諸天子苦聖諦離故布施淨戒
進靜慮般若波羅蜜多離集滅道
故布施淨戒安忍精進靜慮般若波羅
多離諸天子苦聖諦離故內空外空內
空大空勝義空有為空無為空畢竟
空散空無變異空本性空自相空
[illegible]

BD03979 號　大般若波羅蜜多經卷三四四　（6–2）

故布施淨戒安忍精進靜慮般若波羅
多離諸天子苦聖諦離故內空外空內
空大空勝義空有為空無為空畢竟
空散空無變異空本性空自相空
切法空不可得空無性空自性空無
離集滅道聖諦離故內空乃至無性自
離諸天子苦聖諦離故真如法界法性
妄性不變異性平等性離生性法定
際虛空界不思議界離集滅道聖
如乃至不思議界離諸天子苦聖諦
靜慮四無量四無色定離集滅道聖
故四靜慮四無量四無色定離諸天子苦
諦離故八解脫八勝處九次第定十遍
滅道聖諦離故八解脫八勝處九次
遍處離諸天子苦聖諦離故四念住
四神足五根五力七等覺支八聖道支
滅道聖諦離故四念住乃至八聖道支
天子苦聖諦離故空無相無願解脫門
滅道聖諦離故空无相无願解脫門
子苦聖諦離故極喜地離垢地發光地
地極難勝地現前地遠行地不動地善
法雲地離集滅道聖諦離故極喜地乃至
雲地離諸天子苦聖諦離故五眼六神
集滅道聖諦離故五眼六神通離諸
聖諦離故佛十力四无所畏四无礙解
大悲大喜大捨十八佛不共法離集滅

BD03979 號　大般若波羅蜜多經卷三四四　（6–3）

法雲地離集滅道聖諦離故極喜地乃至
雲地離諸天子苦聖諦離故五眼六神
集滅道聖諦離故五眼六神通離諸
聖諦離故佛十力四无所畏四无礙解
大悲大喜大捨十八佛不共法離集滅
聖諦離故佛十力乃至十八佛不共法諸
子苦聖諦離故无忘失法恒住捨性
滅道聖諦離故无忘失法恒住捨性
子苦聖諦離故一切智道相智一切相
滅道聖諦離故一切智道相智一切相
諸天子苦聖諦離故一切陁羅尼門三
門離集滅道聖諦離故一切陁羅尼門
地門離諸天子苦聖諦離故預流
阿羅漢果離集滅道聖諦離故預流
還阿羅漢果離諸天子苦聖諦離故獨
提離集滅道聖諦離故獨覺菩提離故
苦聖諦離故一切菩薩摩訶薩行離集
聖諦離故一切菩薩摩訶薩行離諸
聖諦離故諸佛无上正等菩提離集
聖諦離故諸佛无上正等菩提離諸天
聖諦離故一切智智離集滅道聖諦故
切智智離
復次諸天子四靜慮離故布施淨戒
進靜慮般若波羅蜜多離四无量四
定離故布施淨戒安忍精進靜慮般若
蜜多離諸天子四靜慮離故內空外空

BD03979號　大般若波羅蜜多經卷三四四　（6–4）

切智智離
復次諸天子四靜慮離故布施淨戒
進靜慮般若波羅蜜多離四无量四
定離故布施淨戒安忍精進靜慮般若
蜜多離諸天子四靜慮離故內空外空
空空大空勝義空有為空无為空
无際空散空无變異空本性空自相空
一切法空不可得空无性空自性空无
性空離四无量四无色定離故內空乃至
性自性空離諸天子四靜慮離故真如
法性不虛妄性不變異性平等性
定法住實際虛空界不思議界離四
四无色定離故真如乃至不思議界離故
色定離故苦集滅道聖諦離諸天子
四靜慮離故苦集滅道聖諦離四无量
離故八解脫八勝處九次第定十遍
无量四无色定離故八解脫八勝處
定十遍處離諸天子四靜慮離故四念
正斷四神足五根五力七等覺支八聖
離四无量四无色定離故四念住乃至
道支離諸天子四靜慮離故空无相
脫門離四无量四无色定離故空无相
解脫門離諸天子四靜慮離故極喜地
地發光地焰慧地極難勝地現前地遠
不動地善慧地法雲地離四无量四无
定離故極喜地乃至法雲地離諸天子四

BD03979號　大般若波羅蜜多經卷三四四　（6–5）

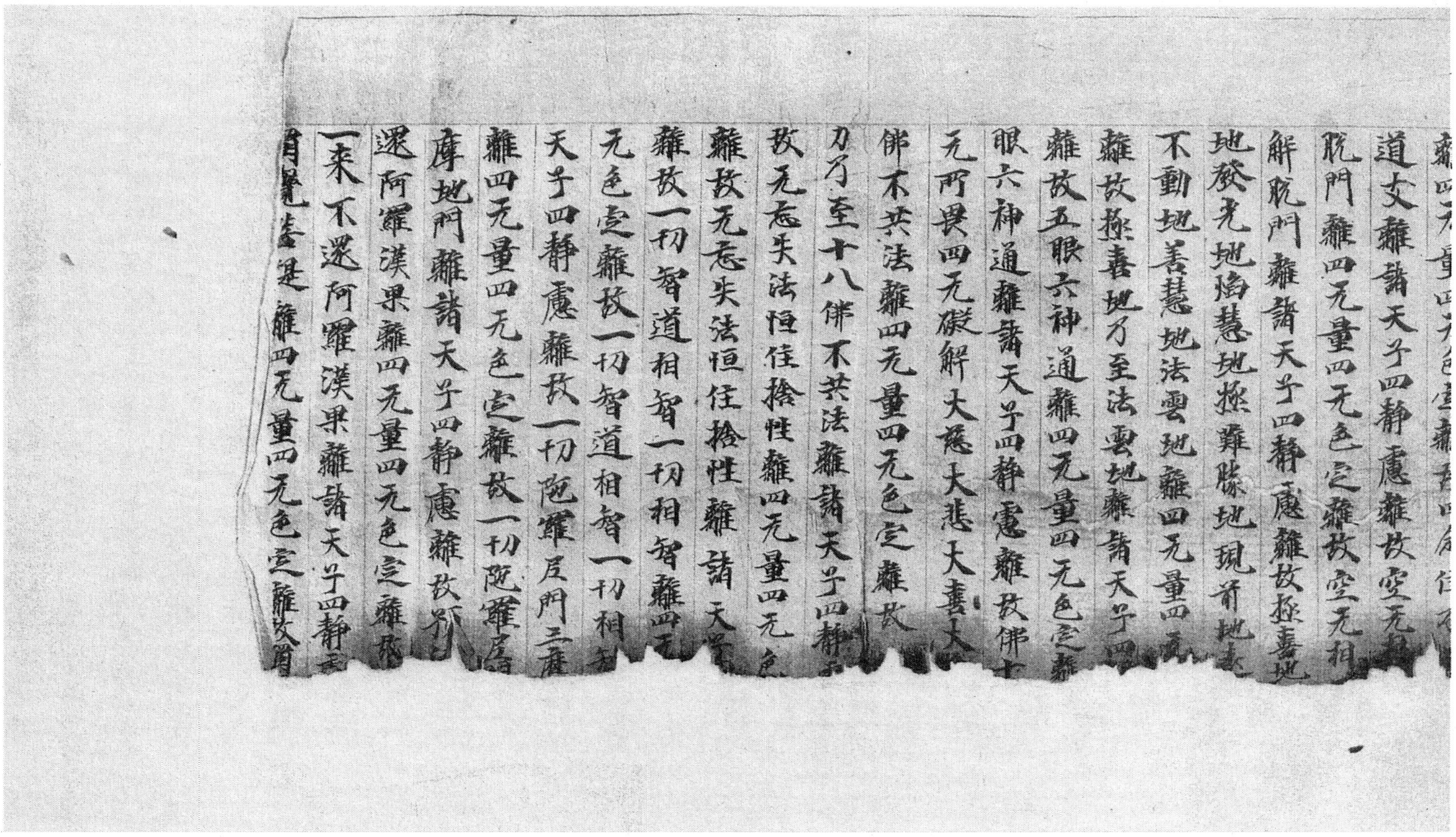

離四无量四无色定離故四念住[illegible]
道支離諸天子四靜慮離故空无相
脫門離四无量四无色定離故空无相
解脫門離諸天子四靜慮離故極喜地
地發光地焰慧地極難勝地現前地遠
不動地善慧地法雲地離四无量四无
離故極喜地乃至法雲地離諸天子四
離故五眼六神通離四无量四无色定離
眼六神通離諸天子四靜慮離故佛十
无所畏四无礙解大慈大悲大喜大
佛不共法離四无量四无色定離故
力乃至十八佛不共法離諸天子四靜
故无忘失法恒住捨性離四无量四无色
離故无忘失法恒住捨性離諸天子
離故一切智道相智一切相智離四无
无色定離故一切智道相智一切相智
天子四靜慮離故一切陀羅尼門三摩
離四无量四无色定離故一切陀羅尼
摩地門離諸天子四靜慮離故預
還阿羅漢果離四无量四无色定離故
一來不還阿羅漢果離諸天子四靜
菩提離四无量四无色定離故

BD03979號　大般若波羅蜜多經卷三四四　（6–6）

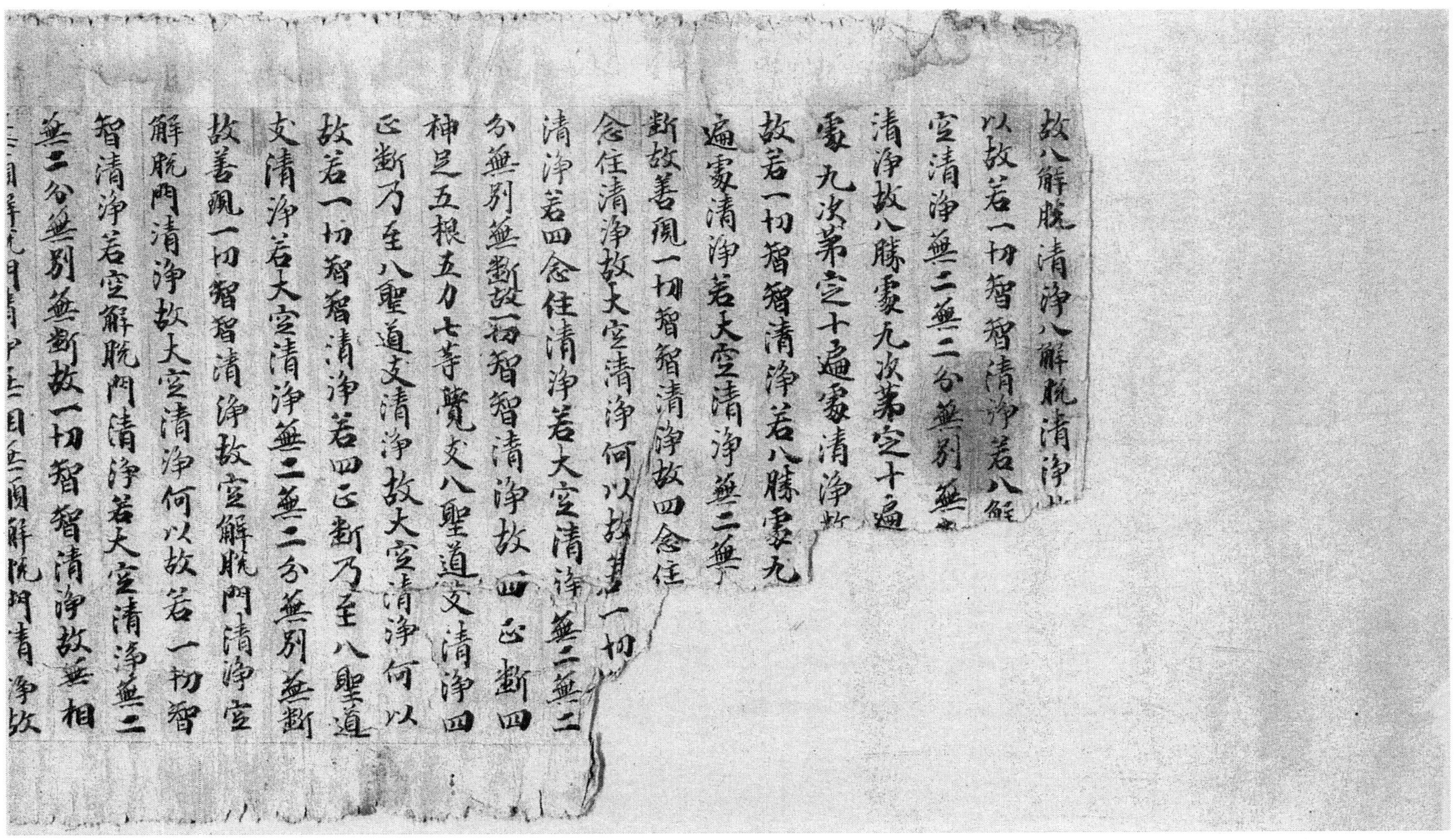

故八解脫清淨八解脫清淨
以故若一切智智清淨若八解
空清淨無二無二分無別無
清淨故八勝處九次第定十遍
處九次第定十遍處清淨故
故若一切智智清淨若八勝處九
遍處清淨若大空清淨無二無
斷故善現一切智智清淨故四念住
念住清淨故大空清淨何以故若一切
清淨若四念住清淨若大空清淨無二無二
分無別無斷故一切智智清淨故四正斷四
神足五根五力七等覺支八聖道支清淨四
正斷乃至八聖道支清淨故大空清淨何以
故若一切智智清淨若四正斷乃至八聖道
支清淨若大空清淨無二無二分無別無斷
故善現一切智智清淨故空解脫門清淨空
解脫門清淨故大空清淨何以故若一切智
智清淨若空解脫門清淨若大空清淨無二
無二分無別無斷故一切智智清淨故無相
無相解脫門清淨無相解脫門清淨故

BD03980號　大般若波羅蜜多經卷二五〇　（3–1）

故若一切智智清淨若四正斷乃至八聖道
支清淨若大空清淨無二無二分無別無斷
故善現一切智智清淨故空解脫門清淨空
解脫門清淨故大空清淨何以故若一切智
智清淨若空解脫門清淨若大空清淨無二
無二分無別無斷故一切智智清淨故無相
無願解脫門清淨無相無願解脫門清淨故
大空清淨何以故若一切智智清淨若無相
無願解脫門清淨若大空清淨無二無二分
無別無斷故善現一切智智清淨故菩薩十
地清淨菩薩十地清淨故大空清淨何以故
若一切智智清淨若菩薩十地清淨若大空
清淨無二無二分無別無斷故
善現一切智智清淨故五眼清淨五眼清淨
故大空清淨何以故若一切智智清淨若五
眼清淨若大空清淨無二無二分無別無斷
故一切智智清淨故六神通清淨六神通清
淨故大空清淨何以故若一切智智清淨若
六神通清淨若大空清淨無二無二分無別
無斷故善現一切智智清淨故佛十力清淨
佛十力清淨故大空清淨何以故若一切智
智清淨若佛十力清淨若大空清淨無二無
二分無別無斷故一切智智清淨故四無所
畏四無礙解大慈大悲大喜大捨十八佛不
共法清淨四無所畏乃至十八佛不共法清
淨故大空清淨何以故若一切智智清淨若

BD03980號　大般若波羅蜜多經卷二五〇　（3–2）

佛十力清淨故大空清淨何以故若一切智
智清淨若佛十力清淨若大空清淨無二無
二分無別無斷故一切智智清淨故四無所
畏四無礙解大慈大悲大喜大捨十八佛不
共法清淨四無所畏乃至十八佛不共法清
淨故大空清淨何以故若一切智智清淨若
四無所畏乃至十八佛不共法清淨若大空
清淨無二無二分無別無斷故善現一切智
智清淨故無忘失法清淨無忘失法清淨故
大空清淨何以故若一切智智清淨若無忘
失法清淨若大空清淨無二無二分無別無
斷故一切智智清淨故恒住捨性清淨恒住
捨性清淨故大空清淨何以故若一切智智
清淨若恒住捨性清淨若大空清淨無二無
二分無別無斷故善現一切智智清淨故一
切智清淨一切智清淨故大空清淨何以故
若一切智智清淨若一切智清淨若大空清
淨無二無二分無別無斷故一切智智清淨
故道相智一切相智清淨道相智一切相智
清淨故大空清淨何以故若一切智智清淨
若道相智一切相智清淨若大空清淨無二
無二分無別無斷故善現一切智智清淨故
一切陁羅尼門清淨一切陁羅尼門清淨故

BD03980號　大般若波羅蜜多經卷二五〇　（3–3）

人於尒所世无我相无人相无衆生相无壽者
相是故須菩提菩薩應離一切相發阿耨多羅
三藐三菩提心不應住色生心不應住聲
香味觸法生心應生无所住心若心有住則
為非住是故佛說菩薩心不應住色布施須
菩提菩薩為利益一切衆生應如是布施如
來說一切諸相即是非相又說一切衆生則非
衆生須菩提如來是真語者實語者如語
者不誑語者不異語者須菩提如來所得
法此法无實无虛須菩提若菩薩心住於法
而行布施如人入闇則无所見若菩薩心不住
於法而行布施如人有目日光明照見種種色
須菩提當來之世若有善男子善女人能於
此經受持讀誦則為如來以佛智慧悉知是
人悉見是人皆得成就无量无邊功德
須菩提若有善男子善女人初日分以恒河
沙等身布施中日分復以恒河沙等身布
施後日分亦以恒河沙等身布施如是无量百
千万億劫以身布施若復有人聞此經典信

BD03981號　金剛般若波羅蜜經　（9–1）

人悉見是人皆得成就无量无邊功德
須菩提若有善男子善女人初日分以恒河
沙等身布施中日分復以恒河沙等身布
施後日分亦以恒河沙等身布施如是无量百
千万億劫以身布施若復有人聞此經典信
心不逆其福勝彼何況書寫受持讀誦為人解
說須菩提以要言之是經有不可思議不可
稱量无邊功德如來為發大乘者說為發
最上乘者說若有人能受持讀誦廣為人說
如來悉知是人悉見是人皆得成就不可量不
可稱无有邊不可思議功德如是人等則為
荷擔如來阿耨多羅三藐三菩提何以故須
菩提若樂小法者著我見人見衆生見壽者
見則於此經不能聽受讀誦為人解說須菩
提在在處處若有此經一切世間天人阿修
羅所應供養當知此處則為是塔皆應恭敬
作礼圍繞以諸華香而散其處
復次須菩提若善男子善女人受持讀誦
此經若為人輕賤是人先世罪業應墮惡道以
今世人輕賤故先世罪業則為消滅當得阿
耨多羅三藐三菩提須菩提我念過去无量
阿僧祇劫於然燈佛前得值八百四千万億那
由他諸佛悉皆供養承事无空過者若復有
人於後末世能受持讀誦此經所得功德於
我所供養諸佛功德百分不及一千万億分乃
至筭數譬喻所不能及須菩提若善男子善

BD03981號　金剛般若波羅蜜經　（9–2）

阿僧祇劫於然燈佛前得值八百四千万億那
由他諸佛悉皆供養承事无空過者若復有
人於後末世能受持讀誦此經所得功德於
我所供養諸佛功德百分不及一千万億分乃
至筭數譬喻所不能及須菩提若善男子善
女人於後末世有受持讀誦此經所得功德
我若具說者或有人聞心則狂亂狐疑不信
須菩提當知是經義不可思議果報亦不可
思議
尒時須菩提白佛言世尊善男子善女人發
阿耨多羅三藐三菩提心云何應住云何降
伏其心佛告須菩提善男子善女人發阿耨
多羅三藐三菩提心者當生如是心我應滅
度一切衆生滅度一切衆生已而无有一衆生
實滅度者何以故須菩提若菩薩有我相人
相衆生相壽者相則非菩薩所以者何須菩提
實无有法發阿耨多羅三藐三菩提者
須菩提於意云何如來於然燈佛所有法得
阿耨多羅三藐三菩提不不也世尊如我解
佛所說義佛於然燈佛所无有法得阿耨多
羅三藐三菩提佛言如是如是須菩提實无
有法如來得阿耨多羅三藐三菩提須菩提
若有法如來得阿耨多羅三藐三菩提者然
燈佛則不與我受記汝於來世當得作佛号
釋迦牟尼以實无有法得阿耨多羅三藐三

BD03981號　金剛般若波羅蜜經

（9–3）

有法如來得阿耨多羅三藐三菩提須菩提
若有法如來得阿耨多羅三藐三菩提者然
燈佛則不與我受記汝於來世當得作佛号
釋迦牟尼以實无有法得阿耨多羅三藐三
菩提是故然燈佛與我受記作是言汝於來
世當得作佛号釋迦牟尼何以故如來者即
諸法如義若有人言如來得阿耨多羅三藐
三菩提須菩提實无有法佛得阿耨多羅
三藐三菩提須菩提如來所得阿耨多羅三
菩提於是經中无實无虛是故如來說一切法
皆是佛法須菩提所言一切法者即非一切
法是故名一切法
須菩提譬如人身長大須菩提言世尊如來
說人身長大則為非大身是名大身須菩
提菩薩亦如是若作是言我當滅度无量生
衆生則不名菩薩何以故須菩提實无有法名
為菩薩是故佛說一切法无我无人无衆生无
壽者須菩提若菩薩作是言我當莊嚴佛
土是不名菩薩何以故如來說莊嚴佛土者即
非莊嚴是名莊嚴須菩提若菩薩通達无我
法者如來說名真是菩薩
須菩提於意云何如來有肉眼不如是世尊
如來有肉眼須菩提於意云何如來有天眼
不如是世尊如來有天眼須菩提於意云何
如來有慧眼不如是世尊如來有慧眼須
菩提於意云何如來有法眼不如是世尊如

BD03981號　金剛般若波羅蜜經

（9–4）

如來有肉眼須菩提於意云何如來有天眼
不如是世尊如來有天眼須菩提於意云何
如來有慧眼不如是世尊如來有慧眼須
菩提於意云何如來有法眼不如是世尊如
來有法眼須菩提於意云何如來有佛眼不如
是世尊如來有佛眼
須菩提於意云何如恒河中所有沙佛說
是沙不如是世尊如來說是沙須菩提於意云
何如一恒河中所有沙有如是等恒河是諸
恒河所有沙數佛世界如是寧為多不甚多
世尊佛告須菩提尒所國土中所有衆生若
干種心如來悉知何以故如來說諸心皆為非心
是名為心所以者何須菩提過去心不可得
現在心不可得未來心不可得
須菩提於意云何若有人滿三千大千世界
七寶以用布施是人以是因緣得福多不如
是世尊此人以是因緣得福甚多須菩提若
福德有實如來不說得多以福德无故如
來說得福德多
須菩提於意云何佛可以具足色身見不不
也世尊如來不應以色身見何以故如來說
具足色身即非具足色身是名具足色身須
菩提於意云何如來可以具足諸相見不不
也世尊如來不應以具足諸相見何以故如
來說諸相具足即非具足是名諸相具足須

BD03981號　金剛般若波羅蜜經　（9–5）

具足色身即非具足色身是名具足色身須
菩提於意云何如來可以具足諸相見不不
也世尊如來不應以具足諸相見何以故如
來說諸相具足即非具足是名諸相具足須
菩提汝等勿謂如來作是念我當有所說法
莫作是念何以故若人言如來有所說法即
為謗佛不能解我所說故須菩提說法者无
法可說是名說法
須菩提白佛言世尊佛得阿耨多羅三藐三菩
提為无所得耶如是如是須菩提我於阿耨
多羅三藐三菩提乃至无有少法可得是
名阿耨多羅三藐三菩提復次須菩提是法
平等无有高下是名阿耨多羅三菩提以无
我无人无衆生无壽者脩一切善法則得
阿耨多羅三藐三菩提須菩提所言善法
者如來說非善法是名善法
須菩提若三千大千世界中所有諸須弥山王
如是等七寶聚有人持用布施若人以此
般若波羅蜜經乃至四句偈等受持為他人
說於前福德百分不及一百千万億分乃至
筭數譬喻所不能及須菩提於意云何汝等
勿謂如來作是念我當度衆生須菩提莫作
是念何以故實无有衆生如來度者若有衆
生如來度者如來則有我人衆生壽者須菩
提如來說有我者則非有我而凡夫之人以
為有我須菩提凡夫者如來說則非凡夫須

BD03981號　金剛般若波羅蜜經　（9–6）

勿謂如来作是念我當度衆生須菩提莫作
是念何以故實无有衆生如来度者若有衆
生如来度者如来則有我人衆生壽者須菩
提如来說有我者則非有我而凡夫之人以
為有我須菩提凡夫者如来說則非凡夫須
菩提於意云何可以三十二相觀如来不須
菩提言如是如是以三十二相觀如来佛言
須菩提若以三十二相觀如来者轉輪聖王
則是如来須菩提白佛言世尊如我解佛所
說義不應以三十二相觀如来尒時世尊而
說偈言
若以色見我　以音聲求我　是人行邪道　不能見如来
須菩提汝若作是念如来不以具足相故得阿
耨多羅三藐三菩提須菩提莫作是念如
来不以具足相故得阿耨多羅三藐三菩提
須菩提汝若作是念發阿耨多羅三藐三菩
提者說諸法斷滅莫作是念何以故發阿耨
多羅三藐三菩提心者於法不說斷滅相須菩
提若菩薩以滿恒河沙等世界七寶持用
布施若復有人知一切法无我得成於忍此菩
薩勝前菩薩所得功德須菩提以諸菩薩不
受福德故須菩提白佛言世尊云何菩薩不受
福德須菩提菩薩所作福德不應貪著是故
說不受福德須菩提若有人言如来若去若
坐若卧是人不解我所說義何以故如来者
无所從来亦无所去故名如来須菩提若

BD03981 號　金剛般若波羅蜜經

（9–7）

薩勝前菩薩所得功德須菩提以諸菩薩不
受福德故須菩提白佛言世尊云何菩薩不受
福德須菩提菩薩所作福德不應貪著是故
說不受福德須菩提若有人言如来若去若
坐若卧是人不解我所說義何以故如来者
无所從来亦无所去故名如来須菩提若
善男子善女人以三千大千世界碎為微
塵於意云何是微塵衆寧為多不甚多世
尊何以故若是微塵衆實有者佛則不說是
微塵衆所以者何佛說微塵衆則非微塵衆
是名微塵衆世尊如来所說三千大千世界
則非世界是名世界何以故若世界實有者則
是一合相如来說一合相則非一合相是名一合相
須菩提一合相者則是不可說但凡夫之人貪
著其事須菩提若人言佛說我見人見衆
生見壽者見須菩提於意云何是人解我
所說義不不也世尊是人不解如来所說義
何以故世尊說我見人見衆生見壽者見即非
我見人見衆生見壽者見是名我見人見衆生
見壽者見須菩提發阿耨多羅三藐三菩提
心者於一切法應如是知如是見如是信解不
生法相須菩提所言法相者如来說即非法
相是名法相須菩提若有人以滿无量阿僧祇
世界七寶持用布施若有善男子善女人發
菩薩心者持於此經乃至四句偈等受持讀
誦為人演說其福勝彼云何為人演說不取於

BD03981 號　金剛般若波羅蜜經

（9–8）

所說義不不也世尊是人不解如來所說義
何以故世尊說我見人見衆生見壽者見即非
我見人見衆生見壽者見是名我見人見衆生
見壽者見須菩提發阿耨多羅三藐三菩提
心者於一切法應如是知如是見如是信解不
生法相須菩提所言法相者如來說即非法
相是名法相須菩提若有人以滿无量阿僧祇
世界七寶持用布施若有善男子善女人發
菩薩心者持於此經乃至四句偈等受持讀
誦為人演說其福勝彼云何為人演說不取於
相如如不動何以故
一切有為法　如夢幻泡影　如露亦如電　應作如是觀
佛說是經已長老須菩提及諸比丘比丘尼
優婆塞優婆夷一切世間天人阿脩羅聞
佛所說皆大歡喜信受奉行
金剛般若波羅蜜經

BD03981 號　金剛般若波羅蜜經　（9–9）

有法眼須菩提於意云何如來有
是世尊如來有佛眼須菩提於意云何恒河
中所有沙佛說是沙不如是世尊如來說是
沙須菩提於意云何如一恒河中所有沙有
如是等恒河是諸恒河所有沙數佛世界如
是寧為多不甚多世尊佛告須菩提尒所國
土中所有衆生若干種心如來悉知何以故
如來說諸心皆為非心是名為心所以者何
須菩提過去心不可得現在心不可得未來
心不可得須菩提於意云何若有人滿三千
大千世界七寶以用布施是人以是因緣得
福多不如是世尊此人以是因緣得福甚多
須菩提若福德有實如來不說得福德多以
福德无故如來說得福德多
須菩提於意云何佛可以具足色身見不不
也世尊如來不應以具足色身見何以故如
來說具足色身即非具足色身是名具足色
身須菩提於意云何如來可以具足諸相見
不不也世尊如來不應以具足諸相見何以故
如來說諸相具足即非具足是名諸相具足
須菩提汝勿謂如來作是念我當有所說法
莫作是念何以故若人言如來有所說法即
為謗佛不能解我所說故

BD03982 號　金剛般若波羅蜜經　（5–1）

來說具足色身即非具足色身是名具足色
身須菩提於意云何如來可以具足諸相見
不不也世尊如來不應以具足諸相見何以故
如來說諸相具足即非具足是名諸相具足
須菩提汝勿謂如來作是念我當有所說法
莫作是念何以故若人言如來有所說法即
為謗佛不能解我所說義故須菩提說法者
无法可說是名說法
須菩提白佛言世尊佛得阿耨多羅三藐三
菩提為无所得耶如是如是須菩提我於阿
耨多羅三藐三菩提乃至无有少法可得是
名阿耨多羅三藐三菩提復次須菩提是法
平等无有高下是名阿耨多羅三藐三菩提
以无我无人无衆生无壽者脩一切善法則
得阿耨多羅三藐三菩提須菩提所言善
法者如來說非善法是名善法
須菩提若三千大千世界中所有諸須弥山
王如是等七寶聚有人持用布施若人以此
般若波羅蜜經乃至四句偈等受持讀誦為
他人說於前福德百分不及一百千万億分
乃至筭數譬喻所不能及
須菩提於意云何汝等勿謂如來作是念我
當度衆生須菩提莫作是念何以故實无有
衆生如來度者若有衆生如來度者如來則
有我人衆生壽者須菩提如來說有我者則
非有我而凡夫之人以為有我須菩提凡夫
者如來說則非凡夫
須菩提於意云何可以卅二相觀如來不須

BD03982 號　金剛般若波羅蜜經　（5–2）

衆生如來度者若有衆生如來度者如來則
有我人衆生壽者須菩提如來說有我者則
非有我而凡夫之人以為有我須菩提凡夫
者如來說則非凡夫
須菩提於意云何可以卅二相觀如來不須
菩提言如是如是以卅二相觀如來佛言須
菩提若以卅二相觀如來者轉輪聖王則是
如來須菩提白佛言世尊如我解佛所說義
不應以卅二相觀如來尒時世尊而說偈言
若以色見我　以音聲求我　是人行邪道　不能見如來
須菩提汝若作是念如來不以具足相故得
阿耨多羅三藐三菩提須菩提莫作是念如
來不以具足相故得阿耨多羅三藐三菩提
須菩提汝若作是念發阿耨多羅三藐三菩
提者說諸法斷滅莫作是念何以故發阿耨
多羅三藐三菩提者於法不說斷滅相須菩
提若菩薩以滿恒河沙等世界七寶布施若
復有人知一切法无我得成於忍此菩薩勝
前菩薩所得功德須菩提以諸菩薩不受福
德故須菩提白佛言世尊云何菩薩不受福
德須菩提菩薩所作福德不應貪著是故
說不受福德
須菩提若有人言如來若來若去若坐若卧
是人不解我所說義何以故如來者无所從
來亦无所去故名如來
須菩提若善男子善女人以三千大千世界
碎為微塵於意云何是微塵衆寧為多不甚

BD03982 號　金剛般若波羅蜜經　（5–3）

須菩提若有人言如來若來若去若坐若卧
是人不解我所說義何以故如來者无所從
來亦无所去故名如來
須菩提若善男子善女人以三千大千世界
碎爲微塵於意云何是微塵衆寧爲多不甚
多世尊何以故若是微塵衆實有者佛則不
說是微塵衆所以者何佛說微塵衆則非微
塵衆是名微塵衆世尊如來所說三千大千
世界則非世界是名世界何以故若世界實
有者則是一合相如來說一合相則非一合相
是名一合相須菩提一合相者則是不可說
但凡夫之人貪著其事須菩提若人言佛說
我見人見衆生見壽者見須菩提於意云何
是人解我所說義不世尊是人不解如來所
說義何以故世尊說我見人見衆生見壽者
見即非我見人見衆生見壽者見是名我見
人見衆生見壽者見須菩提發阿耨多羅三
藐三菩提心者於一切法應如是知如是見
如是信解不生法相須菩提所言法相者如
來說即非法相是名法相須菩提若有人以
滿无量阿僧祇世界七寶持用布施若有善
男子善女人發菩薩心者持於此經乃至四
句偈等受持讀誦爲人演說其福勝彼云何
爲人演說不取於相如如不動何以故
一切有爲法如夢幻泡影如露亦如電應作如是觀
佛說是經已長老須菩提及諸比丘比丘尼
優婆塞優婆夷一切世間天人阿脩羅聞佛
所說皆大歡喜信受奉行

BD03982號　金剛般若波羅蜜經　　（5–4）

我見人見衆生見壽者見須菩提於意云何
是人解我所說義不世尊是人不解如來所
說義何以故世尊說我見人見衆生見壽者
見即非我見人見衆生見壽者見是名我見
人見衆生見壽者見須菩提發阿耨多羅三
藐三菩提心者於一切法應如是知如是見
如是信解不生法相須菩提所言法相者如
來說即非法相是名法相須菩提若有人以
滿无量阿僧祇世界七寶持用布施若有善
男子善女人發菩薩心者持於此經乃至四
句偈等受持讀誦爲人演說其福勝彼云何
爲人演說不取於相如如不動何以故
一切有爲法如夢幻泡影如露亦如電應作如是觀
佛說是經已長老須菩提及諸比丘比丘尼
優婆塞優婆夷一切世間天人阿脩羅聞佛
所說皆大歡喜信受奉行

金剛般若波羅蜜經

BD03982號　金剛般若波羅蜜經　　（5–5）

故阿那含名為不…
含須菩提於意云何阿羅漢能作是念
阿羅漢道不須菩提言不也世尊何以故實
无有法名阿羅漢世尊若阿羅漢作是念我
得阿羅漢道即為著我人衆生壽者世尊佛
説我得无諍三昧人中最為第一是第一離
欲阿羅漢我不作是念我是離欲阿羅漢世
尊我若作是念我得阿羅漢道世尊則不説
須菩提是樂阿蘭那行者以須菩提實无所
行而名須菩提是樂阿蘭那行
佛告須菩提於意云何如来昔在燃燈佛
所於法有所得不世尊如来在燃燈佛所於
法實无所得須菩提於意云何菩薩莊嚴佛
土不不也世尊何以故莊嚴佛土者則非莊嚴
是名莊嚴是故須菩提諸菩薩摩訶薩應如
是生清淨心不應住色生心不應住聲香味
觸法生心應无所住而生其心須菩提譬如
有人身如須弥山王於意云何是身為大不
須菩提言甚大世尊何以故佛説非身是名
大身

BD03983號　金剛般若波羅蜜經　（4–1）

是名莊嚴是故須菩提諸菩薩摩訶薩應如
是生清淨心不應住色生心不應住聲香味
觸法生心應无所住而生其心須菩提譬如
有人身如須弥山王於意云何是身為大不
須菩提言甚大世尊何以故佛説非身是名
大身
須菩提如恒河中所有沙數如是沙等恒河
於意云何是諸恒河沙寧為多不須菩提言
甚多世尊但諸恒河尚多无數何况其沙須
菩提我今實言告汝若有善男子善女人以
七寶滿尒所恒河沙數三千大千世界以用
布施得福多不須菩提言甚多世尊佛告須
菩提若善男子善女人於此經中乃至受持
四句偈等為他人説而此福德勝前福德復
次須菩提隨説是經乃至四句偈等當知此
處一切世間天人阿脩羅皆應供養如佛塔
廟何况有人盡能受持讀誦須菩提當知是
人成就最上第一希有之法若是經典所在
之處則為有佛若尊重弟子
尒時須菩提白佛言世尊當何名此經我等
云何奉持佛告須菩提是經名為金剛般若
波羅蜜以是名字汝當奉持所以者何須菩
提佛説般若波羅蜜則非般若波羅蜜須菩
提於意云何如来有所説法不須菩提白佛
言世尊如来无所説須菩提於意云何三千

BD03983號　金剛般若波羅蜜經　（4–2）

云何奉持佛告須菩提是經名爲金剛般若
波羅蜜以是名字汝當奉持所以者何須菩
提佛說般若波羅蜜則非般若波羅蜜須菩
提於意云何如來有所說法不須菩提白佛
言世尊如來无所說須菩提於意云何三千
大千世界所有微塵是爲多不須菩提言甚
多世尊須菩提諸微塵如來說非微塵是名
微塵如來說世界非世界是名世界須菩提
於意云何可以三十二相見如來不不也世
　不可以三十二相得見如來
尊何以故如來說卅二相即是非相是名卅
二相須菩提若有善男子善女人以恒河沙
等身命布施若復有人於此經中乃至受持
四句偈等爲他人說其福甚多
尒時須菩提聞說是經深解義趣涕淚悲泣
而白佛言希有世尊佛說如是甚深經典我
從昔來所得慧眼未曾得聞如是之經世尊
若復有人得聞是經信心清淨則生實相當
知是人成就第一希有功德世尊是實相者
則是非相是故如來說名實相世尊我得
聞如是經典信解受持不足爲難若當來世
後五百歲其有衆生得聞是經信解受持是
人則爲第一希有何以故此人无我相人相衆
生相壽者相所以者何我相即是非相人相
衆生相壽者相即是非相何以故離一切諸
相則名諸佛



則是非相是故如來說名實相世尊我得
聞如是經典信解受持不足爲難若當來世
後五百歲其有衆生得聞是經信解受持是
人則爲第一希有何以故此人无我相人相衆
生相壽者相所以者何我相即是非相人相
衆生相壽者相即是非相何以故離一切諸
相則名諸佛
佛告須菩提如是如是若復有人得聞是經
不驚不怖不畏當知是人甚爲希有何以故
須菩提如來說第一波羅蜜非第一波羅蜜
是名第一波羅蜜須菩提忍辱波羅蜜如來
說非忍辱波羅蜜何以故須菩提如我昔爲
歌利王割截身體我於尒時无我相无人相
无衆生相无壽者相何以故我於往昔節節
支解時若有我相人相衆生相壽者相應生
瞋恨須菩提又念過去於五百世作忍辱仙
人於尒所世无我相无人相无衆生相无壽
者相是故須菩提菩薩應離一切相發阿耨
是心不應住色生心不應住

勺訶勺訶勺訶嚕　鞞陸枳鞞陸枳
阿蜜栗多喳漢你　勃里山你
鞞嚕勑枳婆嚕代底　鞞提呬枳
頻陁鞞哩你　阿蜜哩底枳
薄虎主念　薄虎主念莎訶
善男子此陁羅尼是過七恒河沙數諸佛所
説為護七地菩薩故若有誦持此陁羅尼呪
者脱諸怖畏惡獸惡鬼人非人等怨賊灾横及
諸苦惱解脱五障不忘念十地
善男子善薩摩訶薩於第八地得陁羅尼
名无盡藏
怛　姪　他　室唎室唎室唎你
蜜　底　蜜　底　羯哩羯哩醯嚕醯嚕
主　嚕　主　嚕　畔陁弭　莎　訶
善男子此陁羅尼過八恒河沙數諸佛所説
為護八地菩薩故若有誦持此陁羅尼呪
者脱諸怖畏惡獸惡鬼人非人等怨賊灾横
及諸苦惱解脱五障不忘念八地
善男子菩薩摩訶薩於第九地得陁羅尼
名无量門
怛　姪　他　訶哩旃荼哩枳
俱藍婆喇體（天里反）　都　刺　死

BD03984 號　金光明最勝王經卷四

（3–1）

善男子此陁羅尼過八恒河沙數諸佛所説
為護八地菩薩故若有誦持此陁羅尼呪
者脱諸怖畏惡獸惡鬼人非人等怨賊灾横
及諸苦惱解脱五障不忘念八地
善男子菩薩摩訶薩於第九地得陁羅尼
名无量門
怛　姪　他　訶哩旃荼哩枳
俱藍婆喇體（天里反）　都　刺　死
杖吒杖吒死室唎室唎　迦室哩迦死室唎
莎（蘇活反）悉　底　薩婆薩埵喃莎訶
善男子此陁羅尼是過九恒河沙數諸佛所
説為護九地菩薩故若有誦持此陁羅尼呪
者脱諸怖畏惡獸惡鬼人非人等怨賊灾横
及諸苦惱解脱五障不忘念九地
善男子菩薩摩訶薩於第十地得陁羅尼
名破金剛山
怛　姪　他　悉提（去）　蘇悉提（去）
謨折你木察你　毗木底菴末麗
毗末麗涅末麗　忙揭麗
呬蘭若揭鞞　曷喇怛娜揭鞞
三曼多跋姪麗　薩婆頞他娑憚你
摩捺斯莫訶摩捺斯　頞　步　底
頞窒　步　底　阿喇檐毗喇檐
頞主底菴蜜栗底　阿喇檐毗喇檐
跋　嚧　謎　跋囉甜（大含）麼莎（入）囇
晡喇你晡喇娜　曼奴喇剎莎訶

BD03984 號　金光明最勝王經卷四

（3–2）

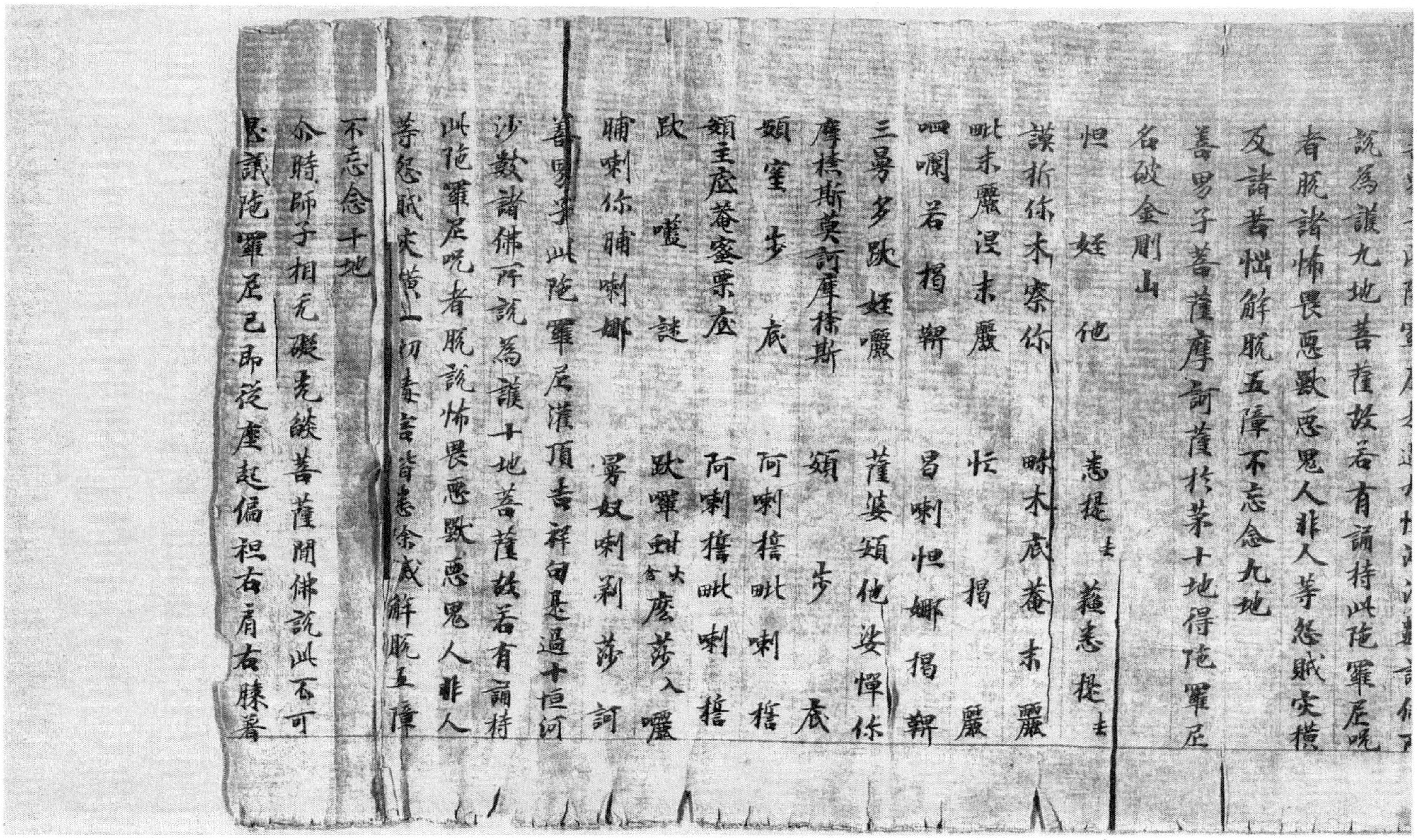
說為護九地菩薩故若有誦持此陀羅尼呪
者脫諸怖畏惡獸惡鬼人非人等怨賊災橫
及諸苦惱解脫五障不忘念九地
善男子菩薩摩訶薩於第十地得陀羅尼
名破金剛山
怛 姪 他 悉提去 蘇悉 提去
謨折你 木察你 毗木底 菴末 麗
毗末麗 涅末麗 忙 揭 麗
呬 闌 若 揭 鞞 曷喇怛娜 揭 鞞
三曼多 跋 姪囇 薩婆 頞他 娑憚 你
摩捺斯 莫訶摩捺斯 頞 步 底
頞 窒 步 底 阿喇 揩 毗喇 揩
頞主底 菴蜜栗底 阿喇 揩 毗喇 揩
跋 嚧 跋囉甜舍大 麼 莎入 囇
脯喇你 脯喇 娜 曷奴喇刹 莎 訶
善男子此陀羅尼灌頂吉祥句是過十恒河
沙數諸佛所說為護十地菩薩故若有誦持
此陀羅尼呪者脫諸怖畏惡獸惡鬼人非人
等怨賊災橫一切苦惱皆悉除滅解脫五障
不忘念十地
尒時師子相无礙光燄菩薩聞佛說此不可
思議陀羅尼已即從座起偏袒右肩右膝著

BD03984 號　金光明最勝王經卷四　（3–3）

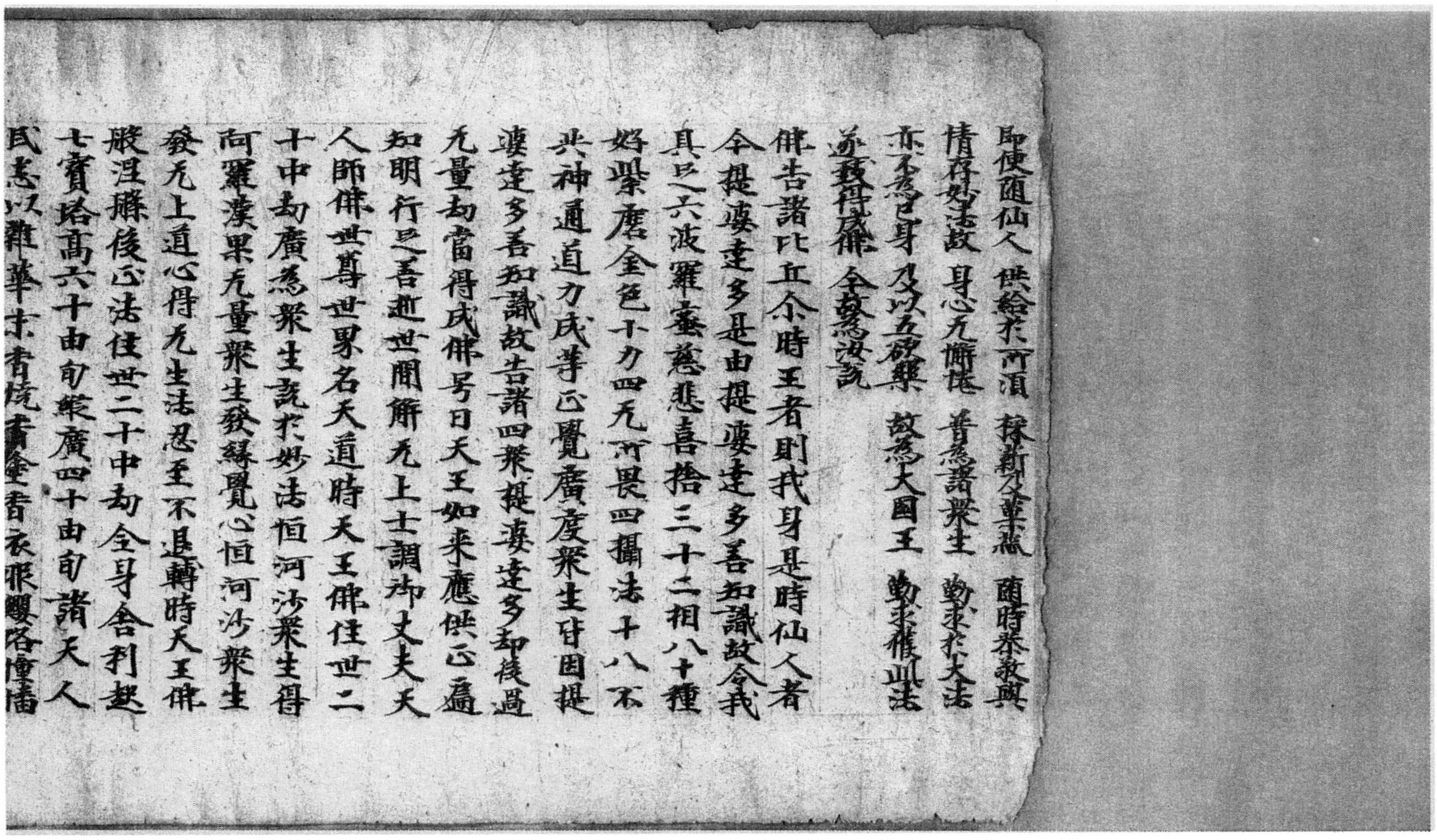
即便隨仙人 供給於所須 採薪及菓蓏 隨時恭敬與
情存妙法故 身心无懈惓 普為諸衆生 勤求於大法
亦不為己身 及以五欲樂 故為大國王 勤求獲此法
遂致得成佛 今故為汝說
佛告諸比丘尒時王者則我身是時仙人者
今提婆達多是由提婆達多善知識故令我
具足六波羅蜜慈悲喜捨三十二相八十種
好紫磨金色十力四无所畏四攝法十八不
共神通道力成等正覺廣度衆生皆因提
婆達多善知識故告諸四衆提婆達多却後過
无量劫當得成佛号曰天王如來應供正遍
知明行足善逝世間解无上士調御丈夫天
人師佛世尊世界名天道時天王佛住世二
十中劫廣為衆生說於妙法恒河沙衆生得
阿羅漢果无量衆生發緣覺心恒河沙衆生
發无上道心得无生法忍至不退轉時天王佛
般涅槃後正法住世二十中劫全身舍利起
七寶塔高六十由旬縱廣四十由旬諸天人
民悉以雜華末香燒香塗香衣服瓔珞幢旛

BD03985 號　妙法蓮華經卷四　（5–1）

一中劫廣為衆生說於妙法恒河沙衆生得
阿羅漢果无量衆生發緣覺心恒河沙衆生
發无上道心得无生法忍至不退轉時天王佛
般涅槃後正法住世二十中劫全身舍利起
七寶塔高六十由旬縱廣四十由旬諸天人
民悉以雜華末香燒香塗香衣服瓔珞幢幡
寶蓋伎樂歌頌礼拜供養七寶妙塔无量衆
生得阿羅漢果无量衆生悟辟支佛不可思議
衆生發菩提心至不退轉佛告諸比丘未来
世中若有善男子善女人聞妙法華經提婆
達多品淨心信敬不生疑惑者不墮地獄餓
鬼畜生生十方佛前所生之處常聞此經若
生人天中受勝妙樂若在佛前蓮華化生於
時下方多寶世尊所從菩薩名曰智積白多
寶佛當還本土釋迦牟尼佛告智積曰善
男子且待須臾此有菩薩名文殊師利可
與相見論說妙法可還本土
尒時文殊師利坐千葉蓮華大如車輪俱來
菩薩亦坐寶蓮華從於大海娑竭羅龍宮
自然踊出住虛空中詣靈鷲山從蓮華下至
於佛所頭面敬礼二世尊足修敬已畢往智積
所共相慰問却坐一面智積菩薩問文殊師
利仁往龍宮所化衆生其數幾何文殊師利
言其數无量不可稱計非口所宣非心所測且
待須臾自當有證所言未竟无數菩薩坐
寶蓮華從海踊出詣靈鷲山住在虛空此諸

BD03985 號　妙法蓮華經卷四　（5–2）

所共相慰問却坐一面智積菩薩問文殊師
利仁往龍宮所化衆生其數幾何文殊師利
言其數无量不可稱計非口所宣非心所測且
待須臾自當有證所言未竟无數菩薩坐
寶蓮華從海踊出詣靈鷲山住在虛空此諸
菩薩皆是文殊師利之所化度具菩薩行皆共
論說六波羅蜜本聲聞人在虛空中說聲聞行
今皆修行大乘空義文殊師利謂智積曰於
海教化其事如此尒時智積菩薩以偈讚曰
大智德勇健　化度无量衆　今此諸大會　及我皆已見
演暢實相義　開闡一乘法　廣導諸衆生　令速成菩提
文殊師利言我於海中唯常宣說妙法華經
智積問文殊師利言此經甚深微妙諸經中
寶世所希有頗有衆生勤加精進修行此經
速得佛不文殊師利言有娑竭羅龍王女年
始八歲智慧利根善知衆生諸根利鈍得陀
羅尼諸佛所說甚深祕藏悉能受持深入禪
定了達諸法於剎那頃發菩提心得不退轉
辯才无礙慈念衆生猶如赤子功德具足心
念口演微妙廣大慈悲仁讓志意和雅能至
菩提智積菩薩言我見釋迦如來於无量劫
難行苦行積功累德求菩提道未曾止息觀
三千大千世界乃至无有如芥子許非是菩
薩捨身命處為衆生故然後乃得成菩提道不
信此女於須臾頃便成正覺言論未訖時龍王
女忽現於前頭面礼敬却住一面以偈讚曰

BD03985 號　妙法蓮華經卷四　（5–3）

三千大千世界乃至无有如芥子許非是菩
薩捨身命處為衆生故然後乃得成菩提道不
信此女於須臾頃便成正覺言論未訖時龍王
女忽現於前頭面礼敬却住一面以偈讚曰
深達罪福相　遍照於十方　微妙淨法身　具相三十二
以八十種好　用莊嚴法身　天人所戴仰　龍神咸恭敬
一切衆生類　无不宗奉者　又聞成菩提　唯佛當證知
我闡大乘教　度脫苦衆生
時舍利弗語龍女言汝謂不久得无上道是
事難信所以者何女身垢穢非是法器云何
能得无上菩提佛道懸曠經无量劫勤苦積
行具修諸度然後乃成又女人身猶有五障一
者不得作梵天王二者帝釋三者魔王四者
轉輪聖王五者佛身云何女身速得成佛
尒時龍女有一寶珠價直三千大千世界持
以上佛佛即受之龍女謂智積菩薩尊者舍
利弗言我獻寶珠世尊納受是事疾不答
言甚疾女言以汝神力觀我成佛復速於此當
時衆會皆見龍女忽然之間變成男子具菩
薩行即往南方无垢世界坐寶蓮華成等
正覺三十二相八十種好普為十方一切衆生
演說妙法尒時娑婆世界菩薩聲聞天龍八
部人與非人皆遙見彼龍女成佛普為時會
人天說法心大歡喜悉遙敬礼无量衆生聞
法解悟得不退轉无量衆生得受道記无垢
世界六反震動娑婆世界三千衆生住不退

BD03985號　妙法蓮華經卷四　（5-4）

能得无上菩提佛道懸曠經无量劫勤苦積
行具修諸度然後乃成又女人身猶有五障一
者不得作梵天王二者帝釋三者魔王四者
轉輪聖王五者佛身云何女身速得成佛
尒時龍女有一寶珠價直三千大千世界持
以上佛佛即受之龍女謂智積菩薩尊者舍
利弗言我獻寶珠世尊納受是事疾不答
言甚疾女言以汝神力觀我成佛復速於此當
時衆會皆見龍女忽然之間變成男子具菩
薩行即往南方无垢世界坐寶蓮華成等
正覺三十二相八十種好普為十方一切衆生
演說妙法尒時娑婆世界菩薩聲聞天龍八
部人與非人皆遙見彼龍女成佛普為時會
人天說法心大歡喜悉遙敬礼无量衆生聞
法解悟得不退轉无量衆生得受道記无垢
世界六反震動娑婆世界三千衆生住不退
地三千衆生發菩提心而得受記智積菩薩

BD03985號　妙法蓮華經卷四　（5-5）

說收
現在太
地合掌
如来善護念諸菩
薩世尊善男子善女人發阿
提心應云何住云何降伏其
哉須菩提如汝所說如来善
付囑諸菩薩汝今諦聽當為
女人發阿耨多羅三藐三菩提
如是降伏其心唯然世尊願
佛告須菩提諸菩薩摩訶薩
降伏其心所有一切衆生之類若卵
生若濕生若化生若有色若无色若有想若
无想若非有想若非无想我皆令入无餘涅
槃而滅度之如是滅度无量无數无邊衆生
實无衆生得滅度者何以故須菩提若菩薩
有我相人相衆生相壽者相即非菩薩

BD03986 號　金剛般若波羅蜜經　（7–1）

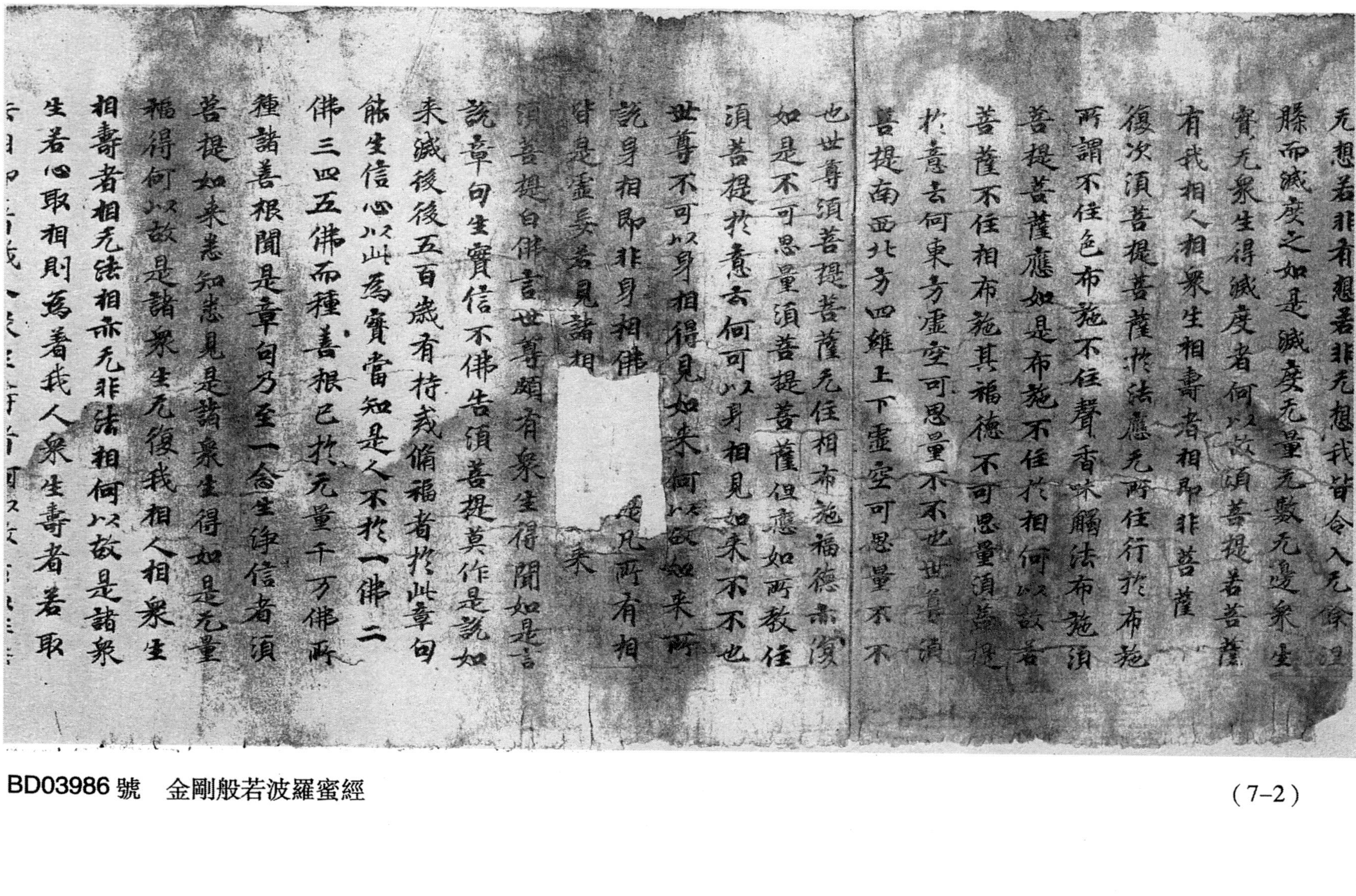
无想若非有想若非无想我皆令入无餘涅
槃而滅度之如是滅度无量无數无邊衆生
實无衆生得滅度者何以故須菩提若菩薩
有我相人相衆生相壽者相即非菩薩
復次須菩提菩薩於法應无所住行於布施
所謂不住色布施不住聲香味觸法布施須
菩提菩薩應如是布施不住於相何以故若
菩薩不住相布施其福德不可思量須菩提
於意云何東方虛空可思量不不也世尊須
菩提南西北方四維上下虛空可思量不不
也世尊須菩提菩薩无住相布施福德亦復
如是不可思量須菩提菩薩但應如所教住
須菩提於意云何可以身相見如来不不也
世尊不可以身相得見如来何以故如来所
說身相即非身相佛[illegible]凡所有相
皆是虛妄若見諸相[illegible]来
須菩提白佛言世尊頗有衆生得聞如是言
說章句生實信不佛告須菩提莫作是說如
来滅後後五百歲有持戒脩福者於此章句
能生信心以此為實當知是人不於一佛二
佛三四五佛而種善根已於无量千万佛所
種諸善根聞是章句乃至一念生淨信者須
菩提如来悉知悉見是諸衆生得如是无量
福得何以故是諸衆生无復我相人相衆生
相壽者相无法相亦无非法相何以故是諸衆
生若心取相則為著我人衆生壽者若取
[illegible]

BD03986 號　金剛般若波羅蜜經　（7–2）

福得何以故是諸衆生无復我相人相衆生
相壽者相无法相亦无非法相何以故是諸衆
生若心取相則爲着我人衆生壽者若取
法相即着我人衆生壽者何以故若取非法
相即着我人衆生壽者是故不應取法不應
取非法以是義故如來常説汝等比丘知我
説法如筏喻者法尚應捨何況非法
須菩提於意云何如來得阿耨多羅三藐三
菩提耶如來有所説法耶須菩提言如我解
佛所説義无有定法名阿耨多羅三藐三菩
提亦无有定法如來可説何以故如來所説
法皆不可取不可説非法非非法所以者何一
切賢聖皆以无爲法而有差別
須菩提於意云何若人滿三千大千世界七
寶以用布施是人所得福德寧爲多不須菩
提言甚多世尊何以故是福德即非福德性
是故如來説福德多若復有人於此經中受
持乃至四句偈等爲他人説其福勝彼何以
故須菩提一切諸佛及諸佛阿耨多羅三藐
三菩提法皆從此經出須菩提所謂佛法者
即非佛法
須菩提於意云何須陁洹能作是念我得須
陁洹果不須菩提言不也世尊何以故須陁
洹名爲入流而无所入不入色聲香味觸法
是名須陁洹須菩提於意云何斯陁含能作
是念我得斯陁含果不須菩提言不也世尊

BD03986 號　金剛般若波羅蜜經　（7–3）

須菩提於意云何須陁洹能作是念我得須
陁洹果不須菩提言不也世尊何以故須陁
洹名爲入流而无所入不入色聲香味觸法
是名須陁洹須菩提於意云何斯陁含能作
是念我得斯陁含果不須菩提言不也世尊
何以故斯陁含名一往來而實无往來是名斯
陁含須菩提於意云何阿那含能作是念
我得阿那含果不須菩提言不也世尊何以
故阿那含名爲不來而實无來是故名阿那
含須菩提於意云何阿羅漢能作是念我得
阿羅漢道不須菩提言不也世尊何以故實
无有法名阿羅漢世尊若阿羅漢作是念
我得阿羅漢道即爲着我人衆生壽者世尊
佛説我得无諍三昧人中最爲第一是第一離
欲阿羅漢我不作是念我是離欲阿羅漢世
尊我若作是念我得阿羅漢道世尊則不説
須菩提是樂阿蘭那行者以須菩提實无所
行而名須菩提是樂阿蘭那行
佛告須菩提於意云何如來昔在然燈佛所
於法有所得不世尊如來在然燈佛所於法
實无所得須菩提於意云何菩薩莊嚴佛土
不不也世尊何以故莊嚴佛土者則非莊嚴
是名莊嚴是故須菩提諸菩薩摩訶薩應
如是生清淨心不應住色生心不應住聲香味
觸法生心應无所住而生其心須菩提譬如
有人身如須弥山王於意云何是身爲大不須

BD03986 號　金剛般若波羅蜜經　（7–4）

實无所得須菩提於意云何菩薩莊嚴佛土
不不也世尊何以故莊嚴佛土者則非莊嚴
是名莊嚴是故須菩提諸菩薩摩訶薩應
如是生清淨心不應住色生心不應住聲香味
觸法生心應无所住而生其心須菩提譬如
有人身如須弥山王於意云何是身為大不須
菩提言甚大世尊何以故佛說非身是名大身
須菩提如恒河中所有沙數如是沙等恒河
於意云何是諸恒河沙寧為多不須菩提言
甚多世尊但諸恒河尚多无數何況其沙須
菩提我今實言告汝若有善男子善女人以
七寶滿尒所恒河沙數三千大千世界以用布
施得福多不須菩提言甚多世尊佛告須
菩提若善男子善女人於此經中乃至受持
四句偈等為他人說而此福德勝前福德復
次須菩提隨說是經乃至四句偈等當知此
處一切世間天人阿脩羅皆應供養如佛塔廟
何況有人盡能受持讀誦須菩提當知是
人成就最上第一希有之法若是經典所在
之處則為有佛若尊重弟子
尒時須菩提白佛言世尊當何名此經我等
云何奉持佛告須菩提是經名為金剛般若
波羅蜜以是名字汝當奉持所以者何須菩提
佛說般若波羅蜜則非般若波羅蜜須菩
提於意云何如來有所說法不須菩提白佛
言世尊如來无所說須菩提於意云何三千
大千世界所有微塵是為多不須菩提言甚

BD03986號　金剛般若波羅蜜經　（7–5）

波羅蜜以是名字汝當奉持所以者何須菩提
佛說般若波羅蜜則非般若波羅蜜須菩
提於意云何如來有所說法不須菩提白佛
言世尊如來无所說須菩提於意云何三千
大千世界所有微塵是為多不須菩提言甚
多世尊須菩提諸微塵如來說非微塵是名
微塵如來說世界非世界是名世界須菩提
於意云何可以卅二相見如來不不也世尊
何以故如來說三十二相即是非相是名三十
二相須菩提若有善男子善女人以恒河沙等
身命布施若復有人於此經中乃至受持四
句偈等為他人說其福甚多
尒時須菩提聞說是經深解義趣涕淚悲泣
而白佛言希有世尊佛說如是甚深經典我
從昔來所得慧眼未曾得聞如是之經世尊
若復有人得聞是經信心清淨則生實相當
知是人成就第一希有功德世尊是實相者
則是非相是故如來說名實相世尊我今得
聞如是經典信解受持不足為難若當來世
後五百歲其有衆生得聞是經信解受持
是人則為第一希有何以故此人无我相人相
衆生相壽者相所以者何我相即是非相人
相衆生相壽者相即是非相何以故離一切
諸相則名諸佛
佛告須菩提如是如是若復有人得聞是經
不驚不怖不畏當知是人甚為希有何以故

BD03986號　金剛般若波羅蜜經　（7–6）

如是人成就第一希有[illegible]世尊是實相者
則是非相是故如來說名實相世尊我今得
聞如是經典信解受持不足為難若當來世
後五百歲其有衆生得聞是經信解受持
是人則為第一希有何以故此人无我相人相
衆生相壽者相所以者何我相即是非相人
相衆生相壽者相即是非相何以故離一切
諸相則名諸佛
佛告須菩提如是如是若復有人得聞是經
不驚不怖不畏當知是人甚為希有何以故
須菩提如來說第一波羅蜜非第一波羅蜜
是名第一波羅蜜須菩提忍辱波羅蜜如來
說非忍辱波羅蜜何以故須菩提如我昔為
歌利王割截身體我於尒時无我相无人相
无衆生相无壽者相何以故我於往昔節節
支解時若有我相人相衆生相壽者相應生
瞋恨須菩提又念過去於五百世作忍辱仙
人於尒所世无我相无人相无衆生相无壽者
相是故須菩提菩薩應離一切相發阿耨多
羅三藐三菩提心不應住色生心不[illegible]住聲

BD03986 號　金剛般若波羅蜜經　（7–7）

若滅[illegible]墮於阿鼻
是之人不退轉於阿耨
[illegible]以是因緣菩薩摩訶薩得[illegible]
殊師利菩薩摩訶薩白佛言世尊若有菩薩
攝取護持如是之人令不退於菩提之心為
是毀哉若墮阿鼻無有是處尒時佛讚文殊
師利善哉善哉如汝所說我念往昔於閻
浮提作大國王名曰仙豫愛念敬重大乘
經典其心純善無有麁惡嫉妬慳悋口常宣
說愛語善語身常攝護貧窮孤獨布施精進
無有休廢時世無佛聲聞緣覺我於尒時愛
樂大乘方等經典十二年中事婆羅門供
給所須過十二年施安已訖即作是言師等
今應發阿耨多羅三藐三菩提心婆羅門言
大王菩提之性是無所有大乘經典亦復如
是大王云何乃令人物同於虛空善男子我
於尒時心重大乘聞婆羅門誹謗方等聞已
即時斷其命根善男子以是因緣從是已來
不墮地獄善男子擁護攝持大乘經典乃有

BD03987 號　大般涅槃經（北本）卷一二　（3–1）

令[illegible]三藐三菩提心婆羅門言
大王菩提之性是無所有大乘經典亦復如
是大王云何乃令人物同於虛空善男子我
於今時心重大乘聞婆羅門誹謗方等聞已
即時斷其命根善男子以是因緣從是已來
不墮地獄善男子擁護攝持大乘經典乃有
如是無量勢力
復次迦葉又有聖行所謂四聖諦苦集滅道
是名四聖諦迦葉苦者逼迮相集者能生長
相滅者寂滅相道者大乘相復次善男子苦
者現相集者轉相滅者除相道者能除相復
次善男子苦者有三相苦苦相行苦相壞苦
相集者廿五有滅者滅廿五有道者脩戒定慧
復次善男子有漏法者有二種有因有果無
漏法者亦有二種有因有果有漏果者是則
名苦有漏因者則名為集無漏果者則名為
滅無漏因者則名為道復次善男子八相名
苦所謂生苦老苦病苦死苦愛別離苦怨憎
會苦求不得苦五盛陰苦能生如是八苦法
者是名為因無有如是八法之處是名為滅
十力四無所畏三念處大悲是名為道善男
子生者出相所謂五種一者初出二者至終
三者增長四者出胎五者種類生何等為老老
有二種一念念老二終身老復有二種一增
長老二滅壞老是名為老云何為病病謂四
大毒虵互不調適亦有二種一者身病二者

BD03987號　大般涅槃經（北本）卷一二

（3–2）

名苦有漏因者則名為集無漏果者則名為
滅無漏因者則名為道復次善男子八相名
苦所謂生苦老苦病苦死苦愛別離苦怨憎
會苦求不得苦五盛陰苦能生如是八苦法
者是名為因無有如是八法之處是名為滅
十力四無所畏三念處大悲是名為道善男
子生者出相所謂五種一者初出二者至終
三者增長四者出胎五者種類生何等為老老
有二種一念念老二終身老復有二種一增
長老二滅壞老是名為老云何為病病謂四
大毒虵互不調適亦有二種一者身病二者
心病身病有五一者因水二者因風三者因
熱四者雜病五者客病客病有四一者非分
强住二者忘誤墮落三者刀杖凡石四者鬼
魅所著心病亦有四種一者踊躍二者恐怖
三者憂愁四者愚癡復次善男子身心之病
凡有三種何等為三一者業報二者不得遠
離惡對三者時節代謝生如是等因緣名字
受分別病因緣者風等諸病名字者心悶肺

BD03987號　大般涅槃經（北本）卷一二

（3–3）

復有千万億諸天

法師初從本座起　咸悉供養以天花

是時寶積大法師　淨洗浴已著鮮服

詣彼大眾法座所　合掌虔心而礼敬

天主天眾及天女　悉皆共散曼陀花

百千天樂難思議　住在空中出妙響

尒時寶積大法師　即昇高座跏趺坐

念彼十方諸刹土　百千万億大慈尊

遍及一切苦眾生　皆起平等慈悲念

為彼請主善生故　演說微妙金光明

王既得聞如是法　合掌一心唱隨喜

聞法希有淚交流　身心大喜皆充遍

于時國王善生王　為欲供養此經故

手持如意末尼寶　發願咸為諸眾生

今可於斯贍部洲　普雨七寶瓔珞具

所有匱乏資財者　皆得隨心受安樂

即便遍雨於七寶　悉皆充足四洲中

瓔珞嚴身隨所須　衣服飲食皆充足

尒時國主善生王　見此四洲雨珍寶

咸持供養寶髻佛　所有遺教苾芻僧

應知過去善生王　即我釋迦牟尼是

……　及諸珍寶滿四洲

BD03988號　金光明最勝王經卷九　（20–1）

即便遍雨於七寶　悉皆充足四洲中

瓔珞嚴身隨所須　衣服飲食皆充足

尒時國主善生王　見此四洲雨珍寶

咸持供養寶髻佛　所有遺教苾芻僧

應知過去善生王　即我釋迦牟尼是

為於昔時捨大地　及諸珍寶滿四洲

昔時寶積大法師　為彼善生說妙法

因彼開演經王故　東方現成不動佛

以我曾聽此經王　合掌一言稱隨喜

及施七寶諸功德　獲此最勝金剛身

金光百福相莊嚴　所有見者皆歡喜

一切有情無不愛　俱胝天眾亦同然

過去曾經九十九　俱胝億劫作輪王

亦於小國為人主　復經無量百千劫

於無量劫為帝釋　亦復曾為大梵王

供養十力大慈尊　彼之數量難窮盡

我昔聞經隨喜善　所有福聚量難知

由斯福故證菩提　獲得法身真妙智

尒時大眾聞是說已歎未曾有皆願奉

持金光明經流通不絕

金光明最勝王經諸天藥叉護持品第二十二

尒時世尊告大吉祥天女曰若有淨信善

男子善女人欲於過去未來現在諸佛以不

可思議廣大微妙供養之具而為奉獻及欲

解了三世諸佛甚深行處是人應當決定至

心隨是經王所在之處城邑聚落或山澤中

……應除亂想

BD03988號　金光明最勝王經卷九　（20–2）

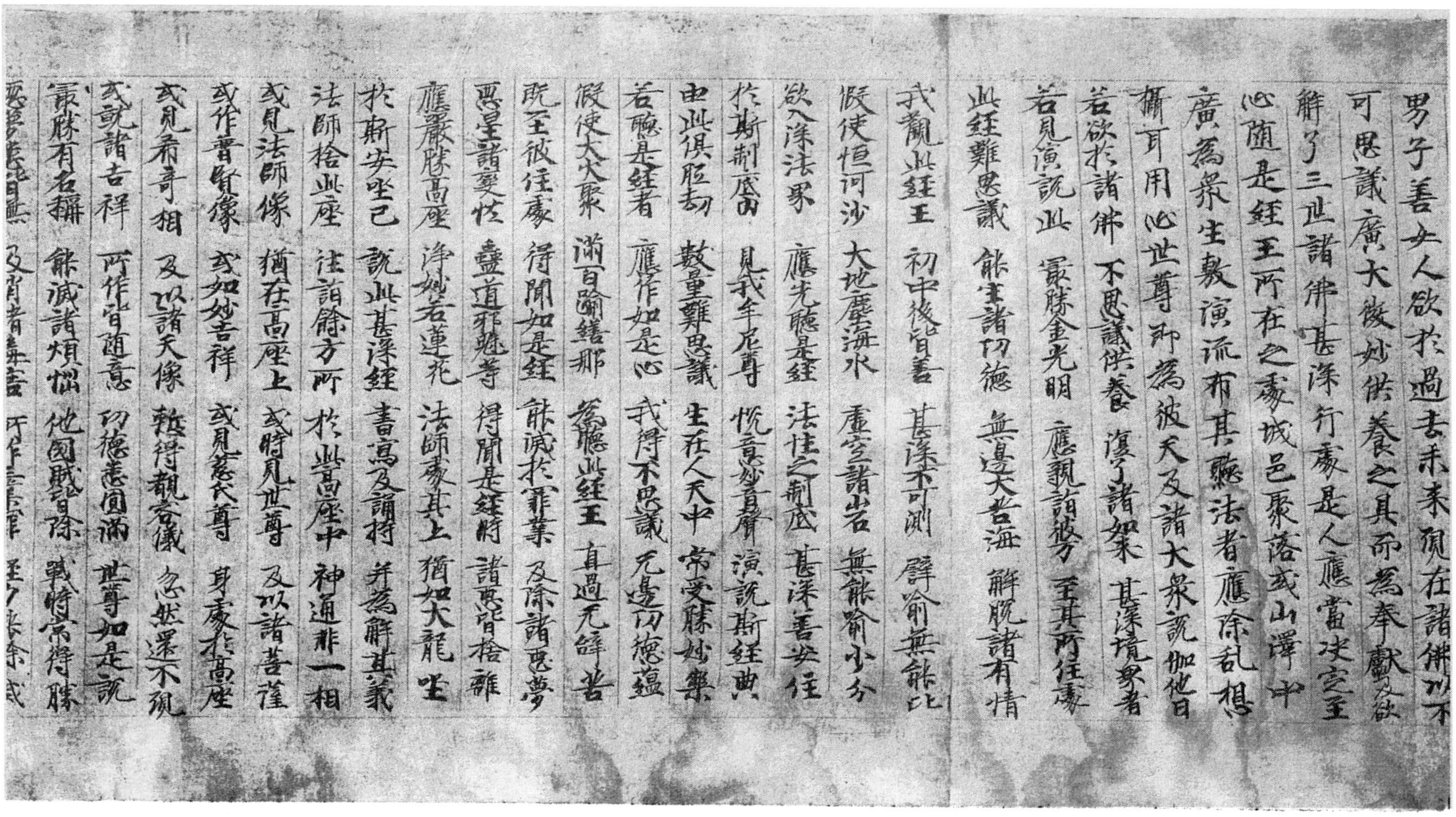

男子善女人欲於過去未來現在諸佛以不
可思議廣大微妙供養之具而為奉獻欲
解了三世諸佛甚深行處是人應當决定至
心隨是經王所在之處城邑聚落或山澤中
廣為衆生敷演流布其聽法者應除亂想
攝耳用心世尊即為彼天及諸大衆說伽他曰
若欲於諸佛　不思議供養　復了諸如來　甚深境界者
若見演說此　最勝金光明　應親詣彼方　至其所住處
此經難思議　能生諸功德　無邊大苦海　解脫諸有情
我觀此經王　初中後皆善　甚深不可測　譬喻無能比
假使恒河沙　大地塵海水　虛空諸山石　無能喻少分
欲入深法界　應先聽是經　法性之制底　甚深善安住
於斯制底內　見我牟尼尊　悅意妙音聲　演說斯經典
由此俱胝劫　數量難思議　生在人天中　常受勝妙樂
若聽是經者　應作如是心　我得不思議　无邊功德蘊
假使大火聚　滿百踰繕那　為聽此經王　直過无辭苦
既至彼住處　得聞如是經　能滅於罪業　及除諸惡夢
惡星諸變怪　蠱道邪魅等　得聞是經時　諸惡皆捨離
應嚴勝高座　淨妙若蓮花　法師處其上　猶如大龍坐
於斯安坐已　說此甚深經　書寫及誦持　并為解其義
法師捨此座　往詣餘方所　於此高座中　神通非一相
或見法師像　猶在高座上　或時見世尊　及以諸菩薩
或作普賢像　或如妙吉祥　或見慈氏尊　身處於高座
或見希奇相　及以諸天像　暫得覩容儀　忽然還不現
或說諸吉祥　所作皆隨意　功德悉圓滿　世尊如是說
最勝有名稱　能滅諸煩惱　他國賊皆除　戰時常得勝
惡夢悉皆無　及消諸毒害　所作三業罪　經力能除滅

BD03988號　金光明最勝王經卷九　（20–3）

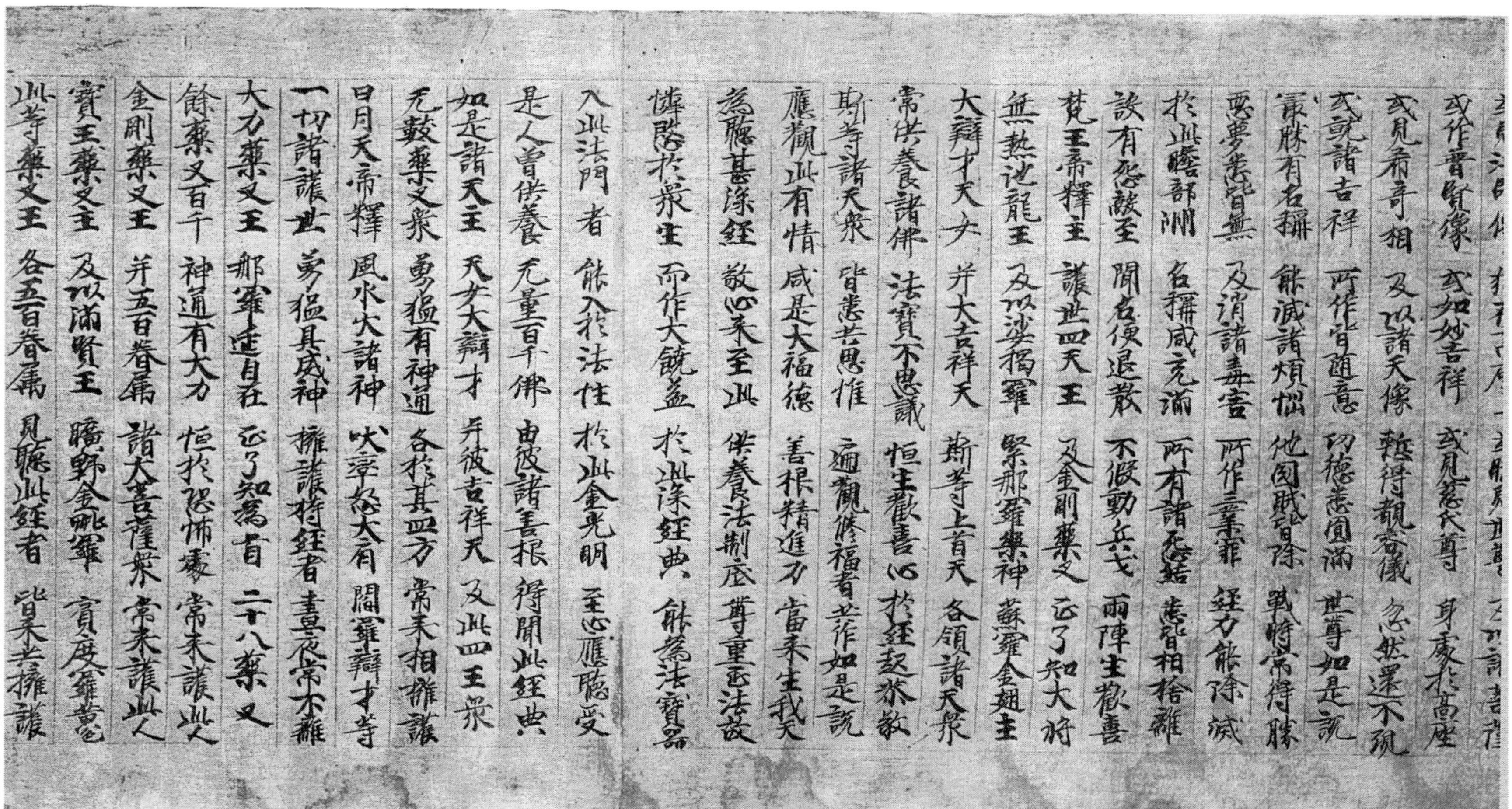

或見法師像　猶在高座上　或時見世尊　及以諸菩薩
或作普賢像　或如妙吉祥　或見慈氏尊　身處於高座
或見希奇相　及以諸天像　暫得覩容儀　忽然還不現
或說諸吉祥　所作皆隨意　功德悉圓滿　世尊如是說
最勝有名稱　能滅諸煩惱　他國賊皆除　戰時常得勝
惡夢悉皆無　及消諸毒害　所作三業罪　經力能除滅
於此贍部洲　名稱咸充滿　所有諸結怨　悉皆相捨離
設有怨敵至　聞名便退散　不假動兵戈　兩陣生歡喜
梵王帝釋主　護世四天王　及金剛藥叉　正了知大將
無熱池龍王　及以娑揭羅　緊那羅樂神　蘇羅金翅主
大辯才天女　并大吉祥天　斯等上首天　各領諸天衆
常供養諸佛　法寶不思議　恒生歡喜心　於經起恭敬
斯等諸天衆　皆悉共思惟　遍觀修福者　共作如是說
應觀此有情　咸是大福德　善根精進力　當來生我天
為聽甚深經　敬心來至此　供養法制底　尊重正法故
憐愍於衆生　而作大饒益　於此深經典　能為法寶器
入此法門者　能入於法性　於此金光明　至心應聽受
是人曾供養　无量百千佛　由彼諸善根　得聞此經典
如是諸天王　天女大辯才　并彼吉祥天　及此四王衆
无數藥叉衆　勇猛有神通　各於其四方　常來相擁護
日月天帝釋　風水火諸神　吠率怒大肩　閻羅辯才等
一切諸護世　勇猛具威神　擁護持經者　晝夜常不離
大力藥叉王　那羅延自在　正了知為首　二十八藥叉
餘藥叉百千　神通有大力　恒於恐怖處　常來護此人
金剛藥叉王　并五百眷屬　諸大菩薩衆　常來護此人
寶王藥叉王　及以滿賢王　曠野金毗羅　賓度羅黃色
此等藥叉王　各五百眷屬　見聽此經者　皆來共擁護

BD03988號　金光明最勝王經卷九　（20–4）

大力藥叉王　那羅延自在　正了知為首　二十八藥叉
餘藥叉百千　神通有大力　恒於恐怖處　常來護此人
金剛藥叉王　并五百眷屬　諸大菩薩眾　常來護此人
寶王藥叉主　及以滿賢王　曠野金毘羅　賓度羅黃色
此等藥叉王　各五百眷屬　見聽此經者　皆來共擁護
彩軍乾闥婆　莠王常戰勝　珠頸及青頸　并勃里沙王
大最勝大黑　蘇跋拏雞舍　半之迦羊足　及以大婆伽
小渠并護法　及以獼猴王　針毛及日支　寶髻皆來護
大渠諸拘羅　旃檀欲中勝　舍羅及雪山　及以娑多山
皆有大神通　雄猛具大力　見持此經者　皆來相擁護
阿那婆答多　及以娑揭羅　目真醫羅葉　難陀小難陀
於百千龍中　神通具威德　共護持經人　晝夜常不離
婆稚羅睺羅　毘摩質多羅　母旨苫跋羅　大肩及歡喜
及餘蘇羅王　并无數天眾　大力有勇健　皆來護是人
訶利底母神　五百藥叉眾　於彼人睡覺　常來相擁護
旃荼旃荼利　藥叉旃稚女　昆帝拘吒齒　吸眾生精氣
如是諸神眾　大力有神通　常護持經者　晝夜恒不離
上首辯才天　無量諸天女　吉祥天為首　并餘諸眷屬
此大地神女　果實園林神　樹神江河神　制底諸神等
如是諸天神　心生大歡喜　彼皆來擁護　讀誦此經人
見有持經者　增壽命色力　威光及福德　妙相以莊嚴
星宿現災變　困厄當此人　夢見惡徵祥　皆悉令除滅
此大地神女　堅固有威勢　由此經力故　法味常充足
地肥若流下　過百踰繕那　地神令味上　滋潤於大地
此地厚六十　八億踰繕那　乃至金剛際　地味皆令上
由聽此經王　獲大功德蘊　能使諸天眾　悉蒙其利益
復令諸天眾　威力有光明　歡喜常安樂　捨離於衰相

BD03988 號　金光明最勝王經卷九　（20–5）

此大地神女　堅固有威勢　由此經力故　法味常充足
地肥若流下　過百踰繕那　地神令味上　滋潤於大地
此地厚六十　八億踰繕那　乃至金剛際　地味皆令上
由聽此經王　獲大功德蘊　能使諸天眾　悉蒙其利益
復令諸天眾　威力有光明　歡喜常安樂　捨離於衰相
於此南洲內　林果苗稼神　由此經威力　心常得歡喜
苗實皆成就　處處有妙花　果實並滋繁　充滿於大地
所有諸果樹　及以眾園林　悉皆生妙花　香氣常芬馥
眾草諸樹木　咸出微妙花　及生甘美果　隨處皆充遍
於此瞻部洲　無量諸龍女　心生大歡喜　皆共入池中
種植鉢頭摩　及以分陀利　青白二蓮花　池中皆遍滿
由此經威力　虛空淨无翳　雲霧皆除遣　真闇悉光明
日出放千光　无垢燄清淨　由此經王力　流暉遶四天
此經威德力　資助於天子　皆用瞻部金　而作於宮殿
日天子初出　見此洲歡喜　常以大光明　周遍皆照耀
於斯大地內　所有蓮花池　日光照及時　無不盡開發
於瞻部洲　田疇諸果藥　悉皆令善熟　充滿於大地
由此經威力　日月所照處　星辰不失度　風雨皆順時
遍此瞻部洲　國土咸豐樂　隨有此經處　殊勝倍餘方
若此金光明　經典流布處　有能讀誦者　悉得如上福
爾時大吉祥天女及諸天等聞佛所說皆大歡
喜於此經王及受持者一心擁護令無憂惱
常得安樂
金光明最勝王經授記品第廿三
爾時如來於大眾中廣說法已欲為妙幢菩薩
及其二子銀幢銀光授阿耨多羅三藐三
菩提記時有十千天子最勝光明而為上首

BD03988 號　金光明最勝王經卷九　（20–6）

喜於此經王及受持者一心擁護令無憂惱
常得安樂
金光明最勝王經授記品第廿三
尒時如來於大衆中廣說法已欲為妙幢菩薩
及其二子銀幢銀光授阿耨多羅三藐三
菩提記時有十千天子最勝光明而為上首
俱從三十三天來至佛所頂礼佛足却坐一
面聽佛說法尒時佛告妙幢菩薩言汝於未
世過無量無數百千万億那庾多劫已於金
光明世界當成阿耨多羅三藐三菩提号金
寶山王如來應供正遍知明行足善逝世間解
無上士調御丈夫天人師佛世尊出現於世
時此如來般涅槃後所有教法亦皆滅盡時
彼長子名曰銀幢即於此界次補佛處世界
尒時轉名淨幢當得作佛名曰金幢光如來
應供正遍知明行足善逝世間解無上士調御
丈夫天人師佛世尊時此如來般涅槃後所
有教法亦皆滅盡次子銀光即補佛處還於
此界當得作佛号曰金光明如來應供正遍知
明行足善逝世間解無上士調御丈夫天人師
佛世尊是時十千天子聞三大士得授記已
復聞如是最勝王經心生歡喜清淨無垢猶
如虛空尒時如來知是十千天子善根成熟
即便与授大菩提記汝等天子於當來世過
無量無數百千万億那庾多劫於最勝因陁
羅高幢世界得成阿耨多羅三藐三菩提

BD03988號　金光明最勝王經卷九　（20–7）

復聞如是最勝王經心生歡喜清淨無垢猶
如虛空尒時如來知是十千天子善根成熟
即便与授大菩提記汝等天子於當來世過
無量無數百千万億那庾多劫於最勝因陁
羅高幢世界得成阿耨多羅三藐三菩提
同一種姓又同一名号曰面目清淨優鉢羅香
山十号具足如是次第十千諸佛出現於世
尒時菩提樹神白佛言世尊是十千天子從
三十三天為聽法故來詣佛所云何如來
便与授記當得成佛世尊我未曾聞是諸
天子具足修習六波羅蜜多難行苦行捨於
手足頭目髓腦眷屬妻子象馬車乘奴僕使宮
殿園林金銀瑠璃硨磲碼碯珊瑚虎珀璧玉
珂貝飲食衣服臥具醫藥如餘無量百千
菩薩以諸供具供養過去無數百千万億那
庾多佛如是菩薩各經無量無邊劫數然後
方得受菩提記世尊是諸天子以何因緣脩
何勝行種何善根從彼天來暫時聞法便得授
記唯願世尊為我解說斷除疑網佛告樹神
善女天如汝所說皆從勝妙善根因緣勤苦
脩已方得授記此諸天子於妙天宮捨五欲
樂故來聽是金光明經既聞法已於是經中
心生慇重如淨瑠璃無諸瑕穢復得聞此三
大菩薩授記之事亦由過去久脩正行誓願因
緣是故我今皆与授記於未來世當成阿耨
多羅三藐三菩提時彼樹神聞佛說已歡

BD03988號　金光明最勝王經卷九　（20–8）

脩已方得授記此諸天子於妙天宮捨五欲
樂故来聽是金光明經既聞法已於是經中
心生慇重如淨瑠璃無諸瑕穢復得聞此三
大菩薩授記之事亦由過去久脩正行誓願因
緣是故我今皆与授記於未来世當成阿耨
多羅三藐三菩提時彼樹神聞佛說已歡
喜信受

金光明最勝王經除病品第廿四

佛告菩提樹神善女天諦聽諦聽善思念
之是十千天子本願因緣今為汝說善女天過
去無量不可思議阿僧企耶劫尒時有佛出
現於世名曰寶髻如来應正遍知明行足善逝
世間解無上士調御丈夫天人師佛世尊善女
天時彼世尊般涅槃後正法滅已於像法中
有王名曰天自在光常以正法化於人民猶如
父母是王國中有一長者名曰持水善解醫明
妙通八術衆生病苦四大不調咸能救療善
女天尒時持水長者唯有一子名曰流水顏
容端正人所樂觀受性聰敏妙閑諸論書
畫算印無不通達時王國內有無量百千諸
衆生類皆遇疫疾衆苦所逼乃至無歡樂
之心善女天尒時長者子流水見是無量百
千衆生受諸病苦起大悲心作如是念無量
衆生為諸極苦之所逼迫我父長者雖善醫
方妙通八術能療衆病四大增損然已衰
邁老耄虛羸要假扶策方能進步不復能
往城邑聚落救諸病苦今有無量百千衆生

BD03988號　金光明最勝王經卷九　（20–9）

千衆生受諸病苦起大悲心作如是念無量
衆生為諸極苦之所逼迫我父長者雖善醫
方妙通八術能療衆病四大增損然已衰
邁老耄虛羸要假扶策方能進步不復能
往城邑聚落救諸病苦今有無量百千衆生
皆遇重病無能救者我今當至大醫父所諮
問治病醫方秘法若得解已當往城邑聚落
之所救諸衆生種種疾病令於長夜得受安
樂時長者子作是念已即詣父所稽首礼足
合掌恭敬却住一面即以伽他請其父曰
慈父當哀愍　我欲救衆生　今請諸醫方　幸願為我說
云何身衰壞　諸大有增損　復在何時中　能生諸疾病
云何啖飲食　得受於安樂　能使內身中　火勢不衰損
衆生有四病　風黃熱痰癊　及以總集病　云何而療治
何時風病起　何時熱病發　何時動痰癊　何時總集生
時彼長者聞子請已復以伽他而答之曰
我今依古仙　所有療病法　次第為汝說　善聽救衆生
三月是春時　三月名為夏　三月名秋分　三月謂冬時
此據一年中　三三而別說　二二為一節　便成歲六時
初二是花時　三四名熱際　五六名雨際　七八謂秋時
九十是寒時　後二名氷雪　既知如是別　授藥勿令差
當隨此時中　調息於飲食　入腹令消散　衆病則不生
節氣若變改　四大有推移　此時無藥資　必生於病苦
醫人解四時　復知其六節　明閑身七界　食藥使無差
謂味界血肉　膏骨及髓腦　病入此中時　知其可療不
病有四種別　謂風熱痰癊　及以總集病　應知發動時
春中痰癊動　夏內風病生　秋時黃熱增　冬節三俱起

BD03988號　金光明最勝王經卷九　（20–10）

當隨此時中　調息於飲食　入腹令消散　衆病則不生
節氣若變改　四大有推移　此時无藥資　必生於病苦
醫人解四時　復知其六節　明閑身七界　食藥使无差
謂味界血肉　膏骨及髓腦　病入此中時　知其可療不
病有四種別　謂風熱痰癊　及以總集病　應知發動時
春中痰癊動　夏內風病生　秋時黃熱增　冬節三俱起
春食澀熱辛　夏膩熱鹹醋　秋時冷甜膩　冬酸澀膩甜
於此四時中　服藥及飲食　若依如是味　衆病无由生
食後病由癊　食消時由熱　消後起由風　准時須識病
既識病源已　隨病而設藥　假令患狀殊　先須療其本
風病服油膩　患熱利為良　癊病應變吐　總集須三藥
風熱癊俱有　是名為總集　雖知病起時　應觀其本性
如是觀知已　順時而授藥　飲食藥无差　斯名善醫者
復應知八術　總攝諸醫方　於此若明閑　可療衆生病
謂針刺傷破　身疾并鬼神　惡毒及孩童　延年增氣力
先觀彼形色　語言及性行　然後問其夢　知風熱癊殊
乾瘦少頭髮　其心无定住　多語夢飛行　斯人是風性
少年生白髮　多汗及多瞋　聰明夢見火　斯人是熱性
心定身平整　慮審頭津膩　夢見水白物　是癊性應知
總集性俱有　或二或具三　隨有一偏增　應知是其性
既知本性已　准病而授藥　驗其無死相　方名可救人
諸根倒取境　尊醫人起慢　親友生瞋恚　是死相應知
左眼白色變　舌黑鼻梁欹　耳輪與舊殊　下脣垂向下
訶梨勒一種　具足有六味　能除一切病　無忌藥中王
又三果三辛　諸藥中易得　砂糖蜜蘇乳　此能療衆病
自餘諸藥物　隨病可增加　先起慈愍心　莫規於財利
我已為汝說　療疾中要事　以此救衆生　當獲无邊果

BD03988 號　金光明最勝王經卷九　（20-11）

訶梨勒一種　具足有六味　能除一切病　無忌藥中王
又三果三辛　諸藥中易得　砂糖蜜蘇乳　此能療衆病
自餘諸藥物　隨病可增加　先起慈愍心　莫規於財利
我已為汝說　療疾中要事　以此救衆生　當獲无邊果
善女天尒時長者子流水親問其父八術之要
四大增損時節不同餌藥方法既善了知
自忖堪能救療衆病即便遍至城邑聚落所
在之處隨有百千万億病苦衆生皆至其所
善言慰喻作如是語我是醫人我是醫人善
知方藥今為汝等療治衆病悉令除愈善女
天尒時衆人聞長者子善言慰喻許為治病
時有無量百千衆生遇極重病聞是語已身
心踊躍得未曾有以此因緣所有病苦悉得
蠲除氣力充實平復如本善女天尒時復有
無量百千衆生病苦深重難療治者即皆往
詣長者子所重請醫療時長者子即以妙藥
令服皆蒙除差善女天是長者子於此國內
百千万億衆生病苦悉除差
金光明最勝王經長者子流水品第廿五
尒時佛告菩提樹神善女天尒時長者子流
水於往昔時在天自在光王國內療諸衆生
所有病苦令得平復受安隱樂時諸衆生以
病除故多修福業廣行惠施以自歡娛即共
往詣長者子所咸生尊敬作如是言善哉善
哉大長者子善能滋長福德之事增益我等
安隱壽命仁今實是大力醫王慈悲菩薩妙
閑醫藥善療衆生無量病苦如是稱歎周遍

BD03988 號　金光明最勝王經卷九　（20-12）

[illegible]
病除故多修福業廣行惠施以自歡娛即共
往詣長者子所咸生尊敬作如是言善哉善
哉大長者子善能滋長福德之事增益我等
安隱壽命仁今實是大醫王慈悲菩薩妙
閑醫藥善療衆生無量病苦如是稱歎周遍
城邑善女天時長者子妻名水肩藏有其二
子一名水滿二名水藏是時流水將其二子漸
次遊行城邑聚落過空澤中深險之處見
諸禽獸豺狼狐玃鵰鷲之屬食血肉者皆悉
奔飛一向而去時長者子作如是念此諸禽獸
何因緣故一向飛走我當隨後暫往觀之即
便隨去見有大池名曰野生其水將盡於此
池中多有衆魚流水見已生大悲心時有樹
神示現半身作如是語善哉善哉善男子
汝有實義名流水者可愍此魚應與其水有
二因緣名為流水一能流水二能與水汝今應當
隨名而作是時流水問樹神言此魚頭數
為有幾何樹神答曰數滿十千善女天時長
者子聞是數已倍益悲心時此大池為日所暴
餘水無幾是十千魚將入死門旋身婉轉見是
長者心有所希隨逐瞻視目未曾捨時長
者子見是事已馳趣四方欲覓於水竟不能
得復望一邊見有大樹即便昇上折取枝
葉為作蔭涼復更推求是池中水從何處
來尋覓不已見一大河名曰水生時此河邊有
諸漁人為取魚故於河上流懸險之處決棄
其水不令下過於所決處卒難修補便作

BD03988號　金光明最勝王經卷九　（20–13）

者子見是事已馳趣四方欲覓於水竟不能
得復望一邊見有大樹即便昇上折取枝
葉為作蔭涼復更推求是池中水從何處
來尋覓不已見一大河名曰水生時此河邊有
諸漁人為取魚故於河上流懸險之處決棄
其水不令下過於所決處卒難修補便作
是念此崖深峻設百千人時經三月亦未能
斷況我一身而堪濟辦時長者子速還本城
至本王所頭面禮足却住一面合掌恭敬作
如是言我為大王國土人民治種種病悉令
安隱漸次遊行至其空澤見有一池名曰野生
其水欲涸有十千魚為日所暴將死不久唯
願大王慈悲愍念與二十大象暫往負水
濟彼魚命如我與諸病人壽命尒時大王即
勅大臣速疾與此醫王大象時彼大臣奉王
勅已白長者子善哉大士仁今自可至象廐中
隨意選取二十大象利益衆生令得安樂是
時流水及其二子將二十大象又從酒家多借
皮囊往決水處以囊盛水象負至池瀉置
池中水即弥滿還復如故善女天時長者
子於池四邊周旋而視時彼衆魚亦復隨逐
循岸而行時長者子復作是念衆魚何故隨
我而行必為飢火之所惱逼復欲從我求索於
食我今當與尒時長者子告其子言
汝取一象最大力者速至家中啓父長者家中
所有可食之物乃至父母食噉之分及以妻子
奴婢之分悉皆收取即可持來尒時二子受

BD03988號　金光明最勝王經卷九　（20–14）

食我今當与尒時長者子流水告其子言
汝取一乘最大力者速至家中啓父長者家中
所有可食之物乃至父母食噉之分及以妻子
奴婢之分悉皆收取即可持來尒時二子受
父教已乘最大象速往家中至祖父所說如
上事收取家中可食之物置於象上疾還父
所至彼池邊是時流水見其子來身心喜躍
遂取餅食遍散池中魚得食已悉皆飽足便
作是念我今施食令魚得命願於來世當施
法食充濟無邊復更思惟我先曾於空閑
林處見一苾芻讀大乘經說十二緣生甚深
法要又經中說若有衆生臨命終時得聞寶
髻如來名者即生天上我今當爲是十千魚
演說甚深十二緣起亦當稱說寶髻佛名
然贍部洲有二種人一者深信大乘二者不
信毀呰亦當爲彼增長信心時長者子作
如是念我入池中可爲衆魚說深妙法作是
念已即便入水唱言南謨過去寶髻如來應
正遍知明行足善逝世間解無上士調御丈
夫天人師佛世尊此佛往昔修菩薩行時作
是誓願於十方界所有衆生臨命終時聞我
名者命終之後得生三十三天尒時流水復爲
池魚演說如是甚深妙法此有故彼有此
生故彼生所謂无明緣行行緣識識緣名色
名色緣六處六處緣觸觸緣受受緣愛愛
緣取取緣有有緣生生緣老死憂悲苦惱此
滅故彼滅所謂无明滅則行滅行滅則識滅識



池魚演說如是甚深妙法此有故彼有此
生故彼生所謂无明緣行行緣識識緣名色
名色緣六處六處緣觸觸緣受受緣愛愛
緣取取緣有有緣生生緣老死憂悲苦惱此
滅故彼滅所謂无明滅則行滅行滅則識滅識
滅則名色滅名色滅則六處滅六處滅則觸
滅觸滅則受滅受滅則愛滅愛滅則取滅取
滅則有滅有滅則生滅生滅則老死滅老死
滅則憂悲苦惱滅如是純極苦蘊悉皆除
滅說是法已復爲宣說十二緣起相應陀羅
尼曰
怛姪他　毗折你毗折你　毗折你
僧塞枳你　僧塞枳你　僧塞枳你
毗尒你尒你　毗尒你莎訶
怛姪他　那預你那預你　那預你慾雖
你教雖你　教雖你　颯鉢哩設你
颯鉢哩設你　颯鉢哩設你莎訶
怛姪他　薛達你薛達你　薛達你
窒里瑟你你　窒里瑟你你　窒里瑟你你
鄔波地你　鄔波地你　鄔波地你莎訶
怛姪他　婆毗你婆毗你　婆毗你
闍底丁里反下同　闍底你闍底你　闍摩你
闍摩你　闍摩你你莎訶
尒時世尊爲諸大衆說長者子昔緣之時
諸人天衆歎未曾有時四大天王各於其處
異口同音作如是說
善哉釋迦尊　說妙法明呪　生福除衆惡　十二支相應
我等亦說呪　擁護如是法　若有生違逆　不善隨順者

闍摩你你　闍摩你你你

尒時世尊為諸大衆說長者子昔緣之時
諸人天衆歎未曾有時四大天王各於其處
異口同音作如是說
善哉釋迦尊　說妙法明呪　生福除衆惡　十二支相應
我等亦說呪　擁護如是法　若有生違逆　不善隨順者
頭破作七分　猶如蘭香梢　我等於佛前　共說其呪曰
怛姪他哩　里　謎　揭腓　健陀　哩
旃荼里　地　囉　驋代囉　石四　代　囉
補囉布囉矩矩未底　崎囉未底達地曰契
窶嚕窶嚕母嚕婆　具荼母嚕徤　提
杜嚕杜嚕　毗囉　醫泥悉泥沓徒洽反下同娓
達沓娓鄔悲揖哩　烏率叱囉代底
頞刺婆代底　鉢柱摩代底
俱蘇摩代底　莎訶
佛告善女天尒時長者子流水及其二子為
彼池魚施水施食并說法已俱共還家是長
者子流水復於後時因有聚會設衆伎樂醉
酒而卧時十千魚同時命過生三十三天起如
是念我等以何善業因緣生此天中便相謂
曰我等先於贍部洲內墮傍生中共受魚身
長者子流水施我等水及以餅食復為我等
說甚深法十二緣起及陁羅尼復稱寶髻如
來名号以是因緣能令我等得生此天是故
我今咸應詣彼長者子所報恩供養尒時十
千天子即於天沒至贍部洲大醫王所時長者
子在高樓上安隱而睡時十千天子共以十千
真珠瓔珞置其頭邊復以十千置其足邊復

BD03988 號　金光明最勝王經卷九　（20–17）

來名号以是因緣能令我等得生此天是故
我今咸應詣彼長者子所報恩供養尒時十
千天子即於天沒至贍部洲大醫王所時長者
子在高樓上安隱而睡時十千天子共以十千
真珠瓔珞置其頭邊復以十千置其足處復
以十千置於右脅復以十千置左脅邊雨曼
陁羅花摩訶曼陁羅花積至于膝光明普
照種種天樂出妙音聲令贍部洲有睡眠
者皆悉覺悟長者子流水亦從睡寤是時
十千天子為供養已即於空中飛騰而去於
天自在光王國內處處皆雨天妙蓮花是諸
天子復至本處空澤池中雨衆天花便於此沒
還天宮殿隨意自在受五欲樂天自在光王
至天曉已問諸大臣昨夜何緣忽現如是希
有瑞相放大光明大臣答言大王當知有諸
天衆於長者子流水家中雨四十千真珠瓔
珞及天曼陁羅花積至于膝王告臣曰詣長
者家喚取其子大臣受勅即至其家奉宣王
命喚長者子時長者子即至王所王曰何緣
昨夜示現如是希有瑞相長者子言如我思
忖定應是彼池內衆魚如經所說命終之後
得生三十三天彼來報恩故現如是希奇之相
王曰何以得知流水答曰王可遣使并我二子
往彼池所驗其虛實彼十千魚為死為活
王聞是語即便遣使及子向彼池邊見其池
中多有曼陁羅花積成大聚諸魚並死見已
馳還為王廣說王聞是已心生歡喜歎未曾
有尒時佛告菩提樹神善女天汝今當知昔

BD03988 號　金光明最勝王經卷九　（20–18）

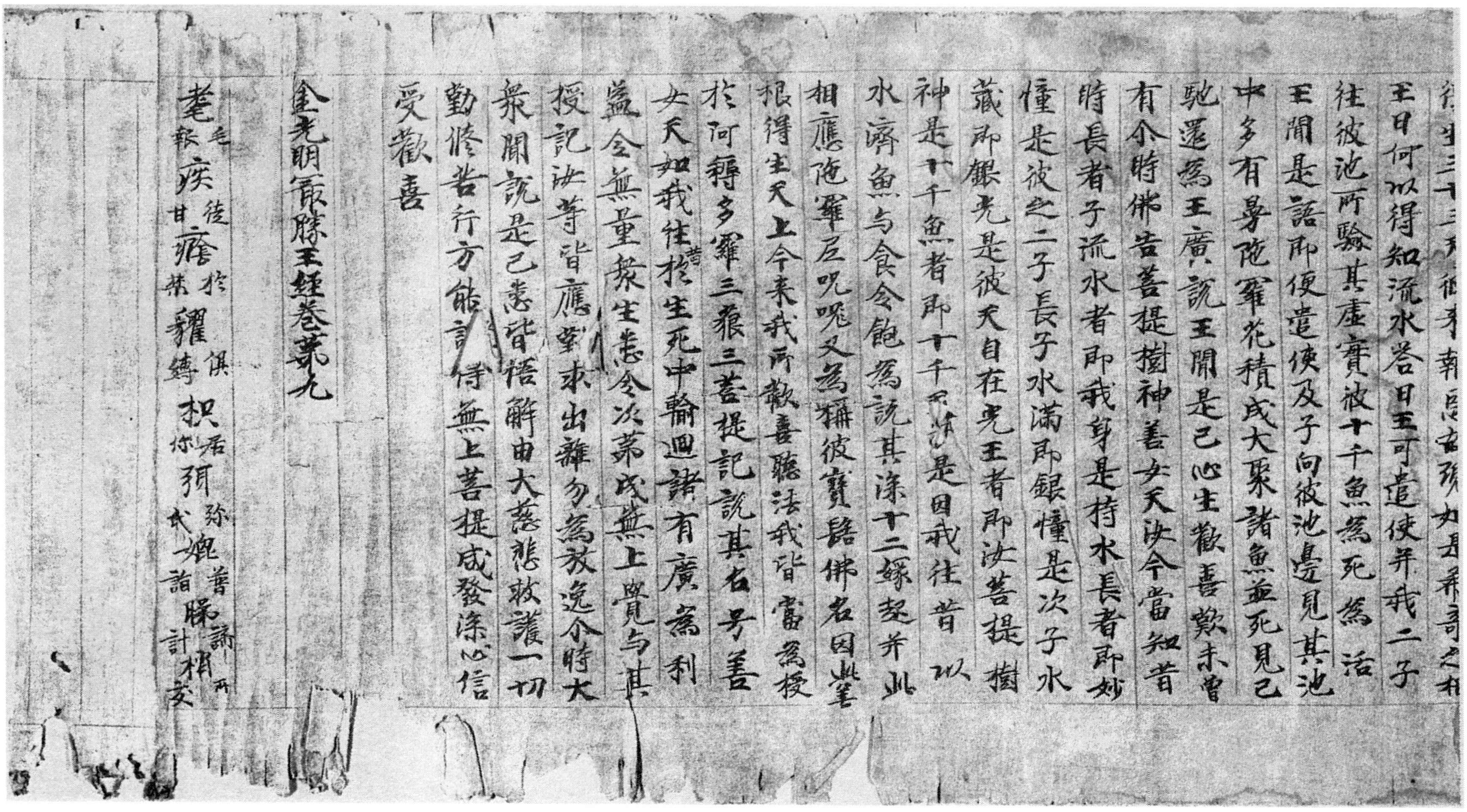

從生三十三天彼[illegible]如是希奇之相王曰何以得知流水答曰王可遣使并我二子往彼池所驗其虛實彼十千魚為死為活王聞是語即便遣使及子向彼池邊見其池中多有曼陁羅花積成大聚諸魚並死見已馳還為王廣說王聞是已心生歡喜歎未曾有尒時佛告菩提樹神善女天汝今當知昔時長者子流水者即我身是持水長者即妙幢是彼之二子長子水滿即銀幢是次子水藏即銀光是彼天自在光王者即汝菩提樹神是十千魚者即十千天子是因我往昔以水濟魚与食令飽為說甚深十二緣起并此相應陁羅尼呪又為稱彼寶髻佛名因此善根得生天上今來我所歡喜聽法我皆當為授於阿耨多羅三藐三菩提記說其名号善女天如我往昔於生死中輪迴諸有廣為利益無量衆生悉令次第成無上覺与其授記汝等皆應勤求出離勿為放逸尒時大衆聞說是已悉皆悟解由大慈悲救護一切勤修苦行方能證得無上菩提咸發深心信受歡喜

金光明最勝王經卷第九

耄毛報 痰徒甘 瘖於禁 矱俱縛 枳居祢 弭弥氏 姽善詣 睇諦計 梢所交

BD03988號　金光明最勝王經卷九　（20–19）

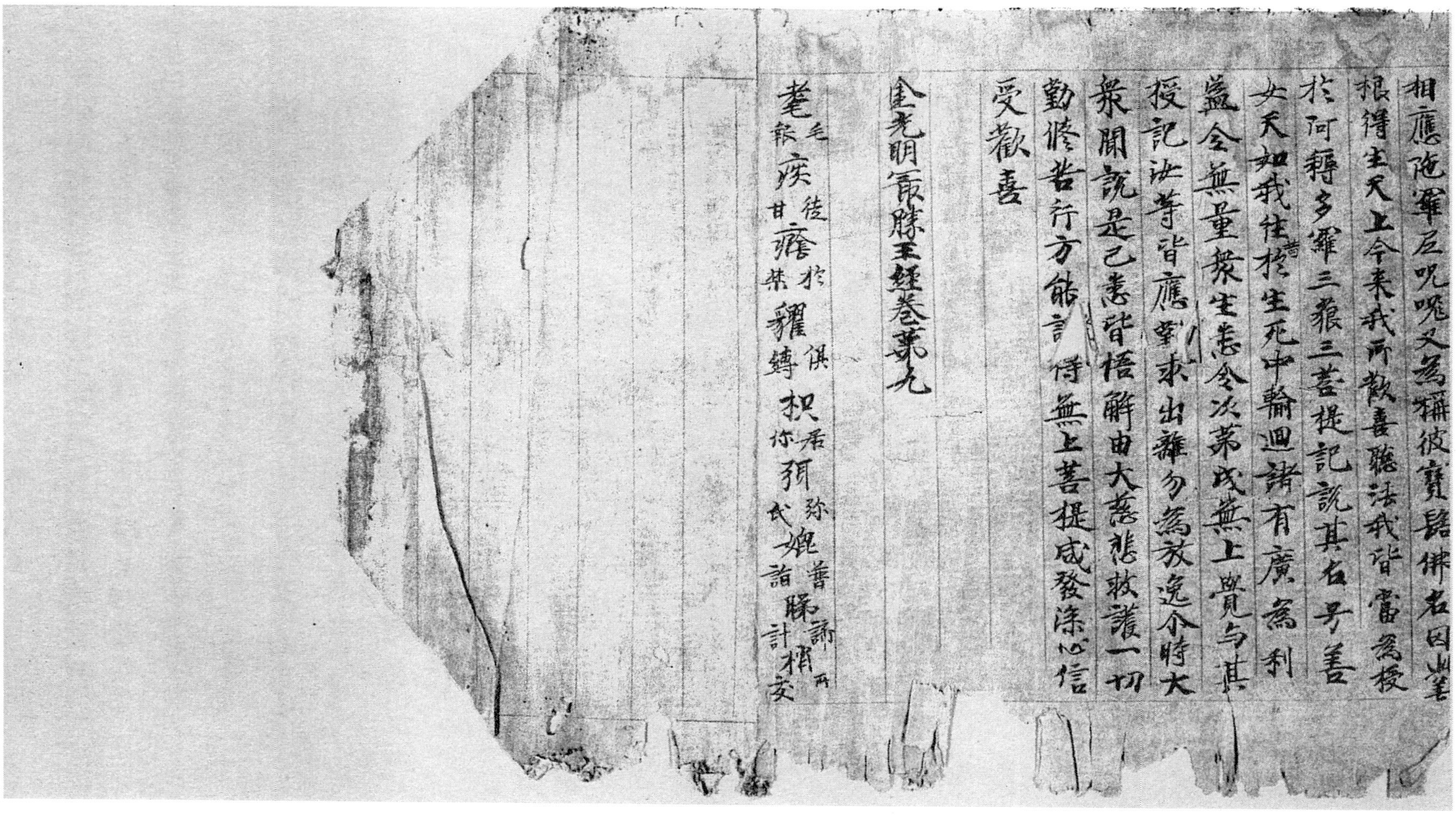

相應陁羅尼呪又為稱彼寶髻佛名因此善根得生天上今來我所歡喜聽法我皆當為授於阿耨多羅三藐三菩提記說其名号善女天如我往昔於生死中輪迴諸有廣為利益無量衆生悉令次第成無上覺与其授記汝等皆應勤求出離勿為放逸尒時大衆聞說是已悉皆悟解由大慈悲救護一切勤修苦行方能證得無上菩提咸發深心信受歡喜

金光明最勝王經卷第九

耄毛報 痰徒甘 瘖於禁 矱俱縛 枳居祢 弭弥氏 姽善詣 睇諦計 梢所交

BD03988號　金光明最勝王經卷九　（20–20）

羅蜜多則為十方無量無數無邊世界現在
諸佛處大衆中自然歡喜稱揚讚歎是菩薩
摩訶薩名字種姓及諸功德所謂安住甚深
般若波羅蜜多殊勝功德善現當知如其今
者為衆宣說甚深般若波羅蜜多於大衆前
自然歡喜稱揚讚歎寶幢菩薩尸棄菩薩摩
訶薩等及現在住不動佛所淨脩梵行住深
般若波羅蜜多諸菩薩摩訶薩名字種姓及
諸功德所謂安住甚深般若波羅蜜多殊勝
功德現在東方無量無數無邊世界一切如
來應正等覺為衆宣說甚深般若波羅蜜多
於彼亦有諸菩薩摩訶薩淨脩梵行不離
般若波羅蜜多彼諸如來應正等覺各於衆前
自然歡喜稱揚讚歎彼菩薩摩訶薩名字種
姓及諸功德所謂不離甚深般若波羅蜜多
殊勝功德南西北方四維上下亦復如是善
現當知有菩薩摩訶薩從初發心脩行般若
波羅蜜多漸次圓滿大菩提道乃至證得一
切智智亦為十方無量無數無邊世界現在

BD03989 號　大般若波羅蜜多經卷三四六　（10–1）

般若[illegible]
自然歡喜稱揚讚歎彼菩薩摩訶薩名字種
姓及諸功德所謂不離甚深般若波羅蜜多
殊勝功德南西北方四維上下亦復如是善
現當知有菩薩摩訶薩從初發心脩行般若
波羅蜜多漸次圓滿大菩提道乃至證得一
切智智亦為十方無量無數無邊世界現在
諸佛說正法時於大衆前自然歡喜稱揚讚
歎是菩薩摩訶薩名字種姓及諸功德所謂
脩行甚深般若波羅蜜多殊勝功德所以者
何善現是菩薩摩訶薩能為難事不斷佛
種利益安樂一切有情
尒時具壽善現白佛言世尊何等菩薩摩訶
薩蒙諸如來應正等覺因說正法於大衆前
自然歡喜稱揚讚歎名字種姓及諸功德為
退轉位為不退轉佛告善現有菩薩摩訶薩
住不退轉位行深般若波羅蜜多蒙諸如來
應正等覺因說正法於大衆前自然歡喜稱
揚讚歎名字種姓及諸功德復有菩薩摩訶
薩雖未受記而行般若波羅蜜多亦蒙如來
應正等覺因說正法於大衆前自然歡喜稱
揚讚歎名字種姓及諸功德具壽善現復白
佛言此所說者是何菩薩佛言善現有菩薩
摩訶薩隨不動佛為菩薩時所行而學已得安
住不退轉位是菩薩摩訶薩蒙諸如來應正
等覺因說正法於大衆前自然歡喜稱揚讚
歎名字種姓及諸功德復有菩薩摩訶薩隨

BD03989 號　大般若波羅蜜多經卷三四六　（10–2）

佛言如所說者是何菩薩佛言善現有菩薩
摩訶薩隨不動佛為菩薩時所行而學已得安
住不退轉位是菩薩摩訶薩蒙諸如來應正
等覺因說正法於大眾前自然勸喜稱揚讚
歎名字種姓及諸功德復有菩薩摩訶薩隨
寶幢菩薩尸棄菩薩摩訶薩等所行而學是
菩薩摩訶薩雖未受記而行般若波羅蜜多
亦蒙如來應正等覺因說正法於大眾前自
然歡喜稱揚讚歎名字種性及諸功德復次
善現有菩薩摩訶薩行深般若波羅蜜多於
一切法無生性中深生信解而未證得無生
法忍於深般若波羅蜜多深生信解亦未證
得無生法忍於一切法畢竟空性深生信解
亦未證得無生法忍於一切法皆寂靜性深生
信解亦未證得無生法忍於一切法皆遠
離性深生信解亦未證得無生法忍於一切
法無所有性深生信解亦未證無生法忍
於一切法不自在性深生信解亦未證得無
生法忍於一切法不堅實性深生信解亦未
證得無生法忍善現如是菩薩摩訶薩蒙
諸如來應正等覺因說正法於大眾前自然
歡喜稱揚讚歎名字種姓及諸功德善現若
菩薩摩訶薩蒙諸如來應等覺因說正法
於大眾前自然歡喜稱揚讚歎名字種性及
諸功德是菩薩摩訶薩超過聲聞及獨覺地
定證無上正等菩提善現若菩薩摩訶薩行



菩薩摩訶薩蒙諸如來應等覺因說正法
於大眾前自然歡喜稱揚讚歎名字種性及
諸功德是菩薩摩訶薩超過聲聞及獨覺地
定證無上正等菩提善現若菩薩摩訶薩行
深般若波羅蜜多蒙諸如來應正等覺因說
正法於大眾前自然歡喜稱稱揚讚歎名字
種姓及諸功德是菩薩摩訶薩定當安住不退
轉地住是地已必當證得一切智智復次善
現若菩薩摩訶薩聞說如是甚深般若波羅
蜜多心無疑惑亦不迷悶但作是念如佛所
說甚深般若波羅蜜多其理必然無有顛倒
是菩薩摩訶薩由於般若波羅蜜多深生淨
信漸次當於不動佛所及諸菩薩摩訶薩所
廣聞般若波羅蜜多於其義趣深生信解既
信解已當得住於不退轉地住是地已定當
證得一切智智善現若菩薩摩訶薩但聞如
是甚深般若波羅蜜多不生誹謗尚多獲得
殊勝善根況能信解受持讀誦依真如理繫
念思惟安住真如精勤修學是諸菩薩速當
安住不退轉地疾證無上正等菩提
時具壽善現白佛言世尊諸法實性皆不可
得云何菩薩摩訶薩安住真如精勤修學
速當安住不退轉地疾證無上正等菩提佛言
善現如佛所化安住真如修諸菩薩摩訶薩
行速當安住不退轉地疾證無上正等菩提
為諸有情宣說正法諸菩薩摩訶薩亦復如

速當安住不退轉地疾證無上正等菩提佛言
善現如佛所化安住真如脩諸菩薩摩訶薩
行速當安住不退轉地疾證無上正等菩提
為諸有情宣說正法諸菩薩摩訶薩亦復如
是安住真如脩諸菩薩摩訶薩行速當安住
不退轉地疾證無上正等菩提具壽善現復
白佛言如來所化都無所有法離真如又不
可得誰住真如脩菩薩行速當安住不退轉
地疾證無上正等菩提為諸有情宣說正法
世尊真如尚不可得何況得有安住真如脩
菩薩行速當安住不退轉地疾證無上正等
菩提為諸有情宣說正法義實有無有是
處佛言善現如是如是如汝所說如來所化
都無所有法離真如又不可得誰住真如脩
菩薩行速當安住不退轉地疾證無上正等
菩提為諸有情宣說正法善現真如尚不可
得何況得有安住真如脩菩薩行速當安住
不退轉地疾證無上正等菩提為諸有情宣
說正法義實有無有是處所以者何善現
如來出世若不出世諸法法尒不離真如法
界法性不虛妄性不變異性平等性離生性
法定法住實際虛空界不思議界善現決定
无有安住真如脩菩薩行速當安住不退轉
地疾證无上正等菩提為諸有情說正法者
何以故善現諸法真如无生无滅亦无住異
少分可得善現若法无生滅亦无住異少

BD03989號　大般若波羅蜜多經卷三四六　（10–5）

无有安住真如脩菩薩行速當安住不退轉
地疾證无上正等菩提為諸有情說正法者
何以故善現諸法真如无生无滅亦无住異
少分可得善現若法无生滅亦无住異少
分可得誰於其中可得安住脩諸菩薩摩訶
薩行速當安住不退轉地疾證无上正等菩
提為諸有情宣說正法義實有无有是處
尒時天帝釋白佛言世尊如是般若波羅蜜
多微妙甚深[illegible]難信解諸菩薩摩訶薩行
深般若波羅蜜多雖知諸法皆不可得而求无
上正等菩提甚為難事何以故世尊決定無
有安住真如脩諸菩薩摩訶薩行速當安
住不退轉地疾證無上正等菩提為諸有情說
正法事諸菩薩摩訶薩行深般若波羅蜜多
觀一切法都無所有於深法性心不沉沒不
怖不敬无疑無滯如是等事甚為希有尒時
具壽善現語天帝釋言憍尸迦如汝所說諸
菩薩摩訶薩行深般若波羅蜜多觀一切法
都無所有於深法性心不沉沒不怖不驚無
疑無滯如是等事甚希有者憍尸迦諸菩薩
摩訶薩行深般若波羅蜜多觀一切法無不
皆空謂觀一切有色法空無色法亦空觀一
切有見法空無見法亦空觀一切有對法空
無對法亦空觀一切有漏法空無漏法亦空
觀一切有為法空無為法亦空觀一切世間
法空出世間法亦空觀一切寂靜法空不寂

BD03989號　大般若波羅蜜多經卷三四六　（10–6）

無對法亦空觀一切有諍法空無諍法亦空
觀一切有爲法空無爲法亦空觀一切世間
法空出世間法亦空觀一切寂靜法空不寂
靜法亦空觀一切遠離法空不遠離法亦空
觀一切過去法空未來現在亦空觀一切
善法空不善無記法亦空觀一切欲界法空
色無色界法亦空觀一切學法空無學非學
非無學法亦空觀一切見所斷法空脩所斷
非所斷法亦空觀一切有法空無法非有非
無法亦空憍尸迦諸菩薩摩訶薩行深般若
波羅蜜多觀如是等一切法空諸法空中都
無所有誰沉誰沒誰怖誰驚疑誰滯是故
憍尸迦諸菩薩摩訶薩行深般若波羅蜜多
於深法性心不沉沒不怖不驚無疑無滯未
爲希有時天帝釋白善現言尊者所說一切
依空是故所言常无罣礙辟如以箭仰射虛
空若近若遠俱無罣礙尊者所說亦復如是
初分囑累品第五十八之一
尒時天帝釋白佛言世尊我如是說如是讃
如是記爲順如來應正等覺法語律語於法
隨法無倒記不佛言憍尸迦汝如是說如是
讃如是記誠順如來應正等覺法語律語於
法隨法無顛倒記時天帝釋復白佛言希有
世尊大德善現諸有所說無不皆依空無相
無願大德善現諸有所說無不皆依四念住
四正斷四神足五根五力七等覺支八聖道

BD03989號　大般若波羅蜜多經卷三四六　（10–7）

法隨法無顛倒記時天帝釋復白佛言希有
世尊大德善現諸有所說無不皆依空無相
無願大德善現諸有所說無不皆依四念住
四正斷四神足五根五力七等覺支八聖道
支大德善現諸有所說無不皆依四靜慮四
無量四无色定大德善現諸有所說无不皆
依八解脫八勝處九次第定十遍處大德善
現諸有所說无不皆依布施淨戒安忍精進
靜慮般若波羅蜜多大德善現諸有所說无
不皆依內空外空內外空空空大空勝義空
有爲空無爲空畢竟空無際空散空無變
異空本性空自相空共相空一切法空不可得
空無性空自性空无性自性空大德善現諸
有所說无不皆依真如法界法性不虛妄性
不變異性平等性離生性法定法住實際虛
空界不思議界大德善現諸有所說無不皆
依苦集滅道聖諦大德善現諸有所說無不
皆依五眼六神通大德善現諸有所說无不
皆依一切陁羅尼門一切三摩地門大德善
現諸有所說无不皆依佛十力四无所畏四
无礙解大慈大悲大喜大捨十八佛不共法
大德善現諸有所說无不皆依无忘失法恒
住捨性大德善現諸有所說无不皆依一切
智道相智一切相智大德善現諸有所說无
不皆依一切菩薩摩訶薩行大德善現諸有
所說无不皆依諸佛无上正等菩提

BD03989號　大般若波羅蜜多經卷三四六　（10–8）

大德善現諸有所說无不皆依无忘失法恒
住捨性大德善現諸有所說无不皆依一切
智道相智一切相智大德善現諸有所說无
不皆依一切菩薩摩訶薩行大德善現諸有
所說无不皆依諸佛无上正等菩提
尒時佛告天帝釋言憍尸迦具壽善現安住
空故觀布施波羅蜜多尚不可得況有行布
施波羅蜜多者觀淨戒安忍精進靜慮般若
波羅蜜多尚不可得況有行淨戒安忍精進
靜慮般若波羅蜜多者具壽善現安住空故
觀四念住尚不可得況有脩四念住者觀四
正斷四神足五根五力七等覺支八聖道支
尚不可得況有脩四正斷乃至八聖道支者
具壽善現安住空故觀四靜慮尚不可得況
有脩四靜慮者觀四无量四无色定尚不可
得況有脩四无量四无色定者具壽善現安
住空故觀八解脫尚不可得況有脩八解脫
者觀八勝處九次第定十遍處尚不可得況
有脩八勝處九次第定十遍處者具壽善現
安住空故觀內空尚不可得況有證內空者
觀外空內外空空空大空勝義空有為空无
為空畢竟空无際空散空无變異空本性空
自相空共相空一切法空不可得空无性空
自性空无性自性空尚不可得況有證外空
乃至无性自性空者具壽善現安住空故觀
真如尚不可得況有證真如者觀法界法性不
虛妄性不變異性平等性離生性法定法住

BD03989號　大般若波羅蜜多經卷三四六　（10–9）

觀四念住尚不可得況有脩四念住者觀四
正斷四神足五根五力七等覺支八聖道支
尚不可得況有脩四正斷乃至八聖道支者
具壽善現安住空故觀四靜慮尚不可得況
有脩四靜慮者觀四无量四无色定尚不可
得況有脩四无量四无色定者具壽善現安
住空故觀八解脫尚不可得況有脩八解脫
者觀八勝處九次第定十遍處尚不可得況
有脩八勝處九次第定十遍處者具壽善現
安住空故觀內空尚不可得況有證內空者
觀外空內外空空空大空勝義空有為空无
為空畢竟空无際空散空无變異空本性空
自相空共相空一切法空不可得空无性空
自性空无性自性空尚不可得況有證外空
乃至无性自性空者具壽善現安住空故觀
真如尚不可得況有證真如者觀法界法性不
虛妄性不變異性平等性離生性法定法住
實際虛空界不思議界尚不可得況有證法
界乃至不思議界者具壽善現安住空故觀
苦聖諦尚不可得況有證苦聖諦者觀集滅

BD03989號　大般若波羅蜜多經卷三四六　（10–10）

爲多不甚多世尊佛告須菩提尒所國土中所
有衆生若干種心如來悉知何以故如來說諸
心皆爲非心是名爲心所以者何須菩提過去
心不可得現在心不可得未來心不可得須菩
提於意云何若有人滿三千大千世界七
寶以用布施是人以是因緣得福多不如是
世尊此人以是因緣得福甚多須菩提若
福德有實如來不說得福德多以福德无故
如來說得福德多
須菩提於意云何佛可以具足色身見不不也
世尊如來不應以色身見何以故如來說具足
色身即非具足色身是名具足色身須菩
提於意云何如來可以具足諸相見不不也世
尊如來不應以具足諸相見何以故如來說
諸相具足即非具足是名諸相具足須菩提
汝勿謂如來作是念我當有所說法莫作是
念何以故若人言如來有所說法即爲謗佛
不能解我所說故須菩提說法者无法可

BD03990 號　金剛般若波羅蜜經　（5–1）

提於意云何如來可以具足諸相見不不也世
尊如來不應以具足諸相見何以故如來說
諸相具足即非具足是名諸相具足須菩提
汝勿謂如來作是念我當有所說法莫作是
念何以故若人言如來有所說法即爲謗佛
不能解我所說故須菩提說法者无法可
說是名說法須菩提白佛言世尊佛得阿耨
多羅三藐三菩提爲无所得耶如是如是
須菩提我於阿耨多羅三藐三菩提乃至无
有少法可得是名阿耨多羅三藐三菩提復
次須菩提是法平等无有高下是名阿耨多
羅三藐三菩提以无我无人无衆生无壽者
脩一切善法則得阿耨多羅三藐三菩提須菩
提所言善法者如來說非善法是名善法須
菩提若三千大千世界中所有諸須彌山王
如是等七寶聚有人持用布施若人以此
般若波羅蜜經乃至四句偈等受持爲他人
說於前福德百分不及一百千万億分乃至
筭數譬喻所不能及
須菩提於意云何汝等勿謂如來作是念我
當度衆生須菩提莫作是念何以故實无
有衆生如來度者若有衆生如來度者如來
則有我人衆生壽者須菩提如來說有我者則
非有我而凡夫之人以爲有我須菩提凡夫者
如來說則非凡夫須菩提於意云何可以三
十二相觀如來不須菩提言如是如是以三

BD03990 號　金剛般若波羅蜜經　（5–2）

有眾生如來度者若有眾生如來度者如來
則有我人眾生壽者須菩提如來說有我者則
非有我而凡夫之人以為有我須菩提凡夫者
如來說則非凡夫須菩提於意云何可以三
十二相觀如來不須菩提言如是如是以三
十二相觀如來佛言須菩提若以三十二相觀
如來者轉輪聖王則是如來須菩提白佛言
世尊如我解佛所說義不應以三十二相觀
如來尒時世尊而說偈言
若以色見我 以音聲求我 是人行邪道 不能見如來
須菩提汝若作是念如來以具足相故得阿
耨多羅三藐三菩提須菩提莫作是念如來
不以具足相故得阿耨多羅三藐三菩提須菩
提汝若作是念發阿耨多羅三藐三菩提者
說諸法斷滅相莫作是念何以故發阿耨多
羅三藐三菩提者於法不說斷滅相須菩提
若菩薩以滿恒河沙等世界七寶布施若復
有人知一切法无我得成於忍此菩薩勝前
菩薩所得功德須菩提以諸菩薩不受福
德故須菩提白佛言世尊云何菩薩不受福
德須菩提菩薩所作福德不應貪著是故說
不受福德須菩提若有人言如來若來若去
若坐若卧是人不解我所說義何以故如來
者无所從來亦无所去故名如來
須菩提若善男子善女人以三千大千世界

BD03990號　金剛般若波羅蜜經　（5–3）

菩薩所得功德須菩提以諸菩薩不受福
德故須菩提白佛言世尊云何菩薩不受福
德須菩提菩薩所作福德不應貪著是故說
不受福德須菩提若有人言如來若來若去
若坐若卧是人不解我所說義何以故如來
者无所從來亦无所去故名如來
須菩提若善男子善女人以三千大千世界
碎為微塵於意云何是微塵眾寧為多不
甚多世尊何以故若是微塵眾實有者佛則
不說是微塵眾所以者何佛說微塵眾則非微
塵眾是名微塵眾世尊如來所說三千大千
世界則非世界是名世界何以故若世界實
有者則是一合相如來說一合相則非一合相
是名一合相須菩提一合相者則是不可
說但凡夫之人貪著其事須菩提若人言佛
說我見人見眾生見壽者見須菩提於意
云何是人解我所說義不世尊是人不解如
來所說義何以故世尊說我見人見眾生見
壽者見即非我見人見眾生見壽者見是
名我見人見眾生見壽者見須菩提發阿耨
多羅三藐三菩提心者於一切法應如是知如是
見如是信解不生法相須菩提所言法相者
如來說即非法相是名法相須菩提若有人
以滿无量阿僧祇世界七寶持用布施若有
善男子善女人發菩薩心者持於此經乃至
四句偈等受持讀誦為人演說其福勝彼云

BD03990號　金剛般若波羅蜜經　（5–4）

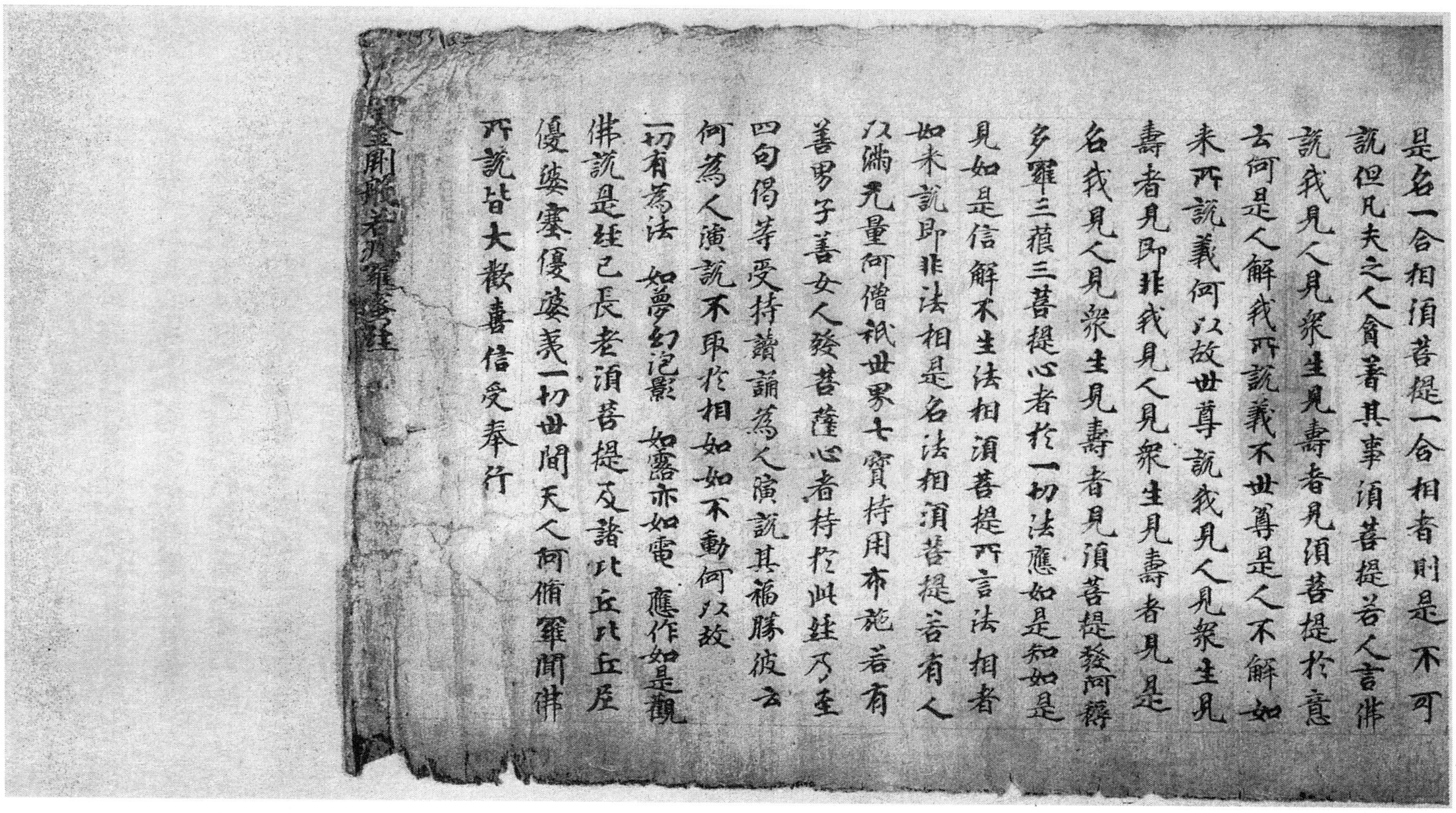

是名一合相須菩提一合相者則是不可
說但凡夫之人貪著其事須菩提若人言佛
說我見人見衆生見壽者見須菩提於意
云何是人解我所說義不世尊是人不解如
來所說義何以故世尊說我見人見衆生見
壽者見即非我見人見衆生見壽者見是
名我見人見衆生見壽者見須菩提發阿耨
多羅三藐三菩提心者於一切法應如是知如是
見如是信解不生法相須菩提所言法相者
如來說即非法相是名法相須菩提若有人
以滿无量阿僧祇世界七寶持用布施若有
善男子善女人發菩薩心者持於此經乃至
四句偈等受持讀誦爲人演說其福勝彼云
何爲人演說不取於相如如不動何以故
一切有爲法　如夢幻泡影　如露亦如電　應作如是觀
佛說是經已長老須菩提及諸比丘比丘尼
優婆塞優婆夷一切世間天人阿脩羅聞佛
所說皆大歡喜信受奉行
金剛般若波羅蜜經

BD03990號　金剛般若波羅蜜經　（5–5）

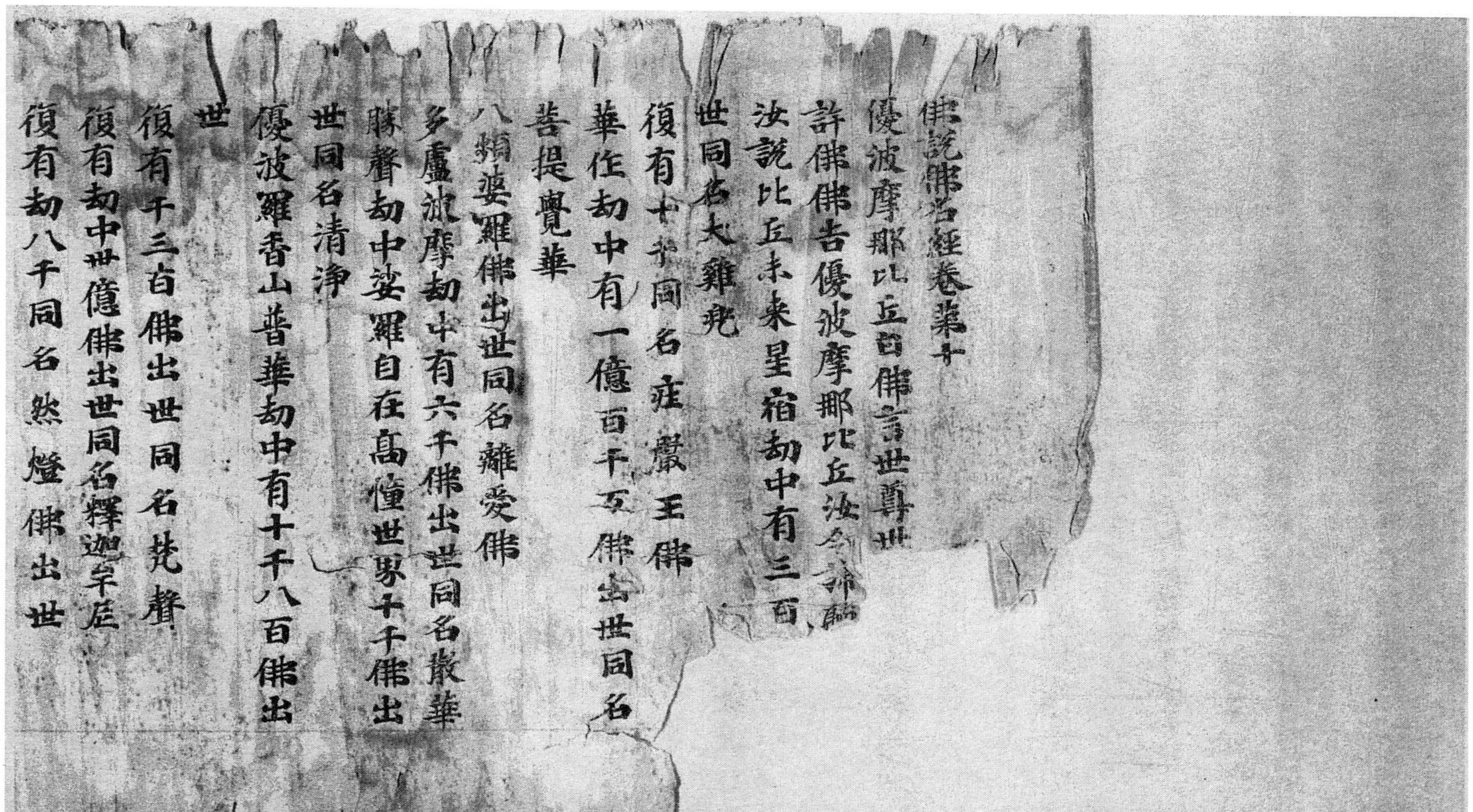

佛說佛名經卷第十
優波摩那比丘白佛言世尊世
許佛告優波摩那比丘汝今諦聽
汝說比丘未來星宿劫中有三百
世同名大難光
復有十千同名莊嚴王佛
華作劫中有一億百千万佛出世同名
菩提覺華
八頻婆羅佛出世同名離愛佛
多盧波摩劫中有六千佛出世同名散華
勝聲劫中娑羅自在高幢世界千佛出
世同名清淨
優波羅香山普華劫中有十千八百佛出
世
復有千三百佛出世同名梵聲
復有劫中卅億佛出世同名釋迦牟尼
復有劫八千同名然燈佛出世

BD03991號　佛名經（十六卷本）卷一〇　（2–1）

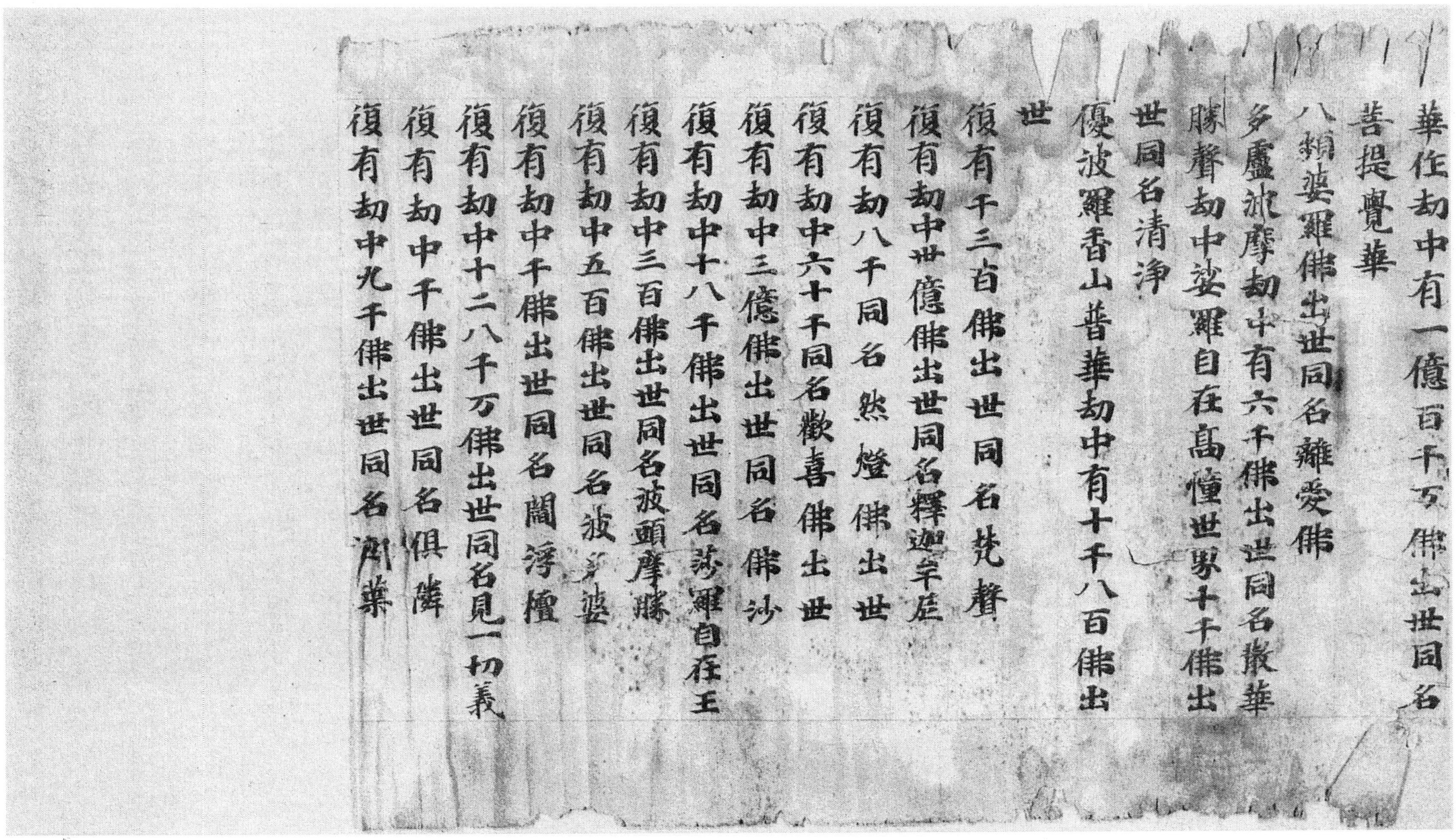

華住劫中有一億百千万佛出世同名
菩提覺華
八頻婆羅佛出世同名離愛佛
多盧派摩劫中有六千佛出世同名散華
勝聲劫中娑羅自在高幢世界十千佛出
世同名清淨
優波羅香山普華劫中有十千八百佛出
世
復有千三百佛出世同名梵聲
復有劫中卅億佛出世同名釋迦牟尼
復有劫八千同名然燈佛出世
復有劫中六十千同名歡喜佛出世
復有劫中三億佛出世同名佛沙
復有劫中十八千佛出世同名娑羅自在王
復有劫中三百佛出世同名波頭摩勝
復有劫中五百佛出世同名波娑婆
復有劫中千佛出世同名閻浮檀
復有劫中十二八千万佛出世同名見一切義
復有劫中千佛出世同名俱隣
復有劫中九千佛出世同名迦葉

BD03991 號　佛名經（十六卷本）卷一〇　　（2–2）

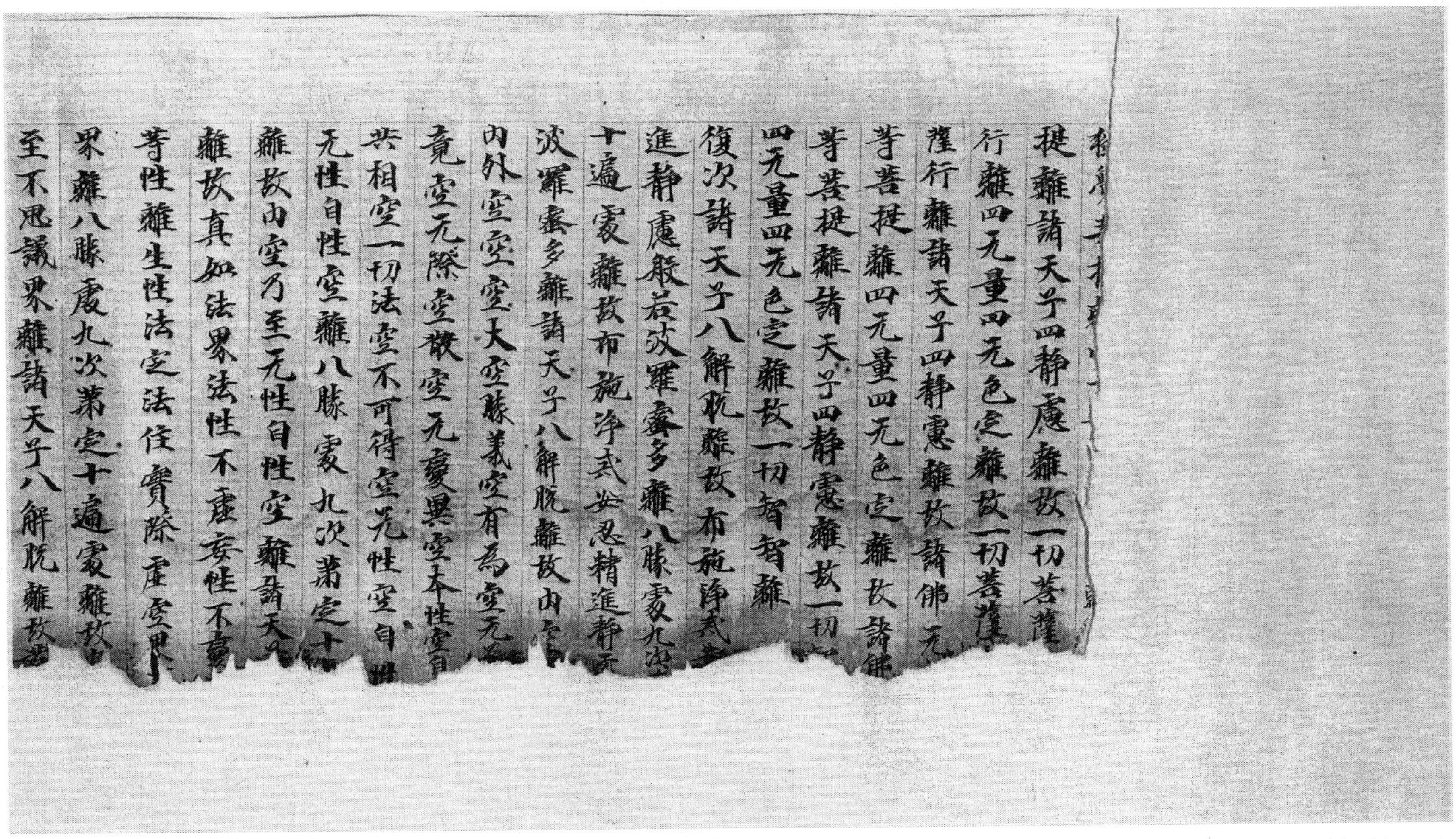

[illegible]
提離諸天子四靜慮離故一切菩薩
行離四无量四无色定離故一切菩薩
薩行離諸天子四靜慮離故諸佛无
等菩提離四无量四无色定離故諸佛
等菩提離諸天子四靜慮離故一切
四无量四无色定離故一切智智離
復次諸天子八解脫離故布施淨戒安
進靜慮般若波羅蜜多離八勝處九次
十遍處離故布施淨戒安忍精進靜
波羅蜜多離諸天子八解脫離故內
內外空空空大空勝義空有為空无
竟空无際空散空无變異空本性空自
共相空一切法空不可得空无性空自
无性自性空離八勝處九次第定十
離故內空乃至无性自性空離諸天
離故真如法界法性不虛妄性不變
等性離生性法定法住實際虛空界
界離八勝處九次第定十遍處離故
至不思議界離諸天子八解脫離故

BD03992 號　大般若波羅蜜多經卷三四四　　（8–1）

无性自性空離八勝處九次第定十
離故內空乃至无性自性空離諸天
離故真如法界法性不虛妄性不變
等性離生性法定法住實際虛空界
界離八勝處九次第定十遍處離故
至不思議界離諸天子八解脫離故
道聖諦離八勝處九次第定十遍處
集滅道聖諦離諸天子八解脫離故四
四无量四无色定離八勝處九次第
處離故四靜慮四无量四无色定離
八解脫離故四念住四正斷四神足五
力七等覺支八聖道支離八勝處九次
十遍處離故四念住乃至八聖道支離
子八解脫離故空无相无願解脫門
處九次第定十遍處離故空无相无
門離諸天子八解脫離故極喜地離垢
光地焰慧地極難勝地現前地遠行地
地善慧地法雲地離八勝處九次第
離故極喜地乃至法雲地離諸天子
離故五眼六神通離八勝處九次第
處離故五眼六神通離諸天子八解
佛十力四无所畏四无礙解大慈大悲
大捨十八佛不共法離八勝處九次
遍處離故佛十力乃至十八佛不共法
天子八解脫離故无忘失法恒住捨性
勝處九次第定十遍處離故无忘

BD03992號　大般若波羅蜜多經卷三四四　　（8–2）

處離故五眼六神通離諸天子八解
佛十力四无所畏四无礙解大慈大悲
大捨十八佛不共法離八勝處九次
遍處離故佛十力乃至十八佛不共法
天子八解脫離故无忘失法恒住捨性
勝處九次第定十遍處離故无忘失
捨性離諸天子八解脫離故一切智
一切相智離八勝處九次第定十遍處
一切智道相智一切相智離諸天子
離故一切陀羅尼門三摩地門離八
次第定十遍處離故一切陀羅尼門
門離諸天子八解脫離故預流一來不
羅漢果離八勝處九次第定十遍處
預流一來不還阿羅漢果離諸天子
故獨覺菩提離八勝處九次第定十遍
故獨覺菩提離諸天子八解脫離故一
薩摩訶薩行離八勝處九次第定十
故一切菩薩摩訶薩行離諸天子
故諸佛无上正等菩提離八勝處九次
十遍處離故諸佛无上正等菩提離
八解脫離故一切智智離八勝處九
遍處離故一切智智離
復次諸天子四念住離故布施淨戒安
靜慮般若波羅蜜多離四正斷四神
根五力七等覺支八聖道支離故布施
安忍精進靜慮般若波羅蜜多離諸

BD03992號　大般若波羅蜜多經卷三四四　　（8–3）

八解脫離故一切智智離八勝處九次
遍處離故一切智智離
復次諸天子四念住離故布施淨戒安
静慮般若波羅蜜多離四正斷四神足
根五力七等覺支八聖道支離故布施
安忍精進静慮般若波羅蜜多離諸
念住離故内空外空内外空空大空
空有為空无為空畢竟空无際空散
變異空本性空自相空共相空一切法
空无性空自性空无性自性空離四正
至八聖道支離故内空乃至无性自
離諸天子四念住離故真如法界法
妄性不變異性平等性離生性法定
際虛空界不思議界離四正斷乃至八
支離故真如乃至不思議界離諸天
住離故苦集滅道聖諦離四正斷乃
道支離故苦集滅道聖諦離諸天子
離故四静慮四无量四无色定離四正斷
至八聖道支離故四静慮四无量四无
離諸天子四念住離故八解脫八勝處
第定十遍處離四正斷乃至八聖道支離
八解脫八勝處九次第定十遍處離
子四念住離故空無相無願解脫門
斷乃至八聖道支離故空无相无願解
離諸天子四念住離故極喜地離垢地發
焰慧地極難勝地現前地遠行地不動

BD03992號　大般若波羅蜜多經卷三四四　（8–4）

第定十遍處離四正斷乃至八聖道支離
八解脫八勝處九次第定十遍處離
子四念住離故空無相無願解脫門
斷乃至八聖道支離故空无相无願解
離諸天子四念住離故極喜地離垢地發
焰慧地極難勝地現前地遠行地不動
慧地法雲地離四正斷乃至八聖道支
極喜地乃至法雲地離諸天子四念住
五眼六神通離四正斷乃至八聖道支
五眼六神通離諸天子四念住離故佛
四无所畏四无礙解大慈大悲大喜大
八佛不共法離四正斷乃至八聖道支
佛十力乃至十八佛不共法離諸天子
住離故无忘失法恒住捨性離四正斷
八聖道支離故无忘失法恒住捨性離
子四念住離故一切智道相智一切相
四正斷乃至八聖道支離故一切智道相
一切相智離諸天子四念住離故一切陁
尼門三摩地門離四正斷乃至八聖道
故一切陁羅尼門三摩地門離諸天子
住離故預流一來不還阿羅漢果離四
乃至八聖道支離故預流一來不還阿
果離諸天子四念住離故獨覺菩提離
斷乃至八聖道支離故獨覺菩提離
四念住離故一切菩薩摩訶薩行離四
乃至八聖道支離故一切菩薩摩訶

BD03992號　大般若波羅蜜多經卷三四四　（8–5）

乃至八聖道支離故預流一來不還阿
果離諸天子四念住離故獨覺菩提離
斷乃至八聖道支離故獨覺菩提離
四念住離故一切菩薩摩訶薩行離四
乃至八聖道支離故一切菩薩摩訶
諸天子四念住離故諸佛无上正等菩提
正斷乃至八聖道支離故諸佛无上
菩提離諸天子四念住離故一切智
正斷乃至八聖道支離故一切智智離
復次諸天子空解脫門離故布施淨
精進靜慮般若波羅蜜多離无相无
脫門離故布施淨戒安忍精進靜慮般
羅蜜多離諸天子空解脫門離故內空
內外空空空大空勝義空有為空无為
竟空无際空散空无變異空本性空自
相空一切法空不可得空无性空自性
性自性空離无相无願解脫門離故內
至无性自性空離諸天子空解脫門離
如法界法性不虛妄性不變異性平
生性法定法住實際虛空界不思議界
相无願解脫門離故真如乃至不思議
諸天子空解脫門離故苦集滅道聖諦
相无願解脫門離故苦集滅道聖諦離
子空解脫門離故四靜慮四无量四无
離无相无願解脫門離故四靜慮四无
无色定離諸天子空解脫門離故八解

BD03992 號　大般若波羅蜜多經卷三四四

（8–6）

相无願解脫門離故真如乃至不思議
諸天子空解脫門離故苦集滅道聖諦
相无願解脫門離故苦集滅道聖諦離
子空解脫門離故四靜慮四无量四无
離无相无願解脫門離故四靜慮四无
无色定離諸天子空解脫門離故八解
勝處九次第定十遍處離无相无願解
離故八解脫八勝處九次第定十遍處
天子空解脫門離故四念住四正斷四
五根五力七等覺支八聖道支離无相
解脫門離故四念住乃至八聖道支離
子空解脫門離故極喜地離垢地發光
慧地極難勝地現前地遠行地不動地
地法雲地離无相无願解脫門離故極
乃至法雲地離諸天子空解脫門離
六神通離无相无願解脫門離故五眼
通離諸天子空解脫門離故佛十力
畏四无礙解大慈大悲大喜大捨十
共法離无相无願解脫門離故佛十
十八佛不共法離諸天子空解脫門
忘失法恒住捨性離无相无願解脫
无忘失法恒住捨性離諸天子空解脫
故一切智道相智一切相智離无相
脫門離故一切智道相智一切相智
子空解脫門離故一切陀羅尼門三摩
離无相无願解脫門離故一切陀羅尼

BD03992 號　大般若波羅蜜多經卷三四四

（8–7）

无忘失法恒住捨性離諸天子空解脫
故一切智道相智一切相智離无相无
脫門離故一切智道相智一切相智離
子空解脫門離故一切陁羅尼門三摩
離无相无願解脫門離故一切陁羅尼
摩地門離諸天子空解脫門離故預
来不還阿羅漢果離无相无願解脫
預流一来不還阿羅漢果離諸天子空
門離故獨覺菩提離无相无願解脫
覺菩提離諸天子空解脫門離故一切
摩訶薩行離无相无願解脫門離故
薩摩訶薩行離諸天子空解脫門離
无上正等菩提離无相无願解脫門
佛无上正等菩提離諸天子空解脫門
一切智智離无相无願解脫門離故一
離

BD03992號　大般若波羅蜜多經卷三四四　（8–8）

子一切諸佛利益自在
自利益者是法如如利益他者是如如
自他利益之事而得自在成就種種无邊用
故是故分別一切佛法有无量无邊種種差
別善男子辟如依心妄想思惟說種種煩惱
說種種業因說種種果報如是依法如如如
如智說種種佛法說種種獨覺法說種種聲
聞法依法如如依如如智一切佛法自在成
就是為第一不可思議辟如畫空作莊嚴具
是難思議如是依法如如依如如智成就佛法
亦難思議善男子云何法如如如如智二无分
別而得自在事業成就善男子辟如如来入
於涅槃願自在故種種事業皆得成就法如
如如如智自在事成亦復如是
復次菩薩摩訶薩入无心定依前願力從禪
定起作衆事業如是二法无有分別自在事

BD03993號　金光明最勝王經卷二　（20–1）

別而得自在事業成就善男子譬如如來入
於涅槃願自在故種種事業皆得成就法如
如如如智自在事成亦復如是
復次菩薩摩訶薩入无心定依前願力從禪
定起作衆事業如是二法无有分別自在事
成善男子譬如日月无有分別亦如水鏡无
有分別光明亦无分別三種和合得有影生
如是法如如如如智亦无分別以願自在故
衆生有感現應化身如日月影和合出現
復次善男子譬如无量无邊水鏡依於
光故空影得現種種異相空者即是
无相善男子如是受化諸弟子等
是法身影以願力故於二種身現種
種相於法身地无有異相善男子依此
二身一切諸佛說有餘涅槃依此法身說
无餘涅槃何以故一切餘法究竟盡故依
此三身一切諸佛說无住處涅槃為二身
故不住涅槃離於法身无有別佛何故二身
不住涅槃二身假名不實念念生滅不定住
故數數出現以不定故法身不尒是故二身
不住涅槃法身不二是故不住涅槃故依三
身說无住涅槃
善男子一切凡夫為三相故有縛有障遠離
三身不至三身何者為三一者遍計所執相
二者依他起相三者成就相如是諸相不能
解故不能滅故不能淨故是故不得至於三

BD03993號　金光明最勝王經卷二

(20–2)

身說无住涅槃
善男子一切凡夫為三相故有縛有障遠離
三身不至三身何者為三一者遍計所執相
二者依他起相三者成就相如是諸相不能
解故不能滅故不能淨故是故不得至於三
身如是三相能解能滅能淨故是故諸佛具
是三身善男子諸凡夫人未能除遣此三心
故遠離三身不能得至何者為三一者起事
心二者依根本心三者根本心依諸伏道起
事心盡依法斷道依根本心盡依最勝道根
本心盡起事心滅故得現化身依根本心滅
故得顯應身根本心滅故得至法身是故一
切如來具足三身
善男子一切諸佛於第一身與諸佛同事於
第二身與諸佛同意於第三身與諸佛同
體善男子是初佛身隨衆生意有多種故
現種種相是故說多第二佛身弟子一意故
現一相是故說一第三佛身過一切種相非執
相境界是故說名不一不二善男子是第一
身依於應身得顯現故是第二身依於法
身得顯現故是法身者是真實有无依處
故善男子如是三身以有義故而說於常以
有義故說於无常化身者恒轉法輪處處隨
緣方便相續不斷絕故是故說常非是本故
具足大用不顯現故說為无常應身者從无
始來相續不斷一切諸佛不共之法能攝持

BD03993號　金光明最勝王經卷二

(20–3)

故善男子如是三身以有義故而說於常以
有義故說於无常化身者恒轉法輪處處隨
緣方便相續不斷絶故是故說常非是本故
具足大用不顯現故說為无常應身者從无
始來相續不斷一切諸佛不共之法能攝持
故衆生无盡用亦无盡是故說常非是本故
以具足用不顯現故說為无常法身者非是
行法无有異相是根本故猶如虛空是故說
常善男子離无分別智更无勝智離法如如无
勝境界是法如如是慧如如是二種如如如如不一
不異是故法身慧清淨故滅清淨故是二清
淨是故法身具足清淨
復次善男子分別三身有四種異有化身非
應身有應身非化身有化身亦應身有非化
身亦非應身何者化身非應身謂諸如來般
涅槃後以願自在故隨緣利益是名化身何
者應身非化身是地前身何者化身亦應
身謂住有餘涅槃之身何者非化身非應身
謂是法身善男子是法身者二无所有所顯
現故何者名為二无所有於此法身相及相
處二皆是无非有非无非一非異非數非非數
非明非闇如是如如智不見相及相處不見
非有非无不見非一非異不見非數非非數不
見非明非闇是故當知境界清淨智慧清淨
不可分別无有中間為滅道本故於此法身

BD03993號　金光明最勝王經卷二　（20–4）

非明非闇如是如如智不見相及相處不見
非有非无不見非一非異不見非數非非數不
見非明非闇是故當知境界清淨智慧清淨
不可分別无有中間為滅道本故於此法身
能顯如來種種事業
善男子是身因緣境界處所果依於本難
思議故若了此義是身即是大乘是如來性
是如來藏依於此身得發初心修行地心而
得顯現不退地心亦皆得現一生補處心金剛
之心如來之心而悉顯現无量无邊如來妙法
皆悉顯現依此法身不可思議摩訶三昧而得
顯現依此法身得現一切大智是故二身依
於三昧依於智慧而得顯現如此法身依於
自體說常說我依大三昧故說於樂依於大
智故說清淨是故如來常住自在安樂清淨
依大三昧一切禪定首楞嚴等一切念處大
法念等大慈大悲一切陀羅尼一切神通一
切自在一切法平等攝受如是佛法悉皆出
現依此大智十力四无所畏四无礙辯一百
八十不共之法一切希有不可思議法悉皆
顯現譬如依如意寶珠无量无邊種種珍寶
悉皆得現如是依大三昧寶依大智惠寶能
出種種无量无邊諸佛妙法善男子如是法
身三昧智慧過一切相不著於相不可分別
非常非斷是名中道雖有分別體无分別雖

BD03993號　金光明最勝王經卷二　（20–5）

顯現譬如依如意寶珠无量无邊種種珎寶
悉皆得現如是依大三昧寶依大智慧寶能
出種種无量无邊諸佛妙法善男子如是法
身三昧智慧過一切相不着於相不可分別
非常非斷是名中道雖有分別體无分別雖
有三數而无三體不增不減猶如夢幻亦
无所執亦无能執法體如如是解脫處過死
王境越生死闇一切衆生不能修行所不能
至一切諸佛菩薩之所住處善男子譬如有
人願欲得金處處求覓遂得金鑛既得鑛
已即便碎之擇取精者鑪中銷鍊得清淨金
隨意迴轉作諸鐶釧種種嚴具雖有諸用金
性不改
復次善男子若善男子善女人求勝解脫修
行世善得見如來及弟子衆得親近已白佛
言世尊何者為善何者不善何者正修得
清淨行諸佛如來及弟子衆見彼問時如是
思惟是善男子善女人欲求清淨欲聽正
法即便為說令其開悟彼既聞已正念
憶持發心修行得精進力除懶墮障
滅一切罪於諸學處離不尊重息掉悔心入於初
地初地心除利有情障得入二地於此地中除不逼惱
障入於三地於此地中除心軟淨障入於四地於此
地中除善方便障入於五地於此地中除見
真俗障入於六地於此地中除見行相障入
於七地於此地中除不見滅相障入於八地於

BD03993號　金光明最勝王經卷二

（20–6）

地初地心除利有情障得入二地於此地中除不逼惱
障入於三地於此地中除心軟淨障入於四地於此
地中除善方便障入於五地於此地中除見
真俗障入於六地於此地中除見行相障入
於七地於此地中除不見滅相障入於八地於
此地中除不見生相障入於九地於此地中除
六通障入於十地於此地中除所知障除根
本心入如來地如來地者由三淨故名極清
淨云何為三一者煩惱淨二者苦淨三者相淨
譬如真金鎔銷冶鍊既燒打已无復塵垢為
顯金性本清淨故金體清淨非謂无金譬如
濁水澄渟清淨无復滓穢為顯水性本清
淨故非謂无水如是法身與煩惱離苦集
除已无復餘習為顯佛性本清淨故非謂
无體譬如虛空烟雲塵霧之所障蔽若除
屏已是空界淨非謂无空如是法身一切衆
苦悉皆盡故說為清淨非謂无體譬如有人
於睡夢中見大河水漂泛其身運手動足截
流而渡得至彼岸由彼身心不懈退故從夢
覺已不見有水彼此岸別非謂无心生死妄
想既滅盡已是覺清淨非謂无覺如是法
界一切妄想不復生故說為清淨非是諸佛
无其實體
復次善男子是法身者惑障清淨能現應
身業障清淨能現化身智障清淨能現法

BD03993號　金光明最勝王經卷二

（20–7）

相既滅盡已是覺清淨非謂无覺如是法
界一切妄想不復生故說爲清淨非是諸佛
无其實體
復次善男子是法身者惑障清淨能現應
身業障清淨能現化身智障清淨能現法
身譬如依空出電依電出光如是依法身故
能現應身依應身故能現化身由性淨故
能現法身智慧清淨能現應身三昧清淨
能現化身此三清淨是法如如不異如如味
如如解脫如如究竟如如是故諸佛體无有
異善男子若有善男子善女人說於如來是
我大師善住如是決定信者此人即應深心解
了如來之身无有別異善男子以是義故於諸
境界不正思惟悉皆除斷即知彼法无有二相
亦无分別聖所修行如如於彼无有二相正修
行故如是如是一切諸障悉皆除滅如如一切
障滅如是如是法如如如如智得最清淨如
如法界正智清淨如是如是一切自在具足攝
受皆得成就一切諸障悉皆除滅一切諸障
得清淨故是名真如正智真實之相如是見
者是名聖見是則名爲真實見佛何以故如
實得見法真如故是故諸佛悉能普見一
切如來何以故聲聞獨覺已出三界求
真實境不能知見如是聖人所不知見一切
凡夫皆生疑惑顛倒分別不能得度如兔浮
海必不能過所以者何力微劣故凡夫之人

BD03993號　金光明最勝王經卷二　（20–8）

者是名聖見是則名爲真實見佛何以故如
實得見法真如故是故諸佛悉能普見一
切如來何以故聲聞獨覺已出三界求
真實境不能知見如是聖人所不知見一切
凡夫皆生疑惑顛倒分別不能得度如兔浮
海必不能過所以者何力微劣故凡夫之人亦
復如是不能通達法如如故然諸如來无分
別心於一切法得大自在具足清淨深智慧
故是自境界不共他故是故諸佛如來於无
量无邊阿僧祇劫不惜身命難行苦行方
得此身最上无比不可思議過言說境是
妙寂靜離諸怖畏
善男子如是知見法真如者无生老死壽命
无限无有睡眠亦无飢渴心常在定无有散
動若於如來起諍論心是則不能見於如來
諸佛所說皆能利益有聽聞者无不解脫
諸惡禽獸惡人惡鬼不相逢值由聞法故
果報无盡然諸如來无无記事一切境界无
欲怨生死涅槃无有異想如來所說无不決定
諸佛如來四威儀中无非智攝一切諸法无有
不爲慈悲所攝无有不爲利益安樂諸衆生
者善男子若有善男子善女人於此金光明
經聽聞信解不墮地獄餓鬼傍生阿蘇羅道
常處人天不生下賤恒得親近諸佛如來聽
受正法常生諸佛清淨國土所以者何由得
聞此甚深法故是善男子善女人心則爲不求

BD03993號　金光明最勝王經卷二　（20–9）

不然[illegible]所損无有不然利益安樂諸衆生
者善男子若有善男子善女人於此金光明
經聽聞信解不墮地獄餓鬼傍生阿蘇羅道
常處人天不生下賤恒得親近諸佛如来聽
受正法常生諸佛清淨國土所以者何由得
聞此甚深法故是善男子善女人人則為如来
已知已記當得不退阿耨多羅三藐三菩提若
善男子善女人於此甚深微妙之法一經耳
者當知是人不謗如来不毀正法不輕聖衆
一切衆生未種善根令得種故已種善根令
增長成就故一切世界所有衆生皆勸修行
六波羅蜜多
尒時虛空藏菩薩梵釋四王諸天衆等即從
座起偏袒右肩合掌恭敬頂礼佛足白佛言
世尊若所在處講說如是金光明王微妙經
典於其國土有四種利益何者為四一者國王
軍衆强盛无諸怨敵離於疾病壽命延
長吉祥安樂正法興顯二者中宮妃后王子諸
臣和悅无諍離於諂佞王所愛重三者沙門
婆羅門及諸國人修行正法无病安樂无枉
死者於諸福田悉皆修立四者於三時中四
大調適常為諸天增加守護慈悲平等无
傷害心令諸衆生歸敬三寶皆願修習菩提
之行是為四種利益之事世尊我等亦常為
和經故隨逐如是持經之人所在住處為作利
益佛言善哉善哉善男子如是如是汝等應

BD03993號　金光明最勝王經卷二　（20–10）

大調適常為諸天增加守護慈悲平等无
傷害心令諸衆生歸敬三寶皆願修習菩提
之行是為四種利益之事世尊我等亦常為
和經故隨逐如是持經之人所在住處為作利
益佛言善哉善哉善男子如是如是汝等應
當勤心流布此妙經王則令正法久住於世
金光明最勝王經夢見懺悔品第四
尒時妙幢菩薩親於佛前聞妙法已歡喜踊
躍一心思惟還至本處於夜夢中見大金鼓
光明晃耀猶如日輪於此光中得見十方无
量諸佛於寶樹下坐琉璃座无量百千大衆
圍繞而為說法見一婆羅門桴擊金鼓出大
音聲聲中演說微妙伽他明懺悔法妙幢
聞已皆悉憶持繫念而住至天曉已與无量
百千大衆圍繞持諸供具出王舍城詣鷲峯
山至世尊所礼佛足已布設香華右繞三匝
退坐一面合掌恭敬瞻仰尊顏白佛言世尊
我於夢中見婆羅門以手執桴擊妙金鼓出
大音聲聲中演說微妙伽他明懺悔法我皆
憶持唯願世尊降大慈悲聽我所說即於佛
前而說頌曰
我於昨夜中　夢見大金鼓　其形極姝妙　周遍有金光
猶如盛日輪　光明皆普耀　充滿十方界　咸見於諸佛
在於寶樹下　各處琉璃座　无量百千衆　恭敬而圍繞
有一婆羅門　以杖擊金鼓　於其鼓聲內　說此妙伽他

BD03993號　金光明最勝王經卷二　（20–11）

我於昨夜中　夢見大金鼓　其形極姝妙　周遍有金光
猶如盛日輪　光明皆普耀　充滿十方界　咸見於諸佛
在於寶樹下　各處琉璃座　无量百千眾　恭敬而圍繞
有一婆羅門　以杖擊金鼓　於其鼓聲內　說此妙伽他
金光明鼓出妙聲　遍至三千大千界
能滅三途極重罪　及以人中諸苦厄
由此金鼓聲威力　永滅一切煩惱障
斷除怖畏令安隱　譬如自在牟尼尊
佛於生死大海中　積行修成一切智
能令眾生覺品具　究竟咸歸功德海
由此金鼓出妙聲　普令聞者獲梵響
證得无上菩提果　常轉清淨妙法輪
住壽不可思議劫　隨機說法利群生
能斷煩惱眾苦流　貪瞋癡等皆除滅
若有眾生處惡趣　大火猛燄周遍身
若得聞是妙鼓音　即能離苦歸依佛
皆得成就宿命智　能憶過去百千生
悉皆正念牟尼尊　得聞如來甚深教
由聞金鼓勝妙音　常得親近於諸佛
悉能捨離諸惡業　純修清淨諸善品
一切天人有情類　慇重至誠祈願者
得聞金鼓妙音聲　能令所求皆滿足
眾生墮在无間獄　猛火炎熾苦焚身
无有救護處輪迴　聞者能令苦除滅
人天餓鬼傍生中　所有現受諸苦難

BD03993號　金光明最勝王經卷二　（20–12）

悉能捨離諸惡業　純修清淨諸善品
一切天人有情類　慇重至誠祈願者
得聞金鼓妙音聲　能令所求皆滿足
眾生墮在无間獄　猛火炎熾苦焚身
无有救護處輪迴　聞者能令苦除滅
人天餓鬼傍生中　所有現受諸苦難
得聞金鼓發妙響　皆蒙離苦得解脫
現在十方界　常住兩足尊　願以大悲心　哀愍憶念我
眾生无歸依　亦无有救護　為如是等類　能作大歸依
我先所作罪　極重諸惡業　今對十力前　至心皆懺悔
我不信諸佛　亦不敬尊親　不務修眾善　常造諸惡業
或自恃尊高　種姓及財位　盛年行放逸　常造諸惡業
心恒起邪念　口陳於惡言　不見於過罪　常造諸惡業
恒作愚夫行　无明闇覆心　隨順不善友　常造諸惡業
或因諸戲樂　或復懷憂惱　為貪瞋所纏　故我造諸惡
親近不善人　及由慳嫉意　貧窮行諂誑　故我造諸惡
雖不樂眾過　由有怖畏故　及不得自在　故我造諸惡
或為躁動心　或因瞋恚恨　及以飢渴惱　故我造諸惡
由飲食衣服　及貪愛女人　煩惱火所燒　故我造諸惡
於佛法僧眾　不生恭敬心　作如是眾罪　我今悉懺悔
於獨覺菩薩　亦无恭敬心　作如是眾罪　我今悉懺悔
无知謗正法　不孝於父母　作如是眾罪　我今悉懺悔
由愚癡憍慢　及以貪瞋力　作如是眾罪　我今悉懺悔
我於十方界　供養无數佛　當願拔眾生　令離諸苦難
願一切有情　皆令住十地　福智圓滿已　成佛導群迷
我為諸眾生　苦行百千劫　以大智慧力　皆令出苦海

BD03993號　金光明最勝王經卷二　（20–13）

无知謗正法　不孝於父母　作如是衆罪　我今悉懺悔
由愚癡憍慢　及以貪瞋力　作如是衆罪　我今悉懺悔
我於十方界　供養无數佛　當願拔衆生　令離諸苦難
願一切有情　皆令住十地　福智圓滿已　成佛導群迷
我為諸衆生　苦行百千劫　以大智慧力　皆令出苦海
我為諸含識　演說甚深經　最勝金光明　能除諸惡業
若人百千劫　造諸極重罪　暫時能發露　衆惡盡消除
依此金光明　作如是懺悔　由斯能速盡　一切諸苦業
勝定百千種　不思議總持　根力覺道支　修習常无倦
我當至十地　具足珍寶處　圓滿佛功德　濟度生死流
我於諸佛海　甚深功德藏　妙智難思議　皆令得具足
唯願十方佛　觀察護念我　皆以大悲心　哀受我懺悔
我於多劫中　所造諸惡業　由斯生苦惱　哀愍願消除
我造諸惡業　常生憂怖心　於四威儀中　曾无歡樂想
諸佛具大悲　能除衆生怖　願受我懺悔　令得離憂苦
我有煩惱障　及以諸報業　願以大悲水　洗濯令清淨
我先作諸罪　及現造惡業　至心皆發露　咸願得蠲除
未來諸惡業　防護令不起　設令有違者　終不敢覆藏
身三語四種　意業復有三　繫縛諸有情　无始恒相續
由斯三種行　造作十惡業　如是衆多罪　我今皆懺悔
我造諸惡業　苦報當自受　今於諸佛前　至誠皆懺悔
於此贍部洲　及他方世界　所有諸善業　今我皆隨喜
願離十惡業　修行十善道　安住十地中　常見十方佛
我以身語意　所修福智業　願以此善根　速成无上慧
我今親對十力前　發露衆多苦難事

BD03993 號　金光明最勝王經卷二　（20–14）

我造諸惡業　苦報當自受　今於諸佛前　至誠皆懺悔
於此贍部洲　及他方世界　所有諸善業　今我皆隨喜
願離十惡業　修行十善道　安住十地中　常見十方佛
我以身語意　所修福智業　願以此善根　速成无上慧
我今親對十力前　發露衆多苦難事
凡愚迷惑三有難　恒造極重惡業難
我所積集欲邪難　常起貪愛流轉難
於此世間耽著難　一切愚夫煩惱難
狂心散動顛倒難　及以親近惡友難
於生死中貪染難　瞋癡闇鈍造罪難
生八无暇惡處難　未曾積集功德難
我今皆於最勝前　懺悔无邊罪惡業
我今歸依諸善逝　我禮德海无上尊
如大金山照十方　唯願慈悲哀攝受
身色金光淨无垢　目如清淨紺琉璃
吉祥威德名稱尊　大悲慧日除衆闇
佛日光明常普遍　善淨无垢離諸塵
牟尼月照極清涼　能除衆生煩惱熱
三十二相遍莊嚴　八十隨好皆圓滿
福德難思无與等　如日流光照世間
色如琉璃淨无垢　猶如滿月處虛空
妙頗梨網映金軀　種種光明以嚴飾
於生死苦瀑流內　老病憂愁水所漂
如是苦海難堪忍　佛日舒光令永竭
我今稽首一切智　三千世界希有尊

BD03993 號　金光明最勝王經卷二　（20–15）

色如琉璃淨无垢　猶如滿月處虛空
妙頗梨網映金軀　種種光明以嚴飾
於生死苦瀑流內　老病憂愁水所漂
如是苦海難堪忍　佛日舒光令永竭
我今稽首一切智　三千世界希有尊
光明晃耀紫金身　種種妙好皆嚴飾
如大海水量難知　大地微塵不可數
如妙高山叵稱量　亦如虛空无有際
諸佛功德亦如是　一切有情不能知
於无量劫諦思惟　无有能知德海岸
盡此大地諸山岳　析如微塵能算知
毛端滴海尚可量　佛之功德无能數
一切有情皆共讚　世尊名稱諸功德
清淨相好妙莊嚴　不可稱量知分齊
我之所有眾善業　願得速成无上尊
廣說正法利群生　悉令解脫於眾苦
降伏大力魔軍眾　當轉无上正法輪
久住劫數難思議　充足眾生甘露味
猶如過去諸最勝　六波羅蜜皆圓滿
滅諸貪欲及瞋癡　降伏煩惱除眾苦
願我常得宿命智　能憶過去百千生
亦常憶念牟尼尊　得聞諸佛甚深法
願我以斯諸善業　奉事无邊最勝尊
遠離一切不善因　恒得脩行真妙法
一切世界諸眾生　悉皆離苦得安樂

BD03993號　金光明最勝王經卷二　（20–16）

願我常得宿命智　能憶過去百千生
亦常憶念牟尼尊　得聞諸佛甚深法
願我以斯諸善業　奉事无邊最勝尊
遠離一切不善因　恒得脩行真妙法
一切世界諸眾生　悉皆離苦得安樂
所有諸根不具足　令彼身相皆圓滿
若有眾生遭病苦　身形羸瘦无所依
咸令病苦得消除　諸根色力皆充滿
若犯王法當刑戮　眾苦逼迫生憂惱
彼受如斯極苦時　无有歸依能救護
若受鞭杖枷鎖繫　種種苦具切其身
无量百千憂惱時　逼迫身心无暫樂
皆令得免於繫縛　及以鞭杖諸苦事
將臨形者得命全　眾苦皆令永除盡
若有眾生飢渴逼　令得種種殊勝味
盲者得視聾者聞　跛者能行瘂能語
貧窮眾生獲寶藏　倉庫盈溢无所乏
皆令得受上妙樂　无一眾生受苦惱
一切人天皆樂見　容儀溫雅甚端嚴
悉皆現受无量樂　受用豐饒福德具
隨彼眾生念伎樂　眾妙音聲皆現前
念水即現清涼池　金色蓮華泛其上
隨彼眾生心所念　飲食衣服及牀敷
金銀珎寶妙琉璃　瓔珞莊嚴皆具足
勿令眾生聞惡響　亦復不見有相違
所受容貌悉端嚴　各各慈心相愛樂

BD03993號　金光明最勝王經卷二　（20–17）

隨彼衆生念伎樂 衆妙音聲皆現前
念水即現清涼池 金色蓮華泛其上
隨彼衆生心所念 飲食衣服及牀敷
金銀珎寶妙琉璃 瓔珞莊嚴皆具足
勿令衆生聞惡響 亦復不見有相違
所受容貌悉端嚴 各各慈心相愛樂
世間資生諸樂具 隨心念時皆滿足
所得珎財无悋惜 分布施與諸衆生
燒香末香及塗香 衆妙雜華非一色
每日三時從樹墮 隨心受用生歡喜
普願衆生咸供養 十方一切最勝尊
三乘清淨妙法門 菩薩獨覺聲聞衆
常願勿處於卑賤 不墮无暇八難中
生在有暇人中尊 恒得親承十方佛
願得常生富貴家 財寶倉庫皆盈滿
顏貌名稱无與等 壽命延長經劫數
悉願女人變為男 勇健聰明多智慧
一切常行菩薩道 勤修六度到彼岸
常見十方无量佛 寶王樹下而安處
處妙琉璃師子座 恒得親承轉法輪
若於過去及現在 輪迴三有造諸業
能招可厭不善趣 願得消滅永无餘
一切衆生於有海 生死羂網堅牢縛
願以智劍為斷除 離苦速證菩提處
衆生於此贍部內 或於他方世界中
所作種種勝福因 我今皆悉生隨喜

BD03993號　金光明最勝王經卷二　（20–18）

處妙琉璃師子座 恒得親承轉法輪
若於過去及現在 輪迴三有造諸業
能招可厭不善趣 願得消滅永无餘
一切衆生於有海 生死羂網堅牢縛
願以智劍為斷除 離苦速證菩提處
衆生於此贍部內 或於他方世界中
所作種種勝福因 我今皆悉生隨喜
以此隨喜福德事 及身語意造衆善
願此勝業常增長 速證无上大菩提
所有礼讚佛功德 深心清淨无瑕穢
迴向發願福无邊 當超惡趣六十劫
若有男子及女人 婆羅門等諸勝族
合掌一心讚歎佛 生生常憶宿世事
諸根清淨身圓滿 殊勝功德皆成就
願於未來所生處 常得人天共瞻仰
非於一佛十佛所 修諸善根今得聞
百千佛所種善根 方得聞斯懺悔法
尒時世尊聞此說已讚妙幢菩薩言善哉
善哉善男子如汝所夢金鼓出聲讚歎如來
真實功德并懺悔法若有聞者獲福甚多
廣利有情滅除罪障汝今應知此之勝業
是過去讚歎發願宿習因緣及由諸佛威
力加護此之因緣當為汝說時諸大衆聞
是法已咸皆歡喜信受奉行
金光明最勝王經卷第二

BD03993號　金光明最勝王經卷二　（20–19）

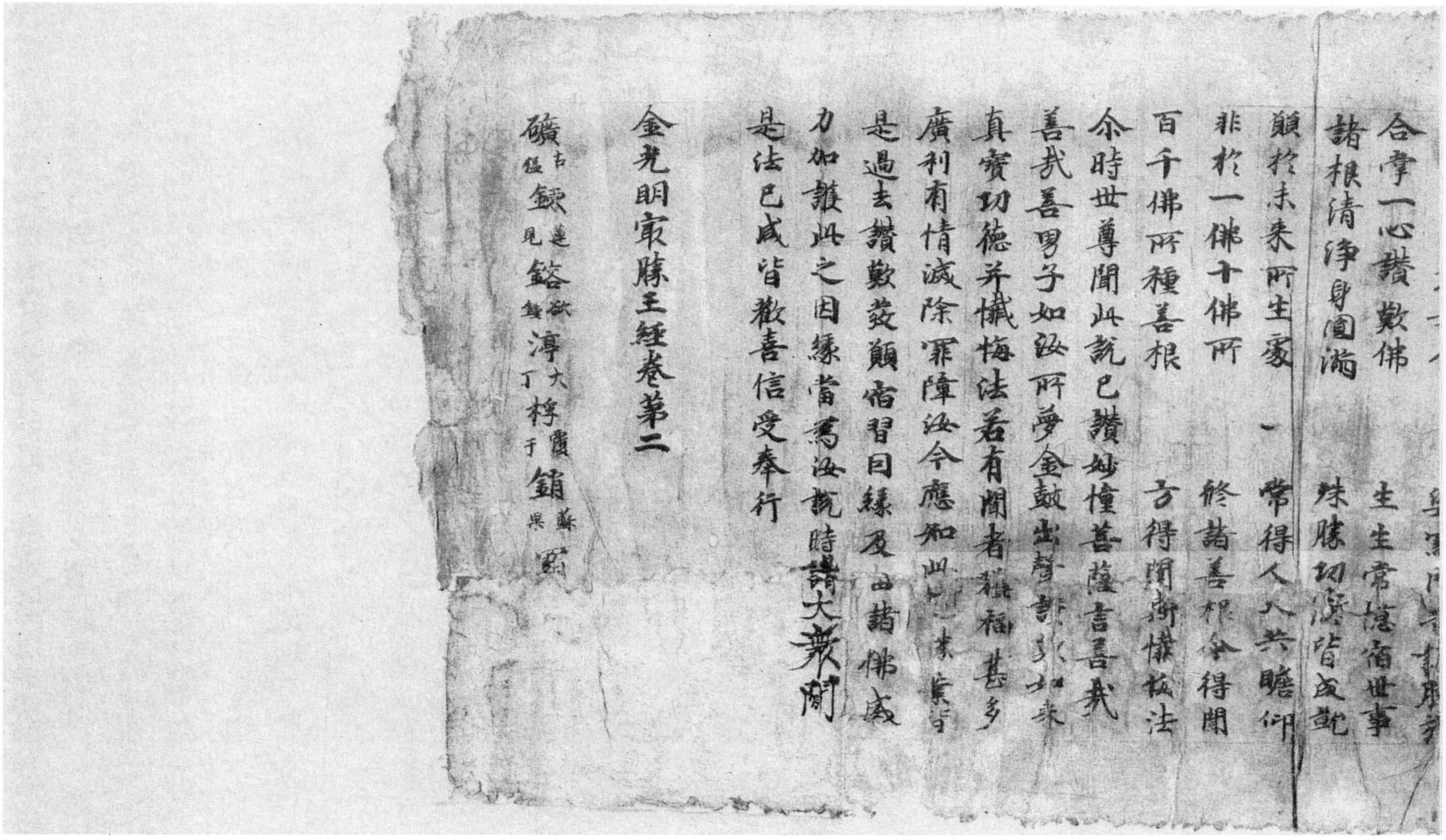

合掌一心讚歎佛　生生常護宿世事
諸根清淨身圓滿　殊勝功德皆成就
願於未來所生處　常得人天共瞻仰
非於一佛十佛所　修諸善根今得聞
百千佛所種善根　方得聞斯懺悔法
爾時世尊聞此說已讚妙幢菩薩言善哉
善哉善男子如汝所夢金鼓出聲讚歎如來
真實功德并懺悔法若有聞者獲福甚多
廣利有情滅除罪障汝今應知此之勝業皆
是過去讚歎發願宿習因緣及由諸佛威
力加護此之因緣當為汝說時諸大眾聞
是法已咸皆歡喜信受奉行
金光明最勝王經卷第二
礦古猛　鍬遥見　鎔欲鍾　淳大丁　桴于　鎖蘇果

BD03993 號　金光明最勝王經卷二　（20–20）

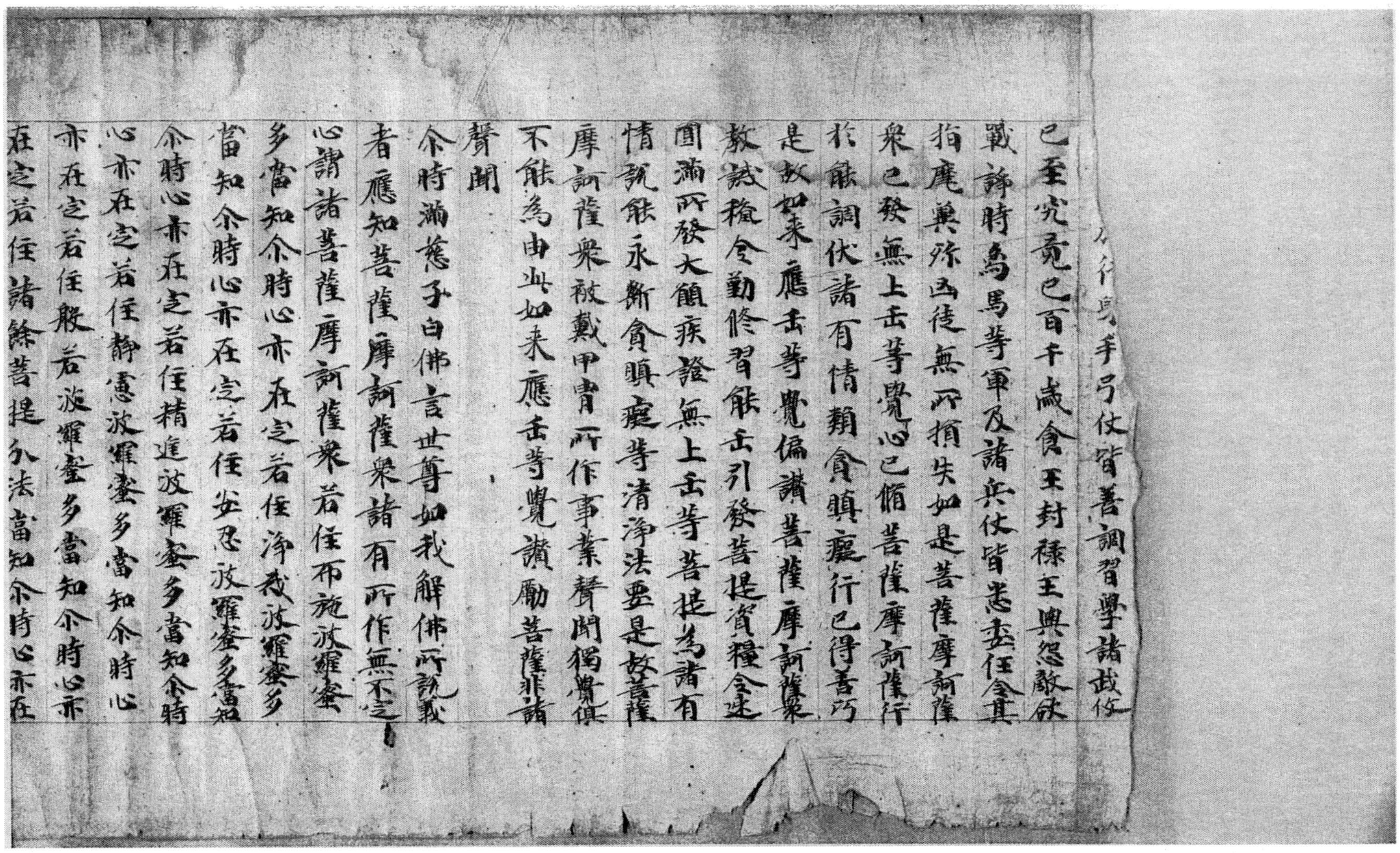

行與手弓仗皆善調習學諸戲伎
已至究竟已百千歲食王封祿王興怨敵欲
戰諍時為馬等軍及諸兵仗皆悉委任令其
指麾冀殄凶徒無所損失如是菩薩摩訶薩
衆已發無上正等覺心已脩菩薩摩訶薩行
於能調伏諸有情類貪瞋癡行已得善巧
是故如來應正等覺偏讚菩薩摩訶薩衆
教誡教授令勤修習能正引發菩提資糧令速
圓滿所發大願疾證無上正等菩提為諸有
情說能永斷貪瞋癡等清淨法要是故菩薩
摩訶薩衆被戴甲冑所作事業聲聞獨覺俱
不能為由此如來應正等覺讚勵菩薩非諸
聲聞
爾時滿慈子白佛言世尊如我解佛所說義
者應知菩薩摩訶薩衆諸有所作無不定心
謂諸菩薩摩訶薩衆若住布施波羅蜜
多當知爾時心亦在定若住淨戒波羅蜜多
當知爾時心亦在定若住安忍波羅蜜多當知
爾時心亦在定若住精進波羅蜜多當知爾時
心亦在定若住靜慮波羅蜜多當知爾時心
亦在定若住般若波羅蜜多當知爾時心亦
在定若住諸餘菩提分法當知爾時心亦在

BD03994 號　大般若波羅蜜多經卷五九二　（2–1）

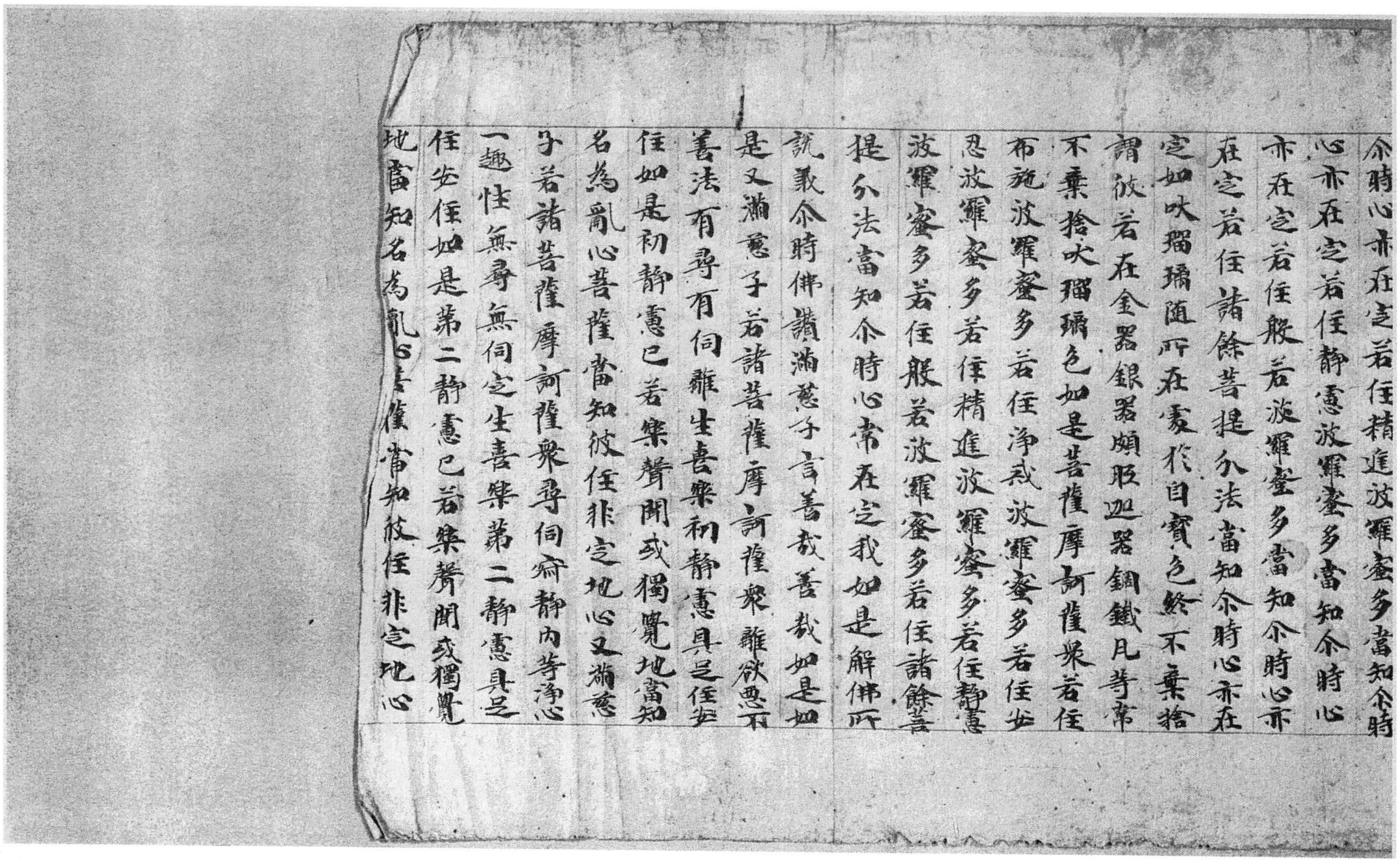
尒時心亦在定若住精進波羅蜜多當知尒時
心亦在定若住靜慮波羅蜜多當知尒時心亦
亦在定若住般若波羅蜜多當知尒時心亦在
在定若住諸餘菩提分法當知尒時心亦在
定如吠瑠璃随所在處於自寶色終不棄捨
謂彼若在金器銀器頗胝迦器銅鐵凡等常
不棄捨吠瑠璃色如是菩薩摩訶薩衆若住
布施波羅蜜多若住淨戒波羅蜜多若住安
忍波羅蜜多若住精進波羅蜜多若住靜慮
波羅蜜多若住般若波羅蜜多若住諸餘菩
提分法當知尒時心常在定我如是解佛所
說義尒時佛讃滿慈子言善哉善哉如是如
是又滿慈子若諸菩薩摩訶薩衆離欲惡不
善法有尋有伺離生喜樂初靜慮具足住安
住如是初靜慮已若樂聲聞或獨覺地當知
名為亂心菩薩當知彼住非定地心又滿慈
子若諸菩薩摩訶薩衆尋伺寂靜內等淨心
一趣性無尋無伺定生喜樂第二靜慮具足
住安住如是第二靜慮已若樂聲聞或獨覺
地當知名為亂心菩薩當知彼住非定地心

BD03994 號　大般若波羅蜜多經卷五九二

（2–2）

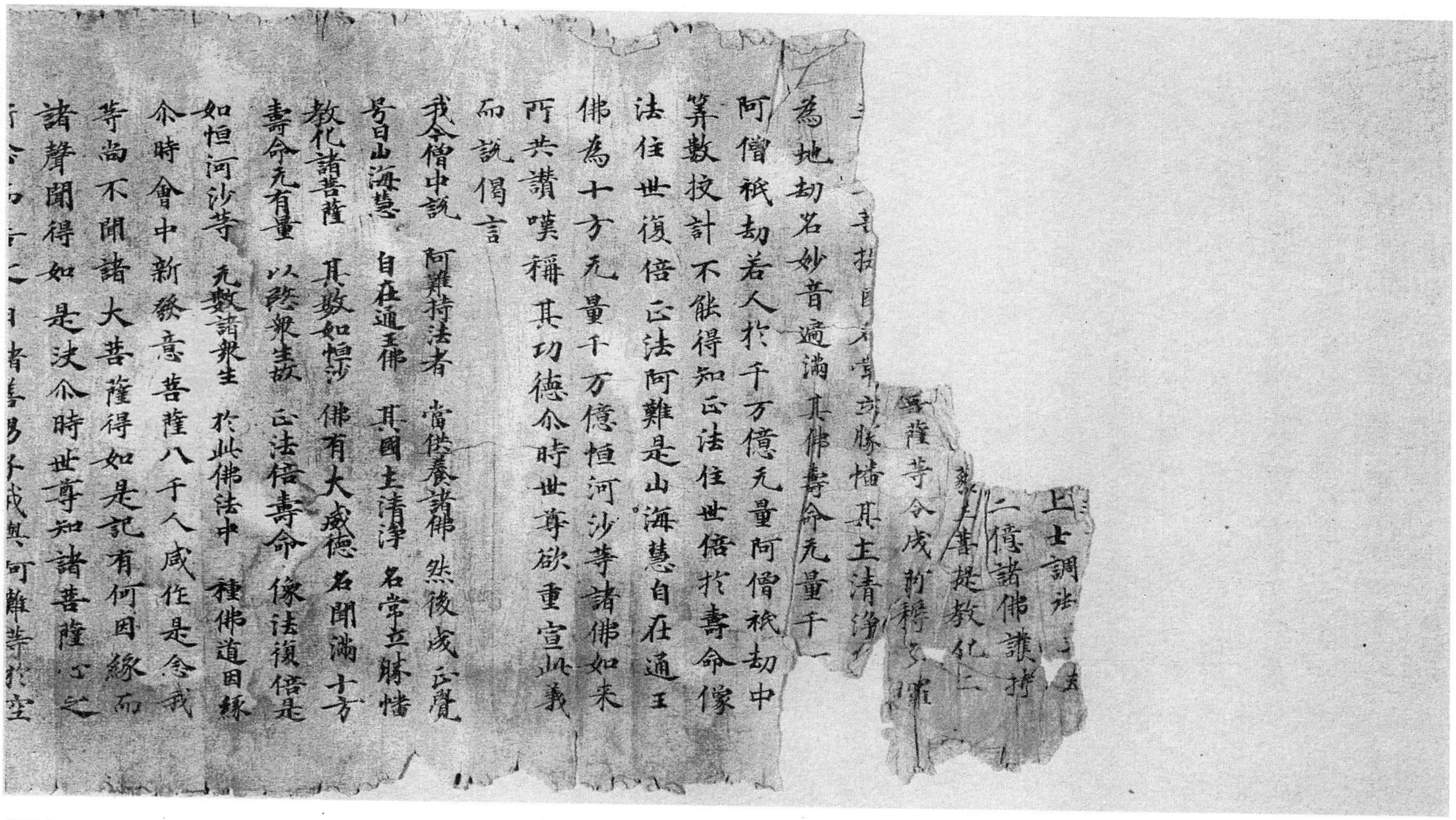
上士調御丈
二億諸佛護持
菩提教化二
薩等令成阿耨多羅
常立勝幡其土清淨
為地劫名妙音遍滿其佛壽命无量千
阿僧祇劫若人於千万億无量阿僧祇劫中
筭數挍計不能得知正法住世倍於壽命像
法住世復倍正法阿難是山海慧自在通王
佛為十方无量千万億恒河沙等諸佛如来
所共讃嘆稱其功德尒時世尊欲重宣此義
而說偈言
我今僧中說　阿難持法者　當供養諸佛　然後成正覺
号曰山海慧　自在通王佛　其國土清淨　名常立勝幡
教化諸菩薩　其數如恒沙　佛有大威德　名聞滿十方
壽命无有量　以愍衆生故　正法倍壽命　像法復倍是
如恒河沙等　无數諸衆生　於此佛法中　種佛道因緣
尒時會中新發意菩薩八千人咸作是念我
等尚不聞諸大菩薩得如是記有何因緣而
諸聲聞得如是決尒時世尊知諸菩薩心之
而告之曰諸善男子我與阿難等於空

BD03995 號　妙法蓮華經卷四

（22–1）

教化諸菩薩　其數如恒沙　佛有大威德　名聞滿十方
壽命无有量　以愍衆生故　正法倍壽命　像法復倍是
如恒河沙等　无數諸衆生　於此佛法中　種佛道因緣
尒時會中新發意菩薩八千人咸作是念我
等尚不聞諸大菩薩得如是記有何因緣而
諸聲聞得如是決尒時世尊知諸菩薩心之
所念而告之曰諸善男子我與阿難等於空
王佛所同時發阿耨多羅三藐三菩提心阿
難常樂多聞我常勤精進是故我已得成阿
耨多羅三藐三菩提而阿難護持我法亦護
將來諸佛法藏教化成就諸菩薩衆其本願
如是故獲斯記阿難面於佛前自聞受記及
國土莊嚴所願具足心大歡喜得未曾有即
時憶念過去无量千万億諸佛法藏通達无
礙如今所聞亦識本願尒時阿難而說偈言
世尊甚希有　令我念過去　无量諸佛法　如今日所聞
我今无復疑　安住於佛道　方便為侍者　護持諸佛法
尒時佛告羅睺羅汝於未世當得作佛号蹈
七寶華如來應供正遍知明行足善逝世間
解无上士調御丈夫天人師佛世尊當供養
十世界微塵等數諸佛如來常為諸佛而作
長子猶如今也是蹈七寶華佛國莊嚴壽命
劫數所化弟子正法像法亦如山海慧自在
通王如來无異亦為此佛而作長子過是已
後當得阿耨多羅三藐三菩提尒時世尊欲
重宣此義而說偈言

BD03995號　妙法蓮華經卷四　（22–2）

劫數所化弟子正法像法亦如山海慧自在
通王如來无異亦為此佛而作長子過是已
後當得阿耨多羅三藐三菩提尒時世尊欲
重宣此義而說偈言
我為太子時　羅睺為長子　我今成佛道　受法為法子
於未來世中　見无量億佛　皆為其長子　一心求佛道
羅睺羅密行　唯我能知之　現為我長子　以示諸衆生
无量億千万　功德不可數　安住於佛法　以求无上道
尒時世尊見學无學二千人其意柔軟寂然
清淨一心觀佛佛告阿難汝見是學无學二
千人不唯然已見阿難是諸人等當供養五
十世界微塵等數諸佛如來恭敬尊重護持
藏末後同時於十方國各得成佛皆同一号
名曰寶相如來應供正遍知明行足善逝世
間解无上士調御丈夫天人師佛世尊壽命
一劫國土莊嚴聲聞菩薩正法像法皆悉同
等尒時世尊欲重宣此義而說偈言
是二千聲聞　今於我前住　悉皆與授記　未來當成佛
所供養諸佛　如上說塵數　護持其法藏　後當成正覺
各於十方國　悉同一名号　俱時坐道場　以證无上慧
皆名為寶相　國土及弟子　正法與像法　悉等无有異
咸以諸神通　度十方衆生　名聞普周遍　漸入於涅槃
尒時學无學　二千人聞佛　授記歡喜踊躍而
說偈言
世尊慧燈明　我聞授記音　心歡喜充滿　如甘露見灌
妙法蓮華經法師品第十

BD03995號　妙法蓮華經卷四　（22–3）

尒時學无學二千人聞佛授記歡喜踊躍而
說偈言
世尊慧燈明　我聞授記音　心歡喜充滿　如甘露見灌
妙法蓮華經法師品第十
尒時世尊因藥王菩薩告八万大士藥王汝
見是大衆中无量諸天龍王夜叉乾闥婆阿
脩羅迦樓羅緊那羅摩睺羅伽人與非人及
比丘比丘尼優婆塞優婆夷求聲聞者求辟
支佛者求佛道者如是等類咸於佛前聞妙
法華經一偈一句乃至一念隨喜者我皆與
授記當得阿耨多羅三藐三菩提佛告藥王
又如來滅度之後若有人聞妙法華經乃至
一偈一句一念隨喜者我亦與授阿耨多羅
三藐三菩提記若復有人受持讀誦解說書
寫妙法華經乃至一偈於此經卷敬視如佛
種種供養華香瓔珞末香塗香燒香繒蓋幢
幡衣服伎樂乃至合掌恭敬藥王當知是諸
人等已曾供養十万億佛於諸佛所成就大
願愍衆生故生此人間
藥王若有人問何等衆生於未來世當得作
佛應示是諸人等於未來世必得作佛何以
故若善男子善女人於法華經乃至一句受
持讀誦解說書寫種種供養經卷華香瓔珞
末香塗香燒香繒蓋幢幡衣服伎樂合掌恭
敬是人一切世間所應瞻奉應以如來供養
而供養之當知此人是大菩薩成就阿耨多

BD03995號　妙法蓮華經卷四

（22–4）

故若善男子善女人於法華經乃至一句受
持讀誦解說書寫種種供養經卷華香瓔珞
末香塗香燒香繒蓋幢幡衣服伎樂合掌恭
敬是人一切世間所應瞻奉應以如來供養
而供養之當知此人是大菩薩成就阿耨多
羅三藐三菩提哀愍衆生願生此間廣演分
別妙法華經何況盡能受持種種供養者藥
王當知是人自捨清淨業報於我滅後愍衆
生故生於惡世廣演此經若是善男子善女
人我滅度後能竊爲一人說法華經乃至一
句當知是人則如來使如來所遣行如來事
何況於大衆中廣爲人說藥王若有惡人以
不善心於一劫中現於佛前常毀罵佛其罪
尚輕若人以一惡言毀呰在家出家讀誦法
華經者其罪甚重藥王其有讀誦法華經者
當知是人以佛莊嚴而自莊嚴則爲如來肩
所荷擔其所至方應隨向禮一心合掌恭敬
供養尊重讚歎華香瓔珞末香塗香燒香繒
蓋幢幡衣服餚饌作諸伎樂人中上供而供
養之應持天寶而以散之天上寶聚應以奉
獻所以者何是人歡喜說法須臾聞之即得
究竟阿耨多羅三藐三菩提故尒時世尊欲
重宣此義而說偈言
若欲住佛道　成就自然智　常當勤供養　受持法華者
其有欲疾得　一切種智慧　當受持是經　并供持經者
若有能受持　妙法華經者　當知佛所使　愍念諸衆生
諸有能受持　妙法華經者　捨於清淨土　愍衆故生此

BD03995號　妙法蓮華經卷四

（22–5）

重宣此義而說偈言
若欲住佛道 成就自然智 常當勤供養 受持法華者
其有欲疾得 一切種智慧 當受持是經 并供持經者
若有能受持 妙法華經者 當知佛所使 愍念諸衆生
諸有能受持 妙法華經者 捨於清淨土 愍衆故生此
當知如是人 自在所欲生 能於此惡世 廣說无上法
應以天華香 及天寶衣服 天上妙寶聚 供養說法者
吾滅後惡世 能持是經者 當合掌敬礼 如供養世尊
上饌衆甘美 及種種衣服 供養是佛子 兾得須臾聞
若能於後世 受持是經者 我遣在人中 行於如來事
若於一劫中 常懷不善心 作色而罵佛 獲无量重罪
其有讀誦持 是法華經者 須臾加惡言 其罪復過彼
有人求佛道 而於一劫中 合掌在我前 以无數偈讚
由是讚佛故 得无量功德 嘆美持經者 其福復過彼
於八十億劫 以最妙色聲 及與香味觸 供養持經者
如是供養已 若得須臾聞 則應自欣慶 我今獲大利
藥王今告汝 我所說諸經 而於此經中 法華最第一
尒時佛復告藥王菩薩摩訶薩我所說經典
无量千億已說今說當說而於其中此法華
經最為難信難解藥王此經是諸佛秘要之
藏不可分布妄授與人諸佛世尊之所守護
從昔已來未曾顯說而此經者如來現在猶
多怨嫉況滅度後藥王當知如來滅後其能
書持讀誦供養為他人說者如來則為以衣
覆之又為他方現在諸佛之所護念是人有
大信力及志願力諸善根力當知是人與如
來共宿則為如來手摩其頭藥王在在處處



書持讀誦供養為他人說者如來則為以衣
覆之又為他方現在諸佛之所護念是人有
大信力及志願力諸善根力當知是人與如
來共宿則為如來手摩其頭藥王在在處處
若說若讀若誦若書若經卷所住處皆應起
七寶塔極令高廣嚴飾不須復安舍利所以
者何此中已有如來全身此塔應以一切華
香瓔珞繒蓋幢幡伎樂歌頌供養恭敬尊重
讃嘆若有人得見此塔礼拜供養當知是等
皆近阿耨多羅三藐三菩提藥王多有人在
家出家行菩薩道若不能得見聞讀誦書持
供養是法華經者當知是人未善行菩薩道
若有得聞是經典者乃能善行菩薩之道其
有衆生求佛道者若見若聞是法華經聞已
信解受持者當知是人得近阿耨多羅三藐
三菩提
藥王譬如有人渴乏須水於彼高原穿鑿求
之猶見乾土知水尚遠施功不已轉見濕土
遂漸至泥其心決定知水必近菩薩亦復如
是若未聞未解未能脩習是法華經當知是
人去阿耨多羅三藐三菩提尚遠若得聞解
思惟脩習必知得近阿耨多羅三藐三菩提
所以者何一切菩薩阿耨多羅三藐三菩提
皆屬此經此經開方便門示真實相是法華
經藏深固幽遠无人能到今佛教化成就菩
薩而為開示藥王若有菩薩聞是法華經驚
[illegible]當知是為新發意菩薩若聲聞人聞

所以者何一切菩薩阿耨多羅三藐三菩提
皆屬此經此經開方便門示真實相是法華
經藏深固幽遠无人能到今佛教化成就菩
薩而為開示藥王若有菩薩聞是法華經驚
疑怖畏當知是為新發意菩薩若聲聞人聞
是經驚疑怖畏當知是為增上慢者藥王若
有善男子善女人如來滅後欲為四眾說是
法華經者云何應說是善男子善女人入如
來室著如來衣坐如來座尒乃應為四眾廣
說斯經如來室者一切眾生中大慈悲心是
如來衣者柔和忍辱心是如來座者一切法
空是安住是中然後以不懈怠心為諸菩薩
及四眾廣說是法華經藥王我於餘國遣化
人為其集聽法眾亦遣化比丘比丘尼優婆
塞優婆夷聽其說法是諸化人聞法信受隨
順不逆若說法者在空閑處我時廣遣天龍
鬼神乾闥婆阿脩羅等聽其說法我雖在異
國時時令說法者得見我身若於此經忘失
句逗我還為說令得具足尒時世尊欲重宣
此義而說偈言

欲捨諸懈怠　應當聽此經　是經難得聞　信受者亦難
如人渴須水　穿鑿於高原　猶見乾燥土　知去水尚遠
漸見濕土泥　決定知近水　藥王汝當知　如是諸人等
不聞法華經　去佛智甚遠　若聞是深經　決了聲聞法
是諸經之王　聞已諦思惟　當知此人等　近於佛智慧
若人說此經　應入如來室　著於如來衣　而坐如來座
處眾无所畏　廣為分別說　大慈悲為室　柔和忍辱衣

BD03995號　妙法蓮華經卷四

（22–8）

如人渴須水　穿鑿於高原　猶見乾燥土　知去水尚遠
漸見濕土泥　決定知近水　藥王汝當知　如是諸人等
不聞法華經　去佛智甚遠　若聞是深經　決了聲聞法
是諸經之王　聞已諦思惟　當知此人等　近於佛智慧
若人說此經　應入如來室　著於如來衣　而坐如來座
處眾无所畏　廣為分別說　大慈悲為室　柔和忍辱衣
諸法空為座　處此為說法　若說此經時　有人惡口罵
加刀杖瓦石　念佛故應忍　我千万億土　現淨堅固身
於无量億劫　為眾生說法　若我滅度後　能說此經者
我遣化四眾　比丘比丘尼　及清信士女　供養於法師
引導諸眾生　集之令聽法　若人欲加惡　刀杖及瓦石
則遣變化人　為之作衛護　若說法之人　獨在空閑處
寂寞无人聲　讀誦此經典　我尒時為現　清淨光明身
若忘失章句　為說令通利　若人具是德　或為四眾說
空處讀誦經　皆得見我身　若人在空閑　我遣天龍王
夜叉鬼神等　為作聽法眾　是人樂說法　分別无罣礙
諸佛護念故　能令大眾喜　若親近法師　速得菩薩道
隨順是師學　得見恒沙佛

妙法蓮華經見寶塔品第十一

尒時佛前有七寶塔高五百由旬縱廣二百
五十由旬從地踊出住在空中種種寶物而
莊校之五千欄楯龕室千万无數幢幡以為
嚴飾垂寶瓔珞寶鈴万億而懸其上四面皆
出多摩羅跋栴檀之香充遍世界其諸幡蓋
以金銀瑠璃車渠馬瑙真珠玫瑰七寶合成
高至四天王宮三十三天雨天曼陁羅華供
養寶塔餘諸天龍夜叉乾闥婆阿脩羅迦樓

BD03995號　妙法蓮華經卷四

（22–9）

嚴飾垂寶瓔珞寶鈴万億而懸其上四面皆
出多摩羅跋栴檀之香充遍世界其諸幡蓋
以金銀琉璃車渠馬瑙真珠玫瑰七寶合成
高至四天王宮三十三天雨天曼陁羅華供
養寶塔餘諸天龍夜叉乾闥婆阿脩羅迦樓
羅緊那羅摩睺羅伽人非人等千万億衆以
一切華香瓔珞幡蓋伎樂供養寶塔恭敬尊
重讃嘆尒時寶塔中出大音聲嘆言善哉善
哉釋迦牟尼世尊能以平等大慧教菩薩法
佛所護念妙法華經為大衆說如是如是釋
迦牟尼世尊如所說者皆是真實
尒時四衆見大寶塔住在空中又聞塔中所
出音聲皆得法喜怪未曾有從座而起恭敬
合掌却住一面尒時有菩薩摩訶薩名大樂
說知一切世間天人阿脩羅等心之所疑而
白佛言世尊以何因緣有此寶塔從地踊出
又於其中發是音聲尒時佛告大樂說菩薩
此寶塔中有如來全身乃往過去東方无量
千万億阿僧祇世界國名寶淨彼中有佛号
日多寶其佛行菩薩道時作大誓願若我成
佛滅度之後於十方國土有說法華經處我
之塔廟為聽是經故踊現其前為作證明讃
言善哉彼佛成道已臨滅度時於天人大衆
中告諸比丘我滅度後欲供養我全身者應
起一大塔其佛以神通願力十方世界在在
處處若有說法華經者彼之寶塔皆踊出其
[illegible]



之塔廟為聽是經故踊現其前為作證明讃
言善哉彼佛成道已臨滅度時於天人大衆
中告諸比丘我滅度後欲供養我全身者應
起一大塔其佛以神通願力十方世界在在
處處若有說法華經者彼之寶塔皆踊出其
前全身在於塔中讃言善哉善哉大樂說今
多寶如來塔聞說法華經故從地踊出讃言善
哉善哉是時大樂說菩薩以如來神力故白佛
言世尊我等願欲見此佛身佛告大樂說
菩薩摩訶薩是多寶佛有深重願若我寶塔
為聽法華經故出於諸佛前時其有欲以我
身示四衆者彼佛分身諸佛在於十方世界
說法盡還集一處然後我身乃出現耳大樂
說我分身諸佛在於十方世界說法者今應
當集大樂說白佛言世尊我等亦願欲見世
尊分身諸佛礼拜供養
尒時佛放白豪一光即見東方五百万億那
由他恒河沙等國土諸佛彼諸國土皆以頗
梨為地寶樹寶衣以為莊嚴无數千万億菩
薩充滿其中遍張寶幔寶網羅上彼國諸佛
以大妙音而說諸法及見无量千万億菩薩
遍滿諸國為衆說法南西北方四維上下白
豪相光所照之處亦復如是尒時十方諸佛
各告衆菩薩言善男子我今應往娑婆世界
釋迦牟尼佛所并供養多寶如來寶塔時娑
婆世界即變清淨琉璃為地寶樹莊嚴黃金
[illegible]

豪相光所照之處亦復如是尒時十方諸佛
各告衆菩薩言善男子我今應往娑婆世界
釋迦牟尼佛所并供養多寶如来寶塔時娑
婆世界即變清淨瑠璃為地寶樹莊嚴黄金
為繩以界八道无諸聚落村營城邑大海江
河山川林藪燒大寶香曼陁羅華遍布其地
以寶網幔羅覆其上懸諸寶鈴唯留此會衆
移諸天人置於他土是時諸佛各將一大菩
薩以為侍者至娑婆世界各到寶樹下一一
寶樹高五百由旬枝葉華菓次苐莊嚴諸寶
樹下皆有師子之座高五由旬亦以大寶而
挍飾之
尒時諸佛各於此座結跏趺坐如是展轉遍
滿三千大千世界而於釋迦牟尼佛一方所
分之身猶故未盡時釋迦牟尼佛欲容受所
分身諸佛故於八方各變二百万億那由他
國皆令清淨无有地獄餓鬼畜生及阿脩羅
又移諸天人置於他土所化之國亦以瑠璃
為地寶樹莊嚴樹高五百由旬枝葉華菓次
苐嚴飾樹下皆有寶師子座高五由旬種種
諸寶以為莊挍亦无大海江河及目真隣陁
山摩訶目真隣陁山鐵圍山大鐵圍山須弥
山等諸山王通為一佛國土寶地平正寶交
露縵遍覆其上懸諸幡蓋燒大寶香諸天寶
華遍布其地釋迦牟尼佛為諸佛當来坐故
復於八方各變二百万億那由他國皆令清
[illegible]



山等諸山王通為一佛國土寶地平正寶交
露縵遍覆其上懸諸幡蓋燒大寶香諸天寶
華遍布其地釋迦牟尼佛為諸佛當来坐故
復於八方各變二百万億那由他國皆令清
淨无有地獄餓鬼畜生及阿脩羅又移諸天
人置於他土所化之國亦以瑠璃為地寶樹
莊嚴樹高五百由旬枝葉花菓次苐莊嚴樹
下皆有寶師子座高五由旬亦以大寶而挍
飾之亦无大海江河及目真隣陁山摩訶目
真隣陁山鐵圍山大鐵圍山須弥山等諸山
王通為一佛國土寶地平正寶交露縵遍覆
其上懸諸幡蓋燒大寶香諸天寶華遍布其
地尒時東方釋迦牟尼佛所分之身百千万億
那由他恒河沙等國土中諸佛各各說法来
集於此如是次苐十方諸佛皆悉来集坐於八
尒時一一方四百万億那由他國土諸佛如来
遍滿其中是時諸佛各在寶樹下坐師子
座皆遣侍者問訊釋迦牟尼佛各賷寶華滿
掬而告之言善男子汝往詣耆闍崛山釋迦
牟尼佛所如我辞曰少病少惱氣力安樂及
菩薩聲聞衆悉安隱不以此寶華散佛供養
而作是言彼某甲佛與欲開此寶塔諸佛遣
使亦復如是尒時釋迦牟尼佛見所分身佛
悉已来集各各坐於師子之座皆聞諸佛與
欲同開寶塔即從座起住虛空中一切四衆
起立合掌一心觀佛於是釋迦牟尼佛以右
指開七寶塔戶出大音聲如却關鑰開大城

使亦復如是尒時釋迦牟尼佛見所分身佛
悉已来集各各坐於師子之座皆聞諸佛與
欲同開寶塔即從座起住虛空中一切四衆
起立合掌一心觀佛於是釋迦牟尼佛以右
指開七寶塔戶出大音聲如却關鑰開大城
門即時一切衆會皆見多寶如来於寶塔中
坐師子座全身不散如入禪定又聞其言善
哉善哉釋迦牟尼佛快說是法華經我為是
是經故而来至此尒時四衆等見過去无量
千万億劫滅度佛說如是言嘆未曾有以天
寶華聚散多寶佛及釋迦牟尼佛上尒時多
寶佛於寶塔中分半座與釋迦牟尼佛而作
是言釋迦牟尼佛可就此座即時釋迦牟尼
佛入其塔中坐其半座結跏趺坐尒時大衆
見二如来在七寶塔中師子座上結跏趺坐
各作是念佛座高遠唯願如来以神通力令
我等輩俱處虛空即時釋迦牟尼佛以神通
力接諸大衆皆在虛空以大音聲普告四衆
誰能於此娑婆國土廣說妙法華經今正是
時如来不久當入涅槃佛欲以此如法華經付
囑有在尒時世尊欲重宣此義而說偈言
聖主世尊　雖久滅度　在寶塔中　尚為法来
諸人云何　不勤為法　此佛滅度　无央數劫
處處聽法　以難遇故　彼佛本願　我滅度後
在在所往　常為聽法　又我分身　无量諸佛
如恒沙等　来欲聽法　及見滅度　多寶如来
各捨妙土　及弟子衆　天人龍神　諸供養事

BD03995號　妙法蓮華經卷四　（22–14）

處處聽法　以難遇故　彼佛本願　我滅度後
在在所往　常為聽法　又我分身　无量諸佛
如恒沙等　来欲聽法　及見滅度　多寶如来
各捨妙土　及弟子衆　天人龍神　諸供養事
令法久住　故来至此　為坐諸佛　以神通力
移无量衆　令國清淨　諸佛各各　詣寶樹下
如清淨池　蓮華莊嚴　其寶樹下　諸師子座
佛坐其上　光明嚴飾　如夜闇中　然大炬火
身出妙香　遍十方國　衆生蒙薰　喜不自勝
譬如大風　吹小樹枝　以是方便　令法久住
告諸大衆　我滅度後　誰能護持　請說斯經
今於佛前　自說誓言
其多寶佛　雖久滅後　以大誓願　而師子吼
多寶如来　及與我身　所集化佛　當知此意
諸佛子等　誰能護法　當發大願　令得久住
其有能護　此經法者　則為供養　我及多寶
此多寶佛　處於寶塔　常遊十方　為是經故
亦復供養　諸来化佛　莊嚴光飾　諸世界者
若說此經　則為見我　多寶如来　及諸化佛
諸善男子　各諦思惟　此為難事　宜發大願
諸餘經典　數如恒沙　雖說此等　未足為難
若接須弥　擲置他方　无數佛土　亦未為難
若以足指　動大千界　遠擲他國　亦未為難
若立有頂　為衆演說　无量餘經　亦未為難
若佛滅後　於惡世中　能說此經　是則為難
假使有人　手把虛空　而以遊行　亦未為難
若我滅後　若自書持　若使人書　是則為難

BD03995號　妙法蓮華經卷四　（22–15）

若以足指　動大千界　遠擲他國　亦未為難
若立有頂　為衆演說　无量餘經　亦未為難
若佛滅後　於惡世中　能說此經　是則為難
假使有人　手把虛空　而以遊行　亦未為難
於我滅後　若自書持　若使人書　是則為難
若以大地　置足甲上　昇於梵天　亦未為難
佛滅度後　於惡世中　暫讀此經　是則為難
假使劫燒　擔負乾草　入中不燒　亦未為難
我滅度後　若持此經　為一人說　是則為難
若持八万　四千法藏　十二部經　為人演說
令諸聽者　得六神通　雖能如是　亦未為難
於我滅後　聽受是經　問其義趣　是則為難
若人說法　令千万億　无量无數　恒沙衆生
得阿羅漢　具六神通　雖有此益　亦未為難
於我滅後　若能奉持　如斯經典　是則為難
我為佛道　於无量土　從始至今　廣說諸經
而於其中　此經第一　若有能持　則持佛身
諸善男子　於我滅後　誰能受持　讀誦此經
今於佛前　自說誓言
此經難持　若暫持者　我則歡喜　諸佛亦然
如是之人　諸佛所嘆　是則勇猛　是則精進
是名持戒　行頭陀者　則為疾得　无上佛道
能於來世　讀誦此經　是真佛子　住純善地
佛滅度後　能解其義　是諸天人　世間之眼
於恐畏世　能須臾說　一切天人　皆應供養
妙法蓮華經提婆達多品第十二
尒時佛告諸菩薩及天人四衆　吾於過去无

BD03995號　妙法蓮華經卷四

（22–16）

能於來世　讀誦此經　是真佛子　住純善地
佛滅度後　能解其義　是諸天人　世間之眼
於恐畏世　能須臾說　一切天人　皆應供養
妙法蓮華經提婆達多品第十二
尒時佛告諸菩薩及天人四衆　吾於過去无
量劫中求法華經无有懈倦　於多劫中常作
國王發願求於无上菩提心不退轉　為欲滿
足六波羅蜜勤行布施心无悋惜　象馬七珎
國城妻子奴婢僕從頭目髓腦身肉手足不
惜軀命　時世人民壽命无量　為於法故捐捨
國位委政太子　擊鼓宣令四方求法　誰能為
我說大乘者　吾當終身供給所使　時有仙人
來白王言　我有大乘名妙法蓮華經　若不違
我當為宣說　王聞其言　歡喜踊躍　即隨仙人
供給所須　採菓汲水拾薪設食　乃至以身而
為牀座　身心无倦　于時奉事經於千歲　為於
法故精勤給侍　令无所乏　尒時世尊欲重宣
此義而說偈言
我念過去劫　為求大法故　雖作世國王　不貪五欲樂
搥鍾告四方　誰有大法者　若為我解說　身當為奴僕
時有阿私仙　來白於大王　我有微妙法　世間所希有
若能脩行者　吾當為汝說　時王聞仙言　心生大喜悅
即便隨仙人　供給於所須　採薪及菓蓏　隨時恭敬與
情存妙法故　身心无懈惓　普為諸衆生　勤求於大法
亦不為己身　及以五欲樂　故為大國王　勤求獲此法
遂致得成佛　今故為汝說
佛告諸比丘　尒時王者　則我身是　時仙人者

BD03995號　妙法蓮華經卷四

（22–17）

情存妙法故　身心无懈惓　普為諸衆生　勤求於大法
亦不為己身　及以五欲樂　故為大國王　勤求獲此法
遂致得成佛　今故為汝說
佛告諸比丘尒時王者則我身是時仙人者
今提婆達多是由提婆達多善知識故令我
具足六波羅蜜慈悲喜捨三十二相八十種
好紫磨金色十力四无所畏四攝法十八不
共神通道力成等正覺廣度衆生皆因提婆
達多善知識故告諸四衆提婆達多却後過
无量劫當得成佛号曰天王如來應供正遍
知明行足善逝世間解无上士調御丈夫天
人師佛世尊世界名天道時天王佛住世二
十中劫廣為衆生說於妙法恒河沙衆生得
阿羅漢果无量衆生發緣覺心恒河沙衆生
發无上道心得无生法忍至不退轉時天王
佛般涅槃後正法住世二十中劫全身舍利
起七寶塔高六十由旬縱廣四十由旬諸天
人民悉以雜華末香燒香塗香衣服瓔珞幢
幡寶蓋伎樂歌頌礼拜供養七寶妙塔无量
衆生得阿羅漢果无量衆生悟辟支佛不可
思議衆生發菩提心至不退轉佛告諸比丘
未來世中若有善男子善女人聞妙法華經
提婆達多品淨心信敬不生疑惑者不墮地
獄餓鬼畜生生十方佛前所生之處常聞此
經若生人天中受勝妙樂若在佛前蓮華化
生於時下方多寶世尊所從菩薩名曰智積

BD03995 號　妙法蓮華經卷四　(22–18)

提婆達多品淨心信敬不生疑惑者不墮地
獄餓鬼畜生生十方佛前所生之處常聞此
經若生人天中受勝妙樂若在佛前蓮華化
生於時下方多寶世尊所從菩薩名曰智積
白多寶佛當還本土釋迦牟尼佛告智積曰
善男子且待須臾此有菩薩名文殊師利可
與相見論說妙法可還本土
尒時文殊師利坐千葉蓮華大如車輪俱來
菩薩亦坐寶蓮華從於大海娑竭羅龍宮自
然踊出住虛空中詣靈鷲山從蓮華下至於
佛所頭面敬礼二世尊足脩敬已畢往智積
所共相慰問却坐一面智積菩薩問文殊師
利仁往龍宮所化衆生其數幾何文殊師利
言其數无量不可稱計非口所宣非心所測
耳待須臾自當有證所言未竟无數菩薩坐
寶蓮華從海踊出詣靈鷲山住在虛空此諸
菩薩皆是文殊師利之所化度具菩薩行皆
共論說六波羅蜜本聲聞人在虛空中說聲
聞行今皆脩行大乘空義文殊師利謂智積
曰於海教化其事如此尒時智積菩薩以偈
讚曰
大智德勇健　化度无量衆　今此諸大會　及我皆已見
演暢實相義　開闡一乘法　廣度諸群生　令速成菩提
文殊師利言我於海中唯常宣說妙法華經
智積問文殊師利言此經甚深微妙諸經中
寶世所希有頗有衆生勤加精進脩行此經

BD03995 號　妙法蓮華經卷四　(22–19)

大智德勇健　化度无量衆　今此諸大會　及我皆已見
演暢實相義　開闡一乘法　廣度諸群生　令速成菩提
文殊師利言我於海中唯常宣說妙法華經
智積問文殊師利言此經甚深微妙諸經中
寶世所希有頗有衆生勤加精進脩行此經
速得佛不文殊師利言有娑竭羅龍王女年
始八歲智慧利根善知衆生諸根利鈍得陁
羅尼諸佛所說甚深秘藏悉能受持深入禪
定了達諸法於剎那頃發菩提心得不退轉
辯才無礙慈念衆生猶如赤子功德具足心
念口演微妙廣大慈悲仁讓志意和雅能至
菩提智積菩薩言我見釋迦如來於无量劫
難行苦行積功累德求菩薩道未曾止息觀
三千大千世界乃至无有如芥子許非是菩
薩捨身命處為衆生故然後乃得成菩提道
不信此女於須臾頃便成正覺言論未訖時
龍王女忽現於前頭面礼敬却住一面以偈
讚曰
深達罪福相　遍照於十方　微妙淨法身　具相三十二
以八十種好　用莊嚴法身　天人所戴仰　龍神咸恭敬
一切衆生類　无不宗奉者　又聞成菩提　唯佛當證知
我闡大乘法　度脫苦衆生
時舍利弗語龍女言汝謂不久得无上道是
事難信所以者何女身垢穢非是法器云何
能得无上菩提佛道玄曠經无量劫勤苦積
行具脩諸度然後乃成又女人身猶有五鄣一
者不得作梵天王二者帝釋三者魔王四者

BD03995號　妙法蓮華經卷四

(22-20)

時舍利弗語龍女言汝謂不久得无上道是
事難信所以者何女身垢穢非是法器云何
能得无上菩提佛道玄曠經无量劫勤苦積
行具脩諸度然後乃成又女人身猶有五鄣一
者不得作梵天王二者帝釋三者魔王四者
轉輪聖王五者佛身云何女身速得成佛尒
時龍女有一寶珠價直三千大千世界持以
上佛佛即受之龍女謂智積菩薩尊者舍利
弗言我獻寶珠世尊納受是事疾不答言甚
疾女言以汝神力觀我成佛復速於此當時
衆會皆見龍女忽然之間變成男子具菩薩
行即往南方无垢世界坐寶蓮華成等正覺
三十二相八十種好普為十方一切衆生演說
妙法尒時娑婆世界菩薩聲聞天龍八部人
與非人皆遙見彼龍女成佛普為時會人
天說法心大歡喜悉遙礼敬无量衆生聞法
解悟得不退轉无量衆生得受道記无垢世
界六反震動娑婆世界三千衆生住不退地
三千衆生發菩提心而得受記智積菩薩及
舍利弗一切衆會默然信受
妙法蓮華經持品第十三
尒時藥王菩薩摩訶薩及大樂說菩薩摩訶
薩與二万菩薩眷屬俱皆於佛前作是誓言
唯願世尊不以為慮我等於佛滅後當奉持
讀誦說此經典後惡世衆生善根轉少多增
上慢貪利供養增不善根遠離解脫雖難可
教化我等當起大忍力讀誦此經持說書寫

BD03995號　妙法蓮華經卷四

(22-21)

薩與二万菩薩眷屬俱皆於佛前作是誓言
唯願世尊不以為慮我等於佛滅後當奉持
讀誦說此經典後惡世衆生善根轉少多增
上慢貪利供養增不善根遠離解脫雖難可
教化我等當起大忍力讀誦此經持說書寫
種種供養不惜身命尒時衆中五百阿羅漢
得受記者白佛言世尊我等亦自誓願於異
國土廣說此經復有學无學八千人得受記
者從座而起合掌向佛作是誓言世尊我等
亦當於他國土廣說此經所以者何是娑婆
國中人多弊惡懷增上慢功德淺薄瞋濁
曲心不實故
尒時佛姨母摩訶波闍波提比丘尼與學无
學比丘尼六千人俱從座而起一心合掌瞻
仰尊顏目不暫捨於時世尊告憍曇弥何故
憂色而視如來汝心將无謂我不說汝名授
阿耨多羅三藐三菩提記耶憍曇弥我先揔
說一切聲聞皆已授記今汝欲知記者將來
之世當於六万八千億諸佛法中為大法師
及六千學无學比丘尼俱為法師汝如是漸
漸具菩薩道當得作佛号一切衆生喜見如
來應供正遍知明行足善逝世間解无上士
調御丈夫天人師佛世尊憍曇弥是一切衆
生喜見佛及六千菩薩轉次授記得阿耨多

BD03995號　妙法蓮華經卷四　（22–22）

世音菩薩名号乃至一時礼拜供養是二
福正等无異於百千万億劫不可窮盡无
盡意受持觀世音菩薩名号得如是无量无
邊福德之利
无盡意菩薩白佛言世尊觀世音菩薩云何
遊於娑婆世界云何而為衆生說法方便之
力其事云何佛告无盡意菩薩善男子若有
國土衆生應以佛身得度者觀世音菩薩即
現佛身而為說法應以辟支佛身得度者即
現辟支佛身而為說法應以聲聞身得度者
即現聲聞身而為說法應以梵王身得度者
即現梵王身而為說法應以帝釋身得度者
即現帝釋身而為說法應以自在天身得度
者即現自在天身而為說法應以大自在天
身得度者即現大自在天身而為說法應以
天大將軍身得度者即現天大將軍身而為
說法應以毗沙門身得度者即現毗沙門身
而為說法應以小王身得度者即現小王身
而為說法應以長者身得度者即現長者身
而為說法應以居士身得度者即現居士身

BD03996號　妙法蓮華經卷七　（3–1）

天大將軍身得度者即現天大將軍身而爲
說法應以毗沙門身得度者即現毗沙門身
而爲說法應以小王身得度者即現小王身
而爲說法應以長者身得度者即現長者身
而爲說法應以居士身得度者即現居士身
而爲說法應以宰官身得度者即現宰官身
而爲說法應以婆羅門身得度者即現婆羅
門身而爲說法應以比丘比丘尼優婆塞優
婆夷身得度者即現比丘比丘尼優婆塞優
婆夷身而爲說法應以長者居士宰官婆羅
門婦女身得度者即現婦女身而爲說法應
以童男童女身得度者即現童男童女身而
爲說法應以天龍夜叉乾闥婆阿脩羅迦樓
羅緊那羅摩睺羅伽人非人等身得度者即
皆現之而爲說法應以執金剛神得度者即
現金剛神而爲說法无盡意是觀世音菩薩
成就如是功德以種種形遊諸國土度脫衆
生是故汝等應當一心供養觀世音菩薩是
觀世音菩薩摩訶薩於怖畏急難之中能施
无畏是故此娑婆世界皆号之爲施无畏者
尒時无盡意菩薩白佛言世尊我今當供養
觀世音菩薩即解頸衆寶珠瓔珞價直百千
兩金而以與之作是言仁者受此法施珎寶瓔
珞時觀世音菩薩不肯受之无盡意復白觀
世音菩薩言仁者愍我等故受此瓔珞尒時

BD03996號　妙法蓮華經卷七

（3–2）

觀世音菩薩即解頸衆寶珠瓔珞價直百千
兩金而以與之作是言仁者受此法施珎寶瓔
珞時觀世音菩薩不肯受之无盡意復白觀
世音菩薩言仁者愍我等故受此瓔珞尒時
佛告觀世音菩薩當愍此无盡意菩薩及四
衆天龍夜叉乾闥婆阿脩羅迦樓羅緊那羅
摩睺羅伽人非人等故受是瓔珞即時觀世
音菩薩愍諸四衆及於天龍人非人等受
其瓔珞分作二分一分奉釋迦牟尼佛一分奉
多寶佛塔无盡意觀世音菩薩有如是自
在神力遊於娑婆世界
尒時无盡意菩薩以偈問曰
世尊妙相具　我今重問彼　佛子何因緣　名爲觀世音
具足妙相尊　偈荅无盡意　汝聽觀音行　善應諸方所
弘誓深如海　歷劫不思議　侍多千億佛　發大清淨願
我爲汝略說　聞名及見身　心念不空過　能滅諸有苦
假使興害意　推落大火坑　念彼觀音力　火坑變成池
或漂流巨海　龍魚諸鬼難　念彼觀音力　波浪不能沒
或在須弥峯　爲人所推墮　念彼觀音力　如日虛空住
或被惡人逐　墮落金剛山　念彼觀音力　不能損一毛

BD03996號　妙法蓮華經卷七

（3–3）

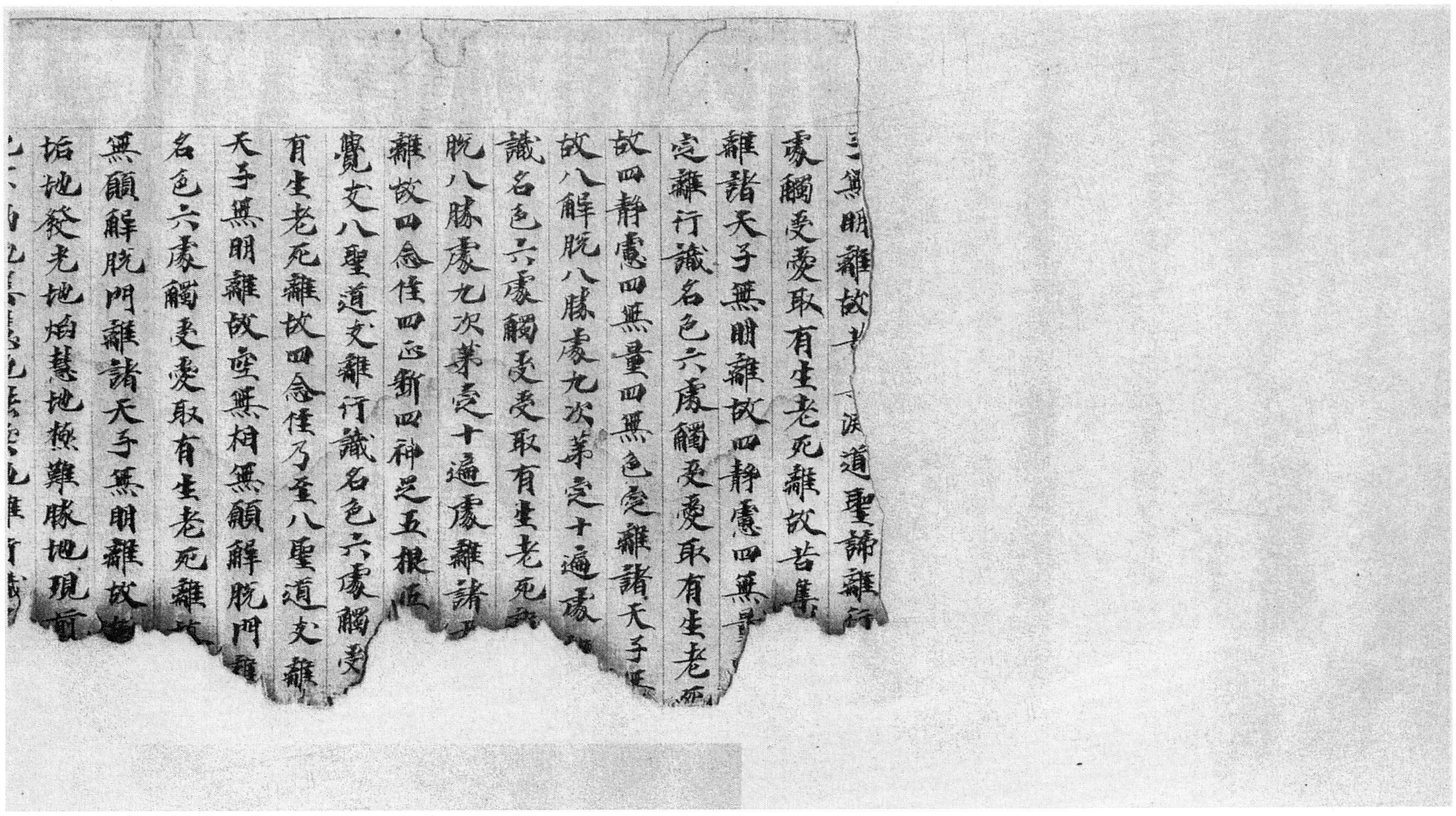
無明離故苦⋯道聖諦離行
處觸受愛取有生老死離故苦集
離諸天子無明離故四靜慮四無量
定離行識名色六處觸受愛取有生老死
故四靜慮四無量四無色定離諸天子無
故八解脫八勝處九次第定十遍處
識名色六處觸受愛取有生老死離
脫八勝處九次第定十遍處離諸天
離故四念住四正斷四神足五根五
覺支八聖道支離行識名色六處觸受
有生老死離故四念住乃至八聖道支離
天子無明離故空無相無願解脫門離
名色六處觸受愛取有生老死離故
無願解脫門離諸天子無明離故極
垢地發光地焰慧地極難勝地現前

BD03997 號　大般若波羅蜜多經卷三四四　（5–1）

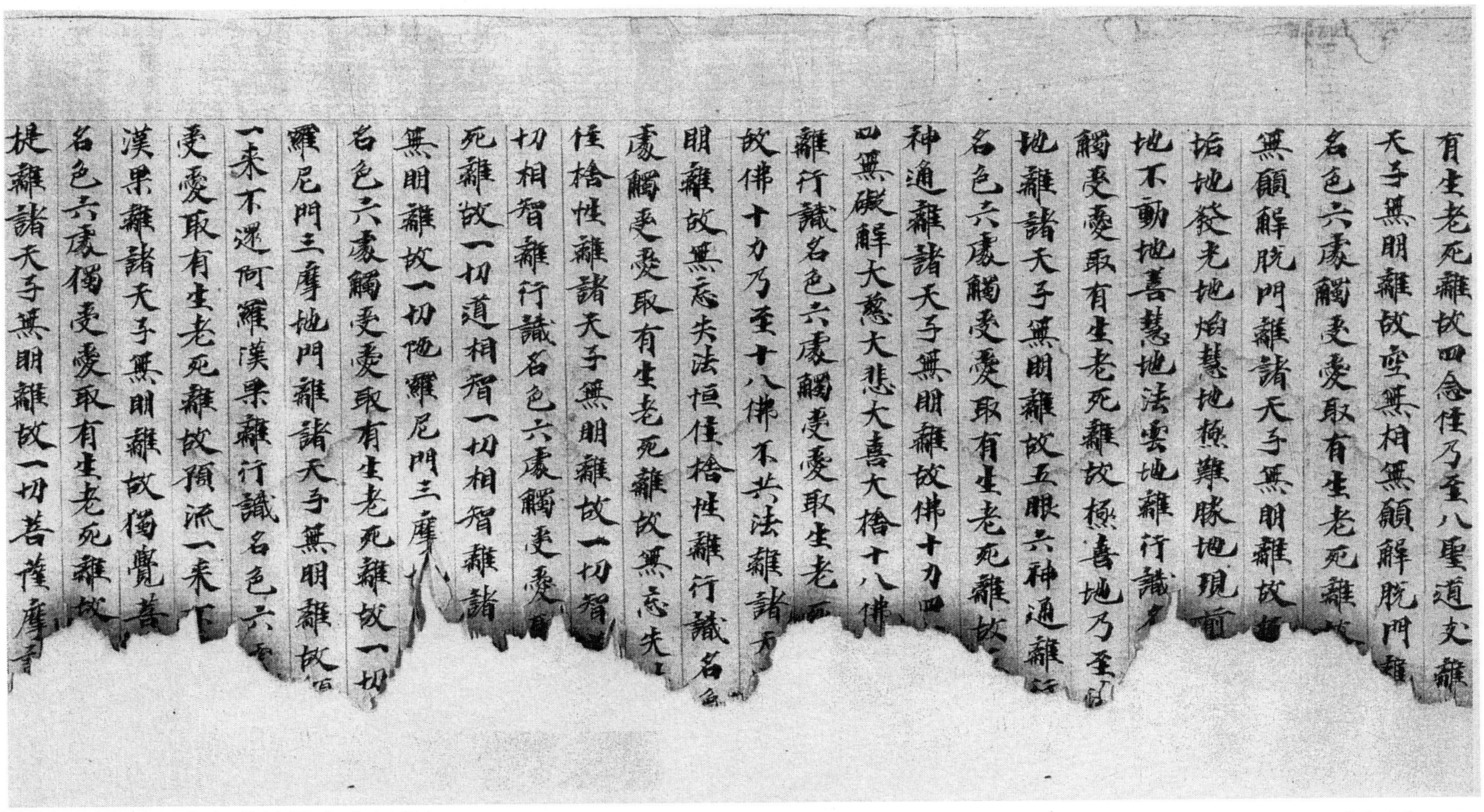
有生老死離故四念住乃至八聖道支離
天子無明離故空無相無願解脫門離
名色六處觸受愛取有生老死離故
無願解脫門離諸天子無明離故極
垢地發光地焰慧地極難勝地現前
地不動地善慧地法雲地離行識名
觸受愛取有生老死離故極喜地乃至
地離諸天子無明離故五眼六神通離行
名色六處觸受愛取有生老死離故
神通離諸天子無明離故佛十力四
四無礙解大慈大悲大喜大捨十八佛
離行識名色六處觸受愛取生老死
故佛十力乃至十八佛不共法離諸天
明離故無忘失法恒住捨性離行識名
處觸受愛取有生老死離故無忘失
住捨性離諸天子無明離故一切智
切相智離行識名色六處觸受愛取
死離故一切道相智一切相智離諸
無明離故一切陀羅尼門三摩
名色六處觸受愛取有生老死離故一切
羅尼門三摩地門離諸天子無明離故
一來不還阿羅漢果離行識名色六
受愛取有生老死離故預流一來不
漢果離諸天子無明離故獨覺菩
名色六處獨受愛取有生老死離故
提離諸天子無明離故一切菩薩摩

BD03997 號　大般若波羅蜜多經卷三四四　（5–2）

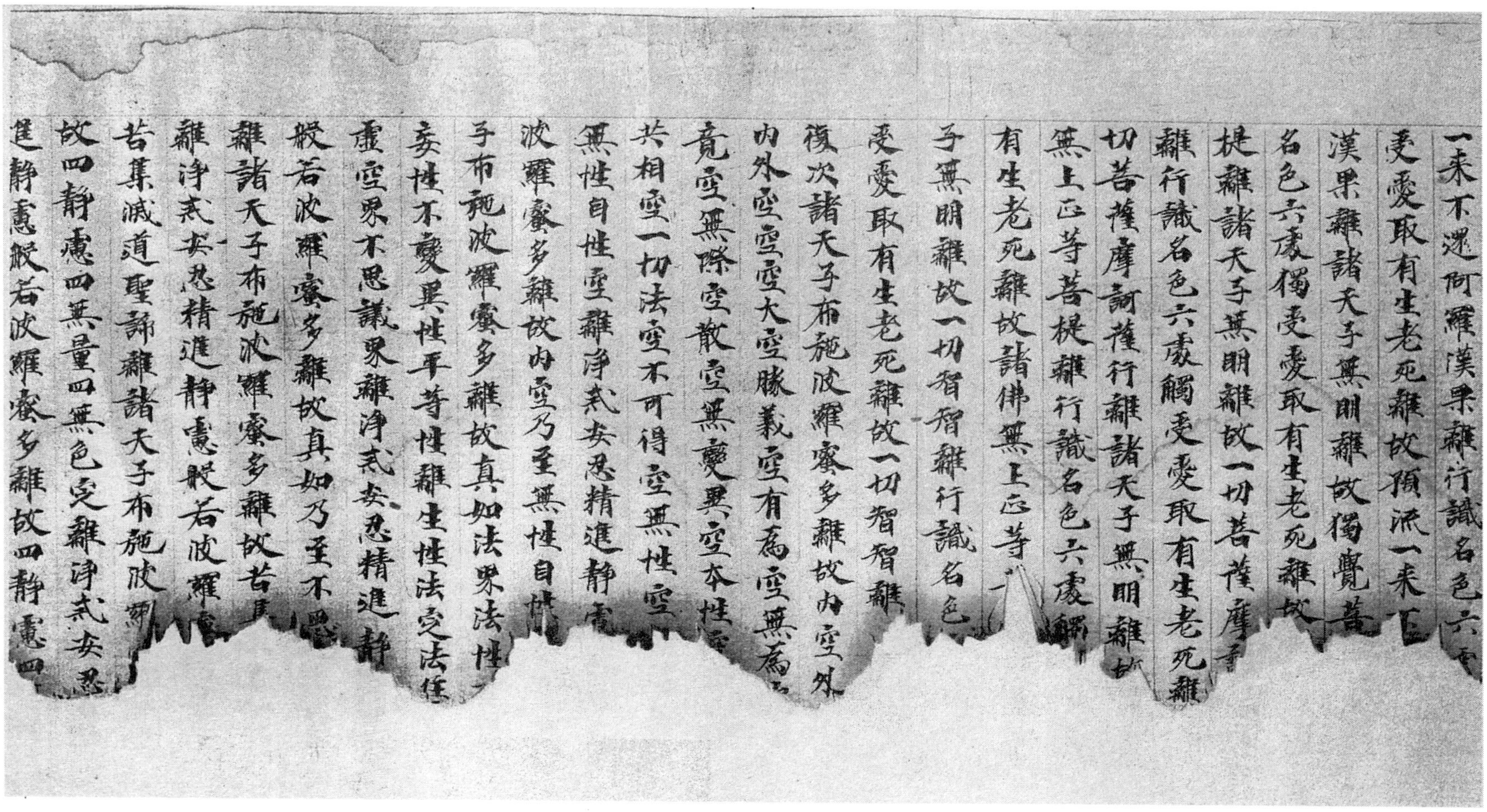
一来不還阿羅漢果離行識名色六
受愛取有生老死離故預流一来不
漢果離諸天子無明離故獨覺菩
名色六處觸受愛取有生老死離故
提離諸天子無明離故一切菩薩摩
離行識名色六處觸受愛取有生老死離
切菩薩摩訶薩行離諸天子無明離故
無上正等菩提離行識名色六處觸
有生老死離故諸佛無上正等
子無明離故一切智智離行識名色
受愛取有生老死離故一切智智離
復次諸天子布施波羅蜜多離故内空外
内外空空空大空勝義空有為空無為
竟空無際空散空無變異空本性空
共相空一切法空不可得空無性空
無性自性空離淨戒安忍精進靜慮
波羅蜜多離故内空乃至無性自性
子布施波羅蜜多離故真如法界法性
妄性不變異性平等性離生性法定法住
虛空界不思議界離淨戒安忍精進靜
般若波羅蜜多離故真如乃至不思
離諸天子布施波羅蜜多離故苦聖
離淨戒安忍精進靜慮般若波羅蜜
苦集滅道聖諦離諸天子布施波羅
故四靜慮四無量四無色定離淨戒安忍
進靜慮般若波羅蜜多離故四靜慮四

BD03997 號　大般若波羅蜜多經卷三四四　　（5–3）

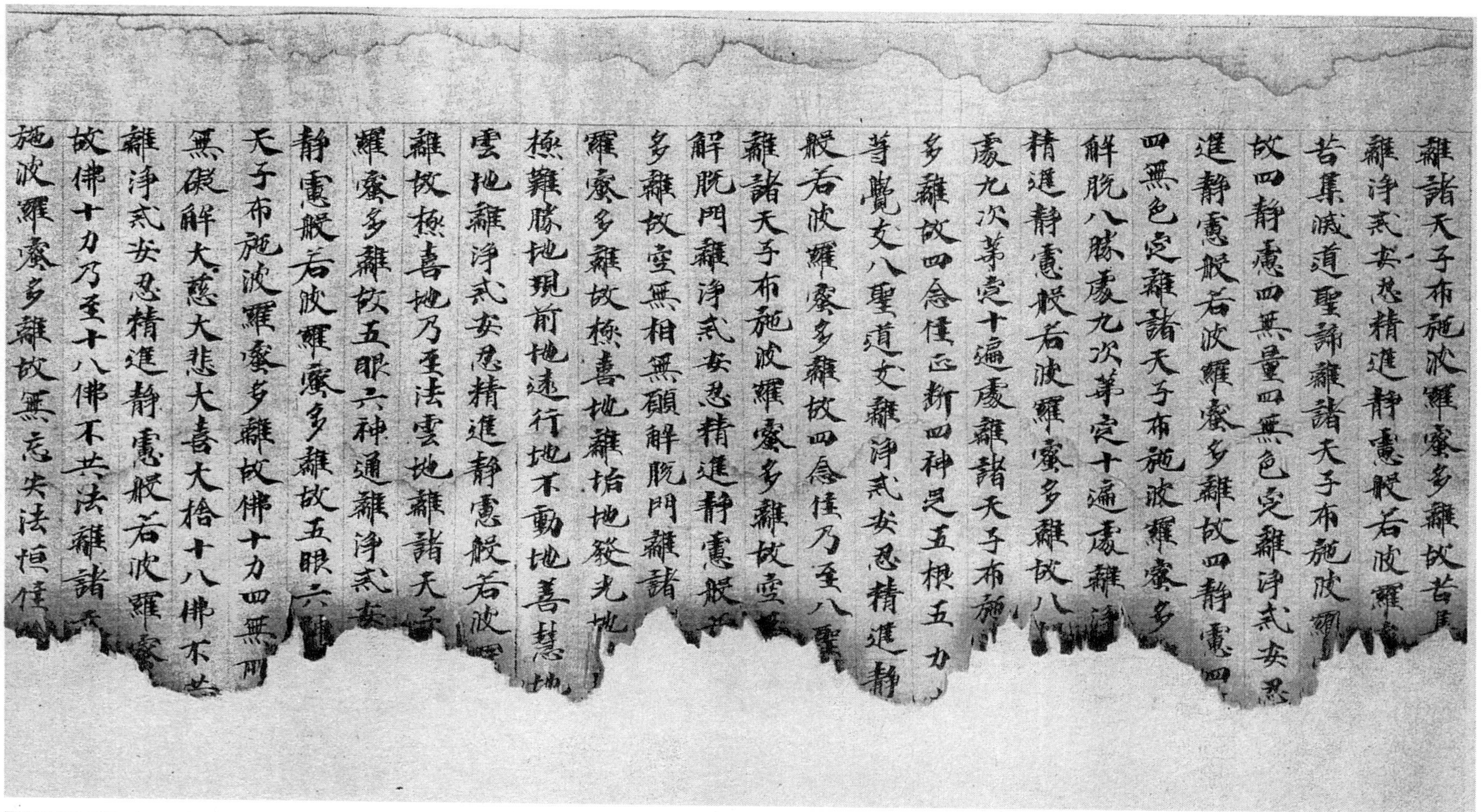
離諸天子布施波羅蜜多離故苦聖
離淨戒安忍精進靜慮般若波羅蜜
苦集滅道聖諦離諸天子布施波羅
故四靜慮四無量四無色定離淨戒安忍
進靜慮般若波羅蜜多離故四靜慮四
四無色定離諸天子布施波羅蜜多
解脫八勝處九次第定十遍處離淨
精進靜慮般若波羅蜜多離故八
處九次第定十遍處離諸天子布施
多離故四念住正斷四神足五根五力
等覺支八聖道支離淨戒安忍精進靜
般若波羅蜜多離故四念住乃至八聖
離諸天子布施波羅蜜多離故空
解脫門離淨戒安忍精進靜慮般若
多離故空無相無願解脫門離諸
羅蜜多離故極喜地離垢地發光地
極難勝地現前地遠行地不動地善慧地
雲地離淨戒安忍精進靜慮般若波
離故極喜地乃至法雲地離諸天子
羅蜜多離故五眼六神通離淨戒安
靜慮般若波羅蜜多離故五眼六
天子布施波羅蜜多離故佛十力四無所
無礙解大慈大悲大喜大捨十八佛不共
離淨戒安忍精進靜慮般若波羅蜜
故佛十力乃至十八佛不共法離諸天
施波羅蜜多離故無忘失法恒住

BD03997 號　大般若波羅蜜多經卷三四四　　（5–4）

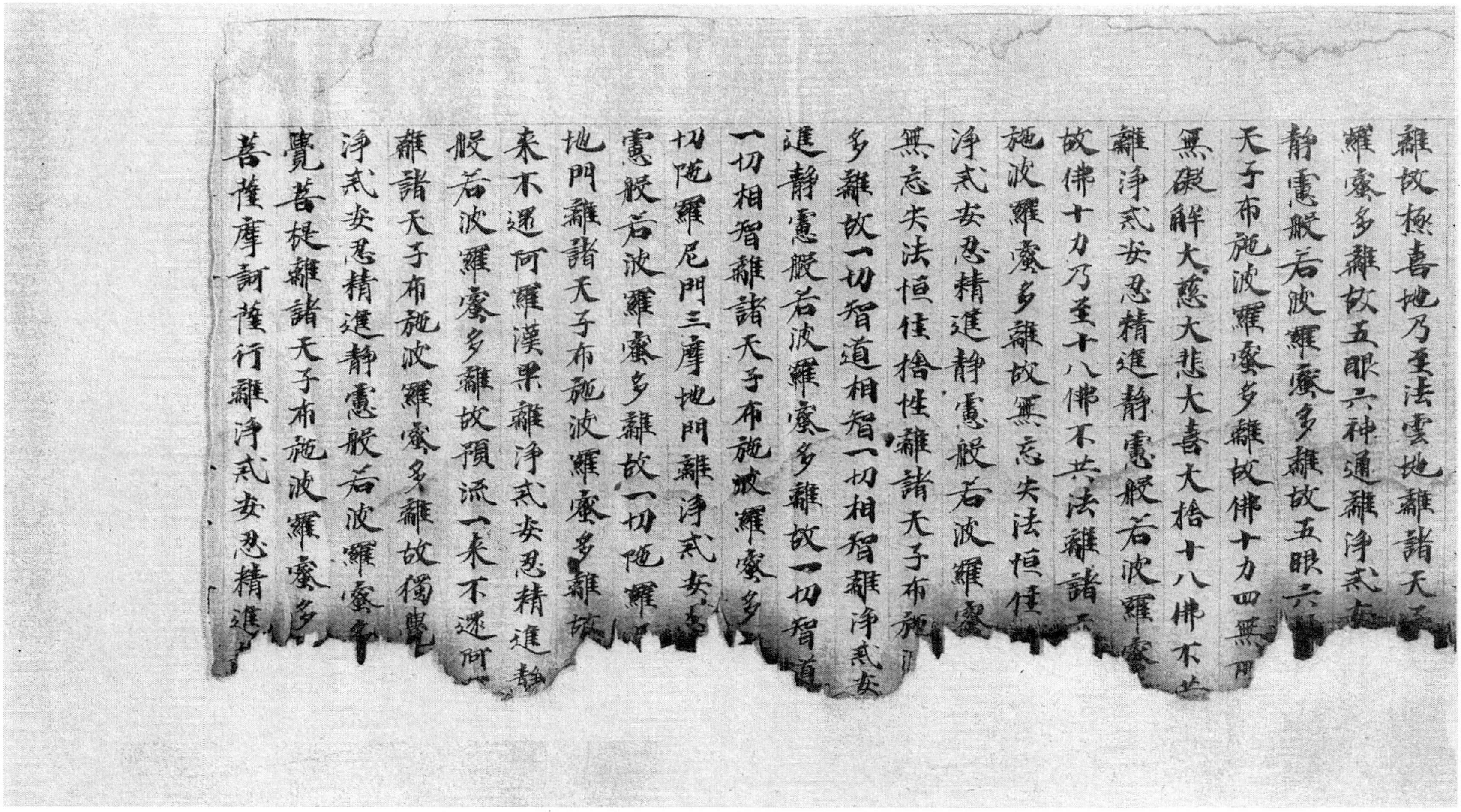

離故極喜地乃至法雲地離諸天子
羅蜜多離故五眼六神通離淨戒安
靜慮般若波羅蜜多離故五眼六
天子布施波羅蜜多離故佛十力四無所
無礙解大慈大悲大喜大捨十八佛不共
離淨戒安忍精進靜慮般若波羅蜜
故佛十力乃至十八佛不共法離諸天
施波羅蜜多離故無忘失法恒住
淨戒安忍精進靜慮般若波羅蜜
無忘失法恒住捨性離諸天子布施
多離故一切智道相智一切相智離淨戒安
進靜慮般若波羅蜜多離故一切智道
一切相智離諸天子布施波羅蜜多
切陀羅尼門三摩地門離淨戒安忍
靜慮般若波羅蜜多離故一切陀羅
地門離諸天子布施波羅蜜多離故
來不還阿羅漢果離淨戒安忍精進靜
般若波羅蜜多離故預流一來不還阿
離諸天子布施波羅蜜多離故獨覺
淨戒安忍精進靜慮般若波羅蜜多
覺菩提離諸天子布施波羅蜜多
菩薩摩訶薩行離淨戒安忍精進

BD03997號　大般若波羅蜜多經卷三四四　（5–5）

…時毗沙門天王護世者
…為愍念衆生擁護此法
即說呪曰
阿梨一那梨二㝹那梨
世尊以是神呪擁護法師
是經者令百由旬內無諸衰
…國天王
在此會中與千万億那由他乾闥婆衆恭敬
圍繞前詣佛所合掌白佛言世尊我亦以陀
羅尼神呪擁護持法華經者即說呪曰
阿伽禰一伽禰二瞿利三乾陀利四旃陀利五摩
蹬耆六常求利七浮樓莎柅八頞底九
世尊是陀羅尼神呪卌二億諸佛所說若有
侵毀此法師者則為侵毀是諸佛已
爾時有羅剎女等一名藍婆二名毗藍婆三
名曲齒四名華齒五名黑齒六名多髮七名無
厭足八名持瓔珞九名睪帝十名奪一切衆
生精氣是十羅剎女與鬼子母并其子及

BD03998號　妙法蓮華經卷七　（13–1）

侵毀此法師者即為侵毀是諸佛已
尒時有羅刹女等一名藍婆二名毗藍婆三
名曲齒四名華齒五名黑齒六名多髮七名無
厭足八名持瓔珞九名睪諦十名奪一切衆
生精氣是十羅刹女與鬼子母并其子及
眷屬俱詣佛所同聲白佛言世尊我等亦欲
擁護讀誦受持法華經者除其衰患若有伺
求法師短者不得便即於佛前而說呪曰
伊提履一伊提泯二伊提履三阿提履四伊提
履五泥履六泥履七泥履八泥履九泥履十
樓醯十一樓醯十二樓醯十三樓醯十四多醯十五多醯十六
多醯十七兜醯十八㝹醯十九
寧上我頭上莫惱於法師若夜叉若羅刹若
餓鬼若富單那若吉蔗若毗陁羅若揵馱
若烏摩勒伽若阿跋摩羅若夜叉吉蔗若人
吉蔗若熱病若一日若二日若三日若四日乃
至七日若常熱病若男形若女形若童男形
若童女形乃至夢中亦復莫惱即於佛前而
說偈言
若不順我呪　惱亂說法者　頭破作七分　如阿梨樹枝
如殺父母罪　亦如押油殃　升秤欺誑人　調達破僧罪
犯此法師者　當獲如是殃
諸羅刹女說此偈已白佛言世尊我等亦當
身自擁護受持讀誦脩行是經者令得安隱
離諸衰患消衆毒藥佛告諸羅刹女善哉善

BD03998號　妙法蓮華經卷七

（13–2）

犯此法師者　當獲如是殃
諸羅刹女說此偈已白佛言世尊我等亦當
身自擁護受持讀誦脩行是經者令得安隱
離諸衰患消衆毒藥佛告諸羅刹女善哉善
哉汝等但能擁護受持法華名者福不可量
何況擁護具足受持供養經卷華香瓔珞末
香塗香燒香幡蓋伎樂然種種燈蘇燈油燈
諸香油燈蘇摩那華油燈瞻蔔華油燈婆師
迦華油燈優鉢羅華油燈如是等百千種供
養者睪諦汝等及眷屬應當擁護如是法師
說此陁羅尼品時六万八千人得无生法忍
妙法蓮華經妙莊嚴王本事品第廿七
尒時佛告諸大衆乃往古世過无量无邊不
可思議阿僧祇劫有佛名雲雷音宿王華智
多陁阿伽度阿羅呵三藐三佛陁國名光明
莊嚴劫名喜見彼佛法中有王名妙莊嚴其
王夫人名曰淨德有二子一名淨藏二名淨
眼是二子有大神力福德智慧久脩菩薩所
行之道所謂檀波羅蜜尸波羅蜜羼提波羅
蜜毗梨耶波羅蜜禪波羅蜜般若波羅蜜方
便波羅蜜慈悲喜捨乃至卅七品助道法皆
悉明了通達又得菩薩淨三昧日星宿三昧
淨光三昧淨色三昧淨照明三昧長莊嚴三
昧大威德藏三昧於此三昧亦悉通達尒時
彼佛欲引導妙莊嚴王及愍念衆生故說是
法華經時淨藏淨眼二子到其母所合十指
爪掌白言願母往詣雲雷音宿王華智佛所

BD03998號　妙法蓮華經卷七

（13–3）

淨光三昧淨色三昧淨照明三昧長莊嚴三
昧大威德藏三昧於此三昧亦悉通達尒時
彼佛欲引導妙莊嚴王及愍念衆生故說是
法華經時淨藏淨眼二子到其母所合十指
爪掌白言願母往詣雲雷音宿王華智佛所
我等亦當侍從親覲供養礼拜所以者何此
佛於一切天人衆中說法華經宜應聽受母
告子言汝父信受外道深著婆羅門法汝等
應往白父與共俱去淨藏淨眼合十指爪掌
白母我等是法王子而生此耶見家母告子
言汝等當憂念汝父為現神變若得見者心
必清淨或聽我等往至佛所於是二子念其
父故踊在虛空高七多羅樹現種種神變於
虛空中行住坐臥身上出水身下出火身下
出水身上出火或現大身滿虛空中而復現
小小復現大於空中滅忽然在地入地如水
履水如地現如是等種種神變令其父王心
淨信解時父見子神力如是心大歡喜得未
曾有合掌向子言汝等師為是誰誰之弟子二
子白言大王彼雲雷音宿王華智佛今在七寶
菩提樹下法座上坐於一切世間天人衆中廣
說法華經是我等師我是弟子父語子言我
今亦欲見汝等師可共俱往於是二子從空
中下到其母所合掌白母父王今已信解堪
任發阿耨多羅三藐三菩提心我等為父已
作佛事願母見聽於彼佛所出家脩道尒

BD03998號　妙法蓮華經卷七　（13–4）

中下到其母所合掌白母父王今已信解堪
任發阿耨多羅三藐三菩提心我等為父已
作佛事願母見聽於彼佛所出家脩道尒
時二子欲重宣其意以偈白母
願母放我等　出家作沙門　諸佛甚難值　我等隨佛學
如優曇波羅　值佛復難是　脫諸難亦難　願聽我出家
母即告言聽汝出家所以者何佛難值故於
是二子白父母言善哉父母願時往詣雲雷
音宿王華智佛所親覲供養所以者何佛難
得值如優曇波羅華又如一眼之龜值浮木
孔而我等宿福深厚生值佛法是故父母當
聽我等令得出家所以者何諸佛難值時亦
難遇彼時妙莊嚴王後宮八万四千人皆悉
堪任受持是法華經淨眼菩薩於法華三昧
久已通達淨藏菩薩已於无量百千万億劫
通達離諸惡趣三昧欲令一切衆生離諸惡
趣故其王夫人得諸佛集三昧能知諸佛秘
密之藏二子如是以方便力善化其父令心
信解好樂佛法於是妙莊嚴王與群臣眷屬
俱淨德夫人與後宮婇女眷屬俱其王二子
與四万二千人俱一時共詣佛所到已頭面礼
足遶佛三匝却住一面
尒時彼佛為王說法示教利喜王大歡悅尒
時妙莊嚴王及其夫人解頸真珠瓔珞價
直百千以散佛上於虛空中化成四柱寶臺

BD03998號　妙法蓮華經卷七　（13–5）

[illegible]
尒時彼佛為王說法示教利喜王大歡悅尒
時妙莊嚴王及其夫人解頸真珠瓔珞價
直百千以散佛上於虛空中化成四柱寶臺
臺中有大寶牀敷百千万天衣其上有佛結
跏趺坐放大光明尒時妙莊嚴王作是念佛
身希有端嚴殊特成就第一微妙之色時雲
雷音宿王華智佛告四衆言汝等見是妙莊
嚴王於我前合掌立不此王於我法中作比
丘精勤脩習助佛道法當得作佛号娑羅樹
王国名大光劫名大高王其娑羅樹王佛有
无量菩薩衆及无量聲聞其国平正功德如
是其王即時以国付弟王與夫人二子并諸
眷屬於佛法中出家脩道王出家已於八万
四千歲常勤精進脩行妙法華經過是已得後
一切淨功德莊嚴三昧即昇虛空高七多羅
樹而白佛言世尊此我二子已作佛事以神
通變化轉我邪心令得安住於佛法中得見世
尊此二子者是我善知識為欲發起宿世善
根饒益我故來生我家
尒時雲雷音宿王華智佛告妙莊嚴王言如
是如是如汝所言若善男子善女人種善根
故世世得值善知識其善知識能作佛事示
教利喜令入阿耨多羅三藐三菩提大王當
知善知識者是大因緣所謂化導令得見佛
發阿耨多羅三藐三菩提心大王汝見此二子
不此二子已曾供養六十五百千万億那由他

BD03998號　妙法蓮華經卷七

（13–6）

故世世得值善知識其善知識能作佛事示
教利喜令入阿耨多羅三藐三菩提大王當
知善知識者是大因緣所謂化導令得見佛
發阿耨多羅三藐三菩提心大王汝見此二子
不此二子已曾供養六十五百千万億那由他
恒河沙等諸佛親近恭敬於諸佛所受持法
華經愍念邪見衆生令住正見妙莊嚴王
即從虛空中下而白佛言世尊如來甚希有以
功德智慧故頂上肉髻光明顯照其眼長廣
而紺青色眉間豪相白如珂月齒白齊密常
有光明脣色赤好如頻婆菓
尒時妙莊嚴王讚嘆佛如是等无量百千万
億功德已於如來前一心合掌復白佛言世
尊未曾有也如來之法具足成就不可思議
微妙功德教戒所行安隱快善我從今日不
復自隨心行不生邪見憍慢瞋恚諸惡之心
說是語已礼佛而出佛告大衆於意云何妙
莊嚴王豈異人乎今華德菩薩是其淨德夫
人今佛前光照莊嚴相菩薩是哀愍妙莊嚴
王及諸眷屬故於彼中生其二子者今藥王
菩薩藥上菩薩是是藥王藥上菩薩成就如
此諸大功德已於无量百千万億諸佛所殖
衆德本成就不可思議諸善功德若有人識
是二菩薩名字者一切世間諸天人民亦應
礼拜佛說是妙莊嚴王本事品時八万四千
人遠塵離垢於諸法中得法眼淨
[illegible]

BD03998號　妙法蓮華經卷七

（13–7）

衆德本成就不可思議諸善功德若有人識
是二菩薩名字者一切世間諸天人民亦應
礼拜佛說是妙莊嚴王本事品時八万四千
人遠塵離垢於諸法中得法眼淨

妙法蓮華經普賢菩薩勸發品第廿八

尒時普賢菩薩以自在神通力威德名聞與
大菩薩无量无邊不可稱數從東方來所經諸
國普皆震動雨寶蓮華作无量百千万億種
種伎樂又與无數諸天龍夜叉乾闥婆阿脩羅
迦樓羅緊那羅摩睺羅伽人非人等大衆
圍繞各現威德神通之力到娑婆世界耆闍
崛山中頭面礼釋迦牟尼佛右遶七帀白佛
言世尊我於寶威德上王佛國遥聞此娑婆
世界說法華經與无量无邊百千万億諸菩
薩衆共來聽受唯願世尊當為說之若善男
子善女人於如來滅後云何能得是法華經
佛告普賢菩薩若有善男子善女人成就四
法於如來滅後當得是法華經一者為諸佛
護念二者殖諸德本三者入正定聚四者發
救一切衆生之心善男子善女人如是成就
四法於如來滅後必得是經
尒時普賢菩薩白佛言世尊於後五百歲濁
惡世中其有受持是經典者我當守護除其
衰患令得安隱使无伺求得其便者若魔若
魔子若魔女若魔民若為魔所著者若夜叉
若羅刹若鳩槃荼若毗舍闍若吉蔗若富單

BD03998號　妙法蓮華經卷七　（13–8）

尒時普賢菩薩白佛言世尊於後五百歲濁
惡世中其有受持是經典者我當守護除其
衰患令得安隱使无伺求得其便者若魔若
魔子若魔女若魔民若為魔所著者若夜叉
若羅刹若鳩槃荼若毗舍闍若吉蔗若富單
那若韋陁羅等諸惱人者皆不得便是人若
行若立讀誦此經我尒時乘六牙白象王與
大菩薩衆俱詣其所而自現身供養守護
安慰其心亦為供養法華經故是人若坐思
惟此經尒時我復乘白象王現其人前其人若
於法華經有所忘失一句一偈我當教之與
共讀誦還令通利尒時受持讀誦法華經者
得見我身甚大歡喜轉復精進以見我故即
得三昧及陁羅尼名為旋陁羅尼百千万億
旋陁羅尼法音方便陁羅尼得如是等陁羅
尼世尊若後世後五百歲濁惡世中比丘比
丘尼優婆塞優婆夷求索者受持者讀誦
者書寫者欲脩習是法華經者於三七日中應
一心精進滿三七日已我當乘六牙白象王與无
量菩薩而自圍遶以一切衆生所喜見身現
其人前而為說法亦教利喜亦復與其陁羅
尼呪得是陁羅尼故无有非人能破壞者亦
不為女人之所惑亂我身亦自常護是人唯願
世尊聽我說此陁羅尼呪即於佛前而說呪曰
阿檀地(途賣反一)檀陁婆地(二)檀陁婆帝(三)檀陁鳩
舍隷(四)檀陁脩陁隷(五)脩陁隷(六)脩陁羅婆底

BD03998號　妙法蓮華經卷七　（13–9）

不為女人之所惑亂我身亦自常護是人唯願
世尊聽我說此陁羅尼呪即於佛前而說呪曰
阿檀地途賣反一檀陁婆地二檀陁婆帝三檀陁鳩
舍隸四檀陁脩陁隸五脩陁隸六脩陁羅婆底
七佛䭾波羶祢八薩婆陁羅尼阿婆多尼九薩婆婆
沙阿婆多尼十脩阿婆多尼十一僧伽婆履叉尼
十二僧伽涅伽陁尼十三阿僧祇十四僧伽婆伽地十五帝
隸阿惰僧伽兜略盧遮反阿羅帝波羅帝十六薩婆僧
伽三摩地伽蘭地十七薩婆達摩脩波利刹帝十八薩
婆薩埵樓䭾憍舍略阿㝹伽地十九辛阿毗吉利地帝廿
世尊若有菩薩得聞是陁羅尼者當知普賢
神通之力若法華經行閻浮提有受持者應
作此念皆是普賢威神之力若有受持讀誦
正憶念解其義趣如說脩行當知是人行普
賢行於无量无邊諸佛所深種善根為諸如
来手摩其頭若但書寫是人命終當生忉利
天上是時八万四千天女作衆伎樂而来迎
之其人即著七寶冠於采女中娛樂快樂何
况受持讀誦正憶念解其義趣如說脩行若
有人受持讀誦解其義趣是人命終為千佛
授手令不恐怖不墮惡趣即往兜率天上弥
勒菩薩所弥勒菩薩有卅二相大菩薩衆所
共圍繞有百千万億天女眷屬而於中生有
如是等功德利益是故智者應當一心自書
若使人書受持讀誦正憶念如說脩行世尊



共圍繞有百千万億天女眷屬而於中生有
如是等功德利益是故智者應當一心自書
若使人書受持讀誦正憶念如說脩行世尊
我今以神通力守護是經於如來滅後閻浮
提内廣令流布使不斷絶
尒時釋迦牟尼佛讚言善哉善哉普賢汝能
護助是經令多所衆生安樂利益汝已成就
不可思議功德深大慈悲從久遠來發阿耨
多羅三藐三菩提意而能作是神通之願守
護是經我等以神通力守護能受持普賢菩
薩名者普賢若有受持讀誦正憶念脩習書
寫是法華經者當知是人則見釋迦牟尼佛如
從佛口聞此經典當知是人供養釋迦牟尼
佛當知是人佛讚善哉當知是人為釋迦牟
尼佛手摩其頭當知是人為釋迦牟尼佛衣
之所覆如是之人不復貪著世樂不好外道
經書手筆亦復不喜親近其人及諸惡者若
屠兒若畜猪羊雞狗若獵師若衒賣女色是
人心意質直有正憶念有福德力是人不為
三毒所惱亦復不為嫉妬我慢邪慢增上慢
所惱是人少欲知足能脩普賢之行普賢若
如来滅後後五百歲若有人見受持讀誦法
經者應作是念此人不久當詣道場破諸魔
衆得阿耨多羅三藐三菩提轉法輪擊法
皷吹法蠡雨法雨當坐天人大衆中師子法座

所惱是人少欲知足能修普賢之行普賢若
如來滅後後五百歲若有人見受持讀誦法
經者應作是念此人不久當詣道場破諸魔
衆得阿耨多羅三藐三菩提轉法輪擊法
鼓吹法螺雨法雨當坐天人大衆中師子法座
上普賢若於後世受持讀誦是經典者是人
不復貪著衣服卧具飲食資生之物所願不
虛亦於現世得其福報若有人輕毀之言汝
狂人耳空作是行終无所獲如是罪報當世世
无眼若有供養讚歎之者當於今世得現果
報若復見受持是經者出其過惡若實若不
實此人現世得白癩病若輕之者當世世牙齒
踈缺醜脣平鼻手脚繚戾眼目角睞身體臭
穢惡瘡膿血水腹短氣諸惡重病是故普賢
若見受持是經典者當起遠迎當如敬佛說
是普賢勸發品時恒河沙等无量无邊菩薩
得百千億旋陀羅尼三千大千世界微塵等
諸菩薩具普賢道佛說是經時普賢等諸
菩薩舍利弗等諸聲聞及天龍人非人等一
切大會皆大歡喜受持佛語作礼而去

妙法蓮華經卷第七

BD03998號　妙法蓮華經卷七　（13–12）


若復見受持是經者出其過惡若實若不
實此人現世得白癩病若輕之者當世世牙齒
踈缺醜脣平鼻手脚繚戾眼目角睞身體臭
穢惡瘡膿血水腹短氣諸惡重病是故普賢
若見受持是經典者當起遠迎當如敬佛說
是普賢勸發品時恒河沙等无量无邊菩薩
得百千億旋陀羅尼三千大千世界微塵等
諸菩薩具普賢道佛說是經時普賢等諸
菩薩舍利弗等諸聲聞及天龍人非人等一
切大會皆大歡喜受持佛語作礼而去

妙法蓮華經卷第七


BD03998號　妙法蓮華經卷七　（13–13）

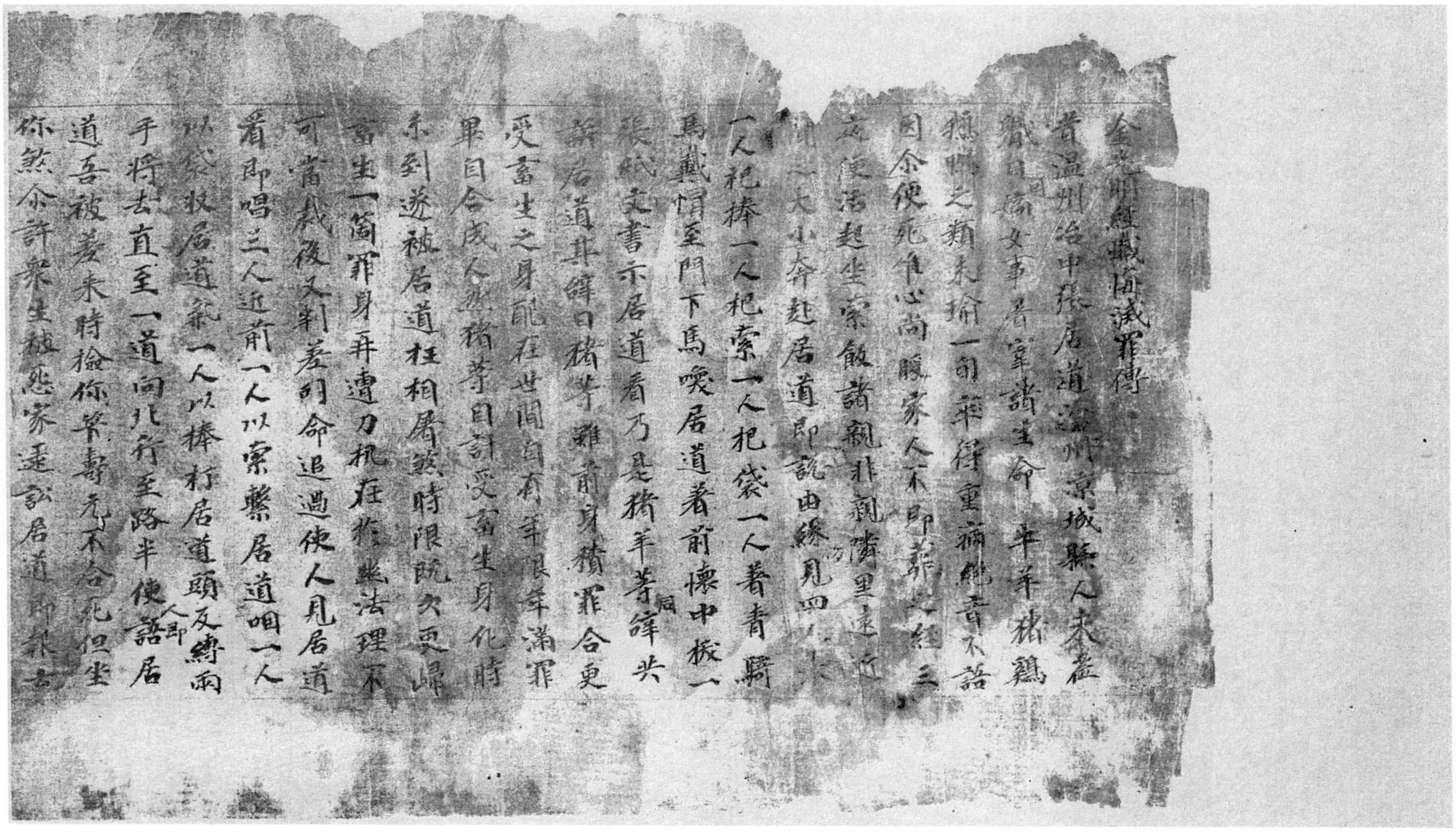
金光明經懺悔滅罪傳
昔温州治中張居道滄州景城縣人未莅
職日因嫁女事屠宰諸生命牛羊豬雞
鵝鴨之類未踰一旬卒得重病絕音不語
因爾便死唯心尚暖家人不即葬之經三
夜便活起坐衆皆諸親非親隣里遠近
俱來大小奔赴居道即說由緣見四人來
一人把棒一人把索一人把袋一人著青
衣戴帽至門下馬喚居道著前懷中拔一
張紙文書示居道看乃是豬羊等辭共
辭居道其辭曰豬等雖前身積罪合更
受畜生之身既在世間自有年限年滿罪
畢自合成人然豬等自訴受畜生身化時
未到遂被居道枉相屠戮時限既欠更歸
畜生一箇罪身再遭刀机在於幽法理不
可當我後又割差司命追過使人見居道
看即唱三人近前一人以索繫居道咽一人
以枷枷居道頭一人以棒打居道頭反縛兩
手將去直至一道向北行至路半使人語居
道吾被差來時檢你等壽元不合死但坐
你煞命許衆生被怨家遂訟居道即報云

BD03999 號 1　金光明經懺悔滅罪傳　（18–1）

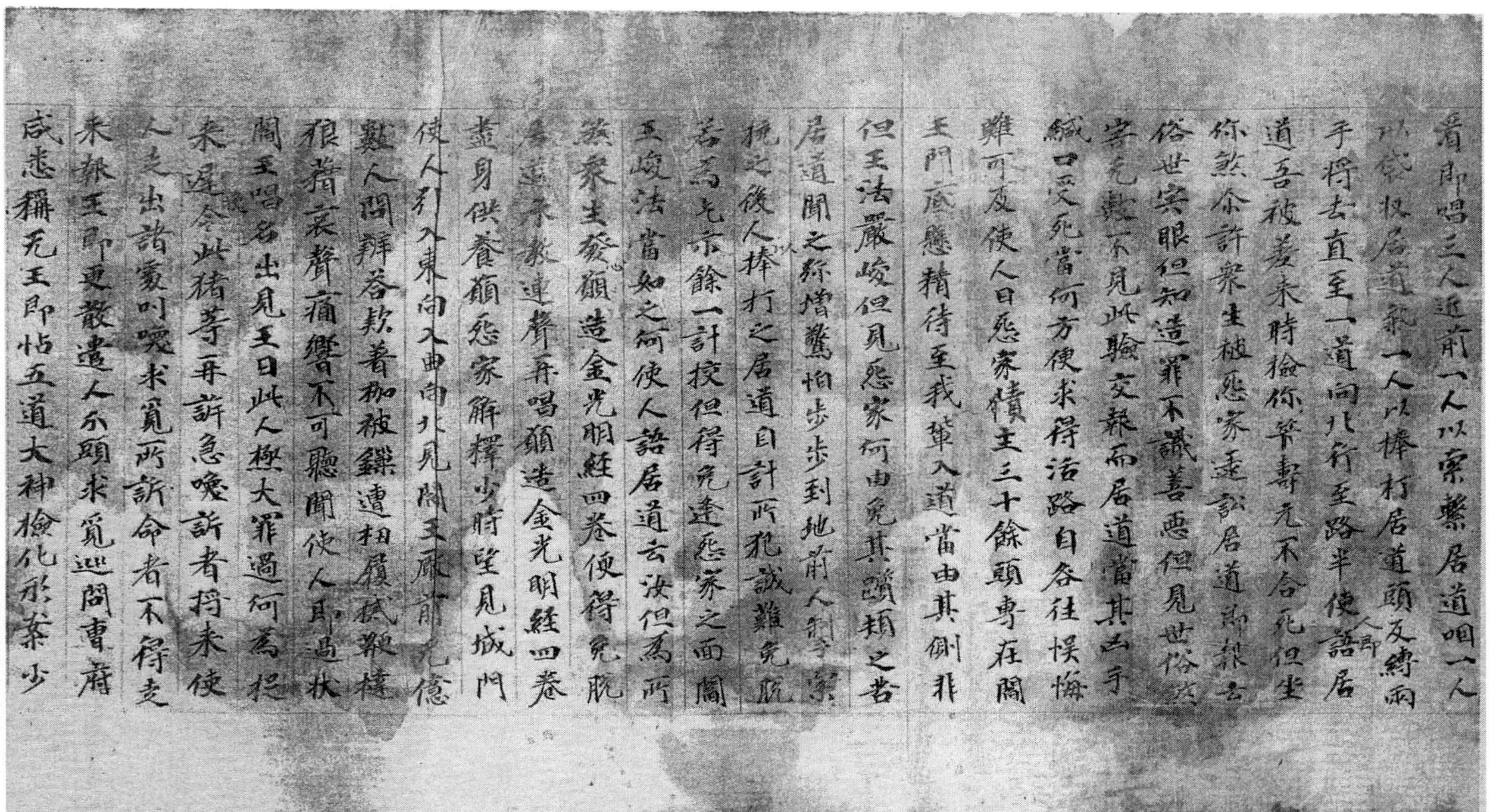
看即唱三人近前一人以索繫居道咽一人
以枷枷居道頭一人以棒打居道頭反縛兩
手將去直至一道向北行至路半使人語居
道吾被差來時檢你等壽元不合死但坐
你煞命許衆生被怨家遂訟居道即報云
俗世宍眼但知造罪不識善惡但見世俗
害死畜不見此驗交報而居道當其亡于
緘口只死當何方便求得活路自各往悔
難可度使人曰怨家債主三十餘頭專在閻
王門底懸待至我等入道當由其側非
但王法嚴峻但見怨家何由免其頭插之苦
居道聞之彌增驚怕步步到地前人對宋
就之後人捧打之居道自計所犯誠難免脫
若爲免亦餘一計授但得免達怨家之西閻
王嶮法當如之何使人語居道云汝但爲所
煞衆生發願造金光明經四卷便得免脫
居道拜教遂聲再唱願造金光明經四卷
盡身供養願怨家解釋少時望見城門
使人引入東向入曲向北見閻王廳前億
數人閙辯吞款著枷被鎖遭相履栽鞭撻
狼藉哀聲痛響不可聽聞使人引過狀
閻王唱名出見王曰此人極大罪過何爲相
來遲今此豬等再訴急喚訴者將來使
人走出諸處叫喚求覓所訴命者不得走
來報王即更散遣人分頭求覓巡問曹府
咸悉稱元王即帖五道大神檢化形案少

BD03999 號 1　金光明經懺悔滅罪傳　（18–2）

人走出諸處叫喚求覓所訴命者不得走
來報王即更散遣人亦頭求覓巡問曹府
咸悉稱无王即帖五道大神檢化形案少
時有一主者把狀走來其狀云依檢其日
得司善條報世人張居道為煞生願造金光
明經四卷依檢其所遭煞並合乘此功德爾
業化形儻至淮法處分者其張居道怨家
訴者以其日准司善條至判化從人道生於
世界說王既見狀無懷歡喜日居道雖無衆生
能設方便為其發願修造功德令其債主便
生人路既无報對諱不可懸信判放居道再
歸生路當宜善念多造功德斷味止煞勿復
慳貪惜財不作橋梁專為惡業於是出城
如從夢歸居道當說此由緣發心造經一百
餘人斷宍止煞不可稱計此經天下少本巡
訪不獲與歷諸方遂於衛州禪寂寺檢得
抄寫隨身供養居道及至當官之日合家
大小悉斷宍味其溫州安固縣丞妻病經一
年絕音不語復獨狂言口中唱痛叩頭死罪
狀有所訴居道聞之為其夫說如此之狀多
是怨家債命文案未決故命不絕自當思
忖省悟已來由緣所開煞害生命急造金光
明經亦明懺悔此經側近唯居道家有此經
縣丞依道其教請本雇人抄寫未畢妻便
醒悟說云狀如夢惛惛常有豬雞鵝鴨一日

BD03999 號 1　金光明經懺悔滅罪傳　（18–3）

忖省悟已來由緣所開煞害生命急造金光
明經亦明懺悔此經側近唯居道家有此經
縣丞依道其教請本雇人抄寫未畢妻便
醒悟說云狀如夢惛惛常有豬雞鵝鴨一日
三迴覓來咬嚙痛不可當從來應其到時遂
乃不見唯有或豬或羊或牛或雞之類皆是
人身來與我別云雖是怨家遭你屠害以你
為我造功德所以令我得化形成人我今與
怨解散不相逐債語訖即去因今不復如
此病即輕差平復如本當此之時溫州一郡所
養雞豬鵝鴨畜物之徒咸令放生家家斷宍
人人善念不立屠行爰及比州隣縣聞此並
起淨念不上一家當今所煞无微劾者斯是
衆生業滿合死故无報應只是盡其人身還
作畜生被他屠煞若衆生日限未足遣人煞
者立被訟注世人幸死及羸病連年累月眠
中唱痛狂言或語並是衆生執注文案一定
方始命斷一切衆罪懺悔皆滅唯有煞生懺
悔不滅為有怨家專心訟對自非為其修
造經像或被所遺或計事難禁事不已者生
慚愧為其傷歎將刀所煞如割己宍或銜賣
與人取其財價以為豐足皆須一本一造亦明
懺唱令此功德資及怨家早生人道考訟自
休不復執逐善男子善女人等明當識之

金光明經序品第一

如是我聞一時佛在王舍大城耆闍崛山中是

BD03999 號 1　金光明經懺悔滅罪傳　（18–4）

典人取其財價以為豐足皆須一本一造分明
懺悔令此功德資及悉家早生人道考訟自
休不復執還善男子善女人等明當識之
金光明經序品第一
如是我聞一時佛在王舍大城耆闍崛山中是
時如來遊於无量甚深法性諸佛行處過
諸菩薩所行清淨是金光明諸經之王若有
聞者則能思忖无上微妙甚深之義如是經
典為四方四佛世尊之所護持東方阿閦南
方寶相西方无量壽北方微妙聲我今當
說懺悔等法所生功德為无有上能壞諸苦
盡不善業
一切種智 而為根本 无量功德 之所莊嚴
滅除諸苦 得无量樂 諸根不具 壽命損減
貧窮困苦 諸天捨離 親厚鬪訟 王法所加
各各忿諍 財物損耗 愁憂恐怖 惡星災異
衆邪蠱道 變怪相續 臥見惡夢 晝則愁惱
當淨洗浴 聽是經典 至心清淨 著淨潔衣
專聽是經 甚深行處 是經威德 能悉消除
如是諸惡 令其寂滅 護世四王 將諸官屬
并及无量 夜叉之衆 悉來擁護 是持經者
大辯天神 尼連河神 鬼子母神 地神堅牢
大梵天尊 三十三天 大神龍王 緊那羅王
迦樓羅王 阿脩羅王 與其眷屬 悉共至彼
擁護是人 晝夜不離 我今所說 諸佛世尊
甚深秘密 微妙行處 億百千劫 甚難得值

BD03999號2　金光明經卷一

（18–5）

大梵天尊 三十三天 大神龍王 緊那羅王
迦樓羅王 阿脩羅王 與其眷屬 悉共至彼
擁護是人 晝夜不離 我今所說 諸佛世尊
甚深秘密 微妙行處 億百千劫 甚難得值
若得聞經 若為他說 若心隨喜 若設供養
如是之人 於无量劫 常為諸天 八部所敬
如是修行 生功德者 得不思議 无量福聚
亦為十方 諸佛世尊 深行菩薩 之所護持
着淨衣服 以上妙香 慈心供養 常不遠離
身意清淨 无有垢穢 歡喜悅豫 深樂是典
若得聽聞 當知善得 人身人道 及以正命
若聞懺悔 執持在心 是上善根 諸佛所讚
金光明經如來壽量品第二
爾時王舍城中有菩薩摩訶薩名曰信相已
曾供養過无量諸億那由他百千諸佛種
種善根是信相菩薩作是思惟何因何緣
釋迦如來壽命短促方八十年復更念言
如佛所說有二因緣壽命得長云何為二一
者不煞二者施食而我世尊於无量百千億
那由他阿僧祇劫修不煞生具足十善飲
食惠施不可限量乃至己身骨髓血肉充
足飽滿飢餓衆生況餘飲食大士如是至
心念佛思是義時其室自然廣博嚴事天
紺琉璃種種衆寶雜廁間錯以成其地
猶如如來所居淨土有妙香氣過諸天香
煙雲垂布遍滿其室四面各有四寶上妙

BD03999號2　金光明經卷一

（18–6）

足飽滿飢餓衆生渴飲飢食大士如是至
心念佛思是義時其室自然廣博嚴事天
紺琉璃種種衆寶雜廁間錯以成其地
猶如如來所居淨土有妙香氣過諸天香
煙雲垂布遍滿其室四面各有四寶上妙
高座自然而出純以天衣而為敷具妙座
上各有諸佛所受用花衆寶合成於蓮華
上有四如來
東方阿閦　南方名寶相　西方无量壽　北方微妙聲
是四如來自然而坐師子座上放大光明
照王舍城及三千大千世界乃至十方恒河
沙等諸佛世界諸天花作天伎樂尒時三
千大千世界所有衆生以佛神力受天快
樂諸根不具足即得具足舉要言之一切
世間所有利益未曾有事悉具出現
尒時信相菩薩見諸佛及希有事歡喜
踊躍恭敬合掌向佛諸世尊至心念佛作
是思惟釋迦如來无量功德唯壽命中心
生疑惑云何如來壽命如是方八十年尒時
四佛以正遍知告信相菩薩善男子我等
不應思量如來壽命短促何以故善男子
我等不見諸天世人魔衆梵衆沙門婆
羅門人及非人有能思筭如來壽量知其
齊限唯除如來時四如來將欲宣暢釋迦
文佛所得壽命欲色界天諸龍鬼神乹闥
婆阿脩羅迦樓羅緊那羅摩睺羅伽及

BD03999號2　金光明經卷一　（18–7）

我等不見諸天世人魔衆梵衆沙門婆
羅門人及非人有能思筭如來壽量知其
齊限唯除如來時四如來將欲宣暢釋迦
文佛所得壽命欲色界天諸龍鬼神乹闥
婆阿脩羅迦樓羅緊那羅摩睺羅伽及
无量百千億那由他菩薩摩訶薩以佛神
力悉來聚集信相菩薩摩訶薩室尒時
四佛於大衆中略以偈喻說釋迦如來所
得壽量而作頌曰
一切諸水　可知幾渧　无有能數　釋尊壽命
如須弥山　可知斤數　无有能量　釋尊壽命
一切大地　可知塵數　无有能筭　釋尊壽命
虛空世界　尚可盡邊　无有能計　釋尊壽命
不可計劫　億百千万　佛壽如是　无量无邊
以是因緣　故說二緣　不害物命　施食无量
是故大士　壽不可計　无量无邊　亦无齊限
是故汝今　不應於佛　无量壽命　而生疑惑
尒時信相菩薩摩訶薩聞是四佛宣說如
來壽命无量深心信解歡喜踊躍是如來
壽量品時无量无邊阿僧祇衆生發阿耨
多羅三藐三菩提心時四如來忽然不現
金光明經懺悔品第三
尒時信相菩薩即於其夜夢見金鼓其狀
姝大其明普照喻如日光復於光中得見
十方无量无邊諸佛世尊衆寶樹下坐琉
璃座與无量百千眷屬圍繞而為說法見

BD03999號2　金光明經卷一　（18–8）

金光明經懺悔品第三
尒時信相菩薩即於其夜夢見金鼓其狀
姝大其明普照喻如日光復於光中得見
十方无量无邊諸佛世尊衆寶樹下坐琉
璃座與无量百千眷屬圍繞而為說法見
有一人似婆羅門以桴擊鼓出大音聲其
演說懺悔偈頌時信相菩薩從夢悟已至
心憶念夢中所聞懺悔偈頌過夜旦出王
舍城尒時亦有无量无邊百千衆與菩薩
俱往耆闍崛山至於佛所至佛已頂礼佛
足右繞三帀却坐一面敬心合掌瞻仰尊
顏以其夢中所見金鼓及懺悔偈向如來說
昨夜所夢　至心憶持　夢見金鼓　妙色晃曜
其光大盛　明喻於日　遍照十方　恒沙世界
又見此光　得見諸佛　衆寶樹下　坐琉璃座
无量大衆　圍繞說法　見婆羅門　擊是金鼓
其鼓音中　說如是偈　見大金鼓　所出妙音
悉能滅除　三世諸苦　地獄餓鬼　畜生等苦
貧窮困厄　及諸有苦　是鼓所出　微妙之音
能除衆生　諸惱所逼　斷衆怖畏　令得无懼
猶如諸佛　得无所畏　諸佛聖人　所成功德
離於生死　到大智岸　如是衆生　所得功德
定慧助道　猶如大海　是鼓所出　如是妙音
令衆生得　梵音深遠　證佛无上　菩提勝果
轉无上輪　微妙清淨　住壽无量　不思議劫
演說正法　利益衆生　能害煩惱　消除諸苦
貪瞋癡等　悉令寂滅　若有衆生　處在地獄

BD03999號2　金光明經卷一　(18–9)

令衆生得　梵音深遠　證佛无上　菩提勝果
轉无上輪　微妙清淨　住壽无量　不思議劫
演說正法　利益衆生　能害煩惱　消除諸苦
貪瞋癡等　悉令寂滅　若有衆生　處在地獄
大火熾然　焚炙其身　若聞金鼓　微妙音聲
所出言教　即尋礼佛　亦令衆生　得知宿命
百生千生　千万億生　念心正念　諸佛世尊
亦聞无上　微妙之言　是金鼓中　所出妙音
復令衆生　值遇諸佛　遠離一切　諸惡業等
善修无量　白淨之業　諸天世人　及諸衆生
隨其所思　諸所願求　如是金鼓　所出之音
皆悉能令　成就具足　若有衆生　墮大地獄
猛火焰盛　焚燒其身　无有救護　流轉諸難
當令衆生　悉滅諸苦　若有衆生　諸苦所切
三惡道報　及以人中　如是金鼓　所出之音
悉能滅除　一切諸苦　无依无歸　无有救護
我為是等　作歸依處　是諸世尊　今當證知
久已為我　生大悲心　在在處處　十方諸佛
現在世雄　兩足之尊　我今所作　惡不善業
今者懺悔　諸十方前　不識諸佛　及父母恩
不解善法　造作衆惡　自恃種性　及諸財寶
盛年放逸　作諸惡行　心念不善　口作惡業
隨心所作　不見其過　凡夫愚行　无知闇覆
親近惡友　煩惱亂心　五欲因緣　心生忿恚
不知厭足　故作衆惡　親近非聖　因生慳嫉

BD03999號2　金光明經卷一　(18–10)

盛年放逸 作諸惡行 心念不善 口作惡業
隨心所作 不見其過 凡夫愚行 无知闇覆
親近惡友 煩惱亂心 五欲因緣 心生忿恚
不知猒足 故作衆惡 親近非聖 因生慳嫉
貧窮因緣 姧諂作惡 繫屬於他 常有怖畏
不得自在 而造諸惡 貪欲恚癡 擾動其心
渴愛所逼 造作衆惡 依因衣食 及以女色
諸結惱熱 造作衆惡 身口意業 所集三業
如是衆罪 今悉懺悔 或不供敬 佛法聖衆
如是衆罪 今悉懺悔 或不供敬 緣覺菩薩
如是衆罪 今悉懺悔 以无智故 誹謗正法
不知供敬 父母尊長 如是衆罪 今悉懺悔
愚惑所覆 憍慢放逸 因貪恚癡 造作衆惡
如是衆罪 今悉懺悔 我今供養 无量无邊
三千大千 世界諸佛 我今拔濟 十方一切
无量衆生 所有諸苦 我當安止 不可思議
阿僧祇衆 令住十地 已得安止 住十地者
悉令具足 如來正覺 為一衆生 億劫修行
使无量衆 令渡苦海 我當為是 諸衆生等
演說微妙 甚深海法 所說金光 滅除諸惡
千劫所作 極重惡業 若能至心 一懺悔者
如是衆罪 悉皆滅盡 我今已說 懺悔之法
是金光明 清淨微妙 速能除滅 一切業鄣
我當安止 住於十地 十種珎寶 以為脚足
成佛无上 功德光明 念諸衆生 度三有海
諸佛所有 甚深法藏 不可思議 无量功德

BD03999號2 金光明經卷一 (18–11)

如是衆罪 悉皆滅盡 我今已說 懺悔之法
是金光明 清淨微妙 速能除滅 一切業鄣
我當安止 住於十地 十種珎寶 以為脚足
成佛无上 功德光明 念諸衆生 度三有海
諸佛所有 甚深法藏 不可思議 无量功德
種一切智 願悉具足 百千禪定 根力覺道
不可思議 諸陁羅尼 十力世尊 我當成就
諸佛世尊 有大慈悲 當證微誠 哀證我悔
若百千劫 所有衆惡 以是因緣 生大憂苦
貧窮困乏 愁熱驚懼 怖畏惡業 心常怯劣
在在處處 暫无歡樂 十方現在 大悲世尊
能除衆生 一切怖畏 願當受我 誠心懺悔
我今恐怖 悉得消滅 我之所有 煩惱業垢
唯願現在 諸佛世尊 以大悲水 洗除令淨
過去諸惡 今悉悔過 已作之業 不敢覆藏
所未作者 更不敢作 已作之業 不敢覆藏
身業三種 口業有四 意三業行 今悉懺悔
身口所作 及以意四 十種惡業 一切懺悔
遠離十惡 修行十善 安止十住 速十力尊
所造惡業 應受惡報 今於佛前 誠心懺悔
若此國土 及餘世界 所有善法 悉以迴向
我所修行 身口意業 願於來世 證无上道
若在諸有 六趣嶮難 愚癡无智 造作衆惡
今於佛前 皆悉懺悔 世間所有 生死嶮難
種種婬欲 遇煩惱難 如是諸難 我今懺悔
心輕躁難 近惡友難 三有嶮難 及三毒難

BD03999號2 金光明經卷一 (18–12)

今於佛前 皆悉懺悔 世間所有 生死嶮難
種種婬欲 遇煩惱難 如是諸難 我今懺悔
心輕喙難 近惡友難 三有嶮難 及三毒難
遇无難難 值好時難 修功德難 值佛亦難
如是諸難 今悉懺悔 諸佛世尊 我所依止
是故我今 敬礼佛海 金色晃曜 猶如須弥
是故我今 頂礼寂勝 其色无上 猶如真金
眼目清淨 如紺琉璃 功德威神 名稱顯著
佛日大悲 滅一切暗 善淨无垢 離諸塵翳
无上佛日 大光普照 煩惱火熾 令心燋熱
唯佛能除 如月清涼 三十二相 八十種好
莊嚴其身 覩之无猒 功德巍巍 明網顯曜
安住三果 如日照世 猶如琉璃 淨无瑕穢
妙色廣大 種種各異 其色紅赤 如日初出
頗梨白銀 校餝光網 如是種種 莊嚴佛日
三有之中 生死大海 源水波蕩 惱亂我心
其味苦毒 最為麁澁 如來網明 能令枯涸
妙身端嚴 相好殊勝 金色光明 遍照一切
智慧大海 弥滿三果 是故我今 稽首敬礼
如大海水 其量難知 大地微塵 不可稱計
諸須弥山 難可度量 虛空邊際 亦不可得
諸佛亦尒 功德无量 不能得知 佛功德邊
大地諸山 尚可知量 毛渧海水 亦可知數
諸佛功德 无能知者 相好莊嚴 名稱讚嘆
如是功德 令眾皆得 我以善業 諸因緣故

BD03999號2 金光明經卷一 (18-13)

諸佛亦尒 功德无量 不能得知 佛功德邊
大地諸山 尚可知量 毛渧海水 亦可知數
諸佛功德 无能知者 相好莊嚴 名稱讚嘆
如是功德 令眾皆得 我以善業 諸因緣故
未世不久 成於佛道 講宣妙法 利益眾生
度脫一切 无量諸苦 摧伏諸魔 及其眷屬
轉於无上 清淨法輪 住壽无量 不可思議
充足眾生 甘露法味 我當具足 六波羅蜜
猶如過佛 之所成就 斷諸煩惱 除一切苦
悉滅貪欲 及恚癡等 我當憶念 宿命之事
百生千生 百千億生 常當至心 正念諸佛
聞說微妙 无上之法 我因善業 常值諸佛
遠離諸惡 修諸善根 一切世界 所有眾生
无量苦惱 我當悉滅 若有眾生 諸根毀敗
不具足者 悉令具足 十方世界 所有病苦
羸瘦困乏 无救護者 悉令解脫 如是諸苦
還得勢力 平復如本 若犯王法 臨當刑戮
无量怖畏 愁憂苦惱 如是之人 悉令解脫
若受鞭撻 繫縛枷鎖 種種苦事 逼切其身
无量百千 愁憂驚懼 種種恐畏 擾亂其心
如是无邊 諸苦惱等 願使一切 悉得解脫
若有眾生 飢渴所惱 令得種種 甘美飲食
盲者得視 聾者得聽 瘂者能言 裸者得衣
貧窮之者 即得寶藏 倉庫盈溢 无所乏少
一切皆受 安隱快樂 乃至无有 一人受苦
眾生相視 紅顏悅色 形貌端嚴 人所喜見

BD03999號2 金光明經卷一 (18-14)

盲者得視　聾者得聽　瘂者能言　裸者得衣
貧窮之者　即得寶藏　倉庫盈溢　无所乏少
一切皆受　安隱快樂　乃至无有　一人受苦
生生相視　紅顏悅色　形皃端嚴　人所喜見
心常思惟　他人善事　飲食飽滿　功德具足
隨諸衆生　之所思念　皆願令得　種種伎樂
箜篌箏笛　琴瑟鼓吹　如是種種　微妙音聲
江河池海　流泉諸水　金花遍布　及優鉢羅
隨諸衆生　之所思念　即得種種　衣服飲食
錢財珍寶　金銀琉璃　真珠璧玉　雜廁瓔珞
願諸衆生　不聞惡聲　乃至无有　可惡見者
願諸衆生　色皃微妙　各各相於　共相愛念
世間所有　資生之具　隨其所念　悉令具足
願諸衆生　諸所求索　如其所須　應念即得
香花諸樹　常於三時　雨細末香　及塗身香
衆生受者　歡喜快樂　願諸衆生　常得供養
不可思議　十方諸佛　无上妙法　清淨无垢
及諸菩薩　聲聞大衆　願諸衆生　常得遠離
三惡八難　值无難處　親覲諸佛　无上之王
願諸衆生　常生尊貴　多饒財寶　安隱快樂
上妙色像　莊嚴其身　功德成就　有大名稱
願諸女人　皆成男子　具足智惠　精勤不解
一切皆行　菩薩之道　勤心修集　六波羅蜜
常見十方　无量諸佛　坐寶樹下　琉璃座上
安住禪定　自在豐樂　演說正法　樂所樂聞
若我現在　又過去世　所作惡業　諸有嶮難

BD03999號2　金光明經卷一　（18–15）

願諸女人　皆成男子　具足智惠　精勤不解
一切皆行　菩薩之道　勤心修集　六波羅蜜
常見十方　无量諸佛　坐寶樹下　琉璃座上
安住禪定　自在豐樂　演說正法　樂所樂聞
若我現在　又過去世　所作惡業　諸有嶮難
應得惡業　不遍意者　願悉盡滅　令无有餘
若諸衆生　三有繫縛　生死網羅　弥蜜牢固
願以智刀　割斷破裂　除諸苦惱　早成菩提
若此閻浮　及諸他方　无量世界　所生衆生
所作種種　善妙功德　我今深心　隨其歡喜
我今以此　隨喜功德　及身口意　所作善業
願於來世　成无上道　清淨无垢　吉祥果報
若有敬礼　讚歎十力　信心清淨　无諸疑網
能作如是　所說懺悔　便得超越　六十劫罪
諸善男子　及善女人　諸王剎利　婆羅門等
若有恭敬　合掌向佛　稱歎如來　并讚此偈
在在處處　常識宿命　諸根具足　清淨端嚴
種種功德　悉皆成就　在在處處　常為國王
輔相大臣　之所供敬　非於一佛　五佛十佛
種種功德　聞是懺悔　若於无量　百千万億
諸佛如來　種種善根　然後乃得　聞是懺悔

金光明經讚歎品第四

尒時佛告地神堅牢善女天過有王名金龍
尊常以讚歎去來現在諸佛
我今尊重　敬礼讚歎　去來現在　十方諸佛
諸佛清淨　微妙寂滅　色中上色　金光照曜

BD03999號2　金光明經卷一　（18–16）

金光明經讚歎品第四

尒時佛告地神堅牢善女天過有王名金龍
尊常以讚歎去來現在諸佛
我今尊重　敬礼讚歎　去來現在　十方諸佛
諸佛清淨　微妙寂滅　色中上色　金光照曜
於諸聲中　佛聲最上　猶如大梵　深遠雷音
其髮紺黑　光螺旋起　蜂翠孔雀　色不得喻
其齒鮮白　猶如珂雪　顯發金顏　分齊分明
其目脩廣　清淨无垢　如青蓮華　睒水開敷
舌相廣長　形色紅輝　光明照曜　如華初生
眉間毫相　白如珂月　右旋潤澤　如淨琉璃
形如初月　眉細脩揚　其色黑耀　過於蜂王
鼻高圓直　如鑄金鋌　微妙柔軟　當于面門
如來勝相　次第最上　得味真正　无與等者
一一毛孔　一毛旋生　軟細紺青　猶孔雀項
即於生時　身放大光　普照十方　无量國土
滅盡三界　一切諸苦　令諸眾生　悉受快樂
地獄畜生　及以餓鬼　諸人天等　安隱无患
悉滅一切　无量諸趣　身色微妙　如鎔金聚
面目清淨　如月初滿　佛身明耀　如日初日
進止威儀　猶如師子　脩臂垂下　立過于膝
猶如風動　娑羅樹枝　圓光一尋　能照无量
猶如聚集　百千日月　佛身淨妙　无諸垢穢
其光普照　一切佛剎　佛光巍巍　明焰大盛
悉能隱蔽　无量日月　佛日燈炬　照无量界
皆令眾生　尋光見佛　本所脩集　百千行業

BD03999號2　金光明經卷一　（18–17）

面目清淨　如月初滿　佛身明耀　如日初日
進止威儀　猶如師子　脩臂垂下　立過于膝
猶如風動　娑羅樹枝　圓光一尋　能照无量
猶如聚集　百千日月　佛身淨妙　无諸垢穢
其光普照　一切佛剎　佛光巍巍　明焰大盛
悉能隱蔽　无量日月　佛日燈炬　照无量界
皆令眾生　尋光見佛　本所脩集　百千行業
聚集功德　莊嚴佛身　臂脯纖圓　如象王鼻
手足淨軟　敬愛无厭　去來諸佛　數如微塵
現在諸佛　亦復如是　如是如來　我今悉礼
身口清淨　意亦如是　以好華香　供養奉獻
百千功德　讚詠歌歎　設以百舌　於千劫中
歎佛功德　不能得盡　如來所有　現在功德
種種深固　微妙第一　設復千舌　欲讚一佛
尚不能盡　功德少分　況欲讚美　諸佛功德
大地及天　以為大海　乃至有頂　滿其中水
尚可以毛　知其滴數　无有如佛　[illegible]一[illegible]德
我今以礼　讚嘆諸佛　身口意業　悉皆清淨
[illegible]善業　與諸眾生　[illegible]

BD03999號2　金光明經卷一　（18–18）

須
尊
空可思量稱量
相布施福德亦復如
是不可思量須菩提菩薩但應如所教住須
菩提於意云何可以身相見如來不不也世
尊不可以身相得見如來何以故如來所說
身相即非身相佛告須菩提凡所有相皆是
虛妄若見諸相非相則見如來
須菩提白佛言世尊　　　付聞如是
說章句生實　　　　莫作是說
來滅後後五百歲有苦須菩提旨於此章
能生信心〻〻為實……不於一佛
二四五佛而種　根已於无量千万佛所
種諸善根聞是章句乃至一念生淨信者須
菩提如來悉知悉見是諸眾生得如是无量
福德何以故是諸眾生无復我相人相眾生
相壽者相无法相亦无非法相何以故是諸
眾生若心取相則為著我人眾生壽者若取
法相即著我人眾生壽者何以故若取非法
相即著我人眾生　壽者是故不應取法不應

BD04000 號　金剛般若波羅蜜經　（14–1）

相壽者相无法相亦无非法相何以故是諸
眾生若心取相則為著我人眾生壽者若取
法相即著我人眾生壽者何以故若取非法
相即著我人眾生　壽者是故不應取法不應
取非法以是義故如來常說汝等比丘知我
說法如筏　者法　應捨何況非法
須菩提於意云何如來得阿耨多羅三藐三
菩提耶如來有所說法耶須菩提言如我解
佛所說義无有定法名阿耨多羅三藐三菩
提亦无有定法如來可說何以故如來所說
法皆不可取不可說非法非非法所以者何
一切賢聖皆以〻〻法而有差別
須菩提於意云何若人滿三千大千世界七
寶以用布施是人所得福德寧為多不須菩
提言甚多世尊何以故是福德即非福德性
是故如來說福德多若復有人於此經中受
持乃至四句偈等為他人說其福勝彼何以
故須菩提一切諸佛及諸佛阿耨多羅三藐
三菩提法皆從此經出須菩提所謂佛法者
即非佛法
須菩提於意云何須陀洹能作是念我得須
陀洹果不須菩提言不也世尊何以故須陀
洹名為入流而无所入不入色聲香味觸法
是名須陀洹須菩提於意云何斯陀含能作
是念我得斯陀含果不須菩提言不也世尊
何以故斯陀含名一往來而實无往來是名

BD04000 號　金剛般若波羅蜜經　（14–2）

陁洹果不須菩提言不也世尊何以故須陁
洹名為入流而无所入不入色聲香味觸法
是名須陁洹須菩提於意云何斯陁含能作
是念我得斯陁含果不須菩提言不也世尊
何以故斯陁含名一往來而實无往來是名
斯陁含須菩提於意云何阿那含能作是念
我得阿那含果不須菩提言不也世尊何以
故阿那含名為不來而實无來是故名阿那
含須菩提於意云何阿羅漢能作是念我得
阿羅漢道不須菩提言不也世尊何以故實
无有法名阿羅漢世尊若阿羅漢作是念我
得阿羅漢道即為著我人衆生壽者世尊佛
說我得无諍三昧人中最為第一是第一離
欲阿羅漢我不作是念我是離欲阿羅漢世
尊我若作是念我得阿羅漢道世尊則不說
須菩提是樂阿蘭那行者以須菩提實无所
行而名須菩提是樂阿蘭那行
佛告須菩提於意云何如來昔在然燈佛所
於法有所得不世尊如來昔在然燈佛所於法
實无所得
須菩提於意云何菩薩莊嚴佛土不不也世
尊何以故莊嚴佛土者則非莊嚴是名莊嚴
是故須菩提諸菩薩摩訶薩應如是生清淨
心不應住色生心不應住聲香味觸法生心
應无所住而生其心須菩提譬如有人身如
須弥山王於意云何是身為大不須菩提言

BD04000號　金剛般若波羅蜜經　（14–3）

尊何以故莊嚴佛土者則非莊嚴是名莊嚴
是故須菩提諸菩薩摩訶薩應如是生清淨
心不應住色生心不應住聲香味觸法生心
應无所住而生其心須菩提譬如有人身如
須弥山王於意云何是身為大不須菩提言
甚大世尊何以故佛說非身是名大身
須菩提如恒河中所有沙數如是沙等恒河
於意云何是諸恒河沙寧為多不須菩提言
甚多世尊但諸恒河尚多无數何況其沙須
菩提我今實言告汝若有善男子善女人以
七寶滿尒所恒河沙數三千大千世界以用
布施得福多不須菩提言甚多世尊佛告須
菩提若善男子善女人於此經中乃至受持
四句偈等為他人說而此福德勝前福德
復次須菩提隨說是經乃至四句偈等當知
此處一切世間天人阿脩羅皆應供養如佛
塔廟何況有人盡能受持讀誦須菩提當知
是人成就最上第一希有之法若是經典所
在之處則為有佛若尊重弟子
尒時須菩提白佛言世尊當何名此經我等
云何奉持佛告須菩提是經名為金剛般若
波羅蜜以是名字汝當奉持所以者何須菩
提佛說般若波羅蜜則非般若波羅蜜須菩
提於意云何如來有所說法不須菩提白佛
言世尊如來无所說須菩提於意云何三千
大千世界所有微塵是為多不須菩提言甚

BD04000號　金剛般若波羅蜜經　（14–4）

提佛說般若波羅蜜則非般若波羅蜜須菩
提於意云何如來有所說法不須菩提白佛
言世尊如來无所說須菩提於意云何三千
大千世界所有微塵是為多不須菩提言甚
多世尊須菩提諸微塵如來說非微塵是名
微塵如來說世界非世界是名世界須菩提
於意云何可以三十二相見如來不不也世
尊不可以三十二相得見如來何以故如來
說三十二相即是非相是名三十二相
須菩提若有善男子善女人以恒河沙等身
命布施若復有人於此經中乃至受持四句
偈等為他人說其福甚多
尒時須菩提聞說是經深解義趣涕淚悲泣
而白佛言希有世尊佛說如是甚深經典我
從昔來所得慧眼未曾得聞如是之經世尊
若復有人得聞是經信心清淨則生實相當
知是人成就第一希有功德世尊是實相者
則是非相是故如來說名實相世尊我今得
聞如是經典信解受持不足為難若當來世
後五百歲其有衆生得聞是經信解受持是
人則為第一希有何以故此人无我相人相
衆生相壽者相所以者何我相即是非相人
相衆生相壽者相即是非相何以故離一切
諸相則名諸佛
佛告須菩提如是如是若復有人得聞此經

BD04000 號　金剛般若波羅蜜經　（14–5）

人則為第一希有何以故此人无我相人相
衆生相壽者相所以者何我相即是非相人
相衆生相壽者相即是非相何以故離一切
諸相則名諸佛
佛告須菩提如是如是若復有人得聞此經
不驚不怖不畏當知是人甚為希有何以故
須菩提如來說第一波羅蜜非第一波羅蜜
是名第一波羅蜜
須菩提忍辱波羅蜜如來說非忍辱波羅蜜
何以故須菩提如我昔為歌利王割截身體
我於尒時无我相无人相无衆生相无壽者
相何以故我於往昔節節支解時若有我相
人相衆生相壽者相應生瞋恨須菩提又念
過去於五百世作忍辱仙人於尒所世无我
相无人相无衆生相无壽者相是故須菩提
菩薩應離一切諸相發阿耨多羅三藐三菩提
心不應住色生心不應住聲香味觸法生心
應生无所住心若心有住則為非住是故佛
說菩薩心不應住色布施須菩提菩薩為利
益一切衆生應如是布施如來說一切諸相
即是非相又說一切衆生則非衆生
須菩提如來是真語者實語者如語者不誑
語者不異語者須菩提如來所得法此法无
實无虛
須菩提若菩薩心住於法而行布施如人入
暗則无所見若菩薩心不住法而行布施

BD04000 號　金剛般若波羅蜜經　（14–6）

語者不異語者須菩提如來所得法此法无
實无虛
須菩提若菩薩心住於法而行布施如人入
暗則无所見若菩薩心不住法而行布施如
人有目日光明照見種種色
須菩提當來之世若有善男子善女人能於
此經受持讀誦則為如來以佛智慧悉知是
人悉見是人皆得成就无量无邊功德
須菩提若有善男子善女人初日分以恒河
沙等身布施中日分復以恒河沙等身布施
後日分亦以恒河沙等身布施如是无量百
千万億劫以身布施若復有人聞此經典信
心不逆其福勝彼何況書寫受持讀誦為人
解說
須菩提以要言之是經有不可思議不可稱
量无邊功德如來為發大乘者說為發最上
乘者說若有人能受持讀誦廣為人說如來
悉知是人悉見是人皆得成就不可量不可
稱无有邊不可思議功德如是人等則為荷
擔如來阿耨多羅三藐三菩提何以故須菩
提若樂小法者著我見人見衆生見壽者見
則於此經不能聽受讀誦為人解說須菩提
在在處處若有此經一切世間天人阿脩羅
所應供養當知此處則為是塔皆應恭敬作
禮圍遶以諸華香而散其處
復次須菩提善男子善女人受持讀誦此經

BD04000號　金剛般若波羅蜜經

（14–7）

在在處處若有此經一切世間天人阿脩羅
所應供養當知此處則為是塔皆應恭敬作
禮圍遶以諸華香而散其處
復次須菩提善男子善女人受持讀誦此經
若為人輕賤是人先世罪業應墮惡道以今
世人輕賤故先世罪業則為消滅當得阿耨
多羅三藐三菩提須菩提我念過去无量阿
僧祇劫於然燈佛前得值八百四千万億那
由他諸佛悉皆供養承事无空過者若復有
人於後末世能受持讀誦此經所得功德於
我所供養諸佛功德百分不及一千万億分
乃至筭數譬喻所不能及須菩提若善男子
善女人於後末世有受持讀誦此經所得功
德我若具說者或有人聞心則狂亂狐疑不
信須菩提當知是經義不可思議果報亦不
可思議
尒時須菩提白佛言世尊善男子善女人發
阿耨多羅三藐三菩提心云何應住云何降
伏其心佛告須菩提善男子善女人發阿耨多
羅三藐三菩提者當生如是心我應滅度一
切衆生滅度一切衆生已而无有一衆生實
滅度者何以故若菩薩有我相人相衆生相
壽者相則非菩薩所以者何須菩提實无有
法發阿耨多羅三藐三菩提者
須菩提於意云何如來於然燈佛所有法得
阿耨多羅三藐三菩提不不也世尊如我解

BD04000號　金剛般若波羅蜜經

（14–8）

壽者相則非菩薩所以者何須菩提實无有
法發阿耨多羅三藐三菩提者
須菩提於意云何如來於然燈佛所有法得
阿耨多羅三藐三菩提不不也世尊如我解
佛所說義佛於然燈佛所无有法得阿耨多
羅三藐三菩提佛言如是如是須菩提實无
有法如來得阿耨多羅三藐三菩提須菩提
若有法如來得阿耨多羅三藐三菩提者然燈
佛則不與我受記汝於來世當得作佛号釋
迦牟尼以實无有法得阿耨多羅三藐三菩
提是故然燈佛與我受記作如是言汝於來世
當得作佛号釋迦牟尼何以故如來者即諸
法如義若有人言如來得阿耨多羅三藐三
菩提須菩提實无有法佛得阿耨多羅三藐
三菩提須菩提如來所得阿耨多羅三藐三
菩提於是中无實无虛是故如來說一切法
皆是佛法須菩提所言一切法者即非一切
法是故名一切法
須菩提譬如人身長大須菩提言世尊如來
說人身長大則為非大身是名大身
須菩提菩薩亦如是若作是言我當滅度无
量衆生則不名菩薩何以故須菩提實无有
法名為菩薩是故佛說一切法无我无人无
衆生无壽者須菩提若菩薩作是言我當莊
嚴佛土是不名菩薩何以故如來說莊嚴佛

BD04000號　金剛般若波羅蜜經　（14–9）

量衆生則不名菩薩何以故須菩提實无有
法名為菩薩是故佛說一切法无我无人无
衆生无壽者須菩提若菩薩作是言我當莊
嚴佛土是不名菩薩何以故如來說莊嚴佛
土者即非莊嚴是名莊嚴須菩提若菩薩通
達无我法者如來說名真是菩薩
須菩提於意云何如來有肉眼不如是世尊
如來有肉眼須菩提於意云何如來有天眼
不如是世尊如來有天眼須菩提於意云何
如來有慧眼不如是世尊如來有慧眼須菩
提於意云何如來有法眼不如是世尊如來
有法眼須菩提於意云何如來有佛眼不如
是世尊如來有佛眼須菩提於意云何如恒河
中所有沙佛說是沙不如是世尊如來說是
沙須菩提於意云何如一恒河中所有沙有
如是等恒河是諸恒河所有沙數佛世界如
是寧為多不甚多世尊佛告須菩提尒所國
土中所有衆生若干種心如來悉知何以故
如來說諸心皆為非心是名為心所以者何
須菩提過去心不可得現在心不可得未來
心不可得須菩提於意云何若有人滿三千
大千世界七寶以用布施是人以是因緣得
福多不如是世尊此人以是因緣得福甚多
須菩提若福德有實如來不說得福德多以
福德无故如來說得福德多
須菩提於意云何佛可以具足色身見不不

BD04000號　金剛般若波羅蜜經　（14–10）

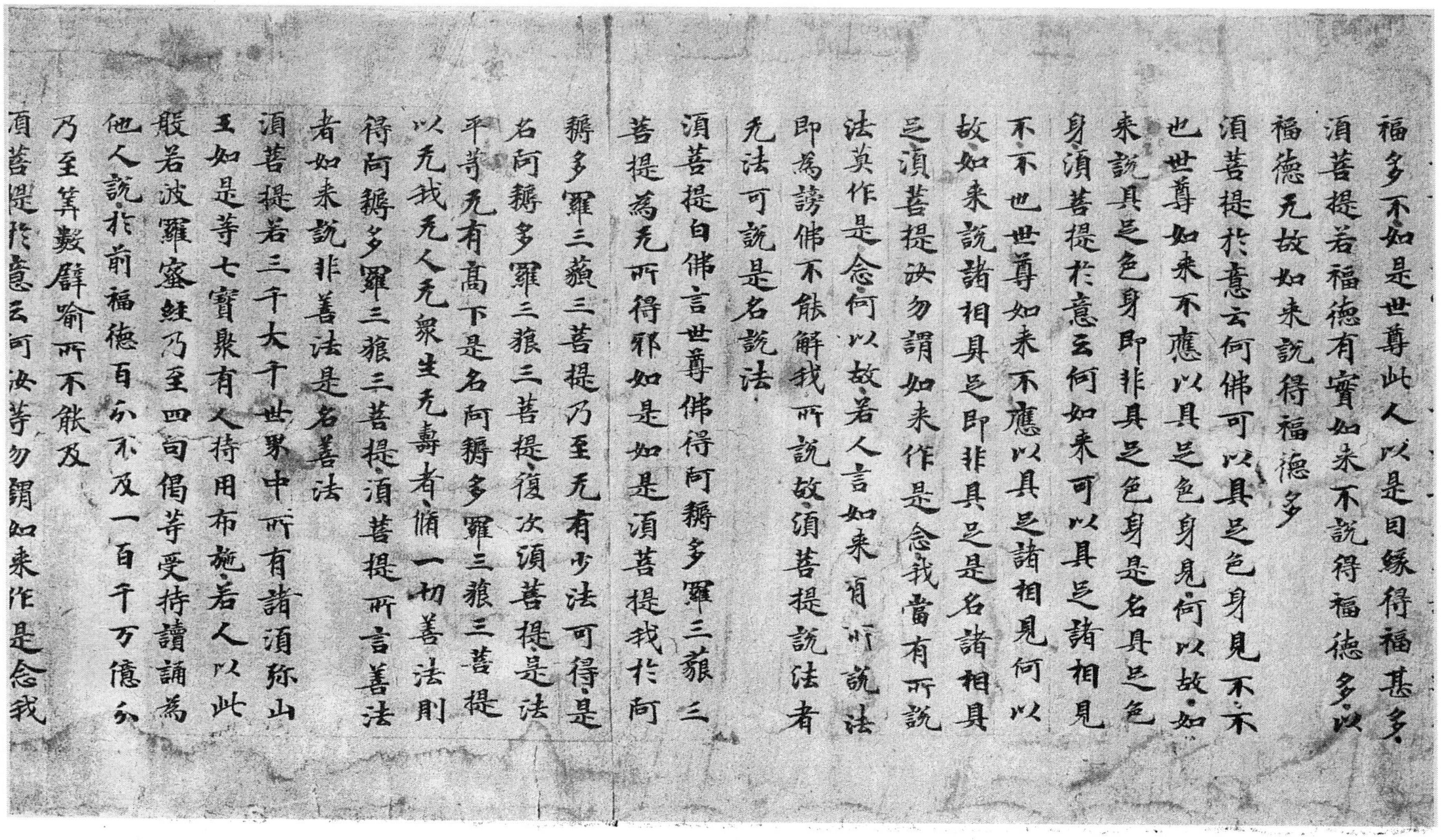
福多不如是世尊此人以是因緣得福甚多
須菩提若福德有實如来不說得福德多以
福德无故如来說得福德多
須菩提於意云何佛可以具足色身見不不
也世尊如来不應以具足色身見何以故如
来說具足色身即非具足色身是名具足色
身須菩提於意云何如来可以具足諸相見
不不也世尊如来不應以具足諸相見何以
故如来說諸相具足即非具足是名諸相具
足須菩提汝勿謂如来作是念我當有所說
法莫作是念何以故若人言如来有所說法
即為謗佛不能解我所說故須菩提說法者
无法可說是名說法
須菩提白佛言世尊佛得阿耨多羅三藐三
菩提為无所得耶如是如是須菩提我於阿
耨多羅三藐三菩提乃至无有少法可得是
名阿耨多羅三藐三菩提復次須菩提是法
平等无有高下是名阿耨多羅三藐三菩提
以无我无人无衆生无壽者脩一切善法則
得阿耨多羅三藐三菩提須菩提所言善法
者如来說非善法是名善法
須菩提若三千大千世界中所有諸須弥山
王如是等七寶聚有人持用布施若人以此
般若波羅蜜經乃至四句偈等受持讀誦為
他人說於前福德百分不及一百千万億分
乃至筭數譬喻所不能及
須菩提於意云何汝等勿謂如来作是念我

BD04000號　金剛般若波羅蜜經　（14–11）

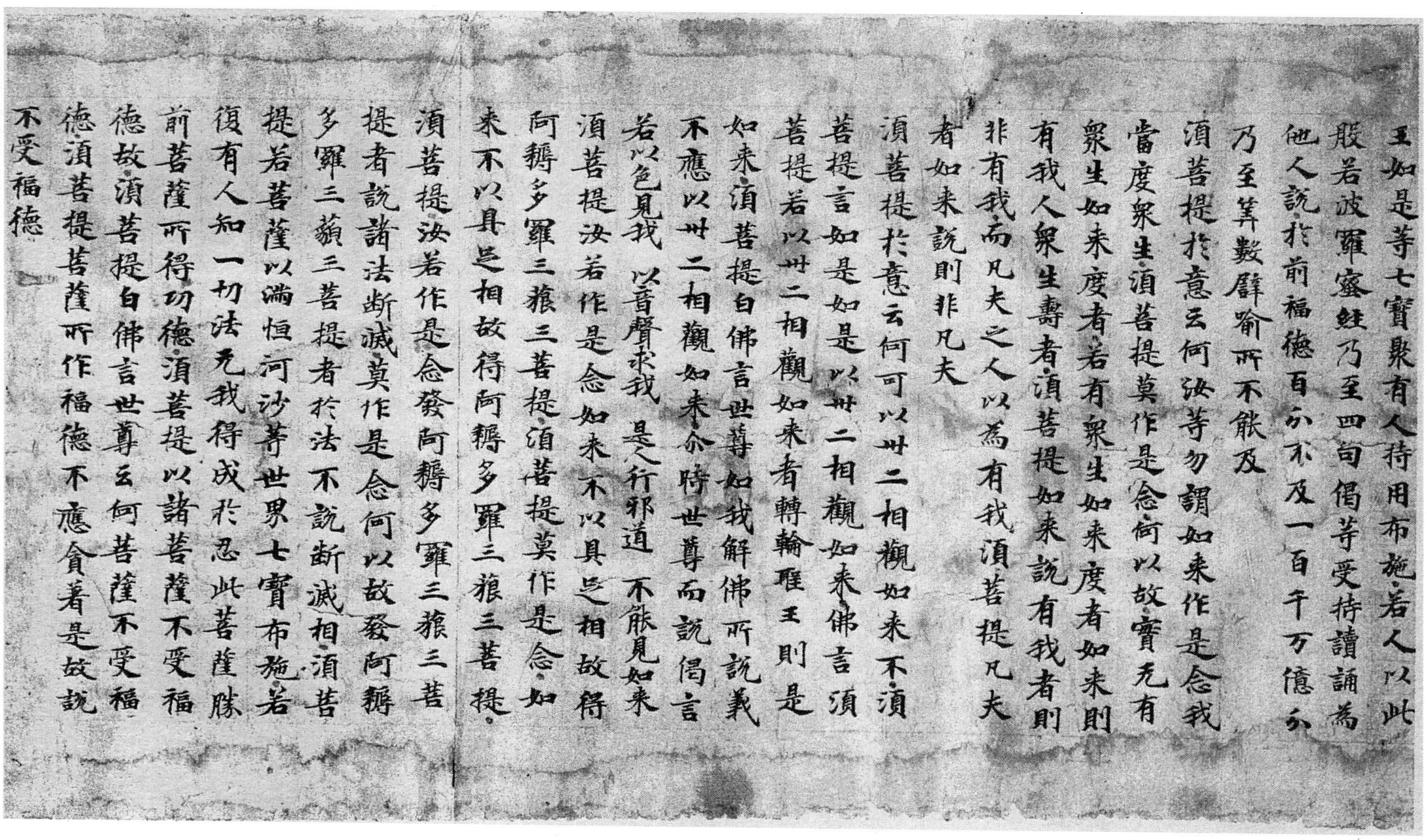
王如是等七寶聚有人持用布施若人以此
般若波羅蜜經乃至四句偈等受持讀誦為
他人說於前福德百分不及一百千万億分
乃至筭數譬喻所不能及
須菩提於意云何汝等勿謂如来作是念我
當度衆生須菩提莫作是念何以故實无有
衆生如来度者若有衆生如来度者如来則
有我人衆生壽者須菩提如来說有我者則
非有我而凡夫之人以為有我須菩提凡夫
者如来說則非凡夫
須菩提於意云何可以卅二相觀如来不須
菩提言如是如是以卅二相觀如来佛言須
菩提若以卅二相觀如来者轉輪聖王則是
如来須菩提白佛言世尊如我解佛所說義
不應以卅二相觀如来尒時世尊而說偈言
若以色見我　以音聲求我　是人行邪道　不能見如来
須菩提汝若作是念如来不以具足相故得
阿耨多羅三藐三菩提須菩提莫作是念如
来不以具足相故得阿耨多羅三藐三菩提
須菩提汝若作是念發阿耨多羅三藐三菩
提者說諸法斷滅莫作是念何以故發阿耨
多羅三藐三菩提者於法不說斷滅相須菩
提若菩薩以滿恒河沙等世界七寶布施若
復有人知一切法无我得成於忍此菩薩勝
前菩薩所得功德須菩提以諸菩薩不受福
德故須菩提白佛言世尊云何菩薩不受福
德須菩提菩薩所作福德不應貪著是故說
不受福德

BD04000號　金剛般若波羅蜜經　（14–12）

復有人知一切法无我得成於忍此菩薩勝
前菩薩所得功德須菩提以諸菩薩不受福
德故須菩提白佛言世尊云何菩薩不受福
德須菩提菩薩所作福德不應貪著是故說
不受福德
須菩提若有人言如來若來若去若坐若卧
是人不解我所說義何以故如來者无所從
來亦无所去故名如來
須菩提若善男子善女人以三千大千世界
碎為微塵於意云何是微塵衆寧為多不甚
多世尊何以故若是微塵衆實有者佛則不
說是微塵衆所以者何佛說微塵衆則非微
塵衆是名微塵衆世尊如來所說三千大千
世界則非世界是名世界何以故若世界實
有者則是一合相如來說一合相則非一合相
是名一合相須菩提一合相者則是不可說
但凡夫之人貪著其事須菩提若人言佛說
我見人見衆生見壽者見須菩提於意云何
是人解我所說義不不也世尊是人不解如
來所說義何以故世尊說我見人見衆生見
壽者見即非我見人見衆生見壽者見是名
我見人見衆生見壽者見須菩提發阿耨多羅
三狼三菩提心者於一切法應如是知如是見
如是信解不生法相須菩提所言法相者如
來說即非法相是名法相須菩提若有人以
滿无量阿僧祇世界七寶持用布施若有善
男子善女人發菩薩心者持於此經乃至四

BD04000 號　金剛般若波羅蜜經　（14–13）

我見人見衆生見壽者見須菩提於意云何
是人解我所說義不不也世尊是人不解如
來所說義何以故世尊說我見人見衆生見
壽者見即非我見人見衆生見壽者見是名
我見人見衆生見壽者見須菩提發阿耨多羅
三狼三菩提心者於一切法應如是知如是見
如是信解不生法相須菩提所言法相者如
來說即非法相是名法相須菩提若有人以
滿无量阿僧祇世界七寶持用布施若有善
男子善女人發菩薩心者持於此經乃至四
句偈等受持讀誦為人演說其福勝彼云何
為人演說不取於相如如不動何以故
一切有為法　如夢幻泡影　如露亦如電　應作如是觀
佛說是經已長老須菩提及諸比丘比丘尼
優婆塞優婆夷一切世間天人阿脩羅聞佛
所說皆大歡喜信受奉行

金剛般若波羅蜜經

BD04000 號　金剛般若波羅蜜經　（14–14）

# 著 錄 凡 例

本目錄採用條目式著錄法。諸條目意義如下：

1.1　著錄編號。用漢語拼音首字“BD”表示，意為“北京圖書館藏敦煌遺書”，簡稱“北敦號”。文獻寫在背面者，標註為“背”。一件遺書上抄有多個文獻者，用數字1、2、3等標示小號。一號中包括幾件遺書，且遺書形態各自獨立者，用字母A、B、C等區別。

1.2　著錄分類號。本條記目錄暫不分類，該項空缺。

1.3　著錄文獻的名稱、卷本、卷次。

1.4　著錄千字文編號。

1.5　著錄縮微膠卷號。

2.1　著錄遺書的總體數據。包括長度、寬度、紙數、正面抄寫總行數與每行字數、背面抄寫總行數與每行字數。如該遺書首尾有殘破，則對殘破部分單獨度量，用加號加在總長度上。凡屬這種情況，長度用括弧標註。

2.2　著錄每紙數據。包括每紙長度及抄寫行數或界欄數。

2.3　著錄遺書的外觀。包括：(1) 裝幀形式。(2) 首尾存況。(3) 護首、軸、軸頭、天竿、縹帶，經名是書寫還是貼簽，有無經名號，扉頁、扉畫。(4) 卷面殘破情況及其位置。(5) 尾部情況。(6) 有無附加物（蟲繭、油污、線繩及其他）。(7) 有無裱補及其年代。(8) 界欄。(9) 修整。(10) 其他需要交待的問題。

2.4　著錄一件遺書抄寫多個文獻的情況。

3.1　著錄文獻首部文字與對照本核對的結果。

3.2　著錄文獻尾部文字與對照本核對的結果。

3.3　著錄錄文。

3.4　著錄對文獻的說明。

4.1　著錄文獻首題。

4.2　著錄文獻尾題。

5　著錄本文獻與對照本的不同之處。

6.1　著錄本遺書首部可與另一遺書綴接的編號。

6.2　著錄本遺書尾部可與另一遺書綴接的編號。

7.1　著錄題記、題名、勘記等。

7.2　著錄印章。

7.3　著錄雜寫。

7.4　著錄護首及扉頁的內容。

8　著錄年代。

9.1　著錄字體。如有武周新字、合體字、避諱字等，予以說明。

9.2　著錄卷面二次加工的情況。包括句讀、點標、科分、間隔號、行間加行、行間加字、硃筆、墨塗、倒乙、刪除、兑廢等。

10　著錄敦煌遺書發現後，近現代人所加內容，裝裱、題記、印章等。

11　備註。著錄揭裱互見、圖版本出處及其他需要說明的問題。

上述諸條，有則著錄，無則空缺。

為避文繁，上述著錄中出現的各種參考、對照文獻，暫且不列版本說明。全目結束時，將統一編制本條記目錄出現的各種參考書目。

本條記目錄為農曆年份標註其公曆紀年時，未進行歲頭年末之換算，請讀者使用時注意自行換算。

# 條 記 目 錄

## BD03915—BD04000

1.1 BD03915 號
1.3 佛名經（十六卷本）卷一四
1.4 生 015
1.5 063:0790
2.1 982×27.4 厘米；13 紙；523 行，行 17 字。
2.2 01：78.8，42； 02：79.0，43； 03：78.5，42；
04：78.6，42； 05：78.6，42； 06：78.5，42；
07：78.5，42； 08：78.5，42； 09：78.6，42；
10：78.6，42； 11：78.6，42； 12：78.2，42；
13：39.0，19。
2.3 卷軸裝。首脱尾全。卷首有破裂，卷尾殘破。
3.1 首殘→《七寺古逸經典研究叢書》，3/第 705 頁第 250 行。
3.2 尾全→《七寺古逸經典研究叢書》，3/第 743 頁第 747 行。
4.2 佛名經卷第十四（尾）。
5 與七寺本對照，本件卷中及卷尾各多《罪業報應教化地獄經》19 行，共計 38 行。
8 9～10 世紀。歸義軍時期寫本。
9.1 楷書。
11 圖版：《敦煌寶藏》，62/310A～322A。

1.1 BD03916 號
1.3 大般若波羅蜜多經卷三四三
1.4 生 016
1.5 084:2926
2.1 （17.3+709.2）×25.8 厘米；17 紙；448 行，行 17 字。
2.2 01：17.3+19.1，23； 02：44.5，28； 03：44.5，28；
04：44.6，28； 05：44.5，28； 06：44.7，28；
07：44.8，28； 08：44.7，28； 09：44.6，28；
10：44.5，28； 11：44.8，28； 12：44.7，28；
13：44.7，28； 14：44.4，28； 15：44.5，28；
16：44.6，28； 17：21.0，05。
2.3 卷軸裝。首殘尾全。卷首上下邊殘破，脱落 1 塊殘片，可綴接。卷面有等距離黴爛。接縫處有開裂。有燕尾。有烏絲欄。
3.1 首 11 行上下殘→大正 220，6/759C26～760A7。
3.2 尾全→6/765A7。
4.2 大般若波羅蜜多經卷第三百卌三（尾）。
8 8～9 世紀。吐蕃統治時期寫本。
9.1 楷書。
11 圖版：《敦煌寶藏》，75/499B～509A。

1.1 BD03917 號
1.3 妙法蓮華經度量天地品
1.4 生 017
1.5 106:6189
2.1 500.7×27 厘米；12 紙；280 行，行 17 字。
2.2 01：44.0，23； 02：43.6，25； 03：43.5，25；
04：43.7，25； 05：43.7，25； 06：43.7，25；
07：43.5，25； 08：43.5，25； 09：43.5，25；
10：43.5，25； 11：22.0，12； 12：42.5，20。
2.3 卷軸裝。首尾均全。有烏絲欄。
3.4 説明：
本文獻首尾均全。是中國人纂輯衆經編纂的佛經，未為歷代大藏經所收。日本《大正藏》依據斯 01298 號殘本收入第 85 卷。該斯 01298 號僅相當於本號的前 29 行。參見大正 2872，85/1355C10～1356A11。
4.1 妙法蓮華經度量天地品第廿九，九（首）。
4.2 妙法蓮華經卷第九（尾）。
8 8～9 世紀。吐蕃統治時期寫本。
9.1 楷書。
11 圖版：《敦煌寶藏》，97/214A～220B。

1.1 BD03918 號
1.3 無量壽宗要經
1.4 生 018
1.5 275:7926
2.1 45×31 厘米；1 紙；32 行，行 30 餘字。

2.3　卷軸裝。首全尾脱。上下邊有破裂，中間有横向破裂和殘洞。有烏絲欄。
3.1　首全→大正 936，19/82A3。
3.2　尾殘→19/82C29。
4.1　大乘無量壽經（首）。
8　8～9 世紀。吐蕃統治時期寫本。
9.1　行楷。
11　圖版：《敦煌寶藏》，108/317B～。

1.1　BD03919 號
1.3　入楞伽經卷六
1.4　生 019
1.5　037:0335
2.1　72.5×26.7 厘米；2 紙；47 行，行 17 字。
2.2　01：32.5，21；　02：40.0，26。
2.3　卷軸裝。首尾皆殘。通卷殘損嚴重。有烏絲欄。有劃界欄針孔，在每紙中間。已修整。
3.1　首殘→大正 671，16/549B23。
3.2　尾殘→16/550A24。
6.2　尾→BD03920 號。
8　5～6 世紀。南北朝寫本。
9.1　隸書。
9.2　有倒乙。
11　圖版：《敦煌寶藏》，58/144A～145A。

1.1　BD03920 號
1.3　入楞伽經卷六
1.4　生 020
1.5　037:0336
2.1　89×26.5 厘米；2 紙；56 行，行 17 字。
2.2　01：42.0，26；　02：47.0，30。
2.3　卷軸裝。首尾均斷。通卷殘損嚴重。有烏絲欄。有劃界欄針孔，在每紙中間。已修整。
3.1　首殘→大正 671，16/550A24。
3.2　尾殘→16/551A6。
6.1　首→BD03919 號。
8　5～6 世紀。南北朝寫本。
9.1　隸書。
11　圖版：《敦煌寶藏》，58/145B～146B。

1.1　BD03921 號
1.3　佛名經（十六卷本）卷一一
1.4　生 021
1.5　063:0717
2.1　（1.8+262.5）×28.4 厘米；7 紙；159 行，行 17 字。
2.2　01：01.8，01；　02：46.5，28；　03：46.5，28；
04：46.5，28；　05：46.5，28；　06：46.5，28；
07：30.0，18。
2.3　卷軸裝。首殘尾斷。有烏絲欄。
3.1　首 1 行上中殘→《七寺古逸經典研究叢書》，3/第 544 頁第 83 行。
3.2　尾殘→《七寺古逸經典研究叢書》，3/第 556 頁第 245 行。
6.2　尾→BD04055 號。
8　9～10 世紀。歸義軍時期寫本。
9.1　楷書。
11　圖版：《敦煌寶藏》，61/513B～517A。

1.1　BD03922 號
1.3　四分比丘尼戒本
1.4　生 022
1.5　157:6947
2.1　（16.5+1205.5）×26 厘米；27 紙；724 行，行 17 字。
2.2　01：03.0，01；　02：13.5+33.5，28；　03：47.0，28；
04：47.0，28；　05：47.0，28；　06：47.5，28；
07：47.0，28；　08：47.0，28；　09：47.0，28；
10：47.0，28；　11：47.0，28；　12：47.0，28；
13：47.0，28；　14：46.5，28；　15：47.0，28；
16：47.0，28；　17：47.0，28；　18：47.0，28；
19：47.0，28；　20：45.0，27；　21：47.0，28；
22：47.0，28；　23：47.0，28；　24：47.0，28；
25：47.0，28；　26：47.0，28；　27：46.0，23。
2.3　卷軸裝。首殘尾全。首紙殘破嚴重，脱落 1 塊殘片可綴接。卷面有水漬，上下邊有破裂，接縫處有開裂。有烏絲欄。
3.1　首 9 行中下殘→大正 1431，22/1031C12～1032A1。
3.2　尾全→22/1041A18。
4.2　四分尼戒本一卷（尾）。
7.1　尾端有題記“寫戍寅年五月十六日梁再平”一行。該題記的字，越寫越小，直到紙張下緣。從書寫形態看，應是“梁再平”三字已經寫到紙張下緣，無法容納“寫”字，故將“寫”字書寫到該題記行首。
8　9～10 世紀。歸義軍時期寫本。
9.1　楷書。
11　圖版：《敦煌寶藏》，103/53B～69A。

1.1　BD03923 號
1.3　妙法蓮華經卷五
1.4　生 023
1.5　105:5541
2.1　（18+76.7）×25.7 厘米；2 紙；52 行，行 17 字。
2.2　01：18+28.2，24；　02：48.5，28。
2.3　卷軸裝。首殘尾脱。首紙殘破嚴重。有烏絲欄。
3.1　首 8 行下中殘→大正 262，9/37B13～22。
3.2　尾殘→9/38A22。
8　9～10 世紀。歸義軍時期寫本。

9.1　楷書。
11　圖版：《敦煌寶藏》，92/656A～657A。

1.1　BD03924 號
1.3　淨名經關中釋抄卷上
1.4　生 024
1.5　079:1351
2.1　832.9×29.8 厘米；21 紙；正面 496 行，行 30 餘字。背面 78 行，行約 22 字。
2.2　01：17.0，護首；　02：45.0，28；　03：41.8，25；
04：41.4，26；　05：42.2，26；　06：42.2，25；
07：41.6，25；　08：41.4，25；　09：41.8，25；
10：41.5，25；　11：41.6，26；　12：41.4，25；
13：41.5，26；　14：41.0，25；　15：41.5，25；
16：41.8，25；　17：42.0，26；　18：41.5，25；
19：42.0，26；　20：41.7，26；　21：21.0，11。
2.3　卷軸裝。首尾均全。有護首。首紙殘破，卷尾上邊殘破。有烏絲欄。護首背劃有烏絲欄。
2.4　本遺書包括 2 個文獻：（一）《淨名經關中釋抄》卷上，496 行，抄寫在正面，今編為 BD03924 號。（二）《大乘無生方便門》，78 行，抄寫在背面，今編為 BD03924 號背。
3.1　首全→大正 2778，85/501B7。
3.2　尾缺→85/513A5。
4.1　淨名經關中釋抄卷上，沙門道液撰集（首）。
5　與《大正藏》本對照，文字略有不同。
8　8～9 世紀。吐蕃統治時期寫本。
9.1　楷書。
9.2　有行間校加字。有行間加行，一直寫到下邊。有硃筆行間校加字及科分符號。
11　圖版：《敦煌寶藏》，67/75A～84B。

1.1　BD03924 號背
1.3　大乘無生方便門
1.4　生 024
1.5　079:1351
2.4　本遺書由 2 個文獻組成，本號為第 2 個，抄寫在背面，78 行。餘參見 BD03924 號之第 2 項、第 11 項。
3.1　首全→大正 2834，85/1273B9。
3.2　尾缺→85/1274B23。
4.1　大乘無生方便門（首）。
7.3　卷首有 4 行《大乘無生方便門》的經文雜寫，與本文獻首部重複。參見大正 2834，85/1273B9～14。
8　8～9 世紀。吐蕃統治時期寫本。
9.1　楷書。
11　圖版：《敦煌寶藏》，67/85A～86B。

1.1　BD03925 號 1
1.3　降生禮文
1.4　生 025
1.5　309:8347
2.1　267.2×29 厘米；7 紙；正面 148 行，行字不等。背面 153 行，行字不等。
2.2　01：43.3，23；　02：43.0，23；　03：43.1，23；
04：43.1，23；　05：42.7，23；　06：43.0，24；
07：09.0，09。
2.3　卷軸裝。首全尾斷。卷面有殘裂。有烏絲欄。
2.4　本遺書包括 15 個文獻：（一）《降生禮文》，63 行，抄寫在正面，今編為 BD03925 號 1。（二）《揭帝禮》，46 行，抄寫在正面，今編為 BD03925 號 2。（三）《觀音禮文》，35 行，抄寫在正面，今編為 BD03925 號 3。（四）《金光明最勝王經》（雜寫）卷一，抄寫在背面，13 行，今編為 BD03925 號背 1。（五）《觀世音經》（雜寫），抄寫在背面，29 行，今編為 BD03925 號背 2。（六）《勸學詩一首》（擬），6 行，抄寫在背面，今編為 BD03925 號背 3。（七）《甲戌年慈惠鄉百姓竇跛蹄雇工契稿》（擬），抄寫在背面，12 行，今編為 BD03925 號背 4。（八）《大乘淨土讚》，抄寫在背面，20 行，今編為 BD03925 號背 5。（九）《佛母讚》，抄寫在背面，15 行，今編為 BD03925 號背 6。（十）《地藏菩薩十齋日》，抄寫在背面，11 行，今編為 BD03925 號背 7。（十一）《云何得長壽偈》（擬），3 行，抄寫在背面，今編為 BD03925 號背 8。（十二）《諸雜字》，抄寫在背面，9 行，今編為 BD03925 號背 9。（十三）《諸雜字》，抄寫在背面，14 行，今編為 BD03925 號背 10。（十四）《丙子年三月一日鄭醜撻出賣房舍地基契稿》（擬），抄寫在背面，15 行，今編為 BD03925 號背 11。（十五）《地藏菩薩經》，抄寫在背面，15 行，今編為 BD03925 號背 12。因上述 15 個文獻的行數有相互重複處，故與 2.1 項統計不完全契合。
3.4　說明：
本文獻首尾均全。首句作“供養、禮梵、嘆佛而（如）常”，尾部三皈依前又有“清靜梵如常”，可見是實用禮懺儀文。禮拜對象為釋迦牟尼佛。未為歷代大藏經所收。
4.1　降生禮文（首）。
7.3　本文獻正面雜寫較多，依次著錄如下：下邊有雜寫“白果”、“鬲孔”。行空白處有《諸雜字》雜寫“釵子鐵鐺鏍”1 行、“釀皮醃酪醋醬”1 行。下邊有雜寫“城拽遷”。上邊有雜寫“洽濤”。行空白處有雜寫“炒麵鋪◇”、“鄭胥（骨?）崙”。另有雜寫“畢”。
8　10 世紀。歸義軍時期寫本。
9.1　行楷。
9.2　有行間校加字。
11　圖版：《敦煌寶藏》，110/45A～52B。

1.1　BD03925 號 2
1.3　揭帝禮
1.4　生 025

1.5　309:8347
2.4　本遺書由15個文獻組成，本號為第2個，46行，抄寫在正面。餘參見BD03925號1之第2項、第11項。
3.4　説明：
本文獻首尾均全。首句作“法事如常”，末尾有“清淨梵四禮同前”，可見應為實用禮懺儀文。禮拜對象為觀世音菩薩。未為歷代大藏經所收。
4.1　揭帝禮（首）。
7.3　首題下有《諸雜字》雜寫2行若干字，不錄文。
8　10世紀。歸義軍時期寫本。
9.1　行楷。
9.2　有倒乙。有行間校加字。

1.1　BD03925號3
1.3　觀音禮文
1.4　生025
1.5　309:8347
2.4　本遺書由15個文獻組成，本號為第3個，35行，抄寫在正面。餘參見BD03925號1之第2項、第11項。
3.4　説明：
本文獻首尾均全。首句作“清淨梵、如來（?）梵如常、念三身佛如常”，可見亦為實用禮懺儀文。禮拜對象為觀世音菩薩。未為歷代大藏經所收。
4.1　觀音禮文（首）。
7.3　下邊有雜寫“觀”、“處”。
8　10世紀。歸義軍時期寫本。
9.1　行楷。
9.2　有倒乙。有行間校加字。

1.1　BD03925號背1
1.3　金光明最勝王經（雜寫）卷一
1.4　生025
1.5　309:8347
2.4　本遺書由15個文獻組成，本號為第4個，抄寫在背面，13行。餘參見BD03925號1之第2項、第11項。
3.1　首全→大正665，16/403A3。
3.2　尾殘→16/403A23。
3.4　説明：
本文獻並非正規寫經，應屬經文雜寫。
4.1　金光明最勝王經序品第一，三藏法師義淨奉制譯（首）。
8　10世紀。歸義軍時期寫本。
9.1　楷書。

1.1　BD03925號背2
1.3　觀世音經（雜寫）
1.4　生025
1.5　309:8347
2.4　本遺書由15個文獻組成，本號為第5個，抄寫在背面，29行。餘參見BD03925號1之第2項、第11項。
3.1　首殘→大正262，9/56C2。
3.2　尾殘→9/57A11。
3.4　説明：
本文獻並非正規寫經，應屬經文雜寫。
4.1　妙法蓮華經觀音菩薩普門品第廿五（首）。
8　10世紀。歸義軍時期寫本。
9.1　楷書。

1.1　BD03925號背3
1.3　勸學詩一首（擬）
1.4　生025
1.5　309:8347
2.4　本遺書由15個文獻組成，本號為第6個，抄寫在背面，連同雜寫共6行。餘參見BD03925號1之第2項、第11項。
3.3　錄文：
清清何（河）邊草，遊（猶）如水烏烏，男如（兒）不學問，/如若一頭驢。/
（錄文完）
3.4　説明：
本文獻並非正規抄寫，應屬詩雜寫。
7.3　本文獻前後雜寫甚多，且大都比較重要，現按背面抄寫順序錄文，並説明行號。
背面第43行“乙亥年二月三日立契慈惠鄉百姓汜幸深狀呈”。
背面第44行“龍興寺乙亥年三月五日立契敦煌鄉鄧訥兒鉢”。上邊有一雜寫“龍”字。
背面第46行下部“佛説佛名經卷第佛南無不”。
背面第47行“奉勅修造大王在玄急急如律令輝耀◇”。
背面第48行“勅歸義［軍］節度使押牙銀青光錄（祿）大夫懇（檢）校［尚］書曹元忠”。
8　10世紀。歸義軍時期寫本。
9.1　楷書。

1.1　BD03925號背4
1.3　甲戌年慈惠鄉百姓竇跛蹄雇工契稿（擬）
1.4　生025
1.5　309:8347
2.4　本遺書由15個文獻組成，本號為第7個，抄寫在背面，12行。餘參見BD03925號1之第2項、第11項。
3.1　首全→《敦煌社會經濟文獻真蹟釋錄》，第二輯69頁第3行。
3.2　尾全→《敦煌社會經濟文獻真蹟釋錄》，第二輯69頁第14行。
7.3　行間有《諸雜字》雜寫7個，不錄文。末尾（背面第61行）有雜寫“奉勅修造大王在玄急急如律令，索殘子自手書”。

8　974 年。歸義軍時期寫本。
9.1　楷書。
9.2　有倒乙。

1.1　BD03925 號背 5
1.3　大乘淨土讚
1.4　生 025
1.5　309:8347
2.4　本遺書由 15 個文獻組成，本號為第 8 個，抄寫在背面，20 行。餘參見 BD03925 號 1 之第 2 項、第 11 項。
3.4　説明：
本文獻首尾均全。大正 2828，85/1266A13 ~ B12 有相應内容，但文字有異。
4.1　大乘淨土讚一本（首）
7.1　背面第 81 行有題記“知進索殘子自手題記之耳。交流辰◇◇”。
8　10 世紀。歸義軍時期寫本。
9.1　行楷。

1.1　BD03925 號背 6
1.3　佛母讚
1.4　生 025
1.5　309:8347
2.4　本遺書由 15 個文獻組成，本號為第 9 個，抄寫在背面，15 行。餘參見 BD03925 號 1 之第 2 項、第 11 項。
3.4　説明：
本文獻描寫釋迦牟尼的母親摩耶夫人得知釋迦牟尼涅槃消息後痛苦萬分，前來追悼的場面。又名《涅槃讚》。敦煌遺書抄錄甚多，後被法照組織收入《淨土五會念佛誦經觀行儀》。本文獻形態歧雜多變，形成不同異本。
4.1　佛母讚一本（首）。
4.2　涅盤（槃）讚一本（尾）。
7.3　首題之上衍“佛母广”3 字。尾題下有雜寫“乙亥正月廿十二日立契慈惠”。
8　10 世紀。歸義軍時期寫本。
9.1　行楷。

1.1　BD03925 號背 7
1.3　地藏菩薩十齋日
1.4　生 025
1.5　309:8347
2.4　本遺書由 15 個文獻組成，本號為第 10 個，抄寫在背面，11 行。餘參見 BD03925 號 1 之第 2 項、第 11 項。
3.1　首全→《藏外佛教文獻》，7/第 356 頁第 2 行。
3.2　尾全→《藏外佛教文獻》，7/第 358 頁第 4 行。
4.1　地藏菩薩經十齋日（首）。
7.1　經末有題記“智進書記題”。
8　10 世紀。歸義軍時期寫本。
9.1　行楷。
9.2　有倒乙。

1.1　BD03925 號背 8
1.3　云何得長壽偈（擬）
1.4　生 025
1.5　309:8347
2.4　本遺書由 15 個文獻組成，本號為第 11 個，抄寫在背面，連同雜寫 3 行。餘參見 BD03925 號 1 之第 2 項、第 11 項。
3.3　錄文：
云何得長壽，金剛不懷（壞）身？
復以何恩（因）緣，得大堅固力？／
云何於此經，究竟到彼岸？
願佛開微密，［廣為衆生說。］／
（錄文完）
3.4　説明：
本文獻出自《大般涅槃經》（北本）卷三，為迦葉對佛的發問。此後成爲佛教禮懺中“云何梵”的組成内容，被廣泛使用。參見大正 374，12/379C13 ~ 17。
7.3　文末有雜寫“流故，《太子讚》”、“讚一本”、“辛未年”。
8　10 世紀。歸義軍時期寫本。
9.1　楷書。

1.1　BD03925 號背 9
1.3　諸雜字
1.4　生 025
1.5　309:8347
2.4　本遺書由 15 個文獻組成，本號為第 12 個，抄寫在背面，9 行。餘參見 BD03925 號 1 之第 2 項、第 11 項。
3.4　説明：
本文獻抄寫在背面第 112 行至第 120 行，共計 8 行。
7.1　第 8 行上部有題記“丙子年二月二十八日索殘子”。
8　10 世紀。歸義軍時期寫本。
9.1　行楷。

1.1　BD03925 號背 10
1.3　諸雜字
1.4　生 025
1.5　309:8347
2.4　本遺書由 15 個文獻組成，本號為第 13 個，抄寫在背面，14 行。餘參見 BD03925 號 1 之第 2 項、第 11 項。
3.4　説明：
本文獻抄寫在背面第 121 行至第 134 行。共計 14 行。有首題。
4.1　諸雜字一本（首）。
8　10 世紀。歸義軍時期寫本。

9.1　行楷。

1.1　BD03925 號背 11
1.3　丙子年三月一日鄭醜撻出賣房舍地基契稿（擬）
1.4　生 025
1.5　309:8347
2.4　本遺書由 15 個文獻組成，本號為第 14 個，抄寫在背面，15 行。餘參見 BD03925 號 1 之第 2 項、第 11 項。
3.1　首全→《敦煌社會經濟文獻真蹟釋錄》，第二輯第 12 頁 A 第 4 行。
3.2　尾全→《敦煌社會經濟文獻真蹟釋錄》，第二輯第 12 頁 B 第 13 行。
3.4　說明：
因本遺書背面已經抄寫《地藏菩薩經》14 行，故本文獻分作兩段，分別寫在《地藏菩薩經》前後。前一段為 8 行（背面第 134 行下部到第 141 行），後一段為 7 行。
7.1　卷首有題記“丙子年二月二十八日立契，僧知進書”，卷末有“丙子年三月一日立契僧智進自手題之耳記也”。
8　975 年。歸義軍時期寫本。
9.1　行楷。

1.1　BD03925 號背 12
1.3　地藏菩薩經
1.4　生 025
1.5　309:8347
2.4　本遺書由 15 個文獻組成，本號為第 15 個，抄寫在背面，14 行。方向與背面其他文獻相反。餘參見 BD03925 號 1 之第 2 項、第 11 項。
3.1　首全→大正 2909，85/1455B23。
3.2　尾全→85/1455C12。
4.1　佛說地藏菩薩經（首）。
4.2　地藏□□□（尾）。
7.3　行間有雜寫：“壬戌（戌）年五月二十六日壬壬戌（戌）年壬戌壬戌（戌）年五月廿日六日壬戌（戌）年五月二十六日大大/金光明最勝王經，如是。（倒書）”
8　10 世紀。歸義軍時期寫本。
9.1　楷書。

1.1　BD03926 號
1.3　大般若波羅蜜多經卷三九〇
1.4　生 026
1.5　084:3051
2.1　361.3×26 厘米；8 紙；202 行，行 17 字。
2.2　01：48.1，28；　02：48.6，28；　03：48.5，28；
04：48.3，28；　05：48.3，28；　06：48.2，28；
07：48.0，28；　08：23.3，06。
2.3　卷軸裝。首脫尾全。有燕尾。有烏絲欄。
3.1　首殘→大正 220，6/1018B6。
3.2　尾全→6/1020C4。
4.2　大般若波羅蜜多經卷第三百九十（尾）。
8　7～8 世紀。唐寫本。
9.1　楷書。
11　圖版：《敦煌寶藏》，76/223A～227B。

1.1　BD03927 號
1.3　大般若波羅蜜多經卷二〇八
1.4　生 027
1.5　084:2530
2.1　（5.6+656.2）×27.7 厘米；15 紙；397 行，行 17 字。
2.2　01：1.6+22.7，17；　02：45.2，28；　03：45.2，28；
04：45.2，28；　05：45.2，28；　06：45.3，28；
07：45.1，28；　08：45.0，28；　09：45.0，28；
10：45.0，28；　11：45.4，28；　12：45.3，28；
13：45.1，28；　14：45.2，28；　15：46.3，16。
2.3　卷軸裝。首殘尾全。首紙有橫向破裂，第 9 紙有殘洞。有烏絲欄。
3.1　首 3 行下殘→大正 220，6/38A23～26。
3.2　尾全→6/42C15。
4.2　大般若波羅蜜多經卷第二百八（尾）。
8　8～9 世紀。吐蕃統治時期寫本。
9.1　楷書。
11　圖版：《敦煌寶藏》，73/639A～647B。

1.1　BD03928 號
1.3　妙法蓮華經卷一
1.4　生 028
1.5　105:4534
2.1　（0.7+767.6）×26 厘米；18 紙；460 行，行 16～18 字。
2.2　01：0.7+8.4，06；　02：46.0，28；　03：46.1，28；
04：46.0，28；　05：46.5，28；　06：46.5，28；
07：46.5，28；　08：46.5，28；　09：46.4，28；
10：46.5，28；　11：46.6，28；　12：46.5，28；
13：46.5，28；　14：46.6，28；　15：46.5，28；
16：46.4，28；　17：46.6，28；　18：16.5，06。
2.3　卷軸裝。首殘尾全。經黃紙。有烏絲欄。
3.1　首行殘→大正 262，9/2B13～14。
3.2　尾全→9/10B21。
4.2　妙法蓮華經卷第一（尾）。
8　7～8 世紀。唐寫本。
9.1　楷書。
11　圖版：《敦煌寶藏》，84/191A～203A。

1.1　BD03929 號
1.3　大般若波羅蜜多經卷一四七

1.4　生 029
1.5　084:2388
2.1　161.5×25.6 厘米；4 紙；91 行，行 17 字。
2.2　01：33.0，19；　02：49.5，28；　03：49.3，28；
04：29.7，16。
2.3　卷軸裝。首斷尾全。經黄打紙，砑光上蠟。首紙有横向破裂。有烏絲欄。
3.1　首殘→大正 220，5/797B21。
3.2　尾全→5/798B25。
4.2　大般若波羅蜜多經卷第一百卌七（尾）。
8　7 世紀。唐寫本。
9.1　楷書，書法甚佳。
11　圖版：《敦煌寶藏》，73/135A～137A。

1.1　BD03930 號
1.3　金剛般若波羅蜜經
1.4　生 030
1.5　094:3916
2.1　（10＋411.5）×26 厘米；10 紙；236 行，行 17 字。
2.2　01：10.0，05；　02：46.5，27；　03：48.0，27；
04：48.5，28；　05：47.5，27；　06：48.7，27；
07：47.5，27；　08：48.8，27；　09：48.5，27；
10：27.5，14。
2.3　卷軸裝。首殘尾全。卷首殘破嚴重。背有古代裱補。有烏絲欄。
3.1　首 5 行下殘→大正 235，8/749C12～18。
3.2　尾全→8/752C3。
4.2　金剛般若波羅蜜經（尾）。
8　9～10 世紀。歸義軍時期寫本。
9.1　楷書。
11　圖版：《敦煌寶藏》，81/189A～194B。

1.1　BD03931 號
1.3　妙法蓮華經卷六
1.4　生 031
1.5　105:5830
2.1　（9＋296.7）×27.5 厘米；8 紙；174 行，行 20 字。
2.2　01：09.0，05；　02：44.0，26；　03：44.2，27；
04：44.1，26；　05：44.2，26；　06：44.1，26；
07：44.1，26；　08：32.0，12。
2.3　卷軸裝。首殘尾全。第 2 紙上下邊有破裂，紙變色、變硬，斷為 3 截。背有古代裱補。有燕尾。有烏絲欄。
3.1　首 5 行上下殘→大正 262，9/52B12～21。
3.2　尾全→9/55A9。
4.2　妙法蓮華卷第六（尾）。
8　8 世紀。唐寫本。
9.1　楷書。
11　圖版：《敦煌寶藏》，95/308B～312A。

1.1　BD03932 號 A
1.3　般若波羅蜜多心經
1.4　生 032
1.5　102:4479
2.1　46.5×26.8 厘米；1 紙；21 行，行 17 字。
2.3　卷軸裝。首脱尾全。卷面有破裂。有燕尾。有烏絲欄。
3.1　首全→大正 251，8/848C4。
3.2　尾全→8/848C24。
4.1　般若波羅蜜多心經（首）。
4.2　般若蜜多心經一卷（尾）。
7.3　尾有書儀雜寫兩行“季冬極寒”“正月孟春”。
8　8～9 世紀。吐蕃統治時期寫本。
9.1　楷書。
9.2　有行間校加字。
11　圖版：《敦煌寶藏》，83/311B。

1.1　BD03932 號 B
1.3　觀世音經
1.4　生 032
1.5　111:6265
2.1　96.6×26 厘米；4 紙；66 行，行 25～27 字。
2.2　01：06.4，04；　02：10.4，08；　03：40.8，29；
04：39.0，25。
2.3　卷軸裝。首殘尾全。卷首脆損嚴重。通卷背有古代裱補。第 1 紙有折疊欄。
3.1　首殘→大正 262，9/56C29。
3.2　尾全→9/58B7。
4.2　觀世音經（尾）。
8　7～8 世紀。唐寫本。
9.1　楷書。
11　圖版：《敦煌寶藏》，97/497B～498B。

1.1　BD03933 號
1.3　金剛般若波羅蜜經
1.4　生 033
1.5　094:3874
2.1　（5.5＋205＋10）×27.5 厘米；6 紙；139 行，行 17 字。
2.2　01：5.5＋20，16；　02：42.5，27；　03：42.5，27；
04：43.0，26；　05：42.5，27；　06：14.5＋10，16。
2.3　卷軸裝。首尾均殘。經黄打紙。首紙殘破，脱落 1 塊殘片，已綴接。卷面有殘洞。有烏絲欄。已修整。
3.1　首 3 行上殘→大正 235，8/749B27～29；
3.2　尾 7 行下殘→8/751A26～B2。
8　7～8 世紀。唐寫本。
9.1　楷書。

11　圖版：《敦煌寶藏》，81/24A～26B。

1.1　BD03934 號
1.3　金剛般若波羅蜜經
1.4　生 034
1.5　094:4343
2.1　126.5×27.5 厘米；3 紙；69 行，行 17 字。
2.2　01：43.5，27；　02：43.0，27；　03：40.0，15。
2.3　卷軸裝。首脫尾全。第 1、2 紙接縫處下部開裂。背有古代褙補。有烏絲欄。
3.1　首殘→大正 235，8/751C10。
3.2　尾全→8/752C3。
4.2　金剛般若波羅蜜經（尾）。
5　與《大正藏》本對照，本號無冥司偈，文見大正，8/751C16～19。
8　7～8 世紀。唐寫本。
9.1　楷書。
11　圖版：《敦煌寶藏》，83/22A～23B。

1.1　BD03935 號
1.3　金光明最勝王經卷四
1.4　生 035
1.5　083:1654
2.1　（2.5+34.5+1）×25.5 厘米；2 紙；25 行，行 18 字。
2.2　01：2.5+16，12；　02：18.5+1，13。
2.3　卷軸裝。首尾均殘。通卷殘破嚴重。背有古代褙補。有烏絲欄。已修整。
3.1　首 2 行上殘→大正 665，16/418A6～7。
3.2　尾行上殘→16/418B3～4。
8　9～10 世紀。歸義軍時期寫本。
9.1　楷書。
11　圖版：《敦煌寶藏》，59/120B。

1.1　BD03936 號
1.3　妙法蓮華經卷七
1.4　生 036
1.5　105:5897
2.1　（4.5+126）×26.5 厘米；4 紙；89 行，行 18 字。
2.2　01：4.5+17.5，14；　02：11.5，08；　03：48.5，34；
04：48.5，33。
2.3　卷軸裝。首殘尾脫。首紙中間有破裂。有烏絲欄。
3.1　首全→大正 262，9/55A12。
3.2　尾殘→9/56A29。
4.1　妙法蓮華經妙音菩薩品第二十四（首）。
8　9～10 世紀。歸義軍時期寫本。
9.1　楷書。
9.2　有行間校加字。
11　圖版：《敦煌寶藏》，95/658A～659B。

1.1　BD03937 號
1.3　大般若波羅蜜多經卷一九八
1.4　生 037
1.5　084:2495
2.1　45.5×25 厘米；1 紙；27 行，行 17 字。
2.3　卷軸裝。首全尾脫。上下邊殘缺。背有古代褙補。有烏絲欄。
3.1　首全→大正 220，5/1059A2。
3.2　尾殘→5/1059B2。
4.1　大般若波羅蜜多經卷第一百九十八，/初分難信解品第卅四［之］十七，三藏法師玄奘奉詔譯/（首）。
8　8～9 世紀。吐蕃統治時期寫本。
9.1　楷書。
11　圖版：《敦煌寶藏》，73/487B。

1.1　BD03938 號
1.3　妙法蓮華經卷四
1.4　生 038
1.5　105:5215
2.1　（5.5+994.5）×26.5 厘米；24 紙；649 行，行 17 字。
2.2　01：5.5+20，17；　02：43.0，28；　03：43.0，28；
04：43.0，28；　05：43.0，28；　06：43.0，28；
07：43.0，28；　08：43.0，28；　09：43.0，28；
10：43.0，28；　11：43.0，28；　12：43.0，28；
13：43.0，28；　14：43.0，28；　15：43.0，28；
16：43.0，28；　17：43.0，28；　18：43.0，28；
19：43.0，28；　20：43.0，28；　21：43.0，28；
22：43.0，28；　23：43.0，28；　24：28.5，16。
2.3　卷軸裝。首殘尾全。經黃紙。卷面多水漬、黴斑。有烏絲欄。
3.1　首 4 行上中殘→大正 262，9/27B27～C1。
3.2　尾全→9/37A2。
4.2　妙法蓮華經卷第四（尾）。
8　7～8 世紀。唐寫本。
9.1　楷書。
11　圖版：《敦煌寶藏》，89/524B～539B。

1.1　BD03939 號
1.3　大般若波羅蜜多經卷三四四
1.4　生 039
1.5　084:2932
2.1　117.8×21.5 厘米；4 紙；68 行，行 17 字。
2.2　01：08.6，05；　02：48.7，28；　03：48.7，28；
04：11.8，07。
2.3　卷軸裝。首尾均殘。通卷下端火燒。有烏絲欄。

3.1　首殘→大正 220，6/766B29。
3.2　尾殘→6/767B9～10。
6.1　首→BD03997 號。
6.2　尾→BD03979 號。
8　8～9 世紀。吐蕃統治時期寫本。
9.1　楷書。
11　圖版：《敦煌寶藏》，75/526A～527B。

1.1　BD03940 號
1.3　讚僧功德經
1.4　生 040
1.5　289：8264
2.1　（11.7＋89）×25.7 厘米；3 紙；75 行，行 21 字。
2.2　01：11.7＋12，18；　02：39.0，29；　03：38.0，28。
2.3　卷軸裝。首殘尾全。首紙上下有破裂，第 3 紙有殘洞。通卷背有古代裱補。有折疊欄。
3.1　首 9 行上下殘→大正 2911，85/1457A1～12。
3.2　尾全→85/1458A23。
4.2　讚僧功德經（尾）。
8　7～8 世紀。唐寫本。
9.1　楷書。
11　圖版：《敦煌寶藏》，109/446B～447B。

1.1　BD03941 號
1.3　無量壽宗要經
1.4　生 041
1.5　275：7804
2.1　（6＋205.5）×31 厘米；5 紙；135 行，行 30 餘字。
2.2　01：6＋36，27；　02：42.5，29；　03：42.5，29；
04：42.5，29；　05：42.0，21。
2.3　卷軸裝。首殘尾全。首紙至第 4 紙上邊有等距離殘缺，第 3、4 紙接縫處上部開裂。背有古代裱補。有烏絲欄。
3.1　首 3 行上殘→大正 936，19/82A3～7。
3.2　尾全→19/84C29。
4.1　［大］乘無量壽經（首）。
4.2　佛說無量壽宗要經（尾）。
7.1　尾紙末有題名“田廣談”。
8　8～9 世紀。吐蕃統治時期寫本。
9.1　行楷。
11　圖版：《敦煌寶藏》，107/654B～657A。

1.1　BD03942 號
1.3　大乘密嚴經（地婆訶羅本）卷下
1.4　生 042
1.5　040：0393
2.1　384.8×27 厘米；9 紙；211 行，行 17 字。
2.2　01：43.5，25；　02：43.5，23；　03：43.3，23；
04：43.3，23；　05：43.4，23；　06：43.3，24；
07：43.0，24；　08：43.0，24；　09：38.5，22。
2.3　卷軸裝。首斷尾殘。第 4～5 紙間破裂。背面有上下界欄。
3.1　首斷→大正 681，16/739A15。
3.2　尾上殘→16/742B19。
6.2　尾→BD04210 號。
8　7～8 世紀。唐寫本。
9.1　楷書。
9.2　有硃筆行間校加字。
11　圖版：《敦煌寶藏》，58/497B～503A。

1.1　BD03943 號
1.3　妙法蓮華經卷六
1.4　生 043
1.5　105：5824
2.1　（18＋478.6＋6.5）×25 厘米；13 紙；284 行，行 17 字。
2.2　01：18＋20，22；　02：41.7，24；　03：41.6，24；
04：42.0，24；　05：42.0，24；　06：41.7，24；
07：41.5，24；　08：41.5，24；　09：41.7，24；
10：41.7，24；　11：41.7，24；　12：41.5，22；
13：06.5，拖尾。
2.3　卷軸裝。首殘尾全。上下邊有黴爛，卷面有殘洞，接縫處有開裂。有烏絲欄。已修整。
3.1　首 10 行上下殘→大正 262，9/51B6～18。
3.2　尾全→9/55A9。
4.2　［妙］法蓮華經卷第六（尾）。
8　8 世紀。唐寫本。
9.1　楷書。
11　圖版：《敦煌寶藏》，95/276B～283B。

1.1　BD03944 號
1.3　無量壽宗要經
1.4　生 044
1.5　275：7927
2.1　43×30.5 厘米；1 紙；27 行，行 30 字左右。
2.3　卷軸裝。首全尾脫。上下邊破裂殘損。有烏絲欄。
3.1　首全→大正 936，19/82A3。
3.2　尾殘→19/82B22。
4.1　大乘無量壽經（首）。
8　8～9 世紀。吐蕃統治時期寫本。
9.1　楷書。
11　圖版：《敦煌寶藏》，108/318A。

1.1　BD03945 號
1.3　佛名經（十六卷本）卷六
1.4　生 045
1.5　063：0653

2.1　444.4×25.7 厘米；9 紙；248 行，行 17 字。
2.2　01：49.8，28；　02：49.7，28；　03：49.7，28；
04：49.2，28；　05：49.5，28；　06：49.5，28；
07：49.5，28；　08：49.5，28；　09：48.0，24。
2.3　卷軸裝。首脱尾全。經黄紙。尾紙上下部破裂。背有古代裱補。有烏絲欄。
3.1　首殘→《七寺古逸經典研究叢書》，3/第 300 頁第 396 行。
3.2　尾全→《七寺古逸經典研究叢書》，3/第 319 頁第 649 行。
4.2　佛名經卷第六（尾）。
8　7~8 世紀。唐寫本。
9.1　楷書。
11　圖版：《敦煌寶藏》，61/1A~7A。

1.1　BD03946 號
1.3　四分律比丘戒本
1.4　生 046
1.5　156:6822
2.1　42×28 厘米；2 紙；21 行，行 22 字。
2.2　01：32.0，15；　02：10.0，06。
2.3　卷軸裝。首全尾殘。背有古代裱補。有烏絲欄。
3.1　首全→大正 1429，22/1015A18。
3.2　尾殘→22/1015B27。
4.1　四分戒本（首）。
8　9~10 世紀。歸義軍時期寫本。
9.1　楷書。
11　圖版：《敦煌寶藏》，102/103A。

1.1　BD03947 號
1.3　妙法蓮華經卷三
1.4　生 047
1.5　105:5004
2.1　（14.3+568.3）×27.5 厘米；17 紙；343 行，行 17 字。
2.2　01：10.6，06；　02：3.7+37.6，24；　03：41.3，24；
04：41.6，24；　05：41.4，24；　06：41.6，24；
07：41.4，24；　08：41.3，24；　09：20.9，12；
10：03.7，02；　11：09.3，11；　12：41.4，24；
13：41.5，24；　14：41.2，24；　15：41.5，24；
16：41.5，24；　17：41.1，24。
2.3　卷軸裝。首殘尾脱。有烏絲欄。
3.1　首 8 行上下殘→大正 262，9/19B7~15。
3.2　尾殘→9/24B1。
8　8 世紀。唐寫本。
9.1　楷書。
9.2　有行間校加字。
11　圖版：《敦煌寶藏》，88/1A~9A。

1.1　BD03948 號
1.3　佛頂尊勝陀羅尼經序
1.4　生 048
1.5　229:7329
2.1　47.2×25.7 厘米；1 紙；26 行，行 16~18 字。
2.3　卷軸裝。首全尾脱。上邊有一個火灼小洞，下邊殘缺。有烏絲欄。
3.1　首全→大正 967，19/349B2。
3.2　尾殘→19/349B29。
4.1　佛頂尊勝陀羅經序（首）。
8　9~10 世紀。歸義軍時期寫本。
9.1　楷書。
11　圖版：《敦煌寶藏》，105/496A~B。

1.1　BD03949 號 1
1.3　佛頂尊勝陀羅尼經（佛陀波利本）序
1.4　生 049
1.5　229:7332
2.1　（1.6+35.2+7.5）×25.4 厘米；1 紙；28 行，行 17 字。
2.3　卷軸裝。首尾均殘。經黄紙。上下邊殘破，有縱向破裂，下邊殘缺。背有古代裱補。有烏絲欄。
2.4　本遺書包括 2 個文獻：（一）《佛頂尊勝陀羅尼經（佛陀波利本）序》，18 行，今編為 BD03949 號 1。（二）《佛頂尊勝陀羅尼經》（佛陀波利本），10 行，今編為 BD03949 號 2。
3.1　首行下殘→大正 967，19/349B29。
3.2　尾全→19/349C19。
8　7~8 世紀。唐寫本。
9.1　楷書。
11　圖版：《敦煌寶藏》，105/508B~509A。

1.1　BD03949 號 2
1.3　佛頂尊勝陀羅尼經（佛陀波利本）
1.4　生 049
1.5　229:7332
2.4　本遺書由 2 個文獻組成，本號為第 2 個，10 行。餘參見 BD03949 號 1 之第 2 項、第 11 項。
3.1　首全→大正 967，19/349C23。
3.2　尾 5 行上下殘→19/350A1~6。
4.1　佛頂尊勝陀羅尼經，罽賓沙門佛陀波利奉詔譯（首）。
6.2　尾→BD03953 號。
8　7~8 世紀。唐寫本。
9.1　楷書。

1.1　BD03950 號
1.3　金剛般若波羅蜜經
1.4　生 050
1.5　094:3667
2.1　（2.5+238.2）×25.7 厘米；5 紙；140 行，行 17 字。

2.2 01：2.5 +46，28； 02：48.2，28； 03：47.7，28；
04：48.0，28； 05：48.3，28。
2.3 卷軸裝。首殘尾脫。經黃紙。首紙破損嚴重，有殘片脫落。每紙間接縫處均有開裂。首紙背有古代裱補。有烏絲欄。
3.1 首2行下殘→大正235，8/749A17～19。
3.2 尾殘→8/750C19。
8 7～8世紀。唐寫本。
9.1 楷書。
11 圖版：《敦煌寶藏》，79/433A～436A。

1.1 BD03951號
1.3 大般若波羅蜜多經卷四
1.4 生051
1.5 084:2013
2.1 (5.5 +603.2) ×25.9厘米；14紙；345行，行17字。
2.2 01：5.5 +2，04； 02：47.9，28； 03：48.2，28；
04：48.0，28； 05：48.0，28； 06：48.2，28；
07：47.9，28； 08：48.5，28； 09：48.0，28；
10：48.1，28； 11：48.1，28； 12：48.1，28；
13：48.1，28； 14：24.0，05。
2.3 卷軸裝。首殘尾全。第4紙下邊有破裂，第4、5紙接縫處上下開裂。有烏絲欄。
3.1 首3行上殘→大正220，5/18B24～26。
3.2 尾全→5/22B23。
4.2 大般若波羅蜜多經卷第四（尾）。
7.1 首紙背面寫有卷次勘記“第四”及“四袟（本文獻所屬袟次）”。
8 9～10世紀。歸義軍時期寫本。
9.1 楷書。
11 圖版：《敦煌寶藏》，71/354B～262A。

1.1 BD03952號
1.3 彌勒下生成佛經（鳩摩羅什本）
1.4 生052
1.5 033:0323
2.1 (5 +252.3) ×25.9厘米；6紙；147行，行17字。
2.2 01：5 +19，13； 02：46.5，28； 03：46.8，28；
04：46.5，28； 05：47.0，28； 06：46.5，22。
2.3 卷軸裝。首殘尾全。經黃紙。前2紙有殘洞。尾有原軸，下端鑲蓮蓬形棕色軸頭，上軸頭脫落。有烏絲欄。
3.1 首2行下殘→大正454，14/424A10～12。
3.2 尾全→14/425C23。
4.2 彌勒上生下生經（尾）。
8 7～8世紀。唐寫本。
9.1 楷書。
11 圖版：《敦煌寶藏》，58/52A～55B。

1.1 BD03953號
1.3 佛頂尊勝陀羅尼經（佛陀波利本）
1.4 生053
1.5 229:7340
2.1 (5.5 +302.1) ×25.2厘米；8紙；179行，行17字。
2.2 01：05.5，03； 02：46.0，28； 03：46.0，28；
04：46.3，28； 05：45.5，28； 06：45.5，28；
07：46.0，28； 08：26.8，08。
2.3 卷軸裝。首殘尾全。經黃紙。第2紙上下有縱向破裂，第5、6紙下有縱向破裂，通卷上下邊殘破。第2至7紙背有古代裱補。有烏絲欄。
3.1 首3行下殘→大正967，19/350A3～6。
3.2 尾全→19/352A26。
4.2 佛頂尊勝陀羅尼經一卷（尾）。
5 咒語與《大正藏》本不同，略相當於所附的宋本，參見19/352A27～B23。
6.1 首→BD03949號2。
7.1 尾題之後有題記“勘了”。
8 7～8世紀。唐寫本。
9.1 楷書。
11 圖版：《敦煌寶藏》，105/532A～536A。

1.1 BD03954號
1.3 維摩詰所說經卷上
1.4 生054
1.5 070:1022
2.1 (11.5 +318.5 +2) ×25.2厘米；9紙；正面191行，行17字。背面2行，行字不等。
2.2 01：11.5 +29，23； 02：47.0，27； 03：46.5，27；
04：46.5，27； 05：46.5，27； 06：47.0，27；
07：47.0，27； 08：06.0，03； 09：3 +2，03。
2.3 卷軸裝。首尾均殘。卷前部下邊有破裂。有3塊殘片脫落，可綴接。背有古代裱補，裱補紙上有字，向內粘貼，難以辨認，似為大般若經名雜抄。有烏絲欄。
2.4 本遺書包括2個文獻：（一）《維摩詰所說經》卷上，191行，抄寫在正面，今編為BD03954號。（二）《社司轉帖》，抄寫在背面裱補紙上，2行，今編為BD03954號背。
3.1 首5行中下殘→大正475，14/539C27～540A3。
3.2 尾行中上殘→14/542A28～29。
8 7～8世紀。唐寫本。
9.1 楷書。
11 圖版：《敦煌寶藏》，64/399B～404A。

1.1 BD03954號背
1.3 社司轉帖
1.4 生054
1.5 070:1022

2.4　本遺書由2個文獻組成，本號為第2個，抄寫在背面裱補紙上，2行。餘參見BD03954號之第2項、第11項。
3.3　錄文：
　　□…□社司/
　　正月齋胡宰榮□…□/
8　8～9世紀。吐蕃統治時期寫本。
9.1　楷書。

1.1　BD03955號
1.3　無量壽宗要經
1.4　生055
1.5　275:7805
2.1　（16+160）×31.5厘米；4紙；126行，行30餘字。
2.2　01：16+26.5，31；　02：44.5，32；　03：44.5，32；
　　04：44.5，31。
2.3　卷軸裝。首殘尾全。首紙殘破嚴重，第2紙下邊有等距離破裂，尾紙有橫向破裂。紙張油污變脆，有殘片脫落。背有古代裱補。有烏絲欄。
3.1　首12行中下殘→大正936，19/82A3～28行。
3.2　尾全→19/84C29。
4.1　大乘無量壽經（首）。
4.2　佛說無量壽宗要經（尾）。
7.1　尾紙末有題記“張力設藏寫”。
7.3　首紙背面有雜寫：“上大夫”、“丘己，化三千，七”、“張王李趙”、“龍興寺”等。
8　8～9世紀。吐蕃統治時期寫本。
9.1　楷書。
11　圖版：《敦煌寶藏》，107/657B～660A。

1.1　BD03956號
1.3　大乘百法明門論開宗義決
1.4　生056
1.5　430:8620
2.1　（3.5+190.7+3.5）×29.6厘米；5紙；146行，行26～27字。
2.2　01：3.5+12.5，11；　02：45.5，34；　03：45.7，34；
　　04：45.5，34；　05：41.5+3.5，33。
2.3　卷軸裝。首尾均殘。卷首火燒殘破，卷下邊油污變色。有烏絲欄。
3.1　首2行上殘→大正2812，85/1068B10～12。
3.2　尾2行下殘→85/1071A10～12。
5　與《大正藏》本對照，本件有缺文，參見大正2812，85/1089C9“諸”～10。
8　8～9世紀。吐蕃統治時期寫本。
9.1　楷書。
11　圖版：《敦煌寶藏》，111/24B～26B。

1.1　BD03957號A
1.3　般若波羅蜜多心經
1.4　生057
1.5　102:4480
2.1　36.8×24.9厘米；2紙；17行，行17字。
2.2　01：29.0，17；　02：07.8，拖尾。
2.3　卷軸裝。首尾均全。拖尾有破裂殘損。有烏絲欄。
3.1　首全→大正251，8/848C4。
3.2　尾全→8/848C23。
4.1　般若波羅蜜多心經（首）。
8　9～10世紀。歸義軍時期寫本。
9.1　楷書。
9.2　有行間校加字。
11　圖版：《敦煌寶藏》，83/312A。

1.1　BD03957號B
1.3　觀世音經
1.4　生057
1.5　102:4480
2.1　191.6×25厘米；5紙；117行，行17字。
2.2　01：41.0，25；　02：45.0，28；　03：45.0，28；
　　04：45.0，28；　05：15.6，08。
2.3　卷軸裝。首殘尾全。卷面略有殘損。有烏絲欄。
3.1　首6行上下殘→大正262，9/56C4～10。
3.2　尾全→9/58B7。
4.2　觀世音經（尾）。
8　7～8世紀。唐寫本。
9.1　楷書。
9.2　有行間校加字。
11　圖版：《敦煌寶藏》，97/375B～378A。

1.1　BD03958號
1.3　雜寶藏經（異卷）卷五
1.4　生058
1.5　142:6681
2.1　（8.5+275+7.5）×26厘米；9紙；177行，行17字。
2.2　01：03.5，02；　02：5+32.5，23；　03：37.5，23；
　　04：37.5，23；　05：37.5，23；　06：37.5，23；
　　07：37.5，23；　08：37.5，23；　09：17.5+7.5，14。
2.3　卷軸裝。首尾均殘。卷首上下有殘損，卷中有破裂，尾紙有一殘洞。有烏絲欄。已修整。
3.1　首5行上下殘→大正203，4/471C28～472A4。
3.2　尾3行中下殘→4/474A29～B1。
4.2　雜寶藏卷第□（尾）。
5　與《大正藏》對照，文字略有差異，分卷亦不同。存文相當於《大正藏》本卷五的前部分。與其餘諸藏的分卷亦均不同。在此暫著錄為卷五。

8　5～6世紀。南北朝寫本。
9.1　隸書。
9.2　有倒乙。
11　圖版：《敦煌寶藏》，101/145B～149B。

1.1　BD03959號
1.3　大乘入楞伽經卷二
1.4　生059
1.5　038:0364
2.1　(3+123.5+10)×26厘米；4紙；79行，行17字。
2.2　01：3+32.5，20；　02：48.5，28；　03：42.5+5.5，28；
04：04.5，03。
2.3　卷軸裝。首尾均殘。有烏絲欄。已修整。
3.1　首行中殘→大正672，16/598B18～19。
3.2　尾6行中下殘→16/599B11～15。
5　與《大正藏》本卷對照，分段略有區別。
8　8世紀。唐寫本。
9.1　楷書。
11　圖版：《敦煌寶藏》，58/382A～383B。

1.1　BD03960號
1.3　金剛般若波羅蜜經
1.4　生060
1.5　094:3869
2.1　(20.5+389.5)×26.5厘米；10紙；253行，行17字。
2.2　01：20.5+19，25；　02：41.5，26；　03：41.5，26；
04：41.3，26；　05：41.2，26；　06：41.5，26；
07：41.0，26；　08：41.0，26；　09：41.0，26；
10：40.5，20。
2.3　卷軸裝。首殘尾全。卷首殘破嚴重，尾有蟲繭。有燕尾。背有古代裱補。有烏絲欄。
3.1　首13行下殘→大正235，8/749B17～C1。
3.2　尾全→8/752C3。
4.2　金剛般若波羅蜜經（尾）。
8　8世紀。唐寫本。
9.1　楷書。
11　圖版：《敦煌寶藏》，80/670B～675B。

1.1　BD03961號
1.3　大般若波羅蜜多經卷三四六
1.4　生061
1.5　084:2440
2.1　294.1×25.6厘米；7紙；164行，行17字。
2.2　01：47.4，28；　02：47.4，28；　03：47.7，28；
04：47.5，28；　05：47.4，28；　06：47.2，24；
07：09.5，拖尾。
2.3　卷軸裝。首脫尾全。有燕尾。卷背有鳥糞。有烏絲欄。
3.1　首殘→大正220，6/779A28。
3.2　尾全→6/781A18。
4.2　大般若波羅蜜多經卷第三百卌六（尾）。
6.1　首→BD03989號。
8　8～9世紀。吐蕃統治時期寫本。
9.1　楷書。
11　圖版：《敦煌寶藏》，75/555B～559A。

1.1　BD03962號
1.3　金剛般若波羅蜜經
1.4　生062
1.5　094:3799
2.1　(15+435.1)×25.3厘米；11紙；267行，行17字。
2.2　01：15+7，14；　02：46.2，28；　03：46.2，28；
04：46.4，28；　05：46.1，28；　06：46.0，28；
07：46.5，28；　08：46.5，28；　09：46.5，28；
10：46.5，28；　11：11.2，01。
2.3　卷軸裝。首殘尾全。經黄紙。第3紙豎裂，第6、7紙間接縫開裂。有燕尾。首紙背有古代裱補。尾紙與前10紙紙色不同。有烏絲欄。
3.1　首10行上下殘→大正235，8/749B6～16。
3.2　尾全→8/752C3。
4.2　金剛般若波羅蜜經（尾）。
8　7～8世紀。唐寫本。
9.1　楷書。
11　圖版：《敦煌寶藏》，80/393B～399B。

1.1　BD03963號
1.3　無量壽宗要經
1.4　生063
1.5　275:8161
2.1　43×27.5厘米；1紙；26行，行17字。
2.3　卷軸裝。首尾均脫。有烏絲欄。
3.1　首殘→大正936，19/84A14。
3.2　尾殘→19/84B10。
8　8～9世紀。吐蕃統治時期寫本。
9.1　楷書。
11　圖版：《敦煌寶藏》，109/166B。

1.1　BD03964號
1.3　佛名經（十六卷本）卷一三
1.4　生064
1.5　063:0764
2.1　49.4×25.3厘米；1紙；28行，行字不等。
2.3　卷軸裝。首尾均脫。經黄紙。有烏絲欄。
3.1　首殘→《七寺古逸經典研究叢書》，3/第653頁第200行。
3.2　尾殘→《七寺古逸經典研究叢書》，3/第655頁第229行。

6.2　尾→BD03965號。
8　7～8世紀。唐寫本。
9.1　楷書。
11　圖版：《敦煌寶藏》，62/185B～186A。

1.1　BD03965號
1.3　佛名經（十六卷本）卷一三
1.4　生065
1.5　063:0765
2.1　644.9×25.2厘米；13紙；354行，行17字。
2.2　01：50.0，28；　02：49.7，28；　03：49.7，28；
04：49.7，28；　05：49.7，28；　06：49.6，28；
07：49.7，28；　08：49.6，28；　09：49.7，28；
10：49.6，28；　11：49.7，28；　12：49.7，28；
13：48.5，18。
2.3　卷軸裝。首脫尾全。經黃紙。接縫處有開裂，卷面有蟲繭。有燕尾。背有古代裱補。有烏絲欄。
3.1　首殘→《七寺古逸經典研究叢書》，3/第655頁第230行。
3.2　尾全→《七寺古逸經典研究叢書》，3/第684頁第608行。
4.2　佛名經卷第十三（尾）。
6.1　首→BD03964號。
8　7～8世紀。唐寫本。
9.1　楷書。
11　圖版：《敦煌寶藏》，62/186B～195A。

1.1　BD03966號
1.3　放光般若經卷一二
1.4　生066
1.5　086:3422
2.1　221.5×24.6厘米；6紙；148行，行19～22字。
2.2　01：40.2，26；　02：40.1，26；　03：39.8，26；
04：40.0，26；　05：39.8，26；　06：21.6+6.2，18。
2.3　卷軸裝。首脫尾殘。卷面上下有破裂殘損，第5紙上有殘洞，第4、5紙接縫處上開裂，卷後部油污，有等距離殘破。有烏絲欄。已修整。
3.1　首殘→大正221，8/85C5。
3.2　尾4行殘→8/87C1～6。
5　與《大正藏》本對照，文字出入較大，可供校勘。
7.1　第2紙品題下有“五千言”。
8　5世紀。東晉時期寫本。
9.1　隸書。
9.2　品題上有點標。有刪除號。
11　圖版：《敦煌寶藏》，77/551A～553B。

1.1　BD03967號
1.3　維摩詰所說經卷下
1.4　生067
1.5　070:1251
2.1　400×28厘米；8紙；223行，行17字。
2.2　01：50.0，27；　02：50.0，28；　03：50.0，28；
04：50.0，28；　05：50.0，28；　06：50.0，28；
07：50.0，28；　08：50.0，28。
2.3　卷軸裝。首全尾脫。首紙有橫向破裂。有烏絲欄。
3.1　首全→大正475，14/552A5。
3.2　尾殘→14/554C11。
4.1　香積佛品第十（首）。
7.3　卷背有雜寫兩處。
8　8～10世紀。歸義軍時期寫本。
9.1　楷書。
11　圖版：《敦煌寶藏》，66/323A～328A。

1.1　BD03968號1
1.3　彌勒成佛經義疏
1.4　生068
1.5　034:0325
2.1　（19+569.8）×26.7厘米；12紙；325行，行約27字。
2.2　01：19+7，16；　02：52.0，30；　03：52.0，30；
04：52.5，30；　05：52.5，29；　06：52.3，14+15；
07：52.5，29；　08：52.3，29；　09：52.2，29；
10：52.0，30；　11：52.0，28；　12：40.5，16。
2.3　卷軸裝。首殘尾全。卷首碎損。有上下邊欄，竪欄為折疊欄。已修整。
2.4　本遺書包括2個文獻：（一）《彌勒成佛經義疏》，149行，今編為BD03968號1。（二）《溫室經義疏》，176行，今編為BD03968號2。
3.4　說明：
本文獻首12行上下殘，尾全。疏釋《彌勒下生經》。釋義較爲簡明，全文基本完整。未為歷代大藏經所收。
4.2　彌勒成佛經義疏一卷（尾）。
7.3　第9紙背有雜寫題名“氾智胞”。
8　7～8世紀。唐寫本。
9.1　行書。
11　圖版：《敦煌寶藏》，58/63B～71B。

1.1　BD03968號2
1.3　溫室經義疏
1.4　生068
1.5　034:0325
2.4　本遺書由2個文獻組成，本號為第2個，176行。餘參見BD03968號1之第2項、第11項。
3.4　說明：
本文獻首尾均全。未為歷代大藏經所收。
4.1　溫室經義疏一卷（首）。
8　7～8世紀。唐寫本。

9.1　行書。

1.1　BD03969 號
1.3　妙法蓮華經卷五
1.4　生 069
1.5　105:5540
2.1　(12+21+1.2)×26 厘米；2 紙；23 行，行 17 字。
2.2　01：12+18，20；　02：3+1.2，03。
2.3　卷軸裝。首尾均殘。經黃打紙，砑光上蠟。有烏絲欄。
3.1　首 8 行下殘→大正 262，9/37B24~C5。
3.2　尾行上下殘→9/37C25。
8　7~8 世紀。唐寫本。
9.1　楷書。
11　圖版：《敦煌寶藏》，92/655B。

1.1　BD03970 號 1
1.3　梵網經盧舍那佛說菩薩心地戒品第十序
1.4　生 070
1.5　143:6695
2.1　(12+146.5)×25.2 厘米；5 紙；75 行，行 14~15 字。
2.2　01：12+8，護首；　02：23.4，14；　03：25.0，17；
04：43.5，16；　05：46.6，28。
2.3　卷軸裝。首殘尾脫。有護首，已殘破，有芨芨草天竿，護首上有經名及經名號。背有古代裱補，有烏絲欄。
2.4　本遺書包括 2 個文獻：(一)《梵網經盧舍那佛說菩薩心地戒品第十序》，13 行，今編為 BD03970 號 1。(二)《梵網經盧舍那佛說菩薩心地戒品第十》卷下，62 行，今編為 BD03970 號 2。
3.1　首全→大正 1484，24/1003A19。
3.2　尾殘→24/1003B2。
4.1　梵網經盧舍那佛說菩薩心地戒品(首)。
5　與《大正藏》對照，菩薩戒序缺首 4 行。
7.4　護首有經名“菩薩戒經一卷”。
8　9~10 世紀。歸義軍時期寫本。
9.1　楷書。
9.2　有硃筆校改、行間校加字及點刪符號。有墨筆行間校加字。
11　圖版：《敦煌寶藏》，101/230A~231B。

1.1　BD03970 號 2
1.3　梵網經盧舍那佛說菩薩心地戒品第十卷下
1.4　生 070
1.5　143:6695
2.4　本遺書由 2 個文獻組成，本號為第 2 個，62 行。餘參見 BD03970 號 1 之第 2 項、第 11 項。
3.1　首全→大正 1484，24/1003C29。
3.2　尾脫→24/1004C12。
5　與《大正藏》本對照，本件卷首有缺文，可參見大正 1484，24/1003B7~C28。
8　9~10 世紀。歸義軍時期寫本。
9.1　楷書。
9.2　有硃筆校改。

1.1　BD03971 號
1.3　金剛般若波羅蜜經
1.4　生 071
1.5　094:3574
2.1　(12.5+119.7+8)×28 厘米；3 紙；81 行，行 17 字。
2.2　01：12.5+31.5，26；　02：48.7，28；　03：39.5+8，27。
2.3　卷軸裝。首尾均殘。首紙上部有殘損多處，尾紙污損嚴重。有烏絲欄。已修整。
3.1　首 8 行上殘→大正 235，8/748C22~28。
3.2　尾 4 行上下殘→8/749C16~19。
8　7~8 世紀。唐寫本。
9.1　楷書。
11　圖版：《敦煌寶藏》，78/612B~614A。

1.1　BD03972 號
1.3　妙法蓮華經卷一
1.4　生 072
1.5　105:4655
2.1　(5.1+480.6)×26.5 厘米；12 紙；265 行，行 17 字。
2.2　01：5.1+24.5，17；　02：42.7，24；　03：42.8，24；
04：42.8，24；　05：42.9，24；　06：42.7，24；
07：43.1，24；　08：42.7，24；　09：42.7，24；
10：42.7，24；　11：42.7，24；　12：28.3，08。
2.3　卷軸裝。首殘尾全。經黃打紙。首紙有破裂殘損，尾紙末端有殘損。有燕尾。有烏絲欄。
3.1　首 3 行上下殘→大正 262，9/5B25~27。
3.2　尾全→9/10B21。
4.2　妙法蓮華經卷第一(尾)。
8　7~8 世紀。唐寫本。
9.1　楷書。
11　圖版：《敦煌寶藏》，85/168A~174A。

1.1　BD03973 號
1.3　妙法蓮華經卷二
1.4　生 073
1.5　105:4840
2.1　(2.4+271.4)×24.9 厘米；6 紙；157 行，行 16~18 字。
2.2　01：2.4+27.1，17；　02：49.1，28；　03：49.0，28；
04：48.7，28；　05：49.0，28；　06：48.5，28。
2.3　卷軸裝。首殘尾脫。經黃紙。首紙殘損嚴重，業已斷裂爲 3 片。尾紙後部下殘。背有古代裱補。有烏絲欄。已修整。
3.1　首行上殘→大正 262，9/11B1。
3.2　尾殘→9/13B12。

8　7～8 世紀。唐寫本。
9.1　楷書。
11　圖版：《敦煌寶藏》，87/61B～65A。

1.1　BD03974 號
1.3　金剛般若波羅蜜經
1.4　生 074
1.5　094:3659
2.1　（2＋313＋1.8）×24.5 厘米；9 紙；198 行，行 17 字。
2.2　01：02.0，01；　02：44.3，28；　03：45.0，28；
04：45.0，28；　05：44.5，28；　06：44.5，28；
07：44.7，28；　08：45.0，28；　09：01.8，01。
2.3　卷軸裝。首尾均殘。經黃紙。卷首殘破嚴重。背有古代裱補。有烏絲欄。
3.1　首行上殘→大正 235，8/749A16～17。
3.2　尾行上殘→8/751B18～19。
8　7～8 世紀。唐寫本。
9.1　楷書。
11　圖版：《敦煌寶藏》，79/388B～392B。

1.1　BD03975 號
1.3　大般涅槃經（北本）卷六
1.4　生 075
1.5　115:6325
2.1　884.2×27.7 厘米；18 紙；496 行，行 17 字。
2.2　01：46.0，26；　02：49.3，28；　03：49.3，28；
04：49.2，28；　05：49.3，28；　06：49.2，28；
07：49.0，28；　08：49.0，30；　09：49.5，28；
10：49.2，28；　11：49.5，28；　12：49.5，28；
13：49.5，28；　14：49.0，28；　15：49.5，28；
16：49.5，28；　17：49.5，28；　18：49.2，20。
2.3　卷軸裝。首尾均全。首紙背有古代裱補。有烏絲欄。
3.1　首全→大正 374，12/396C14。
3.2　尾全→12/402C11。
4.1　大般涅槃經如來性品之三，六（首）。
4.2　大般涅槃經卷第六（尾）。
8　9～10 世紀。歸義軍時期寫本。
9.1　楷書。
11　圖版：《敦煌寶藏》，98/167A～178B。

1.1　BD03976 號
1.3　金剛般若波羅蜜經
1.4　生 076
1.5　094:3675
2.1　468.1×25.5 厘米；10 紙；281 行，行 17 字。
2.2　01：47.0，28；　02：46.7，28；　03：47.0，28；
04：47.0，28；　05：46.8，28；　06：46.8，28；
07：46.8，28；　08：46.5，28；　09：47.0，30；
10：46.5，27。
2.3　卷軸裝。首脫尾全。第 8、9 紙間接縫處開裂。前 8 紙為經黃紙，尾 2 紙為歸義軍時期後補。第 3 紙中部至第 4 紙中部字體與其前後字體不同。自第 9 紙起字體又與前紙不同。有烏絲欄。
3.1　首殘→大正 235，8/749A18。
3.2　尾全→8/752C3。
4.2　金剛般若波羅蜜經（尾）。
8　7～8 世紀。唐寫本。
9.1　楷書。
11　圖版：《敦煌寶藏》，79/461A～467A。

1.1　BD03977 號
1.3　妙法蓮華經卷七
1.4　生 077
1.5　105:5885
2.1　（7.5＋394.9＋5）×25.5 厘米；9 紙；243 行，行 17 字。
2.2　01：7.5＋26.5，19；　02：46.7，28；　03：46.7，28；
04：46.7，28；　05：46.7，28；　06：46.7，28；
07：46.7，28；　08：46.7，28；　09：41.5＋5，28。
2.3　卷軸裝。首尾均殘。經黃紙。卷首及卷中部有等距離殘洞。卷背有鳥糞。首紙有 1 殘片脫落，可綴接。有烏絲欄。
3.1　首 4 行殘→大正 262，9/55A23～26。
3.2　尾 3 行下殘→9/58B14～16。
8　7～8 世紀。唐寫本。
9.1　楷書。
11　圖版：《敦煌寶藏》，95/615A～620B。

1.1　BD03978 號 1
1.3　大般若波羅蜜多經卷五二一
1.4　生 078
1.5　084:3282
2.1　（9＋565）×27.4 厘米；12 紙；335 行，行 17 字。
2.2　01：9＋38.8，27；　02：47.8，28；　03：47.7，28；
04：47.9，28；　05：47.6，28；　06：47.8，28；
07：48.1，28；　08：48.0，28；　09：48.0，28；
10：47.9，28；　11：47.6，28；　12：47.8，28。
2.3　卷軸裝。首殘尾脫。首紙下邊有破裂殘損，接縫處有開裂。卷背有鳥糞污漬。有烏絲欄。
2.4　本遺書包括 2 個文獻：（一）《大般若波羅蜜多經》卷五二一，27 行，今編為 BD03978 號 1。（二）《大般若波羅蜜多經》卷五二一，308 行，今編為 BD03978 號 2。
3.1　首 5 行上下殘→大正 220，7/666B2～7。
3.2　尾殘→7/666B28。
8　9～10 世紀。歸義軍時期寫本。
9.1　楷書。
11　圖版：《敦煌寶藏》，77/107A～114B。

1.1　BD03978 號 2
1.3　大般若波羅蜜多經卷五二一
1.4　生 078
1.5　084:3282
2.4　本遺書由 2 個文獻組成，本號為第 2 個，308 行。餘參見 BD03978 號 1 之第 2 項、第 11 項。
3.1　首殘→大正 220，7/666B2。
3.2　尾殘→7/669C23。
8　9～10 世紀。歸義軍時期寫本。
9.1　楷書。

1.1　BD03979 號
1.3　大般若波羅蜜多經卷三四四
1.4　生 079
1.5　084:2934
2.1　203.4×21.5 厘米；5 紙；117 行，行 17 字。
2.2　01：37.7，22；　02：48.5，28；　03：48.7，28；
04：48.7，28；　05：19.8，11。
2.3　卷軸裝。首尾均殘。通卷下端火燒。有烏絲欄。
3.1　首殘→大正 220，6/767B9。
3.2　尾殘→6/768C10。
6.1　首→BD03939 號。
6.2　尾→BD03992 號。
8　8～9 世紀。吐蕃統治時期寫本。
9.1　楷書。
11　圖版：《敦煌寶藏》，75/536A～538B。

1.1　BD03980 號
1.3　大般若波羅蜜多經卷二五〇
1.4　生 080
1.5　084:2656
2.1　（15.5＋81）×25.7 厘米；2 紙；56 行，行 17 字。
2.2　01：15.5＋32.5，28；　02：48.5，28。
2.3　卷軸裝。首殘尾脫。首紙下有横向破裂。有烏絲欄。
3.1　首 9 行下殘→大正 220，6/262B4～13。
3.2　尾殘→6/263A3。
6.2　尾→BD02469 號。
8　8～9 世紀。吐蕃統治時期寫本。
9.1　楷書。
11　圖版：《敦煌寶藏》，74/367A～368A。

1.1　BD03981 號
1.3　金剛般若波羅蜜經
1.4　生 081
1.5　094:4093
2.1　306.2×26 厘米；7 紙；172 行，行 17 字。
2.2　01：48.5，28；　02：49.0，28；　03：48.5，28；
04：48.8，28；　05：48.6，28；　06：48.8，28；
07：14.0，04。
2.3　卷軸裝。首殘尾全。卷面多殘裂。第 2 紙背有古代裱補。有烏絲欄。
3.1　首殘→大正 235，8/750B19。
3.2　尾全→8/752C3。
4.2　金剛般若波羅蜜經（尾）。
8　8 世紀。唐寫本。
9.1　楷書。
9.2　有行間校加字。
11　圖版：《敦煌寶藏》，82/102B～106A。

1.1　BD03982 號
1.3　金剛般若波羅蜜經
1.4　生 082
1.5　094:4298
2.1　（1.5＋146.1）×24.3 厘米；4 紙；90 行，行 17 字。
2.2　01：1.5＋42.8，28；　02：44.2，28；　03：45.0，28；
04：14.1，06。
2.3　卷軸裝。首殘尾全。經黄打紙。上邊有等距離殘破。背有古代裱補。有烏絲欄。
3.1　首行上下殘→大正 235，8/751B18～19。
3.2　尾全→8/752C3。
4.2　金剛般若波羅蜜經（尾）。
8　7～8 世紀。唐寫本。
9.1　楷書。
11　圖版：《敦煌寶藏》，82/608B～610A。

1.1　BD03983 號
1.3　金剛般若波羅蜜經
1.4　生 083
1.5　094:3888
2.1　（4＋122.5＋2）×26 厘米；3 紙；71 行，行 17 字。
2.2　01：4＋23.5，15；　02：50.5，28；
03：48.5＋2，28。
2.3　卷軸裝。首殘尾斷。經黄紙。首紙横裂。有烏絲欄。
3.1　首 2 行下殘→大正 235，8/749C5～7。
3.2　尾 1 行上殘→8/750B21～22。
8　7～8 世紀。唐寫本。
9.1　楷書。
9.2　有行間校加字。
11　圖版：《敦煌寶藏》，81/74A～75B。

1.1　BD03984 號
1.3　金光明最勝王經卷四
1.4　生 084
1.5　083:1701

2.1　(2.2+77)×26 厘米；3 紙；47 行，行 17 字。
2.2　01：2.2+25.3，16；　02：46.7，28；　03：05.0，03。
2.3　卷軸裝。首殘尾斷。通卷紙張變硬，破裂嚴重。背有古代褙補。有烏絲欄。
3.1　首行下殘→大正 665，16/421A11。
3.2　尾殘→16/421C1。
8　8~9 世紀。吐蕃統治時期寫本。
9.1　楷書。
11　圖版：《敦煌寶藏》，69/325A~326A。

1.1　BD03985 號
1.3　妙法蓮華經卷四
1.4　生 085
1.5　105:5422
2.1　145×25.8 厘米；3 紙；83 行，行 17 字。
2.2　01：49.0，28；　02：49.0，28；　03：47.0，27。
2.3　卷軸裝。首尾均脱。尾紙有殘洞。有烏絲欄。
3.1　首殘→大正 262，9/34C18。
3.2　尾殘→9/35C25。
8　9~10 世紀。歸義軍時期寫本。
9.1　楷書。
11　圖版：《敦煌寶藏》，91/441B~443B。

1.1　BD03986 號
1.3　金剛般若波羅蜜經
1.4　生 086
1.5　094:3607
2.1　(23+206.1)×26 厘米；5 紙；135 行，行 17 字。
2.2　01：23+16，23；　02：47.5，28；　03：47.6，28；
04：47.9，28；　05：47.1，28。
2.3　卷軸裝。首殘尾脱。首紙右下殘缺，第 2 紙有殘洞及豎裂。卷尾有蟲繭。有刻劃欄。已修整。
3.1　首 12 行上下殘→大正 235，8/748C23~749A6。
3.2　尾殘→8/750B22。
8　8 世紀。唐寫本。
9.1　楷書。
11　圖版：《敦煌寶藏》，79/106A~108B。

1.1　BD03987 號
1.3　大般涅槃經（北本）卷一二
1.4　生 087
1.5　115:6351
2.1　(7+79.5)×26.6 厘米；2 紙；47 行，行 17 字。
2.2　01：7+29，19；　02：50.5，28。
2.3　卷軸裝。首殘尾脱。經黄紙。首紙上方有破裂破損，卷面多水漬。有烏絲欄。
3.1　首 3 行下殘→大正 374，12/434C2~5。
3.2　尾殘→12/435A21。
8　7~8 世紀。唐寫本。
9.1　楷書。
11　圖版：《敦煌寶藏》，98/359B~360B。

1.1　BD03988 號
1.3　金光明最勝王經卷九
1.4　生 088
1.5　083:1908
2.1　(1.8+699.9)×25.5 厘米；16 紙；408 行，行 17 字。
2.2　01：1.8+30.2，19；　02：47.8，28；　03：47.5，28；
04：47.5，28；　05：47.3，28；　06：47.2，28；
07：47.8，28；　08：47.2，28；　09：46.7，28；
10：47.1，28；　11：46.8，28；　12：44.6，27；
13：46.5，28；　14：46.3，28；　15：46.2，26；
16：13.2，拖尾。
2.3　卷軸裝。首殘尾全。首紙及第 6、7 紙間脱開，首紙脱落 1 塊殘片，可綴接。卷尾破裂較嚴重。有燕尾。有烏絲欄。
3.1　首 3 行下殘→大正 665，16/444B24~26。
3.2　尾全→16/450C15。
4.2　金光明最勝王經卷第九（尾）。
5　尾附音義。
8　8 世紀。唐寫本。
9.1　楷書。
11　圖版：《敦煌寶藏》，70/601A~610A。

1.1　BD03989 號
1.3　大般若波羅蜜多經卷三四六
1.4　生 089
1.5　084:2939
2.1　332.1×25.6 厘米；7 紙；196 行，行 17 字。
2.2　01：47.4，28；　02：47.4，28；　03：47.5，28；
04：47.4，28；　05：47.5，28；　06：47.6，28；
07：47.3，28。
2.3　卷軸裝。首尾均脱。首紙上邊下邊殘缺。有烏絲欄。
3.1　首殘→大正 220，6/777A5。
3.2　尾殘→6/779A28。
6.1　首→BD03902 號。
6.2　尾→BD03961 號。
8　8~9 世紀。吐蕃統治時期寫本。
9.1　楷書。
11　圖版：《敦煌寶藏》，75/551A~555A。

1.1　BD03990 號
1.3　金剛般若波羅蜜經
1.4　生 090
1.5　094:4312

2.1　146.2×25 厘米；3 紙；83 行，行 16～18 字。
2.2　01：48.9，28；　02：48.8，28；　03：48.5，27。
2.3　卷軸裝。首脱尾全。尾部軸已脱落，做軸時尾題卷在軸内，現露出。有烏絲欄。
3.1　首殘→大正 235，8/751B24。
3.2　尾全→8/752C3。
4.2　金剛般若波羅蜜經（尾）。
5　與《大正藏》本對照，本卷缺一段經文。缺文見 8/751C16～C19。
8　8～9 世紀。吐蕃統治時期寫本。
9.1　楷書。
11　圖版：《敦煌寶藏》，82/633B～635A。

1.1　BD03991 號
1.3　佛名經（十六卷本）卷一〇
1.4　生 091
1.5　063:0700
2.1　（10.5＋38）×25.5 厘米；1 紙；26 行，行 16 字。
2.3　卷軸裝。首全尾脱。經黄紙。卷面有黴爛。卷下脱落 1 塊殘片，可綴接。卷背有鳥糞。有烏絲欄。
3.1　首全→《七寺古逸經典研究叢書》，3/第 482 頁第 1 行。
3.2　尾殘→《七寺古逸經典研究叢書》，3/第 483 頁第 24 行。
4.1　佛説佛名經卷第十（首）。
8　7～8 世紀。唐寫本。
9.1　楷書。
11　圖版：《敦煌寶藏》，61/383A～B。

1.1　BD03992 號
1.3　大般若波羅蜜多經卷三四四
1.4　生 092
1.5　084:2937
2.1　277.6×21.2 厘米；7 紙；151 行，行 17 字。
2.2　01：30.0，17；　02：48.7，28；　03：48.5，28；
04：48.3，28；　05：48.3，28；　06：37.3，22；
07：16.5，拖尾。
2.3　卷軸裝。首尾均殘。通卷下端火燒。尾有原軸，塗棕色漆，木軸下端火燒。有烏絲欄。
3.1　首殘→大正 220，6/768C10。
3.2　尾殘→6/770B14。
6.1　首→BD03979 號。
8　8 世紀。唐寫本。
9.1　楷書。
11　圖版：《敦煌寶藏》，75/544A～547B。

1.1　BD03993 號
1.3　金光明最勝王經卷二
1.4　生 093
1.5　083:1508
2.1　（3＋630.9）×25.5 厘米；15 紙；357 行，行 17 字。
2.2　01：3＋31，20；　02：44.0，25；　03：44.0，25；
04：44.0，25；　05：44.0，25；　06：44.0，25；
07：43.8，25；　08：44.3，25；　09：44.3，25；
10：44.0，25；　11：44.0，25；　12：44.0，25；
13：44.0，25；　14：44.0，25；　15：27.5，12。
2.3　卷軸裝。首尾均殘。經黄紙。全卷多處破裂，第 2～3 紙接縫處開裂，第 3、6 紙有斷裂，卷後部多黴爛。背有古代裱補。卷尾及裱補紙上有補寫經文。有烏絲欄。已修整。
3.1　首 2 行上下殘→大正 665，16/408C5～7。
3.2　尾全→16/413C6。
4.2　金光明最勝王經卷第二（尾）。
5　尾附音義。
8　7～8 世紀。唐寫本。
9.1　楷書。
11　圖版：《敦煌寶藏》，68/195B～204A。

1.1　BD03994 號
1.3　大般若波羅蜜多經卷五九二
1.4　生 094
1.5　084:3402
2.1　（1.9＋62.8）×27.3 厘米；3 紙；38 行，行 17 字。
2.2　01：01.9，01；　02：47.2，28；　03：15.6，09。
2.3　卷軸裝。首尾均殘。第 2 紙下邊有 1 處殘損。有烏絲欄。
3.1　首行上殘→大正 220，7/1061C12。
3.2　尾行殘→7/1062A21。
8　7～8 世紀。唐寫本。
9.1　楷書。有武周新字“正”。
11　圖版：《敦煌寶藏》，77/483A～B。

1.1　BD03995 號
1.3　妙法蓮華經卷四
1.4　生 095
1.5　105:5312
2.1　（9.5＋782.1＋2.5）×25 厘米；18 紙；477 行，行 17 字。
2.2　01：9.5＋30，24；　02：46.2，28；　03：46.5，28；
04：46.5，28；　05：46.5，28；　06：46.6，28；
07：46.6，28；　08：46.6，28；　09：46.7，28；
10：46.8，28；　11：46.7，28；　12：46.7，28；
13：46.7，28；　14：46.7，28；　15：46.8，28；
16：46.5，28；　17：46.5，28；　18：6.5＋2.5，05。
2.3　卷軸裝。首尾均殘。經黄紙。有古代裱補。有烏絲欄。
3.1　首 6 行上下殘→大正 262，9/29C6～11。
3.2　尾行下殘→9/36A24。
8　7～8 世紀。唐寫本。
9.1　楷書。

11　圖版：《敦煌寶藏》，90/566A～576B。

1.1　BD03996 號
1.3　妙法蓮華經卷七
1.4　生 096
1.5　105:6019
2.1　(3.5+94)×25.5 厘米；2 紙；56 行，行 17 字。
2.2　01：3.5+44.5，28；　02：49.5，28。
2.3　卷軸裝。首殘尾脫。經黃紙。首紙前中間有橫向和豎向破裂。有烏絲欄。
3.1　首 2 行上殘→大正 262，9/57A16～18。
3.2　尾殘→9/57C24。
8　7～8 世紀。唐寫本。
9.1　楷書。
9.2　有行間校加字。
11　圖版：《敦煌寶藏》，96/330A～331A。

1.1　BD03997 號
1.3　大般若波羅蜜多經卷三四四
1.4　生 097
1.5　084:2931
2.1　159.4×21.7 厘米；4 紙；92 行，行 17 字。
2.2　01：22.0，13；　02：48.8，28；　03：48.6，28；
04：40.0，23。
2.3　卷軸裝。首尾均殘。通卷下端火燒。有烏絲欄。
3.1　首殘→大正 220，6/765B24。
3.2　尾殘→6/766B29。
6.2　尾→BD03939 號。
8　8 世紀。唐寫本。
9.1　楷書。
11　圖版：《敦煌寶藏》，75/523B～525B。

1.1　BD03998 號
1.3　妙法蓮華經卷七
1.4　生 098
1.5　105:6088
2.1　(18.5+432.8)×25.5 厘米；11 紙；254 行，行 17 字。
2.2　01：18.5+22.5，24；　02：43.4，25；　03：43.4，25；
04：43.0，25；　05：43.0，25；　06：43.0，25；
07：43.5，25；　08：43.0，25；　09：43.0，25；
10：43.0，25；　11：22.0，05。
2.3　卷軸裝。首殘尾全。首紙污穢變色，上邊有破裂，下邊殘缺。接縫處多有開裂。有燕尾。
3.1　首 11 行下殘→大正 262，9/59A1～14。
3.2　尾全→9/62B1。
4.2　妙法蓮華經卷第七（尾）。
8　8 世紀。唐寫本。
9.1　楷書。
11　圖版：《敦煌寶藏》，96/619B～625B。

1.1　BD03999 號 1
1.3　金光明經懺悔滅罪傳
1.4　生 099
1.5　081:1367
2.1　651.7×26 厘米；14 紙；377 行，行 17 字。
2.2　01：46.3，26；　02：48.5，28；　03：48.5，28；
04：48.5，28；　05：48.5，28；　06：48.5，28；
07：48.5，28；　08：48.5，28；　09：48.3，28；
10：48.3，28；　11：48.3，28；　12：48.0，28；
13：48.0，28；　14：25.0，15。
2.3　卷軸裝。首全尾殘。卷端脆硬，卷尾殘破。背有古代裱補。有烏絲欄。
2.4　本遺書包括 2 個文獻：（一）《金光明經懺悔滅罪傳》，84 行，今編為 BD03999 號 1。（二）《金光明經》卷一，293 行，今編為 BD03999 號 2。
3.1　首全→大正 663，16/358B1。
3.2　尾全→16/359B1。
4.1　金光明經懺悔滅罪傳（首）。
8　8 世紀。唐寫本。
9.2　有行間校加字。
9.1　楷書。
11　圖版：《敦煌寶藏》，67/212A～220A。

1.1　BD03999 號 2
1.3　金光明經卷一
1.4　生 099
1.5　081:1367
2.4　本遺書由 2 個文獻組成，本號為第 2 個，293 行。餘參見 BD03999 號 1 之第 2 項、第 11 項。
3.1　首全→大正 663，16/335B2。
3.2　尾行上下殘→16/339B26～27。
4.1　金光明經序品第一（首）。
8　8 世紀。唐寫本。
9.1　楷書。

1.1　BD04000 號
1.3　金剛般若波羅蜜經
1.4　生 100
1.5　094:3681
2.1　(3.5+482)×26 厘米；12 紙；正面 287 行，行 17 字。
2.2　01：3.5+33.5，23；　02：42.0，25；　03：42.0，25；
04：42.5，25；　05：41.8，25；　06：42.0，25；
07：43.5，25；　08：43.0，25；　09：43.0，25；
10：41.5，26；　11：41.0，26；　12：26.2，12。

2.3　卷軸裝。首殘尾全。通卷破爛嚴重。首紙脫落一殘片，已綴接。尾有芨芨草軸。背有古代裱補，裱補紙上有字。有烏絲欄。已修整。

3.1　首3行上殘→大正235，8/749A17～18。

3.2　尾全→8/752C3。

4.2　金剛般若波羅蜜經（尾）。

8　7～8世紀。唐寫本。

9.1　楷書。

9.2　有硃筆句讀。

11　從該號背面揭下古代裱補紙34塊，現編為BD16127號（5塊）、BD16128號（4塊）、BD16129號（6塊）、BD12130號（1塊）、BD16131號（18塊）。

圖版：《敦煌寶藏》，79/501B～507B。

# 新舊編號對照表

## 一、千字文號與北敦號、縮微膠卷號對照表

| 千字文號 | 北敦號 | 縮微膠卷號 |
|---|---|---|
| 生 015 | BD03915 號 | 063：0790 |
| 生 016 | BD03916 號 | 084：2926 |
| 生 017 | BD03917 號 | 106：6189 |
| 生 018 | BD03918 號 | 275：7926 |
| 生 019 | BD03919 號 | 037：0335 |
| 生 020 | BD03920 號 | 037：0336 |
| 生 021 | BD03921 號 | 063：0717 |
| 生 022 | BD03922 號 | 157：6947 |
| 生 023 | BD03923 號 | 105：5541 |
| 生 024 | BD03924 號 | 079：1351 |
| 生 024 | BD03924 號背 | 079：1351 |
| 生 025 | BD03925 號 1 | 309：8347 |
| 生 025 | BD03925 號 2 | 309：8347 |
| 生 025 | BD03925 號 3 | 309：8347 |
| 生 025 | BD03925 號背 1 | 309：8347 |
| 生 025 | BD03925 號背 2 | 309：8347 |
| 生 025 | BD03925 號背 3 | 309：8347 |
| 生 025 | BD03925 號背 4 | 309：8347 |
| 生 025 | BD03925 號背 5 | 309：8347 |
| 生 025 | BD03925 號背 6 | 309：8347 |
| 生 025 | BD03925 號背 7 | 309：8347 |
| 生 025 | BD03925 號背 8 | 309：8347 |
| 生 025 | BD03925 號背 9 | 309：8347 |
| 生 025 | BD03925 號背 10 | 309：8347 |
| 生 025 | BD03925 號背 11 | 309：8347 |
| 生 025 | BD03925 號背 12 | 309：8347 |
| 生 026 | BD03926 號 | 084：3051 |
| 生 027 | BD03927 號 | 084：2530 |
| 生 028 | BD03928 號 | 105：4534 |
| 生 029 | BD03929 號 | 084：2388 |
| 生 030 | BD03930 號 | 094：3916 |
| 生 031 | BD03931 號 | 105：5830 |
| 生 032 | BD03932 號 A | 102：4479 |
| 生 032 | BD03932 號 B | 111：6265 |
| 生 033 | BD03933 號 | 094：3874 |
| 生 034 | BD03934 號 | 094：4343 |
| 生 035 | BD03935 號 | 083：1654 |
| 生 036 | BD03936 號 | 105：5897 |
| 生 037 | BD03937 號 | 084：2495 |
| 生 038 | BD03938 號 | 105：5215 |
| 生 039 | BD03939 號 | 084：2932 |
| 生 040 | BD03940 號 | 289：8264 |
| 生 041 | BD03941 號 | 275：7804 |
| 生 042 | BD03942 號 | 040：0393 |
| 生 043 | BD03943 號 | 105：5824 |
| 生 044 | BD03944 號 | 275：7927 |
| 生 045 | BD03945 號 | 063：0653 |
| 生 046 | BD03946 號 | 156：6822 |
| 生 047 | BD03947 號 | 105：5004 |
| 生 048 | BD03948 號 | 229：7329 |
| 生 049 | BD03949 號 1 | 229：7332 |
| 生 049 | BD03949 號 2 | 229：7332 |
| 生 050 | BD03950 號 | 094：3667 |
| 生 051 | BD03951 號 | 084：2013 |
| 生 052 | BD03952 號 | 033：0323 |
| 生 053 | BD03953 號 | 229：7340 |
| 生 054 | BD03954 號 | 070：1022 |
| 生 054 | BD03954 號背 | 070：1022 |
| 生 055 | BD03955 號 | 275：7805 |
| 生 056 | BD03956 號 | 430：8620 |
| 生 057 | BD03957 號 A | 102：4480 |
| 生 057 | BD03957 號 B | 102：4480 |
| 生 058 | BD03958 號 | 142：6681 |
| 生 059 | BD03959 號 | 038：0364 |
| 生 060 | BD03960 號 | 094：3869 |
| 生 061 | BD03961 號 | 084：2440 |
| 生 062 | BD03962 號 | 094：3799 |
| 生 063 | BD03963 號 | 275：8161 |

| | | |
|---|---|---|
| 生 064 | BD03964 號 | 063：0764 |
| 生 065 | BD03965 號 | 063：0765 |
| 生 066 | BD03966 號 | 086：3422 |
| 生 067 | BD03967 號 | 070：1251 |
| 生 068 | BD03968 號 1 | 034：0325 |
| 生 068 | BD03968 號 2 | 034：0325 |
| 生 069 | BD03969 號 | 105：5540 |
| 生 070 | BD03970 號 1 | 143：6695 |
| 生 070 | BD03970 號 2 | 143：6695 |
| 生 071 | BD03971 號 | 094：3574 |
| 生 072 | BD03972 號 | 105：4655 |
| 生 073 | BD03973 號 | 105：4840 |
| 生 074 | BD03974 號 | 094：3659 |
| 生 075 | BD03975 號 | 115：6325 |
| 生 076 | BD03976 號 | 094：3675 |
| 生 077 | BD03977 號 | 105：5885 |
| 生 078 | BD03978 號 1 | 084：3282 |
| 生 078 | BD03978 號 2 | 084：3282 |
| 生 079 | BD03979 號 | 084：2934 |
| 生 080 | BD03980 號 | 084：2656 |
| 生 081 | BD03981 號 | 094：4093 |
| 生 082 | BD03982 號 | 094：4298 |
| 生 083 | BD03983 號 | 094：3888 |
| 生 084 | BD03984 號 | 083：1701 |
| 生 085 | BD03985 號 | 105：5422 |
| 生 086 | BD03986 號 | 094：3607 |
| 生 087 | BD03987 號 | 115：6351 |
| 生 088 | BD03988 號 | 083：1908 |
| 生 089 | BD03989 號 | 084：2939 |
| 生 090 | BD03990 號 | 094：4312 |
| 生 091 | BD03991 號 | 063：0700 |
| 生 092 | BD03992 號 | 084：2937 |
| 生 093 | BD03993 號 | 083：1508 |
| 生 094 | BD03994 號 | 084：3402 |
| 生 095 | BD03995 號 | 105：5312 |
| 生 096 | BD03996 號 | 105：6019 |
| 生 097 | BD03997 號 | 084：2931 |
| 生 098 | BD03998 號 | 105：6088 |
| 生 099 | BD03999 號 1 | 081：1367 |
| 生 099 | BD03999 號 2 | 081：1367 |
| 生 100 | BD04000 號 | 094：3681 |

## 二、縮微膠卷號與北敦號、千字文號對照表

| 縮微膠卷號 | 北敦號 | 千字文號 |
|---|---|---|
| 033：0323 | BD03952 號 | 生 052 |
| 034：0325 | BD03968 號 1 | 生 068 |
| 034：0325 | BD03968 號 2 | 生 068 |
| 037：0335 | BD03919 號 | 生 019 |
| 037：0336 | BD03920 號 | 生 020 |
| 038：0364 | BD03959 號 | 生 059 |
| 040：0393 | BD03942 號 | 生 042 |
| 063：0653 | BD03945 號 | 生 045 |
| 063：0700 | BD03991 號 | 生 091 |
| 063：0717 | BD03921 號 | 生 021 |
| 063：0764 | BD03964 號 | 生 064 |
| 063：0765 | BD03965 號 | 生 065 |
| 063：0790 | BD03915 號 | 生 015 |
| 070：1022 | BD03954 號 | 生 054 |
| 070：1022 | BD03954 號背 | 生 054 |
| 070：1251 | BD03967 號 | 生 067 |
| 079：1351 | BD03924 號 | 生 024 |
| 079：1351 | BD03924 號背 | 生 024 |
| 081：1367 | BD03999 號 1 | 生 099 |
| 081：1367 | BD03999 號 2 | 生 099 |
| 083：1508 | BD03993 號 | 生 093 |
| 083：1654 | BD03935 號 | 生 035 |
| 083：1701 | BD03984 號 | 生 084 |
| 083：1908 | BD03988 號 | 生 088 |
| 084：2013 | BD03951 號 | 生 051 |
| 084：2388 | BD03929 號 | 生 029 |
| 084：2440 | BD03961 號 | 生 061 |
| 084：2495 | BD03937 號 | 生 037 |
| 084：2530 | BD03927 號 | 生 027 |
| 084：2656 | BD03980 號 | 生 080 |
| 084：2926 | BD03916 號 | 生 016 |
| 084：2931 | BD03997 號 | 生 097 |
| 084：2932 | BD03939 號 | 生 039 |
| 084：2934 | BD03979 號 | 生 079 |
| 084：2937 | BD03992 號 | 生 092 |
| 084：2939 | BD03989 號 | 生 089 |
| 084：3051 | BD03926 號 | 生 026 |
| 084：3282 | BD03978 號 1 | 生 078 |
| 084：3282 | BD03978 號 2 | 生 078 |
| 084：3402 | BD03994 號 | 生 094 |

| | | |
|---|---|---|
| 086：3422 | BD03966 號 | 生 066 |
| 094：3574 | BD03971 號 | 生 071 |
| 094：3607 | BD03986 號 | 生 086 |
| 094：3659 | BD03974 號 | 生 074 |
| 094：3667 | BD03950 號 | 生 050 |
| 094：3675 | BD03976 號 | 生 076 |
| 094：3681 | BD04000 號 | 生 100 |
| 094：3799 | BD03962 號 | 生 062 |
| 094：3869 | BD03960 號 | 生 060 |
| 094：3874 | BD03933 號 | 生 033 |
| 094：3888 | BD03983 號 | 生 083 |
| 094：3916 | BD03930 號 | 生 030 |
| 094：4093 | BD03981 號 | 生 081 |
| 094：4298 | BD03982 號 | 生 082 |
| 094：4312 | BD03990 號 | 生 090 |
| 094：4343 | BD03934 號 | 生 034 |
| 102：4479 | BD03932 號 A | 生 032 |
| 102：4480 | BD03957 號 A | 生 057 |
| 102：4480 | BD03957 號 B | 生 057 |
| 105：4534 | BD03928 號 | 生 028 |
| 105：4655 | BD03972 號 | 生 072 |
| 105：4840 | BD03973 號 | 生 073 |
| 105：5004 | BD03947 號 | 生 047 |
| 105：5215 | BD03938 號 | 生 038 |
| 105：5312 | BD03995 號 | 生 095 |
| 105：5422 | BD03985 號 | 生 085 |
| 105：5540 | BD03969 號 | 生 069 |
| 105：5541 | BD03923 號 | 生 023 |
| 105：5824 | BD03943 號 | 生 043 |
| 105：5830 | BD03931 號 | 生 031 |
| 105：5885 | BD03977 號 | 生 077 |
| 105：5897 | BD03936 號 | 生 036 |
| 105：6019 | BD03996 號 | 生 096 |
| 105：6088 | BD03998 號 | 生 098 |
| 106：6189 | BD03917 號 | 生 017 |
| 111：6265 | BD03932 號 B | 生 032 |
| 115：6325 | BD03975 號 | 生 075 |
| 115：6351 | BD03987 號 | 生 087 |
| 142：6681 | BD03958 號 | 生 058 |
| 143：6695 | BD03970 號 1 | 生 070 |
| 143：6695 | BD03970 號 2 | 生 070 |
| 156：6822 | BD03946 號 | 生 046 |
| 157：6947 | BD03922 號 | 生 022 |
| 229：7329 | BD03948 號 | 生 048 |
| 229：7332 | BD03949 號 1 | 生 049 |
| 229：7332 | BD03949 號 2 | 生 049 |
| 229：7340 | BD03953 號 | 生 053 |
| 275：7804 | BD03941 號 | 生 041 |
| 275：7805 | BD03955 號 | 生 055 |
| 275：7926 | BD03918 號 | 生 018 |
| 275：7927 | BD03944 號 | 生 044 |
| 275：8161 | BD03963 號 | 生 063 |
| 289：8264 | BD03940 號 | 生 040 |
| 309：8347 | BD03925 號 1 | 生 025 |
| 309：8347 | BD03925 號 2 | 生 025 |
| 309：8347 | BD03925 號 3 | 生 025 |
| 309：8347 | BD03925 號背 1 | 生 025 |
| 309：8347 | BD03925 號背 2 | 生 025 |
| 309：8347 | BD03925 號背 3 | 生 025 |
| 309：8347 | BD03925 號背 4 | 生 025 |
| 309：8347 | BD03925 號背 5 | 生 025 |
| 309：8347 | BD03925 號背 6 | 生 025 |
| 309：8347 | BD03925 號背 7 | 生 025 |
| 309：8347 | BD03925 號背 8 | 生 025 |
| 309：8347 | BD03925 號背 9 | 生 025 |
| 309：8347 | BD03925 號背 10 | 生 025 |
| 309：8347 | BD03925 號背 11 | 生 025 |
| 309：8347 | BD03925 號背 12 | 生 025 |
| 430：8620 | BD03956 號 | 生 056 |